가브리엘 가르시아 마르케스
Gabriel García Márquez

가르시아 마르케스는 1927년 3월 6일 콜롬비아의 아라까따까에서 태어났다. 집안 사정이 좋지 않아 외조부모와 함께 살았는데, 외할아버지는 콜롬비아를 파국으로 몰고 간 천일전쟁에 참전한 퇴역 군인이며 『백년의 고독』에 등장하는 부엔디아 대령의 전신이기도 하다. 어렸을 때부터 조용하고 소심했던 마르케스는 글쓰기와 그림에 관심이 많았으나, 부모님의 뜻에 따라 스무 살에 콜롬비아 대학교에서 법률 공부를 시작한다. 문학에 집중하고 싶었던 개인적 열망과, 자유당과 보수당의 갈등이 다시 극심해지면서 야기된 정치적 혼란 때문에 학교를 그만두고 ≪엘 엑스빠따도르≫에서 기자 생활을 시작한다. 1955년에 마르케스는 정부에 대한 비판적인 기사를 썼는데, 그를 걱정한 신문사는 그를 유럽 특파원으로 파견하였고, 그 뒤로 로마, 파리, 뉴욕, 바르셀로나, 멕시코 등지에서 유배 아닌 유배 생활을 하게 된다. 마르케스의 초기 작품으로 상상 속의 마을 '마콘도'가 등장하기 시작한 『낙엽』과 작품집 『마마 그란데의 장례식』 등이 있다. 마르케스에게 세계적 명성과 성공을 안겨 준 1967년 대작 『백년의 고독』은 30여 개국에 번역 출간되어 2,000만 독자를 사로잡았고 라틴 아메리카 문학에 대한 폭발적인 관심을 불러일으켰다. 기자다운 날카롭고 비판적인 시선과 라틴 아메리카 토착의 환상적인 신화를 결합하여 '마술적 사실주의의 선구자'라는 헌사를 듣게 되었고 1982년에는 노벨 문학상을 받게 된다. 그 외 작품으로는 부모님의 연애를 담은 『콜레라 시대의 사랑』, 『내 슬픈 창녀들의 추억』, 『납치 일기』, 『어느 예고된 죽음의 연대기』 등이 있다.

이야기하기 위해 살다

Vivir para contarla

VIVIR PARA CONTARLA
by Gabriel García Márquez

Copyright © GABRIEL GARCÍA MÁRQUEZ, 2002
All rights reserved.

Korean Translation Copyright © 2007 by Minumsa

Korean translation edition is published by arrangement with
Agencia Literaria Carmen Balcells, S.A.

이 책의 한국어 판 저작권은
Agencia Literaria Carmen Balcells, S.A.와 독점 계약한 (주)민음사 에 있습니다.

저작권법에 의해 한국 내에서 보호를 받는 저작물이므로
무단 전재와 무단 복제를 금합니다.

Gabriel García Márquez

이야기하기 위해 살다

마르케스 자서전

가브리엘 가르시아 마르케스 지음 · 조구호 옮김

민음사

일러두기

1 에스파냐어 표기는 국립국어원에서 명시한 외래어 표기법을 따르지 않고 옮긴이의 요청으로 원어에 가까운 발음으로 표기했다.
   다만 '마르케스', '콜롬비아' 등 이미 알려진 고유 명사들은 외래어 표기법을 따랐다.
2 옮긴이의 주는 각주로 처리했다.
3 본문에 사용한 부호 및 기호의 뜻은 다음과 같다.
   ≪ ≫─신문, 잡지   『 』─전집, 단행본   「 」─시, 단편소설, 노래, 그림, 영화 제목

* 표지 사진의 판권은 현재 계약을 진행하고 있는 중이며, 저작권이 있는 사진이니 무단 전재와 무단 복제를 금합니다.

차 례

✻

이야기하기 위해 살다   9

옮긴이의 말   709

삶은 한 사람이 살았던 것 그 자체가 아니라,
현재 그 사람이 기억하고 있는 것이며,
그 삶을 얘기하기 위해 어떻게 기억하느냐 하는 것이다.

※

1

어머니가 집을 팔러 가는 데 함께 가자고 했다. 가족이 사는 머나먼 마을을 떠나 그날 아침 바랑끼야에 도착한 어머니는 어떻게 해야 나를 만날 수 있는지조차 모르고 있었다. 여기저기 아는 사람들을 수소문해 가며 내가 있을 만한 곳을 묻자, 누군가 문도† 서점이나 주변 카페에 가 보라고 알려 준 모양이었다. 당시 나는 하루에 두 번씩 그런 곳에 가서 글 쓰는 친구들을 만나곤 했다. 어머니에게 그 사실을 알려 준 사람은 "그 친구들 완전히 돌아 버렸으니까 조심하세요."라고 주의를 주었다. 어머니는 정각 12시에 문도 서점에 나타났다. 예의 그 몸집 가벼운 발걸음으로 서점 진열대 사이를 헤집고 들어와 내 앞에 서서는 한창때의 심술궂은 미소를 머금은 눈으로 나를 쳐다보더니, 내가 뭐라

† 세상, 세계를 의미한다.

반응을 하기도 전에 이렇게 말했다.

"어미다."

어머니가 몰라보게 변해 있었기 때문에 처음에는 제대로 알아보지도 못했다. 마흔다섯 살. 열한 번이나 출산했다는 사실을 감안해 보면, 뱃속에 아이가 있는 상태로 거의 10년을 보냈고, 아이들 젖 먹이느라 또 그만큼의 세월을 보낸 셈이었다. 나이에 걸맞지 않게 머리가 온통 하얗게 세었고, 이제 막 끼기 시작한 원시 근시 겸용 안경 뒤로 보이는 두 눈은 뭔가에 놀란 듯 더 커 보였다. 외할머니가 돌아가신 뒤 외출을 삼가는 등 엄숙하고 진지하게 애도 기간을 보낸 어머니였으나, 결혼식 사진 속의 고상한 아름다움을 여전히 간직하고 있었고, 그 아름다움은 완연한 가을 분위기가 더해져 더욱더 품위 있게 보였다. 어머니는 포옹에 앞서 예의 그 차분하고 점잖은 어투로 말했다.

"집을 팔려고 하는데, 함께 가 줬으면 좋겠구나."

어디에 있는 어떤 집을 팔려고 하는지 구태여 말할 필요가 없었다. 우리가 팔 수 있는 집이라고는 세상에 단 한 채, 아라까따까에 있는 외할아버지 외할머니의 낡은 집밖에 없었다. 나는 그 집에서 태어나는 행운을 누렸지만, 여덟 살 이후로는 단 한 번도 가 보지 못했다. 당시 나는 에스파냐 황금세기[‡]의 독특하기 이를 데 없는 시들을 암송하는 것 외에 공부에는 거의 신경을 쓰지 않은 채 여섯 학기를 보낸 법과대학을 얼마 전에 자퇴한 상태였다. 손에 잡히는 대로 책을 읽어 댔는데, 번역서건 빌려 읽은 것이건 내가 당시까지 읽은 모든 책은 소설 작법을 배우는 데 충분했고, 그 덕분에 단편소설 여섯 편을 신문에 발표해

[‡] 16세기 초부터 17세기 말까지 세르반테스를 비롯하여 세계 문학사에 불멸의 이름을 남긴 문호들이 배출된 시기(Siglo de Oro)를 말한다.

친구들을 열광시키며 일부 비평가들의 관심을 끌고 있었다. 다음 달이면 만 스물세 살이 되는 나는 이미 병역 기피자에 두 번이나 임질에 걸린 베테랑이었고, 매일 독하디독한 싸구려 담배 예순 개비를 겁도 없이 피워 대는 인간이었다. 콜롬비아 카리브 해안에 위치한 바랑끼야와 까르따헤나 데 인디아스를 오가며 빈둥거렸고,《엘 에랄도》신문에 매일 논평을 실어 받는 푼돈으로 왕처럼 편안하게 생존해 나갔고, 밤이 되면 아무 데서나 가장 훌륭한 동반자와 함께 잠을 잤다. 그리고 불확실한 미래와 혼돈이 가득한 삶에도 아랑곳하지 않은 채 똘똘 뭉쳐 있던 패거리와 함께 알폰소 푸엔마요르가 3년 전부터 구상 중이던 잡지를, 아무런 자본도 없는 상태에서 오직 배짱 하나만을 믿고 간행할 준비를 하고 있었다. 그러니 내가 무엇을 더 바랄 수 있었겠는가?

나는, 좋아서라기보다는 가진 것이 없었기 때문에 20년은 앞선 유행을 선도하고 있었다. 제멋대로 자란 수염, 산발한 머리, 청바지, 형체를 알 수 없는 꽃무늬 셔츠에 순례자들이나 신는 샌들. 당시, 알고 지내던 아가씨 하나는 어두컴컴한 극장 안에서 내가 자기 옆에 있는 줄도 모르고 누군가에게 이렇게 말하기까지 했다. "불쌍한 가비또(가브리엘의 애칭), 몰골이 말이 아니더라." 따라서 어머니가 집을 파는 데 함께 가자고 했을 때, 나는 거부할 수 있는 입장이 전혀 아니었다. 어머니는 여행 경비가 충분하지 않다고 밝혔고, 나는 알량한 자존심 때문에 내 경비는 내가 알아서 하겠노라고 말했다.

하지만 내가 글을 써 주고 있던 신문사가 내 경제적인 문제를 해결해 줄 수는 없었다. 신문사는 내가 매일 쓰는 논평 한 편당 3뻬소를 지급했고, 사정이 생긴 전임 논설 위원을 대신하여 논설을 쓰는 경우 한 편당 4뻬소를 지급했지만, 그것은 겨우 생활비 정도밖에 되지 않았다.

회사로부터 가불을 받아 볼까 했지만, 경리 책임자는 이미 가불한 돈만 해도 50뻬소가 넘는다는 사실을 내게 상기시켰다. 그날 오후 나는 어지간한 친구들은 절대 부릴 수 없는 만용을 부렸다. 서점 옆에 있는 꼴롬비아 카페를 나서자마자, 서점을 운영하는 까딸루냐 출신 노선생 라몬 비니에스를 찾아가 10뻬소를 빌려 달라 했던 것이다. 하지만 그가 가진 돈은 6뻬소뿐이었다.

  단 이틀 동안의 단출한 여행이 내게 결정적인 사건이 될 것이라는 생각은 어머니는 말할 것도 없고 나도 할 수 없는 일이었다. 내가 제아무리 오랫동안 부지런히 산다고 해도 그 얘기를 다 끝마치지는 못할 것 같다. 현재 정확히 일흔다섯 살이 넘은 내가 작가로 살아오는 동안, 아니 내 평생 내가 내렸던 모든 결정들 가운데 어머니를 따라나서기로 한 그것이 내 인생에서 가장 중요한 결정이었다는 사실을 나는 알고 있다.

  사춘기가 될 때까지는 과거를 회고하기보다는 미래를 더 많이 생각하는지라, 내 기억 속에 들어 있는 그 마을은 향수로 인해 이상적으로 미화된 곳은 아니었다. 나는 그저 담담하게 그 마을을 기억하고 있었다. 살기 좋은 곳으로, 모든 주민들이 서로 알고 지내고, 선사 시대 알처럼 매끈하고 하얗고 거대한 돌들이 깔린 하상(河床)으로 투명한 물이 콸콸 흐르는 강가에 위치한 곳으로. 해가 뉘엿거릴 무렵이면, 특히 12월에 비가 그치고 나면, 공기는 다이아몬드처럼 투명해졌고, 산따마르따의 눈 덮인 시에라 네바다 봉우리들이 강 건너 바나나 농장 앞까지 다가와 있는 것처럼 보였다. 커다란 생강 자루를 짊어진 아르우아까 인디오들이 인생을 즐기기 위해 코카인 열매를 씹으며, 산 절벽으로 난 길을 개미처럼 줄지어 다니는 모습도 볼 수 있었다. 아이들은 활활 타는 듯 찌는 거리에서 만년설을 뭉쳐 공놀이를 하고 전쟁놀이를 하는 꿈을 꾸기도 했다. 형용하기 어려운 더위는 특히 낮잠 자는 시각에는 더 심했는데, 어른들은 매일 겪는 그 더위가 놀랄 만한 일이나 된다는 듯 늘 불평을 늘어놓았다. 낮에는 햇볕에 달궈진 연장을 잡을 수가 없었기 때문에 당시 건설 중이던 철로와 미국 청과 회사인 유나이티드 프루트 컴퍼니의 막사 건설 공사는 대개 밤에 이루어졌는데, 덕분에 나는 태어나면서부터 공사 현장에서 끊임없이 들려오는 소음을 들었다.

바랑끼야에서 아라까따까로 가는 방법은 단 한 가지, 모터 달린 허름한 배를 타고 식민지 시대에 노예들을 동원하여 만든 비좁은 운하를 통과한 뒤, 탁하고 시커멓고 광활한 늪지 시에나가를 지나는 것뿐이었다. 역시 거기서, 처음 운행될 당시에는 국내에서 가장 좋았던 완행열차를 탔고, 먼지가 자욱하고 활활 타오르는 것처럼 뜨거운 마을들의 께느른한 정거장들과 황량한 역들을 지나고, 광활한 바나나 농장들을 통과하여 마침내 목적지에 다다랐다. 그것이 바로 어머니와 내가 1950년 2월 18일 토요일 밤(사육제가 시작되기 하루 전) 7시, 비가 억수같이 쏟아지는 가운데, 제시한 조건에 집이 팔리지 않을 경우 돌아올 여비가 겨우 될 정도인 현금 32뻬소를 가지고 떠난 여정이었다.

그날 밤, 매우 거세게 불던 무역풍 때문에 강나루에서 배를 타지 않으려는 어머니를 설득하여 배에 태우느라 무척 애를 먹었다. 하기야 이유가 없지는 않았다. 뉴올리언스의 증기선을 축소해 놓은 듯한 인상을 주는 배였으나 고열로 인해 덜덜거리는 가솔린 엔진의 진동이 배에 탄 모든 사람에게 전파되고 있었던 것이다. 배에는 층층이 해먹을 걸 수 있는 나무 기둥들이 세워진 작은 홀과 벤치들이 있었다. 승객들은 과다한 개인 짐과 장삿짐들, 암탉과 산돼지까지 담은 망태기에 팔꿈치를 되는 대로 괸 채 벤치에 앉아 있었다. 작은 군용 침상 두 개가 비치된, 숨이 콱콱 막히는 작은 선실 몇 개는 여행 중 응급 서비스를 제공하는 초라한 어린 창녀들이 거의 항상 독차지했다. 어머니와 나는 마지막 순간까지 빈 선실을 찾지 못했고 해먹도 갖고 있지 않았기 때문에, 중앙 통로에 있는 철제 의자 두 개를 기습적으로 차지해 밤을 보낼 준비를 했다.

어머니가 두려워하던 바대로, 우리가 마그달레나 강을 건너고 있을 때 폭풍이 휘몰아쳐 무모한 배를 사정없이 때려 댔다. 강어귀에서 별로 떨어지지 않은 곳에 있었건만 대양 같은 기상 조건이었다. 항구에서 가장 값싼 궐련을 넉넉하게 사고 마분지나 다름없는 종이도 사 놓았던 터라, 나는 담배를 거의 다 피우면 꽁초에 남아 있는 불로 다른 담배에 불을 붙이는 내 방식대로 줄담배를 피워 대며, 윌리엄 포크너의 『팔월의 빛』을 읽고 있었다. 윌리엄 포크너는 당시 나의 문학적 스승들 가운데 믿음이 가장 많이 가는 사람이었다. 어머니는 트랙터를 견인하거나 비행기를 공중에 올려놓고 지탱할 수 있는 캡스턴이라도 되는 양 굳세게 묵주를 붙잡은 채, 항상 그렇듯 결코 어머니 자신을 위해서가 아니라 오직 열한 명에 달하는 자식들의 번성과 만수무강을 빌었다. 어머니의 기도가 효험을 발휘했는지, 배가 운하로 진입할 무렵이 되자 억수로 쏟아지던 비가 잦아들었고, 바람도 모기나 겨우 놀랄 만하게 불고 있었다. 어머니는 묵주를 챙겨 넣은 뒤, 우리 주변으로 이루어지고 있던 혼란한 삶을 오랫동안 말 없이 주시했다.

어머니는 평범한 집안에서 태어났으나, 바나나 회사가 일시적인 영광을 구가하던 시기에 성장했기 때문에 산따마르따 소재 학교인 쁘레센따시온 델 라 산띠시마 비르헨에서 부잣집 딸처럼 좋은 교육을 받을 수 있었다. 성탄절 방학 때는 친구들과 수를 놓고, 자선 바자회에서 클라비코드를 연주하고, 샤프롱 격인 이모와 함께 소심한 지방 귀족들의 정숙하기 이를 데 없는 댄스파티에 참석하기도 했으나, 부모의 반대에도 불구하고 마을 전신국 전신 기사와 결혼할 때까지 어머니의 애인이 누구인지 알았던 사람은 하나도 없었다. 그때부터 어머니가 지닌 덕성 가운데 가장 돋보였던 것은 긴 생애 동안 어머니를 괴롭힌 심술궂은 역경들도 굴복시키지 못한 특유의 유머 감각과 강철 같은 건강이었다. 하지만, 가장 놀랍고도 그 이후 가장 확실해진 덕성은, 사자자리 운세를 완벽하게 받음으로써 선천적으로 지니게 된 엄청나게 강한 성격을 감출 줄 아는 특별한 능력이었다. 이런 점 때문에 어머니는 집안에서 강력한 모권을 행사할 수 있었는데, 어머니의 지배력은 정확히 어디에 사는지도 모르는 먼 친척들에게까지 미칠 정도였다. 어머니는, 부엌에서 강낭콩 냄비가 끓고 있는 사이에도 태양이 행성들을 지배하듯, 눈한 번 깜박거리지 않고 부드러운 목소리로 가족들을 지배했다.

    나는 어머니가 동요하는 기색 한 번 내비치지 않은 채 그 험난한 여행을 감내하는 모습을 지켜보면서, 가난에서 비롯되는 그런 불공정한 처지를 어쩌면 그렇게 빨리, 그토록 탁월하게 수용할 수 있는지 가끔 자문해 보기도 했다. 어머니의 인내심을 시험해 보는 데는 그 지독한 밤만 한 것도 없었다. 잔혹한 모기들, 찌는 듯한 더위, 배가 운하를 통과하면서 휘저어 놓은 진흙에서 풍기는 구역질 나는 악취, 북새통 속에서 편히 쉴 만한 자리조차 제대로 차지하지 못해 어수선하게 왔다 갔다 하는 승객들. 이 모든 것들은 어머니의 침착한 성격을 교란하기 위해 고의적으로 조작된 것처럼 보였다. 사내처럼 변장하거나 마드리드 하층 계급 여자처럼 차려입은 임대용 아가씨들이 옆 선실에서 사육제의 수확을 거두는 동안, 어머니는 의자에 앉아 미동도 하지 않은 채 그 모든 것을 참아 내고 있었다. 아가씨 한 명이 어머니가 앉아 있는 곳 바로 옆 선실을 매번 다른 손님을 대동한 채 뻔질나게 드나들었다. 나는 어머니가 그 아가씨를 보지 못했다고 생각했다. 하지만 어머니는 채 한 시간도 되지 않을 시간 동안 네댓 차례나 선실을 드나들던 아가씨가 복도 끝으로 사라질 때까지 측은지심이 담긴 눈길을 보냈다.

"불쌍한 아가씨들 같으니." 어머니가 한숨을 내쉬었다. "살아 보겠다고 저런 짓을 하는 모양인데, 차라리 일을 하는 게 더 낫겠구먼."

이런 식으로 자정이 되었고, 배가 몹시 흔들리고 복도 불빛마저 희미했기 때문에 나는 책을 읽는 데 지쳐 버렸다. 잠시 요크나파토파 군(郡)‡의 유사(流砂)를 벗어나 쉬기 위해 어머니 곁에 앉아 담배를 피워 물었다. 언젠가 읽은 적이 있다고 생각되는 버나드 쇼의 "난 아주 어렸을 때부터 학교 가기 위한 공부 같은 건 중단해야 했다."라는 구절에 용기를 얻은 나는 언론과 문학에 대해 배우겠다는 필요성은 느끼지 않으면서도 언론인으로, 작가로 살겠다는 무모한 환상을 지닌 채 그전해에 대학을 자퇴해 버렸다. 그 문제로 다른 사람과 토론할 능력은 없었다. 뭐라 설명할 수는 없었지만, 내 생각은 단지 내게만 유효할 수 있다고 느꼈기 때문이다.

내게 엄청난 희망을 걸고, 또 나를 위해 엄청난 돈을 빚내서 쓰는 등 일종의 광증에 사로잡힌 부모를 설득하려 애쓰는 일은 시간을 허비하는 것이었다. 무엇보다도 아버지를 설득하는 것은 더욱더 어려운 일이

---

‡ 포크너의 소설들에서 그의 작품 세계가 펼쳐진 허구의 마을이다.

었다. 아버지는 자신이 가질 수 없었던 졸업장이라면, 그것이 무엇이 되었든 내가 벽에 걸어 놓기만 해도 나를 용서해 주었을 것이다. 우리 사이의 대화는 단절되고 말았다. 학교를 그만둔 지 거의 1년이나 지났지만 여전히 나는 아버지를 찾아가 내 의사를 전달할 생각만 하고 있었다. 바로 그때 어머니가 나타나 나더러 집을 팔러 가는 데 함께 가자고 청했던 것이다. 하지만 어머니는 자정을 넘길 때까지도 그 문제에 관해서는 언급하지 않고 있었다. 그러다 마침내 어머니는, 자신이 하고 있는 여행의 틀림없는 진짜 동기를 내게 말할 적당한 기회를 포착했다는 사실을 초자연적인 계시처럼 깨닫게 되었다. 어머니는 틀림없이 여행을 떠나기 오래전부터 불면의 고독 속에서 성숙되었을 방식과 어투와 정확한 단어를 구사해 가며 내게 말하기 시작했다.

"네 아버지가 아주 슬퍼하고 계신다."

내가 가장 두려워하던 지옥 같은 상황이 발생했던 것이다. 어머니는 항상 그렇듯, 예측할 수 없는 순간에 불현듯, 어떤 상황에서도 변하지 않는 그 차분한 목소리로 이야기를 시작하고 있었다. 나는 어머니가 뭐라 대답할지 이미 너무나 잘 알고 있었지만, 그 의식을 한시 바삐 종결지으려는 마음밖에 없었으므로 어머니에게 이렇게 물었다.

"그러시는 이유가 뭔데요?"

"네가 공부를 그만뒀기 때문이지."

"공부를 그만둔 게 아녜요. 전공을 바꾸었을 뿐이라고요."

어머니는 이제야 진지한 대화를 하게 되었다는 생각이 들었는지 태도에 완연하게 활기가 넘쳤다.

"네 아버진 이거나 그거나 다 마찬가지라 말씀하신다."

나는 어머니의 말에 어폐가 있다는 사실을 알고 있으면서도 일부러 이렇게 말했다.

"아버지 역시 바이올린을 연주하려고 공부를 그만두셨잖아요."

"경우가 달랐다." 어머니가 아주 기민하게 받아쳤다. "아버진 축제 때와 세레나데에서만 바이올린을 연주하셨다. 먹고살 방법이 없어서 공부를 그만두셨던 거야. 한 달이 채 되기 전에 전신 기술을 배우셨어. 전신 기술자는 당시 아주 좋은 직업이었지. 적어도 아라까따까에서는 말이다."

"저 역시 신문에 글을 써서 먹고산단 말이에요."

"날 실망시키지 않으려고 말은 그렇게 하고 있다만, 네 상황이 얼마나 열악한지는 멀리서 봐도 척 알겠더구나. 서점에서 널 알아보지도 못할 정도였으니, 오죽하겠니."

"저 역시 어머닐 알아보지 못했는데요."

"하지만 경우가 달라. 난 네가 거지인 줄 알았다."

어머니는 다 닳아 빠진 내 샌들을 바라보더니 이렇게 덧붙였다.

"양말은 신지도 않았구나."

"더 편하잖아요. 셔츠 두 개에 바지 두 개만 있으면 되죠, 뭐. 한 벌은 입고 한 벌은 말리고. 더 이상 뭐가 필요하겠어요?"

"품위가 좀 있어야지."

이렇게 말한 어머니는 이내 어투를 바꿔 가며 아들을 달랬다.

"우리가 널 너무 사랑하기 때문에 이런 말을 하는 거다."

"그건 이미 다 알아요. 하지만 한 가지만 말씀해 주세요. 어머니가 제 경우라면 이렇게 하시지 않겠어요?"

"그게 부모의 뜻에 반하는 거라면 난 그렇게 하지 않을 거다."

나는 어머니가 가족의 반대를 무릅쓴 채 자기 고집대로 결혼한 사실을 떠올리고는 씩 웃으며 이렇게 말했다.

"제 눈 똑바로 쳐다보고 말씀하세요."

하지만 어머니는 내가 무슨 생각을 하고 있는지 다 알고 있었기 때문에 차분하게 눈길을 돌렸다.

"난 부모님께서 승낙하실 때까지 기다렸다. 강제적으로 부모님 승낙을 얻어 냈다는 건 인정한다만, 어찌 되었든 난 승낙을 받았어."

어머니는 내 주장에 승복했기 때문이 아니라, 화장실에 가고 싶었고 또 불결한 화장실을 이용해야 한다는 게 마음에 걸렸기 때문에 대화를 중단했다. 나는 조금 더 깨끗한 화장실이 없는지 갑판장에게 물었다. 그는 자신도 공동 화장실을 사용한다고 대답했다. 그리고 방금 전에 콘래드를 읽었다는 듯 이렇게 마무리 지었다. "바다에서는 우리 모두가 다 똑같아요." 어머니는 평등의 법칙을 따를 수밖에 없었다. 우려하던 바와는 달리, 어머니는 희미하게 웃음을 머금은 채 화장실에서 나왔다.

"생각해 봐라, 내가 성병이라도 걸려 집에 돌아간다면 네 아버지가 무슨 생각을 하시겠니?"

자정이 지났을 무렵 운항이 세 시간이나 지체되는 상황이 벌어졌다. 운하에 깔려 있는 말미잘 무리에 스크루가 뒤엉키는 바람에 배가 홍수(紅樹) 숲에서 옴짝달싹 못하게 된 것이다. 승객 여럿이 용설란으로 만든 해먹 밧줄을 이용해 강변에서 배를 끌어당겨야 했다. 더위와 모기가 기승을 부렸으나 어머니는 졸음을 이기지 못했다. 그러나 연신 잠깐씩 졸면서도 또 계속해서 잠깐씩 깨면서 더위와 모기를 쫓아냈다. 어머니의 이런 행동은 우리 집안에서는 이미 유명한 것으로, 어머니는 늘 대화의 끈을 놓치지 않은 채 그런 식으로 쉴 수 있었다. 항해가 재개되고 시원한 바람이 불어왔을 때, 어머니는 완전히 잠에서 깨어났다.

어머니가 한숨을 내쉬었다.

"어찌 되었건 난 네 아버지에게 무슨 대답이라도 해야 한다."

"걱정하지 마세요. 12월에 집에 가서 다 말씀 드릴게요."

나는 어머니에게 언제나처럼 천연덕스럽게 말했다.

"열 달이나 남았는데."

"아무튼 올해는 이미 너무 늦었기 때문에 학교에 가 봤자 아무것도 해결할 수가 없어요."

"집에 오겠다고 틀림없이 약속하는 거냐?"

"약속할게요." 말은 이렇게 했지만, 어머니의 목소리에 어떤 긴장감이 배어 있다는 걸 처음으로 감지할 수 있었다.

"네가 아버지의 뜻에 따를 거라고 아버지에게 전해도 된다는 거냐?"

"아뇨." 나는 단호하게 말했다. "그건 아녜요."

어머니는 다른 탈출구를 찾고 있음에 틀림없었다. 하지만 나는 어머니에게 탈출구를 제공해 주지 않았다.

"그렇다면 내가 네 아버지에게 모든 사실을 다 털어놓는 게 더 낫겠다. 그래야 속이는 것처럼 보이지 않을 테니."

"좋아요." 나는 편한 마음으로 말했다. "그렇게 하세요."

우리는 그렇게 합의했다. 어머니에 대해 속속들이 모르는 누군가는 거기서 모든 것이 다 끝났다고 생각할 수도 있을 테지만, 그것은 단지 어머니가 호흡을 가다듬기 위해 설정한 휴지기일 뿐이라는 사실을 나는 알고 있었다. 잠시 후 어머니는 깊이 잠들었다. 산들바람이 모기를 날려 보냈고, 배에는 꽃향기 실린 신선한 바람이 채워졌다. 이제 배는 범선처럼 우아한 면모를 지니게 되었다.

우리는 내 유년 시절의 신화들 가운데 하나인 시에나가 그란데에 도착했다. 나는 외할아버지 니꼴라스 리까르도 마르께스 메히아(우리 손자들은 외할아버지를 빠빨렐로라 부르기도 했다.)가 나를 아라까따까에서 내 부모가 있는 바랑끼야로 데려다 주러 갈 때 배를 타고 여러 번 그곳을 지나갔다. 외할아버지는 길들이기 어려운 대양이라기보다는 못과 같은 변화가 일어나던 그 늪지대의 예기치 못한 특성들에 관해 얘기하면서, "늪을 두려워할 필요는 없지만 존중은 해 주어야 한단다."라고 내게 말했었다. 우기에는 산맥에서 불어오는 폭풍 영향권에 들었다. 12월부터 4월까지 기후가 온화해지면, 밤마다 강렬한 북풍이 불어와 일대 소동이 벌어졌다. 외할머니 뜨랑낄리나 이구아란(미나라 불렀다.)은 리오프리 강어귀에서 새벽녘까지 피난처를 찾아야 했던 그 무시무시한 여행을 한 번 한 이후로는, 최대로 위급한 상황에 처하지 않으면 강을 건너가면서까지 피난을 하는 위험은 감수하려 들지 않았다.

그날 밤은 다행스럽게도 물살이 잔잔했다. 동트기 조금 전, 바람을 쐬려고 뱃머리로 갔다. 별처럼 물에 떠 있는 어선들의 불빛이 유리창 너머로 보였다. 불빛은 셀 수 없을 정도로 많았고, 모습이 보이지 않는 어부들의 말소리가 마치 여럿이 두런두런 대화를 나누는 것처럼 들렸다. 그들의 목소리가 늪 안에서 기괴한 공명음을 만들어 내고 있었기 때문이다. 뱃머리 난간에 팔꿈치를 괸 채 산맥의 윤곽을 가늠하고 있을 때 갑자기 향수의 발 갈퀴가 처음으로 나의 가슴을 후볐다.

내 유년 시절의 어느 날 새벽, 빠빨렐로와 함께 배를 타고 시에나가 그란데를 건너가고 있을 때 빠빨렐로는 나를 어느 선실에 재워 놓고 술집으로 가 버렸다. 녹슨 선풍기가 윙윙거리고 침실 철판이 요란스럽게 흔들거리는 가운데 와자지껄한 사람들 소리 때문에 내가 잠에서 깨어났을 때가 도대체 몇 시였는지는 잘 모르겠다. 당시 나는 채 다섯 살도 되지 않았던 때라 몹시 놀랐으나, 이내 평정을 되찾았고 꿈을 꾼 것이라 생각했다. 아침이 되자 배는 이미 시에나가 선창에 도착해 있었다. 외할아버지는 선실 창문을 열어 놓고 창틀에 거울을 매달아 면도칼로 수염을 깎고 있었다. 내 기억은 정확하다. 외할아버지는 내복 차림으로 아직 셔츠는 입고 있지 않았으나, 평생 차고 다니던 넓고 탄력 있는 푸른 줄무늬 멜빵을 하고 있었다. 외할아버지는 면도를 하면서 한 남자와 계속해서 얘기를 나누었다. 그 남자는 오늘 만나도 단박에 알아볼 수 있을 것 같다. 얼굴이 영락없이 매 형상이었다. 오른손에는 선원들 특유의 문신이 새겨져 있었고, 목에는 묵직한 금목걸이들을, 양 팔목에는 금팔찌들과 민무늬 링들을 차고 있었다. 내가 막 옷을 입고 침대에 앉아 신발을 신고 있을 때 그 남자가 외할아버지에게 말했다.

"대령님, 전혀 의심할 나위가 없다니까요. 그 사람들이 대령님을 물 속에 처넣으려고 했다고요."

외할아버지는 면도를 계속하면서 씩 웃더니 특유의 거만한 태도로 대꾸했다.

"그치들, 그 따위 짓을 했다간 경을 쳤겠지."

그때 나는 지난밤에 한바탕 소동이 일어났다는 사실을 직감했고, 누군가 외할아버지를 물속에 처박아 버릴 수도 있었다는 생각을 했다. 그것은 상당한 충격이었다.

결코 밝혀진 적이 없는 그 사건에 대한 기억이, 어머니와 함께 집을 팔러 가던 그날 새벽, 막 떠오르는 태양 빛에 파르스름하게 모습을 드러내는 산맥의 만년설을 바라보고 있던 나를 놀라게 만들었다. 운하에서 시간을 지체한 덕분에 우리는 바다와 늪지를 살짝 분리시키고 있던, 반짝반짝 빛나는 좁고 기다란 사주를 대낮에 볼 수 있었다. 그곳에는 어부들의 마을이 형성돼 있었고, 백사장에는 그물이 널려 있었으며, 비쩍 마른 지저분한 아이들이 헝겊을 뭉쳐 만든 공으로 축구를 하고 있었다. 불붙은 다이너마이트 봉을 제때에 던지지 않아 팔이 잘려 나간 많은 어부들을 거리에서 본다는 것은 충격적이었다. 배가 지나가자 아이들은 승객들이 던져 주는 동전을 찾기 위해 물속으로 뛰어들었다.

7시경, 시에나가 시에서 그리 멀리 떨어지지 않은, 악취 물씬 풍기는 어느 소택지(沼澤地)에 도달했다. 진흙탕 속에 있는 오물을 놓고 티격태격하던 가이나소‡들이 어지럽게 날아오르는 가운데, 무릎까지 진흙을 묻힌 한 무리의 하역 인부들이 팔로 우리를 껴안아 배에서 내린 후 물을 첨벙거리며 선창까지 데려다 주었다. 선창가 식당에서 늪에서 잡은 맛있는 흑도미와 초록색 쁠라따노‡‡ 튀김으로 천천히 아침 식사를 하고 있을 때 어머니가 나와의 전쟁을 재개해 선제권을 잡고 나섰다.

"그럼 한 가지만 말해 다오." 어머니는 눈길을 들지 않은 채 말했다. "네 아버지에게 뭐라 전해 주리?"

나는 생각할 시간을 벌기 위해 애를 쓰고 있었다.

"뭐 말이에요?"

"네 아버지가 유일하게 관심을 갖고 있는 바로 그 문제." 어머니가 조금 짜증 섞인 어투로 말했다. "네 학업 문제 말이다."

‡ 중남미산 독수리의 일종.
‡‡ 바나나의 일종.

그때 다행스럽게도, 같은 테이블에서 식사를 하던 손님 하나가 우리의 격렬한 대화에 궁금증이 동했는지, 주제넘게도 내 생각을 들어보고 싶어 했다. 자신의 개인적인 삶에 관해서는 조심성이 대단한 여자인 어머니가 그 사람에게 즉각적인 대답을 한지라, 나는 약간 움츠러들었을 뿐만 아니라 놀라기까지 했다.

"얘가 작가가 되고 싶다는 거예요."

"좋은 작가가 되면 많은 돈을 벌 수 있죠." 그 남자가 진지하게 대꾸했다. "정부 일을 한다면 더욱더 그렇고요."

신중한 어머니가 화제를 슬그머니 바꾸었기 때문인지, 아니면 예기치 않게 대화에 끼어든 제삼자의 주장에 대해 어머니가 두려움을 느꼈기 때문인지는 잘 모르겠지만, 결국 두 사람은 내 세대의 불안정성에 대해 의견의 일치를 보고 과거에 대한 그리움을 공유하게 되었다. 마침내 두 사람은 서로 공통적으로 아는 사람들의 이름이 없는지 넌지시 떠보았고, 결국 우리의 이구아란 집안과 그 남자의 꼬떼스 집안이 인척 관계라는 사실을 알아냈다. 그 당시 카리브 해변 지역에서는 세 사람 가운데 두 사람에게 일어나는 흔한 일이었는데, 어머니는 매번 특이한 사건이나 된다는 듯 항상 즐거워하며 특별한 의미를 부여했다.

말 한 필이 끄는 2인승 사륜 마차를 타고 기차역까지 갔다. 말은 세상에서 이미 사라져 버린 전설적인 혈통의 마지막 후예일지도 모를 일이었다. 어머니는 항구 개펄에서 시작해 지평선과 맞닿아 있는, 질산염이 하얗게 뒤덮인 불모의 평원을 물끄러미 바라보았다. 그곳은 내게 역사적인 장소였다. 세 살인가 네 살쯤 되었을 때였다. 난생처음 바랑끼야로 가고 있었는데, 외할아버지는 어디로 가는지도 설명하지 않은 채 내 손을 잡아끌어 빠른 속도로 그 뜨거운 황무지를 통과했고, 이내 우리는 거품이 뽀글거리는, 초록색 물로 뒤덮인 광활한 지역과 마주하게 되었다. 질식해 죽은 암탉들이 물 위에 쫙 깔려 있었다.

"바다란다." 외할아버지가 내게 말했다.

그 광경에 취해 있다 깨어난 내가 그 반대편 기슭에는 무엇이 있는지 외할아버지에게 묻자 외할아버지는 망설이지 않고 대답했다.

"반대편에는 기슭이 없단다."

그동안 수많은 바다를 앞에서도 보고 뒤에서도 보아 온 나는 당시 외할아버지가 내게 해 준 그 대답이 외할아버지가 평생 내게 해 준 위대한 대답들 가운데 하나였다는 생각을 여전히 하고 있다. 어찌 되었든, 내가 당시까지 바다에 대해 가지고 있던 그 어떤 이미지도 그 더럽고 광활한 바다의 모습과는 일치될 수 없었다. 질산이 함유된 모래가 뒤덮인 해변은 썩은 홍수 나뭇가지 더미들과 날카로운 달팽이 껍질들이 사방에 깔려 있어 도저히 걸을 수가 없는 지경이었다. 소름 끼치는 광경이었다.

마차 왼쪽으로 바다가 나타나자마자 어머니가 한숨을 내쉬며 다음과 같이 말했던 것으로 보아, 어머니 역시 시에나가 바다를 보고 같은 생각을 했음에 틀림없었다.

"리오아차 바다처럼 넓은 바다는 세상에 없지!"

물에 빠져 죽은 암탉들에 관한 기억을 어머니에게 들려주었다. 어머니는, 모든 어른들처럼, 그건 아이의 착각이라 생각했다. 어머니는 길목에서 마주치게 되는 장소를 하나하나 계속해서 응시했다. 어머니는 입을 다물고 있었지만, 나는 어머니의 침묵 속에서 감지되는 변화를 통해 어머니가 각각의 장소에 관해 무슨 생각을 하는지 알 수 있었다. 기찻길 반대편에 있는 홍등가 앞을 지나갔다. 녹슨 지붕을 이고 있는 작은 집들은 색깔이 각기 달랐다. 빠라마리보산(産) 늙은 앵무새들이 추녀에 매달린 둥근 테에서 포르투갈어로 손님을 부르고 있었다. 돔형 철판으로 덮어 놓은 기관차 급수장을 통과했다. 철새들과 길 잃은 갈매기들이 잠을 자기 위해 돔 안으로 들어가고 있었다. 시내로 들어가지 않고 주변을 빙 돌면서, 인적 없는 넓은 길들과 바닥에서 천장에 이르는 커다란 창문들이 달린 1층짜리 집들을 보았다. 영광스러운 과거의 흔적이 남아 있는 그 집들에서는 새벽부터 시작된 피아노 연습이 끝없이 지속되고 있었다. 갑자기 어머니가 손가락으로 어느 곳을 가리키며 말했다.

"저기 봐라. 저기가 바로 세상이 끝나는 곳이었단다."

나는 어머니가 가리키는 손가락 끝을 좇았다. 역사(驛舍)였다. 'ㅅ' 자 형태의 양철 지붕에 일렬로 발코니들이 달린, 껍질 벗긴 통나무로 지은 건물이 있고, 건물 앞에 작고 황량한 광장이 있었다. 200명도 채 수용하지 못할 것 같은 광장이었다. 그날 어머니가 내게 정확히 알려 준 바에 따르면, 그곳은 1928년에 몇 명인지는 알 수 없으나 바나나 농장 일용 노동자들이 군대에 의해 학살된 곳이었다. 나에게 기억력이란 것이 생긴 후 외할아버지는 나에게 그 이야기를 들려주었고, 그런 일은 그 뒤로도 천 번 정도 되풀이되었기 때문에, 나는 마치 그 광경을 직접 목격한 것처럼 잘 알고 있었다. 파업에 참가한 노동자들을 범죄 집단으로 선포하는 법규를 읽고 있는 군 장교, 5분 이내에 광장을 떠나라는 장교의 명령을 받고도 무시무시한 뙤약볕 아래 꿈쩍도 하지 않는 성인 남녀와 어린이 3,000명, 발사 명령, 이글이글 타오르는 침(針) 같은 섬광들을 토해 내는 기관총 소리, 지칠 줄 모르는 기관총이 군중 숫자를 싹둑싹둑 가지런히 잘라 내는 사이 공포에 질려 한쪽으로 휩쓸리는 군중.

과거에, 기차는 오전 9시에 시에나가에 도착해 배를 타고 온 승객들과 시에라 네바다에서 내려온 사람들을 태우고 15분 뒤 바나나 재배 지역 안으로 들어갔었다. 그날, 어머니와 나는 8시가 지났을 무렵 역에 도착해 있었으나 기차는 예정보다 많이 연착되고 있었다. 그럼에도 불구하고 승객은 우리뿐이었다. 텅 빈 객차 안에 들어서자마자 그 사실을 알아차린 어머니가 들뜬 목소리로 소리쳤다.

"이런 호사를 누리다니! 우리 둘이 기차를 통째로 전세 냈구나!"

시간이 남긴 황폐한 자취는 텅 빈 객차들만 봐도 단박에 알 수 있는 문제였기 때문에 나는 어머니가 실망스러운 마음을 감추기 위해 그처럼 즐거움을 가장했다는 사실을 잘 알고 있었다. 낡은 이등 객차였으나 의자는 버들가지로 만든 것이 아니었고, 창에는 내렸다 올렸다 할 수 있는 유리창도 없었다. 대신 가난뱅이들의 반들반들하고 뜨끈뜨끈한 바지 엉덩이에 닳은 기다란 나무 의자들이 놓여 있었다. 과거 기차들과 비교해 보았을 때 그 객차뿐만 아니라 기차 전체가 유령 같은 몰골이었다. 예전에는 기차가 세 개의 등급으로 분류되어 있었다. 삼등 칸은 가난한 사람들이 타는 것으로, 바나나 도살장으로 끌려가는 암소들을 운반하는 유개 화차(有蓋貨車)였는데, 널빤지로 둘러친 그 화차에 그나마 있는 것은 거친 나무로 만든 기다란 승객용 벤치였다. 이등 칸에는 버들가지로 만든 의자가 있었고, 내외장이 청동이었다. 정부 관료들이나 바나나 농장 간부들이 타는 일등 칸의 복도에는 카펫이 깔려 있었고, 빨간 우단 커버를 씌운 안락의자는 앞뒤로 위치를 바꿀 수 있었다. 농장 총감독이나 그의 가족, 또는 농장의 중요 손님들이 탈 때는 기차 뒤에 호화 객차 한 대를 연결시켰다. 그 객차의 색유리 창에는 금박 입힌 상인방(上引枋)이 설치되어 있었고, 무개 테라스에는 여행하는 동안 차를 마실 수 있는 탁자들이 놓여 있었다. 그 환상적인 객차 안에 탄 사람들 가운데 내가 아는 사람은 단 한 명도 없었다. 외할아버지는 그 지역 군수를 두 번이나 역임하고 돈에 관한 한 경솔한 판단을 하기도 했지만, 친척 여자와 함께 여행할 경우에만 이등 칸을 탔다. 사람들이 왜 맨날 삼등 칸만 타고 다니느냐고 외할아버지에게 물을 때면 "사등 칸이 없기 때문이죠."라고 대답했다. 어찌 되었든, 가장 기억에 남는 것은 과거에는 기차가 정확한 시각에 운행되었다는 점이다. 마을 사람들이 기적 소리를 듣고 시계를 맞출 정도였으니까.

그날 기차는 이런저런 이유로 한 시간 반이나 늦게 출발했다. 기차가 아주 천천히 음산하게 삐걱거리는 소리를 내며 달리기 시작했을 때 어머니는 성호(聖號)를 그렸으나 이내 현실로 되돌아왔다.

"기차 용수철에 기름을 쳐야겠구나."

객차 안에, 아니 아마도 열차 전체에 손님이라고는 우리밖에 없었을 것이다. 그 때문에 그 순간까지 진정 내 관심을 끄는 것은 아무것도 없었다. 줄담배를 피우며 『팔월의 빛』의 권태로움에 빠져 있던 나는 가끔씩 스쳐 지나가는 마을들을 확인하기 위해 재빨리 눈길을 돌리기도 했다. 기차는 길게 기적을 울리며 늪지대 소택지들을 가로질렀고, 뼈가 덜덜 떨릴 정도의 속력으로 주홍색 돌들을 쌓아 만든 통로로 들어갔다. 객차에서 나는 소리가 어찌나 큰지 도저히 참을 수가 없을 정도였다. 15분 정도 지나자 기차는 속도를 줄였고, 은밀하게 숨을 한 번 고르더니 바나나 농장의 선선한 그늘 속으로 들어갔다. 대기는 더욱더 짙어졌으며 이제 바닷바람은 느껴지지 않았다. 나는 소설 읽기에 깊이 몰두한 나머지 우리가 바나나 재배 지역의 밀폐된 왕국 안에 들어와 있다는 사실도 모르고 있었다.

　세상은 변해 있었다. 철길 양옆으로 끝이 보이지 않을 정도로 긴 바나나 농장 도로들이 대칭적으로 뻗어 있고, 그 길들을 통해 초록색 바나나 송이를 실은 소달구지들이 왔다 갔다 하고 있었다. 바나나 나무가 들어서지 않은 공간에는 예상치 않게도 빨간 벽돌로 지은 숙소들, 창에 아마포 차양이 쳐지고 천장에 날개형 선풍기가 달린 사무실들이 있었고, 양귀비를 심어 놓은 어느 밭에는 병원 건물 한 채가 외롭게 서 있었다. 강기슭에는 빠짐없이 마을이 있고 강을 가로지르는 철교가 있었다. 기차는 기적 소리를 울리며 철교를 통과했다. 차가운 강물에서 멱을 감던 소녀들이 기차가 지나가는 것을 보고, 막 봉긋해지려는 젖가슴을 내보이면서 송어처럼 물위로 튀어 오르는 바람에 적잖게 당황하기도 했다.

　리오프리오 마을에 도착했다. 전국에서 가장 맛있다고 평가되는, 산에서 딴 아보카도가 가득 든 배낭을 짊어진 아르우아까 부족의 가족들이 기차에 올랐다. 그들은 앉을 자리를 찾아 소심한 태도로 객차 안을 살금살금 돌아다녔다. 기차가 다시 움직이기 시작했을 때, 우리가 탄 객차에는 갓난아기를 데리고 있는 백인 여자 둘과 젊은 신부 하나만 남게 되었다. 아기는 기차가 종착역에 도착할 때까지 줄곧 칭얼거렸다. 신부는 탐험가용 장화와 모자를 갖추었고, 거친 리넨으로 지은 검은 사제복을 입고 있었다. 배의 돛처럼 군데군데 사각형 천을 덧대 꿰매 놓은 것이었다. 신부는 아기가 울고 있는 와중에도 줄곧 강론을 하듯 말을 읊어 댔다. 강론 테마는 바나나 회사가 돌아올 가능성이었다. 바나나 회사가 철수한 이후 그 지역의 화젯거리는 오직 바나나 회사뿐이었다. 바나나 회사가 돌아오기를 바라는 측과 돌아오지 않기를 바라는 측으로 의견이 갈려 있었는데, 각각 자신들의 주장을 굽히지 않고 있었다. 신부는 바나나 회사가 돌아오지 않기를 바라는 쪽이었다. 신부가 지나치게 개인적인 논리로 자기 주장을 펼쳤기 때문에 두 여자는 시큰둥한 반응을 보였다.

"바나나 회사가 지나가는 곳은 어디나 폐허가 되고 말지요."

신부가 한 말 가운데 독창적인 것이라고는 이 말밖에 없었으나 신부는 이 말에 대해서도 논거를 제시하지 못했고, 아기를 안고 있던 여자는 신부의 말을 듣자마자 하느님이 신부 편을 들지 않을 거라고 말함으로써 신부를 곤혹스럽게 만들어 버렸다.

항상 그렇듯, 향수는 나쁜 기억을 지우고 좋은 기억을 확장한다. 그 누구도 향수의 맹공으로부터 도망치지 못한다. 객차 창문을 통해 집 문간에 앉아 있는 남자들이 보였다. 그들의 얼굴에는 그들이 무엇을 기다리고 있는지가 역력히 드러났다. 질산 섞인 모래가 깔려 있는 물가에서 빨래를 하던 여자들이 그 남자들과 같은 희망을 가슴에 품은 시선으로 기차가 지나가는 것을 바라보곤 했다. 서류 가방 하나만 달랑 든 채 도착하는 외국인을 보면 누구든 과거의 무언가를 되살려 주기 위해 돌아온 유나이티드 프루트 컴퍼니의 직원으로 여길 정도였다. 사람들은 서로 만나기만 하면 누구를 찾아가거나 편지를 쓸 때도, 마치 당연하다는 듯이 다음과 같은 말을 금과옥조처럼 내뱉었다. "바나나 회사가 돌아온대요." 누가 언제 왜 그런 이야기를 했는지는 모르겠지만, 아무도 그 사실을 의심하려 들지 않았.

어머니는 자신이 그런 환영들로부터 자유로워졌다고 믿고 있었다. 친정 부모님이 세상을 뜨자마자 아라까따까와 모든 관계를 끊어 버렸기 때문이다. 그런데 어머니의 꿈은 종종 어머니를 배반했다. 적어도,

어머니가 아침 식사를 하면서 얘기를 꺼낼 정도로 깊이 간직하고 있던 하나의 꿈은 어머니를 배반했다. 그 꿈은 항상 바나나 재배 지역과 관련하여 어머니가 품고 있던 동경들과 연관되어 있었다. 과거의 가장 고생스럽던 순간에도, 어머니는 바나나 회사가 돌아오면 집값을 현재 시세의 네 배까지 받을 수 있을 거라는 희망 때문에 집을 팔지 않았다. 하지만 결국, 어머니는 무겁디무거운 현실적 압력에 굴복하고 말았다. 기차 안에서 바나나 회사가 돌아올 시점에 있다는 신부의 말을 들었을 때는 실망하는 표정을 짓더니 내게 귓속말을 했다.

"조금만 더 기다렸다가 집을 팔면 돈을 더 받을 수 있을 텐데, 애석하구나."

신부가 얘기를 이어 가는 사이 우리는 군중이 모인 광장의 뙤약볕 아래서 악단 하나가 야외 연주회를 하고 있는 어느 지역을 통과하고 있었다. 모든 마을이 다 똑같아 보였다. 빠빨렐로가 나를 안또니오 다 꼰떼의 휘황찬란한 신축 올림피아 극장에 데려갔을 때 카우보이 영화에 등장하는 기차역들이 우리 기차역과 유사하다는 생각을 했었다. 나중에 포크너를 읽기 시작했을 때는 그의 소설들에 등장하는 마을들이 우리 마을 같다는 생각을 했다. 유나이티드 프루트 컴퍼니가 구세주라도 된다는 듯이 그들의 건축 방식에 영감을 받아, 그 회사 임시 막사의 스타일을 그대로 모방한 것이었기 때문에 그렇게 생각하는 것은 당연했다. 나는 그런 마을에는 한결같이 광장에 교회가 있고, 요정 이야기에나 나올 법한 원초적인 색깔을 칠한 작은 집들이 있다는 사실을 기억하고 있었다. 땅거미가 깔릴 무렵 노래를 부르던 흑인 노동자 무리들, 화물 열차가 지나가는 모습을 보기 위해 일꾼들이 앉아 있던 농장 오두막들, 토요일 밤 진탕 퍼마시고 정신없이 놀다가 목이 잘린 마체떼‡꾼들이 새벽녘에 발견되던 도랑들, 아라까따까와 세비야의 철도 반대편에 있는 미국인 특별 거주 지역도 기억하고 있었다. 그 지역에는 전기 장치가 되어 있는 거대한 닭장처럼 철조망이 둘러쳐 있었는데, 상쾌한 여름날 새벽이면 철조망에 감전된 제비들이 새까맣게 달라붙어 있었다. 공작새와 메추라기들이 노니는 파랗고 완만한 초원들과 창문에 철망이 달린 빨간 지붕 저택들, 먼지를 잔뜩 뒤집어쓴 야자수와 장미 나무 사이 테라스에서 식사를 할 때 사용하던 접의자들이 딸린 작은 원탁들을 기억하고 있었다. 가끔씩은 철조망을 두른 담 사이로 모슬린 옷을 입고 챙 넓은 가제 모자를 쓴 미인들이 황금 가위로 성의 없이 정원의 꽃을 따는 모습이 보이기도 했다.

  내가 이미 소년이 되었을 때조차도 이 마을 저 마을을 서로 구분하기란 쉽지 않았다. 20년이 지났어도 상황은 별반 달라지지 않았다. 역사 입구에 붙어 있던, 목가적인 마을 이름들(뚜꾸린까, 구아마치또, 네에를란디아, 구아까마얄)이 적힌 현판들이 떨어져 나가 버린 데다, 모든 마을들이 내 기억 속 모습보다 더 황량했기 때문이다. 오전 11시 30분경 기차는 세비야에서 멈춰 기관차를 교체하고 물을 실었다. 지루한 15분이었다. 더위가 시작되고 있었다. 기차가 다시 출발했고, 새로 교체된 기관차는 가속을 할 때마다 한바탕 매연을 뿜어냈다. 그 연기가 유리 없는 창을 통해 들어와 검은 눈발처럼 우리를 휩싸 버렸다. 신부와 여자들은 어느 마을에선가 우리가 알지 못하는 사이 기차에서 내리고 없었다. 어머니와 나, 단둘만 여행하게 되었다는 사실에 기분이 우울해졌다. 내 앞에 앉아 있던 어머니는 창 밖을 내다보다가 두세 번 꾸

---

‡ 나무나 사탕수수, 잡풀 등을 벨 때 쓰는 기다랗고 투박한 칼.

벅꾸벅 졸았으나 이내 잠에서 깨어나 내게 또다시 무시무시한 질문을 던졌다.

"그래, 네 아버지에게 뭐라 전하리?"

어머니는 내 스스로 결정을 번복하도록 만들기 위해 내 약점을 잡으려 했지만 나 역시 결코 포기하지 않을 생각이었다. 얼마 전 어머니가 제시한 타협안 몇 개를 한마디로 일축했다고 해서 어머니의 후퇴가 그리 오래가지 않으리라는 사실 또한 알고 있었다. 하지만 그래도 이 새로운 공격에는 순간 놀라지 않을 수 없었다. 또다시 소모적인 전투 한 판을 준비한 채 전보다 더 차분하게 어머니에게 대답했다.

"제 인생에 되고 싶은 건 작가밖에 없다고 아버지께 말씀해 주세요. 전 그렇게 될 거예요."

"전공에 상관없이 대학만 졸업하면, 네가 뭐가 되든 아버지는 반대하지 않으실 거다."

어머니는 짐짓 우리의 대화보다는 차창 밖으로 스쳐 지나가는 삶에 관심이 더 있다는 듯 나를 쳐다보지도 않은 채 말을 하고 있었다.

"제가 포기하지 않으리라는 걸 아시잖아요. 어머니가 고집을 피우시는 이유가 뭔지 모르겠어요."

내 말이 떨어지기 무섭게 어머니의 시선이 나를 향하더니, 심문하는 듯한 어조로 물었다.

"왜 내가 그걸 안다고 생각하는 거냐?"

"어머니와 저는 아주 많이 닮았잖아요."

기차는 주변에 마을의 자취가 없는 어느 역에서 멈추더니, 잠시 후 어느 농장 앞을 지나갔다. 우리가 그곳까지 가는 동안 본 바나나 농장들 가운데 처음으로 농장 이름을 새긴 현판이 붙은 곳이었다. '마꼰도

(Macondo)'라는 이 농장의 이름은 외할아버지를 따라 처음 여행을 다녔을 때부터 줄곧 내 관심을 끌었다. 이제 어른이 되고 보니 내가 그 이름의 시적(詩的) 울림을 좋아했던 것이다. 나는 누가 그 이름을 말하는 것을 들어 본 적도 없고, 나에게 그 이름이 무슨 의미가 있는지 자문해 보지도 않았다. 하지만 나는 내 책 세 권에 등장하는 상상의 마을에 그 이름을 붙였다. 우연히 어느 백과사전에서 그것이 나무의 이름이라는 것을 발견했던 것이다. 꽃도 피지 않고 열매도 맺지 않으며 가볍고 스펀지 같아 카누나 부엌 세간들을 만드는 데 사용되는, 세이바 나무와 유사한 열대 나무. 나중에 『브리태니커 백과사전』을 통해 탕가니카에 마콘도(Makondo)라 불리는 유목 부족이 존재한다는 사실을 알게 되었고, 그래서 그 부족 이름에서 나무 이름이 유래했을 거라는 추측을 했다. 하지만 그 문제에 관해 확인해 보지도 않았고 나무를 직접 본 적도 없었다. 사실, 바나나 재배 지역에서 여러 차례 그 나무에 관해 물었으나 내게 설명해 줄 수 있는 사람은 아무도 없었다. 아마도 그런 이름의 나무는 결코 존재하지 않았을 수도 있다.

과거에는 기차가 11시에 마콘도 농장을 지나 10분 뒤 아라까따까에 멈췄다. 어머니와 함께 집을 팔러 가던 그날은 한 시간 반이나 늦게 마콘도 농장을 지나는 터였다. 내가 화장실에 있을 때 기차는 속도를 올리기 시작했고, 낡은 객차들에서 나는 요란한 소음, 기관차가 내뿜는 무시무시한 기적 소리와 뒤섞인 한줄기 뜨겁고 건조한 바람이 깨진 창문을 통해 들어왔다. 가슴이 몹시 두근거렸고, 한속과 욕지기가 일어 뱃속이 어는 것 같았다. 지진이 일어났을 때 느껴질 것 같은 공포에 휩싸인 채 급히 화장실을 나왔다. 차분하게 자리를 지키고 앉아 있는 어머니는 이제 다시 살아볼 수 없는 지나간 삶의 순간적인 섬광처럼 유리창 너머로 스쳐 지나가는 장소들을 큰 소리로 불러보았다.

"금이 묻혀 있다는 소리를 듣고 외할아버지가 사신 땅이 저기 저 땅이다."

정원에 꽃이 만발하고, 현관에 "태양은 모두를 위해 비춘다(The sun shines for all)"라는 간판이 붙어 있는, 그리스도 재림론자들의 집이 유성처럼 스쳐 지나갔다.

"네가 처음으로 배운 영어 문장이란다."

"제가 아는 유일한 문장이에요."

기차는 시멘트 다리와 탁한 물이 흐르는 관개 수로를 지나갔다. 관개 수로는 강 물길을 바꿔 농장에 물을 대기 위해 미국인들이 건설한 것이었다.

"저기가 바로 매춘부 동네다. 사내들이 촛불 대신 돈 다발에 불을 붙여 들고 새벽까지 짝짓기 춤을 추던 곳이지."

둑길에 놓여 있는 벤치들, 햇빛 때문에 적갈색으로 변한 편도 나무들, 내가 글 읽는 법을 배운 작은 몬테소리 학교 정원이 보였다. 일순간, 2월의 햇빛 찬란한 일요일을 맞은 그 마을 전체의 모습이 차창에 비쳤다.

어머니가 소리쳤다.

"역이다! 이젠 아무도 기차를 기다리지 않는 걸 보니 세상이 참 많이도 변했구나."

기관차가 막 기적 소리를 울렸다. 그리고 속도를 줄이더니 길게 한숨을 내쉬며 멈춰 섰다. 무엇보다 나를 놀라게 한 것은 정적이었다. 두 눈을 가리고도 세상의 다른 정적들과 구분할 수 있을 것 같은 물질적인 정적. 아지랑이가 너무 강렬하게 피어오르고 있었기 때문에 모든 이미지가 물결무늬 유리를 통과한 것처럼 느껴졌다. 인간의 삶에 대한 흔적이 전혀 없었고, 모든 것이 희미하게 흩날리는 뜨거운 먼지를 뒤집어쓰고 있었다. 어머니는 황량한 거리에 드러누워 있는 죽은 마을을 바라보며 몇 분 동안 자리를 지키고 앉아 있다가 공포에 질린 듯 소리를 질렀다.

"이럴 수가!"

그 말은 어머니가 기차에서 내리기 전에 내뱉은 유일한 말이었다.

기차가 그곳에 멈춰 있는 동안에는 우리 둘만 그곳에 있는 것은 아니라는 느낌이었다. 하지만 귀청이 찢어질 듯한 기적을 울리며 기차가 떠나 버리자, 어머니와 나는 무시무시한 태양 아래 버림받은 사람처럼 남겨지고 말았다. 마을을 휘감고 있던 슬픔이 통째 우리를 엄습했다. 하지만 우리는 아무 말도 하지 않았다. 양철 지붕에다 발코니가 있는 낡은 목재 역사는 카우보이 영화에 나오는 모습과 하나도 다르지 않았다. 단지 그것들이 열대 지방에 있다는 것을 제외하곤. 우리는 뚫고 나오려는 잡초의 힘 때문에 바닥 판석에 금이 가기 시작한 버려진 역을 가로질러 열심히 편도 나무 그늘을 찾았다. 한낮의 노곤한 졸음이 밀려왔다.

나는 할 일이 없다는 이유로 그렇게 무기력한 낮잠이나 자는 것을 어렸을 때부터 혐오했다. "우리 지금 낮잠 자고 있으니까, 조용히들 해." 사람들이 잠결에 투덜거렸다. 가게, 관공서, 학교들은 12시에 문을 닫아 오후 3시 조금 못 미처 문을 열었다. 집들의 내부 분위기는 지옥과 천당 사이의 무기력 상태와 같았다. 더위와 졸음을 도저히 참을 수 없는 사람들은 마당에 해먹을 걸어 놓거나 편도 나무 그늘 아래에 걸상들을 놓기도 하고, 길거리에 앉아 잠을 자기도 했다. 역 앞에 있는 호텔과 호텔에 딸린 선술집, 당구장과 교회 뒤 전신국만이 문을 열어 놓았다. 모든 것이 기억 속에 들어 있었으나 더 작고 더 볼품없었으며, 숙명이라는 폭풍우에 휩쓸려 있었다. 좀이 먹어 버린 집들, 녹이 슬어 군데군데 구멍이 뚫린 양철 지붕들, 화강암으로 만든 벤치 부스러기들과 서글퍼 보이는 편도 나무들이 서 있는 둑길. 시야를 흐릿하게 만들고 피부를 뿌옇게 만드는, 눈에 보이지 않는 뜨거운 먼지 때문에 모든 것들의 형체가 변해 있었다. 철로 반대편에 있던 바나나 회사 소유의 낙원은 이제 전기 철조망을 두른 담도 야자수도 없는, 양귀비들과 불에 탄 병원 건물 잔해 사이에 집들이 무너져 내린 광활한 잡초지가 되어 있었다. 문 한 짝도 어느 담의 틈새 하나도 남아 있지 않았고, 내게 아무런 감흥도 추억도 주지 못했고 인간의 흔적 하나 느껴지지 않았다.

어머니는 상복 안으로 땀도 거의 흘리지 않고 말 한마디 없이 천천히 아주 똑바로 걷고 있었으나 죽은 사람처럼 창백한 피부와 날카로운 옆얼굴은 어머니의 심정을 여실히 드러내 주었다. 둑길 끝에서 처음으로 사람을 보았다. 궁색한 티가 흐르는 몸집 작은 여자였다. 하꼬보 베라까사 길모퉁이에서 나타나 작은 백랍 냄비 하나를 든 채 우리 옆으로 지나갔는데, 잘 닫히지 않은 냄비 뚜껑이 그녀의 걸음걸이에 맞춰 딸그락거렸다. 어머니가 그녀를 쳐다보지 않은 채 내게 소곤거렸다.

"비따구나."

나는 비따를 알아보았다. 어렸을 때부터 외할아버지 댁에서 식모로 일하던 여자였다. 비따가 우리에게 눈길을 주기만 했더라도, 그동안 우리가 제아무리 많이 변했을지언정 우리를 알아보았을 것이다. 하지만 그러지 않았다. 비따는 우리 곁을 스쳐 다른 세상으로 가 버렸다.

‡ 에스파냐어에서 호텔은 모든 숙박업소를 통칭하여 이르는 말이다. 따라서 여기서 말하는 호텔은 우리가 생각하는 고급 호텔이 아니다.

우리가 비따를 본 그날보다 훨씬 전에 비따는 죽었던 것이 아닐까? 오늘도 나는 자문해 본다.

길모퉁이를 돌아섰을 때는 샌들 틈새로 들어온 먼지 때문에 발이 따끔거렸다. 황량한 곳에 방치되어 있다는 느낌은 참을 수 없을 정도였다. 나는, 자기 집 문을 따고 들어가려던 도둑에게 총을 쏘아 죽여 버린 후 일주일이 지나 그 도둑의 어머니와 누이를 보던 마리아 꼰수에그라의 심정으로, 나 자신을 바라보고 어머니를 바라보았다. 내가 어렸을 때 일어난 일이었다. 새벽 3시경 마리아 꼰수에그라는 누군가 집 현관문을 강제로 열려 하는 소리에 잠에서 깼다. 그녀는 어둠 속에서 조용히 침대에서 일어나 더듬더듬 옷장 속을 뒤졌다. 그리고 천일전쟁 이후로는 그 누구도 손댄 적이 없는 고풍스러운 리볼버 권총 한 자루를 찾아 들고는 어둠 속에서 문고리 높이를 정확하게 겨냥했다. 두 손으로 총을 받쳐 들고 두 눈을 감은 채 방아쇠를 당겼다. 그때까지 총 한 번 쏘아 본 적이 없었으나 총알은 문을 뚫고 나가 목표물에 명중되었다.

내가 난생처음 본 주검이었다. 아침 7시 학교에 가기 위해 그곳을 지나는데, 문 앞 보도에 말라붙은 피 위에 주검이 널브러져 있었다. 탄환이 코를 뚫고 들어가 한쪽 귀로 나오는 바람에 얼굴이 심하게 뭉개져 있었다. 오색 줄무늬가 들어간 선원용 티셔츠와 용설란으로 만든 노끈을 혁대 대신 차고 있는 평상복 바지 차림이었고 맨발이었다. 현관문 자물쇠를 따는 데 사용하던 수제 열쇠가 떨어져 있었다.

마을 유지들은 마리아 꼰수에그라 집으로 가 그녀가 도둑을 살해한 것을 애석해했다. 그날 밤 나는 빠빨렐로와 함께 그 집으로 갔다. 그녀는 그칠 줄 모르는 자신의 무용담을 듣고 있는 친구들의 열기에 둘러싸인 채, 거대한 공작새처럼 보이는 마닐라산 버드나무 안락의자에 앉아 있었다. 순전히 공포심 때문에 총을 쏘았다는 그녀의 말을 의심하는 사람은 아무도 없었다. 바로 그때 외할아버지가 총을 발사한 뒤 무슨 소리를 듣지 못했냐고 그녀에게 물었다. 그녀는 처음에는 깊은 정적이 흘렀는데, 나중에는 열쇠가 시멘트 바닥에 떨어지는 소리가 들렸고, 곧이어 "아이고, 어머니!"라는 고통스러운 목소리가 희미하게 들렸다고 대답했다. 짐작하건대 마리아 꼰수에그라는 외할아버지가 그런 질문을 하기 전까지는 그런 가슴 찢어지는 슬픔을 깨닫지 못하고 있었다. 그제야 그녀가 울음을 터뜨렸다.

사건이 일어난 것은 어느 월요일이었고, 그로부터 일주일이 지난 화요일 낮잠 자는 시각에, 나는 내 인생의 가장 오랜 친구 루이스 까르멜로 꼬레아와 팽이를 치고 있었다. 낮잠 자던 사람들이 평소와 달리 일찍 잠에서 깨어나 창문 밖으로 머리를 내미는 것을 보고 우리는 적잖이 의아하게 생각했다. 상복 입은 여자 하나가 시든 꽃다발을 신문지에 싸 들고 있는 열두어 살짜리 소녀를 대동한 채 황량한 거리에 모습을 나타냈던 것이다. 모녀는 자신들이 지나가는 모습을 무례하게 바라보는 사람들의 시선 따위는 아랑곳하지 않은 채 검은 양산으로 작열하는 뙤약볕을 가리고 있었다. 죽은 도둑의 어머니와 여동생으로, 무덤에 꽃을 가져가는 중이었다.

그 광경은 마을 사람 모두가 창문을 통해 지나가는 모녀를 바라보는, 하나의 동일한 꿈의 형태로 그 후 여러 해 동안 나를 쫓아다녔는데, 어느 단편에 그 이미지를 풀어 냄으로써 결국 떨쳐 버릴 수 있었다. 하지만 진실을 얘기하자면, 나는 어머니와 함께 집을 팔러 간 그날까지, 그 아주머니와 소녀가 겪었던 비극도 그녀들이 유지하던 침착하고 품위 있는 행동도 이해하지 못했다. 그 인적 없는 거리를 도둑이 죽은 바로 그 시각에 내 자신이 걸어가고 있다는 사실은 나를 적잖이 놀라게 했다.

"마치 내가 그 도둑처럼 느껴지네요."

어머니는 내 말을 이해하지 못했다. 마리아 꼰수에그라의 집 앞을 지날 때 어머니가 탄환이 뚫고 나온 구멍을 수선한 자국이 여전히 남아 있는 문에 눈길 한 번 주지 않았던 걸 보면 그건 분명했다. 몇 년 후 어머니와 함께 그 여행을 되새길 기회가 있었는데, 당시 어머니가 그 비극을 기억하고는 있었으나 애써 잊고 싶어했을 거라는 사실을 확인했다. 이런 점은 벨기에 사람으로 더 유명했던 돈 에밀리오가 살던 집 앞을 지나면서 더 명확해졌다. 그는 1차 세계대전에 참가했다가 노르망디 지뢰밭에서 두 다리를 잃어버린 역전의 용사로, 성령 강림절의 어느 일요일 시안화금(金)을 피워 놓고 좋지 못한 기억의 고통으로부터 영원히 벗어나 버렸다. 당시 나는 고작 여섯 살이었지만, 아침 7시에 전해진 그 소식으로 인해 벌어졌던 소동을 마치 어제 일처럼 기억하고 있다. 생생할 수밖에 없는 그 기억의 특성 때문이었는지, 어머니는 10년 만에 마침내 그 사건에 관해 침묵을 깼다.

"참 불쌍한 벨기에인이었어." 어머니가 한숨을 내쉬었다. "네가 말했다시피, 그는 더 이상 체스를 둘 수 없게 됐지."

우리는 곧장 집으로 갈 생각이었다. 그런데 막 한 블록 정도 걸어갔을 때, 어머니가 갑자기 걸음을 멈추더니 방금 전에 지나온 길모퉁이를 돌아갔다.

"이 길로 가는 게 더 낫겠다." 그리고 어머니는 내가 그 이유를 알고 싶어한다는 듯이 덧붙였다. "무서워서 그리론 못 가겠구나."

내가 속이 울렁거리고 가슴이 답답해진 이유 역시 알게 되었다. 두려움 탓이었다. 내 유년 시절 나를 괴롭히던 환영들을 만나게 될까 두렵기도 했지만 모든 것이 두려웠기 때문이다. 그래서 우리는 우리가 걸었던 그 거리와 평행으로 나 있는 거리를 걸어갔다. 우리 집 앞을 지나가지 않기 위해서였다. "누군가와 대화를 나누기 전에는 그 집을 볼 용기가 없었을 거야." 나중에 어머니는 내게 이렇게 말씀하셨다. 어머니는 아무런 예고도 없이 의사 알프레도 바르보사의 약국으로 나를 질질 끌 듯 데려갔다. 약국은 우리 집에서 백 보도 못 미치는 거리에 있었다.

의사의 부인 아드리아나 베르두고는 손으로 돌리는 구식 '도메스틱' 재봉틀 앞에서 바느질에 열중하느라, 어머니가 자기 앞으로 다가가 소곤거리듯 말할 때까지 아무런 인기척을 느끼지 못했다.

"대모님."‡

아드리아나는 두꺼운 원시 안경을 통해 멀뚱한 시선을 들어 올렸다. 그리고 안경을 벗고 나서 순간 동요하는 표정을 짓더니 두 팔을 활짝 벌린 채 신음 소리를 내뱉으며 자리를 박차고 일어났다.

"이게 얼마 만이래요, 대모님!"

어머니는 이제 카운터 너머에 있게 되었고, 두 사람은 부둥켜안은 채 아무 말 없이 퍽퍽 울기부터 했다. 카운터 반대편에 있던 나는 눈물만 흘려 대면서 이루어지고 있던 그 긴 포옹이 나 자신의 삶에서 항상

---

‡ 원어는 comadre(꼬마드레)로, 자식의 대모를 부를 때 사용하는 호칭인데, 이 책에서는 편의상 '대모'라 칭했다. 남자의 경우 원어는 compadre(꼼빠드레)로, 이 책에서는 '대부'라 칭했다. 둘 다 자식을 매개로 대부와 대모의 인연을 맺은 양가 부모들이 서로를 부를 때 사용하고, 친한 친구를 부를 때 사용하기도 한다.

일어나고 있던 회복할 수 없는 뭔가를 의미한다는 확신으로 몸을 떨면서 어찌 해야 좋을지 몰라 두 사람을 바라만 보고 있었다.

바나나 회사가 있던 시절에는 그 지역에서 가장 좋은 약국이었으나, 이제는 약장들 속에 약을 담은 유리 용기들 대신 금박 글자들이 새겨진 목 좁은 병 모양의 도기 몇 개만 들어 있었다. 재봉틀, 약국용 천평칭, 헤르메스의 지팡이,‡ 아직까지 작동되고 있는 진자시계, 히포크라테스의 선서가 새겨진 리놀륨 판, 헐거워진 흔들의자들. 내가 어린 시절에 보았던 모든 물건들이 여전히 같은 모습으로 같은 장소에 놓여 있었다. 하지만 시간의 녹이 끼여 색이 바랜 모습이었다.

아드리아나 자신은 희생물이었다. 예전과 다름없이 커다란 열대 꽃무늬가 박힌 옷을 입고 있었지만, 중년을 넘기면서도 명성이 자자하던 그 과격성과 신랄함은 이제 찾아보기가 쉽지 않았다. 그녀 주변에서 유일하게 변하지 않은 것이라곤 쥐오줌풀 냄새였다. 고양이들조차도 종종 정신을 혼미하게 만들어 버리는 냄새. 나는 평생 좌절감을 느낄 때마다 그 냄새가 생각났다.

아드리아나와 어머니가 울음을 그쳤을 때, 약국과 내실을 분리하고 있던 나무 칸막이 뒤에서 둔탁하고 짧은 기침 소리가 한 번 들렸다. 아드리아나는 과거 시절의 기품을 회복하고 나서 칸막이 뒤쪽을 향해 말했다.

"의사 양반, 여기 누가 오셨는지 맞혀 보세요."

무뚝뚝한 남자의 걸걸한 목소리가 칸막이 뒤에서 덤덤하게 물었다.

"누군데요?"

---

‡ 날개 달린 뱀 두 마리가 올리브 나무를 칭칭 감고 있는 형상으로 평화와 의술의 상징이다.

아드리아나는 대답 대신 우리더러 칸막이 뒤로 가 보라는 시늉을 했다. 별안간 유년 시절의 공포가 엄습해 몸이 얼어붙고, 입 속에 씁쓸한 침이 가득 고여 숨 쉬기조차 곤란해졌다. 우리는 한때 약국 실험실이었고 응급실로도 사용할 수 있도록 꾸며진 그 칙칙하고 어수선한 공간으로 들어갔다. 그곳에 늙은 사람들 가운데서도 가장 나이가 많고, 땅 위와 물속의 나이 든 모든 동물보다 더 나이가 많은 의사 알프레도 바르보사가 맨발에, 영락없는 고행 수도자의 수행복처럼 보이는 그 전설적인 거친 무명 파자마를 입은 채 삼으로 짠 해먹에 누워 있었다. 천장을 응시하고 있던 그는 인기척을 느끼자 고개를 돌려 투명하고 노란 눈으로 우리를 뚫어지게 쳐다보더니 이윽고 어머니를 알아보았다.

"루이사 산띠아가!" 그가 소리쳤다.

그는 낡은 가구가 세워지는 것처럼 힘들게 몸을 일으켜 해먹에 앉더니 완전히 사람으로 되돌아와서는 펄펄 끓는 손으로 우리의 손을 빠르고 힘차게 움켜쥐며 인사했다. 그는 내 표정이 굳어 있다는 것을 알아차리고는 이렇게 말했다. "1년 전부터 특이한 발열 증세가 있다네." 그러고 나서 그는 해먹에서 내려와 침대에 앉아 단숨에 우리에게 말했다.

"이 마을에서 무슨 일이 일어났는지 두 사람은 상상도 할 수 없을 거요."

그 한 문장은 어느 삶의 모든 것을 축약해 놓은 것으로, 나는 그 문장을 통해 아마도 항상 외롭고 쓸쓸한 남자였을 그의 모습을 충분히 엿볼 수 있었다. 그는 키가 크고 비쩍 마른 사람으로, 아무렇게나 자른 황금빛 머리카락은 아름다웠고, 활활 타는 듯한 노란 눈은 내가 유년 시절에 체험한 공포 가운데 가장 무시무시한 것이었다. 어느 오후 학교에서 돌아오는 길에 우리는 두려움과 동시에 묘한 호기심에 이끌려 그의 침실 창문을 기어오르곤 했다. 그는 더위를 이기기 위해 몸을 크게 움직여 해먹을 흔들어 대면서 그곳에 누워 있었다. 우리의 놀이는 그를 자세하게 관찰하는 것이었는데, 마침내 그는 우리가 자기를 엿보고 있다는 사실을 알아차리고는 갑자기 고개를 돌려 활활 타오르는 눈으로 우리를 뚫어지게 쳐다보았다.

그를 처음 본 것은 대여섯 살 먹었을 무렵 어느 날 아침이었다. 나는 학교 친구 몇과 더불어 그의 집 나무에 열린 거대한 망고를 훔치기 위해 그 집 뒤뜰로 잠입해 들어갔다. 그런데 갑자기 마당 구석 쪽에서 나무 판지로 지은 변소 문이 열리더니 그가 리넨 팬티 허리춤을 움켜쥔 채 나왔다. 의사들이 입는 하얀색 가운을 걸친 창백하고 앙상한 그는 외계에서 온 유령 같았는데, 지옥을 지키는 개처럼 노란 눈으로 나를 쳐다보았다. 친구들은 담에 난 개구멍으로 도망쳤으나 그가 미동도 하지 않은 채 나를 뚫어지게 쳐다보고 있었기 때문에 내 몸은 화석처럼 굳어 버렸다. 그는 내가 막 나무에서 딴 망고들을 보더니 내 손을 잡아당겼다.

"그 망고 이리 내!" 그는 몹시 멸시하는 시선으로 내 온몸을 쭉 훑어보더니 이렇게 덧붙였다. "남의 집 마당에서 물건이나 훔치는 좀도둑이로군."

나는 그의 발치에 망고들을 내던지고는 공포에 휩싸인 채 줄행랑을 쳐 버렸다.

그는 나만의 유령이었다. 혼자서 밖을 나다닐 때면 그의 집 앞을 지나가지 않도록 일부러 멀리 돌아다녔다. 어른들과 함께 다닐 때는 용기를 내 약국을 흘낏 쳐다보기도 했다. 카운터 뒤 재봉틀에 영원히 붙들려 있는 아드리아나를 보고, 침실 창문을 통해 그가 해먹을 사정없이 흔들어대고 있는 모습을 보았다. 그가 나를 한 번 쳐다보기만 해도 내 온몸에 소름이 돋았다.

의사 알프레도 바르보사는 베네수엘라의 독재자 후안 비센떼 고메스의 폭압적인 독재를 피해 라 구아히라 접경지대를 통해 콜롬비아로 탈출하는 데 성공한 무수한 베네수엘라 출신 사람들 가운데 하나로, 금세기 초에 그 마을에 도착했다. 그는 두 가지의 대립적인 힘, 즉 조국의 독재자의 폭정과 우리나라 바나나 산업의 번창에 대한 기대에 의해 영향받은 첫 번째 사람들 가운데 하나였다. 이곳에 도착한 이후 그는 의사로서의 뛰어난 안목과 (그 당시 사람들이 말했다시피) 고결한 심성 때문에 명성과 신망을 얻었다. 그는 내 외조모부 집에 가장 자주 드나드는 친구들 가운데 하나였다. 외조부모 집에는 기차를 타고 찾아올 사람이 누구이든 간에 항상 식사를 대접할 준비가 되어 있었다. 어머니는 의사의 큰아들 대모였고, 외할아버지는 그에게 자신을 방어하는 법을 가르쳐 주었다. 나는 그들 사이에서 자랐고 나중에는 에스파냐 민란을 피해 망명한 사람들 틈에서 성장했다.

그동안 잊고 지낸 그 망명객이 어린 시절 내게 야기하던 두려움의 마지막 발자취들은 어머니와 내가 그의 침대에 함께 앉아 마을을 휩쓴 비극에 관한 사연을 듣고 있는 사이 갑자기 사라져 버렸다. 그의 기억력은 대단해서 그가 들려주는 모든 것이 열기 가득한 방 안에 생생하게 펼쳐졌다. 모든 불행의 시초는 물론, 공권력에 의한 노동자들의 학살이었다. 하지만 여전히 역사적 진실에 대한 규명이 이루어진 것은 아니었다. 세 명 아니면 3,000명이 학살되었는가? 그는 아마도 3,000명은 아닐 거라고 말했으나, 그 수치란 것은 언급하는 사람들 자신이 지닌 고통의 정도에 따라 달라질 수 있는 것이었다. 이제 바나나 회사는 영원히 그 지역을 떠나고 없었다.

"미국 사람들 절대 돌아오지 않아요." 그가 결론지었다.

유일하게 확실한 것은 그들이 돈, 12월의 바람, 빵을 써는 칼, 오후 3시경의 천둥, 재스민 향기, 사랑, 그 모든 것을 가져가버렸다는 것이다. 남은 것은 먼지 뒤집어쓴 편도 나무들과 햇빛 반짝이는 거리들, 기억 때문에 황폐해져 말을 잃은 사람들이 사는 목조 가옥들과 녹슨 양철 지붕들뿐이었다.

양철 지붕에서 빗방울이 떨어지는 것 같은 요란한 소리가 들렸다. 그때 그가 놀라며 나를 바라보았는데 비로소 내게 처음으로 관심을 표명했다. "가이나소들이야. 하루 종일 지붕 위를 걸어다니지." 그러고 나서 그는 기운 없는 검지로 닫혀 있는 문을 가리키며 말했다.

"밤에 죽은 자들이 거리를 배회하고 있어. 저놈들은 그걸 느끼기 때문에 밤에는 더 요란스럽게 굴지."

그는 우리더러 함께 점심 식사를 하자고 했다. 집을 파는 문제는 형식만 갖추면 되기 때문에 초대에 응하는 것은 별 문제가 없었다. 그 집 세입자들이 바로 집을 살 사람들이었고, 자잘한 사항들은 전신을 통해 서로 합의가 된 상태였다. 그런데 시간이 넉넉할까 하는 생각이 들었다.

"시간은 남아돌아요." 아드리아나가 말했다. "이젠 열차가 언제 돌아올지 아무도 몰라요."

그래서 우리는 그들과 더불어 그 지방 토속 음식을 함께 들었다. 소박한 음식이었는데, 절대로 그들이 가난해서가 아니라, 식탁에서뿐만 아니라 삶의 모든 행위에서 그가 실천하고 주장하고 있던 절제의 규범에서 비롯된 선택이었다. 수프 맛을 보고 나자 그동안 잠들어 있던 모든 기억들이 깨어나는 듯한 느낌이었다. 내 유년의 맛, 내가 마을을 떠난 이후 잃어버린 바로 그 맛이 수프를 입에 넣을 때마다 고스란히 되살아나 내 가슴을 짓눌렀다.

대화가 시작되자, 의사는 내가 창문을 통해 그를 바라보던 때와 같은 나이로 내 앞에 있는 것처럼 느껴졌다. 그래서 의사가 어머니에게 말을 할 때처럼 진지하고 다정하게 나를 바라보았을 때는 주눅이 들어버렸다. 어렸을 때 나에게는 난처한 상황에 처했을 때 쉼 없이 눈을 깜박거리는 습관이 있었다. 곤혹스러운 마음을 숨기기 위해서였다. 그런데 의사가 나를 바라보았을 때, 그 시절의 그 제어할 수 없는 반사 작용이 갑자기 다시 살아났다. 더위는 참을 수 없을 정도가 되어 있었다. 과거를 그리워하는 저 사근사근한 노인이 어쩌다 내 유년 시절 공포의 대상이 되었는지를 새삼 돌이키면서 잠시 그들의 대화를 들었다. 그는 오랫동안 침묵을 지키다 일상적인 얘기를 몇 마디 더 한 뒤 할아버지처럼 인자한 미소를 머금은 채 나를 쳐다보았다.

"그러니까 자네가 그 대단한 가비또로구먼. 무슨 공부를 하고 있는가?"

나는 곤혹스러운 마음을 감추기 위해 대충 둘러대기 시작했다. 그러니까 국립 기숙학교를 우수한 성적으로 졸업하고, 2년 몇 개월 동안 혼란스러운 법학을 공부했으며, 저널리즘을 체험하고 있다는 식의 얘기였다. 어머니는 내 얘기를 듣자마자 의사의 지원을 요청했다.

"대부님, 애가 작가가 되고 싶어한다니까요."

의사의 두 눈에서 광채가 빛났다.

"정말 멋지군요, 대모님! 이건 하늘의 선물이에요." 그러고 나서는 나를 바라보았다. "시?"

"소설입니다." 나는 한 가닥 희망을 품은 채 말했다.

의사는 깊은 관심을 표했다.

"『도냐 바르바라』‡를 읽었나?"

"물론 읽었고요, 로물로 가예고스의 작품은 거의 다 읽었습니다."

의사는 갑자기 오른 흥 때문에 기억이 새로워지기라도 한 것처럼, 마라까이보에서 로물로 가예고스가 문학 강연을 할 때 그를 만났는데, 그는 자신의 작품들에 걸맞는 작가처럼 보였다고 말했다. 사실, 그 당시 미시시피의 무녀(巫女)들 때문에 열이 40도까지 올라가 있던 나는 우리 소설이 지닌 결함들을 보기 시작했다. 하지만, 내 유년 시절 공포의 대상이었던 그 남자와 더불어 편안하고 정중한 대화를 한다는 것이 기적처럼 보였기 때문에 그의 고조된 흥에 따라 주기로 했다. 나는 그에게 「라 히라파」‡‡(《엘 에랄도》에 내가 매일 쓰고 있던 논평의 이름이다.)에 관해 이야기했고, 친구들과 함께 아주 빠른 시일 내에 잡지 하나를 발간할 생각이라는 소식을 전하면서, 잡지에 큰 기대를 걸고 있다고 말했다. 아니, 이제 자신감이 붙어 버린 나는 잡지 발간 계획에 관해 더 자세하게 말하고, 잡지 이름을 '끄로니까'‡‡‡로 정했다는 얘기까지 하고야 말았다.

그가 나를 위아래로 훑어보았다.

"자네 글이 어떤지는 잘 모르겠네. 하지만 벌써 작가가 다 된 것처럼 얘기하는군."

‡ 베네수엘라의 소설가이며 전직 대통령인 로물로 가예고스의 1929년 소설로, 이 작품을 통해 가예고스는 라틴 아메리카의 대표적인 소설가가 되었다.
‡‡ La Jirafa. 기린을 의미한다. 수끄레에서 벌어진 댄스파티들에서 가르시아 마르케스의 유일한 파트너였던 여자의 비밀스러운 별명이다.
‡‡‡ Crónica. 연대기, 역사 기록 등을 의미한다.

어머니는 서둘러 사실을 설명하려 했다. 요는, 내가 안정된 기반을 제공해 줄 수 있는 전공을 선택하기만 한다면 작가가 되는 걸 반대할 사람은 아무도 없다는 것이었다. 의사는 각설하고 작가의 길에 대해 말했다. 그 역시 작가가 되고 싶었지만 자기 부모가 어머니와 같은 이유로 아들을 군인으로 만들고 싶어했고, 그게 여의치 않자 의학을 공부하라 강요했다고 말이다.

"자 보세요, 대모님." 의사가 결론지었다. "제가 의사랍시고 대모님 앞에 앉아 있긴 합니다만, 제가 치료한 환자들 가운데 몇 사람이 하느님의 의지에 따라 죽었는지, 몇 사람이 제가 쓴 처방에 의해 죽었는지는 아무도 모릅니다."

어머니가 난감하다는 표정을 지었다.

"문제는, 우리가 애를 가르치기 위해 엄청난 희생을 감수했는데, 법학 공부를 포기했다는 거예요."

하지만 의사는 바로 그 점이 오히려 충만한 재능에 대한 훌륭한 증거라 생각하는 것 같았다. 즉, 그런 재능만이 사랑의 힘에 비견할 만하다는 것이었다. 특히 예술적 재능은 모든 재능들 가운데 가장 신비로운 것인 바, 인간은 그 재능 덕에 무엇인가 얻을 것이라는 기대는 전혀 하지 않은 채 자신의 모든 삶을 바친다는 것이었다.

"그건 태어날 때부터 내부에 지니고 있는 그 무엇입니다. 그걸 거부하려고 하는 건 건강에 가장 해롭죠." 이렇게 말한 의사는 결연한 프리메이슨 단원처럼 묘한 미소를 머금은 채 마무리를 지었다. "그건 성직자의 소명과 같은 거예요."

내가 단 한 번도 성공해 본 적이 없는 명쾌한 방식으로 상황을 설명하는 그의 말을 들은 나는 이내 멍해지고 말았다. 어머니가 한참 동안 말 없이 나를 응시하다가 팔자 탓으로 돌려 버린 것으로 보아 어머니도 그 말에 동의하고 있음에 틀림없었다.

"이 모든 내용과 상황을 네 아버지께 알릴 수 있는 가장 좋은 방법이 뭐겠니?"

"지금 들으신 바대로 말씀 드리면 되죠."

"아니, 그 정도론 어림도 없을 게다." 이렇게 말한 어머니는 잠시 생각을 가다듬더니 결론지었다. "하지만 걱정 말거라. 네 아버지께 사실을 알려 줄 좋은 방법을 곧 강구해 볼 테니."

당시 어머니가 그 말대로 했는지 아닌지는 모르겠지만, 우리 입씨름은 그런 식으로 종결되었다. 시계가 유리 방울 두 개가 떨어지는 것 같은 소리를 내며 2시를 알렸다. 어머니가 흠칫 놀랐다. "이런, 우리가 무슨 일로 여길 왔는지 깜빡하고 말았네." 어머니가 자리에서 일어나며 말했다.

"그만 가 봐야겠어요."

길 건너편 보도에서 바라본 집에 대한 첫인상은 내가 기억하고 있는 것과는 많이 달랐다. 집에 얽힌 추억 같은 것 역시 전혀 떠오르지 않았다. 여러 해 동안 그 집의 명백한 상징물로 수호신 역할을 하던 편도 나무 두 그루는 뿌리째 잘려 나가 있었으며 집은 다 허물어져 가고 있었다. 작열하는 태양 아래 남아 있던 집은 전폭(前幅)이 30미터가 넘지 않았다. 기와 지붕에 벽돌 벽으로 이루어진 반은 인형의 집을 연상시켰고, 나머지 반은 판잣집이었다. 어머니는 닫혀 있는 현관문을 천천히 두드렸다. 계속해서 세게 두드렸지만 인기척이 없자, 창문께로 다가갔다.

"아무도 안 계시오?"

문이 아주 서서히 조금 열리더니 어두컴컴한 집 안에서 여자의 목소리가 들렸다.
"무슨 일이세요?"
어머니는 자기도 모르게 권위적인 말투로 대답했다.
"루이사 마르케스요."
그러자 집 현관문이 완전히 열렸고, 상복을 입은 깡마르고 창백한 여자가 딴 세상 사람처럼 고개를 내밀고 우리를 쳐다보았다. 거실 구석에는 여자보다 나이가 더 많아 보이는 남자가 장애인용 흔들의자에 앉아 몸을 흔들고 있었다. 그들은 그 집에서 오랫동안 세 들어 산 끝에 집을 사겠다고 나선 세입자들이었으나, 보아 하니 그 집을 사고 싶어 하는 사람들 같지도 않고, 또 그 집도 사람들 관심을 끌 만한 상태에 있지 않았다. 어머니가 받은 전보에 의하면, 세입자들이 집값의 반을 현금으로 지불하면 어머니가 영수증을 써 주고, 잔금은 1년 뒤 정식 계약서에 서명할 때 지불하기로 동의했으나, 어머니가 그날 방문하는 걸 합의했다는 사실을 세입자도 어머니도 기억하지 못했다. 양측은 귀머거리들처럼 오랫동안 입씨름을 했는데, 한 가지 확실한 것은 양측이 그 어떤 합의점도 찾지 못했다는 것이다. 자신이 이런 어리석은 짓을 하고 있다는 생각과 악명 높은 더위 때문에 지친 어머니는 땀으로 목욕을 하면서 주변을 한 번 둘러보더니 한숨을 내쉬었다.
"이 처량한 집도 이젠 다 낡았군."
"낡았다뿐이겠습니까." 남자가 냉큼 말을 받았다. "그동안 우리가 돈을 써 가며 이 집을 보수했으니 망정이지 그러지 않았더라면 벌써 무너졌을 겁니다."
그들이 그동안 보수를 하느라 집세에서 제할 돈에다 앞으로 보수해야 할 것이 한두 가지가 아니었기 때문에 오히려 우리가 그들에게 돈을 지불해야 할 형편이었다. 어머니에게는 걸핏하면 눈물을 찔끔거릴 정도로 유약한 면모가 있었지만, 삶의 올가미들을 감당할 수 있을 정도의 무시무시한 용기도 있었다. 어머니 혼자서도 그 사람들과 입씨름을 잘하기도 했지만, 나는 첫 대결에서부터 구매자들의 주장이 옳다고 생각했기 때문에 일절 개입하지 않고 있었다. 전보에는 매매 날짜와 방식에 관해서는 명확히 규정되어 있지 않고, 대신 그에 관해 서로 합의를 하자는 내용이 들어 있었다. 일이 복잡해진 이유는 뭐든지 추측하기 좋아하는 우리 집안 특유의 성향 때문이었다. 점심 식사 자리에서건, 전보가 도착한 바로 그 순간이건, 어머니의 결정이 어떤 식으로 이루어졌는지 상상할 수 있었다. 나를 제외하고도 그들을 향해 동일한 권리를 행사할 수 있는 자식놈들이 열 명이나 있었다. 마침내 어머니는 여기서 몇 푼 저기서 몇 푼을 구한 뒤 학교 다닐 때 쓰던 책가방을 꾸렸고, 돌아올 차비만 든 채 집을 떠나왔던 것이다.

  어머니와 여자는 모든 사항을 처음부터 다시 따졌고, 우리는 30분도 채 되지 않아 매매가 성사되지 않을 거라는 결론에 이르렀다. 매매가 성사되려던 순간 다른 심각한 문제들 외에 그 집이 저당 잡혀 있다는 문제가 불거졌기 때문이다. 우리는 여러 해가 지나도록 그 문제가 해결되지 않고 있었다는 사실을 기억하지 못하고 있었다. 그래서 세입자 여자가 또다시 자기 주장을 드세게 펼치려 했을 때 어머니는 아무도 당해 낼 수 없는 완강한 태도로 단호하게 그녀의 말을 잘랐다.

  "팔지 않으리다. 우리 모두 여기서 태어났고 여기서 죽을 거라는 사실을 두고두고 기억할 수 있도록 그냥 놔두겠소."

  기차 시간을 기다리면서 우리는 그날 오후 나머지 시간을 귀신이 나올 듯한 집에서 추억을 되새기며 보냈다. 집 전체는 우리 가족 소유였고, 외할아버지가 사무실로 사용하던, 길에 면한 공간만 세를 놓은 상황이었다. 나머지 공간은 좀먹은 나무 벽에 면한 공간만 도마뱀들 덕분에 녹슨 둥근 양철 지붕이 얹혀 있을 뿐 비어 있었다. 어머니는 문턱에 화석처럼 선 채 마치 최종 선고를 내리듯 말했다.

"이건 그 집이 아니야!"

하지만 어머니는 어떤 집을 의미하는지 말하지 않았다. 내 유년 시절을 통틀어, 말하는 사람에 따라 형태와 소재지가 달라지면서 아주 다양한 방식으로 묘사되던 집이 적어도 세 채 정도 되었기 때문이다. 첫 번째 집은, 외할머니가 업신여기는 말투로 들려준 바에 따르면, 인디오들 오두막 같은 집이었다. 외조부모가 지은 두 번째 집은 갈대에 흙을 붙여 벽을 세우고 야자 잎사귀로 지붕을 이었는데, 아주 밝은 데다 그런 대로 넓은 거실에, 화사한 꽃들이 만발한 테라스 형태의 식당 하나, 침실 두 개, 거대한 밤나무 한 그루가 있는 마당, 잘 가꾸어진 텃밭, 염소들이 돼지, 암탉들과 평화롭게 공동체를 이루며 살아가는 우리까지 갖춘 집이었다. 가장 자주 듣던 이야기에 따르면, 전쟁이 하도 자주 일어났기 때문에 어느 해에 일어난 전쟁을 통해 국가가 독립했는지는 잘 모르겠지만, 독립기념일인 어느 해 7월 20일 쏘아 올린 폭죽 한 방이 야자 잎으로 이은 지붕에 떨어지는 바람에 집이 재로 변하고 말았다. 남은 것이라고는 시멘트 바닥과 길 쪽으로 출입문이 나 있는 두 칸짜리 방뿐이었다. 공무원이던 빠빨렐로가 여러 차례 사무실로 사용하던 곳이었다.

가족은 여전히 화재의 열기가 남아 있던 잔해 위로 자신들의 최종 은신처를 마련했다. 난간에 베고니아가 피어 있는 복도를 따라 방 여

넓 개가 나란히 붙어 있는 일자형 집으로, 집안 여자들은 오후 더위가 한풀 꺾이면 복도에 앉아 자수틀에 수를 놓거나 대화를 나누었다. 방들이 모두 단순하고 구분이 되지 않을 정도로 비슷했으나, 나는 단 한 번만 쳐다보아도 방들의 무수한 세부 항목 하나하나마다 내 삶의 중요한 순간이 들어 있다는 사실을 충분히 인식할 수 있었다.

첫 번째 방은 응접실 겸 외할아버지 개인 사무실로 사용되었다. 접이식 뚜껑이 달린 책상, 용수철을 넣어 푹신한 회전의자, 선풍기, 그리고 너덜너덜해진 거대한 책 한 권, 즉 에스파냐어 사전 말고는 텅 비어 있는 책꽂이가 있었다. 그 방 옆에 외할아버지가 몸이 마디마디로 이루어진 작은 황금 물고기들을 만들어 미세한 에메랄드 눈을 붙이면서 즐거운 시간을 보내던 귀금속 세공실이 있었다. 외할아버지는 먹고살기 위해서라기보다는 재미로 그 일을 했다. 외할아버지는 또한 그곳에서 몇몇 주요 인사들, 특히 정치가들, 퇴직 공무원들, 역전의 용사들을 맞이했다. 그중에는 역사적으로 아주 특별한 손님들도 있었다. 라파엘 우리베 우리베 장군과 벤하민 에레라 장군이 그들이었는데, 두 사람은 우리 가족과 함께 점심 식사를 하기도 했다. 그런데 외할머니가 만년에 우리베 우리베 장군에 대해 기억하는 바에 따르면 우리베 장군은 소식주의자였다고 한다. "그는 작은 새처럼 먹는 사람이지."

사무실 겸 귀금속 세공실로 사용되던 그 공간은 카리브 지역 관습에 따라 여자들이 출입할 수 없었다. 여자들이 마을 술집에 드나드는 것을 법으로 금하는 것과 같은 식이었다. 그러다 시간이 흐르자 그 방은 병실로 변했고, 그곳에서 뻬뜨라 할머니가 죽고, 빠빨렐로의 여동생 웨네프리다 마르케스 할머니가 지병으로 죽기 전 몇 개월을 보냈다. 그 이후 그곳은 외가의 수많은 여자들과 내 유년 시절 집을 들락거리던 여자들의 은밀한 낙원이 되기 시작했다. 나는 그 두 세계의 특권을 향유한 유일한 남자였다.

식당은 집안 여자들이 둘러앉아 수를 놓는 복도를 넓혀 난간을 둘러놓은 공간으로, 열여섯 명에 이르는 식솔들 또는 매일 정오 열차를 타고 찾아오는 불특정 손님들을 위한 식탁 하나가 마련되어 있었다. 어머니는 그 식당에서 깨진 베고니아 화분들과 재스민의 썩은 그루터기와 개미가 갉아먹은 줄기를 바라보며 숨을 골랐다.

"후끈한 재스민 향기 때문에 가끔씩은 숨 쉬기도 곤란했지." 어머니가 눈부신 하늘을 쳐다보며 말하고 나서 깊은 한숨을 내쉬었다. "하지만 그 당시에도 그랬고 지금까지도 내가 가장 듣고 싶은 소리는 오후 3시에 치는 천둥소리야."

나 역시 우리를 낮잠에서 깨우던, 돌멩이들이 와르르 구르는 듯한 한차례의 천둥소리를 기억하고 있었으나, 그 당시 천둥이 오후 3시에만 쳤다는 사실은 전혀 모르고 있었기 때문에 적잖이 놀랐다.

식당 다음에는 특별한 경우 특별한 손님을 받는 방이 있었는데, 보통 손님이 찾아오면 남자들인 경우 사무실에서 차가운 맥주를 대접하고 여자들인 경우 베고니아가 있는 복도에서 접대했다. 거기서부터는 침실들로 이루어진 신화적 세계가 시작되었다. 첫 번째 침실은 외조부모가 거처하던 것으로, 정원 쪽으로 커다란 문이 나 있고 꽃들을 새긴 목판화가 있었는데, 그 판화에는 집 건축 연도인 1925가 새겨져 있었다. 그곳에 이르렀을 때 어머니가 별안간 승리자처럼 의기양양하게 큰 소리를 지르는 바람에 나는 깜짝 놀랐다.

"그래, 네가 여기서 태어났지!"

그때까지만 해도 나는 그 사실을 몰랐거나 잊고 있었는데, 그다음

방에 내가 네 살 때까지 잠을 잤고 그 이후로는 외할머니가 평생 보관해 두었던 요람이 그대로 있었다. 그동안 요람에 대해 잊고 있었으나 요람을 보자마자 누구든지 달려와 내 똥 기저귀를 갈기 편하도록 자잘한 꽃무늬가 찍힌 아기용 멜빵바지를 처음으로 입고서 시끄럽게 울어대던 내 모습이 떠올랐다. 당시 나는 똥을 싸면 모세의 바구니처럼 작고 연약한 요람을 지탱하는 봉들을 붙잡은 채 엉거주춤 서 있었다. 그런 행동 때문에 친척들과 아는 사람들은 기회만 되면 이러쿵저러쿵 나를 놀렸는데, 현재 그들은 당시 내가 토로한 고통이 어린 아기가 느끼기에는 지나치게 이성적인 것이었다고 생각하고 있다. 당시 내가 불안했던 이유에 대해, 싸 놓은 똥을 싫어했기 때문이 아니라 새로 입은 멜빵바지를 더럽힐까 두려웠기 때문이라고 주장했을 때는 더더욱 그렇게들 생각했다. 다시 말해, 당시 나는 위생 관념 때문이 아니라 미관상 보기 싫을 거라는 사실 때문에 고민했던 것이고, 아직까지 내 기억에 생생하게 남아 있는 것으로 보아, 그것이 내가 작가로서 한 첫 번째 경험이었다고 믿는다.

그 침실에는 제단도 하나 있었는데, 성당에 있는 것들보다 더 생생하고 음침하게 보이는 실물 크기 성상들이 놓여 있었다. 그 방에서는 항상 프란시스까 시모도세아 메히라 할머니가 잠을 잤다. 외할아버지의 사촌 여동생으로, 우리는 그분을 마마 이모라 불렀다. 그 할머니는 부모가 사망한 뒤로 그 집의 주인이자 안주인으로 그 집에서 살았다. 나는 외갓집 식구들이 모두 세상을 뜨기까지 꺼지지 않았던 제단 램프 빛을 받아 눈을 깜박거리는 성상들이 무서워 제단 옆 해먹에서 잤다. 처녀 시절 어머니 역시 성상들이 무서워 괴로워하면서 그곳에서 잠을 잤다.

복도 끝에는 내가 들어갈 수 없었던 방 두 개가 있었다. 첫 번째 방에는 외삼촌 후안 데 디오스가 혼전에 얻은 딸 사라 에밀리아 마르케스가 살았다. 할머니 할아버지가 사라를 양육했다. 사라는 아주 어려서부터 탁월한 지적 능력을 보여 주었을 뿐만 아니라 까예하의 멋진 총천연색 그림 동화 전집으로 나의 첫 번째 문학적 욕구를 자극해 놓고는 내가 책을 훼손할까 두려워 내가 책을 보는 걸 절대 허락하지 않았던 강한 성격의 소유자였다. 그것은 내가 작가로서 처음 겪은 고통스러운 좌절이었다.

복도 맨 끝 방은 낡은 세간과 트렁크들을 보관하는 곳이었다. 그 물건들은 몇 년 동안 지속적으로 내 호기심을 자극했으나 내가 그곳을 탐사하는 것은 절대로 허용되지 않았다. 학생 시절 어머니가 방학을 이용해 여학교 친구 예순 명을 집에 초대했을 때 외조부모가 샀던 요강 예순 개도 보관되어 있다는 사실을 나중에 알았다.

그 두 침실 앞에는 같은 복도를 사이에 두고, 불에 그슬려 시꺼멓게 변한 원시적인 이동용 돌화로들, 빵과 과자를 만들어 파는 외할머니의 커다란 화덕이 있는 거대한 주방이 있었는데, 새벽녘이면 작은 동물 모양 캐러멜이 풍기는 구수한 냄새가 집 안에 진동했다. 그곳은 집에서 살거나 시중드는 여자들의 왕국이었고, 여자들은 외할머니를 도와 복잡한 일을 하는 동안 외할머니와 함께 합창으로 노래를 불렀다. 외증조부모가 물려준 100년 묵은 앵무새 '허풍쟁이' 로렌소의 목소리 또한 가세했다. 로렌소는 반 에스파냐적 슬로건을 소리 높여 외치고 독립전쟁 당시 불렀던 노래들을 불렀다. 시력이 워낙 나쁜 탓에 언젠가 솥 안으로 떨어졌던 로렌소는 물이 끓기 바로 직전에 기적적으로 탈출했다. 어느 해던가 7월 20일 오후 3시에는 로렌소의 공포에 질린 비명에 한바탕 소동이 벌어졌다.
"황소요, 황소! 황소가 와요!"
남자들은 모두 국경일에 벌어진 투우 경기를 보러 가고 집에는 여자들밖에 없는 상황이었다. 모두들 앵무새가 노망이 들어 비명을 질러 댄다고 생각했다. 집에 있던 여자들 가운데 앵무새와 대화를 할 줄 아는 여자들조차, 투우장 우리를 도망쳐 나온 사나운 황소 한 마리가 뱃고동 소리처럼 포효하며 주방으로 쳐들어와 빵 만드는 기구들과 화덕에 놓여 있는 솥들을 닥치는 대로 들이받았을 때 비로소 앵무새가 질러 댄 비명의 의미를 이해했다. 당시 여자들은 기겁을 한 채 쌩쌩 바람 소리가 들릴 정도로 도망치고 있던 자신들과 반대 방향으로 가고 있던 나를 번쩍 들어 올려 창고로 사용하던 그 방으로 데리고 들어갔다. 황소가 주방에서 날뛰며 포효하는 소리와 복도 시멘트 바닥을 내달릴 때 나는 소리와 진동으로 온 집안이 들썩거렸다. 갑자기 환기창으로 얼굴을 드러낸 황소가 숨을 내쉴 때마다 나오는 불처럼 뜨거운 거친 콧김과 불룩 튀어나온 커다란 두 눈은 내 피를 얼어붙게 만들었다. 조련사들이 와서 황소를 투우장 우리로 데려갔을 때 집에서는 벌써 드라마에나 나올 법한, 흥청망청 마시고 노는 파티가 시작되고 있었다. 파티는 소 때문에 혼비백산한 생존자들이 수도 없이 반복하고, 반복할 때마다 더 영웅적이 되어 가던 얘기에 곁들여질 커피와 스펀지케이크가 끊임없이 만들어지면서 한 주 이상 지속되었다.
마당은 썩 넓어 보이지 않았지만 매우 다양한 나무가 심겨 있었고, 빗물을 모아 두는 시멘트 물통이 있는, 지붕 없는 공동 목욕탕이 있었으며, 곧 부서질 것 같은 계단을 통해 올라갈 수 있는 높이 3미터 정도 되는 단이 있었다. 그 단 위에 외할아버지가 동틀 녘 수동 펌프로 물을 채워 놓는 커다란 나무통 두 개가 있었다. 그 뒤로 대패질을 하지 않은 거친 판자로 지은 마구간이 있고 하녀들의 방들이 있었으며 마지막으로 과일나무들이 있는 거대한 후원이 있었다. 그곳에는 원주민 하녀들이 밤낮으로 집 안의 요강들을 내다 비우는 유일한 공간인 변소가 있었다. 가장 무성하고 그 집 식구들에게 가장 유용한 나무는 세상과 시간 밖에 머물러 있던 밤나무로, 고풍스러운 잎사귀들 아래서는 지난 세기 발생한 무수한 전쟁에 참가했다가 은퇴한 대령 둘 이상이 오줌을 싸면서 죽었다고 한다.

외가댁은 내가 태어나기 16년 전 아라까따까로 이주했다. 바나나를 독점하기 위한 유나이티드 프루트 컴퍼니의 요란스러운 활동이 시작되고 있을 때였다. 외조부모는 스물한 살 된 아들 후안 데 디오스, 열아홉 살짜리 딸 마르가리따 마리아 미니아따 데 알라꼬께, 그리고 미래의 내 어머니가 될 다섯 살짜리 딸 루이사 산띠아가를 데리고 그곳으로 왔다. 외할머니는 어머니 앞으로 임신 4개월째 된 쌍둥이 여아 둘을 유산했다. 어머니를 임신했을 때 외할머니 나이가 마흔두 살이었기 때문에 그것이 마지막 출산이 될 거라고 선언했다. 거의 반세기가 지나, 외할머니와 같은 나이에 동일한 상황에 처한 어머니는 열한 번째 자식 엘리히오 가브리엘이 태어났을 때 외할머니와 똑같은 말을 했었다.

외조부모에게 아라까따까로 이주하는 것은 망각을 향한 여행이었다. 하인으로 구아히라 원주민 남자 둘(알리리오와 아뽈리나르)과 여자 하나(메메)를 데리고 왔는데, 노예 제도가 이미 폐지되었을 당시 외조부모가 살던 곳에서 한 사람당 100뻬소를 주고 산 하인들이었다. 명예를 건 결투에서 남자 하나를 죽이게 됨으로써 불행한 죄책감에 시달리던 대령은 좋지 않은 기억들로부터 가능하면 가장 먼 곳에서 자신의 과거를 재생시키기 위해 필요한 것이면 뭐든지 가져갔었다. 아주 오래 전 시에나가를 향해 진군한 적이 있고 네에를란디아 평화협정 조인식에 병참 사령관 자격으로 참석한 적이 있었기 때문에 대령은 그 지역에 관해 잘 알고 있었다.

하지만 죄책감은 역마살 낀 외고손자 하나에게 여전히 전염되어 있을 정도로 심했기 때문에 새로 이사한 집도 그들에게 평화를 되돌려 주지는 못했다. 당시 눈이 멀고 반쯤 미쳐 있던 외할머니 미나는 걸핏하면 집요하게 과거를 회고했기 때문에, 우리는 과거에 일어난 사건들을 정확하게 정리할 수 있을 정도였다. 하지만 비극이 임박했다는 소문이 끈질기게 나돌고 있었고 결국 비극적인 결투가 벌어졌는데, 결투가 끝난 뒤까지도 결투 소식을 듣지 못한 사람은 외할머니뿐이었다.

비극은 시에라 네바다 어느 지맥에 위치한 평온하고 번성한 마을 바랑까스에서 일어났다. 그곳에서 살던 아버지와 할아버지에게서 금세공술을 배운 대령은 평화협정이 조인되고 난 뒤 그곳으로 돌아와 살고 있었다. 결투 상대는 대령보다 열여섯 살이나 적은 거인이었다. 대령과 마찬가지로 골수 자유파에 괄괄한 가톨릭 신자로, 막 결혼해 자식 둘을 두고 있는 가난한 농부였다. 이름은 선량한 남자라는 이미지를 풍기는 메다르도 빠체꼬였다. 상대가 전장에서 맞닥뜨렸던 수많은 얼굴 없는 적들 가운데 하나가 아니라 옛 친구이자 같은 당원이고 천일전쟁에 함께 참여한 전우인 데다, 대령과 그 전우가 이제 평화를 이루었다고 믿고 있었을 때 그 전우를 죽여야 했다는 사실이 대령에게는 가장 서글펐을 것이다.

그것은 작가로서의 내 본능을 일깨운 생애 첫 번째 사건이었고, 나는 여전히 그 사건을 뇌리에서 지워 버릴 수 없다. 내가 사리 판단을 할 능력이 생긴 이후부터 그 비극이 우리 집에 엄청난 크기와 무게로 영향을 미쳤다는 사실을 알았으나 그 사건의 세세한 점들은 안개 속에 파묻혀 있었다. 당시 겨우 세 살이던 어머니는 항상 그 사건을 가물가물한 꿈처럼 기억했다. 어른들이 내 앞에서 그 사건에 관해 언급할 때는 내가 제대로 알아듣지 못하도록 일부러 아리송하게 말했고, 어른들 각자가 나를 사이에 둔 채 사건의 단편들을 자기 방식대로 배치했기 때문에, 나는 그 퍼즐을 결코 완벽하게 맞출 수 없었다. 가장 신뢰할 만한 이야기는, 내 외할아버지에게서 나왔다고들 생각하는 어떤 비판에 모욕감을 느낀 메다르도 빠체꼬의 어머니가 자기 명예를 회복하기 위해 아들로 하여금 복수를 하도록 부추겼다는 것이다. 외할아버지는 소문을 부인하고 모욕을 당한 사람들에게 공식적으로 해명했으나, 이번에는 앙심을 품은 메다르도 빠체꼬가 외할아버지의 자유주의자적 행동에 대해 심한 모욕을 줌으로써 공격당한 사람에서 공격하는 사람으로 변모했다. 모욕의 구체적인 내용은 알 수 없지만, 명예가 훼손된 외할아버지는 날짜를 정하지 않은 채 상대에게 죽음을 건 결투를 선언했다.

대령의 성격을 잘 나타내 주는 예 하나는 대령이 결투를 선언해 놓고도 정작 결투를 하기까지 시간이 흐르도록 내버려 두었다는 것이다. 대령은 죽음이냐 감옥행이냐 하는, 자신에게 제시된 유일한 선택권 안에서 가족의 안녕을 보장하기 위해 극도로 은밀하게 자신의 문제들을 정리했다. 마지막 전쟁이 끝난 후 먹고사는 밑천이 되었던 얼마 남지 않는 재산을 서서히 팔기 시작했다. 재산이라고 해야 귀금속 세공실과 희생 제물로 쓸 염소들을 기르고 소규모로 사탕수수를 재배하던, 아버지가 물려준 작은 농장뿐이었다. 6개월이 지났을 때, 그동안 모은 은을 장롱 깊숙이 넣은 후 스스로 정한 결전의 날을 조용히 기다렸다. 1908년 10월 12일, 아메리카 발견 기념일이었다.

  외할아버지는 메다르도 빠체꼬가 마을 외곽에 살고 있으나 그날 오후 성처녀 뻴라르를 기념하는 행렬에는 빠지지 못할 것이라는 사실을 알고 있었다. 외할아버지는 메다르도 빠체꼬를 찾으러 집을 나서기 전 애정 넘치는 짧은 편지 한 통을 써 아내에게 남겼는데, 편지에는 돈을 감추어둔 곳이 어디인지 적고, 자식들의 장래에 관한 마지막 지침 몇 가지를 명시했다. 외할아버지는 아내가 잠을 자려고 누웠을 때 틀림없이 발견하게 될, 아내와 함께 베고 자던 베개 밑에 편지를 넣고 나서 작별 인사 한마디 없이 자신의 불운한 시간을 맞이하러 나갔다.

  가장 정확하지 않은 몇 가지 증언에서도 그날은 구름이 낮게 깔리고 구슬프게 비가 내리는 가운데 을씨년스러운 바람이 부는 카리브 특유의 10월 어느 월요일이었다는 점은 일치하고 있다. 일요 미사에 참석할 때 입는 옷을 갖춰 입은 메다르도 빠체꼬가 막 막다른 골목길로 접어들었을 때 마르케스 대령이 길을 가로막고 나섰다. 두 사람은 무장을 하고 있었다. 몇 년 뒤, 외할머니는 치매 때문에 횡설수설 헛소리를 늘어놓는 가운데 늘 이렇게 말했다. "하느님께서 니꼴라시또(할아버지의 애칭)에게 그 불쌍한 사내의 목숨을 살려 줄 기회를 주셨지만, 니꼴라시또는 그 기회를 이용할 줄 몰랐어." 외할아버지가 겁에 질린 상대의 두 눈에 서글픈 불꽃 하나가 번득이는 것을 보았다고 외할머니에게 말한 적이 있었기 때문에 아마도 외할머니가 그렇게 생각하고 있었던 것 같다. 또 외할아버지는 세이바 나무처럼 거대한 상대의 몸뚱이가 잡초 밭에 쓰러졌을 때 '물에 젖은 새끼 고양이처럼' 외마디 신음 소리를 내뱉었다고도 했다. 원래 남 말하기 좋아하는 지역인지라,

결투를 끝낸 빠빨렐로가 군수에게 자수했을 때 빠빨렐로를 추켜세우는 미사여구 하나가 퍼졌다. "명예의 탄환이 힘의 탄환을 이겼다." 이 문장은 당시의 자유파 스타일에 충실한 문장이었으나 나는 지금까지도 그 문장을 외할아버지의 기질과 부합시킬 수 없다. 사실은 증인이 아무도 없었다. 외할아버지와 두 당파에 각각 속해 있던 당시 사람들의 법률적 증언이 공식 진술이었을 것이나, 만약 그런 서류가 있었다면 서류에는 그 사건의 그림자조차 남아 있지 않다. 내가 지금까지 들은 여러 진술들 가운데 두 가지가 일치하는 경우는 없었다.

  그 사건으로 인해 죽은 자의 가족을 포함한 마을 주민이 분열되고 말았다. 한편은 외할아버지에 대한 보복을 모색한 반면, 다른 편은 보복의 위험이 사라질 때까지 뜨랑낄리나 이구아란과 자식들을 집으로 데려가 보호했다. 이런 상황들은 유년 시절의 내게 충격을 주었기 때문에, 나는 조상이 저지른 과오가 내 자신의 것인 것처럼 그 무게를 고스란히 떠안았을 뿐만 아니라, 이 글을 쓰고 있는 지금 이 순간에도 죽은 자의 가족에 대한 연민을 내 가족에 대한 연민보다 더 크게 느끼고 있다.

  사람들은 빠빨렐로의 안전을 위해 리오아차로 옮겼다가 나중에 산따마르따로 옮겼다. 거기서 그는 1년 형을 선고받아, 반은 독방에 있었고 나머지 반은 출퇴근 감방에서 보냈다. 빠빨렐로는 풀려나자마자 가족과 함께 잠시 시에나가 마을에 가 있다가 나중에는 빠나마로 갔다. 그곳에서 외간 여자와의 사이에 딸 하나를 낳았고, 주 재무국 소속 세금 징수원이 되어 지저분하고 배타적인 아라까따까 군청에서 근무하게 되었다.

  아라까따까는 외할아버지와 가족이 메다르도 빠체꼬의 악몽을 겪은 후 꿈꿔 왔던 평온한 곳과는 아주 거리가 멀었다. 치밀라 원주민 부족 마을처럼 생겨난 아라까따까는 한때 바나나 재배 열기가 일었으나, 그것으로 인해 부자 마을이 되기는커녕 더욱 천박한 마을이 되어, 신의 의지도 시에나가 지방 법률도 작용하지 않은 벽지 군으로서 불행하게 역사의 무대에 들어왔다. 아라까따까라는 이름은 마을 이름이 아니라 강 이름이었다. 아라는 치밀라 부족 언어로 강을 의미하며, 부족들이 알고 있는 바에 따르면 까따까는 부족의 지도자를 의미했다. 그래서 원주민들 사이에서는 마을을 아라까따까가 아닌 정확한 이름 '까따까'라 부르고 있다.

외할아버지가 아라까따까 거리에는 돈이 굴러다닌다는 환상을 심어 줌으로써 가족의 기를 북돋우려 노력했을 때 외할머니 미나는 "돈이란 악마의 똥"이라고 말했다. 어머니에게 아라까따까는 완전히 공포의 왕국이었다. 어머니가 기억하는 가장 오래된 공포는 어머니가 아주 어렸을 때 농작물을 모조리 망쳐 버린 메뚜기의 재난이었다. "메뚜기 떼가 지나갈 땐 돌멩이 바람이 부는 것 같은 소리가 들렸단다." 우리가 집을 팔러 갔을 때 어머니가 말했었다. 공포에 질린 주민들은 각자의 방에 숨어 있어야 했고 재해는 주술에 의해서만 퇴치될 수 있었다.

시도 때도 없이 건조한 허리케인이 불어와 오두막 지붕들을 걷어 가고 새로 가꾸어 놓은 바나나 나무들을 습격했으며, 마을을 온통 두꺼운 먼지로 덮어 버렸다. 여름철이면 무시무시한 가뭄이 목장에 포악성을 드러냈으며, 겨울철이면 길들이 거세게 물이 흐르는 강으로 변모될 정도로 엄청난 폭우가 쏟아졌다. 미국인 엔지니어들은 고무보트를 타고 물에 젖은 침대 매트리스와 죽은 암소들 사이를 돌아다녔다. 관개 시스템을 인위적으로 변화시키는 바람에 물길을 제어하지 못한 책임이 있는 유나이티드 프루트 컴퍼니는 여러 번의 홍수 가운데 가장 심한 홍수가 발생해 공동묘지의 시체들이 파헤쳐졌을 때 물길을 강제로 바꾸어 버렸다.

그러나 무엇보다 가장 불행한 재해는 바로 인재였다. 장난감처럼 보이는 기차 하나가 마을의 타오르는 모래밭 위에 온 세상의 수많은 모험가들을 내려놓았고, 그들은 무장한 손으로 거리의 권력을 거머쥐었다. 마을의 갑작스러운 부흥은 그 자체로 과도한 인구 증가와 극도의 사회적 혼란을 야기했다. 마을은 푼다시온 강가에 자리 잡은 부에노스아이레스 형무소에서 불과 5리그[‡]밖에 떨어져 있지 않았는데, 주말이면 죄수들이 자주 탈옥을 해서 아라까따까에 공포를 조성하는 장난을 쳤다. 야자 잎과 갈대로 지은 치밀라 부족의 오두막들이 유나이티드 프루트 컴퍼니의 경사진 양철 지붕, 창에 넓은 아마포 차양이 쳐진 나무 집들과 먼지 낀 꽃 넝쿨로 치장된 창고로 대체되기 시작한 이래, 우리 마을은 서양 영화에 등장하는 신생 마을들과는 전혀 다른 마을이 되어 버렸다. 낯선 얼굴들이 쇄도하고, 대로상에 천막집이 늘어가고, 사내들이 한길에서 옷을 갈아입고, 여자들이 양산을 펼쳐 든 채 트렁크 위에 앉아 있고, 호텔이 위치한 구역에서 굶주린 나귀들이 죽고 또 죽어 가는 가운데, 맨 처음 마을에 와서 살던 사람들이 맨 나중에 온 사람 신세가 되어 버렸다. 우리는 영원한 국외자이자 신착자들이 된 것이다.

살육은 토요일이면 일어나는 말다툼에 의한 것만은 아니었다. 어느 오후든 길거리에서 고함 소리가 들렸고, 언젠가는 머리 없는 사내가

[‡] 길이 측정 단위로 나라마다 가리키는 길이는 조금씩 다르지만 대략 3마일 또는 5킬로미터를 의미한다.

당나귀에 얹혀 지나가는 것이 보였다. 바나나 농장들이 대차대조표를 작성하는 과정에서 마체떼로 목이 잘린 사람이었는데, 머리는 도랑의 차가운 물길에 휩쓸려 가 버렸다. 그날 밤 나는 외할머니가 항상 해 주던 설명을 들었다. "그처럼 무시무시한 일은 까차꼬만이 할 수 있는 일이지."

까차꼬란 고원 지방 출신 사람들로, 미적지근한 태도와 심술궂은 어투 때문만이 아니라 자신들만이 신의 섭리를 전파한다는 자만심 때문에 우리가 인류의 나머지와 구분하던 사람들이었다. 그들의 이미지가 너무 혐오스러웠기 때문에, 바나나 농장들의 파업 사태에 대한 군대의 잔악한 탄압 이후 우리는 군대 사람들을 군인이라 부르지 않고 까차꼬라 부르기도 했다. 우리는 그들처럼 정치권력을 잘 이용하는 사람들은 없다고 생각했는데, 그들 가운데 상당수는 실제로 그런 사람들처럼 행동했었다. 실제로 일어났는지 확실한 증거가 없는 상태에서 민중의 기억 속에는 아주 불확실한 흔적과 더불어 남아 있는 전설적인 학살 사건, '아라까따까의 암흑 같은 밤'의 공포는 그런 식으로 설명될 수밖에 없었다.

그 어떤 토요일보다 더 불행한 그 토요일은, 개인 신상이 역사에 기록되지 않은, 그 지역의 선량한 원주민 남자 하나가 사내아이 손을 잡은 채 선술집에 들어와 물 한 잔을 청했을 때부터 시작되었다. 바에서 혼자 술을 마시고 있던 외지인 하나가 아이에게 물 대신 럼주 한 모금을 마시라고 억지를 부렸다. 아이 아버지는 안 된다고 했으나 외지인은 그렇게 하겠다고 고집을 부렸고, 마침내 아이는 겁에 질린 나머지 엉겁결에 손으로 술잔을 쳐서 술을 엎지르고 말았다. 외지인은 주저 없이 아이에게 총을 쏘아 단방에 죽여 버렸다.

그것은 내가 유년 시절에 본 환영들 가운데 하나였다. 빠빨렐로는 나를 데리고 청량음료를 마시러 선술집으로 들어갈 때 종종 그 사건을 상기시켜주었으나, 사건의 전개가 너무 비현실적이었기 때문에 빠빨렐로 자신조차도 믿지 않는 것 같았다. 어머니에게 자기보다 나이 많은 사람들이 그 사건을 언급할 때마다 치를 떨던 기억만 남아 있는 것으로 보아, 사건은 빠빨렐로가 아라까따까에 도착한 지 얼마 되지 않아 일어난 것임에 틀림없다. 가해자에 관해서는 그가 안데스 산지 출신 특유의 거만한 어투로 말했다는 사실밖에 알려지지 않았는데, 그 지역 주민들의 보복 행위는 단지 가해자뿐만 아니라 가해자와 같은 말투를 지닌 다수의 혐오스러운 외지인 누구에게든지 가해질 수 있었다. 사탕수수를 베는 마체떼로 무장한 지역 원주민들이 칠흑 같은 암흑 속에서 거리로 뛰쳐나와 어둠 속에서 눈에 잘 띄지 않는 물체를 급습해 움켜쥐고는 으름장을 놓았다.

"말해 봐!"

그들은 사람들이 구사하는 다양한 어투 가운데 자신들이 찾는 어투를 공정하게 가려내는 것이 불가능하다는 사실을 염두에 두지 않은 채 단순히 순간적인 어투에 대한 판단만으로 마체떼를 휘둘렀다. 웨네프리다 마르케스 할머니의 남편 돈 라파엘 낀떼로 오르떼까는 전형적인 까차꼬로 아주 매력적인 사람이었는데, 외할아버지가 지역 주민들의 증오심이 가라앉을 때까지 광에 가둬 놓은 덕분에 막 100세를 맞이할 시점에 다다를 수 있었다.

가족의 불행은 아라까따까에 정착한 지 2년이 되었을 무렵 집안의 불빛이던 마르가리따 마리아 미니아따의 죽음과 더불어 정점에 이르렀다. 그녀의 은판 사진은 몇 년 동안 집 거실에 걸려 있었고, 그녀의 이름은 가족의 정체성을 드러내는 많은 증거들 가운데 가장 두드러진 것으로 두 세대에 걸쳐 인구에 회자되었다. 그 가계의 요즘 세대 자손들은 실제보다 더 미화되어 있는 증조할머니 마르가리따 마리아 미니아따의 이미지와 일치되지 않는, 주름치마에 작고 하얀 부츠를 신고 머리를 허리춤까지 길게 땋은 어느 소녀에게서 감동을 별로 받지 못한 것 같다. 하지만 나는, 내 외조부모가 죄책감 때문에, 그리고 더 나은 세상을 바라다 좌절된 꿈 때문에 항상 유지하던 그 경계심은 어쩌면 당신들에게는 평화와 가장 유사한 것이었으리라는 인상을 지니고 있다. 그들은 죽을 때까지, 어디를 가든지 자신들이 외지인이라는 사실을 지속적으로 느꼈다.

 엄밀히 말해 그들은 외지인들이었다. 하지만 세상 여기저기로부터 그곳에 기차를 타고 왔던 군중 가운데서 그들을 즉각적으로 구분해 내는 것은 어려운 일이었다. 내 외조부모와 자손들에게 있었던 것과 같은 충동에 사로잡힌 페르구쏜, 두란, 베라까사, 다꼰떼, 꼬레아 가(家) 사람들이 더 나은 삶을 찾아 그곳으로 왔었다. 사람들이 혼란스럽게 쇄도하는 가운데, 이탈리아, 카나리아 제도, 시리아 사람들(우리는 이들을 터키 사람이라 불렀다.)이 자유를 찾아, 각자의 고향에서 상실하고만 다른 삶의 방식을 찾아 쁘로빈시아의 경계선을 넘었다. 각양각색의 외모와 조건을 지닌 사람들이었다. 일부는 이슬라 데 디아블로(프랑스 형무소로 사용되던 기아나의 섬)에서 도망쳐 온 사람들이었는데 대다수는 잡범이라기보다는 사상범이었다. 그중 하나가 르네 벨브누와였다. 정치적인 이유로 형을 선고받은 프랑스 출신 기자로, 바나나 재배 지역으로 도망쳐 들어와서는 대단한 책 한 권을 써서 형무소에서 겪었던 무시무시한 일들을 폭로했다. 좋은 것이든 나쁜 것이든, 이 모든 것들 덕분에 아라까따까는 처음부터 국경 없는 땅이 되었다.

이민자 거류지들 가운데 베네수엘라 출신 이민자들이 모여 살던 곳이 지금까지 기억에 남아 있다. 그곳의 어느 집에서는 방학을 맞이한 사춘기 소년 둘이 새벽녘에 물통으로 차가운 물을 끼얹으며 목욕을 했다. 반세기 후 고국에서 연이어 대통령이 될 로물로 베땅꾸르와 라울 레오니였다. 베네수엘라 출신 이민자들 가운데 우리와 가장 절친하게 지냈던 사람은 이야기에 천부적인 재능이 있었던 허풍쟁이 아주머니 미시아 후아나 데 프레이떼스였다. 내가 처음으로 알게 된 정식 동화는 '브라반떼의 헤노베바'였다. 나는 그녀 자신이 아이들을 위해 동화로 축약한 세계적인 문학작품들과 함께 그 얘기를 들었다. 그런 작품들은 『오디세이아』, 『광란의 오를란도』, 『돈 끼호떼』, 『몬테크리스토 백작』과 성경에 실린 많은 에피소드들이었다.

외할아버지 가문은 가장 존경받는 가문들 가운데 하나였으나 그에 비해 힘은 없었다. 그래도 바나나 회사에 근무하는 내국인 고위층조차도 인정해 주는 품위 때문에 다른 가문과 차별되었다. 바나나 농장은 시민전쟁에 참가했던 자유파 베테랑들이 마지막 두 개의 평화협정이 체결된 뒤 머물러 있게 된 곳이었다. 그들 가운데 대표적인 인사가 벤하민 에레라 장군으로, 오후가 되면 네에를란디아에 있는 장군 소유 농장 저택에서는 장군이 평화를 상징하는 클라리넷으로 연주하는 왈츠 음악이 구슬프게 들려왔다.

어머니는 그런 불쾌한 곳에서 여자로 성장했고, 마르가리따 마리아 미니아따가 티푸스로 사망한 뒤부터는 모든 사람의 사랑을 독차지했다. 어머니 역시 병약했다. 삼일열(三日熱) 때문에 불안정한 유년 시절을 보내며 성장했으나, 마지막으로 앓았던 병이 낫고 나서부터는 평생 병치레 한 번 없이 건강하게 살아 97세를 누렸고, 적자 열하나에 남편이 데리고 온 자식 넷, 손 예순다섯, 증손 여든여덟, 고손 열넷을 두었다. 어머니는 2002년 6월 9일 밤 8시 30분에 자연사했다. 그때 우리는 이미 어머니의 첫 번째 1세기를 축하할 준비를 하고 있었고, 같은 날 거의 같은 시각에 나는 이 자서전에 마지막 점을 찍었다.

어머니는 가족이 내전의 재난으로부터 막 복구되기 시작했을 때인 1905년 7월 25일 바랑까스에서 태어났다. 어머니의 첫 번째 이름으로는, 어머니가 태어난 날 사망한 지 한 달이 된 대령의 어머니 루이사 메히아 비달을 기리는 의미로 루이사를 붙였다. 두 번째 이름으로는 예루살렘에서 목이 잘려 순교한 사도 산띠아고(야고보)의 축일에 태어났다는 이유로 산띠아가를 붙였다. 하지만 어머니는 두 번째 이름이 남성적이고 과시적으로 보인다는 이유로, 당신의 불효자 아들 하나가 어느 소설에 그 이름을 폭로할 때까지 반평생 동안 숨기고 있었다.

피아노 수업을 제외하면 어머니는 모범생이었다. 외할머니는 뛰어난 피아니스트가 되지 못하면 품위 있는 아가씨로 인정받을 수 없다는 이유로 어머니에게 피아노 교습을 강요했다. 3년 동안 억지로 피아노 공부를 하던 루이사 산띠아가는 낮잠 시간의 찌는 듯한 더위 속에서 매일같이 반복되는 연습에 지쳐 어느 날 피아노 공부를 포기해 버렸다. 스무 살 꽃다운 나이의 어머니에게 쓸모가 있었던 유일한 미덕은 어머니가 아라까따까의 젊고 오만한 전신 기사와 열렬한 사랑에 빠졌다는 사실을 가족이 알아차렸을 때 보여 준 강한 면모였다.

가족의 반대가 심했던 그 사랑 이야기는 내 젊은 시절에 접한 놀라운 사실들 가운데 하나였다. 그에 관해 어머니 아버지가 함께, 또는 따로 들려준 이야기가 너무 많았기 때문에 스물일곱 살 때 첫 소설 『낙엽』을 쓰는 과정에서 그 이야기의 전모를 거의 다 알게 되었으나, 소설 작법을 다 배우기에는 아직 많은 것이 부족하다는 사실 또한 인지하고 있었기 때문에 소설에 그 이야기를 다룰 수 없었다. 아버지와 어머니는 사랑에 관한 행복한 기억을 지닌 뛰어난 이야기꾼이었으나, 두 사람이 자신들의 사랑 이야기에 너무 열광해 버렸기 때문에, 나이 쉰이 넘어 『콜레라 시대의 사랑』에 그 이야기를 써야겠다고 결정했을 때 나는 삶과 시 사이의 경계를 구분할 수 없었다.

어머니가 내게 들려준 이야기에 따르면, 어머니와 아버지는 어느 사내아이의 장례식 철야를 하면서 처음으로 만났는데, 어머니도 아버지도 그 날짜를 정확하게 기억하지 못했다. 어린이가 죽으면 조문객들이 아흐레 동안 밤마다 연가를 부르며 철야하는 풍습에 따라 어머니는 마당에서 친구들과 함께 노래를 부르고 있었다. 그때 갑자기 한 남자의 목소리가 합창에 끼어들었다. 아가씨들은 모두 그를 바라보았고 그의 수려한 외모에 현혹되고 말았다. 모두 박수를 쳐 박자를 맞춰 가며 "우리 이 남자와 결혼합시다."라는 후렴구를 합창했다. 하지만 그 남자가 썩 마음에 들지 않았던 어머니는 "내가 보기엔 그저 그런 외지인이야."라고 말했다. 그랬다. 학비가 부족해 의·약학 공부를 중단한 뒤 까르따헤나 데 인디아스에서 그곳으로 온 그는 새로 얻은 전신 기사 일을 하면서 그 지역 여러 마을을 떠돌아다니는 시시껄렁한 삶을 시작했었다. 가난한 도련님 특유의 애매한 분위기가 드러나 있는 그 당시 사진 하나는 그의 삶이 어떠했는지 잘 보여 주고 있다. 호박단 양복 차림이었는데, 그 당시 유행하는 컬러가 뻣뻣한 꽉 끼는 포 버튼 재킷에 폭 넓은 넥타이를 매고, 챙 반반한 밀짚모자를 쓰고 있었다. 고급스러운 테에 동그란 유리 렌즈를 낀, 당시에 유행하던 안경도 쓰고 있었다.

당시 그를 본 사람이라면 누구든 걸핏하면 밤을 새고 여자 뒤꽁무니나 쫓아다니는 보헤미안으로 여길 만한 분위기였으나 그는 기나긴 한평생 술이라곤 입에 대지도 않았고 담배도 피운 적 없는 사람이었다.

어머니가 그를 본 것은 그때가 처음이었다. 반면에 그는 전 주 일요일 8시 미사에서, 어머니가 학교에서 고향으로 돌아온 뒤부터 어머니의 샤프롱 역할을 맡은 프란시스까 시모도세아와 함께 있는 어머니를 보았다. 그 주 화요일 집 대문간 편도 나무 아래서 수를 놓고 있던 어머니를 다시 보았고, 따라서 장례식 철야를 하던 밤에는 어머니가 니꼴라스 마르케스 대령의 딸이라는 사실을 이미 알고 있었다. 그는 대령에게 제시할 자기 소개장도 여러 개 지니고 있었다. 그날 밤 이후 어머니 역시 그가 미혼이며 쉽게 사랑에 빠지는 청년으로, 지칠 줄 모르는 유창한 화술, 시를 술술 지어 대는 재주, 유행 음악에 맞춰 우아하게 추는 춤 솜씨, 그리고 계산된 감상을 집어넣어 켜는 바이올린 솜씨 등으로 여자 마음을 즉시 사로잡게 된다는 사실을 알게 되었다. 어머니는 그가 새벽녘에 켜는 바이올린 소리를 듣게 되면 누구든 울지 않고는 못 배길 정도라고 가끔 내게 말했다. 사교계에서 그의 트레이드 마크는 「춤이 끝났을 때」였다. 그의 레퍼토리에 들어 있는 지극히 로맨틱한 왈츠로 세레나데에서도 반드시 연주하는 곡이었다.

이런 우호적인 안전 통행증과 개인적인 매력 때문에 그에게 어머니 집 대문이 열렸고, 그는 어머니 가족과 함께 자주 점심 식사를 했다. 까르멘 데 볼리바르 출신인 프란시스까 이모는 그가 자기 고향 근처인 신세 출신이라는 사실을 알았을 때 아무 조건 없이 양자로 삼았다. 루이사 산띠아가는 사교 파티에서 유혹자의 계략에 빠져 재미있게 보내기도 했으나 그가 그 이상의 것을 바라고 있을 것이라는 생각은 추호도 해보지 않았다.

　오히려 두 사람이 유지했던 좋은 관계들은 무엇보다도 어머니가 어머니 여학교 친구와 그가 남몰래 연애를 하는 데 바람막이 역할을 했던 데 기반을 두고 있었고, 어머니는 그들의 결혼식에 대모가 되는 데 동의했다. 그때부터 그는 어머니를 대모라 불렀고, 어머니도 그를 대자라 불렀다. 그런 분위기였기 때문에, 댄스파티가 열린 어느 날 밤 그 전신 기사가 대담하게도 자기 재킷 단추 구멍에 꽂혀 있던 꽃을 빼내 다음과 같이 말했을 때, 루이사 산띠아가의 놀라움이 어느 정도였을지 짐작하는 것은 쉬운 일이다.

　"이 장미꽃에 제 삶을 담아 당신께 바칩니다."

　아버지는 나에게, 그것은 즉흥적인 행동이 아니었으며 자신이 모든 여자를 골고루 경험해 본 뒤 루이사 산띠아가야말로 자기를 위해 태어난 사람이라는 결론을 내렸기 때문이었다고 여러 번에 걸쳐 말했다. 루이사 산띠아가는 그 장미의 의미에 대해 그가 가끔 그녀 친구들에게 치던 점잖은 장난에 불과하다고 이해했다. 그렇기 때문에 파티장을 나서자마자 장미를 아무 데나 내팽개쳐 버렸고, 그 또한 그 사실을 알고 있었다. 그녀에게는 단 한 사람의 비밀스러운 구혼자가 있었다. 그는 불운한 시인이자 좋은 친구였으나 열렬한 시로도 그녀의 가슴에 도달하지 못했다. 하지만 가브리엘 엘리히오의 장미 때문에 그녀는 뭐라 설명할 수 없는 화가 치밀어 잠을 설치게 되었다. 어머니 아버지의 사랑에 관한 어머니와 나의 첫 번째 공식적인 대화에서 이제 자식들이 줄줄이 달린 어머니는 내게 이렇게 고백했다. "내가 그 사람을 생각하고 있다는 생각에 화가 치밀어 잠을 잘 수 없었다. 하지만 난 가장 화나게 한 건 화가 날수록 그 사람 생각이 더 간절했다는 것이었어." 그

주의 나머지 며칠 동안 어머니는 그를 보게 될 거라는 두려운 생각과 그를 보지 못하게 될 거라는 고통스러운 생각을 정말 가까스로 참아 낼 수 있었다. 그때까지 대모와 대자로 지내던 두 사람이 이제 서로 모르는 사이처럼 행세했다. 그러던 어느 오후, 어머니와 집안 여자들이 편도 나무 아래서 수를 놓고 있을 때 프란시스까 이모가 조카에게 심술궂은 유도 심문을 했다.

"네가 장미 한 송이를 받았다고 하더구나."

항상 그렇듯 루이사 산띠아가는 자기 마음의 고통이 이미 동네방네에 소문이 다 난 사실이라는 것을 맨 나중에야 알았을 것이다. 내가 어머니 아버지와 나눈 여러 번의 대화에서 두 사람은 불꽃처럼 일어났던 자신들의 사랑에 세 번의 결정적인 기회가 있었다는 점에 동의했다. 첫 번째 기회는 어느 종려나무 일요일에 거행된 대미사에서였다. 프란시스까 이모와 함께 성당 독서대 옆 벤치에 앉아 있던 어머니는 아버지가 플라멩꼬를 출 때 신는 신발 굽이 성당 바닥을 울리는 소리를 들었고, 아주 가까이 다가온 아버지를 보았을 때 신랑들이 바르는 은은한 로션 냄새를 맡았다. 프란시스까 이모는 그를 보지 못한 것 같았고 그 또한 두 사람을 보지 못한 것처럼 보였다. 하지만 실제로 그 모든 것은 그가 미리 계산한 것으로, 그는 두 사람이 전신국 앞을 지나갔을 때부터 뒤따라오고 있었다. 그는 성당 문에서 가장 가까운 기둥 옆에 숨었고, 그렇게 어머니의 뒷모습을 관찰할 수 있었지만 어머니는 그를 볼 수 없었다. 긴장된 몇 분이 지나고, 불안감을 견딜 수 없게 된 루이사 산띠아가는 고개를 돌려 문 쪽을 바라보았다. 어머니를 바라보고 있던 그와 어머니의 시선이 마주치게 됨으로써 어머니는 화가 나 죽을 지경이 되었다. "내가 계산한 대로 정확히 들어맞았지." 노년에 이른 아버지가 그 이야기를 반복하면서 행복한 표정으로 내게 말했다. 반면에, 어머니는 자신이 그의 올가미에 걸려 버린 데 대한 분노를 사흘 동안이나 억누를 수 없었다는 얘기를 반복할 때마다 절대로 지치는 법이 없었다.

두 번째 기회는 그가 어머니에게 썼던 편지 한 통이었다. 그 편지는 어머니가 새벽에 은밀하게 활동하던 시인과 바이올리니스트로부터 기다렸을 법한 편지가 아니라 다음 주 그가 산따마르따로 여행을 떠나기 전까지 답장을 해 달라는 강압적인 편지였다. 어머니는 답장을 하지 않았다. 자기를 숨 막히게 만드는 그 벌레 같은 인간을 죽여 버리겠다는 결심을 한 채 방에 틀어박혀 버렸고, 마침내 프란시스까 이모가 너무 늦기 전에 단번에, 한꺼번에 결판을 내라고 그녀를 설득하려 애썼다. 이모는 불가능한 사랑을 이루기 위해 매일 밤 7시부터 10시까지 사랑하는 여자 집 발코니 아래서 자리를 지켰던 구혼자 후벤띠노 뜨리요의 예를 들어 가며 어머니의 저항을 꺾으려 했다. 이모의 말에 따르면, 여자는 그 남자에게 온갖 욕설을 다 퍼부었으며 결국에는 밤마다 발코니에서 그의 머리 위로 오줌 한 통씩을 쏟아 부었다. 하지만 그 남자를 물리칠 수는 없었다. 온갖 욕설과 오물 세례를 퍼부은 뒤 굽히지 않는 사랑의 헌신적인 노력에 감동받은 그녀는 그와 결혼했다. 하지만 내 부모의 결혼 얘기는 그런 극단에까지 이르지는 않았다.

세 번째 공략 기회는 성대하게 치러진 어느 결혼식이었다. 두 사람은 각각 신랑 측과 신부 측의 들러리로 결혼식에 초대되었다. 루이사 산띠아가는 자기 가족에게 아주 중요한 사람의 결혼식에 참석하겠다고 한 약속을 어길 핑계를 찾지 못하고 있었다. 루이사 산띠아가가 결혼식에 빠질 핑계를 찾을 수 없으리라는 사실을 알고 있던 가브리엘 엘리히오는 만반의 준비를 한 채 결혼식에 참석했다. 그가 눈에 띄게 단호한 태도로 파티장을 가로질러 그녀에게 다가와 첫 번째 곡에 춤을 추자고 제안했을 때 그녀는 뛰는 가슴을 진정시킬 수 없었다. "가슴이 정말 두근거렸는데, 화가 나서인지 놀라서인지 알 수가 없더구나." 어머니가 내게 말했다. 그 사실을 감지한 그는 그녀에게 불시의 일격을 가했다. "지금 당신 가슴이 내게 그러겠다고 대답하고 있기 때문에 이제 말로 대답할 필요는 없소."

음악이 연주되고 있는 가운데 그녀는 파티장 한가운데에 그를 세워 둔 채 단호하게 그의 요청을 거부했다. 하지만 아버지는 어머니의 행동을 자기 식으로 이해했다.

"행복하더구나." 아버지가 내게 말했다.

루이사 산띠아가는 다음날 동트기 전 「춤이 끝났을 때」라는 유독성 왈츠곡이 유혹하듯 속삭이는 소리에 잠에서 깨어났을 때 자신을 향해 솟구치는 분노를 참을 수 없었다. 날이 밝자마자 그동안 가브리엘 엘리히오가 준 선물을 죄다 되돌려 주었다. 루이사 산띠아가가 이처럼 과격하게 처신한 것과 결혼식 파티에서 그의 제안을 거절하고 떠나 버린 것에 관한 뒷얘기는 공중으로 날아가 되돌아올 수 없는 깃털 같은 문제가 되어 버렸다. 모든 사람들은 그 사건이 여름철에 강렬하게 불어왔다가 언제 그랬냐 싶게 사그라지는 폭풍 같다고 생각했다. 루이사 산띠아가가 유소녀기의 삼일열을 다시 앓게 되어, 어머니가 마나우레 마을, 즉 시에라 네바다 기슭에 위치한 어느 낙원 같은 마을로 딸을 데려가 요양을 시켰기 때문에 그런 느낌은 더욱더 강해졌다. 두 사람은 그 몇 달 동안 서로 이야기를 나눈 적이 없다고 극구 부인했으나, 그녀가 건강을 회복해 돌아왔을 때 두 사람 다 서로에 대한 불안감이 사그라든 것처럼 보였기 때문에 그들의 부인은 썩 믿을 만한 것이 못 되었다. 외할머니 미나가 딸과 함께 집으로 돌아오겠다고 알리는 전보를 읽은 아버지는 루이사 산띠아가를 맞이하러 역으로 나갔고, 아버지를 본 루이사 산띠아가는 그와 악수를 할 때 비밀스러운 신호 같은 뭔가를 느끼고는 그것을 사랑의 메시지로 해석했다. 어머니는 그 당시가 생각나는지 수줍음에 얼굴을 붉히면서 그 사실을 극구 부인했다. 하지만, 그 당시부터는 두 사람이 예전보다 훨씬 스스럼없이 함께 있는 모습이 눈에 띄었다는 것은 사실이다. 이제 결론만이 남게 되었는데, 그 다음 주 루이사 산띠아가가 프란시스까 이모와 함께 베고니아가 있는 복도에서 수를 놓는 동안 프란시스까 이모가 이렇게 결론지었다.

"이제 미나도 모든 걸 알고 있단다."

루이사 산띠아가는 항상 자기가 구혼자를 무도회장 한가운데에 세워 놓은 그날 밤부터 가슴 속에 억누르고 있던 격정의 봇물을 터뜨리게 만든 것은 정작 가족의 반대였다고 주장했다. 그것은 처참한 전쟁이었다. 대령은 그 일에 관여하지 않으려 했으나 미나가 대령 역시 겉보기와는 달리 썩 결백하지만은 않다며 대령의 면전에서 퍼부어 대는 비난을 피할 수 없었다. 딸에게 관대하지 않은 사람은 대령이 아니라 미나인 것이 모두에게 명확해 보였다. 그 당시 부족의 규약에 그런 경우 관대하게 처리해서는 안 된다는 항목이 실제로 들어 있었는데, 부족 구성원들에게는 부족 여성의 애인은 모두 침입자로 간주되었다. 이런 유전학적인 편견 때문에(그 편견의 잔불은 여전히 타고 있다.) 우리 집안의 미혼 여성들과 길거리에 수많은 자식들을 깔아 놓고 다니는, 바지 지퍼가 열린 남성들 사이에 폭넓은 우애가 형성되어 있었다.

친구들은 나이에 따라, 두 연인에 대한 호불호에 따라, 끼리끼리 나뉘었는데, 입장을 딱 부러지게 표명하지 않고 있던 사람들도 두 사람의 사랑이 깊어 감에 따라 명확한 입장을 표시해야 했다. 젊은 사람들은 즐겨 그들의 공범자가 되었다. 특히 가브리엘 엘리히오의 공범자들은 더욱더 열성적이었다. 그는 사회적인 편견의 희생양이 된 자신의 상황을 즐기고 있었다. 반면에 루이사 산띠아가를 부유하고 권세 있는 어느 집안의 보물이라 인식하고 있던 어른들 대부분은 외지에서 흘러 들어온 어느 전신 기사가 사랑 때문이 아니라 이익을 위해 그녀에게 구혼한다고 생각하고 있었다. 그때까지 순종적이고 온순하던 루이사 산띠아가는 막돼먹은 암사자처럼 포악스럽게 반대자들에 맞섰다. 집안에서 벌인 수많은 논쟁들 가운데 가장 심한 논쟁을 벌였을 때 미나는 이성을 잃은 나머지 딸에게 빵 공장에 있던 칼을 빼들었다. 미나는 지나치게 분노하게 되면 충동적으로 죄를 저지를 수도 있겠다는 사실을 이내 인식하고는 소스라치게 놀라 칼을 내던지며 소리를 질렀다. "오 하느님!" 그러고는 이글거리는 화덕의 숯불 속에 손을 집어넣는 잔인한 속죄 행위를 행하고 말았다.

  가브리엘 엘리히오를 반대하는 대표적인 이유들 중 하나는 그가, 불과 열네 살의 나이에 학교 교사와 불장난을 한 미혼모의 자식이라는 점이었다. 아르헤미라 가르시아 빠떼르니나라 불리던 가브리엘 엘리히오의 어머니는 자유로운 정신을 소유한 늘씬한 백인 여성으로, 결혼도 하지 않은 상태에서 같은 지붕 아래서 산 적도 없는 각기 다른 남자 셋 사이에 가브리엘 엘리히오 말고도 아들 다섯과 딸 둘을 두고 있었다. 자신의 고향 신세에 살던 그녀는, 종려나무 가지를 흔들며 예수 그리스도의 예루살렘 입성을 환영하듯, 우리 손자들이 높이 기리고 싶은 독립적이고 쾌활한 정신력으로 무장한 채 손발이 닳도록 억척스럽게 자식들을 키웠다. 가브리엘 엘리히오는 그 초라한 가계(家系)에서 가장 튀는 인물이었다. 폭풍우가 몰아치는 가운데 리오아차를 향해 위태롭게 운행하던 스쿠너 안에서 맞이한 신혼여행에서 그가 어머니에게 속죄 행위처럼 털어놓은 바에 따르면, 그는 열일곱 살 때부터 숫처녀 애인 다섯을 두었다. 열여덟 살이 되었을 때 아치 마을에서 전신 기사로 일하면서 이 애인들 가운데 하나와 아벨라르도라는 아들 하나를 두었는데 당시 만 세 살이 되어 가고 있었다. 스무 살 먹었을 때는 아야뻴에서 전신 기사로 일하면서 다른 애인과 까르멘 로사라는 딸 하나를 두었고 그 아이는 생후 몇 개월이 되었는데 얼굴도 모른다고 고백했다. 그는 딸아이의 어머니에게는 돌아와 결혼을 하겠노라 약속했고, 루이사 산띠아가를 만나 사랑에 빠짐으로써 인생의 길이 비뚤어지기까지는 그 약속을 지킬 생각이었다. 큰 아들은 공증소에서 출생 신고를 했고 나중에 딸도 그렇게 할 생각이었으나, 법 앞에서 아무런 효력도 발휘할 수 없는 공연한 형식적 절차에 불과했다. 본부인과의 사이에 태어난 자식 셋 말고도 결혼 전후로 다른 여자들에게서 자식 아홉을 두고, 본부인이 그 아이들 모두를 친자식처럼 받아들인 경험이 있는 마르케스 대령에게 가브리엘 엘리히오의 그런 비정상적인 행위가 도덕적 불안감을 유발했다는 것은 가히 놀랄 만한 일이다.

내가 언제 그런 사실을 처음으로 알게 되었는지는 정확히 알 수 없으나 어떤 경우든 선조들이 저지른 도덕적 죄들은 내게 전혀 중요하지 않았다. 아무튼 가족의 독특한 이름들이 내 관심을 끌었다. 우선 외가에는 뜨랑낄리나, 웨네프리다, 프란시스까 시모도세아라는 이름이 있었다. 그리고 친할머니는 아르헤미라는 이름을 지니고 있었고, 친할머니 부모님의 이름에 로사나와 아미나답이 있었다. 아마도 그것 때문에 내 소설들에 등장하는 인물들은 자신들의 존재 방식과 일치되는 이름 하나를 갖게 될 때까지는 자기 발로 직접 걸을 수 없다는 확고한 믿음이 내게 생기게 된 것 같다.

가브리엘 엘리히오를 반대하는 논리들은 그가 니꼴라스 마르께스 대령이 과거에 대항해서 싸웠던 보수당의 열렬한 당원이라는 사실 때문에 더 강해졌다. 권력 구조에서 엉성한 중앙 집권주의가 지속되고 있었고, 보수파와 자유파가 서로 으르렁거리며 싸우는 것을 멈추기까지는 여전히 많은 시간이 흘러야 했기에 네에를란디아와 위스콘신 평화 조약이 맺어진 뒤라고 해도 평화는 그저 어정쩡하게 이루어지고 있었다. 아마도 구혼자가 취하던 보수주의는 교조적 신념 때문이라기보다는 가정적인 영향 때문이었을 것이나, 루이사 산띠아가의 가족은 항상 깨어 있는 지성과 검증된 정직성 같은, 그의 훌륭한 성품을 증명하는 여러 가지 특질들보다는 보수주의자라는 사실에 더 주목할 뿐이었다.

아버지는 여간해서는 속내를 드러내지도 않고 웬만한 것에는 즐거움을 드러내지도 않는 사람이었다. 그는 항상 보기보다 훨씬 더 가난했는데, 가난을 결코 굴복할 수도 타파할 수도 없는 혐오스러운 적으로 인식하고 있었다. 그는 아라까따까 전신국 뒷방에 해먹을 매달아 놓고 홀로 잠을 자는 생활을 하는 중에도, 한결같은 용기와 품위를 유지한 채 루이사 산띠아가에 대한 사랑을 반대하는 주위의 압력을 감당해 나갔다. 물론, 함께 밤을 보낼 사람이 생길 경우를 대비해 용수철에 기름칠을 잘 해 놓은 싱글 침대 한 개를 해먹 옆에 준비해 두고 있었다. 언젠가 나는 은밀한 사냥꾼 같은 아버지의 방식을 따라해 보고 싶다는 유혹을 느꼈으나, 그런 것은 고독에서 비롯되는 가장 효과 없는 방식이라는 사실을 살아가면서 깨달았고, 아버지에게 깊은 연민을 느꼈다.

아버지가 사랑 때문에 어렵게 지내던 그 시절 어느 날 친구들과 함께 대령의 집을 방문했다. 대령은 손님 모두에게 자리에 앉으라고 하면서도 아버지를 세워 놓았고, 아버지는 세상을 떠나기 바로 전까지 내게 그 이야기를 했다. 어머니의 가족은 그랬을 리가 없다고 강하게 부인했다. 아버지가 그런 생각을 하게 된 데에는, 어쩌면 처갓집 사람들에게 섭섭한 감정이 있었기 때문이거나 혹은 그것이 잘못된 기억이었을 것이다. 그러나 거의 100살이 다 되어 정신이 온전치 못한 외할머니가 언젠가 주절주절 헛소리를 늘어놓는 과정에서 그 당시 정황을 흘렸는데, 그 광경이 말로 표현된 것이 아니라 실제로 일어나고 있는 것처럼 생생하게 느껴졌다.

"저기 저 거실 문 옆에 그 가련한 남자가 서 있었는데, 니꼴라시또는 앉으라는 말도 하지 않았어." 외할머니는 진정으로 가슴 아파하며 이렇게 말했다.

듣는 사람을 어리둥절하게 만드는 외할머니의 그런 폭로에 항상 주의를 기울이고 있던 나는 그 남자가 누구였는지 물었고 외할머니는 담담한 어조로 내게 대답했다.

"가르시아, 바이올린 켜는 남자 말이야."

그처럼 부당한 대우를 받던 아버지는 자신의 성격과는 영 어울리지 않게도 리볼버 권총 한 자루를 샀는데, 그런 행동은 마르케스 대령 같은 퇴역 전사들이나 할 수 있는 것이었다. 그 권총은 유서 깊은 스미스 앤드 웨슨 38구경으로, 총신이 긴 그 총이 몇 사람 손을 거쳐 아버지의 손에 들어갔는지 혹은 당시까지 몇 명의 목숨을 앗아갔는지는 모를 일이었다. 아버지가 경고 삼아 또는 호기심 때문에 쏘아 보았음직도 한데, 전혀 의심할 바 없는 사실은 그런 일이 단 한 번도 일어나지 않았다는 것이다. 성년이 된 우리 자식들은 아버지가 세상을 떠나고 몇 년이 지난 뒤, 잡동사니 집기들과 아버지가 세레나데에서 연주하던 바이올린이 보관된 어느 장롱에서 그 권총을 발견하게 되었다. 권총에는 아버지가 구입 시 장착해 놓은 탄환 다섯 발이 고스란히 들어 있었다.

 가브리엘 엘리히오도 루이사 산띠아가도 가족의 완강한 태도에 겁을 먹지 않았다. 처음에는 친구들 집에서 몰래 만날 수 있었으나 그녀의 집 밖 출입이 통제되었을 때 두 사람이 유일하게 접촉할 수 있었던 방법은 기발한 수법으로 주고받은 편지들이었다. 그가 초대받은 파티에 그녀가 참석하는 게 허락되지 않았을 때는 멀리서 서로를 바라보기만 했다. 결국 두 사람에게 가해진 억압이 몹시 심해졌지만, 그 누구도 뜨랑낄리나 이구아란의 분노에 대항할 엄두를 내지 못했으며, 사람들은 두 연인이 함께 있는 모습을 보지 못하게 되었다. 은밀하게 편지를 주고받을 틈새마저 사라졌을 때 두 연인은 조난자들처럼 통신 수단을 강구하기 시작했다. 루이사 산띠아가는 가브리엘 엘리히오의 생일 날에 쓰려고 누군가가 주문한 케이크 속에 생일 축하 카드를 숨기는 데 성공했고, 가브리엘 엘리히오는 보통 것과 똑같아 보이지만 진짜 메시지는 암호로 쓰거나 은현(隱現) 잉크로 쓴, 위장 전보를 그녀에게 보내는 기회를 놓치지 않았다. 당시 프란시스까 이모가 조카의 연애에 공모하고 있다는 사실은, 그녀가 극구 부인했지만 너무 명백해서 이모가 집에서 지니고 있던 권위가 처음으로 훼손되었고, 편도 나무 아래서 수를 놓을 때만 조카와 함께 지낼 수 있도록 활동이 제한되었다. 그렇게 되자 가브리엘 엘리히오는 애인 집 건너편에 있는 의사 알프레도 바르보사의 집 창문으로부터 농아들의 수화식 전보를 통해 연애 메시지를 보냈다. 루이사 산띠아가 또한 그 수화법을 잘 배워 이모가 방심하고 있는 틈을 타 애인과 내밀한 대화를 나눌 수 있게 되었다. 그 방법은 루이사 산띠아가와 겹대모(代母) 관계에 있던, 아드리아나 베르두고가 발명한 수많은 책략 가운데 하나였을 뿐인데, 재주 좋고 꾀바른 그녀는 둘의 연애를 대담한 방법으로 지원해 주었다.

두 사람에게 위안이 된 그런 책략 덕분에 주변의 지속적인 반대에도 관계를 유지할 수 있었던 것 같다. 그러던 어느 날 루이사 산띠아가로부터 놀랄 만한 내용이 담긴 편지 한 통을 받은 가브리엘 엘리히오는 결연한 마음으로 대처 방안을 모색해야 했다. 부모가 딸의 상사병을 일거에 치료하기 위해 육로로 딸을 바랑까스까지 데려가기로 결정했다는 나쁜 소식을 화장지에 급히 적어 보냈던 것이다. 그 여행은 두 사람이 리오아차행 스쿠너에서 위태위태하게 밤을 보낸 그런 흔한 여행이 아니라, 나귀와 달구지를 타고 시에라 네바다의 벼랑길을 포함한 거친 길을 지나고 광활한 빠디야 지방을 가로지르는 여행이 될 터였다.

"차라리 죽고 싶은 심정이었지." 우리가 집을 팔러 가던 날 어머니가 내게 말했다. 방문을 걸어 잠근 채 틀어박혀 사흘 동안 빵과 물만 먹으며 자살을 기도하던 어머니는 결국 아버지에게 느껴 왔던 경외심 때문에 포기하고 말았다. 긴장이 한계에 이르렀다는 사실을 깨달은 가브리엘 엘리히오는 극단적이긴 하지만 실현할 수 있는 결정 하나를 내렸다. 그는 의사 바르보사의 집에서 거리를 가로질러 편도 나무 그늘까지 성큼성큼 걸어가서 두 여자 앞에 떡 버티고 섰다. 겁에 질린 두 여자는 자수감을 무릎에 내려놓은 채 그를 기다리고 있었다.

"이 아가씨와 잠시 얘기할 시간을 주시기 바랍니다." 그가 프란시스까 이모에게 말했다. "이 아가씨에게만 해 줄 중요한 이야기가 있습니다."

"참 뻔뻔스럽기도 하군!" 프란시스까 이모가 되받아쳤다. "내 조카에 관한 거라면 내가 못 들을 게 전혀 없어요."

"그렇다면 아무 말도 하지 않겠습니다. 하지만 무슨 일이 일어나건, 이모님께서 책임을 지셔야 할 거라는 점은 미리 알려 드리겠습니다."

루이사 산띠아가는 자신들끼리 이야기하게 해 달라고 이모에게 애걸하고는 위험을 감수하기로 작정했다. 두 사람만 있게 되었을 때, 가브리엘 엘리히오는 그녀가 자기와 결혼을 하겠다고 엄중하게 맹세한다면, 그녀가 부모와 함께 언제 어떤 방식으로 여행하든 동의하겠다고 다짐했다. 그녀는 기꺼이 약속했고 죽음만이 그걸 방해할 수 있을 거라는 말을 덧붙이면서 모든 책임과 위험을 떠맡았다.

그 약속이 진실된 것임을 두 사람이 입증하기까지는 거의 1년이라는 시간이 남아 있었으나, 얼마만한 대가를 치러야 할지는 그도 그녀도 예상하지 못했다. 한 무리의 마부들과 함께 떠난 여행의 첫 부분은 이 주가 걸렸다. 그녀는 나귀를 탄 채 시에라 네바다의 벼랑길을 통과했다. 웨네프리다의 하녀 촌(엔까르나시온의 애칭)이 그들과 동행했다. 촌은 루이사 산띠아가 가족이 바랑까스를 떠나왔을 때부터 함께 살았다. 대령은 전쟁을 치를 당시 방탕하게 놀아나던 밤에 만들어 놓은 자식들을 흔적으로 남겨 둔 적이 있는 그 가파른 바윗길을 속속들이 알고 있었으나, 그의 아내는 신혼여행 시 탔던 스쿠너에 대해 좋지 않은 기억이 있었기 때문에 초행이면서도 그 길을 따라나섰다. 어머니로서는 처음으로 나귀를 탔다는 것 말고도, 벼랑 아래서 피어올라 정신을 몽롱하게 만드는 수증기 때문에 정신이 아득해진 상태에서 작렬하는 태양에 가끔씩 폭우까지 몰아치는 바람에 악몽을 꾸는 것 같았다. 자정에 정장 차림으로 나타나고 새벽녘에 바이올린을 켜던 그 불확실한 애인에 대한 기억마저 가물가물해지는 것 같았다. 여행을 떠난 지 나흘째 되던 날 더 이상 버틸 기력이 없게 된 그녀는 집으로 돌아가지 않으면 절벽 아래로 몸을 던지겠다고 어머니를 위협했다. 딸보다 더 놀란 미나는 그러겠노라고 했다. 하지만 끈으로 서로의 몸을 묶은 채 산길을 타고 가는 그 일행의 우두머리는 그녀에게 지도를 보여 주며 돌아가는 것이나 계속 나아가는 것이나 똑같다는 사실을 상기시켰다. 그들 일행은 열하루째 되는 날, 마지막 벼랑길에서 바예두빠르의 반짝거리는 평원을 보았을 때야 비로소 한숨을 돌릴 수 있었다.

여행의 첫 단계가 마무리되기 전, 가브리엘 엘리히오는 루이사 산띠아가와 그녀의 어머니가 바랑까스로 가는 길에 잠시 머무르기로 되어 있는 일곱 마을 전신 기사들의 공모 덕분에 방랑하는 애인과 지속적인 대화 채널을 확보할 수 있었다. 루이사 산띠아가 역시 나름대로 수단을 강구해 두었다. 그 지역은 온통 이구아란과 꼬떼스라는 성을 가진 사람들로 가득 차 있었고 그들의 부족 의식은 빽빽하게 얽히고 설켜 있는 정글처럼 강력했는데, 그녀는 그 부족 의식을 자기 편으로 만들 수 있었다. 이런 식으로 그녀는 석 달 동안, 즉 거의 1년 뒤 여행이 끝날 때까지 머물렀던 바예두빠르에서 가브리엘 엘리히오와 열렬한 연애편지를 주고받을 수 있었다. 각 마을에 들릴 때마다, 마을 전신국에 들러 젊고 의욕적인 여자 친척 한 사람의 공모를 통해 애인의 메시지를 받고 답하기만 하면 되었다. 과묵한 하녀 촌은 글을 읽을 줄도 쓸 줄도 몰랐기 때문에 루이사 산띠아가의 의심을 사지도 않고, 메시지의 내용이 낯 뜨겁다는 느낌 같은 것도 받지 않은 채 자기 옷 속에 메시지들을 감추고 배달함으로써 아주 중요한 역할을 수행했다. 비밀 하나를 지키기 위해서는 죽음도 불사할 수 있는 여자였다.

거의 60년이 지난 뒤, 다섯 번째 소설 『콜레라 시대의 사랑』을 쓰기 위해 아버지에게서 이런 기억들을 약탈하려 했을 때, 나는 전신 기사들이 사용하는 은어들 가운데 각 전신국끼리 연계하는 행위를 지칭하는 특별한 용어가 있는지 아버지에게 물었다. 그는 생각하고 말 것도 없이 즉답을 했다. '잭을 꽂다'. 사전에 그 용어에 관해 내가 필요로 하던 특정 의미가 구체적으로 실려 있는 것은 아니었지만, 전신국끼리의 의사소통은 전신 단말기 판에 잭 하나를 꽂음으로써 이루어졌기 때문에 그 부분에 관한 내 의구심은 완벽하게 해소되었던 것 같다. 나는 그에 관해 아버지에게 더 이상 언급하지 않았다. 하지만 아버지가 세상을 뜨기 불과 얼마 전 어느 신문사가 아버지와 인터뷰를 하면서 소설을 쓰고 싶은 적이 있었느냐고 묻자, 아버지는 쓰고는 싶었으나 내가 '잭을 꽂다'라는 말에 관해 당신에게 질문했을 때 당시 내가 쓰고 있던 소설이 당신이 쓰려고 하던 것과 같은 것이라는 사실을 알고 포기했노라고 대답했다.

인터뷰 도중 아버지는 우리의 삶을 바꾸어 놓을 수도 있었던 감춰진 자료 하나도 기억해 냈다. 어머니가 여행을 떠난 지 6개월이 되었을 무렵 산 후안 델 세사르에 머물고 있을 때, 메다르도 빠체꼬의 죽음 때문에 생긴 마음의 상처가 치유되었다고 판단한 미나가 내친 김에 가족을 바랑까스로 이사시킬 준비를 하고 있다는 은밀한 소식이 가브리엘 엘리히오에게 도달했다는 것이다. 좋지 않은 시기는 이미 지나갔고, 바나나 회사의 확고한 제국이 그동안 꿈꾸어 왔던 약속의 땅과 유사해지기 시작했기 때문에, 가브리엘 엘리히오는 그렇게 하는 것은 터무니없는 일이라고 생각했다. 하지만 마르케스 이구아란 가족의 고집이 워낙 세서 딸을 매의 발톱으로부터 자유롭게 하기 위해서라면 자신들의 행복을 희생할 수 있다는 것 또한 가능했다. 가브리엘 엘리히오는 그 즉시 바랑까스에서 약 20리그 정도 떨어져 있는 리오아차 전신국으로 옮길 결심을 했다.

루이사 산띠아가는 어머니의 비밀스러운 의도가 무엇인지 알아낼 수 없었으나, 자신들이 바랑까스에 가까워질수록 어머니가 조바심을 내면서도 평온을 가장하고 있는 것이 예사롭지 않다고 생각했기 때문에 어머니에게 아무런 의도도 없다고 생각할 수 없는 노릇이었다. 모두의 공모자였던 촌마저도 루이사 산띠아가에게 힌트를 전혀 주지 않았다. 루이사 산띠아가는 진실을 캐내기 위해 바랑까스에 살게 되면 정말 좋겠다고 어머니를 넌지시 떠보았다. 어머니는 잠시 마음이 동요되는 것 같았으나 입을 꾹 다물고 있기로 작정했고 딸은 자신이 비밀에 아주 가까이 근접했다는 느낌을 갖게 되었다. 조바심이 난 루이사 산띠아가는 길거리 여자 집시의 카드 점에 의지하려 했는데, 집시는 바랑까스에서 무슨 일이 일어날 것인지에 관해서는 아무런 실마리도 제공해 주지 않았다. 반면에, 현재 루이사 산띠아가가 썩 잘 알지는 못하지만 죽을 때까지 그녀를 사랑하게 될, 멀리 떨어져 있는 남자와 결혼해 행복하게 해로하는 데는 아무런 장애도 없을 것이라고 했다. 루이사 산띠아가는 집시가 들려준 얘기를 듣고 기력을 회복했다. 집시가 애인 가브리엘 엘리히오에 관한 사항들을 잘 알아맞혔고, 특히 그의 성격을 족집게처럼 맞혔기 때문이다. 마지막으로 집시는 가브리엘 엘리히오와의 사이에 자식 여섯을 두겠다고 단언했다. "어찌나 놀랐던지 죽을 뻔했다." 어머니가 내게 처음으로 그 얘기를 했을 때, 실제로는 자식 다섯을 더 둘 거라는 상상은 추호도 하지 못하고 이렇게 말했던 것이다. 두 연인은 그 예언을 철석같이 믿었고, 그때부터 주고받는 연애전보는 허망한 의도들을 담은 합주곡이 아니라, 조직적이고 실제적이고 그 어느 때보다도 열렬해졌다. 두 사람은 만날 날짜를 잡고 방법을 정했으며, 다시 만나게 되면 누구에게도 상의하지 않고 어디서든 어떻게든 결혼을 하겠다는 결심을 공유하는 데 자신들의 삶을 바쳤다.

결혼 약속을 아주 충실히 따르고 있던 루이사 산띠아가는 폰세까 마을에 머물고 있을 때 성장을 하고 참석하는 댄스파티에 약혼자 동의 없이 참석하는 것은 옳지 못하다고 생각했다. 가브리엘 엘리히오가 40도에 이르는 고열에 시달리며 해먹에 누워 있을 때 급전이 도착한다는 신호가 울렸다. 폰세까 전신국에 근무하는 동료가 보낸 것이었다. 루이사 산띠아가는 보안에 만전을 기하기 위해 착신지 전신기를 작동하고 있는 전신 기사가 누구인지 동료에게 물었다. 애인은 기쁨보다는 놀라움이 앞서 그 기사가 바로 자신이라는 사실을 한 문장으로 전송했다. "내가 그 여자 손님의 대자라고 말해 주기 바람." 어머니는 그 암호를 알아보았다. 그렇게 루이사 산띠아가는 애인의 동의를 받고서야 파티에 참석했는데, 아침 7시까지 파티장에 머무는 바람에 부리나케 옷을 갈아입고 미사에 참석해야만 했다.

어머니의 가족은 바랑까스에서 자신들을 향한 적개심의 흔적을 전혀 발견하지 못했다. 반대로 그 불행한 사건이 발생한 지 17년이 지난 뒤, 메다르도 빠체꼬에 동조했던 사람들 사이에는 용서와 망각의 기독교적 정신이 지배하고 있었다. 그곳 친지들이 모녀를 어찌나 반갑게 맞이해 주었던지 이제 가족이 더위와 먼지, 피비린내 나는 토요일들, 목 잘린 귀신들이 있는 아라까따까와 완연하게 다른 그 산골 안식처로 되돌아와 살 수도 있겠다는 생각을 했던 사람은 바로 루이사 산띠아가였다. 그녀는 가브리엘 엘리히오더러 리오아차로 전근할 수만 있다면 그렇게 되도록 노력해 보자고 했고, 그도 그녀의 의견에 동의했다. 그럼에도 불구하고, 그 당시 이사를 할 만한 특별한 이유가 없었을 뿐만 아니라, 미나를 제외하고는 그 누구도 이사를 원치 않고 있다는 사실이 밝혀졌다. 아들 후안 데 디오스가 메다르도 빠체꼬가 죽은 지 채 20년도 안 된 시점에 바랑까스로 이사한다는 것이 두렵다는 내용의 편지를 미나에게 보내자 미나는 아들에게 보낸 답장에 이사를 하지 않겠다고 못박아 버렸다. 바랑까스가 속해 있는 구아히라 주의 법은 끝내 피할 수 없다고 확신하고 있던 후안 데 디오스는 반세기가 지난 후 아들 에두아르도가 바랑까스에서 공공 의료 서비스를 하는 것조차도 반대했다.

 이 모든 공포에도 불구하고 문제의 모든 매듭이 사흘 만에 풀린 곳도 바로 그곳이었다. 미나가 바랑까스로 이사할 생각을 포기했다는 사실을 루이사 산띠아가가 가브리엘 엘리히오에게 확인해 준 바로 그 화요일, 가브리엘 엘리히오에게는 리오아차 전신국 담당 전신 기사가 갑작스럽게 사망하는 바람에 그가 그곳으로 발령났다는 소식이 전해졌다. 그 다음날 미나는 가위 하나를 찾느라 식료품 창고 서랍을 뒤지던 중 무심결에 영국제 과자 상자를 열어 보게 되었다. 상자 안에는 그동안 딸이 숨겨 놓은 연애 전보들이 들어 있었다. 화가 머리끝까지 치민 미나는 짜증나는 순간이면 불쑥불쑥 내뱉던 특유의 욕설들 가운데 하나부터 딸에게 퍼부었다. "하느님은 모든 걸 용서해도 말 안 듣는 건 용서하지 않아!" 그 주말, 모녀는 리오아차로 갔다. 일요일에 산따마르따행 스쿠너를 타기 위해서였다. 모녀 가운데 그 누구도 2월의 폭풍이 휘몰아치는 밤이 무섭다는 생각을 하지 못했다. 어머니는 딸에게 패배해 녹초가 되어 있었고, 딸은 두려웠지만 행복했기 때문이다.

육지는 미나가 딸의 연애 전보들을 발견함으로써 잃어버렸던 침착성을 되돌려 주었다. 다음날 루이사 산띠아가를 산따마르따에 사는 아들 후안 데 디오스에게 맡겨 둠으로써 딸을 사랑의 악마들로부터 안전하게 떼어 놓았다고 확신한 미나는 혼자 아라까따까로 갔다. 하지만 결과는 반대로 나타났다. 당시 가브리엘 엘리히오는 틈만 나면 아라까따까에서 산따마르따로 루이사 산띠아가를 만나러 갔던 것이다. 딜리아 까바예로와의 사랑 때문에 여동생의 경우처럼 부모의 완강한 반대에 시달린 적이 있던 외삼촌 후아니또(후안의 애칭)는 가급적이면 여동생의 사랑 문제에 관여하지 않기로 결심했으나, 모든 진실을 알고 난 뒤에는 루이사 산띠아가가 지닌 사랑의 열정과 부모에 대한 존경심 사이에서 진퇴양난의 처지에 빠졌고, 결국 관대한 사람으로 소문난 그만의 방식으로 도피해 버렸다. 즉, 두 연인이 만나기는 하되 사전에 반드시 자기에게 알려야 하고 두 사람 단독으로 만나지 않는다는 조건으로 집 밖에서 만나는 걸 인정했던 것이다. 자신이 당한 수모를 용서했지만 잊지는 않았던 후안의 부인 딜리아 까바예로는 과거에 예비 시부모의 감시를 우롱하는 데 사용하던 것과 같은, 절대 완벽한 우연들과 단수 높은 계략들을 시누이를 위해 꾸몄다. 가브리엘과 루이사는 친구들 집에서만 만나기 시작하다가 차츰차츰 사람들이 그리 많지 않은 공공장소에서 만나는 위험을 감수해 나갔다. 마침내 두 사람은 외삼촌 후아니또가 집에 없는 틈을 타, 루이사는 집 거실에 있고 가브리엘은 길에 있는 식으로, 대담하게도 창문을 통해 대화를 나누기도 했다. 이는 두 사람이 집 안에서 만나지 않겠다는 약속을 지키기 위해서였다. 창문 전체를 덮는 안달루시아식 쇠격자가 달려 있고, 덩굴 식물이 타고 오르는 프레임이 설치되어 있는 창문은 주위의 반대를 받는 사랑을 위해 일부러 그렇게 만들어진 것처럼 보였는데, 덩굴 식물에서는 밤의 졸음을 쫓아 주는 재스민 향기가 그윽하게 풍겼다. 그 모든 것을 예견했던 딜리아는 두 연인에게 갑작스러운 위험이 닥쳤을 때 그들의 사랑에 동조하는 일부 이웃 사람들이 암호로 휘파람을 불 거라는 것도 예견했다. 그런데 어느 날 밤 모든 예방책들이 무너졌고 후안 데 디오스는 사랑의 진실 앞에 굴복하고 말았다. 두 연인이 자신들의 사랑을 세상 사람들과 공유하도록 딜리아가 두 사람을 집으로 초대해 창문을 열어 놓은 채 거실에 앉도록 해 버렸던 것이다. 어머니는 오빠의 한숨을 절대 잊지 못했다.

"속이 다 시원하네."

그즈음 가브리엘 엘리히오는 리오아차 전신국에 정식으로 발령받았다. 애인과 다시 헤어지게 된 것에 불안해진 어머니는 부모 허락 없이 결혼할 수도 있을 거라는 희망을 품은 채 교구장 몬세뇨르[+] 뻬드로 에스뻬호에게 호소했다. 몬세뇨르의 명망이 어찌나 대단했던지 많은 신도들은 그의 존엄성을 신성(神聖)과 혼돈하고 있었으며, 일부 신도들은 성체 거양을 할 순간 몬세뇨르의 발이 바닥에서 몇 센티미터 떨어진다는 것이 사실인지 확인하기 위해 그가 집전하는 미사에 일부러 참석하기도 했다. 루이사 산띠아가가 몬세뇨르에게 도움을 요청했을 때, 그는 지혜라는 것은 신성이 지닌 특권들 가운데 하나라는 사실 이상을 확인해 주었다. 몬세뇨르는 자신들의 사생활을 보호하는 데 대단히 열성적인 한 가정의 내부 규칙에 간섭하기를 꺼려했으나, 꾸리아[++]를 통해

[+] 교황청의 고관을 지내는 사제.
[++] 고대 로마 제국의 '도시 원로회'에서 비롯된 명칭으로 사람들을 행정적으로 구분한 단위이다. 나중에는 관리가 관할하는 종교적 집단을 의미하게 되었다.

아버지의 가정에 관해 알아보는 은밀한 방법을 선택했다. 신세 본당 주임 신부는 아르헤미라 가르시아의 자유분방한 삶에 관한 사항은 고의로 누락시킨 뒤 호의적인 대답을 보내왔다. "신앙심이 썩 깊지는 않지만 품위 있는 가족입니다." 그러자 몬세뇨르는 두 연인을 함께 그리고 개별적으로 불러 면담을 한 뒤 니꼴라스와 뜨랑낄리나에게 편지 한 통을 썼다. 어떤 인간의 힘도 남녀 간의 확고한 사랑을 깨뜨릴 수 없다는, 마음에서 우러나오는 확신을 편지에 밝혔다. 신의 힘에 굴복한 내 외조부모는 고통스러웠던 과거를 잊고 후안 데 디오스에게 산따마르따에서 결혼식을 올릴 준비를 하라는 전권을 주었다. 하지만 두 사람은 결혼식에 참석하지 않았고 대신 프란시스까 시모도세아를 대모 자격으로 보냈다.

루이사 산띠아가와 가브리엘 엘리히오는 1926년 6월 11일 산따마르따 대성당에서, 신부가 결혼식 날짜를 잘못 알고 아침 8시가 지난 시각에, 그것도 사람들이 깨워서야 일어나는 바람에 예정보다 40분 늦게 결혼식을 올렸다. 가브리엘 엘리히오가 리오아차 전신국 업무를 인수해야 했기 때문에 신혼부부는 무시무시한 그 범선을 한 번 더 탔고 심한 멀미 때문에 합방도 하지 못한 채 첫날밤을 보냈다.

어머니가 정식으로 첫날밤을 보낸 집을 어찌나 그리워했던지, 우리 손위 자식들은 마치 그곳에서 살아 보기라도 한 것처럼 방 하나 하나를 자세하게 묘사할 수 있을 정도가 되었고, 그에 관한 사항들은 내가 지니고 있는 그릇된 기억들 가운데 하나로 여전히 남아 있다. 예순 번째 생일을 맞기 불과 얼마 전 생전 처음으로 라 구아히라 반도를 찾아간 나는 전신국이었던 그 집이 내 기억 속의 집과는 딴판이라는 사실에 놀라고 말았다. 내가 유년 시절부터 내 가슴속에 담고 있던, 초석이 하얗게 뒤덮인 길들이 흙탕물 바다 쪽으로 나 있는 그 목가적인 리오아차는 외조부모가 내게 빌려 준 환상에 불과했다. 리오아차에 관해 잘 알고 있는 현재 내 머리에 떠오르는 그곳 모습은 실제 모습이 아니라 과거 내가 상상 속에서 돌 하나 하나를 놓아 건설해 보았던 그 모습일 뿐이다.

결혼식을 올리고 두 달이 지나, 후안 데 디오스는 내 아버지로부터 루이사 산띠아가가 임신했다는 전보를 받았다. 그 소식은 미나가 여전히 비통한 마음을 떨어내지 못한 채 살고 있던 아라까따까의 집 주춧돌까지 흔들어 버렸고, 미나는 물론 대령까지도 신혼부부가 자신들에게 돌아와 살 수 있도록 무기를 버렸다. 하지만 일이 쉽사리 이루어지지는 않았다. 가브리엘 엘리히오는 몇 개월 동안 자존심과 명분을 내세우며 잠시 저항을 한 끝에 아내가 친정에서 해산하는 데 동의했다.

얼마 지나지 않아 외할아버지는 기차역에서 사위를 맞이하면서 가족의 비망록에 금테 두른 문장으로 남아 있는 이 말을 했다. "나는 자네가 원하는 만큼 자네를 만족시킬 준비가 되어 있네." 외할머니는 그때까지 자신이 쓰던 방을 개조해 내 부모가 기거하도록 했다. 1년이 지났을 무렵, 가브리엘 엘리히오는 전신 기사라는 좋은 일자리를 그만두고, 예의 그 독학하는 재능을 발휘해 당시에 쇠퇴해 가던 과학, 즉 동종 요법을 공부했다. 외할아버지는 감사 또는 번민의 표시로 우리가 살던 아라까따까의 거리 이름을 '몬세뇨르 에스뻬호 로(路)'라 명명해 달라고 당국에 청원했고, 그 거리는 지금도 그렇게 불리고 있다.

그렇게 그곳에서, 1927년 3월 6일 아침 9시, 하늘에 떠 있던 황소자리가 사라지고 날이 밝아 있을 때, 시절에 맞지 않게 폭우가 쏟아지는 가운데 7남 4녀의 맏아들이 태어났다. 외갓집 산파 산또스 비예로가 최악의 순간에 기술적인 통제력을 상실하는 바람에 아이가 탯줄에 감겨 질식사할 지경에 처했다. 하지만, 오히려 통제력을 상실한 사람은 바로 프란시스까 이모였다. 그녀는 불이 났을 때처럼 소리를 지르며 대문 쪽으로 달려갔다.

"아들이에요! 아들이라니까요!" 그리고 곧이어 경보기를 울리듯 소리쳤다. "럼주 어딨어요, 얘가 숨을 안 쉬어요!"

현재도 우리 가족은 럼주를 갓난아기의 탄생을 축하하기 위한 것이 아니라 갓난아이의 몸에 발라 문지름으로써 아기의 기력을 회복시키기 위한 것이라 생각하고 있다. 당시 천우신조로 산모 방에 들어갔던 미시아 후아나 데 프레이떼스는, 아이를 위험에 빠뜨린 것은 탯줄이 아니라 침대에 누워 있는 어머니의 좋지 않은 자세였다고 내게 여러 번에 걸쳐 말했다. 시간이 흐르면서 어머니는 자세를 교정했으나 내 숨을 되돌려 놓기는 어려웠기 때문에 프란시스까 이모가 비상용으로 성수를 내게 뿌렸다. 내가 태어난 날 태어난 성인 올레가리오가 내 이름이 될 뻔했으나 성도열전을 갖고 있는 사람이 아무도 없었기 때문에 급한 대로 내 아버지의 이름인 가브리엘을 내 첫 번째 이름으로 붙이고, 그 이름 뒤에 아라까따까의 수호성인이자 3월의 성인인 목수 호세‡의 이름을 붙였다. 미시아 후아나 데 프레이떼스는 내가 세상에 태어남으로써 가족과 친구들 사이에 이루어진 총체적 화해를 기념하는 의미에서 내게 세 번째 이름을 붙이자고 제안했으나, 3년 뒤에 이루어진 정식 영세 증명서에는 '가브리엘 호세 델 라 꼰꼬르디아'의 마지막 이름을 잊고 기록하지 않았다.

‡ 에스파냐어로 요셉이다.

2

 내가 어머니와 함께 집을 팔러 간 날 나는 유년 시절 인상 깊게 느꼈던 것들을 모두 기억해 냈다. 하지만 어떤 기억이 먼저고 어떤 기억이 나중인지 확실치 않았고, 그런 기억들이 내 삶에 무슨 의미가 있는지도 확실치 않았다. 당시 나는, 바나나 회사가 기만적으로 번성하고 있었음에도 불구하고 내 부모의 결혼 생활은 아라까따까가 쇠퇴하는 막바지 과정에 이미 내포되어 있었다는 사실을 제대로 인식하지 못하고 있었다. 내가 기억을 하기 시작한 이래, 나는 다음과 같은 불길한 말이, 처음에는 아주 은밀하게, 나중에는 큰 소리로, 놀란 듯한 목소리로 반복되는 것을 들었다. "바나나 회사가 떠난대요." 그렇지만 여전히 아무도 그 말을 믿지 않고 있었거나, 바나나 회사가 초래할 폐해에 대해서는 아무도 감히 생각하지 못하고 있었다.
 어머니의 얘기에 등장하는 수치는 아주 미약했고, 그 무대도 내가 상상하던 대단한 드라마와는 달리 너무 시시했기 때문에 일종의 실망감마저 들었다. 나중에 생존자들과 증인들을 만나 얘기를 듣고 언론 매체에 보도된 내용과 공식 문서들을 조사한 결과, 진실은 그 어느 곳에서도 찾을 수 없다는 사실을 깨달았다. 체제에 순응하는 사람들은 실제로 사망자가 없었다고 말했다. 극렬 반대파들은 사망자가 100명이 넘었는데, 그들이 광장에서 피를 흘린 채 죽어 있는 것을 보았고, 썩은 바나나를 버리듯 바다에 버리기 위해 기차에 싣고 가는 것을 보았다고 흔들리지 않는 목소리로 증언했다. 그래서 내가 파악하고 있던 진실은 그 두 가지 극단 사이 어느 불확실한 지점에 영원히 머물러 있었다. 그럼에도, 그 기억은 끈질기게 내 뇌리 속에 자리 잡고 있었기 때문에 소설들 가운데 하나에 학살 사건에 대해 정확하게 언급했으며, 내 생각 속에 여러 해 동안 들어 있던 학살 사건에 대한 공포도 언급했다. 그렇듯 나는 그 드라마의 서사시적 균형을 유지하기 위해 사망자 수를 3,000명으로 잡았고, 결국 실제 삶은 내 판단과 작업의 의미를 제대로 평가해 주었다. 불과 얼마 전, 그 비극적인 사건을 기념하는 어느 식장에서, 연설 순서가 된 상원의원이 공권력에 의해 희생된 무명 순교자 3,000명의 넋을 기리는 1분 동안의 묵념을 제의했던 것이다.

바나나 회사 노동자 학살 사건은 그전에 일어난 다른 학살 사건들의 절정이었으나, 노동자 리더들이 공산주의자였다는 말들이 첨가되었다. 물론, 실제로 그랬을 수도 있었을 것이다. 리더들 가운데 가장 뛰어나고, 공권력으로부터 박해를 가장 많이 받은 사람은 에두아르도 마에차였다. 어머니와 함께 집을 팔러 갔던 무렵 바랑끼야의 모델로 감옥에서 우연히 그를 만나게 되어 내가 니꼴라스 마르케스 대령의 외손자라고 소개하고서부터 그와 돈독한 우정을 유지했다. 그는 외할아버지가 1928년 파업 사태 때 단순히 중립적인 입장을 취한 것이 아니라 협상 중개자였다는 사실을 내게 밝히면서 외할아버지를 공정한 사람으로 평가했다. 그렇게 그는 학살 사건을 항상 염두에 두고 있던 내 생각을 완성시켜 주었고, 나는 사회적 갈등에 대한 객관적인 사고를 지니게 되었다. 모든 사람들이 지니고 있는 기억들 가운데 유일하게 일치하지 않은 것은 사망자 숫자였는데, 어찌 되었든, 우리 역사에서 밝혀지고 있지 않는 점은 비단 그것만이 아니다.

내가 접한 상이한 이야기들은 그 수가 너무 많았고, 또 내 기억을 그릇되게 만드는 원인이 되어 왔다. 그런 기억들 가운데 가장 집요했던 것은, 프러시아식 헬멧을 쓰고 장남감 총을 든 내가 집 대문간에 서서, 까차꼬들이 땀을 뻘뻘 흐리며 편도 나무 아래로 행진해 가는 모습을 바라보고 있는 모습이다. 퍼레이드용 제복 차림으로 지휘를 하고 있던 장교들 가운데 하나가 내 옆을 지나가며 내게 인사를 했다.

"잘 있어라, 가비또 대위."

기억 속에 있는 이미지들은 선명하지만 그것이 실제로 일어난 일이었을 가능성은 전혀 없다. 제복, 헬멧 그리고 장난감 총은 공존했으나 그때는 파업 사태가 일어난 지 2년 후였고, 까따까에는 이미 전투병과 군대가 없을 때였다. 내가 그와 유사한 기억들을 많이 지니고 있었기 때문에, 내가 자궁 속 기억들을 여전히 갖고 있으며 계시적인 꿈들을 꾼다는 악명이 자자했다.

그것이 바로 내가 내 가족의 환경에 대해 인지하기 시작했을 때의 세상 상태였는데, 그 환경을 떠올릴 때마다 한 거대한 집의 고독 속에 슬픔, 동경, 불안이 팽배해 있었다는 생각만 날 뿐이다. 그 당시 기억들은 그 후 몇 년 동안 거의 매일 밤 되풀이되는 악몽으로 변했고, 나는 성자상들이 안치된 방에서 잘 때와 같은 공포에 사로잡힌 채 아침에 잠에서 깨어났다. 안데스 산맥에 위치한 썰렁한 어느 학교 기숙학생이던 사춘기 시절에는 한밤중에 울면서 잠에서 깨기 일쑤였다. 내가 이렇듯 작가로서 일말의 후회도 없이 늙을 필요가 있었던 이유는, 까따까의 외갓집에서 외조부모가 겪은 불행은 그들이 항상 자신들의 향수 속에 함몰되어 있었다는 것이며, 그들이 그 향수를 떨쳐 버리려고 애를 쓰면 쓸수록 더 깊이 함몰된다는 사실을 이해하기 위해서였다.

더 단순하게 말하자면, 그들은 실제 까따까에 살고 있었지만, 세상에는 다른 곳이 존재하지 않다는 듯이, 우리가 지금도 달리 부를 방도가 없어 '쁘로빈시아'라 부르고 있는 빠디야 지방에서 계속 살아가고 있었다는 것이다. 아마도 그들은 그런 생각은 전혀 하지 않은 채, 창문 밖 길 건너편으로 메다르도 빠체꼬가 누워 있는 서글픈 공동묘지가 있는 바랑까스의 집을 의례적으로 모방한 집을 까따까에 지었을 것이다. 그들은 까따까 주민들로부터 사랑을 받고 그곳 삶에 만족했으나, 삶은 자신들이 태어났던 땅에 대한 의무감에 예속되어 있었다. 그들은 자신들의 기호, 믿음, 선입견 안에서 버텼고, 자신들이 지니고 있는 것과 다른 것이면 무엇이든지 단단한 결속을 과시하며 거부했다.

그들은 그 누구보다도 쁘로빈시아에서 온 사람들하고만 돈독한 우정을 유지했다. 그들이 가정에서 사용하는 언어는 지난 세기 자신들의 조부모가 에스파냐에서 가져와 베네수엘라를 통하면서 우리의 언어에 한 방울씩 한 방울씩 스며들었던, 카리브의 방언들, 아프리카 노예들의 언어, 그리고 구아히라 원주민 언어 쪼가리들에 의해 새 생명이 부여된 언어였다. 외할머니는 내가 하인들과 직접적인 대화를 통해 그 언어를 당신보다 더 잘 이해하고 있다는 사실을 모른 채 내가 당신 말을 이해하지 못하도록 늘 그 언어를 사용했다. 나는 지금도 많은 어휘를 기억하고 있다. '아툰케쉬'는 나 졸립다, '하무사이취따야'는 나 배고프다, '이푸워츠'는 임신한 여자, '아리후나'는 외지인을 의미하는데, 할머니는 '아리후나'를 가끔씩 에스파냐 사람, 백인, 말하자면 적을 언급하는 데 사용하기도 했다. 한편으로 구아히라 원주민들은 항상, 촌이 사용하는 방언처럼 기지가 번득이지만 일종의 뼈대 없는 에스파냐어를 사용했는데, 촌의 경우는 지나치게 정확하고 세밀하게 표현으로써 항상 그 뜻이 애매해졌기 때문에 외할머니는 그렇게 말하는 것을 금지했다. '입의 입술들'이 그런 예였다.

바랑까스에서는 누가 태어났는지, 폰세까의 투우장에서는 황소가 사람 몇을 죽였는지, 마나우레에서는 누가 결혼식을 했는지, 또는 리오아차에서는 누가 죽었는지, 산 후안 델 세사르에서 위독한 상태에 있는 소까라스 장군은 밤새 안녕하신지 같은 소식이 전해지지 않고서는 하루가 마감되지 않았다. 바나나 회사 매점에서는 박엽지(博葉紙)에 싸인 캘리포니아산 사과, 얼음 속에서 꽁꽁 언 도미, 갈리시아산 햄, 그리스산 올리브 열매 등을 염가로 판매했다. 하지만 외갓집에서는 그리움이라는 육수 속에서 맛이 들지 않은 음식은 먹지 않았다. 수프에 넣을 말랑가‡는 리오아차산이어야 했고, 아침에 먹는 아레빠‡‡는 폰세까에서 만든 것이어야 했고, 염소들은 라 구아히라의 소금을 먹고 자란 것이어야 했으며, 거북과 바닷가재들은 디부야에서 산 채로 들여와야 했다.

그래서, 매일같이 기차를 타고 찾아왔던 손님 대부분은 쁘로빈시아

‡ 천남성과 식물로 뿌리는 식용으로 쓰인다.
‡‡ 옥수수로 만든 전병.

에서 온 사람들이거나 쁘로빈시아에 사는 누군가가 보낸 사람들이었다. 그들은 대부분 리아스꼬스, 노게라, 오바예 같은 성을 지닌 사람들로, 종종 꼬떼스, 이구아란 같은 신성한 종족과 피가 섞여 있었다. 그들은 배낭 하나만 달랑 짊어진 채 외갓집에 들렀는데, 찾아오겠다는 기별을 하지 않고 불쑥 찾아올 때도 점심 식사는 으레 외갓집에서 했다. 나는 외할머니가 부엌에 들어서면서 내뱉는, 의례적인 언사에 가까운 말을 절대 잊지 못한다. "찾아올 손님들이 무엇을 좋아할지 모르기 때문에 항상 모든 걸 준비해야 해."

그처럼 항상 만일의 경우에 대비하는 정신은 지리적인 현실에 기반을 두고 있었다. 콜롬비아 카리브 지역에 위치한 시에라 네바다 데 산따마르따와 뻬리하 산 사이 협곡에 위치한 쁘로빈시아는 하나의 독립적인 세계로, 밀도 있고 유서 깊은 문화가 독자적으로 존재하고 있었다. 이 지역에서는 콜롬비아의 다른 지역과 의사소통을 하기보다는 세계의 다른 지역과 직접 하는 것이 더 쉬웠다. 자메이카나 쿠라사오 같은 지역과 교역이 용이했기 때문에 이 지역의 일상적인 삶은 안티야스 제도권과 더 동일했고, 사회적 계급과 인종을 구분하지 않고 문호가 개방되어 있는 국경선을 통해 베네수엘라의 일상적인 삶과 거의 혼동될 정도였다. 미적지근하고 의뭉스러운 사람들이 사는 내륙 지역(보고타 등지), 즉 고도가 2,500미터 달하는 지역, 장작을 연료로 운행하는 증기선을 타고 마그달레나 강을 8일 동안 항해해야 도달할 수 있는 지역에서 획책된 법률들, 세금들, 군인들, 좋지 못한 소식들 같은, 권력의 녹은 이 지방에 거의 도달하지 못하고 있었다.

섬과 같은 그런 자연환경은 외조부모가 까따까에 심어 놓은 고유의 특성과 더불어 견고한 문화를 형성시켰다. 외갓집은 한 가정이라기보다는 한 마을이었다. 식사는 항상 순서에 따라 교대로 했는데, 내가 열세 살이 되었을 때부터는 첫 번째로 식사를 하는 두 사람은 아예 정해져 있었다. 대령이 상석에 앉고 나는 그의 오른쪽 귀퉁이에 앉아 식사를 했다. 그 나머지 자리에는 우선 남자들이 앉고, 남은 자리에는 여자들이 앉았으나 남자와 여자는 항상 떨어져 앉았다. 7월 20일 독립기념일 파티에서만은 이 규칙이 깨졌는데, 교대로 하는 점심 식사는 모든 사람이 식사를 다 끝낼 때까지 지속되었다. 저녁 식사는 식탁에서 하지 않았다. 외할머니가 만든 맛있는 빵과 더불어 커다란 잔에 담긴 밀크커피가 부엌에서 분배되었다. 집 대문이 닫히고 나면 각자, 가능한 곳이면 아무 데나, 층층이, 심지어는 마당 나무들에까지 자신들의 해먹을 걸었다.

그 몇 해 동안 내가 경험한 아주 환상적인 사건들 가운데 하나를 지금도 생생하게 기억하고 있다. 어느 날, 제복 차림에 각반을 차고 기병들의 박차 달린 신발을 신고, 이마에 재(灰)의 십자가를 그린 한 무리의 엇비슷한 남자들이 집에 도착했다. 그들은 천일전쟁에 참가한 대령이 쁘로빈시아 각지에 씨를 뿌려 놓은 자식들로, 대령의 생일이 한 달쯤 지났을 무렵 생일을 축하하기 위해 자신들이 살던 마을을 떠나 외갓집에 도착했다. 외갓집으로 떠나기 전 재의 수요일 미사에 참석한 그들의 이마에 안가리따 신부가 그려 준 십자가는 초자연적인 상징처럼 보였다. 그 신비감은 내가 성주간의 전례에 익숙해진 이후로도 몇 년 동안 뇌리를 떠나지 않았다.

그들 대부분은 외조부모가 결혼한 뒤 태어났다. 미나는 그들이 태어났다는 소식을 들었을 때부터 이름과 성을 수첩에 적었고, 쉽지 않은 관용을 내보이면서 그들을 기꺼이 가족의 일원으로 받아들였다. 하지만 그들이 그토록 요란스럽고 시끌벅적하게 외갓집에 찾아와 각자 자기만의 독특한 존재 방식을 보여 주기 전에는 그녀도, 그 누구도, 그들을 구분하는 것이 쉽지 않았다. 진지하고 근면하고 가정적이고 평화를 사랑하는 사람들이었지만, 밤에 흥청망청 마시고 노는 파티가 절정에 달할 때면 꼭지가 돌아 버리는 것을 두려워하지 않았다. 그릇을 깨고, 달아나는 송아지를 잡아 보자기에 던지는 놀이를 하느라 장미나무를 짓뭉개 놓고, 닭죽을 쑤어 먹기 위해 암탉들을 쏘아 죽이고, 통통하게 살진 돼지 한 마리를 풀어 놓아 복도에 있는 자수틀을 넘어뜨렸으나, 그들이 행복의 돌풍을 일으켰기 때문에 그런 불상사를 애석하게 생각했던 사람은 아무도 없었다.

나는 엘비라 이모의 이란성 쌍둥이 에스떼반 까리요를 자주 만났다. 손재주가 비상한 사람이어서 연장통 하나를 들고 다니면서 방문하는 집에 부서진 물건이라도 있으면 무엇이든 공짜로 고쳐 주었다. 유머 감각이 뛰어나고 기억력이 탁월한 사람으로, 내가 외가 가족사에서 도저히 복구할 수 없을 것으로 생각하고 있던 수많은 공백을 메우는 데 도움을 주었다. 사춘기 시절에는 외삼촌 니꼴라스 고메스도 자주 만났다. 금발에다 얼굴에 붉은 주근깨가 가득한 그는 푼다시온의 옛 죄수 거류지에서 소매상으로서 뛰어난 수완을 발휘하고 있었다. 잃어버린 것들을 복원하는 나의 탁월한 재능에 감동받은 그는, 내가 여행을 떠날 때마다 상당한 가치가 있는 장사 보따리 하나를 여비 삼아 건네주면서 여행을 장려했다. 라파엘 아리아스는 항상 승마복을 입은 채 노새를 타고 급히 어디론가 가는 모양새로 집에 들렀다가 부엌에 선 채로 커피 한 잔을 마시고는 서둘러 떠났다. 나중에 나는 초기 소설들을 쓰기 위해 쁘로빈시아 마을들을 돌아다니며 과거를 복원하는 여행을 하면서 여기저기 흩어져 있는 다른 외삼촌들을 만났는데, 외삼촌들의 이마에 그려진 재의 십자가를 가족의 동질성을 파악하는 데 이론의 여지가 없는 표시처럼 항상 그리워했다.

외조부모가 세상을 떠나고 그 당당하던 외갓집이 스스로의 운명에 따라 방치된 지 몇 년이 흐른 뒤, 야간열차를 타고 푼다시온에 도착한 나는 그 시각 역 부근에서 유일하게 문을 연 음식점에 들어가 앉았다. 식재료가 넉넉하지 않았지만 음식점 여주인은 나를 위해 맛있는 음식을 즉석에서 마련해 주었다. 위트가 있고 고분고분한 여자였는데, 그처럼 부드러운 품성 밑바탕에서 우리 종족 여자들의 강한 개성을 감지할 수 있었다. 몇 년이 흐른 뒤 그 점을 직접 확인할 수 있었다. 그 예쁜 여주인은 바로 그동안 내가 모르고 지냈던 이모들 가운데 하나인 사라 노리에가였던 것이다.

나는 키는 작지만 체구는 단단한 옛 노예 아뽈리나르를 항상 외삼촌처럼 기억하고 있었다. 몇 년 동안 외갓집에서 사라졌던 그가 어느 날 오후 검은 양모 양복 차림에, 우수에 잠긴 눈까지 덮고 있는 챙이 엄청나게 큰 검은 모자를 쓴 상복 차림으로 불현듯 다시 나타났다. 그는 부엌으로 들어가면서 장례를 치르기 위해 왔노라고 말했으나, 긴급히 비밀리에 산따마르따로 옮겨졌던 외할아버지가 산따마르따에서 사망했다는 소식이 전해진 그 다음날까지 그 말이 무슨 의미인지 아무도 이해하지 못했다.

외삼촌들 가운데 호세 마리아 발데블랑께스만이 공적으로 알려져 있었다. 맏아들이자 유일하게 보수파였던 그는 천일전쟁 당시 국가 상원의원을 지냈다는 이유 때문에 네에를란디아 인근 별장에서 거행된 자유파들의 항복문서 서명식에 참석했다. 외삼촌 앞에 있던 패배자들

옆에는 자기 아버지도 있었다.

　내 존재 방식과 내 사고방식의 근간은 유년기에 나를 보살펴 주던 외갓집 여자들과 여러 하녀들로부터 영향 받은 것 같다. 개성이 강하면서도 마음이 부드러운 그녀들은 나를 지상 천국에서처럼 자연스럽게 대해 주었다. 지금도 기억나는 많은 하녀들 가운데 루시아는 천진난만한 심술로 나를 놀렸던 유일한 여자였다. 그녀는 두꺼비들이 득시글거리는 골목길로 나를 데려가서 치마를 허리춤까지 들어올림으로써 자신의 음부를 덮고 있는 구릿빛 곱슬털을 보여 주었다. 하지만 내 관심을 끌었던 것은 그녀의 배에 퍼져 있던 까라떼[+] 자국이었다. 자줏빛 사구(砂丘)들과 노란 대양들이 그려져 있는 세계지도 같았다. 다른 하녀들은 순수한 천사처럼 보였다. 자신들이 내 앞에서 하는 헤픈 짓을 내가 다 알고 있다는 사실을 눈치 채지 못하고 있던 그녀들은 내가 아무것도 모르는 줄 알고, 내 앞에서 옷을 갈아입고, 나를 데리고 목욕을 하고, 자신들이 앉아 있는 요강 앞에 내 요강을 갖다 놓고 내게 자신들의 비밀과 고통과 번뇌를 털어 버리기도 했다.

　하녀 촌이 바깥일을 맡아 했다. 어렸을 때 외조부모가 바랑까스에서 데려온 그녀는 부엌데기로 성장했지만 외갓집 가족처럼 지냈고, 사랑에 빠진 내 어머니와 함께 쁘로빈시아로 순례 여행을 한 뒤부터는 어머니의 샤프롱 이모로 대접받았다. 특유의 억척스럽고 의욕적인 성품 탓에 만년에 마을 빈민가에 방 하나를 마련해 독립한 그녀는 새벽부터 아레빠 옥수수가루 반죽을 구슬처럼 만들어 팔며 살았다. 그녀가 길거리에서 "촌 할머니가 만든 옥수수가루 생반죽 사요……."라고 외

[+] 콜롬비아 일부 지역에 퍼진 피부병이다.

치는 소리는 고요한 새벽을 울리는 친근한 소리가 되었다.

인디오 특유의 색깔 고운 피부에, 몸집이 빼빼 마른 그녀는 하얀 터번을 쓰고 빳빳하게 풀 먹인 시트로 온몸을 감싼 채 맨발로 다녔다. 순종적이고 조용한 개들을 수행원 삼아 길 한가운데로 아주 천천히 걸었는데, 개들은 그녀 주위를 맴돌면서 앞장서 갔다. 그렇게 해서 그녀는 결국 그 마을 민속의 일부가 되었다. 몇 번의 축제에서 개들을 거느리고 몸을 시트로 감싸 촌과 똑같이 변장한 채 옥수수가루 생반죽을 사라며 외치고 다니는 사람이 하나씩 출현했다. 하지만 그들이 수행원처럼 데리고 다닌 개들은 그녀의 개들처럼 훈련이 잘 되어 있지 않았다. 그녀가 옥수수가루 생반죽을 사라고 외치는 소리는 너무 유명해져서 아코디언 연주자들이 노래 한 곡을 만드는 계기가 되었다. 어느 불운한 아침에 맹견 두 마리가 촌의 개들을 습격했는데, 촌의 개들이 사납게 저항하는 와중에 촌이 땅에 넘어지는 바람에 척추 뼈에 금이 갔다. 외할아버지가 온갖 의학적 수단을 총동원했건만 그녀는 살아나지 못했다.

그 당시 일어난 일 가운데 소개하고 싶은 것이 또 있다. 여섯 살 무렵, 외갓집에서 세탁부로 일하던 마띨데 아르멘따의 출산 사건이다. 출산 당시 나는 실수로 그녀의 방에 들어가게 되었다. 맨몸으로 리넨 침대에 다리를 벌리고 드러누운 그녀가 자기 몸의 각 부분을 붙잡은 채 소리를 고래고래 질러 대면서 무질서하고 비논리적으로 출산을 돕고 있는 몇 명의 산파들 사이에서 고통스럽게 악을 써 대고 있었다. 산파 하나가 물에 적신 수건으로 산모의 얼굴에 흐르는 땀을 닦아 주고, 다른 산파들은 각각 그녀의 팔과 다리를 힘차게 붙잡은 채 아기가 빨리 나오도록 그녀의 배를 문질렀다. 그 소란 가운데서도 침착성을 유지하고 있던 외갓집 산파 산또스 비예로는 산모의 사타구니 사이가 벌어지는 낌새를 채자 두 눈을 감고 출산이 무사하게 이루어지도록 기도를 중얼거리고 있었다. 부엌에서 가져온 끓는 물솥들 때문에 수증기로 가득 찬 방의 더위는 숨이 막힐 정도였다. 놀라움과 호기심에 사로잡힌 나는 한쪽 구석에 엉거주춤 서 있었다. 마침내 산파가 산모의 발목 부근으로 갓 태어난 송아지처럼 배꼽에 피투성이 탯줄이 달려 있는, 살아 있는 살덩어리 하나를 꺼냈다. 그때 어떤 여자가 구석에 있는 나를 발견하고는 나를 방에서 질질 끌어냈다.

"너 죽을죄를 지었어." 이렇게 말한 그녀는 내게 삿대질을 하며 명령했다. "지금 여기서 본 건 절대 생각하지 마."

한편, 실제 나의 '순결'을 빼앗았던 여자는 그녀 스스로 내 순결을 빼앗으려 시도한 적도 없었고, 자신이 내 순결을 빼앗았다는 사실도 전혀 인식하지 못했다. 그녀의 이름은 뜨리니닷이었다. 외갓집에서 일하는 어떤 사람의 딸이었는데, 어느 운명적인 봄에 몸이 막 피어나던 참이었다. 나이가 열세 살쯤 되었으나 아홉 살 때 입던 옷을 여전히 입고 있었기 때문에 옷이 몸에 너무 달라붙어 옷을 입고 있지 않은 것보다 몸 윤곽이 더 선명하게 드러났다. 어느 날 밤 그녀와 나 단둘이 마당에 있을 때, 갑자기 이웃집에서 악단이 연주하는 음악이 들려왔다. 뜨리니닷이 나더러 춤을 추자고 했다. 날 어찌나 꽉 껴안았던지 숨도 제대로 쉴 수 없을 지경이었다. 현재 그녀가 어떻게 되었는지는 잘 모른다. 하지만 오늘날까지도 나는 격정에 휩싸인 채 한밤중에 잠에서 깨어날 만큼 그녀를 기억하고 있다. 그녀의 살갗 구석구석에 대한 감촉과 그녀에게서 풍기던 동물적인 체취를 생각하면, 어둠 속에서도 그녀를 알아볼 수 있을 거라는 생각을 하게 된다. 어느 순간, 다시는 느낄 수 없었던 본능들, 현재도 달콤한 죽음처럼 기억하고 있는 그 본능들에 관한 통찰력이 생김으로써 나는 내 몸에 대해 인지했다. 그때부터 나는 내가 알지는 못했지만 흡사 알고 있기라도 한 것처럼 나를 동요시키는, 실체를 알 수 없는 미스터리 하나가 있다는 사실을, 혼란스럽고 모호하게나마 깨닫게 되었다. 하지만, 외갓집 여자들은 항상 순결이라고 하는 무미건조한 길로 나를 인도했다.

순수성을 상실한 나는 크리스마스에 장난감을 가져다 주는 사람은 아기 예수가 아니라는 사실을 알게 되었으나, 동시에 그 사실을 발설하지 않도록 스스로 주의하는 법도 알게 되었다. 열 살이 된 내가 이미 그 사실을 어느 정도 알고 있다고 생각한 아버지는 그것이 어른들의 비밀이나 된다는 듯 내게 은밀하게 제대로 가르쳐 준 뒤, 내 형제자매들의 장난감을 고르기 위해 나를 크리스마스 선물 파는 가게들로 데리고 다녔다. 마띨데 아르멘따의 출산 장면을 보기 전에 나는 이미 출산의 미스터리에 관해 같은 식으로 알고 있었다. 그렇기 때문에, 황새 한 마리가 아이들을 프랑스 파리에서 데려온다고 어른들이 말했을 때는 우스워 죽을 뻔했었다. 하지만 고백하건대, 그 당시도 지금도 나는 출산을 섹스와 연관시킬 수 없다. 어찌 되었건, 당시 내가 하녀들과 친하게 지낸 것이 현재 내가 여자들과 나눌 수 있다고 자신하는 비밀스러운 대화의 근원이 될 수 있었다고 생각하고, 지금까지 살아오는 동안 내가 남자들 사이에서보다는 여자들 사이에서 더 편안하고 안정된 느낌을 지니도록 만들어 주었다고 생각한다. 또한, 세상을 떠받치는 측은 여자들이고, 반면에 우리 남자들은 특유의 난폭성을 발휘해 세상을 무질서하게 만든다는 나의 확신 역시 바로 그런 믿음에서 나오는 것일 수 있다.

사라 에밀리아 마르케스는, 스스로는 잘 모르겠지만, 내 운명과 어느 정도 연관이 있다. 그녀는 아주 어렸을 때부터 구혼자들이 줄을 이었는데, 그들에게 눈길 한 번 주지 않다가, 마음에 드는 첫 남자를 만나자마자 결혼하기로 작정한 뒤 평생 마음을 바꾸지 않았다. 그녀가 선택한 남자는, 가문은 좋지만 알려진 재산이 없는, 어디서 어떻게 왔는지 모르는 외지인이었기 때문에, 내 아버지와 어느 정도 유사한 데가 있었다. 이름이 호세 델 까르멘 우리베 베르헬인데, 그는 가끔 'J. 델 C.'라고만 서명했다. 그가 실제로 누구인지 어디서 왔는지 알려지기까지는 어느 정도의 시간이 걸렸다. 마침내, 돈을 받고 고위 공무원들에게 써 준 연설문들과 오직 신의 뜻에 따라 발간 횟수가 정해지는 그의 문화 잡지에 발표한 연애시들을 통해 그에 관한 내용들이 알려졌다. 나는 외갓집에 찾아온 그를 만난 뒤 작가로서의 그의 명성에 깊이 감동했다. 그는 생전 처음으로 내가 알게 된 작가였다. 나는 즉시 그와 동일한 사람이 되고 싶은 나머지, 마마 이모더러 내 머리를 그 사람 머리처럼 빗겨 달라고까지 했다.

어느 날 밤, 내가 외갓집 앞집에서 친구들과 놀고 있을 때 그가 그 집으로 들어섬으로써 나는 가족 가운데 처음으로 그의 비밀스러운 사랑에 관해 알게 되었다. 그는 긴장한 기색을 완연하게 드러내며 나를 따로 불러내 사라 에밀리아에게 보내는 편지를 건네주었다. 나는 그녀가 자기를 찾아온 친구를 맞이하느라 우리 외갓집 문간에 앉아 있다는 것을 알고 있었다. 길을 건넌 나는 편도 나무 뒤에 몸을 숨긴 채 편지를 그녀의 무릎에 아주 정확하게 던졌다. 그녀는 깜짝 놀라 두 손을 치켜들었으나, 그녀가 내지르려던 비명은 편지 봉투에 쓰인 글씨체를 알아본 순간 목구멍에서 멈춰 버렸다. 사라 에밀리아와 J. 델 C.는 그때부터 나의 친구가 되었다.

외삼촌 에스떼반의 쌍둥이 누나였던 엘비라 까리요는 두 손으로 사탕수수를 비틀고, 압착기로 사탕수수 즙을 짜내는 여자였다. 아이들을 즐겁게 해 주는 상냥한 성격보다는 대단히 솔직한 성격 때문에 더 유명했다. 나보다 한 살 어린 내 동생 루이스 엔리께를 유독 재미있게 해 주었다. 그녀는 동생의 여왕이자 동시에 공범이었는데, 동생은 그녀에게 빠 이모라는 의미를 알 수 없는 별명을 붙여 주었다. 성격이 어찌나 특이한지 도저히 이해할 수 없을 정도였다. 그녀와 에스떼반은 까따까의 집에 찾아온 첫 번째 사람들이었으나, 에스떼반이 온갖 수익 좋은 거래와 사업에서 자신의 길을 발견하고 있는 사이 그녀는 자신도 모르는 사이에 집에 반드시 필요한 이모가 되어 버렸다. 자신이 필요 없을 때는 어디론가 사라졌다가도 필요 있을 때는 어디서 어떻게 나오는지 아무도 모르게 감쪽같이 나타났다. 궁지에 처하면 솥을 두들기면서 혼잣말을 했고, 식구들이 물건을 잃어버리면 그 물건들이 어디에 있는지 큰 소리로 밝혀냈다. 손윗사람들의 장례를 치르고 나서는, 잡초가 차츰차츰 공간을 황폐화시키고 동물들이 침실들을 돌아다니던 집 안에만 머물러 있었는데, 자정부터 옆방에서 들려오는 저승사자의 기침 소리에 마음이 심란해지기 일쑤였다.

부족의 여장부로 살다 일흔아홉 살 처녀로 죽은 프란시스까 시모도세아(마마 이모)는 행동거지와 말이 다른 사람들과 전혀 달랐다. 그녀의 문화는 쁘로빈시아 것이 아니라, 아버지 호세 마리아 메히아 비달이 아주 젊었을 때 귀금속 세공 기술을 가지고 리오아차에서 이주해 갔던 볼리바르 대평원의 봉건적 낙원 것이었기 때문이다. 그녀가 오금께까지 길게 늘어뜨렸던, 돼지털처럼 뻣뻣한 짙은 갈색 머리카락은 그녀가 노년에 이른 한참 뒤까지도 백발이 되기를 거부했다. 일주일에 한 번 향수 섞은 물로 머리를 감았고, 침실 문간에 앉아 몇 시간에 걸쳐 의식을 거행하듯 성스럽게 머리를 빗으면서 독한 담배를 여러 개비 쉼 없이 피워 댔다. 자유파 군인들이 밤의 어둠 속에서 적들에게 노출되지 않기 위해 담배를 거꾸로 물어 불붙은 쪽을 입 속에 넣고 피우는 식이었다. 차림새도 독특했다. 스커트에 티 한 점 없이 깨끗한 망사 보디스를 입고 양모 덧신을 신었다.

외할머니가 올바르고 정결한 어법을 사용했다면, 마마 이모의 말은 통속적인 은어들 가운데서 가장 방정맞은 것이었다. 그 누구에게도 그 어떤 상황에서도 숨기는 법이 없었고, 누구에게든 면전에 대놓고 곧이곧대로 다 까발려 버렸다. 내 어머니가 다녔던 산따마르따 소재 기숙학교 수녀도 예외는 아니었다. 그녀는 그 수녀에게 상스럽고 뻔뻔스러운 말을 내뱉음으로써 갑자기 말문을 닫게 만들어 버렸다. "당신은 언제가 금식기인지도 모르는 얼치기 여자야." 그래도 항상 도를 지나치지 않았기 때문에 상스러운 여자나 모욕을 주는 여자로 인식되지 않았다.

그녀는 반평생 공동묘지 열쇠를 보관하면서 사망 증명서를 작성·발급하고, 집에서 미사에 쓸 성체를 만들었다. 가족 가운데서, 남녀를 막론하고, 가족의 반대를 받는 사랑의 고통이 가슴을 꿰뚫은 적이 없는 유일한 사람이었다. 의사가 그녀에게 카테터(導尿管)를 삽입할 준비를 하던 어느 날 밤, 우리는 그녀가 가족이 반대하는 사랑 한 번 하지 않은 채 처녀로 살았다는 사실을 이해할 수 있었다. 당시 그녀는 내가 이해할 수 없었던 이유를 대며 의사를 제지했다. "의사 선생님, 한 가지 알려줄 게 있는데, 난 평생 남자를 모르고 살았어요."

그때부터 나는 그녀가 내뱉는 이 말을 자주 들으며 살아왔다. 하지만 그 말에는 자만도 후회도 들어 있지 않았고, 오히려 자신의 삶에 흔적을 남기지 않았다는 사실을 단순하게 말했을 뿐이라는 생각이 들었다. 자신은 평생 독신으로 지냈으면서, 외할머니 미나에게도 충실하고 동시에 내 부모의 바람막이 역할을 하는 이중 플레이를 어김없이 감수하던 빈틈없는 중매쟁이였다.

지금도 나는 그녀가 어른들보다 아이들과 더 잘 통했다는 생각이 든다. 까예하의 동화책들이 있는 방으로 옮겨 혼자 지내게 될 때까지 사라 에밀리아를 떠맡았던 사람도 바로 그녀였다. 그 당시 외할머니가 내 개인적인 청결 문제를 떠맡고, 외할아버지가 나를 남자로 만드는 문제를 떠맡고 있긴 했지만, 그녀가 사라 에밀리아 대신 마르곳과 나를 맡아 키웠다.

그 당시 기억 가운데 가장 불확실한 것은 외할아버지의 누나 뻬뜨라 할머니에 관한 것이다. 그녀는 눈이 멀자 내 외갓집 식구들과 함께 살기 위해 리오아차를 떠나 외갓집으로 왔다. 나중에 귀금속 세공실로 변한 외할아버지의 사무실 옆방에서 살게 된 그녀는 아무것도 볼 수 없는 상태에서 다른 사람들의 도움 없이 몸을 자유롭게 움직이기 위해 마술적인 솜씨를 개발해 냈다. 두 눈으로 직접 보는 듯 지팡이에도 의지하지 않은 채 천천히, 하지만 주저 없이 걷고, 각기 다른 냄새들을 통해 자신이 가고자 하는 곳으로 방향을 잡아 가던 모습을 나는 지금도 기억하고 있다. 자기 방은 옆에 있는 귀금속 세공실에서 나는 염산 증기를 통해 찾아가고, 복도는 마당의 재스민 향기를 통해, 외할아버지 외할머니의 침실은 두 사람이 잠들기 전 몸에 발라 문지르던 식물성 알코올 냄새를 통해, 마마 이모의 방은 제단 등불의 기름 냄새를 통해, 그리고 복도 끝은 부엌에서 나는 맛있는 냄새를 통해 찾아갔다. 뻬따라 할머니는 늘씬하고 조용한 미인으로, 피부는 시든 백합 같고 직접 다듬고 간수하던 윤기 넘치는 자개 색 머리카락은 허리까지 찰랑거렸다. 사춘기 소녀처럼 투명한 초록색 눈동자는 기분 상태에 따라 색이 변했다. 어찌 되었든, 하루 종일 자기 방문을 반쯤 열어 놓은 채 거의 항상 혼자 머물렀을 뿐, 좀체 방 밖을 나서지 않았다. 가끔씩 혼자서 속삭이듯 노래를 불렀는데, 목소리는 외할머니 미나의 목소리와 혼동될 정도였으나 노래가 다르고 좀 더 구슬펐다. 언젠가 뻬뜨라 할머니가 누군가에게 그 노래는 리오아차의 연애시곡이라고 말하는 것을 들었으나, 실제로는 할머니가 노래를 불러 가면서 지어낸 것이라는 사실을 어른이 되었을 때야 비로소 알게 되었다. 아무도 몰래 뻬뜨라 할머니의 방에 들어가 보고 싶다는 유혹을 거부할 수 없어 두어 번 들어가 보았으나 할머니는 없었다. 몇 년 뒤, 중등학교‡에 다니던 내가 방학을 맞이해 집에 돌아와서 그런 기억들을 어머니에게 말했을 때, 어머니는 내 말을 듣자마자 내 기억이 틀렸다는 사실을 인지시키려 애썼다. 어머니의 말이 완전히 옳았고, 어머니의 말이 옳다는 것을 단 한 점 의혹 없이 확인할 수 있었다. 뻬뜨라 할머니는 내가 두 살이 채 되기 전에 세상을 떠났던 것이다.

우리가 나나 할머니라 부르던 웨네프리다 할머니는 부족 가운데서 가장 쾌활하고 사근사근했으나, 병이 들어 침대에 누워 있는 모습밖에 기억나지 않는다. 웨네프리다 할머니는 라파엘 낀떼로 오르떼가(낀떼 할아버지)와 결혼했다. 그는 보고타에서 약 15리그 정도 떨어져 있는, 보고타와 해발 고도가 같은 치아 출신으로, 빈자들의 변호사였다. 하

‡ 콜롬비아에서는 중학교와 고등학교를 합친 6년제 중등교육 과정이 이루어진다.

지만 카리브에 너무나 잘 적응해 버린 나머지 지옥 같은 까따까에서 12월의 싸늘한 날씨에 잠을 자기 위해서는 발에 따뜻한 물 몇 병을 부어야 했다. 가족이 메다르도 빠체꼬의 불행한 사건으로부터 안정을 되찾았을 때 소송을 벌이던 낀떼 할아버지는 상대편 변호사를 죽임으로써 유사한 불행을 겪어야 했다. 선하고 차분한 인상을 주는 남자였으나 상대편 변호사가 끊임없이 몰아붙이며 부아를 돋우자 결국 어쩔 수 없이 무장을 하게 되었다. 어린이용 신발을 신을 정도로 몸집이 작고 삐쩍 말랐기 때문에 친구들은 그가 셔츠 밑에 넣고 다니는 리볼버 권총이 대포 같다며 우정 어린 농담을 했었다. 외할아버지는 예의 그 특유의 말로 매제의 행동을 진지하게 제지했다. "자넨 죽은 사람이 얼마나 무거운지 모르네." 하지만 낀떼 할아버지는 상대 변호사가 법원 대기실에서 악마에 홀린 사람처럼 소리를 지르며 당신 앞을 가로막고 그 거대한 몸으로 당신을 향해 돌진했을 때 그 말의 의미를 생각할 겨를이 없었다. "권총을 꺼내 두 손에 움켜쥐고 눈을 질끈 감은 상태에서 허공을 향해 발사를 했지. 하지만 아무런 정신이 없었단다." 낀떼 할아버지는 백수를 누린 후 세상을 떠나기 얼마 전 내게 말했다. "내가 눈을 떴을 때 몸집이 거대한 그 친구는 얼굴이 하얗게 질린 채 그대로 서 있더니 아주 천천히 허물어지면서 결국 바닥에 주저앉더구나." 그때까지 낀떼 할아버지는 자신이 상대의 이마 중앙을 명중했다는 사실을 모르고 있었다. 상대가 허물어지듯 바닥에 주저앉을 때 어떤 느낌이 들었는지 묻자 할아버지는 아주 솔직하게 대답함으로써 나를 놀라게 했다.

"마음이 엄청 편해지더라."

낀떼 할아버지의 부인 웨네프리다 할머니에 대한 마지막 기억은 비가 억수같이 쏟아지던 어느 밤 여자 무당 하나가 할머니에게서 악귀를 내쫓은 일이다. 그녀는 전통적인 무당이 아니라 당시 유행하는 옷을 잘 차려입은 사근사근한 여자로, 자장가처럼 들리는 주문을 외우면서 쐐기풀 가지로 할머니의 몸에서 나쁜 기운을 내쫓고 있었다. 갑자기 나나 할머니가 심하게 경련을 일으키며 몸을 비꼬았고, 크기가 닭만 하고 깃털이 무지개 빛깔인 새 한 마리가 침대 시트 사이에서 튀어나왔다. 무당은 날렵한 솜씨로 허공에서 새를 낚아채더니 준비해 둔 검은 보자기로 새를 감쌌다. 그리고 뒷마당에 화톳불을 피우라고 지시하고는 아무런 의식도 행하지 않고서 새를 산 채로 불길 속에 내던졌다. 하지만 나나 할머니는 나쁜 기운으로부터 회복되지 못했다.

잠시 후 암탉 한 마리가 프리지아식 모자에 달린 돌기처럼 생긴 돌기가 달리고 크기가 탁구공만 한 특이한 알 하나를 낳았을 때, 마당의 화톳불이 되살려졌다. 외할머니는 그 알을 즉시 알아보았다. "이건 바실리스크[+]의 알이야." 외할머니는 주문을 외우면서 알을 불길 속으로 내던졌다.

나는 그 당시 내 기억 속에 있는 외할머니 외할아버지의 나이가 실제 나이와 다르다는 것을 절대로 인식할 수 없었다. 내가 기억하고 있는 외할머니 외할아버지의 나이는 당신들이 노년기에 접어들었을 때 그린 초상화 속 나이와 같았는데, 갈수록 색이 바래던 그 초상화 복사본들은 생식력이 왕성한 4대에 걸쳐, 부족의 의식처럼 전해지고 있다. 무엇보다도 외할머니 뜨랑낄리나의 초상화들은 더욱더 잘 전해 내려오고 있다. 외할머니는 일상적인 삶의 미스터리에 두려움을 느꼈기 때

[+] 그 눈길이나 입김이 닿으면 죽는다는 전설 속의 괴물.

문에 내가 아는 그 어떤 사람보다 우직하고 감수성 예민한 여자로 살았다. 그녀는 옛 연가들을 목청껏 부름으로써 일상사에 흥을 돋우려 애썼으나, 자신의 불운에 대항이라도 하듯, 갑자기 전쟁터에 참가한 군인처럼 고함을 지르며 노래를 멈추곤 했다.

"저런 저런!"

그녀의 눈에는 흔들의자들이 저절로 흔들거리고, 산욕열 귀신이 산모들 방으로 잠입해 들어가고, 마당의 재스민 향기가 눈에 보이지 않는 귀신 같고, 땅바닥에 아무렇게나 깔려 있는 노끈이 복권 일등 당첨 번호 같은 형상을 띠고 있고, 눈 없는 새 한 마리가 길을 잃어 식당으로 들어간 것처럼 보였기 때문인데, 그 새는 '라 마그니피까'라는 기도문으로만 쫓아낼 수 있었다. 그녀는 쁘로빈시아에서 만들어져 자기에게 들려오는 노래에 등장하는 인물들이 구체적으로 누구이며 노래 속 사건들이 일어난 구체적인 장소가 어디인지 비밀 암호를 이용해 해석할 수 있다고 믿었다. 빠르거나 늦거나, 언젠가는 반드시 일어날 불행들을 상상하고, 하얀 모자를 쓴 누군가가 리오아차에서 올 거라고 예감하고, 가이나소의 쓸개로만 치료할 수 있는 갑작스러운 복통을 앓는 어떤 사람이 마나우레에서 올 거라 예감하기도 했다. 직업 점쟁이였을 뿐만 아니라 남몰래 주술사로도 활동했기 때문에 가능한 일이었다. 그녀에게는 자신의 꿈뿐만 아니라 다른 사람의 꿈도 해석할 수 있는 대단히 개인적인 방법이 하나 있었다. 그런 꿈들은 우리 개개인의 일상 행위를 지배하고, 집안의 삶을 결정짓기도 했다. 하지만 정작 자기 죽음에 관해서는 아무런 예고도 하지 못한 채 죽을 뻔하기도 했다. 언젠가 외할머니가 침대 시트를 갈기 위해 단숨에 잡아당겼는데, 그 바람에 대령이 잠을 자는 사이 위급한 상황이 닥치면 집어 들기 위해 베개 밑에 감춰 두었던 권총이 저절로 발사되어 버렸던 것이다. 천장에 박힌 탄환의 탄도를 통해 유추해 본 결과 탄환은 외할머니의 얼굴을 스치듯 지나갔다.

나는 기억을 할 수 있는 나이가 되면서부터는 아침만 되면 외할머니 미나의 명령에 따라 칫솔질을 해야 하는 고통을 겪어야 했는데, 반면에 외할머니는 필요할 때면 틀니를 빼내 씻고, 잠을 잘 때는 물이 담긴 컵에 보관해 두는 마술 같은 특권을 향유했다. 외할머니가 구아히라 인디오들의 기술을 발휘해 빼내고 도로 집어넣는 그 치아가 자연산일 거라 믿은 나는, 입 속에서 바라본 눈, 뇌, 코, 귀의 뒷모양은 어떨까 살펴보기 위해 외할머니의 입 속을 보여 달라고 했는데, 입천장 외에는 아무것도 보지 못함으로써 적잖게 실망하고 말았다. 하지만 그 누구도 그 경이로운 일에 대해 내게 설명해 주지 않았고, 그 후 오랜 세월 동안 나는, 치아를 집에 빼놓고 밖에서 놀고 있는 사이 외할머니가 닦아 놓도록 해야 한다며, 치과의사더러 외할머니에게 해 준 방법대로 내 치아를 만들어 달라고 고집을 부렸다.

외할머니와 나에게는 일종의 비밀 암호가 있었고, 우리 두 사람은 그 암호를 통해 어느 보이지 않는 우주와 의사소통을 하기도 했다. 하지만 외할머니의 마술적 세계는 낮에는 나를 매혹했으나 밤에는 극도의 공포를 유발했다. 그 공포는 우리 인간이 존재하기 이전부터 존재하던 어둠에 대한 두려움이었다. 그 두려움은 내가 외로운 길에 서 있을 때도, 심지어는 세상의 온갖 싸구려 술집에서 춤을 추고 있을 때조차도 평생 나를 뒤쫓아 다녔다. 외갓집에는 각각의 성인(聖人)들이 각자의 방을 가지고 있었고, 각각의 방은 각각의 죽은 자를 가지고 있었다. 하지만, 공식적으로 '사자(死者)의 집'으로 알려진 집은 외갓집 옆

집뿐이었고, 그 집에서 죽은 사람은 어느 강령회에서 실제 이름이 알 폰소 모라로 밝혀진 사람뿐이었다. 죽기 전 그와 가까이 지낸 누군가가 영세 증명서와 사망 증명서를 통해 그의 이름을 밝히기 위해 애를 쓴 결과 동일한 이름을 여러 개 발견했지만, 그 어떤 이름도 우리가 찾는 그 사람 것이라는 증거가 없었다. 그 집은 몇 년 동안 사제관으로 사용되었는데, 그 귀신은 바로 안가리따 신부로, 밤 마실을 다니면서 사제를 몰래 엿보는 호기심 많은 사람들을 놀라게 하여 쫓아내기 위해 나타난다는 헛소문이 무성했다.

외갓집 가족이 바랑까스에서 이주해 올 때 데려온 구아히라 원주민 출신 노예 메메는 단 한 번도 본 적이 없다. 그녀는 폭풍이 몰아치던 어느 날 밤 사춘기 남동생 알리리오와 함께 도망쳐 버렸다. 나는 그들이 자신들의 토착 언어로 집안 언어에 가장 많은 영향을 끼친 사람들이었다는 말을 늘 들었다. 메메가 사용하던 뒤죽박죽 에스파냐어는 시인들도 놀랄 정도였다. 메메가 외삼촌 후안 데 디오스가 잃어버린 성냥을 찾아 되돌려 주면서 자신의 은어로 의기양양하게 말했던, 그 잊지 못할 날 이후부터는 더욱 그러했다.

"여기 나 있어, 당신 성냥."

가세가 기울기 시작했을 때에, 외할머니 미나가 그토록 천방지축인 여자들을 데리고 집안 경제를 지탱했다는 사실을 믿기는 썩 쉬운 일이 아니었다. 여기저기에 땅을 좀 갖고 있던 대령은 까차꼬들이 그 땅들을 잠정적으로 점유하고 있었으나 애써 쫓아내려 하지 않았다. 아들의 명예를 지키는 문제로 다급해진 대령은 까따까에 있는 집을 저당잡혀야 했고, 집을 잃지 않기 위해 상당한 재산을 써야 했다. 재산이 거덜 났을 때, 외할머니 미나는 활기차게 빵 공장을 운영했고, 빵 공장에서 만든 작은 동물 모양 캐러멜과, 알록달록한 암탉, 오리알, 뒷마당에서 키운 채소를 온 동네에 팔아 계속해서 가족을 부양했다. 하인 수를 대폭 줄이고 가장 필요한 인원만 남겨 두었다. 결국 이제 현금 단위는 집안 사람들의 입에 오르내리지 않게 되었다. 그래서, 학교에서 집으로 돌아온 어머니에게 피아노 한 대를 사 주어야 했을 때, 빠 이모는 집안에서 사용하는 화폐 단위로 정확한 계산을 뽑아냈다. "피아노 한 대를 사려면 계란 500개가 필요해."

그처럼 복음주의적인 여자 부대 속에서 외할아버지는 나의 완전한 보호막이었다. 외할아버지와 함께 있을 때만 불안감이 사라졌고, 땅 위에 발을 딛고 서 있으며 현실 삶에 제대로 정착하고 있다는 느낌을 받았다. 특이한 점은, 당시 내가 외할아버지처럼 현실주의자, 용감한 사람, 확실한 사람이 되고자 했으나, 외할머니의 세계를 들여다보고 싶다는 지속적인 유혹을 결코 거부할 수 없었다는 것이다. 내 기억에 남아 있는 외할아버지는 땅딸막하고 혈색 좋은 인물이었다. 반짝반짝 빛나는 대머리에 백발이 조금 남아 있었으며, 콧수염은 잘 다듬어 가지런하게 빗어 놓았고, 동그란 금테 안경을 쓰고 있었다. 평화 시기에는 신중하게, 이해심 많게, 유화적인 투로 말을 했다. 하지만 그의 보수파 친구들은 그가 전쟁의 고난에 처해 있을 때는 무시무시한 적이었다고 기억했다.

그는 정규군이 아니라 혁명군이었기 때문에 절대 군복을 입지 않았으나, 전쟁이 끝난 지 한참 뒤까지 카리브 베테랑 전사들이 흔히 입는 리낄리끼를 입었다. 전쟁 연금법이 공포된 뒤 연금을 받기 위해 필요한 서류들을 제출했고, 그와 부인, 그리고 가장 가까운 상속인들은 그가 사망할 때까지 계속해서 연금을 기다렸다. 외할머니 뜨랑낄리나는 외갓집에서 멀리 떨어진 집에서 눈이 멀고 노쇠하고 반쯤 망령이 든 채 사망했다. 세상을 뜨기 전 마지막으로 제정신이 돌아왔던 순간 내게 말했다. "너희가 니꼴라시또의 연금을 받게 된다는 걸 알기 때문에 평온한 마음으로 죽을 수 있겠구나."

외갓집 가족에게 영원한 꿈의 씨앗을 심어 주던 그 신화적인 단어 '연금'에 대해 들은 것은 그때가 처음이었다. 그 단어는 내가 태어나기 전, 정부가 천일전쟁에 참여한 역전의 용사들에게 연금을 지급하기로 결정했을 때 외갓집 안으로 들어왔었다. 외할아버지는 법률적 효력을 지닌 증언들과 증거 문서들을 넘치도록 첨부한 서류를 개인적으로 작성해 연금 지급 증서에 서명하기 위해 직접 산따마르따로 가져갔다. 그리 만족스럽지 못한 계산에 따르면 연금은 외할아버지 자신과 손자 대까지 먹고살 만한 돈이었다. "연금으로 모두 먹고살 만하니 걱정하지들 말거라." 외할머니는 늘 이렇게 말했다. 그때까지만 해도 가족에게 긴급하게 여겨진 적이 전혀 없던 우편물이 그 당시는 신의 섭리를 전달하는 사절로 변해 있었다.

나는 내심 불안해하고 있었지만 우편물이 도착할 거라는 생각을 떨쳐버릴 수 없었다. 한편, 외할머니 뜨랑낄리나‡는 가끔씩 자기 이름과는 전혀 어울리지 않게 불안해했다. 천일전쟁 중 외할아버지는 보수파 군 장교인 사촌 처남에 의해 리오아차에서 수감되었다. 외할머니의 자유파 친척들과 외할머니 자신은 그것을 가족의 힘이 아무런 효력을 발휘하지 못하는 하나의 전쟁 행위로 이해했다. 하지만 남편에게 일반범처럼 족쇄를 채웠다는 소식을 접하고는 채찍을 들고 사촌을 찾아가 그

‡ 조용한 여자, 차분한 여자를 뜻한다.

앞에 떡 버티고 서서는 남편을 무사히 되돌려 달라고 강요했다.

외할아버지의 세계는 아주 특이하고 달랐다. 세상을 뜨기 몇 년 전까지만 해도 연장통을 들고 집 안 곳곳을 돌아다니며 훼손된 부분을 수리하거나, 뒷마당에 있는 수동 펌프를 작동해 몇 시간 동안 욕조 물을 채워 놓았다. 저수조에 물이 얼마나 차 있는지 확인하기 위해 가파른 계단을 올라가는 등 아주 민첩해 보이기도 했으나, 가끔씩은 스스로 구두끈을 묶고 싶은데도 힘이 부치는지 나더러 묶어 달라고 부탁하기도 했다. 어느 날 아침 외할아버지는 저수조에 기어 올라간 소경이 다 된 앵무새를 붙잡으려다 기적적으로 살아났다. 앵무새의 목을 잡았을 때 층계참에서 미끄러지는 바람에 4미터 높이에서 땅바닥으로 떨어지고 말았던 것이다. 몸무게 90킬로그램에 50대 후반인 남자가 그 정도 높이에서 떨어졌는데 어떻게 살아났는지 아무도 설명하지 못했다. 평생 잊을 수 없는 날이었다. 벌거벗은 외할아버지를 침대에 눕혀 놓고 몸 여기저기를 샅샅이 검사하던 의사가 사타구니에 있는 반 인치 정도 되는 흉터가 무엇인지 물었다.

"전쟁터에서 총알 맞은 자국이오." 외할아버지가 대답했다.

나는 그 당시에 받은 충격으로부터 아직도 헤어나지 못하고 있다. 어느 날인가는 어떤 사람이 측대보(側對步)로 걷는 유명한 말을 외할아버지에게 팔러 왔다. 말을 살펴보기 위해 사무실 창문 너머 거리 쪽으로 얼굴을 내밀었던 외할아버지는 자신의 한쪽 눈에, 아무런 예고도 없이, 물이 가득 고이는 것을 느꼈다. 그래서 눈을 보호하려고 한 손을 눈에 갖다 댔는데 손바닥에 투명한 액체 몇 방울이 묻어 있었다. 그 일로 외할아버지는 오른쪽 눈의 시력을 잃었다. 외할머니는 그 말에 악귀가 씌어 남편이 그렇게 되었다며 말을 사지 못하게 했다. 외할아버지는 구름이 잔뜩 낀 것 같은 그 눈에 잠시 해적판 고약을 붙이고 다녔는데, 결국 안과 의사가 도수가 아주 높은 안경을 처방하고 지팡이 하나를 들고 다니도록 했다. 그 지팡이는, 외할아버지가 조끼에 매달고 다니던, 뚜껑을 열 때면 갑작스럽게 음악 소리가 튀어나오는 금줄 달린 작은 회중시계와 더불어 외할아버지의 상징물이 되었다. 스스로 불안감을 느끼기 시작할 정도로 나이가 배신을 했음에도, 그런 것에는 전혀 아랑곳하지 않은 채 비밀리에 여자들을 꼬여서 감탄스러울 정도로 연애를 해대는 그의 술책은 명성이 자자했다.

새벽 6시만 되면 의식을 치르듯 목욕을 하던 외할아버지는 만년에 이르러서는 나와 함께 목욕을 했다. 우리는 호리병박 바가지로 욕조 물을 퍼서 끼얹었고 마지막으로는 쿠라사오 밀수업자들이 브랜디와 중국산 비단 셔츠와 더불어 집으로 상자째 배달해 주던, 랜맨 앤드 켐스 사(社)의 꽃향수를 뿌렸다. 뿌린 사람만 냄새를 맡을 수 있어서 외할아버지가 그 향수만 사용한다는 말이 들렸으나, 누군가가 외할아버지의 베개가 아닌 다른 사람 베개에서 그 향수 냄새를 맡은 뒤부터 외할아버지는 그 말을 믿지 않게 되었다. 몇 년 동안 되풀이된 다른 이야기는, 어느 날 집에 전깃불이 나갔을 때, 외할아버지가 잉크를 자신이 사용하는 꽃향수인 줄 알고 병째 머리에 끼얹어 버렸다는 것이다.

외할아버지는 집안일을 할 때면 항상 능직 바지에 탄력 멜빵을 차고, 부드러운 신발을 신고, 챙 달린 면직 모자를 썼다. 가끔 큰 일이 생겼을 때를 제외하고는 거의 빠지지 않는 일요 미사에 참석할 때, 또는 생일이나 무슨 기념일 행사에 참석할 때는 셀룰로이드 컬러가 달린 하얀 리넨 정장에 검은 넥타이를 맸다. 이런 드문 경우들에는 특유의 유명한 낭비벽과 오만이 유감없이 발휘되었다. 오늘날까지도 나는 모든 것을 갖춘 외갓집은 외할아버지만을 위해 존재하고 있었다는 인상을 강렬하게 가지고 있다. 외할아버지는, 집안에서는 남자가 절대군주처럼 군림하지만 실제적으로 집안을 다스리는 사람은 부인인 일종의 모계사회에서, 마치스모‡의 전형적인 결혼 생활을 유지하고 있었기 때문이다. 단도직입적으로 말하자면, 외할아버지는 마초였던 것이다. 외할아버지는 개인적으로는 아주 다정하면서도 남들 앞에서는 그렇게 하는 걸 부끄럽게 생각했고, 반면 외할머니는 남편인 외할아버지의 행복을 위해 늘 자신을 희생했다.

 외할아버지 내외는 1930년 12월, 시몬 볼리바르 서거 100주년이 되던 무렵의 어느 날, 우리 집 넷째인 내 여동생 아이다 로사의 출산을 보기 위해 다시 바랑끼야로 떠났다. 두 사람은 까따까로 돌아오면서 한 살이 조금 넘은 마르곳을 데려왔기 때문에 내 부모는 루이스 엔리께, 갓 태어난 여동생과 함께 바랑끼야에 남게 되었다. 구루병에 걸린 데다 거칠기까지 한 마르곳은 흡사 다른 세상에서 살다 온 아이처럼 외갓집에 도착했다. 도대체 무슨 꿍꿍이 속인지 전혀 알 수 없었기 때문에 나는 변화에 적응하느라 적잖게 애를 먹었다. 루이스 까르멜로 꼬레아의 어머니 아비가일은 마르곳을 본 뒤 외할아버지 내외가 왜 그런 아이를 키워 주겠다고 약속했는지 이해하지 못했다. "이 아이 다 죽어 가는 몰골이네요." 아비가일이 말했다. 어찌 되었든 그들은 나에 관해서도 같은 생각이었다. 먹는 것도 시원치 않고 눈을 깜박거리는 데다, 내가 얘기하는 것들은, 한편으로 보면 거의 대부분은 확실한 것들이건만 자신들이 그런 생각을 하지 않았기 때문에 터무니없이 과장된

‡ 남성 중심주의, 우월주의를 의미한다.

거짓말이라고 믿었던 것이다. 몇 년이 지났을 때야 비로소 나는 의사 바르보사가 지혜로운 말로 나를 옹호해 준 유일한 사람이었다는 사실을 깨닫게 되었다. "아이들의 거짓말은 자신들이 지닌 위대한 재능을 드러내는 표시예요."

마르곳이 외가의 삶에 굴복하는 데는 오랜 시간이 흘렀다. 마르곳은 식구들이 생각하지도 못한 구석 자리의 작은 흔들의자에 앉아 손가락을 빨았다. 괘종시계 소리 외에 마르곳의 관심을 끄는 것은 아무것도 없었는데, 매 시각 뭔가에 홀린 듯 두 눈을 커다랗게 뜬 채 시계를 찾았다. 며칠 동안은 마르곳에게 밥을 먹일 수 없었다. 마르곳은 대수롭지 않게 음식을 거부했으며, 가끔은 집 안 구석구석에 던져 버렸다. 마르곳이 축축한 정원 흙과 손톱으로 벽에서 뜯어 낸 석회 조각을 좋아한다는 사실을 알게 되기까지, 사람들은 마르곳이 아무것도 먹지 않고서도 살아 있는 이유를 전혀 이해하지 못했다. 그 사실을 알게 된 외할머니는 정원 흙 가운데 가장 맛있어 보이는 부분에 암소 쓸개를 놓았고, 화분 속에 매운 마늘을 숨겨 두었다. 안가리따 신부는 내가 태어났을 때 급하게 치렀던 영세식을 확증하는 의식을 거행하면서 마르곳의 영세식도 치렀다. 나는 의자 위에 선 채로 영세를 받았다. 신부가 부엌에 있는 소금을 내 혀에 올려놓고 물동이를 내 머리에 끼얹었을 때도 나는 용기 있게 참아 냈다. 반면, 마르곳은 상처 입은 맹수처럼 날카롭게 비명을 질러 대고 온 몸을 비틀어 대면서 그 두 가지 의식을 거부하는 바람에, 영세자 행렬에 마르곳을 남아 있게 하기 위해 대부들과 대모들이 갖은 애를 써야 했다.

당시 나와 마르곳은, 어른들이 자기들끼리 통하는 것보다, 마음이 훨씬 잘 통했다. 우리의 공모 관계는 아주 특이해서 서로의 마음을 읽은 적이 한두 번이 아니었다. 어느 날 아침 마르곳과 내가 정원에서 놀고 있을 때, 매일 오전 11시가 되면 항상 그렇듯 기적 소리가 울렸다. 하지만 그때 그 소리를 들은 나는 몇 개월 전 내가 심한 구토증으로 사경을 헤매고 있을 때 대황(大黃) 달인 물을 내게 준 바나나 농장의 그 의사가 기차에 타고 있다는, 뭐라 설명할 수 없는 예감을 갖게 되었다. 의사가 온다고 소리를 지르며 온 집 안을 뛰어다녔으나 그 누구도 내 말을 곧이듣지 않았다. 하지만 내 여동생 마르곳만은 예외였다. 마르곳은 의사가 집에서 점심 식사를 하고 돌아갈 때까지 나와 함께 숨어 있었다. "저런 저런! 이런 애들 때문에 전보가 필요 없다니까." 당신 침대 밑에 숨어 있는 우리를 발견한 외할머니가 이렇게 소리쳤다. 나는 혼자 있을 때, 특히 어둠 속에 있게 될 때 느끼는 두려움을 결코 극복할 수 없었다. 지금 생각해 보면 다 그럴 만한 이유가 있었다. 밤에는 외할머니의 환상들과 불길한 예감들이 구체적으로 형상화되곤 했기 때문이다. 70대에 이른 현재도 여전히 꿈속에서, 복도에 있는 재스민이 뿜어내는 열기와 어둠침침한 침실들에 있는 귀신을 어슴푸레 느끼고 본 적이 있는데, 내 유년기를 엉망으로 만든 '밤의 공포'는 늘상 그런 식이었다. 가끔 잠이 들지 않는 불면의 밤이 찾아들면 매일 밤 죽음을 체험하는 어느 행복한 세계에 위치한 그 신화적인 집이 받고 있던 저주를 나 또한 받고 있다는 불길한 느낌에 사로잡히는 것이었다.

가장 특이한 것은 외할머니가 자신의 그 비현실적인 감각으로 집을 유지하고 있었다는 점이다. 그토록 부족한 재원으로 삶이라고 하는 기차를 유지하는 것이 어떻게 가능했을까? 대령의 아버지가 아버지에게서 배웠던 그 일을, 대령은 아버지에게서 배웠고, 작은 황금 물고기가 사방에서 보일 정도로 명성이 자자했건만, 황금 물고기를 만들어 파는 일은 좋은 사업이 아니었다. 게다가, 내가 어렸을 때는 대령이 잠깐 동안, 또는 결혼식에 선물하기 위해 황금 물고기들을 만들었을 뿐이라는 인상을 받았었다. 그래서 외할머니는 외할아버지가 일하는 것은 선물을 하기 위해서일 뿐이라고 말했다. 그럼에도 불구하고, 외할아버지는 자유당이 정권을 잡았을 때 훌륭한 공무원이라는 평가를 받아서, 몇 년 동안 회계 담당관을 맡았고, 여러 차례에 걸쳐 재정 관리인을 역임했다.

지금 생각해 보면 그 이상야릇한 집은 그 어떤 가정환경보다 내 직업에 많은 영향을 끼쳤다. 특히 나를 키워 준 외갓집에서 살았던 수많은 여자들의 성격에 영향 받은 바가 크다. 외갓집에 있던 남자라고는 외할아버지와 나뿐이었다. 외할아버지는 피비린내 나는 전투 이야기를 들려주는가 하면, 새들의 비행 방법과 오후에 치는 천둥소리들에 관해 교육적으로 설명하면서 어른들의 서글픈 세계에 관해 내게 가르치기 시작했고, 내가 그림 그리는 것을 좋아하도록 나를 북돋아 주었다. 처음에 나는 집 안 벽에 그림을 그리기 시작했다. 결국 집안 여자들은 "집 안 벽과 담벼락을 종이 삼아 망나니 같은 그림을 그려 댄다." 고 큰 소리로 불평을 해댔다. 그러자 외할아버지는 화를 버럭 내며 자신의 귀금속 세공실 벽을 하얗게 칠하도록 하고, 내게 색연필을 사 주고, 나중에는 그림물감까지 사 주며, 자신이 그 유명한 작은 황금 물고기를 만드는 사이 나더러 마음대로 그림을 그리도록 해 주었다. 언젠가 나는 외할아버지가 당신 손자는 화가가 될 거라고 중얼거리는 말을 들었으나, 화가란 대문에 색칠을 하는 사람이라고 알고 있었기 때문에 화가가 되는 데 별 관심을 두지 않았다.

내가 네 살 때 나를 본 사람들은 창백하고 내성적인 아이였다고들 말한다. 당시 나는 말도 되지 않는 것을 이야기할 때만 입을 열었는데, 내가 하는 이야기 대부분은 일상적인 삶에서 나오는 단순한 사건들이었다. 어른들이 내 이야기에 귀를 기울이도록 환상적인 요소들을 덧붙여 더욱 매력적으로 만들었을 뿐이다. 나에게 영감을 주었던 가장 좋은 출처는 나보다 나이 많은 사람들이 내가 자신들의 이야기를 이해하지 못하리라 생각하고 내 앞에서 나눈 대화들이나, 내가 이해하지 못하도록 일부러 암호 같은 것을 섞어 가며 내 앞에서 나눈 대화들이었다. 하지만 결과는 정반대였다. 나는 그 대화들을 스펀지처럼 빨아들이고, 하나하나 분해해 보고, 대화들의 근원을 파헤치기 위해 이야기들을 뒤집어 보았다. 내가 그 이야기들을 내 앞에서 했던 사람들에게 다시 들려주면, 그들은 내가 자기들에게 하는 이야기와 그들이 생각하고 있던 바가 일치한다는 사실을 깨닫고 몹시 당황스러워했다.

가끔씩 머릿속에 떠오르는 그런 생각들 때문에 난감해진 나는 그 사실을 숨기기 위해 빠르게 눈을 깜박거리는 버릇이 생겨 버렸다. 눈을 너무 자주 깜박거렸기 때문에 가족 가운데 합리주의자였던 누군가가 나를 안과의사에게 보이기로 결정했다. 의사는 편도선이 감염되었기 때문이라며 요드 처리한 무 시럽을 처방했고, 그 효능은 어른들을 안심시킬 정도로 탁월했다. 한편으로, 외할머니는 외손자가 예언가라는 선견지명이 있는 결론에 이르렀다. 그렇게 되자 외할머니는 내가 좋아하는 희생물이 되었고, 그런 역할은 내가 외할아버지의 입에서 살아 있는 새 한 마리가 나오는 꿈을 실제 꿈으로써 외할머니가 실신해 버렸던 날까지 지속되었다. 내 잘못으로 외할머니가 사망할 뻔했던 그 사건이 내게 유발한 두려움은 내가 어린 나이에 행하고 있던 방종을 제어하는 첫 번째 요소가 되었다. 지금 생각해 보면 그런 것들이, 다들 생각할 수 있는 아이의 비행이 아니라, 현실을 더 재미있고 더 이해하기 쉽게 만들기 위한 철없는 작가의 초보적인 기교였던 것 같다.

내가 실제 삶과 처음으로 접한 것은 길 한가운데서나 이웃집 채마밭에서 이루어지던 축구에 대한 발견이었다. 내 축구 선생은 루이스 까르멜로 꼬레아였다. 그는 스포츠에 대한 자연스러운 본능과 산수에 대한 천부적인 재능을 갖고 태어난 사람이었다. 내가 그보다 5개월 먼저 태어났으나 그는 성장하는 속도가 나보다 점점 빨라져 가끔 나를 조롱했다. 우리가 헝겊 뭉친 축구공을 가지고 축구하기 시작했을 때 나는 용케 괜찮은 문지기가 될 수 있었으나, 정식 축구공으로 축구를 하게 되자 그가 엄청나게 세게 찬 공을 배에 맞고 느낀 통증 때문에 나의 자만심은 더 이상 지속될 수 없었다. 어른이 된 지금도 그를 다시 만날 때면 나는 우리가 여전히 어렸을 때처럼 지내고 있다는 사실을 대단히 즐거운 마음으로 확인한다. 그 당시 경험 가운데 가장 강렬하게 기억나는 것은, 화려한 무개차를 탄 채 순식간에 지나가던 바나나 회사의 총감독이었다. 그 옆에는 기다란 황금 머리칼을 바람에 휘날리는 여자가 앉아 있고, 귀빈석에 독일 출신 목사가 왕처럼 앉아 있었다. 우리 같은 인간에게는 금지되어 있는 아득하고 거짓말 같은 딴 세상으로부터 이 세상에 순간적으로 나타났다 사라지는 환영들이었다.

당시 나는 믿음이 썩 깊지 않은 상태였지만, 신앙에 반드시 필요한 재료 같은 것이라고 생각할 수도 있는 열의를 가지고 복사(服事) 일을 시작했다. 내가 여섯 살이 되었을 때 첫 영성체의 신비를 경험하도록 어른들이 나를 안가리따 신부에게 데려간 것은 그런 착한 행실 덕분이었음에 틀림없다. 그리고 그때부터 내 삶은 바뀌어 버렸다. 어른들은 나를 어른으로 대하기 시작했으며, 수석 성당지기는 내게 미사 집전

돕는 법을 가르쳐 주었다. 단 한 가지 문제는 미사 중 어느 순간 종을 쳐야 하는지 이해할 수 없었다는 것이었다. 나는 아무 생각 없이 그저 치고 싶은 생각이 들 때마다 종을 쳤다. 세 번째로 종을 쳤을 때 신부가 나를 돌아보더니 더 이상 종을 치지 말라고 엄중하게 명령했다. 그 일을 하면서 좋았던 점은 다른 복사와 수석 성당지기, 그리고 나, 이렇게 세 사람만 남아 성기실(聖器室)을 정리할 때 남은 성체들을 곁들여 남은 포도주 한 잔을 마실 수 있다는 것이었다.

첫 영성체 전날 밤, 신부는 보좌처럼 생긴 안락의자에 진짜 교황처럼 앉았고, 나는 그 앞 우단 방석에 무릎을 꿇은 채 서론도 없이 고백성사를 보았다. 선과 악에 대한 나의 의식은 아주 단순했으나 신부는 내가 죄목록에 나와 있는 죄들 가운데 어떤 것들을 지었는지 어떤 것들을 짓지 않았는지 대답할 수 있도록 내게 목록까지 보여 주면서 고백성사를 집전했다. 신부가 나더러 동물들에게 추잡한 짓을 하지 않았는지 물었을 때까지는 대답을 잘 했던 것 같다. 당시 나는 나보다 나이 많은 남자 몇이 암 당나귀들에게 내가 절대로 이해하지 못하는 어떤 죄를 범했다는 혼란스러운 생각을 지니고 있었는데, 그날 밤 비로소 나는 그런 죄를 암탉들에게도 지을 수 있다는 사실을 배웠다. 그런 식으로, 첫 영성체를 위한 나의 첫 번째 과정은 내가 순수성을 잃어버리는 데 또 다른 큰 행보가 되었고, 나는 복사 일을 계속할 이유를 전혀 발견하지 못했다.

아버지와 어머니가 내 남동생 루이스 엔리께, 여동생 아이다와 함께 까따까로 옮겼을 때 내게 가혹한 시련이 닥쳤다. 아버지를 겨우 인식할 정도가 된 마르곳은 아버지에게 두려움을 갖게 되었다. 나 역시 그랬으나, 아버지는 항상 나를 더 신중하고 조심스럽게 대했다. 아버지는 단 한 번 허리끈을 풀어 나를 때렸고, 나는 굳건하게 버티고 서서 입술을 깨물고, 어떤 경우라도 참고 울지 않겠노라고 다짐한 채 두 눈으로 아버지를 쳐다보았다. 아버지는 팔을 내리더니 내가 한 그릇된 행위를 입 속으로 질타하면서 다시 허리끈을 차기 시작했다. 어른으로서 우리가 나눈 긴 대화 속에서 아버지는 우리를 때리는 것이 가슴 아프다고 고백했으나, 아마도 우리가 비뚤어진 자식이 될까 두려워 가끔 매를 들었을 것이다. 아버지는 잘나가던 시절에는 밝고 쾌활한 사람이었다. 식탁에서 즐겨 재담을 늘어놓았는데, 어떤 것들은 아주 좋았으나 다 그런 것은 아니었다. 똑같은 것을 너무 자주 되풀이하는 바람에 어느 날 루이스 엔리께가 자리를 박차고 일어서며 이렇게 말했다.
"그런 웃음은 언제들 그칠지 알고 싶네요."
가족사에 길이 남을 매질은 루이스 엔리께가 아버지 어머니 집에도 외할아버지 외할머니 집에도 모습을 나타내지 않아, 마을을 반쯤 돌아다니며 찾아다닌 끝에 결국 극장 안에서 발견한 그날 밤 이루어졌다. 청량음료를 파는 셀소 다사가 밤 8시에 그에게 사포딜라 주스 한 잔을 건네주자, 그는 돈도 내지 않은 채 컵을 들고 사라져 버렸다. 그에게 엠빠나다 하나를 판 튀김 가게 여주인은 잠시 후 그가 극장 문지기와 대화를 나누는 것을 보았다. 문지기는 아버지가 극장 안에서 기다리고 있다는 그의 말을 믿고 공짜로 들여보내 주었다. 상영중인 영화는 까를로스 비야리아스와 루뻬따 또바르가 출연하고, 조지 멜포드가 감독한 「드라큘라」였다. 루이스 엔리께는 드라큘라 백작이 미인의 목에 흡혈귀의 상징들을 박을 때 갑자기 극장 안의 불들이 켜짐으로써 느꼈던 공포감에 대해 몇 년 동안 내게 얘기했다. 극장 맨 뒷자리들 가운데 가장 후미진 빈자리를 찾아 앉아 있던 루이스 엔리께는 아버지와 할아버지가 극장 주인, 경찰관 둘과 함께 맨 앞좌석에서부터 한 열 한 열 살펴보면서 자기를 찾고 있는 모습을 보았다. 그들이 루이스 엔리께를 찾는 걸 막 포기하려 했을 때, 극장 맨 뒷좌석에 앉아 있는 그를 발견한 빠빨렐로가 지팡이로 그를 가리켰다.
"저기 있네!"
아버지는 루이스 엔리께의 머리채를 붙잡아 극장에서 끌어냈다. 집에서 그에게 가해졌던 가죽 채찍질은 가족사에 전설적인 징벌로 남았다. 내 동생이 보인 그런 독립적인 행위에 관해 내가 느낀 공포와 감탄은 내 기억 속에 오랫동안 살아 있다. 어찌 되었든, 그는 모든 것을 이기고 갈수록 더 영웅적으로 살아남는 것처럼 보였다. 그러면서도 그의 반역은 아버지가 가끔씩 출타 중일 때는 표출되지 않았다는 사실이 오늘날 내 관심을 끈다.

나는 그 어느 때보다 더 철저하게 외할아버지 그늘 속으로 숨었다. 외할아버지와 나는 항상 함께 있었다. 오전에는 귀금속 세공실에 있거나, 외할아버지가 내게 행복한 일거리 하나를 맡겨 주는 그의 재정 관리인 사무실에 있었다. 그 일거리란 암소에게 찍을 낙인을 그리는 것이었는데, 내가 아주 진지하게 그 일을 해내자 외할아버지가 자기 책상을 내게 빌려주었던 것이다. 점심시간이 되면 우리는 모든 손님들과 더불어 식탁에 앉았고, 외할아버지와 나는 항상 상석에 앉았다. 외할아버지가 앉아 있는 곳에는 얼음물이 담긴 커다란 알루미늄 항아리가 하나 있었고, 나는 은수저 하나만 들고 모든 음식을 먹었다. 내가 얼음 한 조각을 먹고 싶은 나머지 가끔 항아리에 손을 집어넣어 얼음 조각을 집으면 얼음물 위로 기름기가 떠다녔는데, 이런 행동을 본 사람들은 적잖게 놀라워했다. 그럴 때면 외할아버지는 나를 옹호했다. "이 아인 모든 권리를 갖고 있다오."

여전히 산따마르따에서 살고 있던 외삼촌 후안 데 디오스가 기관사에게 5센따보를 주고 매일 외할아버지에게 편지 한 통씩을 보냈기 때문에, 오전 11시만 되면 외할아버지와 나는 기차를 맞으러 나갔다. 외할아버지는 돌아가는 기차의 기관사에게 5센따보를 주고 아들에게 답장을 보냈다. 해가 뉘엿거릴 때면 외할아버지는 내 손을 잡은 채 여기저기 돌아다니며 개인적인 용무를 보았다. 우리는 이발관에도 가고(내 유년 시절에서 가장 긴 15분이었다.) 국경일 축제에서 발사되는 폭죽놀이 구경도 하고(무서웠다.) 성주간(聖週間)에 이루어지는 행렬에도 참석했다. 그곳에는 내가 항상 살과 뼈를 지녔을 것이라 믿고 있던 죽은 예수 그리스도가 있었다. 그 당시 나는 외할아버지처럼 체크무늬 모자를 쓰고 다녔다. 내가 외할아버지와 더 비슷하게 보이도록 외할머니 미나가 사 준 것이었다. 외할아버지와 내가 어찌나 유사하던지 가끔 낀때 할아버지는 우리가 나이가 다른 한 사람처럼 보인다고 말하기도 했다.

외할아버지는 하루 중 아무 시각에나 나를 데리고 바나나 회사의 풍성한 매점으로 물건을 사러 갔다. 거기서 나는 도미를 생전 처음 보았고, 처음으로 만져 본 얼음이 차갑다는 사실을 알고는 몸을 벌벌 떨었다. 먹고 싶은 것을 먹게 되어 행복했으나 외할아버지가 벨기에 출신 남자와 두는 체스판과, 정치적인 대화들은 지루하고 따분했다. 지금 생각해 보면 당시 우리는 그 긴 산보들을 통해 서로 다른 두 세계를 보았던 것이다. 외할아버지는 자신의 시계(視界)에서 자기 것을 보았고, 나는 내 눈높이에서 내 것을 보았다. 외할아버지는 집 발코니에 있는 친구들에게 인사했고, 나는 길거리 노점상들이 진열해 놓은 장난감들을 갖고 싶어했다.

초저녁이면 우리는 라스 꾸아뜨로 에스끼나스 장터의 시끌벅적한 소음 속에서 시간을 보냈다. 외할아버지는 화려한 가게의 문까지 나와 자신을 맞이하는 가게 주인 돈 안또니오 다꼰떼와 이야기를 나누고, 나는 온 세상의 신기한 것들에 감탄했다. 장터에서는 모자에서 토끼를 꺼내는 마법사들, 촛불을 삼키는 사람들, 동물들에게 말을 하게 만드는 복화술사들, 쁘로빈시아에서 일어나는 사건들을 노래로 만들어 목청껏 불러대는 아코디언 연주자들에 정신이 팔렸다. 그들 가운데 하나, 그러니까 하얀 수염을 기른 그 늙은 남자가 전설적인 프란시스꼬 엘 옴브레였을 수도 있었다는 생각이 든다.

돈 안또니오 다꼰떼는 영화가 좋다고 판단될 때마다 자기 영화관 올림피아의 첫 회 상영에 우리를 초대했다. 영화관에 들락거리는 것이 순진한 외손자에게 적합하지 않은 방탕한 행위라 여겼던 외할머니는 마뜩잖게 생각했다. 하지만 빠빨렐로는 완강하기만 했으며, 오히려 영화를 본 다음날이면 나더러 식탁에서 영화 줄거리를 얘기하도록 했으며, 혹시 내가 잊고 빠뜨리거나 잘못 얘기한 부분이 있으면 수정해 줌으로써 그 어려운 줄거리들을 재구성할 수 있도록 도와주었다. 그런 점들은 내가 어렸을 때부터 극예술에 소질이 있었다는 증거인데, 그런 소질은 의심할 바 없이 내가 작가가 되는 데 도움이 되었다. 무엇보다도, 글쓰는 법을 배우기 전 만화 쪼가리들을 그릴 정도로 그 방면에 소질이 있었다. 처음에 사람들은 나의 행위를 아이의 재주로 추켜세웠으나 내가 어른들이 쉽게 보내는 박수를 너무 좋아하게 되자, 결국 내가 자신들에게 다가가는 낌새를 알아차리면 애써 피해 버렸다. 나중에는 어른들이 나더러 결혼식과 생일 파티에서 노래를 부르도록 했는데, 그

때도 똑같은 일이 벌어졌다.

외할아버지와 나는 잠을 자러 가기 전, 벨기에 출신 남자의 작업장에 들러 많은 시간을 보내기도 했다. 1차 세계대전이 끝난 뒤 아라까따까에 모습을 나타낸 무섭게 생긴 노인이었는데, 그의 혼란스러운 억양과 선원 생활을 그리워했다는 점을 상기해 보면 그가 벨기에 출신이었다는 점은 의심할 나위가 없다. 그의 집에 살고 있던 또 한 사람은 덩치가 큰 덴마크 출신의 남자였다. 귀머거리에 남색꾼으로, 미국 대통령과 이름이 같은 우드로우 윌슨이었다. 나는 네 살 때 그 벨기에 출신 노인을 알게 되었는데, 외할아버지는 그를 찾아가 언제 끝날지도 모르는 체스 게임을 아무 말 없이 몇 차례 벌였다. 그 집에 갔던 첫날 밤부터 나는 그 집에는 무엇에 소용되는 물건인지 종잡을 수 없는 물건들밖에 없다는 사실에 깜짝 놀라고 말았다. 그는 무질서하게 놓여 있는 자신의 작품들 사이에서 생존하는 만능 예술가였다. 파스텔로 그린 바다 풍경들, 생일을 맞이하고 첫 영성체를 한 어린이 사진들, 아시아 귀금속 모조품들, 쇠뿔로 만든 모형들, 각기 다른 시대에 만들어진 다양한 스타일의 가구들 등 그 모든 것이 서로 어지럽게 쌓여 있었다. 색은 햇빛에 바랜 노란 머리카락 같은데다가 뼈에 바짝 달라붙어 있는 그의 살가죽, 얼굴을 덮으며 내려와 있어 말을 할 때마다 방해를 하던 그의 머리타래가 내 관심을 끌었다. 과거 해적 생활을 할 때 피우던 파이프 담배는 체스 게임을 할 때만 피웠다. 외할아버지는 그런 게 다 상대방의 정신을 빼앗기 위한 술책이라고 말했다. 눈 한쪽은 볼록 튀어나온 유리 눈이었는데, 그 눈은 정상적인 눈보다 상대방에게 더 깊은 관심을 드러내고 있는 것처럼 보였다. 하체는 불구고 등은 앞쪽으로 굽었으며 몸은 좌측으로 기울어져 있었으나, 그는 작업실의 암초들 사이를 한 마리 물고기처럼 지나다녔다. 목발에 몸을 의지한다기보다는 매달려 있는 것처럼 보였다. 여러 번에 걸쳐 대담한 항해를 한 것도 같았지만 자신의 항해에 관해 이야기하는 것을 단 한 번도 들어 보지 못했다. 그가 집 밖에서 알고 있는 유일한 재밋거리는 영화여서, 주말에 상영하는 영화라면 종류를 가리지 않고 보았다.

나는 결코 그를 좋아한 적이 없었다. 내가 졸음을 못 이겨 몸이 쓰러지고 있는 사이에도 말 하나를 옮기는 데 몇 시간씩 소비하는 체스 게임을 할 때는 더욱더 싫었다. 어느 날 밤에는 의지할 사람 하나 없이 외롭게 있는 그의 모습을 보고 그가 금방이라도 죽을 것 같다는 불길한 예감이 내 뇌리를 강타했고, 그에게 연민의 정을 느끼기도 했다. 하지만 시간이 흘러다시 그가 체스 게임에 몰두해 버리면, 나는 그가 죽기만을 진정으로 바랄 뿐이었다.

그 당시 외할아버지는 해방자 시몬 볼리바르의 장례식 모습이 담긴 그림을 식당에 걸어 두었다. 그가 장례식에서 본 적이 있는 수의를 입지 않고, 대신 영광스러운 시기에 입던 군복을 입은 채 사무실 책상 위에 누워 있는 이유를 이해하는 데는 많은 노력이 필요했다. 외할아버지는 단호한 말로 나를 의구심에서 해방시켜 주었다.

"그는 보통 사람과 달랐단다."

그러고 나서 외할아버지는 그림 옆에 걸려 있는 장시 한 편을 자신의 목소리와 다르게 들릴 정도로 떨리는 목소리로 읽어 주었다. 나는 그 끝 구절을 항상 기억했다. "그대 산따마르따여, 자비로운 그대는 그대의 무릎에 의지하던 그에게, 해변 한 조각일망정, 죽을 곳을 주었노라."[‡] 그때

[‡] 산따마르따는 시몬 볼리바르가 에스파냐의 압제로부터 남미를 해방시킨 뒤 쓸쓸하게 만년을 보내다 죽은 곳이다.

부터 여러 해 동안, 나는 볼리바르가 해변에서 죽은 채 발견되었다는 생각을 하게 되었다. 시몬 볼리바르가 세계사에서 가장 위대한 인물이라는 사실을 내게 가르쳐 주면서 그 사실을 절대 잊지 말라고 당부한 사람은 바로 외할아버지였다. 나는 외할아버지가 한 말과 외할머니가 외할아버지처럼 강한 어조로 한 말 사이에는 차이가 있다는 사실을 알고 혼란스러워진 나머지, 외할아버지에게 볼리바르가 예수 그리스도보다 더 위대한 사람인지 물었다. 외할아버지는 확신에 차 있던 방금 전과는 달리 고개를 흔들며 대답했다.
"어떤 것은 다른 것과 전혀 관계가 없단다."
당시 외할머니가 남편에게 초저녁 산책을 나갈 때는 나를 데려가라고 강요한 이유를 이제야 알겠다. 외할머니는 남편의 산책이 실제로는 애인을 찾아가거나 새 애인을 사귀기 위한 속셈이라고 확신하고 있었다. 몇 번인가는 내가 외할아버지의 알리바이를 증명하는 수단이 되었을 가능성도 있다. 사실, 외할아버지는 사전에 예정되어 있지 않은 장소에는 나를 절대로 데려가지 않았다. 어느 날 밤 누군가의 손에 이끌려 우연히 어느 낯선 집 앞을 지나가다가 그 집 거실에 집주인이자 가장처럼 앉아 있던 외할아버지를 본 기억은 지금도 선명하다. 나는 그 사실을 아무에게도 발설하지 말아야 한다고 직감했는데, 그때 왜 내 몸이 부들부들 떨렸는지는 결코 이해할 수 없었다. 오늘, 해가 떠올랐지만 나는 여전히 입을 다물고 있다.
다섯 살이 되던 해 어느 날, 내가 처음으로 글자라는 것을 보게 해준 사람 역시 외할아버지였다. 그날 오후 외할아버지는 까까에 성당처럼 커다란 천막을 쳐 놓고 공연하는 유랑 서커스단에 나를 데려가 동물들을 구경시켜 주었다. 가장 신기한 동물은 놀란 어머니 같은 표정을 짓고 혼이 다 달아난 듯 멍하게 슬픔에 잠겨 있는 반추 동물이었다.

"낙타란다." 외할아버지가 내게 말했다.

외할아버지 옆에 있던 누군가가 끼어들었다.

"실례합니다, 대령님. 이건 단봉낙타랍니다."

손자 면전에서 누군가가 자기 말을 고쳐 주었을 때 외할아버지의 심사가 어떠했을지는 이제 상상할 수 있다. 그 말을 들은 외할아버지는 생각할 겨를도 없이 정곡을 찌르는 질문으로 상대를 제압했다.

"차이가 뭐요?"

"무슨 차이가 있는지는 잘 모르겠습니다만, 이건 단봉낙탑니다."

외할아버지는 리오아차 공립학교를 뛰쳐나와 카리브 지역에서 벌어진 무수한 내란들 가운데 하나에 참여해 총이나 쏘던 사람이었기 때문에 교양이 있지도 않았고, 교양이 있는 척도 하지 않았다. 다시 공부를 하지는 않았으나 자신의 공부가 부족하다는 사실을 평생 인지하고 있었고, 자신의 결점들을 넘치도록 상쇄시켜 주던 직접적인 지식에 대한 강한 욕구를 지니고 있었다. 서커스단에서 동물들을 구경한 그날 오후, 기가 꺾인 채 집에 돌아온 외할아버지는 아이처럼 관심 있게 사전을 살펴보았다. 그때 외할아버지도 나도 단봉낙타와 낙타 사이의 차이를 확실히 알게 되었다. 외할아버지는 사전을 내 무릎 위에 내려놓더니 이렇게 말했다.

"이 책은 모든 걸 알고 있고, 또 절대 틀리는 법이 없는 유일한 책이란다."

그것은 삽화가 곁들인 커다란 책으로, 책 등에는 거인 아틀라스가 양 어깨에 하늘을 지고 있는 그림이 그려져 있었다. 나는 글씨를 쓸 줄도 읽을 줄도 몰랐으나, 예쁜 그림과 글이 빽빽하게 수록된 커다란 종이가 거의 2,000쪽에 이르는 책이었으므로 외할아버지의 말이 지당하다는 생각을 했었다. 성당에 있는 미사 전례서의 크기에 놀란 적이 있었으나, 그 사전은 그보다 더 두꺼웠다. 생전 처음으로 전 세계를 다 들여다보고 있다는 느낌이었다.

"단어가 몇 개 들어 있어요?"

"모두 다 들어 있지."

당시 나는 인상적인 것이 있으면 그림으로 표현할 수 있었기 때문에 구태여 단어를 쓸 필요가 없었다. 네 살 때는, 올림피아 극장에서 공연한 리차르디네가 했던 것처럼, 부인의 목을 잘라 다시 붙이는 어느 마술사를 그린 적이 있었다. 그림 시리즈는 마술사가 톱으로 목을 자르는 것부터 시작해, 이어서 피가 줄줄 흐르는 머리를 의기양양하게 관객들에게 보여 주고, 다시 머리가 붙은 여자가 관객들의 박수갈채에 답례하는 것으로 끝이 났다. 연재만화는 이미 등장했으나 나는 나중에 일요판 신문 컬러 부록에서 처음으로 보았다. 그 당시 나는 대화 없는 그림 동화를 그리기 시작했다. 하지만 외할아버지가 그 사전을 내게 선물했을 때 진한 호기심이 발동한 나는, 내용은 이해하지 못한 채 알파벳순으로 소설처럼 사전을 읽어 나갔다. 작가로서의 내 운명에 근본적인 역할을 했을 그 책을 나는 그런 식으로 만났던 것이다.

어린이들이 처음 듣는 동화에 일단 마음이 끌려 버리면, 다른 동화를 좋아하게 만드는 것은 여간 어려운 일이 아니다. 어린이 소설가들의 경우는 그렇지 않다고 생각하는데, 내 경우도 그렇지 않았다. 나는 더 많은 것을 원했다. 동화 청취에 욕심이 많았기 때문에 항상 그 다음 날은 더 좋은 동화를 듣고 싶어했다. 무엇보다도 성서에 기록된 역사의 미스터리와 관련된 동화들을 원했다.

내가 거리에서 겪은 일은 죄다 집안에서 커다란 반향을 불러일으켰다. 외갓집 부엌에서 일하는 여자들은 기차를 타고 오는 외지인들에게 그 이야기를 들려줌으로써(외지인들도 다른 얘깃거리들을 가져왔다.) 모두 함께 구전(口傳) 전통의 조류를 타고 있었다. 일부 사건들은 장터에서 노래 부르는 아코디언 연주자들에 의해 처음으로 알려지고, 여행자들은 그 얘기를 반복하면서 살을 붙여 나갔다. 내 유년 시절에 가장 인상 깊었던 사건은 어느 일요일 이른 아침 성당에 가려고 했을 때, 외할머니가 경솔하게 내뱉은 한 문장에 들어 있었다.

"불쌍한 니꼴라시또는 성령강림절 미사에 참석하지 못하겠구먼."

내 또래 아이들에게 일요 미사는 지나치게 길었고, 그나마 어렸을 때는 너무 좋아하던 안가리따 신부의 강론도 이제는 졸리게 느껴졌기 때문에, 그 말을 들은 나는 외할아버지를 따라가면 미사에 참석하지 않아도 된다는 생각에 기분이 좋아졌다. 하지만 그것은 허망한 꿈이었다. 외할아버지는 미사에 참석하기 위해 허벅지가 꽉 끼는 초록색 면 벨벳 옷을 입고 있던 나를 질질 끌다시피 해서 벨기에 출신 노인의 작업실로 데려갔다. 경찰관들이 멀리서부터 외할아버지를 알아보고는 아주 예의 바르고 정중하게 문을 열어 주었다.

"대령님 들어가세요."

그제야 비로소 나는 벨기에 출신 노인이 에리히 마리아 레마르크의 소설을 각색한 레비스 마일스톤 감독의 「서부 전선 이상 없다」를 보고 난 뒤, 자신의 개와 함께 청산칼리를 마셨다는 사실을 알게 되었다. 대중의 직감은 밝혀질 수 없을 것 같은 진실까지 찾아내는 법인지, 사람들은 벨기에 출신 노인이 노르망디 늪지대에서 만신창이가 된 순찰대와 함께 패배당한 자신의 모습을 영화에서 본 뒤 충격을 견디지 못했을 것이라고 이해하고 단언했다.

작은 응접실은 창문이 닫혀 있어 어두웠으나 마당에서 들어오는 이른 아침 햇살이 침실을 비추고 있었다. 침실에서 군수가 경찰관 둘을 대동한 채 대령을 기다리고 있었다. 야전침대에는 모포를 덮어놓은 시체가 있고, 목발은 주인이 침대에 누워 죽기 바로 전에 놓았는지 시체의 손이 미치는 거리에 있었다. 시체 옆, 작은 나무 벤치 위에는 청산칼리를 증발시켰던 사각형 쟁반과 붓으로 다음과 같은 문장을 크게 써 놓은 종이 한 장이 있었다. "내가 어리석어 자살합니다." 법률적인 절차와 장례에 관한 세부 사항은 외할아버지 주관 하에 서둘러 진행되었다. 채 10분이 걸리지 않았다. 그러나 그 10분은 내 인생에서 기억해야 할 가장 인상적인 10분이었다.

그 집에 들어서면서 처음으로 나를 전율시킨 것은 침실에서 나는 냄새였다. 많은 시간이 흐른 뒤에서야, 그 냄새가 벨기에 출신 노인이 자살하려고 마신 청산칼리 냄새로, 씁쓸한 편도 냄새 같다는 사실을 알게 되었다. 하지만 냄새도 그 어떤 것도, 군수가 모포를 걷어 외할아버지에게 보여 주던 시체의 모습보다 더 강렬하고 더 오래 내 뇌리에 남아 있지는 않았다. 비틀어진 알몸의 시체는 뻣뻣하게 굳어 있었다. 노란 털이 거친 살가죽을 뒤덮고 있었고, 잔잔한 물 같은 두 눈은 살아 있는 것처럼 우리를 바라보고 있었다. 주검이 나를 쳐다보고 있다는 섬뜩한 공포는, 그 후 몇 년 동안, 교회의 조치에 따라 공동묘지 밖에다 묻은 자살자들의 십자가 없는 묘지 옆을 지날 때마다 나를 전율케 했다. 시체를 보았을 때 느낀 공포와 더불어 내 기억 속에 아주 깊숙이 박혀 있는 것은 그의 집에서 보낸 지루하고 짜증나는 밤들이었다. 그렇기 때문에 외할아버지와 내가 그 집을 떠날 때 내가 외할아버지에게 이렇게 말했을 것이다.

"벨기에 할아버지는 이제 더 이상 체스를 두지 않겠네요."

그렇게 생각한다는 것은 쉬운 일이었으나 외할아버지는 마치 독특한 생각이나 되는 것처럼 가족에게 그 말을 전했다. 집안 여자들이 어찌나 열을 내며 그 얘기를 했던지, 얼마 동안 나는 사람들이 내 앞에서 그 얘기를 하거나 나더러 그 얘기를 되풀이하라 시킬까봐 두려워 손님들을 피해 다녔다. 어찌 되었든, 나는 이런 것들을 통해 작가로서 나에게 아주 유용했음에 틀림없는 어른들의 특성에 관해 알게 되었다. 어른들 각자가 자기 나름대로 새로운 항목들을 덧붙여 얘기함으로써 각각의 얘기는 결국 원래 얘기와 다른 것이 되어 버렸던 것이다. 자신들의 부모에 의해 천재로 인정받아 손님이 찾아오면 어른들이 시키는 대로 노래를 부르고, 새 울음소리를 흉내 내고, 심지어는 어른들을 웃기려고 거짓말까지 꾸며내는 아이들에게 그때부터 내가 연민을 느끼고 있었다는 사실을 아는 사람은 아무도 없다. 하지만 나는 그 단순한 문장 하나가 내가 문학적으로 이룬 첫 번째 성취였다는 사실은 인정하고 있다.

1932년도의 내 삶은 그런 식이었다. 그때 루이스 미겔 산체스 세로 장군의 군부 통치 하에 있던 페루 군대가 콜롬비아 남쪽 끝, 아마존 강 어귀에 위치한 무방비 상태의 마을 레띠시아를 점령했다는 소식이 전해졌다. 소식은 양국 곳곳에 울려 퍼졌다. 콜롬비아 정부는 국민 동원령과 집집마다 가장 값나가는 귀금속을 모으는 국민운동을 전개할 것을 선포했다. 페루 군대의 교활한 공격에 분노한 애국심은 일찍이 그 유례를 찾기 어려울 정도의 대중적 반응을 야기했다. 집집마다 자발적으로 내는 귀금속들이 어찌나 많았던지 귀금속 수집인들이 다 받아들이지 못할 정도였다. 하물며 실질적인 가치보다 상징적인 가치가 더 큰 결혼 반지까지 내놓았다.

반면에, 그처럼 혼란한 상황이 전개되던 그 시기가 내 인생에서는 가장 행복한 시기들 가운데 하나였다. 쓸데없이 엄격한 학교 규율은 깨졌고, 규율에서 벗어난 거리와 집에서는 대중적인 창조성이 가득했다. 계급과 인종 구분 없이 가장 우수한 젊은이들로 이루어진 민병대가 조직되고, 적십자 여성 봉사대들이 탄생했으며, 사악한 침략자들에 대항해 죽음을 불사하는 전투를 벌이자는 애국적인 노래들이 급조되고, 이구동성으로 페루의 침략을 규탄하는 함성이 국내에 메아리쳤다.

"콜롬비아 이겨라, 페루 망해라."

시간이 어느 정도 흐르자 전쟁 열기가 충분한 설명 없이 식어 버렸기 때문에 나는 이런 영웅적인 위업들이 어떻게 끝났는지 전혀 알지 못했다. 피비린내 나는 군사 독재를 감행한 산체스 세로 장군이 어느 정적의 손에 암살당한 뒤 평화는 공고해졌고, 전쟁의 함성은 학생들이 벌이는 축구 경기의 승리를 축하하는 일상적인 함성으로 바뀌었다. 하지만, 전쟁을 위해 결혼 반지까지 바쳤던 내 부모는 오기가 생겨 그런 사실을 결코 순순히 수용하지 않았다.

내가 기억하고 있는 바에 따르면, 유랑 아코디언 악사들의 연주와 노래에 매혹되었던 그 당시 몇 년 동안 음악에 대한 나의 자질이 발현되었다. 나는 그 노래들 가운데 몇 개를 부를 줄 알았다. 외갓집 부엌일을 하는 여자들 역시 숨어서 그 노래들을 불렀다. 외할머니가 그것들을 상스러운 노래라 여겼기 때문이다. 그래도, 살아 있다는 걸 느끼기 위해 노래하는 데 안달이 나 있던 나는 당시 전 세계의 반을 휩쓸었던 까를로스 가르델의 탱고에 푹 빠져버렸다. 까를로스 가르델처럼 옷을 입고, 펠트 모자를 쓰고, 비단 스카프를 둘렀으며, 누가 한 곡 부르라고 살짝 청하기 무섭게 목청껏 탱고 한 곡을 뽑아냈다. 어느 날 아침 마마 이모가 나를 깨우더니 불행한 소식을 전했다. 메데인에서 비행기 두 대가 충돌하는 바람에 까를로스 가르델이 사망했다는 것이다. 그에 앞서 몇 개월 전 나는 순수 보고타 출신으로, 사범학교 교사이자 까따까에서 거행된 모든 자선 디너파티와 애국적 기념식 행사장의 스타였던 에체베리 가 자매들이 참석한 자선 디너파티에서 「내리막길로」라는 탱고를 부른 적이 있었다. 노래를 어찌나 특출하게 했던지 외할머니가 거부하던 아코디언 대신 피아노를 배우고 싶다고 어머니에게 말했을 때 어머니는 감히 반대를 하지 못했다.

바로 그날 밤 어머니는 나를 에체베리 자매에게 데려가 내게 노래를 가르쳐 달라고 부탁했다. 어머니와 아가씨들이 대화를 나누는 사이 나는 거실 다른 쪽 끝에서 주인 잃은 개처럼 애타게 피아노를 바라보고 있었다. 내 다리가 피아노 페달에 닿을 수 있는지, 내 엄지손가락과 새끼손가락이 특이한 음정들까지 연주할 수 있을 것인지, 오선지 위에 있는 상형 문자들을 해석할 수 있을 것인지 가늠해 보고 있었다. 두 시간 동안이나마 아름다운 희망을 갖게 해 준 방문이었다. 하지만 결국 아무 소용이 없었다. 대화를 끝맺을 무렵, 그 여선생들이 피아노가 고장 났는데 언제 다시 사용할 수 있을지 모르겠다고 말했던 것이다. 내가 노래를 배운다는 계획은 1년에 한 번씩 찾아오는 피아노 조율사가 올 때까지로 연기되었다. 그러나 어머니는 반평생이 지난 어느 날 우연히 대화를 나누면서, 당시 피아노를 배우지 못해 내 마음이 아팠다는 얘기를 어머니에게 함으로써 어머니의 기억을 상기시켰을 때까지, 그 계획에 관해서는 다시 언급하지 않았다. 어머니가 한숨을 내쉬었다.

"더 마음 아픈 건, 피아노가 실제로 고장 난 게 아니었다는 거야."

당신이 쁘레센따시온 학교에서 5년 동안 성과 없는 피아노 연습을 하면서 받은 고통을 내가 피할 수 있도록 피아노가 고장 났다는 핑계를 대기로 여선생들과 미리 짜 놓았다는 사실을 나는 그때 비로소 알게 되었다. 나에게 위안이 되었던 것은 그 당시 몇 년 사이 까따까에 몬테소리 학교가 문을 열었다는 것이다. 그 학교 여교사들이 실제적인 연습을 통해 오감을 자극시키고, 노래하는 법을 가르쳐 주었다. 교장 로사 엘레나 페르구쏜의 재능과 미모 덕분에 공부를 한다는 것은 살아 있다는 즐거움처럼 멋지고 즐거운 것이었다. 당시 나는 내 후각 능력이 대단하다는 사실을 인정하게 되었다. 향수 어린 과거를 회상하는 내 후각 능력은 실로 대단하다. 미각에 관한 한, 술들이 창문 맛이고, 묵은 빵들이 트렁크 맛이며, 시럽이 가톨릭 미사 맛이라고 느낀 적이 있을 정도로 미각을 단련시켰다. 이처럼 주관적인 쾌락을 이해하는 것은 이론상 어려운 일이나 그런 쾌락을 경험한 적이 있는 사람들은 즉시 이해할 것이다.

어린이들로 하여금 세상의 아름다운 것들에 대한 감각을 예민하게 만들고 삶의 비밀들에 관한 호기심을 자극하도록 하는 데는 몬테소리식 방법보다 더 나은 것이 있을 거라 생각하지 않는다. 이 방법은 독립심과 개인주의를 조장한다는 이유로 비난받아 왔는데, 당시 내 안에는 독립심과 개인주의가 확실히 있었던 것 같다. 반면에, 나는 나누기나 제곱근 구하는 법은 결코 배우지 못했고, 추상적인 관념들도 제대로 이해하지 못했다. 아주 어렸을 때의 일이기 때문에 내가 기억하는 급우는 둘밖에 없었다. 한 친구는 후아니따 멘도사라는 여자애였다. 일곱 살 때, 개학한 지 얼마 되지 않아 티푸스로 죽었는데, 어찌나 충격을 받았는지 머리에 관을 쓰고 얼굴을 면사포로 가린 채 관 속에 누워 있던 그애의 모습을 절대로 잊을 수 없었다. 다른 친구는 기예르모 발렌시아 압달라였다. 첫 번째 휴식 시간부터 친구로 지내 온 그는 현재 월요일 아침의 내 숙취를 완벽하게 해소시켜 주는 의사다.

여동생 마르곳은 그 학교에서 아주 불행한 시절을 보냈을 것이다. 물론, 마르곳 자신이 내게 그런 얘기를 한 적이 있는지는 기억할 수 없다. 마르곳은 마지막 수업이 끝났음을 알리는 종소리가 울릴 때까지 초점 잃은 멍한 눈동자를 고정시킨 채 아무 말 없이 자리에만 앉아 있었다. 쉬는 시간조차도 그런 식이었다. 나는 당시만 해도, 마르곳이 텅 빈 교실에 홀로 앉아 앞치마 호주머니에 감춰 온 집 정원의 흙을 씹었다는 사실을 알지 못했다.

나는 글 읽는 법을 배우는 데 무척 애를 먹었다. m자를 '에메'라 읽어야 하는데도 m 다음에 a라는 모음이 붙으면 '에메아'로 읽지 않고 '마'라고 읽는 것이 논리적이지 않아 보였다. 나는 그런 식으로 읽는 게 불가능했다. 마침내 내가 몬테소리 학교에 갔을 때, 여선생님은 자음들의 이름이 아니라 그 대표 소리를 가르쳐 주었다. 그렇게 해서 나는 집 창고 속 먼지 잔뜩 끼어 있는 커다란 궤짝 안에서 발견한 책을 처음으로 읽을 수 있었다. 제본이 풀려 너덜거렸으며 일부가 떨어져 나가고 없는 책이었으나, 내가 독서에 어찌나 몰두하고 있었던지 사라의 애인이 내 옆을 지나가다가 무시무시한 예언을 터뜨렸다. "어쭈! 이놈 작가 되겠네."

글을 써서 먹고살던 그의 말은 내게 깊은 인상을 남겼다. 몇 년이 지난 뒤에야 나는 당시 읽고 있던 책이 『천일야화』였다는 사실을 알게 되었다. 내가 가장 좋아했던 동화는(내가 읽은 것들 가운데서 가장 짧고 가장 단순한 것들 가운데 하나다.) 내 나머지 삶 동안 여전히 가장 좋은 것으로 여겨졌다. 물론, 그 동화를 읽은 곳이 그곳이었는지 내 자신도 확신할 수 없고, 내게 무언가 확실한 것을 말해 줄 수 있는 사람은 아무도 없다. 동화의 내용은 다음과 같다. 어부 하나가 이웃집 여자에게 그물에 매달 납 봉돌 하나를 빌려 달라면서 첫 번째로 낚은 고기를 주겠노라고 약속했다. 여자가 고기를 튀기려고 배를 가르자 뱃속에 편도만 한 다이아몬드가 들어 있었다.

나는 항상 페루와 콜롬비아가 벌인 전쟁과 까따까의 쇠퇴를 연관시켰다. 평화가 선언되자 불확실성의 미로에 빠져버린 아버지가 결국 가족을 자기 고향 신세로 이주시켜 버렸기 때문이다. 아버지의 탐구적인 여행에 동참한 루이스 엔리께와 나에게 그 여행은 삶의 새로운 학교였다. 우리가 살던 곳과 그곳이 각기 다른 행성처럼 느껴질 정도로 그곳 문화는 우리 문화와 판이하게 달랐다. 아버지는 그곳에 도착한 다음날부터 우리를 근처 농장으로 데려갔다. 거기서 당나귀 타는 법, 소 젖 짜는 법, 송아지 붙잡는 법, 메추라기 덫 놓는 법, 낚시질하는 법을 배우고, 수캐들이 암캐들과 서로 엉덩이를 붙이고 있는 이유를 이해하게 되었다. 루이스 엔리께는 외할머니 미나가 우리에게 금지했던 그 세계, 친할머니 아르헤미라가 신세에서 전혀 악의 없이 우리에게 소개해 주던 그 세계를 발견하는 데 항상 나보다 앞서 나갔다. 무수한 남녀 삼촌들, 각기 피부색이 다른 수많은 사촌들, 엄청나게 다양한 은어들을 구사하는 특이한 성을 가진 수많은 친척들은 처음에는 신기함보다 혼란 그 자체였다. 하지만 우리에게 혼란을 유발한 바로 그 점이 우리가 그들을 사랑하게 만드는 또 하나의 방법이라는 사실을 결국 이해하게 되었다. 전설적인 교사였던 아버지의 아버지 돈 가브리엘 마르띠네스는 그 마을에서 가장 맛좋고 크기로 유명한 망고가 열리는 거대한 망고나무들이 있는 자신의 마당에서 우리를 맞이했다. 할아버지는 일 년 수확이 시작될 무렵부터 나무에 열려 있는 망고를 매일같이 하나하나 세보고, 망고를 팔 때가 되면 손수 하나하나 따서 개당 1센따보라는 놀라운 가격에 팔았다. 할아버지는 과거 훌륭한 교사로서 자신이 기억하고 있던 바를 우리 형제에게 친절하게 들려준 뒤, 우리가 그 집을 떠날 때가 되자 가장 무성한 망고 나무에서 망고 하나를 따 주었다.

아버지는 그 여행이 가족의 통합에 반드시 필요한 중요 과정이라고 둘러댔으나, 우리는 마을에 도착한 뒤에야 마을 중앙 광장에 약국을 열겠다는 아버지의 비밀스러운 의도를 알아차렸다. 동생과 나는 루이스 가브리엘 메사 선생님의 학교에 등록했다. 우리는 거기서 더 많은 자유를 느끼고, 새로운 공동체에 무리 없이 통합되어 갔다. 마을에서 가장 좋은 길모퉁이에 위치한 커다란 2층 집을 임대했다. 발코니가 광장 쪽으로 나 있고, 썰렁한 침실들에서는 유령처럼 모습을 감춘 알까라반‡ 한 마리가 밤새 불러 대는 노래를 들을 수 있는 집이었다.

어머니와 여동생들이 행복한 항해를 시작하기 위한 모든 준비가 완료되었을 때 외할아버지 니꼴라스 마르케스가 세상을 떠났다는 전보가 도착했다. 암이 말기에 이르렀음을 암시하듯 갑자기 외할아버지 후두부에 이상이 생겼고, 식구들이 외할아버지를 화급하게 산따마르따로 옮기자마자 그런 일이 생겼던 것이다. 우리 형제들 가운데 외할아버지가 운명하는 순간을 지킨 사람은 태어난 지 6개월 된 동생 구스따보뿐이었다. 구스따보가 외할아버지와 작별할 수 있도록 누군가 구스

‡ 목이 길고 꼬리가 짧고 배가 하얗고 날개가 희고 검으며 몸이 붉은 섭금류 새다.

따보를 외할아버지 침대에 올려놓았다. 외할아버지는 작별 인사로 갓 난 외손자를 쓰다듬어 주었다. 내가 외할아버지의 갑작스러운 죽음의 의미를 제대로 이해하기까지는 몇 년의 세월이 필요했다.

　어찌 되었든, 아버지의 자식들뿐만 아니라 외할머니 미나, 그리고 이미 병이 들어 있던 마마 이모까지 신세로 이사했다. 외할머니와 마마 이모는 빠 이모가 잘 보살펴 주었다. 하지만 새로운 것에 대한 즐거움도 잠시, 우리의 계획은 실패하고 말았다. 1년이 채 되지 않아 우리 모두는, 어머니가 대책 없는 상황에 처했을 때 하는 말마따나, '모자를 털면서' 까따까의 옛집으로 돌아왔다. 아버지는 네 번째 약국 개설 방법을 연구하느라 바랑끼야에 머물러 있었다.

　그 어려운 시기 까따까의 집에 대해 내가 마지막으로 기억하고 있는 것은 외할아버지의 옷가지들을 태우기 위해 마당에 피운 화톳불에 관한 것이다. 대령이 전쟁에서 입던 리낄리끼와 민병대 대령이 입는 하얀 리넨 제복들은 불에 타는 순간에도, 마치 대령이 살아서 그 옷들을 입고 있는 것처럼, 대령의 모습과 닮아 있었다. 무엇보다도, 멀리서도 대령임을 가장 잘 알아차릴 수 있는 표시였던 여러 가지 색깔의 수많은 면직 모자들이 더 그랬다. 불타고 있던 모자들 가운데서 누군가 실수로 불에 던져 버린 내 체크무늬 모자가 눈에 띄었다. 그 순간 유물을 불태우는 그런 의식을 통해 나도 외할아버지의 죽음에 참여하게 되었다는 생각이 들었고 몸이 벌벌 떨렸다. 그 장면은 지금도 생생하다. 나의 어떤 것은 외할아버지와 함께 죽어 버렸다. 하지만, 확실한 것은 그 순간 나는 이미 글쓰는 법을 배우기만 하면 되는 초등학생 작가였다는 사실이다.

　어머니와 내가 애초의 계획을 성사하지 못하고 집을 나섰을 때, 내게 계속해서 살아갈 수 있는 활력을 불어넣어 준 마음 상태는 외할아버지 유품을 태우던 당시의 내 마음 상태와 같았다. 돌아가는 기차가 언제 도착할지 모르는 상황이라 그 외 사람들에게 안부 인사를 할 생각조차 하지 못한 채 서둘러 역으로 갔다. 어머니는 다시는 돌아오지 않겠다는 말을 하고 싶었겠지만, 당시 머리에 떠오른 유일한 완곡어법을 사용해 "다음에 시간을 좀 더 넉넉하게 잡고 찾아뵈리다."라고 말했다. 한편, 나는 오후 3시의 천둥소리를 평생 그리워하게 될 것임을 예감하고 있었다.

우리는 아무도 없는 역에 유령처럼 앉아 있었다. 내가 어렸을 때는 이삼십 명의 직원들이 바쁘게 움직이며 하던 일을 가슴받이 달린 작업복을 입은 역무원 하나가 혼자 처리하고 있었다. 인정사정없는 더위였다. 철로 건너편으로 바나나 회사가 건설한 금지된 도시의 잔해들과 빨간 기와 지붕은 온데간데없이 벽체만 남아 있는 옛 저택들, 잡초 사이에 시들어 있는 야자나무들과 병원 잔해가 보였다. 산책로 맨 끝으로 늙은 편도 나무 사이에 버려져 있는 몬테소리 학교와 융성기의 흔적이라고는 눈 씻고 찾아봐도 보이지 않는 역사 앞 작은 돌벽돌 광장이 보였다.

사물들 하나하나를 바라보기만 하는데도 죽지 않기 위해서는 글을 써야 한다는 거부할 수 없는 조바심이 일었다. 그런 조바심은 예전에도 몇 번 느낀 적이 있었다. 하지만 그날 오전에는 유독 '조바심'이라는 단어가 생각났다. 모든 것을 닥치는 대로 파괴하면서 시간이 되면 스스로 소멸해 버리는, 증오스럽지만 아주 존재감 있는 그 단어가 내 영감의 위기로 느껴졌다. 어머니와 내가 무슨 얘기를 더 했는지는 기억나지 않는다. 돌아오는 기차 안에서조차도 별 얘기를 하지 않았던 것 같다. 월요일 새벽 잔잔한 늪지대의 상큼한 바람이 불어오고 있을 때 우리는 배 안에 있었다. 내가 깨어 있음을 안 어머니가 내게 물었다.
"무슨 생각을 하고 있니?"
"글을 쓰고 있어요." 이렇게 대답한 나는 재빨리 태도를 바꿔 사근사근한 말투로 덧붙였다. "그러니까, 사무실에 도착해서 쓸 글에 대해 생각하고 있다는 말이에요."
"아버지가 상심해 돌아가신다 해도 두렵지 않겠니?"
나는 투우사가 가빠천을 펴 든 채 소를 기다리듯 오랫동안 대답을 회피했다.
"그동안 아버지를 돌아가시게 할 만한 이유들은 수없이 많았잖아요. 그에 비하면 이건 덜 심각한 거예요."
첫 번째 소설을 쓰느라 진이 빠진 상태였고, 운이 따를지 안 따를지도 모를 다른 형태의 픽션들을 쓰겠다고 작정한 뒤라, 두 번째 소설을 쓰는 모험을 감행하기에는 썩 적절한 시기가 아니었으나, 나는 그날 밤 전쟁터에서 하는 맹세처럼 스스로에게 소설 쓰기를 강요했다. 소설을 쓸 것인가 죽을 것인가. 내 마음은 릴케가 말했듯이, "글을 쓰지 않고도 살 수 있을 거라 믿는다면, 글을 쓰지 말라."고 종용하고 있었다.
우리를 여객선 부두까지 데려다 준 택시 안에서 본 나의 옛 도시 바랑끼야는 그 우연스러운 2월의 새벽 빛 안에서 낯설고 서글프게 다가왔다. 여객선 '엘리네 메르세데스'호 선장은 우리 가족이 10년 전부터 살고 있는 수끄레 마을까지 어머니를 모셔다 드리라고 내게 권유했다. 하지만 그럴 마음이 전혀 없었다. 어머니에게 작별 키스를 하자 내 두 눈을 빤히 쳐다보던 어머니가 전날 오후 이래 처음으로 미소를 머금더니 예의 그 신랄한 질문을 던졌다.

"그래, 네 아버지에게 뭐라 전하리?"

나는 아주 솔직하고 진지하게 대답했다.

"제가 아버지를 무척 사랑하고, 아버지 덕분에 작가가 되려 한다고 말씀해 주세요." 그리고 나서는 일말의 동정심도 드러내지 않은 채 단호하게 말했다. "반드시 작가가 될 거예요."

그런 말을 하는 것은 때로는 장난이었고 때로는 진심인 적도 있었지만, 그날처럼 그렇게 확고한 마음으로 말한 적은 결코 없었다. 나는 뱃전에서 어머니가 천천히 손을 흔들며 행하고 있던 작별 인사에 답하면서 부두에 서 있었다. 어머니가 탄 배는 부스러기 같은 배들 사이로 사라져 갔다. 나는 내 내장을 갉아먹고 있던 조바심 때문에 흥분한 상태로 서둘러《엘 에랄도》사무실로 갔고, 어머니가 내뱉었던 문장으로 시작되는 새로운 소설을 숨도 제대로 고르지 않은 채 써 내려가기 시작했다. "집을 팔려고 하는데 함께 가 줬으면 좋겠구나."

그 당시 나의 글쓰기 방법은 전업 작가가 된 뒤 채택한 것과 달랐다. 당시나 지금이나 엄지로만 타이핑 하는 것은 여전하고, 각 단락이 마음에 들 때까지 끊지 않는 것에도 변함이 없다. 하지만 당시에는 머릿속에 갑자기 떠오르는 거칠고 덜 익은 것들을, 마음에 들건 안 들건, 모조리 계속해서 쏟아 내곤 했다. 지금 생각해 보면, 종이의 규격 때문에 그런 방식을 취할 수밖에 없었는데, 동그란 통에 감겨 있는 용지를 인쇄를 위해 길게 자른 것으로, 그 길이가 5미터는 족히 되었다. 따라서, 글을 쓰고 있노라면 파피루스처럼 길고 넓은 원고지가 타자기에서 폭포처럼 쏟아져 내려 작업실 바닥에 쫙 펼쳐졌다. 편집장은 원고를 사절지 수나 단어 수, 또는 글자 수로 계산하지 않고, 종이 길이를 센티미터 단위로 계산했다. '1미터 반짜리 기사'라고 말하는 식이었다.

중견 작가가 되었을 때 이런 원고지 형태가 다시 그리워졌는데, 그 원고지가 컴퓨터 화면과 같다는 사실은 나중에야 깨달았다.

소설을 써야 한다는 충동이 어찌나 강했던지 시간 감각을 상실하고 말았다. 오전 10시까지는 1미터가 넘는 원고지를 채워야 했는데, 알폰소 푸엔마요르가 갑자기 사무실 문을 열더니 마치 화장실 문과 사무실 문을 혼동했다는 듯, 문에서 열쇠를 채 빼지도 않은 채 돌처럼 서 있었다. 마침내 그는 사무실에 있는 사람이 나라는 사실을 알아차렸다.

"이봐요, 여기서 이 시각까지 뭔 짓을 하고 있는 거요!" 그는 깜짝 놀라며 내게 말했다.

"내 삶에 관한 소설을 쓰고 있는 중인데요."

"또? 그래, 당신은 고양이보다 더 여러 번 사니까."[+] 알폰소가 냉소적인 어투로 말했다.

"예전 것과 같은 거지만 형식은 다릅니다." 나는 쓸데없는 설명을 하지 않으려고 이렇게 말했다.

첫 인사를 나눌 때부터 말을 내리다가도, 부부처럼 서로 깊은 신뢰가 형성되었을 때만 말을 올리는 콜롬비아의 특이한 관습 때문에 우리는 서로 말을 내리지 않고 있었다.[++] 그가 고물 가방에서 책과 종이들을 꺼내더니 책상에 올려놓았다. 그사이 그는 내가 여행하면서 겪은 특이한 이야기와 함께 그에게 전달하려 애쓰고 있던 감정의 큰 변화를

[+] 고양이는 여러 번의 삶을 산다는 속설이 있다.
[++] 에스파냐어의 2인칭 대명사는 '뚜'와 '우스뗏'인데, 말을 내리는 경우 뚜를 사용하고, 말을 올리는 경우, 우스뗏을 사용한다. 여기에는 친밀도, 지역, 계층, 관습 등 여러 가지 사회 문화적 요인들이 반영되어 있다. 하지만 에스파냐어에 존재하는 이런 차이는 우리말의 경우와 완연히 다르기 때문에 주의를 요한다. 알폰소가 가브리엘보다 열 살이나 많고 아주 친숙한 사이기 때문에 '자네'라고 번역해야 마땅하나, 편의상 '당신'이라 번역했다.

예의 그 강한 호기심을 발산하며 듣고 있었다. 결국, 나는 지금도 제대로 설명할 수 없는 사실을 절대 고칠 수 없는 한 문장으로 요약해서 말하는 불행한 일을 회피할 수 없었다.
"이건 내 삶에서 가장 거대한 겁니다."
"최종적인 것이 아니어서 그나마 다행이군." 알폰소가 대꾸했다.
알폰소 역시 어떤 생각을 먼저 합당한 크기로 줄여야만 제대로 이해할 수 있었기 때문에 얼떨결에 그렇게 짧게 말해 버렸던 것이다. 그럼에도 불구하고 경험상으로 나는 어떤 확신 같은 것을 하게 되었다. 여행에 대한 내 감정은 내가 기대했던 것만큼 알폰소를 움직이지는 못했으나, 그의 호기심을 자극하기에는 충분했다. 역시 그랬다. 그는 그 다음날부터 우연을 가장해 나를 찾으며, 내 글쓰기 과정에 관해 아주 명쾌한 질문들을 퍼붓기 시작했는데, 그가 단순히 얼굴 표정 하나를 바꾸어도, 내가 무언가를 수정해야 할 것 같다는 생각을 하도록 만들기에 충분했다.
알폰소가 그날 아침 《끄로니까》의 창간호 사설을 써야 했기 때문에, 나는 책상을 비워 주기 위해 내 원고들을 정리하기 시작했다. 하지만 그가 가져온 소식이 나를 즐겁게 했다. 다음 주에 발간 예정이던 창간호는 인쇄용지가 충분히 공급되지 않아 다섯 번째로 연기되었다는 것이다. 알폰소는 "첫 번째 기사를 3주 안에 보게 되어 다행이군"이라고 말했다.
소설이란, 쓰는 사람 마음대로 되는 것이 아니라 소설이 원하는 방식으로 흘러간다. 하지만 당시 나는 이런 것을 알기에는 애송이였기 때문에, 우연히 얻어진 연장된 시간 안에 첫 부분을 충분히 마무리할 수 있을 거라 생각했다. 그렇게 서두르다 보니, 6개월 뒤 마라톤 같았던 작업의 마지막 직선 코스를 달리고 있을 때, 나는 독자들이 내 얘기를 제대로 이해할 첫 부분 10쪽을 완전히 다시 써야 했다. 하지만 그 부분이 잘 되었다는 생각은 여전히 들지 않는다. 알폰소는 잡지 창간이 연기된 것을 애석해하는 대신 윗도리를 벗고 책상에 앉아 당시 우리에게 도착해 있던 국립 언어연구원의 최신판 사전을 교정하는 작업을 계속해야 했기 때문에, 잡지 창간 연기는 알폰소에게도 한숨 돌릴 기회를 제공했다. 영어사전에서 우연히 발견한 오류 하나에 대한 수정 사항을 문서화하여 런던의 사전 편집자들에게 보내는 것이 그가 좋아하는 일이었다. 무슨 보상 같은 것을 바라지는 않았고, 그저 우리가 사용하는 농담 가운데 한 마디를 적어 보낼 뿐이었다. "마침내 영국이 우리 콜롬비아 사람들에게 빚 한 가지를 지는군요." 영국의 사전 편집자들은 아주 친절한 어투로 자신들이 그 오류를 인식하고 있는 바, 앞으로도 계속해서 협조해 달라고 요청하는 답신을 보내왔다. 알폰소는 몇 년 동안 그 일을 하면서 같은 사전에서 다른 오류들을 발견했을 뿐만 아니라 다양한 언어 사전들에서도 오류를 발견했다. 사전 편집자들과의 관계가 끝났을 때, 알폰소는 이미 에스파냐어, 영어 또는 프랑스어 사전들이 지닌 오류를 수정하는 외로운 악습을 지니게 되었고, 사무실 앞에서 누군가를 기다리는 시간이나 버스를 기다리는 시간, 살아가면서 무수하게 줄을 서서 기다리는 시간이면 언제든 언어의 잡초 덤불 속에서 문자상의 오류를 사냥하는 세밀한 작업에 푹 빠져들었다.

 오후 2시의 무더위는 참을 수 없을 정도였다. 두 사람이 피워 대는 담배 연기는 사무실에 단 두 개밖에 없는 창문을 통해 들어오는 희미한 빛마저 흐릿하게 만들었으나, 그 누구도 사무실에 환풍기 다는 작업을 하지 않았다. 아마도 뿜어져 나온 담배 연기를 죽을 때까지 다시 들이마시고 싶어하는 2차 중독 때문이었을 것이다. 더위는 다른 문제였다. 나는 그늘 밑에만 있을 수 있다면 섭씨 30도까지는 무시할 수 있는 천운을 타고난 사람이다. 반면 알폰소는 더위가 압박해 옴에 따라 옷을 하나하나 벗기 시작했는데, 넥타이를 풀고 와이셔츠를 벗더니 급기야 런닝셔츠까지 벗어 버렸다. 그가 땀을 뻘뻘 흘리며 소진해 가는 사이 옷이 말라, 해가 질 무렵이면 아침에 입고 나올 때처럼 반반하고 고슬고슬한 옷을 다시 입을 수 있는 장점은 있었다. 그가 항상 하얀 리넨 와이셔츠 차림에 넥타이를 매고, 인디오 특유의 뻣뻣한 머리 정 중앙으로 가지런히 가르마를 탄 채 어느 곳에든 나타날 수 있는 비결이 바로 거기에 있었다. 이렇듯 오후 1시가 되어 원기를 회복하는 단잠에서 막 깨어난 것처럼 상큼한 얼굴로 화장실에서 걸어 나올 때면 그처럼 단정한 모습이 되어 있었다. 그는 내 곁을 지나가면서 물었다.

"점심 식사 하러 갈까요?"

"배고프지 않은데요, 선생님."

우리끼리의 의사소통 코드에서 그 말은 직접적인 대답인 셈이었다. 만약 내가 그렇게 하겠다고 대답한다면, 그것은 아마도 내가 이틀 동안 빵과 물밖에 섭취하지 못해 지독한 영양 결핍 상태에 처해 있다는 것을 의미했고, 그런 경우라면 군말 없이 그를 따라가, 점심을 얻어먹는 것으로 정리가 될 것이 분명했기 때문이다. 배가 고프지 않다는 대답은 많은 것을 의미할 수도 있었지만, 점심 식사는 아무래도 상관없다는 나의 말하기 방식이었다. 우리는, 항상 그렇듯, 오후에는 문도 서점에서 만나는 걸로 약속되어 있었다.

정오가 조금 지났을 무렵 영화감독처럼 보이는 젊은이가 찾아왔다.

짙은 금발에 야외 생활을 많이 한 탓인지 피부가 거칠었고, 신비로운 파란 눈에 하모늄처럼 부드러운 음성을 지니고 있었다. 우리가 창간이 임박한 잡지에 관해 얘기하는 사이, 청년은 대단한 솜씨로 연필을 여섯 번 휘두르더니, 책상 덮개에 사나운 황소 윤곽을 그려 냈다. 그리고 푸엔마요르에게 보내는 메시지를 첨부하고 서명한 후, 연필을 탁자에 휙 내던지고 문을 쾅 닫으며 나갔다. 나는 글을 쓰는 데 정신이 팔려 있었기 때문에 그의 서명을 미처 보지 못했다. 그렇듯, 나는 그날의 나머지 시간 동안 식음을 전폐한 채 글을 썼고, 오후 햇빛이 사라질 즈음 새로운 소설 첫 부분의 스케치를 마쳤다. 그리고 일 년도 더 넘게 희망 없이 써왔던 것과는 다른 하나의 길을 마침내 발견했다는 확신으로 행복해하면서 어둠 속을 더듬거리며 사무실 문을 나섰다.

그날 밤에서야 나는 오후에 찾아왔던 사람이 바로, 수시로 유럽을 드나들다가 최근 귀국한 화가 알레한드로 오브레곤이라는 사실을 알았다. 이미 콜롬비아의 위대한 화가들 반열에 들었던 그는 《끄로니까》를 진수시키는 데 참여하기 위해 예정보다 일찍 귀국한 터였다. 나는 바리오 아바호 동네 한가운데 루스 골목길에 있는 이름 없는 술집에서 친구들과 함께 있는 그를 만났다. 알폰소 푸엔마요르는 그레이엄 그린의 근작 소설 제목이었던 『제3의 사나이』, 즉 '엘 떼르세르 옴브레'를 술집 이름으로 붙여 주었다. 알레한드로 오브레곤이 귀국할 때마다 항상 역사적인 사건이 벌어졌는데, 그날 밤의 귀환은 주인의 명령에 사람처럼 복종하는 귀뚜라미 쇼로 절정을 이루었다. 다리 둘로 버티고 선 귀뚜라미가 날개를 펼치더니, 귀뚤귀뚤 리드미컬하게 노래를 부르고, 관객들의 박수 소리에 연극배우처럼 인사를 하며 고마움을 표했다. 그때, 박수갈채에 취해 있는 조련사 앞에서 오브레곤이 두 손가락으로 귀뚜라미 날개를 잡아 들더니 놀랍게도 귀뚜라미를 산 채로 입속에 집어넣어 맛있게 씹어 먹는 것이 아닌가. 관객들이 온갖 방법으로 알랑거리고 갖가지 선물을 주었건만 조련사의 상한 마음을 달래기는 쉽지 않았다. 나중에서야 나는, 오브레곤이 관객들 앞에서 귀뚜라미를 산 채로 씹어 먹은 것은 비단 그때만이 아니었으며, 또한 마지막도 아닐 것이라는 사실을 알게 되었다.

그때 나는 그 여섯 친구들에게 그렇게 흠뻑 빠져 있었다. 평생 그 도시에, 그리고 국내 언론계와 지식인계에 바랑끼야 그룹으로 알려지기 시작하던 친구들이었다. 그 멤버들은 1924년부터, 에스빠사 백과사전에 수록된 까딸루냐 출신의 전설적인 극작가이자 서점 주인인 돈 라몬 비녜스의 지도를 받아가며, 그 도시의 문화적 삶을 일정 부분 선도하고 있는 젊은 작가, 혹은 예술가들이었다.

나는 《엘 우니베르살》 신문의 편집장 끌레멘떼 마누엘 사발라의 긴급 추천으로 그 신문에 생전 처음으로 사설들을 쓰게 되었다. 그러면서 당시까지 살던 까르따헤나를 떠났던 그전 해 9월부터 그들과 친분을 유지하고 있었다. 그 친구들과 나는 온갖 것들에 관해 이야기하면서 하룻밤을 보냈다. 책에 관해 얘기하고 문학적 농담들을 주고받으면서 아주 열띠고 진지한 대화를 나누었고, 결국 그들과 함께 작업을 하게 되었다. 초기 멤버들 가운데 셋은 독립성과 각자의 일에 대한 자질면에서 유독 뛰어났다. 헤르만 바르가스, 알폰소 푸엔마요르, 그리고 알바로 세뻬다 사무디오가 바로 그들이었다. 서로 공통점이 너무 많아 사람들은 형제 같다고 비아냥거렸으나, 우리는 서로 많이 달랐다. 각자가 지닌 독립성과 거부할 수 없는 직업적 재능, 과감하게 길을 개척해 나가는 창조적 결단력, 그리고 항상 운이 따랐던 것은 아니지만 각자 자기 방식대로 문제를 해결해 내는 내성적인 성격 때문에 사람들은 우리를 썩 좋아하지 않았다.

알폰소 푸엔마요르는 스물여덟 살의 뛰어난 작가였다. 셰익스피어의 가명인 '퍽(Puck)'을 필명으로《엘 에랄도》에 시사 칼럼 '아이레 델 디아'를 오랫동안 쓰고 있는 언론인이었다. 형식에 얽매이지 않는 그의 태도와 유머 감각에 익숙해지면 익숙해질수록, 우리는 온갖 문학 작품을 네 가지 언어로 읽을 수 있는 그의 능력에 대해 의아해할 뿐이었다. 거의 쉰 살이 다 된 그가 생애 마지막으로 반드시 체험해 보고 싶어했던 것은 운전이었다. 그는 모든 사람들에게 초래할 위험을 감수해 가며 거대한 고물 자동차를 시속 20킬로미터로 운전했다. 그의 절친한 친구이자 현명하고 해박한 독자인 택시 운전사들은 멀리서도 그를 알아보고는 그가 운전해 갈 수 있도록 늘 길을 비워 두었다.

석간 신문《엘 나시오날》의 칼럼을 쓰는 헤르만 바르가스 깐띠요는 적확하고 신랄한 문학 비평가였다. 독자로 하여금, 그가 사물들에 관해 이야기하고 있기 때문에 바로 그 사물들이 작용한다고 믿게 할 수 있을 만한, 독자의 성향에 딱 들어맞는 산문 하나를 썼다. 가장 뛰어난 라디오 진행자들 가운데 하나였고, 의심할 바 없이, 새로운 직업들이 생기던 그 호시절에 학벌이 가장 좋은 사람이었으며, 내가 되고 싶은 천부적 취재 기자의 보기 드문 예이기도 했다. 금발에 통뼈였으며, 위험스러울 정도로 파란 눈을 지닌 그가 도대체 어느 시간에 가치 있는 책이라면 모조리, 그토록 정확히 읽어 대는지 이해한다는 것은 도저히 불가능했다. 그는 어렸을 때부터, 잊혀진 쁘로빈시아의 후미진 구석들에 숨어 있는 문학적 가치들을 발견해 대중 앞에 펼쳐 놓아야 한다는 강박 관념에서 단 한순간도 벗어나지 못했다. 우리는 그가 운전하면서 책을 읽고 싶은 유혹을 거부하지 못할까 봐 두려워했는데, 운전을 배우지 못함으로써 그 산만한 군중 틈에서 운전하지 않게 된 것은 천만다행이었다.

한편, 알바로 세뻬다 사무디오는 자동차에서뿐만 아니라 문학에서도 이루 말할 수 없을 정도로 현란한 운전수였다. 일단 글을 쓰려고 앉았다 하면 훌륭한 단편 작가이자 영화 평론의 대가였으며, 의심할 바 없이 가장 교양 있고, 과감한 논쟁을 유발하는 사람이었다. 거친 피부에 나선처럼 구불구불 흐트러진 아름다운 머리칼, 그리고 솔직한 속내를 숨기지 않는, 이글이글 타오르는 눈 때문에 시에나가 그란데의 집시처럼 보였다. 그가 좋아하는 신발은 가장 싼 천으로 만든 샌들이었고, 거의 항상 꺼져 있는 커다란 여송연을 입에 물고 있었다. 기자로는 처음으로 《엘 나시오날》에 글을 썼고, 자신의 첫 번째 단편소설을 출간했다. 그해에는 컬럼비아 대학에서 고급 저널리즘 과정을 마치느라 뉴욕에 있었다.

그룹에 간헐적으로 참석하던 멤버로, 돈 라몬과 더불어 가장 두드러졌던 인사는 알폰소의 아버지 호세 펠릭스 푸엔마요르였다. 역사에 길이 남을 만한 기자이자 가장 위대한 작가들 가운데 하나인 그는 1910년에 『열대의 뮤즈들』이라는 시집을 출간했고, 1927년에는 『꼬스메』라는 소설을, 1928년에는 『열네 현자의 서글픈 모험』이라는 소설을 출간했다. 그 어떤 책도 상업적인 성공을 거두지 못했으나 전문 비평가들은 항상 호세 펠릭스를 쁘로빈시아의 무성한 잎사귀에 둘러싸여 있는 가장 뛰어난 단편 작가들 가운데 하나로 인정했다.

어느 날 점심 무렵 하뻬 카페에서 그와 단둘이 처음 만났을 때까지 나는 그에 관한 얘기를 단 한 번도 들어 본 적이 없었지만, 그의 지식과 단순 명료한 대화에 그 즉시 현혹되고 말았다. 그는 천일전쟁에 참여한 베테랑으로 전쟁 당시 투옥되었다가 살아난 사람이었다. 비녜스로부터 교육을 받지는 않았으나, 그의 성향과 카리브 문화의 영향 때문에도 나에게 더 가까운 사람이었다. 내가 제일 좋아했던 것은 자신의 지식을 극히 쉽고 자연스럽게 전달할 줄 아는 특이한 능력이었다. 질 줄 모르는 이야기꾼에 삶의 스승이었던 그의 사고방식은 그때까지 내가 알고 있던 그 누구와도 달랐다. 알바로 세뻬다와 나는 가끔 그의 이야기를 들으며 몇 시간을 보냈다. 무엇보다도, 삶과 문학 사이의 근본적인 차이는 형식상의 단순한 오차라는 그의 기본 원칙이 우리를 사로잡았다. 어떤 지면이었는지는 잘 기억나지 않지만, 나중에 알바로는 기지가 번득이는 정확한 문장 하나를 써 냈다. "우리 모두는 호세 펠릭스로부터 나왔다."

우리 그룹은 파괴할 수 없을 정도로 공고했는데, 처음에는 그 실체를 파악하기 어려웠던 일종의 친화력에 의해, 마치 서로에 대해 중력 같은 것이 작용한 것처럼 자연스럽게 결성되었다. 서로 그토록 달라 보이는데 어떻게 항상 의견 일치를 보는지에 대해 사람들이 물을 때마다, 우리는 진실을 밝히지 않기 위해 아무렇게나 둘러대야 했다. 즉, 우리의 마음이 항상 맞는 것은 아니지만 각자가 지닌 이유를 서로 이해한다는 식이었다. 우리는 그룹 밖의 사람들에게는 아주 드세고, 자아 도취적이고, 무정부주의적인 집단이라는 인상을 주고 있었다. 무엇보다도, 각자가 지닌 정치적인 관점 때문에 그랬다. 알폰소는 정통 자유주의자로, 헤르만은 마지못해 자유롭게 생각하는 사람으로, 알바로는 애매한 무정부주의자로 보였으며, 나는 신빙성 없는 공산주의자이자 자살할 가능성이 농후한 사람으로 비쳤다. 그럼에도 우리가 지닌 큰 자산은, 가장 어려운 상태에 처했을 때에도 인내심을 잃을망정 유머 감각만은 절대 잃지 않았다는 것이었다.

별로 많지는 않았지만, 우리 사이에 존재했던 심각한 상이점에 관해 우리끼리 역시 토론을 했는데, 가끔씩은 위기감이 감돌 정도에까지 이르기도 했으나 토론을 마치고 테이블에서 일어나는 순간, 혹은 우리 그룹에 속하지 않은 친구라도 찾아올라치면 그냥 잊혀 버리는 일들이었다. 내 평생 가장 잊을 수 없는 교훈은 내가 그 도시에 도착한 지 얼마 되지 않은 어느 날 밤, 알바로와 내가 포크너에 관해 옥신각신 토론을 벌이던 술집 로스 알멘드로스에서 얻게 되었다. 당시 같은 테이블에 있던 증인이라고 해봤자 헤르만과 알폰소뿐이었다. 두 사람은 대리석처럼 침묵을 지키면서 우리의 논쟁을 방관하고 있었는데, 논쟁은 결국 그들이 그 침묵을 깨뜨릴 정도에까지 이르고 말았다. 어느 순간에 그랬는지는 잘 기억나지 않지만, 분노와 강술에 취한 나는 알바로에게 주먹으로 논쟁을 끝내 버리자고 제안했다. 그리하여 우리는 자리를 박차고 일어나 거리 한가운데로 뛰쳐나갔는데, 헤르만 바르가스가 별안간 냉정한 목소리로 내 평생 간직하게 될 교훈 하나를 말함으로써 우리의 논쟁을 중지시켰다.

"먼저 일어난 사람은 이미 진 거요."

그 당시, 우리 가운데 누구도 서른 살이 된 사람은 없었다.[‡] 만 스물세 살인 내가 그룹의 막내였는데, 그전 해 12월 그 도시에서 살게 된

[‡] 알폰소 푸엔마요르가 1917년생, 헤르만 바르가스가 1919년생, 알바로 세뻬다 사무디오가 1926년생, 가브리엘 가르시아 마르케스가 1927년이다. 가브리엘이 막내인 것은 맞지만, 당시 만 스물세 살이던 가브리엘보다 열 살 많은 알폰소가 서른 살을 넘지 않았다는 것은 가브리엘의 착각이거나 호적상의 문제일 수 있다.

이후 그들이 나를 그룹 멤버로 맞아들인 터였다. 하지만 돈 라몬 비녜스의 테이블에 둘러앉아 있을 때면, 우리 네 사람은 항상 함께 같은 이야기를 하고 모든 것을 조롱했다. 결국 우리는 마치 한 사람처럼 보이긴 했어도 각자의 입장이 다른 것에 전적으로 동의하면서, 믿음을 옹호하고 그것을 추구하는 사람들로서 행동했다.

우리가 우리 그룹의 일원이 될 수 있을 거라 생각한 유일한 여자는 시적 열정에 푹 빠져들기 시작한 메이라 델마르였으나, 우리는 악습으로 가득 찬 우리의 영역을 빠져나오는 드문 경우에만 그녀와 대화를 나누었다. 그 도시를 거쳐 가는 유명 작가들과 예술가들이 그녀의 집에 모여 행하는 야회(夜會)는 기억에 남는 것이었다. 어울린 지가 메이라 델마르보다 덜 되고 덜 자주 만나던 다른 여자 친구는, 까르따헤나에서 가끔 그 도시로 놀러오는 화가 세실리아 뽀라스였다. 그녀는 술꾼들의 카페와 타락한 사람들의 집에 여자들이 있는 것을 미심쩍은 눈으로 바라보는 관습에 관해서는 그다지 신경 쓰지 않는 여자였기 때문에 우리의 야간 관광에 동참하기도 했다.

그룹 멤버들은 당시 문학 모임의 중심지로 변해 있던 문도 서점에서 하루 두 번씩 만났다. 문도 서점은 시끌벅적하고 활기찬 저잣거리 산 블라스의 소음 속에 들어 있는 평화의 샘이었다. 오후 6시가 되면 산 블라스 거리부터 시작해 시내 중심지가 텅 비었다. 알폰소와 나는 《엘 에랄도》 편집국 옆 사무실에서 열심히 공부하는 학생들처럼 초저녁까지 글을 썼다. 알폰소는 분별력 있는 사설을, 나는 잡다한 기사를 썼다. 타자기를 바꿔가며 생각을 교환하고, 형용사들을 서로 빌리고 빌려주고, 정보들을 교환해 가며 서로 상의했기 때문에 어떤 경우에는 어떤 문장을 누가 썼는지 알기 어렵게 되기도 했다.

영감에 따라 행동하고, 가끔씩은 월요일 아침 식사까지 이어지던 금요일 밤들을 제외하면 우리의 일상적인 삶은 거의 항상 예측이 가능했다. 만약 숨어 있던 관심사가 우리 네 사람을 덮치는 경우, 우리는 언제 어디서 끝날지 모르는 무절제한 문학적 순례를 시작해 버렸다. 순례의 시작은 방탕한 공무원들과 그들보다 덜 무절제한 공무원들 외에도 동네 공예업자들, 자동차 정비공장 기술자들이 모이는 술집 뻬르 세르 옴브레에서였다. 술집에 모이는 사람들 가운데 가장 특이한 인물은 어떤 도둑이었다. 그는 늘 발레용 바지에 테니스 화를 신고, 야구 모자를 쓰고, 간단한 연장들이 들어 있는 작은 가방을 든 채, 즉, 근무 복장을 한 채 자정이 조금 못 미쳐 술집에 들어왔다. 누군가가 자기 집 물건을 훔치는 그의 사진을 찍은 뒤, 그를 아는 제보자가 나타날지도 모른다 생각하고는 신문에 실어 버렸다. 하지만 그가 받은 것이라고는, 불쌍한 좀도둑들에게 비열한 짓을 했다고 분노하는 독자들이 보낸 항의 편지들뿐이었다.

우리는 그 도둑이 아주 대단한 문학적 소양을 지닌 사람으로, 예술과 책에 관한 얘기를 할 때면 말실수를 하는 법이 없고, 우리가 술집에 있지 않을 때는 자신이 쓴 연애시를 손님들에게 낭송해 주는 수줍음 많은 시인이라는 사실을 알게 되었다. 자정이 지나면 그는, 그것이 마치 자기 직업이라는 듯, 부자 동네로 도둑질을 하러 갔고, 서너 시간이 지나면 돌아와 훔친 물건들에서 골라낸 이것저것을 우리에게 선물했다. "여자애들 갖다 주세요." 그는 우리에게 딸이 있는지는 묻지도 않고 그렇게 말했다. 마음에 드는 책이 있으면 우리에게 선물하기도 했는데, 가치가 있는 책이면 우리는 메이라 델마르가 관장하는 주(州)도서관에 기증했다.

그 순회 강좌 때문에 우리는, 새벽 5시 미사를 마치고 나오다, 술에 취해 새벽을 맞이한 사내들과 마주치지 않으려고 일부러 반대편 보도 쪽으로 길을 바꾸던 선량한 부인들 사이에서 좋지 않은 명성을 얻게 되었다. 하지만 사실, 밤에 흥청망청 퍼마시고 노는 우리의 술잔치보다 더 고귀하고 유용한 술잔치는 없었다. 그 사실을 곧바로 인식한 사람이 있었다면 그 사람은 바로 나였다. 친구들이 집창촌에서 존 더스 패서스[+]의 작품이나 데뽀르띠보 주니오르 축구팀이 실축한 골들에 관해 소리를 지르는 데 즐거운 마음으로 동참하고 있었기 때문이다. 그래서 '가또 네그로'의 귀여운 창녀들 가운데 하나는 우리가 밤새도록 밑도 끝도 없는 논쟁을 벌이는 데 짜증이 난 나머지 우리 곁을 지나가면서 소리를 질렀다.

"당신들이 그렇게 소리 지르는 것만큼만 씹을 해 줘도 우리 아가씨들은 금을 뒤집어쓰게 될 거요!"

우리는 '피구리따'[++]로 불리던 화가 오를란도 리베라가 역사에 길이 남을 벽화를 그리면서 몇 년 동안 산, 어느 이름 없는 성 매매 업소에 '새로운 태양'이 있는지 보기 위해 여러 차례 가 보았다. 오를란도 리베라보다 엉뚱한 짓을 더 많이 하는 사람은 기억나지 않는다. 미치광이 같은 눈빛에 염소 털 같은 수염을 기르고 있던 그는 고아처럼 친절한 사람이었다. 초등학교 시절부터 쿠바 사람이 되겠다는 터무니없는 생각에 사로잡혀, 결국은 실제 쿠바 사람보다 더 쿠바 사람답고 더 훌륭한 쿠바 사람이 되었다. 그는 쿠바 사람처럼 말하고 먹고, 그리고 입고 사랑하고 춤추며 살았으며 쿠바에는 가 보지도 못했으면서 쿠바

[+] 로스트 제너레이션을 대표하는 미국의 주요 소설가이다.
[++] 상(像), 위대한 인물, 영화나 연극의 주인공 등을 의미하는 '피구라'의 축소사다.

사람으로 죽었다.

그는 잠도 거의 안 잤다. 새벽녘에 찾아가면, 마리화나에 흠뻑 취한 그는 벽화보다 더 페인트 범벅이 된 몸으로 맘비스들‡ 말로 욕을 내뱉으며 비계에서 뛰어내렸다. 알폰소와 나는 그에게 기사와 동화들을 가져가 삽화를 그려 달라고 부탁했는데, 그가 그것들을 읽어 이해할 정도의 인내심이 없었기 때문에 우리가 내용을 얘기해 주어야 했다. 그는 자신이 믿고 있던 유일한 기법인, 만화적 기법으로 순식간에 삽화들을 그려냈다. 그는 거의 항상 자신의 삽화들을 흡족하게 생각했는데, 혹 마음에 들어하지 않는 삽화가 있을 때면 헤르만 바르가스는 그것이 다른 것들보다 훨씬 더 좋게 보인다고 말함으로써 그의 기분을 맞춰 주었다.

이것이 바로, 다른 도시와는 완전히 다르고, 무엇보다도 12월에서부터 3월까지 북쪽에서 불어오는 무역풍이 밤에 집 마당에 회오리바람을 일으켜 암탉들을 공중으로 날려 버리는 몇 차례의 돌풍을 동반함으로써, 지옥 같은 나날들을 보상해 주던 도시 바랑끼야의 모습이었다. 항구 주변에는 모텔과 선원들의 술집만 그대로 남아 있었다. 밤에 활동하는 나이 어린 창녀들은 강을 운항하는 배에서 내리는 손님이 걸려들지 않을지 아무런 확신이 없는 상황에서 온 밤을 지새우기도 했다. 관악기로 구성된 악단 하나가 가로수 길에서 느릿한 왈츠를 연주하고 있었으나, 볼리바르 산책로 옆 도로에서 배터리가 떨어져 서 있는 택시들 사이에서 택시 기사들이 축구에 관한 논쟁을 벌이느라 질러 대는 소리 때문에 그 누구도 연주를 듣고 있지 않았다. 그나마 활기가 넘치

---

‡ 에스파냐로부터 쿠바를 독립시키기 위해 반란을 일으킨 사람들을 가리킨다.

던 장소는 내란을 피해 에스파냐에서 피난 온 사람들이 자주 가는 로마 카페였다. 문이 달려 있지 않다는 단순한 이유로 절대 문을 닫지 않는 곳이었다. 폭우가 자주 쏟아지기로 유명한 도시에서 하물며 지붕도 없는 카페였으나, 비 때문에 감자전을 먹거나 사업상 흥정을 성사시키는 일을 중도에서 그만두었다는 소리는 결코 들리지 않았다. 꽃이 핀 무성한 아카시아 나무 아래 하얀 페인트를 칠한 둥근 테이블과 철제 의자들이 있어, 불순한 날씨로부터 몸을 피할 수 있었다. 밤 11시, 조간신문 《엘 에랄도》와 《라 쁘렌사》의 마감 시간이 끝나면, 야간 근무를 마친 편집자들이 그곳에 모여 식사를 했다. 에스파냐에서 피난 온 사람들은, 에스파냐 내란이 끝난 지 12년이 되었건만 여전히 에스파냐 내란에 관한 소식을 계속 전해 주는 후안 호세 뻬레스 도메네취 교수가 라디오를 통해 읽어 주는 신문기사를 듣고 난 뒤, 저녁 7시부터 그곳에 와 있었다. 어느 운명적인 밤, 라 구아히라에서 돌아와 그 카페에 정박한 작가 에두아르도 살라메아가 가슴에 권총 한 발을 발사했으나 심각한 결과로 이어지지는 않았다. 종업원들이 관광객들에게 보여 주는 역사적 유물로 자리 잡게 된 그 테이블에는 허가 없이 앉을 수 없었다. 몇 년 뒤 살라메아는 자신의 모험에 관한 증언을 실은 『나 자신 속에 머무른 4년』을 출간했다. 우리 세대에 새로운 지평을 열어 준 소설이었다.

    나는 그룹 멤버들 가운데 가장 의지할 데가 없는 사람이었다. 역설적이게도 신문기사 쓰는 일과 소설 쓰는 일은 둘 다 중요하면서도 돈이 되지 않는다는 미덕을 지니고 있었기 때문에, 여러 번에 걸쳐 로마 카페로 피신해 어느 후미진 구석에 앉아 새벽까지 글을 썼다. 무자비하게 책을 읽으며 새벽을 맞이했고, 배가 몹시 고프면 양질의 에스파나산 햄을 넣은 샌드위치와 걸쭉한 초콜릿으로 배를 채우고 나서 볼리바르 산책로의 꽃 피어 있는 마따라뚠 나무 아래서 새벽 첫 빛을 받으며 산책을 했다. 첫 몇 주는 신문사 편집국 사무실에서 아주 늦게까지 글을 썼고, 아무도 없는 사무실이나 인쇄용지 롤 더미 위에서 몇 시간 새우잠을 잤으나, 시간이 흘러감에 따라 그보다 덜 독창적인 장소를 찾아야만 했다.

그 해결책은, 그 뒤로 내가 당면한 수많은 문제의 해결책들이 그랬듯이, 볼리바르 산책로에 있는 그 쾌활한 택시 기사들이 제공해 주었다. 주교좌 성당에서 한 블록 떨어진 모텔로 가면, 1뻬소 50센따보에 거취를 해결할 수 있었던 것이다. 모텔 건물은 아주 낡았으나 타락한 사랑을 기다리며 오후 6시부터 볼리바르 산책로에서 손님을 꼬드기는 열성적인 어린 창녀들 덕분에 잘 유지되고 있었다. 모텔 관리인 이름은 라시데스였다. 그의 가짜 유리 눈은 사팔뜨기였으며 소심한 성격 탓에 말을 더듬었다. 내가 모텔에 도착한 첫날부터 큰 호의를 베풀어 주었기 때문에 나는 지금도 그를 기억하고 있다. 그는 초저녁의 찢기고 구겨진 지폐들이 가득 차 있는 프런트 뒤 서랍 속에 1뻬소 50센따보를 넣고는 6호실 열쇠를 내게 건넸다.

그곳은 내 평생 있어 본 적이 없는 조용한 곳이었다. 들려오는 소리라고는 살금살금 발소리, 뭔지 알아들을 수 없게 중얼거리는 소리, 그리고 아주 가끔씩 녹슨 용수철이 괴로운 듯 삐걱거리는 소리뿐이었다. 하지만 속삭이는 소리나 한숨 소리 같은 것은 전혀 들리지 않았다. 한 가지 문제가 있었다면, 나무 가로대를 덧대 달아 놓은 창문 때문에 방 안이 화로 속처럼 더웠다는 것이다. 그럼에도 불구하고, 나는 첫날 밤부터 시작해 거의 새벽이 다 될 때까지 윌리엄 아이리시를 아주 잘 읽을 수 있었다.

모텔은 전에 선주들의 맨션이었다. 불경스러운 문양의 스테인드글라스로 덮인 중앙 마당에는 온실처럼 빛이 비쳐 들고, 마당 주위로는 설화 석고를 바른 기둥들과 금박 입힌 철판을 띠처럼 두른 벽들이 있었다. 모텔 1층에 그 도시의 공증사무소가 있었다. 3층으로 이루어진 집은 원래 각 층마다 대리석으로 꾸며진 거대한 방이 여섯 개씩 있었는데, 그 방들은 당시 내가 묵었던 방처럼, 마분지로 막은 작은 방들로 변했고, 그 구역 밤거리 아가씨들이 그곳에서 자신들의 작물을 수확했다. 쾌락적이고 외설적인 그 집은 언젠가 '뉴욕 호텔'이라는 이름을 지녔는데, 나중에 알폰소 푸엔마요르는 몇 년 동안 엠파이어 스테이트 빌딩 옥상에서 뛰어내려 자살한 사람들을 기념하기 위해 '마천루(摩天樓)'라는 이름을 붙이기도 했다.

어찌 되었든, 우리 삶의 주축은 산 블라스 거리에서 가장 붐비는 블럭에 위치한 문도 서점이었다. 우리는 낮 12시와 오후 6시에 그곳에 들렀다. 서점 주인 돈 호르헤 론돈의 절친한 친구 헤르만 바르가스는 친구더러 그곳에 서점을 열라고 설득했고, 그 결과 얼마 되지 않아 서점은 기자, 작가, 젊은 정치가들이 모이는 중심지로 변했다. 론돈은 사업 경험이 없었으나 곧 사업에 대해 배웠고, 그가 지닌 열정과 관대함은 그를 영원히 기억되는 문예·예술의 보호자로 변모시켰다. 헤르만, 알바로, 알폰소는 책을 주문하는 일을 도와, 특히 아르헨티나에서 새로운 작품들을 주문했다. 아르헨티나 출판업자들은 2차 세계대전이 끝난 뒤 전 세계에서 생산된 새로운 작품들을 대량으로 번역하고 인쇄하고 보급하기 시작했다. 그 친구들 덕분에, 우리는 다른 식으로는 그 도시에 입수되지 못했을 책들을 때맞춰 읽을 수 있었다. 그들 스스로 고객을 감동케 했고, 또 몇 년 전 돈 라몬의 전설적인 서점이 문을 닫음으로써 실추되었던 독서의 중심지 바랑끼야의 명성을 되살려 놓았다.

나는 그 도시에 도착한 지 얼마 되지 않아 그 그룹에 들어갔고, 아르헨티나 출판사 영업사원들이 하늘이 보내 준 사람이나 된다는 듯 그들을 기다렸다. 그들 덕분에 우리는 호르헤 루이스 보르헤스, 훌리오 꼬르따사르, 펠리스베르또 에르난데스를, 그리고 빅또리아 오깜포 패거리들에 의해 잘 번역된 영국과 미국 소설가들을 올되게 숭배하는 사람들이 되었다. 아르뚜로 바레아의 『어느 반역자의 작업』은 두 번의 전쟁이 끝난 뒤 침묵을 지키고 있던 머나먼 에스파냐로부터 온 첫 번째 희망의 메시지였다. 영업사원들 가운데 하나는 정확하기로 정평이 나 있던 기예르모 다발로스였다. 그는 그 도시에서 거래를 마친 뒤 흥청망청 퍼마시고 노는 우리의 야간 파티에 동참하고, 새로 나온 작품의 견본을 우리에게 선물하는 좋은 습관을 지니고 있었다.

시내에서 멀리 떨어진 곳에 살던 그룹 멤버들은 구체적인 동기가 있지 않는 한 밤에는 로마 카페에 가지 않았다. 반면에 집이 없던 나에게는 그곳이 집이나 다름없었다. 오전에는 《엘 에랄도》의 차분한 편집국 사무실에서 일하고, 밥은 언제 어디서건 대충 때웠으나, 거의 항상은 좋은 친구들과 이해관계가 있는 정치가들 그룹의 초대를 받아 해결했다. 오후에는 내 고정 칼럼 「라 히라파」를 쓰거나 헐값에 아무 기사나 써 댔다. 낮 12시, 오후 6시만 되면 어김없이 문도 서점으로 갔다. 그룹 멤버들이 점심 식사 뒤 몇 년 동안 꼴롬비아 카페에서 먹던 후식을 나중에는 꼴롬비아 카페 건너편에 있는 하뻬 카페에서 먹게 되었다. 선풍기가 더 잘 돌아가고 산 블라스 거리에 위치해 있어 분위기가 더 활기찼기 때문이다. 우리는 하뻬 카페를 응접실로, 사무실로, 사업상 거래를 하는 곳으로, 인터뷰를 하는 곳으로, 그리고 우리 멤버가 만나기 쉽고 편한 장소로 애용했다.

하뻬 카페에 있는 돈 라몬의 고정 테이블에는, 관습에 의해 다른 손님이 함부로 앉을 수 없다는 불문율이 생겨났다. 라몬 선생은 그곳에서 오후 4시까지 문학 강의를 하는 일정 때문에 항상 첫 번째로 도착했다. 테이블에는 여섯 명밖에 앉을 수 없었다. 우리는 돈 라몬의 자리를 기준 삼아 각자 자리를 선택해 앉았는데, 다른 의자를 끼워놓는 것을 돈 라몬이 좋아하지 않는다고들 여겼다. 헤르만은 나이, 돈 라몬과 사귄 기간, 친밀도 등을 따져 첫날부터 돈 라몬의 오른쪽에 앉았다. 헤르만이 돈 라몬의 물질적인 문제들을 맡고 있었다. 돈 라몬이 헤르만에게 그렇게 해 달라고 부탁한 적이 없었다 해도, 돈 라몬이 천성적으로 실제적인 삶에는 관심이 없는 사람이었기 때문에 헤르만이 알아서 돈 라몬의 문제들을 해결해 주고 있었던 것이다. 그 당시 중요한 문제는 돈 라몬이 바르셀로나로 떠나기 전 돈 라몬의 책들을 주립 도서관에 판매하고, 더불어 다른 물건들을 경매에 붙이는 것이었다. 헤르만은 좋은 비서이기도 했지만, 그보다는 좋은 아들처럼 보였다.

반면에 돈 라몬과 알폰소의 관계는 더 난해한 문학적, 정치적 문제들에 기반하고 있었다. 알바로는, 혼자 테이블에 앉은 돈 라몬이 항해를 시작하기 위해 다른 사람들을 필요로 하는 것처럼 보일 때마다 괜히 움츠러드는 것처럼 보였다. 테이블에서 앉을 자리에 관한 한 비교적 자유로웠던 사람은 호세 펠릭스뿐이었다. 돈 라몬은, 밤에는 하뻬 카페에 가지 않고, 대신 에스파냐에서 망명해 온 친구들과 더불어 가까운 곳에 있는 로마 카페에 갔다.

돈 라몬의 테이블에 가장 늦게 합석하게 된 나는 첫날부터 당시 뉴욕에 가 있던 알바로 세뻬다의 자리에 앉게 되었는데, 내게 그런 권리가 있었던 것은 아니었다. 돈 라몬은 내가 《엘 에스뻭따도르》에 기고한 단편소설들을 읽어 보았던 터라 나를 제자 이상으로 받아들였다. 그럼에도 불구하고, 나중에 내가 어머니와 함께 아라까따까에 가기 위한 여행 경비를 그에게 빌려 달라고 부탁할 정도로 그와 신뢰 관계를 형성하게 될 거라는 생각은 추호도 하지 못했었다. 돈 라몬에게 돈을 빌린 지 얼마 되지 않아, 빌린 돈 6뻬소를 다른 멤버들이 보지 않을 때 갚기 위해 일찍 하뻬 카페에 갔고, 무슨 연유로 그렇게 되었는지는 잘 모르겠지만 정말 우연스럽게, 우리는 처음이자 마지막으로 단둘이서 대화를 나누게 되었다.

"안녕, 천재." 그는 항상 그렇듯 내게 이렇게 인사했다. 하지만 내 안색이 편해 보이지 않아서 신경이 쓰였는지 이렇게 물었다. "어디 아픈가?"

"그렇진 않은 것 같은데요, 선생님." 나는 의아한 생각에 이렇게 말했다. "왜 그러시는데요?"

"자네 몸이 여윈 것 같아서 그래. 하지만 내 말은 괘념치 말게. 요 며칠 우리 모두 엉덩이 붙일 틈 없이 용쓰고들 있잖아."

돈 라몬은 받지 않아야 될 돈을 받는다는 듯 썩 달갑지 않은 표정을 지으며 6뻬소를 지갑에 넣었다.

"빚을 갚으라는 독촉을 받지 않아도 빚을 갚을 능력이 있는 아주 가난한 젊은이에 대한 추억으로 내 이 돈을 받겠네." 돈 라몬이 얼굴을 붉히며 내게 말했다.

무슨 말을 해야 할지 모르는 나는 시끌벅적한 살롱에서 납 우물처럼 무거운 침묵 속에 가라앉아 있었다. 평소 내가, 그룹 멤버들이 대화를 나눌 때 다들 자질구레한 것들을 중구난방으로 늘어놓는다거나, 각자의 장점과 결점들이 다른 사람들 것과 혼동되어 버리는 것 같다는 생각을 하긴 했었지만, 수년 전부터 백과사전 속에 파묻혀 살고 있는 한 남자와 더불어 예술과 미(美)에 관해 단둘이서만 이야기할 수 있으리라는 생각은 단 한 번도 해본 적이 없었다. 여러 날 새벽, 나는 내 방의 고독 속에서 책을 읽으며 내가 지닌 문학적 의문들에 관해 그와 지속적으로 나누고 싶은 흥분되는 대화들을 상상했으나, 그 의문 사항들은 태양 빛이 비치면서 아무런 찌꺼기도 남기지 않은 채 다 녹아 버렸다. 나의 소심함은 알폰소가 엄청난 아이디어들 가운데 하나를 내게 제시했을 때나, 헤르만이 스승의 성마른 의견들 가운데 하나를 수용하지 않았을 때, 알바로가 프로젝트 하나를 가지고 큰 소리로 장광설을 늘어놓음으로써 우리를 화나게 했을 때는 더 심해져 버렸다.

다행히, 그날 하뻬 카페에서 내게 책 읽기가 어떻게 되어 가느냐고 먼저 물어왔던 사람은 돈 라몬이었다. 당시 나는 '로스트 제너레이션(길 잃은 세대)'의 출판된 에스파냐어 서적들 가운데 구할 수 있는 것은 모두 구해 포크너를 읽을 때처럼 특별한 주의를 기울여 가며 읽었다. 나는 포크너의 작품들이 종국에는 교활한 수사에 불과할 거라는 특이한 두려움 때문에 포크너를 예리한 면도날로 해부를 하듯 은밀하고 진지하게 분석했었다. 위와 같은 말을 해 놓고 내 말이 너무 도발적으로 들렸을 것 같아 송구스러운 나머지 몸이 벌벌 떨렸기 때문에, 내가 내뱉은 말을 어떻게든 주워 담고 싶었다. 하지만 미처 그럴 새가 없었다.

"걱정하지 말게, 가비또." 그가 아무렇지도 않다는 듯 내게 말했다. "만약 포크너가 바랑끼야에 있다면 이 테이블에 함께 있을 걸세."

한편으로, 라몬 고메스 델 라 세르나가 아주 마음에 들었기 때문에 다른 저명한 소설가들과 더불어 내 칼럼 「라 히라파」에 인용했다는 말을 했다. 그러자 돈 라몬이 관심을 표명했다. 나는 그의 소설들 때문에 그렇게 한 것이 아니라고 돈 라몬에게 명확하게 밝혔다. 내가 『장미 산장』을 좋아하는 것은 사실이지만 정작 내 관심을 끄는 것은 그의 대담한 정신과 언어적 능력이며, 그를 인용한 것은 글쓰기를 배우기 위한 리드미컬한 연습일 뿐이었다는 사실도 덧붙였다. 그런 의미에서 나는 그의 유명한 '그레게리아'‡ 보다 더 지적인 장르를 기억하지 못한다. 라몬은 심술궂은 미소를 머금은 채 내 말을 잘랐다.

"자넨 자신도 모르는 사이에 글을 잘못 쓰는 걸 배우게 될 위험성이 있어."

그럼에도 논의를 끝내기 전 그는 고메스 델 라 세르나가 그 기발한 무질서를 창출해 냈다는 측면에서는 좋은 시인이었다는 사실을 시인했다. 그의 반론들은 즉각적이었고 지혜로웠다. 하지만 그와 문학적 대화를 나누는 절호의 기회를 누군가가 차단할까봐 두려운 나머지 내가 제정신이 아니었기 때문에, 내 신경은 그의 말을 제대로 따라가지 못하고 있었다. 그는 그럴 때는 어떻게 처신해야 할지 알고 있었다. 돈 라몬을 잘 아는 종업원이 간식으로 코카콜라를 가져다 놨는데, 그 사실을 모르는 것처럼 보였던 그가, 설명을 멈추지 않은 채 종이 빨대를 이용해 한 모금씩 마시기 시작했던 것이다. 대부분의 손님들은 카페

---

‡ 라몬 고메스 델 라 세르나(Ramón Gómez de la Serna; 1888~1963)는 에스파냐 전위주의의 개척자라 할 수 있다. 그는 해학과 은유가 교묘하게 결합된 '그레게리아(gregueria)'라는 기법을 창안했다. 사물에 대한 풍부하고 예리한 관찰과 날카로운 기지가 그레게리아를 통해 유감없이 발휘되었다.

문을 들어서면서 큰 소리로 그에게 인사를 했다. "돈 라몬, 안녕하세요?" 그러면 그는 그들을 쳐다보지도 않은 채 예의 그 예술가의 손을 한 번 가볍게 흔들어 답례했다. 돈 라몬은 얘기를 하면서도 내가 그의 이야기를 들으며 두 손으로 꽉 누르고 있던 가죽 폴더에 은밀한 시선을 던지곤 했다. 첫 번째 코카콜라를 다 마신 그는 빨대를 드라이버처럼 비틀어 버리더니 두 번째 잔을 주문했다. 나는 그 테이블에서는 각자가 먹고 마시는 것은 각자가 지불한다는 사실을 아주 잘 알고 있었기 때문에 내 코카콜라를 주문했다. 마침내 그는 나에게, 바다에서 난파당한 사람이 널빤지 하나를 붙들고 있듯 내가 붙잡고 있는 그 비밀스러운 폴더가 무엇인지 물었다.

나는 그에게 진실을 말했다. 내가 어머니와 함께 까따까에서 돌아오자마자 쓰기 시작한 소설 첫 번째 장의 초고였다. 나는 앞으로 삶과 죽음의 길목에 선다 해도 절대 내보이지 못할 대담성을 발휘해, 천진난만하면서도 도발적으로 가죽 서류철을 펴서 돈 라몬 앞에 놓았다. 그는 위험스러울 정도로 파랗고 투명한 눈동자로 나를 뚫어지게 쳐다보더니 약간은 놀란 듯 물었다.

"좀 봐도 되겠는가?"

초고는 아코디언 풀무처럼 접힌 인쇄용 띠 종이에다 타자기로 쓴 것으로, 수정 표시가 셀 수도 없을 정도였다. 돈 라몬은 독서용 안경을 천천히 쓰더니 전문가다운 솜씨로 길다란 종이 띠들을 펼쳐 테이블 위에 놓았다. 도가머리 앵무새처럼 생긴 머리를 생각의 리듬에 따라 아주 살짝 움직이면서 무표정하게, 얼굴색 한 번 바꾸지 않고, 고른 호흡을 유지하며 글을 읽었다. 종이 띠 두 개를 다 읽고 나서 중세풍 솜씨로 조용히 종이를 접더니 폴더를 닫았다. 그러고 나서는 안경을 벗어 안경집에 넣은 뒤 재킷 가슴 호주머니에 꽂았다.

"정황상 그렇긴 하겠지만, 아직 설익은 원고처럼 보이는군." 그가 아주 담담하게 내게 말했다. "하지만 잘 썼어."

시제에 관해 몇 가지 주변적인 코멘트를 했다. 그것은 나를 살리고 죽일 수 있는 가장 어려운 문제임에 틀림없었다. 그가 덧붙였다.

"사건은 이미 벌어졌고, 등장인물들은 단지 사건을 회상하기 위해서만 사건 현장에 있다는 사실을 자네가 알아야 해. 따라서 자네는 두 가지 시제와 싸워야 할 것이네."

그리고 내가 경험이 일천하고 미숙하기 때문에 그동안 이해하지 못했던 기술적인 문제 몇 가지를 집약한 후, 초고에서 결정해 놓은 소설의 무대가 되는 도시 이름을 바랑끼야로 하지 않는 것이 좋겠다고 충고했다. 실제로 존재하는 도시의 이름이 지닌 한계성 때문에 독자들의 상상 공간을 너무 협소하게 만들어 버린다는 것이었다. 그리고 예의 그 놀리는 듯한 어조로 결론을 지었다.

"그냥 그렇게 촌스럽게 내버려 두고 하늘이 도와주길 기다리든지. 어찌 되었든, 소포클레스의 아테네는 안티고네의 아테네와는 결코 같지 않았네."

하지만 내가 그 뒤로 항상 염두에 두고 따랐던 문장은 그날 오후 돈 라몬이 나와 헤어지면서 했던 말이다.

"자네의 겸양을 고맙게 생각하는 의미에서 내 자네에게 충고 한 마디 하겠네. 현재 쓰고 있는 초고는 절대 남에게 보여 주지 말게."

모든 면에서 아주 유익했던 그 대화는 내가 그와 단둘이서 나눈 유일한 경우였다. 그가, 1년 전부터 예정되어 있었다시피, 검은색 모직 양복에 법관 모자를 쓴 특이한 차림새로 1950년 4월 15일 바르셀로나를 향해 떠났기 때문이다. 흡사 초등학생 하나를 떠나보내는 것 같았다. 건강도 좋았고, 78세라는 나이에도 불구하고 총기를 유지하고 있었으나, 공항까지 그를 배웅한 우리는 자기 자신의 장례식에 참석하기 위해 고향으로 돌아가는 누군가와 작별하고 있다는 심정으로 그를 떠나보냈다.

바로 그 다음날, 하뻬 카페로 들어선 우리는 돈 라몬의 자리가 비어 있다는 사실을 깨달았고, 헤르만이 앉아야 한다고 우리 사이에서 동의가 이루어지기 전까지는 그 누구도 그 자리에 앉으려 하지 않았다. 매일 나누는 대화의 새로운 리듬에 익숙해지기까지는 며칠이 걸렸다. 마침내 돈 라몬으로부터 첫 번째 편지가 도착했다. 검붉은 잉크로 자잘하게 쓴 필체는 그의 육성을 듣는 것 같았다. 그렇게, 헤르만을 통해 그와 우리 모든 멤버들 사이에 열렬한 서신 교환이 빈번하게 이루어지기 시작했다. 그는 편지에서 자신의 삶에 관해서는 아주 적게 언급하고, 프랑꼬가 살아 있고, 까딸루냐에 대한 에스파냐 지배가 유지되는 한 계속해서 적의 땅으로 간주할 에스파냐에 관해서는 많은 내용을 썼다.

주간지에 관한 아이디어는 까딸루냐 출신 현자 돈 라몬이 떠나기 훨씬 이전 알폰소 푸엔마요르가 내놓은 것이었으나, 그가 떠남으로써 알폰소가 자신의 아이디어를 실현시키는 데 박차를 가했던 것 같다. 돈 라몬이 떠난 지 사흘이 지난 날 밤, 때마침 우리가 로마 카페에 모였을 때, 알폰소는 발진 준비가 다 되어 있다고 알렸다. 시사와 문학을 다루는 20쪽짜리 타블로이드 판 주간지로, 제호를 《끄로니까》로 정했는데, 그 누구도 쉽사리 생각할 수 없는 이름이 될 거라는 것이었다. 지난 사 년 동안 돈이 넘치는 곳에서도 자금을 모으지 못해 놓고는 수

공예업자들, 자동차 정비 기술자들, 퇴직 법관들, 심지어는 사탕수수 럼주로 광고비를 지불하겠다고 동조하는 술집 주인들로부터 자본을 거두었다는 알폰소 푸엔마요르의 말은 신빙성이 없어 보였다. 하지만, 산업 활동이 아주 활발하게 이루어지고 시민적 자부심이 유별난 가운데, 시민들이 그 지역 시인들에 대해 헌신적인 태도를 유지하고 있던 어느 도시에서 잡지 창간이 환영받을 것이라 생각할 만한 이유는 충분했다.

우리 외에 정규 협력자들은 그리 많지 않을 것 같았다. 경험이 많은 유일한 전문가는 까를로스 오시오 노게라(일명 '음유시인 오시오')였다. 거구에 성격이 아주 사근사근했고, 시인이자 기자이자 공무원이었으며《엘 나시오날》의 검열관이었다. 그 신문사에서는 알바로 세뻬다, 헤르만 바르가스와 함께 일한 적이 있었다. 다른 사람은 로베르또(봅) 쁘리에또였다. 그는 상류 계층의 특이한 학자로, 에스파냐어는 물론이고 영어나 프랑스어로도 생각할 수 있고, 위대한 작곡가들의 여러 작품들을 악보도 없이 피아노로 연주할 수 있었다. 알폰소 푸엔마요르가 선정한 협력자들 가운데 가장 이해할 수 없었던 사람은 훌리오 마리오 산또도밍고였다. 알폰소는 훌리오가 보통 사람들과는 다른 사람이 될 거라는 이유로 강요하다시피 협력자가 되어 달라고 했으나, 라틴 아메리카의 록펠러, 지성인, 교양과 예의를 갖춘 사람이 될 것 같았던 훌리오가 권력의 안개 속에 속수무책 파묻혀 버린 것처럼 보였을 때 하필 잡지 편집위원 목록에 등장한 이유를 알고 있던 사람은 우리 가운데 몇 되지 않았다. 그가 24년 동안 비밀스럽게 품어 왔던 꿈이 작가가 되는 것이라는 사실을 잡지 창간 발기인인 우리 네 사람은 알고 있었지만, 그 사실을 아는 사람은 극소수였다.

발행인은 당연히 알폰소가 되기로 했다. 그 누구보다도 헤르만 바르가스는, 내가 시간이 있을 때(우리는 항상 시간이 없었다.) 가 아니라, 내가 기자 일을 배우겠다는 꿈을 실현했을 때, 일을 함께 하고 싶은 대기자가 될 수 있는 인물이었다. 뉴욕 소재 컬럼비아 대학에서 공부하고 있던 알바로 세뻬다는 시간이 나면 우리에게 원고를 보내 협조하기로 되어 있었다. 발기인들 가운데 마지막으로 내가 편집장이 되었다. 여러 가지가 불확실한 독립 주간지의 편집장으로 나보다 더 한가하고, 또 되고 싶어 조바심을 내는 사람이 아무도 없었기 때문이다.

알폰소는 수년 전부터 서류들을 보관해 오고 있었으며, 최근 6개월 동안 논평들을 쓰고, 문학 관련 소재들을 모으고, 뛰어난 기사들을 쓰고, 부자 친구들로부터 상업 광고를 수주해 놓는 등 많은 일을 진전시켜 놓고 있었다. 정해진 업무 시간도 없고, 보수도 내 수준 기자들보다 더 높게 책정되었으나 장래에 발생할 영업 이익에 따라 그 액수가 달라지게 되어 있는, 편집장인 나 역시 제대로 된 잡지를 시간에 맞춰 만들어낼 준비가 되어 있었다. 그 다음 주 토요일 오후 5시에 내가 《엘 에랄도》에 있는 우리의 작은 사무실로 들어섰을 때, 사설을 마무리하고 있던 알폰소 푸엔마요르가 눈길도 쳐주지 않은 채 말했다.

"작가 선생, 다음 주에 《끄로니까》가 출간될 거니까 다들 일 좀 서둘러 줘요."

그 말을 벌써 두 번이나 들었기 때문에 놀라지 않았다. 하지만 실제 상황은 발등에 불이 떨어져 있는 꼴이었다. 그 주에 가장 두드러진(절대적인 장점을 지니고 있는) 기삿거리는 브라질 축구선수 엘레노 데 프레이따스가 바랑끼야 연고 팀 데뽀르띠보 주니오르에 합류하기 위해 도착한 것이었으나, 우리는 그런 기사를 전문적으로 다루는 신문과 달리 사회·문화적인 중요성을 지닌 주요 뉴스로 다루려 했다. 《끄로니까》가 이런 류의 차이 때문에 위축되지는 않을 것이고, 축구처럼 아주 대중적인 테마를 다룬다고 해서 그렇게 되란 법은 더더욱 없을 것이라는 생각 때문이었다. 결정은 만장일치로 이루어졌고, 작업도 효율적으로 진행되었다. 잡지 출간 전 아주 많은 기삿거리들을 이미 준비해 놓았기 때문에 마지막 순간에 준비할 것은 그 분야 전문가이자 축구광인 헤르만 바르가스가 쓸 엘레노에 관한 기사였다. 잡지 창간호는 1950년 4월 29일 토요일, 세상에서 가장 아름다운 광장에 천상의 편지들을 쓴 시에나의 성녀 까딸리나의 날 아침 정확하게 판매대에 등장했다.

《끄로니까》는 인쇄에 들어가기 직전 표지에 내가 붙인 표제어 '수 메호르 위켄드'‡를 달고 인쇄되었다. 표제어에 영어와 에스파냐어를 혼용한 것은 그 당시 몇 년 동안 콜롬비아 신문을 지배하고 있던, 채 소화되지 않은 언어의 순수주의와 대결하기 위해서였으나, 우리가 표제어를 통해 이야기하고자 하던 바가 에스파냐어 자체가 지닌 뉘앙스와 같지 않다는 점을 이내 깨닫게 되었다. 표지는 삽화가 셋 가운데 유일한 초상화가인 알폰소 멜로가 잉크로 그린 엘레노 데 프레이따스의 초상화가 장식했다.

마지막 순간까지 정신이 없었고 광고도 제대로 하지 않았지만, 편집국 직원 전체가 그 다음날, 즉 4월 30일 일요일, 바랑끼야 연고 팀들인 데뽀르띠보 주니오르와 스뽀르띵 사이의 주요 경기가 벌어진 시립 스타디움에 도달하기 훨씬 이전에 잡지는 매진되었다. 헤르만과 알바로는 스뽀르띵 팬이었고, 알폰소와 나는 주니오르를 응원하던 터라 홉

‡ Su mejor weekend. 최상의 주말을 위한 잡지 정도로 번역될 수 있다.

사 잡지 자체가 분열되어 있는 느낌이었다. 어찌 되었든, 엘레노라는 축구 스타 이름 하나와 헤르만 바르가스가 쓴 뛰어난 기사는 《끄로니까》가 결국 콜롬비아가 기다려 왔던 위대한 스포츠 잡지라는 오도된 인식을 심어 주었다.

스타디움은 관중석 맨 위 깃발들이 꽂혀 있는 곳까지 입추의 여지가 없었다. 전반전이 시작된 지 6분 만에 엘레노 데 프레이따스는 센터 필드에서 왼발 슛을 쏘아 콜롬비아에서 첫 번째 골을 기록했다. 비록 스뽀르띵이 3 대 2로 이겼다고는 해도, 그날 오후는 먼저 엘레노의 것이었으며 그 다음으로는 우리의 것이었다. 그날의 상황을 정확하게 예견하듯 편집된 표지 때문이었다. 하지만 인간적인 힘도 신적인 힘도, 《끄로니까》가 스포츠 전문 잡지가 아니라 엘레노 데 프레이따스를 연중 가장 중요한 뉴스거리 가운데 하나로 존중하는 문화 주간지라는 사실을 대중에게 이해시킬 수 없었다.

잡지의 성공은 신출내기들의 행운이 아니었다. 우리 발기인들 가운데 셋은 항상 대중적인 관심을 끄는 자신들의 칼럼에 축구에 관한 테마들을 다루었다. 물론, 헤르만 바르가스도 그 가운데에 포함되어 있다. 알폰소 푸엔마요르는 열성 축구 팬이었고, 알바로 세뻬다는 몇 년 동안 미주리 주의 세인트 루이스 소재 《스포팅 뉴스》의 콜롬비아 특파원을 지냈다. 그럼에도 불구하고, 우리가 기대하던 독자들은 그 다음 호들을 향해 양팔을 벌리지도 않았고, 스타디움의 열광적인 축구팬들은 우리를 거리낌없이 포기해 버렸다.

실패를 만회하기 위한 편집자 회의가 열린 결과, 데뽀르띠보 주니오르에서 활약하고 있던 우루과이 출신 축구 스타 세바스띠안 베라스 꼬체아에 관한 특집 기사를 내가 맡아 쓰기로 했다. 내가 그런 기사를 일간지의 내 칼럼에 비장의 기량을 발휘해 실어 보고자 여러 번에 걸쳐 시도한 적이 있었기 때문에, 그 기사를 통해 축구와 문학을 화해시킬 수 있을 거라는 희망을 걸었던 것이다. 사실, 루이스 까르멜로 꼬레아가 까따까의 공터에서 내게 전염시켰던 축구에 대한 열정은 이미 제로 수준에 이르러 있었다. 게다가 나는 카리브 지역에서 성행하던 야구(또는 우리가 지방 말로 '후에고 데 뻴로따'라 부르는 공놀이)의 조숙한 팬 가운데 하나였다. 그래도 나는 그 도전을 받아들였다.

물론 내 모델은 헤르만 바르가스가 엘레노에 관해 쓴 기사였다. 다른 기사들을 참고해 가며 준비를 하고, 베라스꼬체아와 장시간 대화를 하면서 마음이 한결 편해졌다. 그는 내가 독자들에게 전해 주고자 했던 좋은 이미지를 지니고 있는 지적이고 사근사근한 남자였다. 문제는 그가 순수 아프리카 혈통의 짙은 밤색 피부를 지닌 흑인이라는 사항에 주위를 기울이지 않은 채, 그의 성만 보고 전형적인 바스크 출신으로 기술했다는 것이다. 필생의 과오였고 잡지 발간에서 최악의 순간이었다. 문제가 어찌나 심각했던지, 어느 독자가 나를 축구공과 시내 전차도 구분하지 못하는 스포츠 기자로 규정하는 편지를 보내왔을 때 전적으로 동감했다. 아주 섬세한 판단력을 지닌 헤르만 바르가스는 그 사건이 발생한 지 몇 년 뒤 뭔가를 기념하기 위해 펴낸 어느 책에서, 내가 베라스꼬체아를 인터뷰하고 실은 기사는 내가 쓴 기사들 가운데 최악의 기사라는 사실을 확인했다. 업무에 관한 한 그처럼 정통한 사람이 없기 때문에, 내 기사에 관한 평가가 다소 과장되긴 했다 해도, 지나친 과장은 아니라고 생각한다. 그가 쓴 기사와 논평들이 어찌나 유연하고 매끈하던지 그의 육성을 라이노타이프 타자수가 그대로 옮겨 놓은 것처럼 보일 정도였다.

축구건 야구건 둘 다 카리브 해 지역에서는 대중적인 스포츠였기 때문에 우리는 그 둘을 포기하지 않았으나, 시사 문제와 문학적 뉴스거리들에 더 많은 지면을 할애했다. 하지만 모두 효과가 없었다. 우리는《끄로니까》가 스포츠 전문 잡지가 될 거라는 착각을 결코 극복하지 못했으나, 자신들의 착각을 극복한 축구광들은 우리를 우리 자신의 운에 내맡겨 버렸던 것이다. 그렇듯, 우리는 우리의 운에 의지한 채, 비록 3호부터는 편집 방향이 헷갈리기 시작했다 해도, 우리가 결정한 바대로 계속해서 밀고 나갔다.

나는 겁을 먹지 않았다. 어머니와 함께 까따까에 가고, 돈 라몬 비녜스와 역사적인 대화를 나누고, 바랑끼야 그룹 멤버들과 내밀한 관계를 유지한 것이 내가 평생 지니게 될 새로운 원기를 불어 넣었던 것이다. 그 순간부터 나는 타자기로 글을 쓰지 않고서는 단 한 푼도 벌지 않았다. 이것은, 내가 쥐꼬리만 한 혜택을 받으면서 책 네 권을 출간한 이후, 계속해서 단편소설과 장편소설을 써서 살아가도록 허용해 주었던 첫 번째 정식 인세들이 내 나이 마흔 몇에서야 제 역할을 하고 있었기 때문에, 흔히들 생각할 수 있는 것보다 더 칭찬받을 만한 것이라고 생각한다. 그렇게 되기 이전의 내 삶은, 나를 작가가 아니라면 무엇이 됐든 다른 직업인으로 변모시키려는 무수한 유혹들을 우롱하기 위한 음모들, 속임수들, 망상들이 서로 뒤엉킴으로써 항상 심하게 요동쳤다.

3

아라까따까의 재난이 끝나고, 외할아버지가 돌아가시고, 외할아버지의 불확실한 권력의 잔재들마저 사라지고 난 뒤, 그동안 그 권력을 기반 삼아 살아갔던 우리는 이제 과거를 동경함으로써 존재하고 있었다. 기차를 타고 되돌아오는 사람이 아무도 없게 된 뒤로 외할아버지 집에는 인적이 끊어졌다. 외할머니 미나와 프란시스까 시모도세아는 하녀처럼 헌신적으로 돌보는 엘비라 까리요의 보호를 받고 있었다. 외할머니가 눈이 멀고 노망이 들었을 때, 아버지와 어머니는 외할머니가 죽기 전까지라도 편안하게 살 수 있도록 외할머니를 그녀들과 함께 보살폈다. 처녀로 죽을 때까지 깊은 신앙심을 유지했던 프란시스까 이모는 계속해서 예의 그 특이한 자신감을 유지하고 구구절절 이치에 맞는 경구들을 거침없이 내뱉었다. 신이 자신의 뜻에 따라 자기를 불렀을 것이라는 이유로 그동안 맡고 있던 공동묘지 열쇠와 성체 공장 열쇠를 내놓지 않으려 했다. 그러던 어느 날, 티 없이 깨끗한 침대 시트 여러 장을 들고 방문턱에 앉아 자기 몸에 맞는 수의를 짓기 시작했다. 어찌나 정성 들여 예쁘게 만들었던지, 죽음은 수의 짓는 일을 다 끝마칠 때까지 2주 동안이나 그녀를 기다려 주었다. 수의가 완성되던 날 밤, 병이 나지도 않고 그 어떤 고통도 느끼지 않았으며, 그 누구에게도 작별 인사를 하지 않은 채 잠자리에 들어 아주 건강한 상태에서 죽음을 맞았다. 다음날 아침 그녀가 죽었다는 사실을 안 뒤에야 비로소 식구들은 전날 밤 그녀가 자기 사망 증명서를 작성해 놓았으며 장례식까지 준비해 놓았다는 사실을 알게 되었다. 자신의 의지에 의해 역시 남자를 모르고 지냈던 엘비라 까리요는 집의 끝없는 고독 속에 홀로 남았다. 자정 무렵이면 옆 침실들에서 항상 들려오는 귀신들의 기침 소리가 그녀를 깨웠으나 초자연적인 삶의 고통을 공유하는 데도 익숙해져 있었기 때문에 그에 대해 전혀 신경 쓰지 않았다.

반면에 쌍둥이 남동생 에스떼반 까리요는 아주 오랫동안 정신이 말짱하고 기력도 좋았다. 언젠가 그와 함께 아침 식사를 하던 내 뇌리에는 시에나가의 배에서 수많은 남자들이 그의 아버지를 어깨 위로 들어올려, 마부들이 산초 빤사에게 그러했듯이, 망토에 둘둘 말아 뱃전 밖으로 내던지려 애쓰던 장면들 하나하나가 선명하게 떠올랐다. 그 당시 빠빨렐로는 이미 세상을 뜨고 없던 차라, 그 장면이 재미있다고 생각한 나는 그 얘기를 에스떼반 외삼촌에게 들려주었다. 하지만 외삼촌은 벌떡 몸을 일으켜 세우더니 그 사건이 일어났을 당시 그 얘기를 듣지 못했다는 사실에 화를 내며, 나더러 당시 외할아버지와 이야기를 나누던 남자가 누구인지 기억해 내라고 성화를 부렸다. 그 남자를 증인 삼아 외할아버지를 물에 빠뜨리려 했던 사람들이 누구였는지 알아야 한다는 것이었다. 내전에 두 번씩이나 참가해 포화가 난무하는 전투를 여러 번 겪고, 베개 밑에 권총을 놓고 잠을 잤으며, 평화가 정착된 시기에는 결투를 벌여 적을 죽인 경험도 있는 빠빨렐로가 방어를 하지 않았다는 사실을 외삼촌은 이해하지 못하고 있었다. 에스떼반은, 아버지가 당한 모욕을 자기와 형제들이 끝내 되갚아 줄 거라고 내게 말했다. 가족 가운데 한 사람이 모욕을 당하면 집안 남자 모두가 복수를 하는 것이 구아히라 사람들의 율법이었다. 에스떼반 외삼촌의 태도가 어찌나 결연했던지, 내게 그 당시 정황에 관해 묻고 나서는 시간을 허비하지 않기 위해 그 즉시 허리춤에서 권총을 꺼내 탁자 위에 올려놓았다. 그때부터, 우리가 여기저기 방황하다 어디서 우연히 마주치게라도 되면 그때마다 외삼촌은 내가 그 사건을 정확히 기억해 낼 거라는 희망을 되살려 냈다. 내가 채 끝내지 못하고 있던 첫 번째 소설을 완성하기 위해 우리 가족의 과거사를 캐고 다니던 당시, 어느 날 밤 외삼촌은 신문사 내 사무실로 찾아와 그 폭력 행위를 함께 조사해 보자고 제의했다. 외삼촌은 결코 포기하지 않았다. 내가 까르따헤나 데 인디아스에서 이미 늙고 심장에 금이 간 외삼촌을 마지막으로 만나고 헤어졌을 때, 외삼촌은 서글픈 미소를 머금으며 내게 말했다.

"기억력이 그렇게 나쁜 네가 어떻게 작가가 되었는지 모르겠구나."

아버지는 아라까따까에서 할 일이 전혀 없게 되자, 우리를 데리고 다시 한 번 더 바랑끼야로 이사를 했다. 약국을 열 자본 한 푼 없는 상태였으나 예전에 약국을 운영할 때 합자를 하던 도매업자들이 신용 대부를 해 준 덕분이었다. 우리 가족이 늘 얘기하던 방식에 따르면, 그 약국은 다섯 번째 약국이 아니라, 아버지의 상업적 예감에 따라 우리를 어느 도시에서 다른 도시로 옮겨 놓던 늘 하나뿐인 약국이었다. 바랑끼야에서 두 번, 아라까따까에서 두 번, 그리고 신세에서 한 번 약국을 열었다. 약국을 열 때마다 수입은 불안정했고, 그나마 갚을 수 있을 정도의 빚을 졌다. 당시 가족은 조부모도 삼촌들도 하인들도 없이 부모와 자식들뿐인 가족으로 축소되어 있었다. 아버지와 어머니가 결혼한 지 9년 만에 우리 자식들은 3남 3녀가 되어 있었다.

내 삶에 일어난 그런 새로운 변화는 나를 상당히 불편하게 만들었다. 어렸을 때 어머니 아버지가 살고 있던 바랑끼야에 몇 번 찾아가 항상 잠시 동안만 머물렀는데, 그 당시 내 기억은 아주 단편적이다. 내가 처음으로 바랑끼야에 갔던 것은 세 살 무렵 여동생 마르곳이 태어났을 때였다. 나는 새벽녘 항구의 진흙 냄새, 그리고 먼지 풀풀 날리는 인적 없는 거리에서 우리가 탔던 말 한 필짜리 마차를 기억하고 있다. 마부는 마부석으로 올라오려고 애쓰는 짐꾼들을 채찍을 휘둘러 가며 내쫓았다. 나는 여동생이 태어난 조산원의 황토 벽, 푸른색 나무로 만든 문과 창문들, 그리고 방 안에 가득 차 있던 강한 약품 냄새를 기억하고 있다. 갓 태어난 여자아이는 내 어머니임에 틀림없는 여자와 함께 방 구석에 있는 아주 단순한 철제 침대에 누워 있었다. 당시 어머니의 모습에 대해 기억할 수 있는 것은 힘없는 손을 내게 내밀며 한숨을 내쉬며 말을 하던, 하나의 얼굴 없는 존재였을 뿐이다.

"얘야, 이제 내 생각은 하지 마라."

그뿐이었다. 그렇듯, 내가 어머니에 대해 현재 지니고 있는 구체적인 이미지는 그 몇 년 후의 것으로, 선명하고 확실하긴 하지만 정확히 어느 시기 것인지는 알지 못한다. 아마도 둘째 여동생 아이다 로사가 태어난 뒤 언젠가 어머니가 아라까따까에 왔을 때의 모습이었던 것 같다. 당시 나는 산또스 비예로가 폰세까에서 팔에 안고 온 갓난 양과 함게 마당에서 놀고 있었는데, 마마 이모가 달려오더니 뭔가에 놀란 것처럼 소리를 질러 가며 내게 소식을 전했다.

"얘, 네 엄마 왔다!"

마마 이모가 날 질질 끌다시피 데려간 응접실에는 집안 모든 여자들과 몇몇 이웃 여자들이 벽을 따라 늘어서 있는 의자에 야회를 할 때처럼 앉아 있었다. 여자들의 대화는 내가 갑자기 응접실로 들어감으로써 중단되었다. 여자들 가운데 누가 어머니인지 몰라 문간에 화석처럼 서 있던 내게 어머니가 팔을 벌리며 다가와 내가 기억하고 있는 목소리 가운데 가장 다정한 목소리로 말했다.

"세상에, 너 이제 어른이 다 되었구나!"

매부리코가 예쁜 어머니는 기품이 있고 피부가 창백했으며, 그해 유행하던 차림새를 하고 있어, 그 어느 때보다 더 두드러져 보였다. 허리에서 엉덩이 쪽으로 장식을 댄 상앗빛 실크 드레스를 입고, 여러 겹으로 이루어진 진주 목걸이를 늘어뜨리고, 끈 달린 은박 하이힐을 신고, 무성 영화에 나오는 사람들이 쓰는 것과 같은 종 모양의 고급 밀짚모자를 쓰고 있었다. 어머니가 나를 포옹했을 때 내가 항상 어머니에게서 느꼈던 그 특유의 냄새가 나를 감쌌고, 내가 어머니에게 잘못했다는 생각이 섬광처럼 스치고 지나면서 내 마음과 영혼을 뒤흔들었다. 나에게는 어머니를 사랑해야 할 의무가 있었으나, 실제로 어머니를 사랑하는지는 확실치 않다고 느꼈기 때문이다.

한편, 아버지에 관한 가장 오래된 기억은 정확히 아버지가 서른세 번째 생일을 맞이한 1934년 12월 1일의 것으로, 내 뇌리에 선명하게 간직되어 있다. 그날 나는, 위아래로 하얀 리넨 옷을 입고 밀짚모자를 쓴 채 빠른 걸음걸이로 성큼성큼 신바람 나게 외갓집 안으로 들어서는 아버지를 보았다. 팔을 벌려 아버지를 껴안으며 생일 축하 인사를 건네던 누군가가 아버지에게 몇 번째 생일인지 물었다. 나는 아버지가 대답하던 순간 그 대답의 의미를 이해하지 못했다. 그것이 내가 아버지의 대답을 영원히 잊지 못하는 이유이다.

"예수님과 같은 나이지요."

그 당시 내가 여러 차례에 걸쳐 아버지와 함께 지냈다는 것은 틀림없는 사실이다. 그런데 왜 하필 그 기억은 그토록 오래전 것으로 희미하게 기억되는지 모를 일이다. 우리 가족이 모두 한 집에서 산 적은 단 한 번도 없었으나, 마르곳이 태어난 뒤 외조부모가 늘상 나를 바랑끼야에 데려갔기 때문에 아이다 로사가 태어났을 때는 식구들이 떨어져 산다는 것이 덜 이상하게 느껴졌다. 지금 생각해 보면 바랑끼야의 아버지 집은 행복한 집이었던 것 같다. 어머니 아버지는 그 집에 약국 하나를 열었고, 나중에는 상업 지역에 하나를 더 열었다. 우리는 아르헤미라 할머니(일명 히메 엄마)와 할머니의 두 자식 훌리오와 에나를 다시 보러 갔다. 에나는 대단한 미인이었으나 가족 사이에서는 그녀에게 닥친 불행 때문에 더 유명했다. 스물다섯 나이로 죽었는데, 이유가 무엇인지는 모르나 소문에 의하면 가족의 반대에 부딪힌 어떤 애인의 저주를 받아 그렇게 되었다고 한다. 우리가 성장해 감에 따라 히메 엄마는 더욱더 친절해졌으나, 입은 더욱더 거칠어지는 것처럼 보였다.

바로 그 무렵 내 부모는 내게 쉽사리 지울 수 없는 흉터를 남긴 감정적 손상을 입혔다. 어느 날 어머니가 갑자기 밀어닥친 향수를 이기지 못해 피아노 앞에 앉아 「춤이 끝났을 때」라는, 자신들의 비밀스러운 사랑의 추억이 서려 있는 그 유명한 왈츠를 연주했고, 아버지에게는 줄 하나가 없는 먼지 낀 바이올린을 꺼내 어머니와 협연하고 싶은 낭만적인 장난기가 발동해 버렸다. 아버지가 그 낭만적인 첫새벽에 연주하던 스타일을 어렵지 않게 따라잡아 그 어느 때보다 훌륭하게 연주하던 어머니가 어깨 너머로 아버지에게 다정한 눈길을 보냈을 때, 아버지의 두 눈에는 그렁그렁 눈물이 맺혀 있었다. "누구 생각을 하고 있는 거예요?" 어머니는 영문을 모르겠다는 듯 아버지에게 물었다. "우리가 이 곡을 처음으로 함께 연주하던 때를 생각하고 있었소." 아버지는 왈츠에 취한 채 대답했다. 그러자 어머니는 버럭 화를 내며 두 주먹으로 피아노 건반을 내리쳤다.

"의뭉스러운 사람, 나랑 연주한 적이 없잖아요!" 어머니가 귀청이 떨어져 나갈 정도로 소리를 질렀다. "당신은 어떤 여자랑 연주했는지 너무나 잘 알고 있고, 지금 그 여자 생각하느라 울고 있는 거예요."

어머니는 그때도 그 이후로도 그 여자의 이름을 말하지 않았으나 어머니가 내지르는 소리 때문에 집안 곳곳에 있던 우리는 공포에 질려 꼼짝도 할 수 없었다. 늘 남모르는 이유 때문에 뭔가를 두려워하던 루이스 엔리께와 나는 각자 침대 밑에 숨었다. 아이다는 옆집으로 도망가고, 마르곳은 갑작스럽게 열이 올라 사흘 동안 정신착란 증세를 보였다. 어린 동생들조차도 어머니가 두 눈으로 불똥을 튀기고, 매부리코를 칼처럼 날카롭게 세운 채 질투심을 폭발시키는 것에 익숙해져 있었다. 우리는 어머니가, 너무나도 차분한 표정으로 거실 벽에 걸려 있는 그림들을 내려 하나하나 거실 바닥에 내동댕이치는 것을 보았다. 유리 깨지는 소리가 우박 소리처럼 들렸다. 어머니가 아버지 옷을 하나하나 냄새 맡고 나서 빨래 바구니에 처넣는 것도 보았다. 비극적인 이중주를 협연한 그날 밤 이후 더 이상 아무 일도 일어나지 않았으나, 피렌체 출신 피아노 조율사가 피아노를 가져가 팔았고, 바이올린은 권총과 더불어 옷장 안에서 녹슬어 갔다.

당시 바랑끼야는 진보적인 시민 의식, 온건한 자유주의, 정치적 공존을 선도하는 중심지였다. 바랑끼야가 성장하고 번영을 구가하게 된 결정적인 요인들은 에스파냐로부터 독립한 이후 1세기가 넘는 기간 동안 지속되면서 국가를 황폐화했던 내전의 종식과, 대파업이 발생했을 때 자행된 폭력적인 진압으로 인해 상처를 입은 바나나 재배 지역의 붕괴였다.

그럼에도 불구하고 그 지역 사람들이 지닌 사업가적 정신을 거부할 수 있는 것은 아무것도 없었다. 1919년, 젊은 사업가 마리오 산또도밍고(훌리오 마리오의 아버지)는 미국인 윌리엄 녹스 마틴이 조종하는 구식 비행기로 바랑끼야에서 5리그 떨어져 있는 뿌에르또 꼴롬비아 해변에 마대 자루에 담긴 편지 쉰일곱 통을 던짐으로써 국내 항공 우편 회사의 운영을 개시해 시민적 명성을 획득했다. 1차 세계대전이 끝나자 일군의 독일 조종사들(그들 사이에는 헬무트 폰 크론이 있었다.)이 콜롬비아로 와서 항로들을 개설하고, 국내에 처음으로 도입한 수륙 양용 비행기 융커스 F-13에 겁 없는 승객 여섯과 우편 행랑을 실은 채 마그달레나 강을 불시에 나타난 메뚜기처럼 내달렸다. 그것이 바로 세계에서 가장 오래된 항공운송 회사 가운데 하나인 콜롬비아·독일 항공운송 회사 SCADTA의 시초가 되었다.

우리가 마지막으로 바랑끼야로 이사한 일은 나로서는 단순히 도시와 집을 바꾼 사건이 아니라 열한 살에 아버지를 바꾼 사건이었다. 새롭게 변모한 아버지는 훌륭한 사람이었으나 외갓집에서 마르가리따와 나를 행복하게 해 주던 아버지가 아니라 권위 의식을 지닌 아버지가 되어 있었다. 우리 자신의 주인이자 지배자로서 사는 데 익숙해져 있던 우리는 그동안 우리와 상관없던 체제에 적응하느라 무척 힘들었다. 아버지는 사람을 감탄시키고 감동을 주기도 했지만 대단한 독학자였고, 비록 체계적이지 못했다 해도 내가 알고 있는 그 어떤 사람보다 더 게걸스럽게 독서를 하는 사람이었다. 의과 대학을 중퇴한 뒤, 그 당시는 정규 교육을 요구받지 않던 터라 동종 요법을 독학하기 시작해 결국 명예 학위를 취득했다. 하지만 어머니와 달리 위기를 극복하려는 성격은 아니었다. 가장 심각한 위기들이 닥쳤을 때도 아버지는 자기 방에 걸어 놓은 해먹에 드러누워 손에 걸리는 것이라면 닥치는 대로 읽고 십자 말풀이나 하면서 상황을 방치했다. 하지만, 아버지의 현실 감각은 도저히 어찌해 볼 수 없는 것이었다. 아버지는 부자들을 신화화할 정도로 숭배했다. 물론 설명할 수 없는 방법으로 돈을 번 사람들을 숭배한 것이 아니라 재능과 정직을 바탕으로 돈을 번 사람들을 숭배했다. 아버지는 해먹에 드러누워 뜬눈으로 밤을 지새고 심지어는 해가 중천에 뜰 때까지도 잠을 자지 않은 채, 예전에는 왜 머리에 떠오르지 않았을까 싶은 손쉬운 사업으로 엄청난 재산을 모으는 상상을 하기 일쑤였다. 아버지는 다리엔에서 들은 가장 특이한 부(富)에 관한 얘기, 즉 막 태어난 암퇘지들이 200리그나 늘어서 있다는 얘기를 예로 드는 걸 좋아했다. 하지만 그런 특이한 사업들은 우리가 살고 있는 곳이 아니라, 아버지가 전신 기사로 떠돌이 생활을 할 때 주위 들은 실낙원에나 존재하고 있었다. 아버지의 뜬구름 잡는 비현실성 때문에 우리는 실패와 퇴보 사이에서 어정쩡하게 매달려 있을 수밖에 없었으나, 기나긴 세월 동안 하늘로부터는 매일 일용할 빵 쪼가리 하나 떨어지지 않았다. 어찌 되었든, 좋은 시절이나 나쁜 시절이나, 우리 부모님은 우리더러 고리타분한 가톨릭 스타일의 복종심을 발휘하고 품위를 유지하면서 좋은 시절을 향유하고 나쁜 시절을 인내하라고 가르쳤다.

내가 치르지 않았던 단 한 가지 시험은 아버지와 단둘이 여행을 하는 것이었는데, 아버지가 약국 개설하는 걸 돕고 가족이 바랑끼야로 이사 올 준비를 하도록 아버지가 나를 바랑끼야로 데려감으로써 그 시험을 완전하게 치르고 말았다. 우리 단둘이만 있을 때 아버지는 다정했고 나를 존중하며 어른 대접을 해 주었다. 심지어는 내 나이에는 쉽지 않은 것처럼 보이는 과제들을 맡김으로써 나를 놀라게 했지만, 나는 그 과제들을 기꺼이 훌륭하게 수행했다. 물론, 과제를 훌륭하게 수행했다는 내 생각에 아버지가 항상 동의한 것은 아니었다. 아버지는 고향에서 어린 시절에 겪은 얘기들을 우리에게 해 주었으나 새로 태어난 자식들을 위해 매년 같은 얘기를 반복했기 때문에 자식들은 흥미를 잃어 갔다. 그러다가 결국은, 식사가 끝난 뒤 아버지가 식탁에서 얘기를 꺼낼라치면 이미 머리가 큰 자식들은 자리에서 일어나기에까지 이르렀다. 솔직한 성격 탓에 공격적인 말을 자주 하던 루이스 엔리께가 식탁에서 일어나 나가면서 이렇게 말했다.

"외할아버지가 다시 돌아가시면 내게 알려들 주세요."

그처럼 자극적인 돌출 발언이 아버지를 화나게 만들었기 때문에, 그렇지 않아도 루이스 엔리께를 메데인 소년원으로 보내 버리겠다고 벼르던 아버지의 생각이 더 확고하게 변해 버렸다. 하지만 아버지는 바랑끼야에서 나와 함께 사는 동안 딴 사람으로 변했다. 민담 목록을 갈무리해 보존하고, 당신 어머니와 함께 살면서 겪은 어려움, 당신 아버지의 전설적인 구두쇠 짓, 그리고 어려웠던 공부에 관한 재미있는 얘기들을 들려주기도 했다. 그런 기억들이 나로 하여금 아버지의 변덕 가운데 일부를 견딜 수 있도록 해 주었고 아버지의 이해할 수 없는 면모 가운데 일부를 이해할 수 있도록 해 주었다.

우리는 그동안 읽은 책들과 앞으로 읽을 책들에 관한 얘기를 나누었고, 시장에 있는 나병 환자들의 책가게에서 타잔, 탐정, 우주 전쟁 이야기책들을 싼값에 듬뿍 거둬들였다. 하지만 나는 아버지의 실용적인 감각의 희생물이 될 뻔한 적도 있었다. 우리가 하루에 한 끼만 먹게 될 거라고 아버지가 결정했을 때가 바로 그때였다. 우리가 겪은 첫 번째 충돌은 점심을 먹은 지 일곱 시간 뒤 해질녘의 빈 속을 음료수와 달콤한 빵으로 채우고 있던 나를 아버지가 발견했을 때 일어났다. 나는 그런 것들을 살 돈을 어디서 구했는지 아버지에게 말할 수 없었다. 여행할 때 아버지가 스스로 실행하던 트라피스트 수도회의 식이 요법[+]을 내게 강요할 것에 대비해, 어머니가 몰래 몇 뻬소를 주었다는 사실을 밝힐 엄두를 내지 못했던 것이다. 어머니와 나의 그런 공모 관계는 어머니가 재원을 책임지고 있는 동안 지속되었다. 내가 중등학교 기숙사에 들어가 공부하게 되었을 때, 어머니는 내 가방에 여러 가지 목욕, 화장실 용품들을 챙겨 주고 내가 아주 궁핍할 때 열어 보리라는 생각으로 로이터 비누 곽에 10뻬소를 넣어 두기도 했다. 나에게는 집에서 멀리 떨어져 공부하는 동안 항상 10뻬소의 돈이 있었다.

아버지는 밤에 바랑끼야 약국 집에 나 홀로 있는 일이 없도록 신경을 썼으나 아버지의 해결책은 열두 살짜리 소년에게 항상 즐겁지만은 않았다. 밤에 아버지와 함께 아버지의 친한 친구들 집을 방문하는 것은 나를 지치게 만들었다. 또래 아이들이 있는 집에서는 아이들에게 밤 8시만 되면 잠을 자도록 강요했기 때문에 어른들이 나누는 사회적

[+] 가톨릭 수도회의 금욕적인 분파로 육류와 어류를 먹지 않는다.

잡담의 황무지 속에서 나 혼자 고문 같은 지루함과 졸음을 견뎌 내야 했다. 어느 날 밤 아버지와 함께 아버지의 의사 친구 집을 찾아갔다가 깜박 잠이 들어 버렸는데, 내가 어떻게 어느 시각에 잠에서 깨어나게 되었는지는 모르겠지만, 나는 불현듯 어느 낯선 거리를 걷고 있었다. 내가 어디에 있었고, 어떻게 해서 거기까지 가게 되었는지 전혀 기억 나지 않았다. 그저 몽유병자의 행위로 이해될 수밖에 없는 일이었다. 가족 가운데 그런 전력을 가진 사람은 아무도 없었고 아직까지 그런 사람은 나타나지 않고 있으나, 그것은 몽유병 증세였다고 설명할 수밖에 없는 일이었다. 잠에서 깨어난 나를 첫 번째로 놀라게 한 것은 8시 10분을 가리키고 있는 시계 아래서 손님 서넛이 이발을 하고 있고 반짝거리는 거울들이 있는 어느 이발소 쇼윈도였는데, 그 시각은 내 또래 아이가 혼자 거리에 있을 거라 생각할 수 없는 시각이었다. 무서움 때문에 정신이 멍해진 나는 우리가 방문한 그 가족의 이름을 혼동하고 그 집 주소를 잘못 기억했으나 몇몇 행인들이 내 말의 앞뒤를 꿰어 맞춰 정확한 주소지로 나를 데려다 줄 수 있었다. 나의 실종에 관해 온갖 추정을 해본 이웃 사람들은 잔뜩 겁을 먹고 있었다. 그들이 나에 관해 알고 있던 유일한 사실은 그들이 대화를 나누고 있는 사이 내가 의자에서 일어났다는 것인데, 내가 화장실에 가겠거니 생각했다는 것이다. 몽유병에 관한 설명은 그 누구도 믿지 않았고, 아버지는 더더욱 믿지 않았다. 아버지는 단박에 내가 심술을 부리는 것으로 이해했고, 나는 씁쓸한 대가를 치렀다.

다행히도 며칠 뒤 어느 날 밤, 아버지가 나를 어느 집에 남겨 둔 채 사업상 저녁 식사를 하고 있는 사이 나는 복권(復權)할 수 있었다. 그 집 가족은 라디오를 통해 모두 아뜰란띠꼬 방송국의 청취자 퀴즈 쇼를 경청하고 있었다. 그날 밤 출제된 문제는 풀 수 없을 것처럼 보였다. "뒤집어지면서 이름이 바뀌는 동물은 무엇일까요?" 특이한 기적처럼 나는 그날 오후 《알마나께 브리스똘》 최신호에서 그 해답을 읽고는 썰렁한 농담 같다는 생각을 한 터였다. 뒤집어지면서 이름을 바꾸는 유일한 동물은 '에스까라바호'였다. 뒤집어지면 '에스까라리바'가 되기 때문이었다.‡ 내가 그 문제 정답을 그 집 여자애들 가운데 하나에게 비밀스럽게 알려 주자 큰언니가 부리나케 전화를 걸어 아뜰란띠꼬 방송국에 정답을 말했다. 일등 상을 받았는데, 상금으로 받은 100뻬소는 그 집 석 달치 월세에 해당하는 것이었다. 응접실은 라디오 방송을 청취한 이웃집 사람들로 북적거렸고, 상금을 탄 여자애들에게 앞을 다투며 축하 말을 전했으나, 가족이 관심을 두고 있던 것은 상금이라기보다 카리브 지역 라디오 방송국 역사에 남을 만한 인기 프로그램인 청취자 퀴즈 대회에서 우승한 것이었다. 하지만 내가 그 자리에 있었다는 사실을 기억하는 사람은 아무도 없었다. 그 집으로 나를 데리러 온 아버지는 가족의 즐거움에 동참했고 우승을 축하했으나, 누가 진정한 승자였는지 아버지에게 말해 준 사람은 아무도 없었다.

  그 당시 내가 거둔 다른 승리는 일요일 꼴롬비아 극장에서 상연하는 첫 회 영화를 나 혼자 보러 가도 좋다는 허락을 아버지로부터 받아 낸 것이었다. 처음에는 시리즈물이 상연되었다. 일요일마다 다른 에피소드를 하나씩 상연했는데, 다음 에피소드를 보고 싶은 조바심에 한 주 내내 단 한순간도 차분하게 있을 수 없었다. 「몽고의 침략」은 내가

---

‡ 에스까라바호(escarabajo)는 풍뎅이를 뜻하지만, 단어를 해체해 보면 es cara abajo(얼굴이 아래를 향해 있는 동물)가 된다. 따라서 에스까라리바(escararriba)는 es cara arriba(얼굴이 위를 향해 있는 동물), 즉 '뒤집어진 풍뎅이'가 될 수 있다.

처음으로 본 우주 공상 영화 대작이었는데, 많은 세월이 흐른 뒤 스탠리 큐브릭 감독의 「2001: 스페이스 오디세이」를 보고 나서야 비로소 내 마음속에서 그 영화를 지울 수 있었다. 하지만 까를로스 가르델과 리베르땃 라마르께의 영화들을 비롯한 아르헨티나 영화가 결국 다른 모든 영화들을 능가해 버렸다.

두 달이 채 걸리지 않아 우리는 약국을 열었고, 가족의 거처를 마련해 가구를 들여놓았다. 첫 번째 약국은 인파로 붐비는 시내 중심 상업 지역에 있었고, 약국에서 단 네 블록 떨어진 곳에 볼리바르 광장이 있었다. 반면에 가족의 살림집은 가난하지만 즐거운 동네인 아바호의 변두리에 있었다. 집세는 그 집의 전반적인 상태에 따라 결정된 것이 아니라 그 집의 외양에 따라 결정되었다. 노랗고 빨간 당밀로 색칠한 고딕 양식 고택으로, 회교 사원풍의 뾰쪽한 전쟁 탑 두 개가 있는 집이었다.

약국을 인수받은 바로 그날 우리는 약국 뒷방에 갈래나무를 세우고 해먹을 달아 놓은 뒤 푹푹 찌는 더위 속에서 땀을 줄줄 흘리며 잠을 잤다. 살림집에 들어가 보니 해먹을 걸 만한 고리가 없었다. 바닥에 매트리스를 깔아 놓고 고양이 한 마리를 빌려 쥐들을 쫓아내도록 조치해 놓고는 그 어느 때보다 달콤하게 잤다. 어머니가 나머지 식구들을 데리고 집에 도착했을 때는 가구가 아직 완전히 갖춰져 있지도 않았고, 부엌 세간도 없었으며 살림살이도 많이 부족했다.

아버지 어머니의 예술적 취향에도 불구하고 평범하기 그지없었던 집은 거실, 주방, 침실 두 개 그리고 보도 블록이 깔린 작은 마당이 있는 것으로, 그저 우리 식구가 살 만할 정도가 되었다. 엄격하게 말하자면, 그 집은 우리가 지불하는 집세의 3분의 1 정도의 가치밖에 없었다.

어머니는 그 집을 보고 적잖이 실망했지만 남편이 황금빛 미래를 약속하는 미끼를 던짐으로써 아내를 안정시켰다. 그토록 다른 두 사람이 서로를 그토록 잘 이해하고 그토록 사랑한다는 사실을 인정하는 것은 불가능한 일이었다.

  어머니의 모습이 내 마음을 심란하게 했다. 일곱 번째 아이를 임신 중인 어머니는 눈꺼풀과 발목이 허리처럼 부어 있었다. 당시 어머니의 나이는 서른셋이었고, 그 집은 다섯 번째로 이사한 집이었다. 어머니가 의기소침해 있다는 사실이 마음에 걸렸다. 첫날 밤부터 어머니는 X 마담이 칼을 맞고 죽기 전 그 집에서 산 적이 있다는, 아무 근거도 없는 상상을 함으로써 공포에 사로잡혀 더욱더 의기소침하게 변했다. 사실 살인 사건은 7년 전 내 부모가 바랑끼야에 살 때 일어났는데, 어찌나 무시무시했던지 어머니는 다시는 그 도시에서 살지 않겠노라 다짐했었다. 그 후 다시 바랑끼야로 이사 오게 된 때는 어머니가 그 사건에 대해 잊은 것 같았으나, 그 음침한 집에서 드라큘라 성에서 풍길 법한 분위기를 즉각적으로 감지한 어머니에게 갑자기 옛날 살인 사건이 떠올랐던 것이다.

  X 마담에 관한 첫 뉴스는 벌거벗은 여자의 시체가 신원을 파악할 수 없을 만큼 부패된 상태로 발견되었다는 것이었다. 검은 머리에 매력적인 용모를 지닌 여자로, 서른 살이 채 안 되었을 것이라 추정되었다. 공포에 질린 듯 왼손으로 두 눈을 가리고, 오른팔이 머리 위로 치켜올려진 상태였기 때문에 산 채로 매장되었을 것이라고들 믿었다. 신원을 밝힐 수 있는 단 한 가지 가능성 있는 단서는 그녀가 머리를 여러 가닥으로 땋음을 증명하는 하늘색 리본 두 개와 멋진 장식용 빗 하나였다. 수많은 가설들 가운데 가장 신빙성 있게 보였던 것은 바람기 많은 프

랑스 출신 댄서 하나가 범죄가 일어났으리라 추정되는 그날부터 사라져 버렸다는 것이었다.

바랑끼야는 국내에서 가장 친절하고 평화로운 도시라는 지당한 명성을 지니고 있었으나 매년 처참한 범죄 행위가 발생하는 불행을 겪고 있었다. 그렇지만 칼 맞아 죽은 이름 없는 여자의 사건처럼 그토록 심하게, 그토록 오랫동안 여론을 들끓게 한 사건은 일찍이 없었다. 당시 국내에서 가장 중요한 일간지들 가운데 하나였던 《라 쁘렌사》는 일요판에 「벅 로저스」, 「원숭이 타잔」 같은 만화들을 실음으로써 신문 만화의 선구자로서 명성을 유지하고 있었으나, 창간 첫 해부터 옐로 저널리즘의 위대한 선구자들 가운데 하나로 자리매김했다. 커다란 제호들을 붙인 깜짝 놀랄 만한 사건을 폭로해 몇 개월 동안 도시를 들쑤셔 놓음으로써, 그동안 잊혀 있던 기자를 국내 유명인사로 만들었다.

당국은 신문 기사들이 사건의 조사를 방해한다는 논리로 그 기자의 기사들을 제재하려고 애썼으나 독자들은 당국자들의 말보다는 《라 쁘렌사》의 폭로 기사를 더 신뢰했다. 당국과 신문의 대결은 독자들의 흥미를 유발했고, 그로 인해 사건 조사관들은 적어도 한 번은 수사 방향을 수정할 수밖에 없었다. 당시 사람들의 상상 속에 X 마담의 이미지가 너무 강하게 각인되어 있었기 때문에 많은 가정에서는 아직 잡히지 않고 있던 살인범이 잔인한 범행 계획을 계속해서 수행할 것이라는 두려움으로 집 대문에 쇠사슬을 걸어 잠갔고, 밤에는 특별 경비를 했으며, 여자들이 오후 6시 이후로는 혼자 외출하지 않도록 조치했다.

그러다가 진실은 어느 정도의 시간이 흐른 뒤 다름 아닌 범인 에프

라인 둔간 자신에 의해 밝혀졌다. 범인은 법의학자들이 계산한 날짜에 아내 앙헬라 오요스를 죽였고, 칼에 찔려 살해된 여자가 발견된 바로 그 장소에 매장했다고 자백했다. 앙헬라의 가족은 앙헬라가 4월 5일 깔라마르로 여행을 떠나는 것처럼 남편과 함께 집을 나섰을 때 머리에 꽂고 있던 하늘색 리본들과 장식용 빗을 확인했다. 그 사건은 엉뚱하지만 결정적인 우연에 의해 추호의 의심도 없이 종결되었는데, 그 우연은 흡사 한 환상 소설 작가가 옷소매에서 꺼낸 것처럼 보였다. 앙헬라 오요스는 일란성 쌍둥이였는데 자매를 통해 그 신원이 정확하게 밝혀질 수 있었다.

 X 마담에 관한 신화는 흔히 발생하는 잔인한 살인 사건으로 격하되었으나, 사람들은 X 마담 자신이 마법을 통해 환생했을 거라는 생각을 하기 시작했고 쌍둥이 자매에 관한 미스터리는 집집마다 퍼져 나갔다. 밤이 되면 살인범이 마술의 힘을 빌어 감옥을 탈출해 집으로 들어올까 봐 집문을 잠근 뒤 가로대로 보강하고, 그것도 부족해 문 뒤에 가구들을 쌓아 놓았다. 부자 동네에서는 벽을 뚫고 들어올 수도 있는 살인범들을 막기 위해 훈련된 사냥개들을 준비시켜 놓는 것이 유행하게 되었다. 실제로 어머니가 두려움을 극복할 수 없었기 때문에, 급기야는 이웃 사람들까지 나서서 아바호에 있는 그 집은 X 마담 사건이 일어났던 시기에는 아직 지어지지도 않았다는 논리로 어머니를 납득시켜야 했다.

 1939년 7월 10일, 어머니는 얼굴 윤곽이 인디오를 닮은 예쁜 여자아이를 출산해 리따라는 이름을 지어 주었다. 많은 은총들 가운데서도, 특히 빗나간 남편의 그릇된 성격을 견뎌 냈던 인내심을 기를 수 있도록 은총을 내려 준 까시아의 성녀 리따[‡]를 가족이 끝없이 숭배하고 있었기 때문이다. 어머니는, 어느 날 밤 암탉 한 마리가 식탁 위에서 똥을 싼 지 1분 뒤 고주망태가 되어 집으로 돌아온 한 남편의 얘기를 가끔 우리에게 들려주었다. 아내는 티끌 하나 없이 깨끗한 식탁보에 싸놓은 닭똥을 치울 틈이 없어 혹여 남편이 보기라도 할까 봐 부리나케 그릇으로 덮었고, 서둘러 남편의 관심을 딴 데로 돌리기 위해 일부러 딱딱한 어조로 물었다.

"뭐 좀 먹을래요?"

남편이 툴툴거렸다.

"똥."

그러자 아내는 그릇을 들어내며 성녀처럼 달콤한 목소리로 남편에게 말했다.

"여기 있어요."

이야기에 따르면, 남편은 그때 아내의 덕성에 감화를 받아 예수를 믿기 시작했다.

바랑끼야에 새로 연 약국은 보기 좋게 실패해 버렸는데, 실패를 예견한 아버지가 재빨리 조치를 취했기 때문에 그나마 손해를 덜 보았다. 구멍 하나를 메우기 위해 다른 구멍 두 개를 파는 식으로 소매 장사를 시작한 지 몇 개월이 지나자 아버지는 그때까지 드러난 것보다 더 심한 방랑벽을 드러냈다. 어느 날 아버지는 배낭을 꾸려 마그달레

‡ 그녀의 남편이 살해당하자 쌍둥이 아들은 복수심에 불타오른다. 아들들이 죄를 짓게 하느니 이 세상에서 데려가 달라고 하느님께 기도한 결과, 아들들은 전염병에 걸리게 되고 죽기 전 살인범을 용서한다. 리따는 수녀가 되기를 원했으나 수도원에서 허락하지 않는다. 리따는 전보다 더욱 열심히 기도하며 가난한 사람, 병자, 노인들을 돌보며 하느님이 허락해 줄 날을 기다린다. 결국, 수도원에 들어간 리따는 '예수님의 상처'를 이마에 받는 등 기적이 일어나지만 겸손하게 자신을 숨기고 어려움 속에서도 부지런하고 순종적인 삶을 조용히 살아간다.

나 강 주변의 가장 후미진 마을에 숨겨져 있다고 생각하던 보물을 찾아 떠나 버렸다. 떠나기 전 아버지는 나를 동업자들 친구들에게 데려가, 뭔가 엄숙한 표정을 지으며 내가 자기 빈자리를 채울 거라는 사실을 그들에게 주지시켰다. 당시 나는 심각한 경우에도 농담하기를 좋아하던 아버지가 농담을 한 건지, 아니면 하찮은 경우에도 심각하게 말하는 걸 즐겨하는 습관에 따라 진지하게 말했는지 전혀 감을 잡을 수 없었다. 당시 나는 그림을 그리고 노래 부르는 거나 좋아하는, 구루병 환자에 피부가 창백한 열두 살짜리 어린아이였기 때문에 아버지의 말을 들은 사람들은 각자 자기 방식대로 이해했을 것이다. 우리에게 외상으로 우유를 대 주던 여자는 나를 포함한 전 가족 앞에서 심술이 전혀 배어 있지 않은 말투로 어머니에게 말했다.

"부인, 이런 말을 하게 되어 죄송합니다만, 이 아이는 제대로 자라지 못할 것 같습니다."

놀란 나는 갑자기 죽을지도 모른다는 생각을 오랫동안 했고, 거울을 보면 내 얼굴이 보이는 것이 아니라 뱃속에 든 송아지가 보이는 꿈을 종종 꾸기도 했다. 학교 양호실 의사는 내가 그릇된 방식으로 과도하게 독서를 하기 때문에 말라리아, 편도선염에 걸려 있고 검은 담즙이 분비된다고 진단했다. 나는 사람들의 불안감을 누그러뜨리려고 애를 쓰지는 않았다. 오히려 내게 부과된 의무를 피하기 위해 병약한 내 조건을 과장하기도 했다. 그런데 아버지는 집을 떠나기 전 내가 처해 있는 상황은 아랑곳하지 않은 채 자신이 집을 비운 사이 나더러 집과 가족을 돌보라고 선언했다.

"내가 하던 것처럼 해야 된다."

집을 떠나던 날 아버지는 우리를 거실에 모아 놓고 교육을 했고, 자신이 떠나 있는 동안 우리가 저지를 수 있는 나쁜 행위에 대한 질책성 예방 조치를 취했으나, 아버지 스스로 울지 않기 위해 그렇게 했다는 사실을 우리는 알아차렸다. 아버지는 우리에게 5센따보짜리 동전을 하나씩 나눠 주었다. 그것은 당시 어떤 아이에게도 작은 자산이 되는 돈이었다. 아버지는 자신이 돌아올 때까지 그 돈을 쓰지 않으면 같은 동전 하나씩 더 주겠노라고 다짐했다. 마지막으로 내게 복음전도사 같은 어조로 말했다.

"네 두 손에 가족을 맡기니 내가 돌아올 때까지 잘 보살피렴."

나는 아버지가 등산용 각반을 차고 어깨에 배낭을 멘 채 나가는 모습을 보면서 정신이 아득해졌고, 아버지가 길모퉁이를 돌아가기 전 마지막으로 우리를 쳐다보면서 손을 흔들어 작별 인사를 했을 때 맨 먼저 눈물을 흘렸다. 바로 그때, 아니 영원히, 나는 내가 아버지를 얼마나 깊이 사랑하고 있었는지 깨달았다.

아버지가 맡긴 책무를 완수하는 것은 어렵지 않았다. 어머니는 느닷없이 닥친, 언제까지 견뎌야 할지 모르는 그 고독에 적응하기 시작했고, 불쾌하게 여기기는 했지만 아주 쉽게 고독을 감내하고 있었다. 부엌일을 하고 집안 질서를 바로잡기 위해 동생들까지도 가사를 도와야 할 필요가 있었는데 모두 잘들 해 주었다. 그 당시 동생들이 나를 삼촌처럼 대하기 시작했다는 사실을 깨달았을 때, 나는 내가 어른이 되었다는 느낌을 처음으로 갖게 되었다.

나는 소심함을 결코 극복할 수 없었다. 방랑하는 아버지가 우리에게 맡긴 임무를 몸으로 처리해야 했을 때, 소심함이라는 것은 이길 수 없는 유령이라는 사실을 배웠다. 돈을 빌려야 할 때마다, 아버지 친구들의 가게에서 사전에 빌려 주기로 약속한 돈이라 할지라도, 울고 싶은 마음이 들었고 위경련이 날 것만 같았다. 나는 몇 시간 동안 가게 주위를 어정거리다 어금니를 꽉 다물고 용기를 내어 안으로 들어갔다. 하지만 어찌나 꽉 물었던지 말도 제대로 나오지 않았고, 내게 겁을 주는 냉정한 가게 주인도 없지는 않았다. "이 얼간이 같은 놈아, 입을 그렇게 닫고 있으니 말이 안 나오지." 돈을 빌리지 못한 변명거리를 마련해 빈손으로 집에 돌아온 적도 두어 번 있었다. 하지만 가장 비참한 사건은 내가 처음으로 길모퉁이 가게에서 전화 통화를 시도했을 때 발생했다. 자동 전화가 없던 때라, 가게 주인은 교환원을 연결해 나를 도와주었다. 주인이 내게 건네준 메가폰 모양의 수화기를 귀에 갖다 댔을 때 죽음의 바람이 불어오는 것 같은 느낌이 들었다. 고분고분한 목소리를 들을 거라 기대하던 내가 들은 것은 어둠 속에서 나와 동시에 이야기하고 있는 누군가가 퍼부어 대는 욕설이었다. 상대가 내 말을 이해하지 못한 거라 생각한 나는 목소리를 최대로 높였다. 상대방 역시 화를 버럭 내며 목소리를 높였다.

"야, 어떤 상놈의 자식이 소리를 지르는 거야!"

무서워서 전화 수화기를 놓았다. 내가 대화를 아주 좋아하는 것은 사실이지만, 그래도 여전히 전화와 비행기에 대한 공포는 내 안에 남아 있다. 그런 공포가 그 당시 경험에서 비롯됐는지는 잘 모르겠다. 그런 내가 어떻게 무언가를 할 수 있게 되었을까? 다행히 어머니는 자주 그에 대한 해답을 제시해 주었다. "봉사를 하려면 고통을 감수해야 한단다."

아버지에게서 온 첫 번째 소식은 아버지가 떠난 지 2주가 지났을 무렵 우리에게 특별한 내용을 전하기보다는 우리를 즐겁게 해 줄 목적으로 보낸 편지 한 통이었다. 어머니는 그 편지를 그렇게 이해했고, 바로 그날 우리의 도덕심을 고양하기 위한 노래를 부르며 설거지를 했다. 아버지가 없으니 달랐다. 어머니는 딸들과 함께 있을 때면 큰언니처럼 처신했다. 여동생들과 아주 잘 어울리고 소꿉장난을 할 때는 가장 뛰어났는데, 인형 놀이를 할 때조차도 가장 잘했다. 가끔씩은 자신의 본분을 잊어버리고 딸들과 똑같은 수준에서 싸우기도 했다. 아버지로부터 첫 번째 편지와 동일한 성격의 편지 두 장이 더 왔다. 편지에 장밋빛 청사진이 들어 있었기 때문에 우리는 평소보다 더 편안하게 잘 수 있었다.

    심각한 문제 하나는 우리의 옷이 몹시도 빨리 작아진다는 것이었다. 루이스 엔리께는 늘 넝마가 다 된 옷을 입은 비참한 꼬락서니로 집에 들어왔기 때문에 그 누구도 그의 옷을 물려받으려 하지 않았고, 그럴 가능성도 없었다. 우리는 그가 왜 그러는지 도무지 이해하지 못했다. 어머니는 루이스 엔리께가 가시 철조망 사이를 걸어 다니는 것 같다고 우리에게 말했다. 일곱 살에서 아홉 살 사이에 있는 여동생들은 불가사의할 정도로 기발한 아이디어를 발휘해 서로 최선을 다해 도와가면서 문제를 해결했다. 나는 그 당시 어려운 집안 형편 때문에 여동생들이 조숙해 버린 것이라고 확신했다. 아이다는 재치가 있었고, 소심증을 거의 다 이겨 낸 마르곳은 갓 태어난 여동생을 다정하고 친절하게 돌봐 주었다. 가장 어려웠던 사람은 나였다. 내가 동생들과는 다른 일을 해야 했기 때문만이 아니라 모든 면에 열성적으로 대처하던 어머니가 나를 집에서 열 블록 떨어진 거리를 걸어가야 하는 까르따헤나 데 인디아스 학교에 등록시키기 위해 생활비를 축내는 위험을 감수했기 때문이다.

    예비 소집 통보를 받은 스무 명 남짓한 지원자들이 입학 허가를 받기 위해 아침 8시에 학교에 모였다. 다행히 필기 시험은 치르지 않았으나 선생님 셋이 전 주에 지원서를 낸 순서에 따라 우리를 차례로 불러 그때까지 각자가 받은 성적에 의거해 구술 시험을 치렀다. 몬테소리 학교와 아라까따까 초등학교의 성적표를 뗄 시간이 없었기 때문에 성적표가 없는 사람은 나밖에 없었고, 어머니는 서류를 제대로 갖추지 않으면 합격되지 않을 거라 생각하고 있었다. 하지만 나는 운에 맡기기로 작정했다. 어느 선생님에게 성적표가 없다고 자백하자 그가 나를 줄에서 빼냈으나 다른 선생님이 나를 떠맡아 사무실로 데려가서는 사전 필요 조건을 제대로 갖추지 않은 나를 시험했다.

1그루에사는 몇 개인지 1루스뜨로와 1밀레니오는 각각 몇 년인지 내게 물었고, 콜롬비아 각 주 수도들과 주요 강들, 그리고 콜롬비아와 맞닿아 있는 나라들의 이름을 외워 보라고 했다. 내게 무슨 책을 읽었는지 물었을 때까지는 모든 질문이 진부하게 들렸다. 내가 그 나이에 그토록 많고 다양한 책을 열거하고, 『천일야화』를, 그것도 안가리따 신부로 하여금 큰 소란을 일으키도록 만들었던 음란한 에피소드 몇 개가 삭제되지 않은 성인용 판을 읽었다는 사실이 그의 관심을 불러일으켰다. 그때까지만 해도 진지한 어른들은 병에서 요정들이 나온다거나 주문을 외우면 문이 열린다는 얘기를 믿지 못할 거라 생각하고 있던 나는, 그때 비로소 『천일야화』가 중요한 책임을 알고 놀랐다. 나보다 앞서 면접을 본 지원자들은 한 사람당 15분을 넘기지 않고 합격과 불합격이 결정되었다. 나는 30분 이상을 그와 온갖 테마들에 관해 대화했다. 그와 나는 그의 책상 뒤로 가 책이 빼곡하게 꽂혀 있는 서가를

‡ 1그루에사는 12다스, 1루스뜨로는 5년, 1밀레니오는 1,000년을 가리킨다.

조사했다. 언젠가 들은 기억이 있는 『젊음의 보물』이 책의 숫자와 호화로운 장정 때문에 유난히 돋보였지만, 그는 내 나이에는 『돈 끼호떼』가 더 유익하다고 나를 설득했다. 서가에는 『돈 끼호떼』가 없었지만, 그는 나중에 빌려 주겠노라고 약속했다. 『신바드의 모험』 또는 『로빈슨 크루소』에 관해 30분 정도 빠르게 설명한 뒤에, 내 합격 여부에 관해서는 일언반구도 없이 출구까지 나를 바래다주었다. 나는 당연히 합격하지 못했다고 생각했으나, 그는 테라스에서 내게 악수를 청하며 월요일 오전 8시까지 와서 초등학교 고학년, 즉 4학년에 등록하라고 말했다.

그가 바로 교장 후안 벤뚜라 까살린스였다. 그분은 그 당시 내가 교사들에 대해 느꼈던 무섭다는 인상을 주지 않았고, 나는 그를 유년 시절의 친구로 기억하고 있다. 잊을 수 없는 그의 미덕은 그가 당시 우리 모두를 어른처럼 대우했다는 것이다. 물론 그가 내게 특별한 관심을 표명했다는 생각을 나는 아직도 가지고 있다. 수업 시간에는 항상 다른 아이들보다 내게 더 많은 것을 물었고, 내가 정확하고 쉽게 대답할 수 있도록 나를 도왔다. 내가 학교 도서관의 책을 빌려 집에서 읽는 것도 허락해 주었다. 그중 『보물섬』과 『몬테크리스토 백작』은 고난에 찬 그 몇 년 동안 나를 행복하게 만들어 주는 마약과도 같았다. 나는 다음 줄에는 무슨 일이 일어날까 알고 싶은 조바심과 동시에 다음에 전개될 이야기를 알게 되면 매력이 사라질지도 모르니 그 이야기를 미리 알지 말아야 한다는 조바심을 지닌 채 그 두 책을 한 자 한 자 탐독했다. 『천일야화』와 마찬가지로, 그 책들을 읽으면서 책이 주는 매력을 결코 잊지 않기 위해서는 다시 한 번 더 읽고 싶은 마음이 드는 책들만 골라 읽어야 할 것이라는 사실을 배웠다

반면에 『돈 끼호떼』를 읽었을 때는, 까살린스 선생님이 내게 미리 말해 준 감동이 일어나지 않았기 때문에 항상 한 장(章)씩 따로따로 읽을 필요가 있었다. 방랑 기사의 현학적인 장광설이 따분했고, 기사를 따라다니는 시종의 어리석은 짓거리가 하나도 재미있지 않았기 때문에, 사람들 입에 그토록 오르내리는 것과는 다른 책이라는 생각까지 하게 되었다. 그래서 결국, 우리의 대작가처럼 박학다식하고 재주 많은 작가는 실수를 할 수 없는 법이라고 스스로에게 말하고는, 숟가락으로 설사약을 떠먹듯 애를 써 가며 그 책을 그대로 삼켜 버렸다. 중등학교에서 필수 과제로 『돈 끼호떼』를 공부해야 했을 때 진지하게 읽어 보려고 여러 번 시도를 했지만 당연히 싫증이 났기 때문에 친구 하나는 나더러 그 책을 화장실 선반에 올려놓았다가 용변 보면서 읽으라고 충고하기까지 했다. 그렇게 함으로써만 돌발적인 폭발이 일어나듯 그 소설의 진가를 발견했고, 차례차례 읽어 보고 거꾸로 읽어 보면서 소설을 즐기다가 결국은 에피소드 전체를 암기할 정도에까지 이르게 되었다.

내게 그토록 소중한 것들을 가르쳐 준 그 학교는 위에서 언급한 것 외에도, 지금은 되돌아갈 수 없는 한 도시와 한 시대에 관한 생생한 기억들을 내게 남겨 주었다. 학교는 초록색 언덕 꼭대기에 자리한 유일한 건물로, 학교 테라스에서는 세상 양쪽 끝이 다 보였다. 왼쪽으로는 그 도시에서 가장 근사하고 집값이 가장 비싼 동네 쁘라도가 자리하고 있었다. 그 동네를 보자마자 유나이티드 프루트 컴퍼니의 전기 철조망을 두른 닭장 같은 주거지를 복사해 놓은 것 같다는 생각이 들었다. 우연히 그런 식으로 조성된 것은 아니었다. 그 동네는 미국의 도시 건축 회사 하나가 자신들의 나라에서 통용되는 자신들의 기호와 기준과 가치를 끌어들여 건설한 것으로, 국내 다른 지역에 사는 사람들에게는 반드시 들러 보고 싶은 관광지였다. 반면에 오른쪽으로는 뜨거운 먼지 날리는 도로들, 흙과 갈대를 섞어 벽을 만들고 야자수로 지붕을 이은 집들로 이루어진 우리 동네 아바호의 변두리가 보였다. 이 동네는 우리는 그저 살과 뼈로 이루어진 구차한 인간일 뿐이라는 생각을 하게 만들었다. 다행히 우리는 학교 테라스에서 세계에서 가장 큰 델타들 가운데 하나인 마그달레나 강의 유서 깊은 델타 지역과 보까스 데 세니사의 잿빛 바다를 바라보며 원대한 꿈을 꿀 수 있었다.

1935년 5월 28일, 우리는 캐나다 국기를 단 채 선장 D. F. 맥도널드의 지휘 아래 환희의 뱃고동을 울리며, 거친 바위들을 쌓아 만든 방파제를 따라 들어와 그 도시 항구에 닻을 내린 유조선 타라라이트 호를 보았다. 음악 소리와 폭죽 소리가 떠들썩하게 울려 퍼지고 있었다. 바랑끼야를 바다와 강이 인접해 있는 국내 유일의 항구로 변모시키기 위해 여러 해를 보내고 많은 자금을 투자했던 시민적 위업은 그렇게 달성되었다.

얼마 뒤, 니꼴라스 레이예스 마노따스 기장이 조종하는 비행기 한 대가 비상 상륙을 시도할 만한 공터를 찾기 위해 주택들 옥상을 스치듯 날아가는 사건이 발생했다. 그가 이렇게 한 이유는 단지 자신의 목숨을 구하기 위해서가 아니라 추락하면서 부딪치게 될 사람들을 구하기 위해서였다. 그는 콜롬비아 항공 산업의 선구자들 가운데 하나였다. 그 원시적인 비행기는 멕시코에서 선물한 것으로, 그는 혼자서 중앙 아메리카의 끝에서 끝으로 비행기를 운반해 왔다. 바랑끼야 공항에 모여 있던 군중은 손수건과 깃발, 악단까지 준비해 레이예스 마노따스의 개선을 환영할 준비를 해 놓았으나 그는 군중에게 인사를 할 목적으로 도시 위를 두 바퀴 더 돌고자 했고, 그러다 결국 엔진이 고장 나 버렸던 것이다. 그는 기적 같은 노련함으로 엔진을 복구해 어느 상가 건물 옥상에 비상 착륙했으나 전선들에 뒤엉키는 바람에 전신주에 매달린 꼴이 되어 버렸다. 동생 루이스 엔리께와 나는 소란스러운 군중 틈에서 힘이 닿는 데까지 비행기를 뒤쫓았으나, 사람들이 무사한 조종사를 어렵사리 꺼내 놓고, 조종사가 영웅처럼 박수갈채와 환호를 받고 있을 때야 비로소 조종사를 볼 수 있었다. 도시는 첫 번째 라디오 방송국, 새로운 수질 정화 과정을 보여 주는 관광학적, 교육학적 명소로 변한 현대식 상수도 시설, 그리고 소방대의 사이렌 소리, 종소리를 들은 순간부터 어른 아이 할 것 없이 축제에서처럼 좋아하는 소방서도 갖추게 되었다. 컨버터블도 도입되었는데, 거리를 미친 듯이 내달리다 새로 포장한 도로에서 산산조각이 나기 일쑤였다. 죽음에 관한 유머에서 착상해 이름을 붙인 '라 에끼따띠바'‡ 장의사는 도시 입구에 거대한 간판을 내걸었다. "천천히 달리세요. 우리가 당신을 기다리고 있답니다."

밤이 되어 집 말고는 딱히 갈 데가 없을 때면 어머니가 우리를 불러 모아 놓고 아버지에게서 온 편지들을 읽어 주기도 했다. 편지에 실린 내용 대부분은 그렇고 그런 것들이었으나, 마그달레나 강 하류 지역에 거주하는 나이 많은 사람들에게 동종 요법이 엄청나게 인기 있다는 내용 하나는 우리의 지대한 관심을 끌었다. "기적처럼 보일 만한 일들이 있다오." 아버지는 이렇게 썼다. 가끔씩은 아버지가 금방이라도 뭔가 대단한 것을 우리에게 밝히겠다는 인상을 주었으나 아무런 소식도 없

‡ 공정하다, 공평하다 등을 의미한다.

이 한 달이 흘러가기도 했다. 부활절에 남동생 둘이 수두에 걸려 위급한 상황에 처하게 되었지만, 베테랑 길 안내인들조차도 아버지의 행적을 알 수 없었기 때문에 아버지와 연락할 방도가 없었다.

과거 외조부모가 자주 사용하던 단어 가운데 하나가 '가난'이었다는 것을 그 몇 개월 동안의 실제 생활에서 이해할 수 있었다. 그 단어는 바나나 회사가 해체되기 시작하면서 외조부모 집에서 살고 있던 우리의 상황을 대변해 주는 것 같다고 생각했다. 다들 항상 가난에 대해 불평했다. 예전과 달리 식사를 두세 번 차리는 일은 없고 단 한 번에 끝났다. 예전처럼 식객들에게 점심을 대접할 재원을 갖추지 못하게 되었을 때조차, 점심 시간에 이루어지는 성스러운 의식을 포기하지 않기 위해, 결국은 시장 싸구려 음식점에서 음식을 샀다. 그 음식은 질이 좋고 값도 훨씬 더 싸고 놀랍게도 아이들이 더 좋아했다. 하지만 외할머니 미나가, 자주 찾아오던 식객들 가운데 몇이 음식 맛이 예전 같지 않다는 이유로 찾아오지 않고 있다는 사실을 알아챘을 때는 재원이 다 떨어지고 없었다.

바랑끼야에 살고 있던 부모님은 찢어지게 가난했으나, 그 가난은 오히려 내가 어머니와 특별한 관계를 유지할 수 있도록 만들어 주는 행운이 되었다. 어머니는 평소에는 조용하지만 역경 앞에서는 사나운 암사자 같은 면모를 드러냈다. 하느님과의 관계에서도 순종적이기라기보다는 오히려 투쟁적이었다. 그런 이유로 나는 어머니에게 의당 지녀야 할 혈육의 사랑 이상으로 경탄할 만한 존경심을 느끼게 되었던 것이다. 순종과 투쟁은 확고한 믿음 하나와 더불어 어머니의 삶에 부여되었던 두 가지 대표적인 덕목이었다. 최악의 순간에 처하게 되면 어머니는 하늘이 당신에게 부여해 준 그런 자산들을 무시했다. 매일 먹는 수프를 만들기 위해 황소 족 하나를 사서, 국물이 묽어지다 못해 더 이상 나오지 않을 때까지 매일같이 끓인 것도 바로 그런 경우였다. 무시무시한 폭풍우가 몰아치던 어느 날 밤 전기가 나가자, 헝겊으로 햇불 몇 개를 만들어 한 달 내내 쓸 돼지기름을 새벽녘까지 소비하고, 어린 자식들이 침대에 가만히 누워 있도록 어둠에 대한 두려움을 일부러 심어 준 것도 그런 경우였다.

처음에 부모님은 바나나 재배 지역이 위기에 처하고 공공질서가 무너지는 것을 피해 아라까따까에서 이주해 온 친구 가족들을 방문했다. 친구들의 집을 서로 돌아가며 방문했는데, 대화의 내용은 아라까따까에 불어닥친 불행에 관한 테마가 주를 이루었다. 하지만 가난이 바랑끼야에 살고 있던 우리를 압박했을 때, 다른 사람 집에 가서는 우리의 처지에 관한 불평을 되풀이하지 않았다. 어머니는 자신의 속마음을 한마디로 요약했다. "가난은 눈에서 드러나는 법이란다."

다섯 살이 될 때까지 내게 죽음이라는 것은 타인에게 일어나는 자연스러운 종말이었다. 천국의 환희와 지옥의 고통은 아스떼떼 신부님이 가르치는 교리 시간에 암기해야 될 교훈에 불과했다. 천국과 지옥은 나와 아무런 상관도 없었다. 어느 상가(喪家)에서 주검의 머리에서 빠져나온 이들이 베개를 어지럽게 기어다니는 것을 곁눈질로 보기 전까지는. 그때부터 나를 불안하게 만들었던 것은 죽음에 대한 공포가 아니었다. 나는 내가 죽었을 때 문상하러 찾아온 사람들이 바라보는 가운데 내 주검에서도 이가 나올까 봐 그것이 수치스러웠다. 그런데 바랑끼야 초등학교에 다닐 때는, 내가 우리 가족 모두에게 이를 옮기기 전까지 정작 내 머리에 이가 득시글거리고 있다는 사실을 모르고 있었다. 그때 어머니는 자신의 성격에 대한 또 다른 시험을 감행했다.

어머니는 '경찰의 소탕 작전'이라는 거창한 집단의 이름까지 붙여 가며, 자식들 하나하나에게 바퀴벌레용 살충제를 뿌려 이를 발본색원해 버렸다. 문제는, 이가 완전하게 없어진 것이 아니라 내가 학교에서 다시 옮아 옴으로써 다시 가족에게 옮아 붙기 시작했다는 것이다. 과격한 조치를 취하기로 결정한 어머니는 내 머리를 야자 열매처럼 깎아 버렸다. 월요일에 헝겊 모자를 쓴 채 학교에 나타난다는 것은 무척 대담한 행위였으나, 급우들의 비아냥거림으로부터 명예롭게 살아남아 그해의 마지막을 최우수 성적으로 장식했다. 그 뒤 나는 까살린스 선생님을 다시 보지는 못했으나 선생님에 대한 고마움은 영원히 남아 있다.

  얼굴 한 번 본 적 없는 아버지의 친구가 우리 집에서 가까운 곳에 있는 인쇄소에 내가 방학 동안 일할 자리를 마련해 주었다. 급료는 쥐꼬리만 했지만, 인쇄 업무를 배워 보겠다는 일념으로 그 일을 하기로 했다. 하지만 내가 맡은 일은 다른 부서에서 제본을 할 수 있도록 인쇄동판들을 정리하는 것이어서 인쇄하는 것을 구경할 시간은 채 1분도 되지 않았다. 그나마 위안이 되었던 것은 어머니가 내 급료로 《라 쁘렌사》 일요판 부록을 사도 좋다고 허락한 것이었다. 부록에는 「타잔」, 「벅 로저스」('정복자 로헬리오'라 불렸다.) 그리고 「머트와 제프」('베니땀과 에네아스'라 불렸다.) 같은 만화들이 실려 있었다. 일요일 한가한 시간이면 머릿속으로 만화에 등장하는 인물들을 그려 보고, 주중에 전개될 에피소드들을 내 마음대로 전개시켰다. 내가 그린 만화가 함께 일하던 일부 어른들의 관심을 불러일으켜 편당 2센따보에 팔기까지 했다.

  일은 피곤하고 효과도 별로 없었으며, 정성을 들이면 들일수록 상사들이 올린 보고서에는 내가 일에 열의를 보이지 않는다고 비난하는 내용이 들어 있었다. 그들은 내 가족을 생각하는 마음에서 일부러 그렇게 했고, 나를 인쇄소의 단순한 일에서 해방시켜, 가장 유명한 영화배우들이 모델로 나오는 감기 시럽 광고 전단을 거리에서 배포하는 일을 맡겼다. 배우들의 총천연색 사진이 비단 같은 종이에 인쇄되어 있는 광고 전단이 예뻤기 때문에 그 일이 좋아 보였다. 그런데 광고 전단을 배포하는 일이 생각보다 쉽지 않다는 사실을 처음부터 깨달았다. 사람들은 광고 전단을 공짜로 받기 때문에 의심 어린 눈초리로 나를 바라보았고, 또 대부분은 전기에 감전된 것처럼 움찔거리며 받지 않으려고 했다. 그 일을 시작한 지 첫 며칠 동안, 나눠 주고 남은 광고 전단들을 인쇄소로 다시 가져가면 인쇄소에서는 다음에 배포할 분량 가운데 부족한 부분을 채워 주었다. 그런 식으로 일을 하다가 결국 아라까따까 초등학교 동창 몇을 만났고, 그들의 어머니는 내가 거지꼴로 돌아다닌다며 호들갑을 떨어 댔다. 당시 나는 정장용 반장화가 닳을까 봐 어머니가 사준 헝겊 샌들을 신고 있었는데, 그녀는 그런 걸 신고 거리를 돌아다닌다며 내게 고함에 가까운 소리를 지르며 질책했다.

"애야, 사랑했던 외손자가 시장 바닥에서 폐병 환자들에게 광고 전단이나 나눠 주고 있는 모습을 네 외조부모님이 봤더라면, 당신들 딸에게 뭐라 하셨을 건지 생각 좀 해보라고 네 엄마 루이사 마르케스에게 전해라."

어머니에게 불쾌감을 주지 않으려고 그 말을 전하지는 않았으나, 나는 분노와 수치심 때문에 여러 날 밤 눈물로 베개를 적셨다. 다시는 광고 전단을 배포하지 않기로 작정한 나는 시장 개천에 광고 전단을 뿌리기 시작했다. 개천 다리에서 내려다보니, 잔잔한 수면 위에 떠 있는 비단결 같은 종이들이 색깔 고운 누비이불처럼 보였다. 전혀 예상치 못한 특이한 광경이었다.

어머니가 채 두 달이 지나지 않아 아무런 이유도 없이 나를 인쇄소에서 끌어냈던 것으로 보아 이미 고인이 된 사랑하는 가족들이 어머니의 꿈에 나타나 어떤 메시지를 주었음에 틀림없다. 우리 가족이 하늘에서 내려 주는 은총처럼 받아 보던 《라 쁘렌사》의 일요판을 계속해서 보고 싶은 마음에 나는 어머니의 결정을 거부했으나, 정작 어머니는 국에 감자 하나를 덜 넣어 가면서까지 《라 쁘렌사》를 계속해서 구독했다. 우리를 구원한 다른 재원은 우리가 가장 어렵게 살던 몇 개월 동안 외삼촌 후아니또가 보내 준 후원금이었다. 공인 회계사 일을 해서 버는 변변치 않은 수입으로 여전히 산따마르따에서 살고 있던 외삼촌은 1뻬소짜리 지폐 두 장을 넣은 편지를 매주 한 통씩 우리에게 보내 주는 의무를 스스로에게 부과했다. 우리 가족의 오랜 친구인 아우로라 호 선장이 외삼촌이 보낸 편지를 아침 7시에 내게 건네주면 나는 우리 가족이 며칠 동안 버틸 기본 물품을 사 들고 집으로 돌아왔다.

어느 수요일, 내가 사정상 그 심부름을 할 수 없게 되자, 어머니는 내 동생 루이스 엔리께에게 그 일을 맡겼다. 동생은 중국인 술집에 설치되어 있던 슬롯 머신에서 2뻬소를 몇 배로 불리고 싶은 유혹을 거부할 수 없었다. 첫 번째 칩 두 개를 잃었을 때 그만두어야겠다는 결정을 내리지 못했고, 잃어버린 칩을 되찾아야겠다며 계속해서 애를 쓰다가 결국에는 마지막 두 번째 동전까지 잃게 되었다. "어찌나 두렵던지, 절대 집에 들어가지 않겠다고 작정했죠." 어른이 되고 나서 동생이 내게 그렇게 말했다. 물론 그 2뻬소가 우리 가족이 한 주 동안 버틸 수 있는 기본 식량을 살 수 있는 돈이라는 사실을 동생도 잘 알고 있었다. 다행히 마지막 남은 칩으로 특이한 일이 일어났다. 기계 속에서 쇳조각들이 떠는 소리가 들리며 기계가 흔들리더니 칩들을 와르르 토해 냄으로써 잃어버린 2뻬소를 고스란히 회수할 수 있게 된 것이었다. "그때 악마가 내게 영감을 불어넣었고, 나는 과감하게 칩 하나를 더 넣었죠." 동생은 돈을 땄다. 다시 칩 하나를 더 넣었고, 이번에도 또 땄다. 칩을 계속해서 넣었고, 그때마다 돈을 땄다. "그때 내가 느낀 놀라움은 돈을 거의 다 잃어 가고 있을 때 느낀 것보다 더 컸어요. 이제 그만하면 됐다는 생각이 들더군요. 하지만 계속해서 도박을 했죠." 결국 동생은 본전 2뻬소의 두 배를 5센따보짜리 동전으로 땄는데, 중국인이 속임수를 써서 홀릴까 봐 두려운 나머지 카운터에서 지폐로 바꿀 엄두를 내지 못했다. 동전 때문에 호주머니가 지나치게 불룩해졌기 때문에 외삼촌 후아니또에게 받은 2뻬소를 5센따보짜리 동전으로 어머니에게 건네기 전에 마당 구석에 자신이 딴 돈 4뻬소를 묻었다. 뜻하게 않게 생긴 동전들을 묻어 두는 곳이었다. 동생은 여러 해가 지날 때까지 자신의 비밀을 그 누구에게도 밝히지 않은 채 그 돈을 조금씩 조금씩 꺼내 썼고, 중국인의 가게에서 마지막 5센따보짜리 동전까지 배팅 하고 싶은 유혹에 빠졌다는 사실에 양심의 가책을 느끼며 지냈다.

돈에 관한 그의 태도는 매우 개인적이었다. 언젠가 어머니가 시장 볼 때 쓰려고 지갑에 넣어 둔 돈을 꺼내 가려다 어머니에게 들켜 버린 루이스 엔리께의 방어는 상당히 거칠었지만 나름대로 반짝이는 논리가 있었다. 자식이 허락 없이 부모 지갑에서 돈을 빼 가는 것은 그 돈이 가족의 공동 소유인 이상 도둑질이 아니라며, 자식들이 그 돈을 써 가며 하는 짓을 부모 자신들은 할 수 없다는 사실에 질투심을 느끼기 때문에 우리더러 돈을 빼 가지 못하게 한다는 말을 했던 것이다. 나는 동생의 논리를 지지하게 되었고, 나 자신도 어머니가 집안 살림에 쓰려고 감춰 둔 돈을 개인적으로 급히 쓸 데가 있어 훔친 적이 있다는 사실을 고백하기까지 했다. 어머니는 결국 자제력을 잃고 말았다. "이런 얼간이들." 어머니가 악을 쓰듯 말했다. "너희가 궁할 때 꺼내 쓸 수 있도록 내가 일부러 다 알 만한 곳에 돈을 놓았기 때문에, 너도 네 동생도 도둑질을 한 게 아니란 말이야." 언젠가 어머니가 버럭 화를 냈을 때 나는, 자식들을 먹여 살리기 위해 훔치는 건 하느님도 허락해 주어야 할 것이라고 어머니가 중얼거리는 소리를 들었다.

심술부리기를 좋아하는 루이스 엔리께의 개인적 취향은 어떤 공통 문제를 해결하는 데 아주 유용했으나, 자신의 심술궂은 장난에 나를 끼워 넣을 수는 없었다. 반면에 동생은 내가 자기로 인해 그 어떤 의심도 받지 않도록 항상 모든 것을 완벽하게 정리했고, 바로 그런 점 때문에 나는 평생 동생에게 진정한 애정을 품을 수 있었다. 내가 동생의 대담성을 얼마나 부러워했는지, 또 동생이 아버지한테 매질을 당할 때면 내 마음이 얼마나 아팠는지 동생에게는 절대로 알리지 않았다. 내 행동은 동생의 행동과 아주 달랐으나, 가끔씩은 동생에 대한 질투심을 누그러뜨리기 위해 갖은 애를 써야 했다. 부모님은 내게 구충약이나 아주까리 기름을 줄 때만 나를 까따까 외갓집에 데려가 재웠기 때문에 외갓집 생각만 해도 불안했다. 심적 고통이 어찌나 대단했던지, 내가 그 약을 용감하게 잘 마셨다며 부모님이 상으로 주던 20센따보짜리 동전들까지도 혐오스러울 정도였다.

어머니가 느낀 실망감의 절정은 편지 한 통을 써서 내게 들려주며, 나를 그 도시에서 가장 부유하고 가장 관대한 자선 사업가라는 명성이 나 있던 어느 남자에게 보냈을 때였다. 그 사람의 선량한 마음씨에 관한 소문은 그가 경제적으로 거둔 성공만큼이나 널리 퍼져 있었다. 어머니 자신은 그 어떤 것이든 견뎌 낼 수 있는 능력이 있었기 때문에, 자신의 이름을 드러내지는 않았지만 자식들에 대한 사랑을 핑계로 그 남자에게 긴급한 경제적 원조를 요청하는 고뇌에 찬 편지 한 통을 썼던 것이다. 어머니에 대해 잘 아는 사람만이 그런 굴욕적인 행위가 어머니의 삶에 어떤 의미를 지니는지 이해할 수 있었을 텐데, 상황이 어머니로 하여금 그렇게 하도록 요구하고 있었다. 어머니는 당신과 나, 둘 사이의 비밀은 철저하게 지켜져야 한다고 내게 경고했고, 그 일에 관해 쓰고 있는 지금 이 순간까지도 그 비밀은 그렇게 지켜지고 있다.

내가 성당 문처럼 생긴 그 집 대문을 두드리자마 문에 달린 작은 쪽문이 열리더니 여자 하나가 얼굴을 내밀었다. 지금은 그 여자의 두 눈에 서려 있던 냉기만을 기억할 수 있을 뿐이다. 그녀는 내가 내민 편지를 말 한 마디 없이 받아들더니 다시 쪽문을 닫았다. 그때가 오전 11시쯤 되었는데, 문설주 옆에 앉아 오후 3시까지 기다리다가 무슨 대답이라도 들어야겠다고 생각하고 다시 문을 두드리기로 작정했다. 아까 그 여자가 다시 문을 열더니 나를 알아보고는 깜짝 놀라며 잠시 기다리라고 했다. 다시 나타난 그녀는 나더러 다음 주 화요일 같은 시각에 오라고 했다. 나는 그렇게 했다. 하지만 그 집으로부터 들은 유일한 대답은 일주일 내로는 그 어떤 대답도 해 줄 수 없다는 것이었다. 그 후 세 번 더 그 집을 찾아갔다. 하지만 매번 같은 대답만 들려올 뿐이었다. 마침내 한 달 반이 흘렀을 때, 이번에는 지난번 여자보다 더 험상궂게 생긴 여자가 얼굴을 내밀었다. 그리고 그 집은 자선을 베푸는 집이 아니라고 주인을 대신해서 내게 말했다.

나는 용기를 내어, 어머니를 현실로 되돌려 놓을 수 있는 좋은 대답하나를 생각해 냈다. 그리고 불타는 듯 뜨거운 거리를 걸어 집으로 돌아갔다. 한밤중이 다 되어 쓰린 가슴을 부여잡은 채 어머니 앞으로 가서 그 선량한 자선 사업가가 몇 개월 전에 죽었다는 소식을 담담하게 전했다. 내 가슴을 가장 아프게 한 것은 그 말을 들은 어머니가 죽은 사람의 영혼의 안식을 기원하기 위해 묵주 기도를 드렸다는 사실이다.

사오 년 뒤, 라디오를 통해 그 자선 사업가가 전날 사망했다는 소식이 흘러나왔다. 어머니가 어떤 반응을 보일지 알고 있었기에 내 몸은 화석처럼 굳어 버렸다. 하지만 어머니는 진지한 태도를 유지하며 숙연한 표정을 지은 채 마음속 깊이 우러나오는 애도의 말을 쏟아 냈다. 어떻게 그런 일이 있을 수 있었는지 앞으로도 도저히 이해할 수 없을 것 같다.

"주님, 주님의 성스러운 왕국에서 그를 보호하소서!"

집에서 한 블록 떨어진 집에 사는 모스께라 식구들과 친구가 되었다. 그 친구들은 만화 잡지를 사는 데 돈을 펑펑 써서 만화가 마당에 있는 창고 천장까지 쌓여 있었다. 그 집에서 하루 종일 「딕 트레시」와 「벅 로저스」를 읽을 수 있는 특권이 있던 사람은 우리뿐이었다. 게다가 근처 낀따스 극장의 영화 간판을 그리는 견습 화가를 만나게 되는 행운도 얻었다. 그저 글자들을 그리는 것이 좋아 그를 도와주었는데, 그는 총을 쏘고 치고받고 싸우는 좋은 영화를 우리에게 매주 두세 번 공짜로 관람하게 해 주었다. 우리가 갖고 싶었던 유일한 사치품은 버튼 하나만 누르면 언제든지 음악을 들을 수 있는 라디오였다. 당시 가난한 집들의 살림살이가 얼마나 궁색했는지는 상상하기조차 어려운 일이다. 루이스 엔리께와 나는 길모퉁이 가게에서 할 일 없는 손님들이 모여 놀 수 있도록 마련해 놓은 벤치에 앉아 라디오 방송국의 대중

음악 프로그램들을 들으며 오후 한나절을 몽땅 보내기도 했다. 당시 라디오 프로그램은 거의 대부분이 대중음악에 관한 것들이었다. 우리는 까시노 델 라 쁠라야 오케스트라의 반주에 맞춰 미겔리또 발데스가 부르는 노래, 소노라 마딴세라 오케스트라의 반주에 맞춰 다니엘 산또스가 부르는 노래, 그리고 또냐 라 네그라가 부르는 아구스띤 라라의 볼레로 같은 레퍼토리를 모두 다 외우게 되었다. 밤에 우리가 하던 소일거리는, 특히 전기 요금을 미납해 우리 집에 전기가 두 번 끊어졌을 때, 어머니와 동생들에게 그 노래들을 가르쳐 주는 일이었다. 여동생 리히아와 남동생 구스따보는 노랫말의 뜻도 모른 채 앵무새처럼 따라 불렀고, 우리는 그들이 엉터리로 불러 대는 노래를 들으며 배꼽을 쥐고 웃었다. 우리 자식들은 예외가 없었다. 모두 아버지 어머니로부터 특별한 음악적 기억력과 두 번만 들으면 노래 한 곡을 배울 수 있는 좋은 청각을 물려받았다. 그 누구보다도, 천부적인 음악가 루이스 엔리께는 가족의 반대를 무릅쓰고 사랑하는 연인들을 위한 세레나데를 연주하기 위해 자기 돈으로 기타 독주곡들을 배웠다. 얼마 되지 않아 발견한 사실은, 라디오 없는 이웃의 모든 아이들 역시 우리 형제들에게서 노래를 배웠고, 무엇보다도 내 어머니에게서 노래를 배웠는데, 어머니는 결국 그 '어린이 집'에서 또 하나의 누나, 언니가 되어 버렸다는 것이다.

내가 좋아했던 프로그램은 가수 겸 작곡가인 음악의 대가 앙헬 마리아 까마초 이 까노가 진행하는 「모든 걸 맛보는 시간」이었다. 그는 온갖 종류의 기발한 테마들을 다룸으로써 오후 1시부터 청취자들을 라디오 곁에 붙잡아 두었다. 특히 열다섯 살 미만의 아마추어 청소년 가수들을 위한 특별 코너는 인기가 있었다. 누구든지 '조국의 목소리'

라디오 방송국에 가서 등록을 하고 프로그램이 시작되기 30분 전에 스튜디오에 도착하면 되었다. 까마초 이 까노 선생이 직접 피아노 반주를 했는데, 아마추어 가수가 약간의 실수만 해도 조수를 시켜 교회 종처럼 생긴 종을 울려 항소할 수 없는 선언을 함으로써 노래를 중지시켰다. 최우수상은 우리가 꿈꿀 수 있는 이상의 것(5뻬소)이었으나, 어머니는 가장 중요한 점은 그토록 유명한 프로그램에 출연해 노래를 잘 불러 명예를 얻는 것이라고 했다.

그 당시까지 나는 내 아버지의 성(가르시아)과 내 이름 둘(가브리엘 호세)만으로 내 자신을 소개해 왔으나, 그 역사적인 경우 어머니는 나더러 다른 사람들이 내 신원에 대해 의심하지 않도록 어머니 당신의 성(마르케스)도 함께 밝히라고 부탁했다. 내가 방송에 출연하는 것은 우리 집의 큰 사건이었다. 식구들은 내가 첫 영성체를 할 때처럼 온통 하얀 옷을 입혔고, 내가 집을 나서기 전에는 신경을 안정시켜 주는 브롬화칼륨 녹인 물을 주었다. 두 시간 전에 방송국에 도착했고, 집을 나서기 전에 마신 신경 안정제의 효과는, 프로그램이 시작되기 15분 전까지는 스튜디오에 들어갈 수 없었기 때문에, 근처 공원에서 기다리는 동안 지속되었다. 1분 1분이 지나갈수록 내 몸 안에서 공포의 거미들이 자라나는 것을 느꼈고, 가슴이 콩닥콩닥 뛰는 상태에서 마침내 스튜디오 안으로 들어갔다. 방송국 측이 이런 저런 이유로 나를 노래자랑에 참여시키지 않았다는 이야기를 꾸며 대며 집으로 돌아가 버릴까 하는 생각이 간절했지만 극도의 노력을 경주해 가며 참고 있었다. 음악의 대가는 내 목소리의 키를 잡기 위해 피아노를 연주하며 신속하게 나를 테스트했다. 내가 노래를 부르기 전, 등록 순서에 따라 일곱 사람을 호명했고, 세 사람에게는 각기 다른 이유로 종을 울렸다. 나를 호명할 때는 내 이름을 단순히 가브리엘 마르케스라고 불렀다. 나는 「백조」를 불렀다. 잔인무도한 사냥꾼에 의해 애인과 함께 사살된 눈꽃보다 더 하얀 어느 백조에 관한 감상적인 노래였다. 첫 몇 소절을 불렀을 때, 예비 심사에서 불러 보지 못한 일부 음들의 키가 너무 높아 시험에 통과하지 못할 것이라는 사실을 깨달았고, 조수가 미심쩍은 표정을 지으며 종을 집어 들 태세를 취한 순간 공포를 느꼈다. 내가 조수더러 종을 치지 말아 달라고 강력하게 표시할 수 있었던 그 용기가 어디서 생겼는지는 잘 모르겠으나 때는 이미 늦었다. 가차없이 종이 울렸다. 광고를 통해 소개된 여러 가지 상품들과 더불어 현금 5뻬소는 「나비부인」의 한 부분을 거뜬하게 부른 아주 예쁜 금발머리 소녀에게 돌아갔다. 나는 중도 탈락한 것에 주눅이 든 채 집으로 돌아왔고 실망한 어머니를 도저히 위로할 수 없었다. 여러 해가 지난 뒤에야 비로소 어머니는 당신이 부끄러움을 느꼈던 이유는 친척들과 친구들에게 내가 방송에서 노래하는 것을 들으라고 알려 주었기 때문인데, 결과가 그렇게 되는 바람에 그 사람들을 대하기가 민망했다고 내게 고백했다.

  사람들의 웃음거리가 되고 나 또한 울음을 삼켰지만 학교에는 단 한 번도 결석하지 않았다. 밥을 굶었을 때조차도 학교에 갔다. 하지만 집에서 독서하는 시간에도 자질구레한 집안일을 하는 경우가 있었고, 전기 요금 낼 돈마저 충분치 않아 자정까지 책을 읽는 것도 쉽지 않았다. 하지만 나는 그 문제를 스스로 해결했다. 학교 가는 길목에는 버스 정비 공장이 여럿 있었다. 그 가운데 어느 곳에서 도장공이 버스 옆면에 출발지와 종착지를 써 넣는 것을 구경하느라 몇 시간씩 보냈다. 어느 날, 도장공에게 글자 몇 개를 써 볼 테니 가능성이 있는지 봐 달라고 부탁했다. 내가 글자 쓰는 데 소질이 있음을 알고 놀란 도장공은 가끔 자기를 도와주는 걸 허용했고, 그때마다 돈 몇 푼을 쥐어 준 덕분에 집 살림에 보탬이 되었다. 또 한 가지 희망적인 일은 마그달레나 강에서 배를 운항하는 가르시아 씨 아들 3형제와 우연히 친구가 된 것이었다. 이들은 예술에 대한 순수한 사랑으로 친구들의 파티에 흥을 돋우기 위해 대중음악 트리오를 결성했다. 아뜰란띠꼬 라디오 방송국에서 실시하는 노래자랑 프로그램에 출연하기 위해 내가 그들과 합류함으로써 가르시아 사중주단이 결성되었다. 노래자랑에 나간 첫째 날부터 우리는 우레 같은 박수갈채를 받았으나, 등록할 때 치명적인 실수를 저질렀다는 이유로 상금 5뻬소를 받을 수 없었다. 우리는 그해 마지막까지 연습을 계속하고 가족들의 파티에 우정 출연했는데, 결국 팀이 해체됨으로써 그런 생활도 끝나고 말았다.

아버지가 가난을 겪으면서도 유지했던 인내심이 무책임에서 비롯된 것이라는 심술궂은 말에 나는 결코 동의하지 않았다. 오히려 그 반대다. 나는 그것이, 당신과 아내 사이에서 결코 깨지지 않았고, 또 두 사람이 벼랑 끝에 서 있을 때조차도 원기를 유지할 수 있도록 해 준 어떤 공범 의식에 대한 용기 있는 시험이었다고 믿는다. 아버지는 아내가 절망보다 두려움을 훨씬 더 잘 제어했고, 그것이 바로 우리가 살아남을 수 있는 비결이었다는 사실을 알고 있었다. 아마도 아버지가 미처 생각하지 못한 것은 어머니가 자신의 삶에서 가장 좋은 것들을 포기해 감으로써 아버지의 고통을 덜어 주었다는 사실일 것이다. 우리는 아버지가 무엇 때문에 외지로 돌아다니는지 그 이유를 절대 이해할 수 없었다. 그러던 어느 토요일 자정 무렵, 어머니는 갑자기 우리를 깨워서 까따뚬보에 있는 석유 채취 현장 지역 사무소로 데려갔다. 무선 전화기를 이용해 아버지가 걸어온 전화가 우리를 기다리고 있었다. 기술상의 문제로 통화 품질이 떨어지는 그 대화에서 눈물 범벅이 되어 있던 어머니의 모습은 내 평생 잊지 못할 것이다.

"여보, 가브리엘. 먹을 게 떨어진 적이 한두 번이 아닐 정도로 가난한 마당에 어쩌자고 이렇게 많은 자식들을 내게 남겨 놓았냐고요."

아버지는 어머니의 말에 대꾸하면서 간이 부었다는 좋지 않은 소식을 전했다. 아버지가 가끔 그런 증세를 보인 것이 사실이었지만, 언젠가 아버지가 자신의 불량한 행실들을 감추기 위해 그런 말을 한 적이 있었기 때문에, 어머니는 아버지의 말을 그리 심각하게 받아들이지는 않았다.

"당신 행실이 좋지 않을 때는 항상 그런 일이 생기잖아요." 어머니가 농담으로 아버지에게 말했다.

어머니는 아버지가 무선 전화기에 들어 있기라도 한 듯 전화기를 바라보며 말을 하더니, 전화를 끝낼 즈음 아버지에게 키스를 보내려다 허둥대는 바람에 전화기에 키스를 하고 말았다. 어머니는 그 당시를 회고할 때면 낄낄낄 터져 나오는 웃음을 도저히 참을 수 없어했다. 너무 웃어서 눈물 범벅이 되는 바람에 그 이야기를 다 끝낸 적이 단 한 번도 없었다. 하지만 아버지와 전화 통화를 하던 날 어머니는 마음이 심란했는지 마침내 식탁에서 중얼거리듯 말했다.

"가브리엘의 목소리가 예사롭게 들리지 않던데."

우리는 어머니에게 무선 전화 시스템은 상대방의 목소리를 왜곡할 뿐 아니라 개성까지도 가려 버린다고 설명했다. 그 다음날 밤 어머니는 졸린 상태에서 말했다. "어찌 되었든, 너희들 아버지 목소리를 들으니 몹시 수척해져 있다는 느낌이 들더구나." 어려운 가정 형편 때문에 코가 더 날카로워진 어머니는 간간이 한숨을 내쉬면서, 남편이란 사람이 의지할 곳 없이 떠도는, 하느님도 법도 없는 그 마을들은 도대체 어떤 마을들일까 중얼거리듯 자문하기도 했다. 어머니가 무선 전화기를 통해 아버지와 두 번째로 통화하면서 2주 안에 일이 해결되지 않으면 즉시 집으로 돌아가겠다는 약속을 아버지로부터 받아 냈을 때 어머니의 의중이 더 명확하게 드러났다. 그런데 아버지가 약속한 2주가 채 되기 전에 우리는 알또스 델 로사리오에서 온, 단 한 단어로 이루어진 인상적인 전보 한 통을 받았다. "미결정." 자신이 확고하게 감지하고 있던 예감을 그 전보에서 확인한 어머니는 자신의 결의를 단호하게 밝혔다.

"월요일 이전에 돌아오지 않으면 애들 다 끌고 당장 그곳으로 가겠어요."

확실한 처방이었다. 아버지는 어머니의 위협이 지닌 위력에 대해 알고 있었고, 일주일도 지나지 않아 귀향길에 올라 바랑끼야에 도착했다. 푸르딩딩한 피부에 텁수룩한 수염, 누추한 차림새로 집으로 들어서던 아버지의 모습은 충격적이었고, 어머니는 아버지가 병이 들었다고 믿기에 이르렀다. 하지만 그런 느낌은 순간적인 것이었다. 아버지는 집에 도착한 지 이틀 만에 바랑끼야에서 뱃길로 하루가 걸리는 낭만적이고 부유한 도시 수끄레에 다목적 약국 하나를 열겠다는 젊었을 때의 계획을 되살려 냈기 때문이다. 수끄레에서 전신 기사로 일하며 젊은 시절을 보낸 아버지는 황혼 빛으로 물든 수로들과 황금빛 늪지대를 통과하던 여행과 영원히 지속되는 댄스파티가 생각나자 가슴이 답답해졌다. 한때 아버지는 그곳에 가게를 갖기 위해 집요하게 노력했으나, 아라까따까에 개설했던 약국처럼, 여전히 탐나는 다른 약국들을 열었을 때 따라 주었던 그런 운도 따르지 않았다. 5년 정도 지난 뒤, 바나나 재배 지역에 3차 위기가 닥쳤을 때 약국을 갖겠다는 생각을 다시 했으나, 알고 보니 약국은 마강게의 도매업자들 수중에 들어가 있었다. 바랑끼야로 돌아오기 한 달 전 아버지는 그 도매업자들 가운데 하나를 우연히 만났는데, 그는 아버지가 모르고 있던 사실을 자상하게 얘기해 주었을 뿐만 아니라 수끄레에 약국을 열면 외상으로 물건을 대 주겠노라고 제의했다. 당시 아버지는 알또스 델 로사리오의 황금빛 꿈을 이루려는 순간에 있었기 때문에 그 제의를 받아들이지 않았으나, 아내 입에서 나온 단호한 말에 놀란 나머지 강 유역 마을들을 돌아다니고 있던 마강게의 그 도매업자를 찾아 거래 계약을 체결했다.

  약 2주 동안 도매업자 친구들과 여러 가지 것들을 연구하고 준비하면서 체력과 기분을 회복한 아버지는, 수끄레에 대한 인상이 아주 강렬했기 때문에 어머니에게 보낸 첫 편지에 다음과 같이 적었다. "현실은 추억보다 더 좋았소." 아버지는 중앙 광장에 위치한 발코니 딸린 집 한 채를 임대해 그곳에서부터 옛 우정을 회복했고 친구들은 문을 활짝 열어 놓은 채 아버지를 맞이했다. 우리 가족은 팔 수 있을 만한 살림살이는 모조리 팔고, 썩 많지는 않지만 남는 것은 꾸려서 마그달레나 강을 운항하는 어느 정기 증기선에 몸을 실어야 했다. 아버지는 편지 안에 우리가 즉시 이사 준비를 할 수 있을 만한 액수의 전신환을 동봉했고, 우리가 이사할 때 쓸 돈을 보내 주겠다고 알렸다. 몽상가적인 기질이 있던 어머니에게 그것보다 더 반가운 소식은 없었다. 그래서 어머니가 아버지에게 보낸 답장에는 남편의 용기를 북돋아 주고 또 자신이 여덟 번째로 임신했다는 달콤한 소식을 전해 주기 위한 어머니의 의중이 십분 실려 있었다.

  나는 이사 준비를 마치고, 하룻밤 한나절이면 바랑끼야에서 마강게까지 실어다 주는 전설적인 배 까삐딴 데 까로 호를 예약했다. 우리는 마강게에 도착해 모터보트로 갈아탄 후, 산호르헤 강과 모하나의 목가적인 수로를 통해 목적지까지 계속해서 나아갈 예정이었다.

"우리가 가는 곳이 지옥일지라도 우린 여길 떠나야 한다." 수끄레는 죄악이 판치는 곳이라는 악명 때문에 수끄레를 항상 불신하고 있던 어머니가 이렇게 소리쳤다. "그런 곳에 남편을 홀로 놔둬서는 안 되는 법이야."

어머니가 어찌나 이사를 서둘렀던지, 침대들과 팔 만한 물건들은 이미 팔아 버린 상태라 그곳을 떠나기 사흘 전부터 우리는 바닥에서 잠을 자야 했다. 그 이외의 모든 물건들은 커다란 상자들 속에 들어 있었고, 여행 경비는 세고 또 세고 수없이 세서 어머니만 아는 곳에 잘 간수해 두었다. 여객선 사무소에서 내 용건을 들어 주던 직원이 무척 사근사근해서 나는 용건을 해결하기 위해 어금니를 앙다물 필요가 없었다. 그 직원은 카리브 사람 특유의 명확하고 사근사근한 태도로 내게 승선 요금을 불러 주었다. 나는 그가 불러 주는 승선 요금을 정확히 받아 적었다고 지금도 굳게 믿고 있다. 가장 기분 좋았고 절대 잊을 수 없었던 사실 하나는 열두 살 미만의 아이들은 정상 요금의 반만 지불하면 된다는 것이었다. 다시 말하면 나를 제외한 모든 동생들이 정상 요금의 반만 내면 되었다. 이런 계산하에 어머니는 여비를 따로 떼어 놓았고, 나머지 돈은 마지막 한 푼까지 이사 준비하는 데 소비되었다.

금요일, 배표를 예매하러 여객선 사무실에 갔을 때 기가 막힌 일이 벌어졌다. 그때 그 사무실 직원이 열두 살 미만 아이들의 요금은 반값이 아니라 30퍼센트 할인된 가격이라면서 뜨악한 표정을 짓는 것이었다. 우리에게는 치명적인 차이였다. 그는 내 두 눈앞에 요금표를 들이

밀더니, 요금표에 버젓이 나와 있는 요금을 내가 잘못 받아 적었다며 항변했다. 나는 슬픔에 젖은 채 집으로 돌아왔고, 어머니는 가타부타 아무 말도 하지 않은 채 외할아버지의 장례식 때 입고 보관해 두었던 옷을 꺼내 입었다. 우리는 여객선 사무소로 갔다. 어머니는 공정하게 처신하고자 했다. 누군가 착각을 했고, 물론 착각한 사람이 자기 아들일 수 있으나 그건 중요하지 않다고 했다. 문제는 우리에게 더 이상의 돈이 없다는 데 있었다. 직원은 어떻게 해볼 방법이 없다고 어머니에게 설명했다.

"양지해 주세요, 부인." 직원이 어머니에게 말했다. "이건 사정을 봐 드리고 싶다, 싶지 않다 하는 문제가 아닙니다. 팔랑개비처럼 이리저리 왔다 갔다 할 수 없는, 회사의 진지한 규정이거든요."

"하지만 애들이 많잖아요." 어머니는 이렇게 말하고 나서 내가 마치 그 예가 된다는 듯 나를 가리켰다. "생각해 보세요. 얘가 첫째고, 이제 겨우 열두 살 먹었어요." 그러고 나서 어머니는 손으로 내 키를 재는 시늉을 했다.

"이 정도 애들이에요."

직원은 키가 중요한 게 아니라 나이가 중요하다고 항변했다. 무임승선을 할 수 있는 갓난아이를 제외하고는 그 누구도 규정 요금보다 덜 낼 수 없다는 것이었다. 어머니는 고개를 들어 텅 빈 하늘을 쳐다보았다.

"이 문제를 해결하려면 누구와 얘기해야 하나요?"

직원은 미처 대답을 하지 못하고 있었다. 우리가 옥신각신하고 있는 사이 나이가 지긋하고 배가 임신한 것처럼 불룩 튀어나온 사무소장이 사무실 문으로 나타났다. 소장이 나타나자마자 직원이 자리에서 일어났다. 소장은 몸집이 거대하고 인상이 점잖은 남자로, 비록 셔츠 차림에 땀으로 목욕을 하고 있는 상태였다 해도 아주 권위가 있어 보였다. 소장은 어머니의 말을 주의 깊게 듣더니 이사회에서 규정을 바꿔야만 어머니의 뜻대로 해 줄 수 있다는 요지를 차분한 목소리로 밝혔다.

"정말 죄송하게 생각한다는 제 말씀을 믿으시기 바랍니다." 그가 결론지었다.

어머니는 힘의 역학 관계에 관해 뭔가를 느꼈는지 말을 부드럽게 하기 시작했다.

"소장님 말씀은 일리가 있습니다. 하지만 문제는 여기 직원이 제 자식에게 설명을 잘못했거나 제 자식이 잘못 이해했을 수 있다는 것이고, 저는 그저 그런 오류에 관해서 말씀 드렸던 것입니다. 이제 이삿짐도 다 싸 놓고 배 탈 준비를 다 해 놓은 상태라, 저희는 맨바닥에서 잠을 자고 있습니다. 생활비도 오늘이면 다 떨어지고 월요일엔 새로운 세입자에게 집을 내주어야 합니다." 어머니는 커다란 사무실에 있던 직원들이 당신의 말을 주위 깊게 듣고 있다는 사실을 깨닫고 나서는 그들을 향해 말했다. "하기사 이곳처럼 중요한 회사에 그런 하찮은 게 무슨 의미나 있겠습니까?" 그러고 나서는 그들의 대답을 기다리지도 않은 채 소장의 두 눈을 똑바로 쳐다보면서 말했다.

"소장님은 하느님을 믿으세요?"

순간 사무소장이 멍한 표정을 지었다. 사무실 전체에 아주 긴 침묵이 흘렀다. 그때 어머니가 자리에서 허리를 곧추세우더니 후들후들 떨리기 시작한 무릎을 맞대고 무릎 위에 놓여 있던 지갑을 두 손으로 꽉 움켜쥐고는 자신의 주요 관심사에 관해 특유의 단호한 태도로 말했다.

"여러분께서 제 문제를 해결해 주실 때까지 저는 여기서 꿈쩍도 하지 않겠습니다."

사무소장은 겁에 질려 가만히 서 있었고 모든 직원은 일손을 놓은 채 어머니를 쳐다보고 있었다. 어머니는 땀이 진주처럼 송글송글 맺혀 있는 창백한 콧날을 예리하게 세운 채 침착하고 무감각하게 앉아 있었다. 어머니는 친정아버지의 상을 다 치렀지만 그런 경우에는 상복이 더 어울리는 것처럼 생각되었는지 그 옷을 다시 꺼내 입은 터였다. 소장은 어머니에게 눈길도 주지 않고, 어떻게 하면 좋을지 모르겠다는 눈빛으로 직원들을 쳐다보더니 결국 모든 사람들에게 소리를 질렀다.

"이런 전례는 없어요!"

어머니는 눈 한 번 깜박이지 않았다. "눈물이 핑 돌고 목이 턱 막혔지만 일이 잘못될 수도 있었기 때문에 끝끝내 참아야 했단다." 어머니는 나중에 내게 그렇게 말했다. 그러자 사무소장은 그 직원에게 자기 사무실로 관련 서류를 가져오라고 했다. 직원은 서류를 들고 소장실로 들어갔다가 5분 뒤, 꾸중을 들었는지 화가 잔뜩 난 표정을 지으며 소장실을 나왔으나 우리가 떠날 배 표 문제는 완전히 해결되어 있었다.

그다음 주, 우리는 수끄레가 고향이나 되는 것처럼 수끄레에 내렸다. 그 당시 수끄레는 국내의 다른 시·읍들처럼 인구 1만 6,000명 정도 되는 곳으로, 모든 주민들은 각자의 이름을 통해서라기보다는 오히려 각자의 내밀한 삶을 통해 서로 다들 알고 지내고 있었다. 수끄레뿐만 아니라 그 지방 전체는 망토처럼 뒤덮인 꽃잎들로 색깔이 변하는 잔잔한 바다 같았는데, 그 꽃잎 망토들은 시대와 장소와 우리 각자의 기분 상태에 따라 바뀌었다. 그 화려하고 웅장한 자태는 동남아시아의 몽환적인 호수들을 연상케 했다. 우리 가족이 그곳에 살던 여러 해 동안 그곳에는 자동차가 단 한 대도 없었다. 곧게 뻗어 있는 반반한 흙 길은 맨발로 다닐 수 있도록 길게 펼쳐 놓은 것처럼 보였고, 많은 가정의 부엌 옆에 각 지역으로 나다닐 수 있는 개인용 카누 선착장이 있던 때라 차가 있었다 해도 무용지물이었을 것이다.

내가 처음으로 느꼈던 감동은 형용할 수 없는 자유에서 비롯되었다. 우리가 필요로 하거나 꿈꾸어 오던 모든 것이 이내 우리의 손이 미치는 곳에 있었다. 각자 배가 고프면 아무 때나 먹고, 자고 싶으면 아무 때나 잤다. 규칙이 엄격하기는 했어도, 어른들은 각자의 시간에 따라 자신들만의 재미를 추구하느라 자기 자신에 대해서도 잊고 지내고 있었기 때문에, 다른 사람 일에 관여하는 것이 쉽지 않았다. 아이들이 갖추어야 할 유일한 안전은 걷기 전에 수영하는 법을 배우는 것이었다. 마을이 상수도와 하수도 역할을 동시에 하는, 시꺼먼 물이 차 있는 수로를 통해 두 부분으로 분리되어 있었기 때문이다. 어른들은 아이들이 첫돌을 지내면 부엌 발코니를 통해 아이들을 물속으로 던져 버렸다. 처음에는 아이들이 물에 대한 두려움을 떨쳐 버리도록 구명조끼만 입힌 채였고, 그러고 나서는 죽음에 대한 관념을 떨쳐 버리도록 구명조끼도 입히지 않은 채였다. 초기의 위험으로부터 살아남은 남동생 하이메와 여동생 리히아는 몇 년 뒤 어린이 수영 대회에 출전했다.

나로 하여금 수끄레를 잊을 수 없는 마을로 기억되게 한 것은 마음 놓고 거리를 활보할 수 있도록 만들었던 그 자유로움이었다. 이삼 주 안에 우리는 집집마다 누가 사는지 알게 되었고, 그 기간 안에 우리는 모두와 마치 처음부터 알고 지낸 사이처럼 지내게 되었다. 삶의 편리를 위해 단순화된 그런 사회적 관습들은, 문화는 봉건적이었지만 삶은 근대적이었던 그곳 상황에서 비롯된 것이었다. 부자들(목축업자들과 제당사업가들)이 그 지역의 중심 무대를 차지했고, 빈자들은 각자의 능력에 따라 적당한 곳에 위치해 있었다. 교회 행정가들에게 그 지역은 사법권과 관리·감독권을 행사하면서 포교할 수 있는 하나의 광대한 호반 제국이었다. 그 세계의 중심인 중앙 광장의 교구 성당은 에스파냐의 어느 교구 성당을 건축학적 기억에 따라 유사하게 모방해 건설한, 식민지 대성당의 작은 복사판이었다. 성당은 즉각적이고 절대적인 권력을 행사했다. 매일 밤 묵주 기도가 끝난 뒤 성당 종탑에서는, 가톨릭 당국이 선정한 영화 카탈로그에 성당 옆 극장에서 상연될 영화의 도덕적 등급을 알리는 종이 울려 퍼졌다. 등급은 종소리 숫자에 따라 달랐다. 영화 상영 업무를 맡은 사제는 규칙 위반자들을 제재하기 위해 사무실 문턱에 앉아 영화관으로 들어가는 사람들을 감시했다.

수끄레에 도착한 뒤 나는 나이 때문에 엄청난 좌절을 겪었다. 만 열세 살이라는 불길한 선을 넘으려면 아직 석 달이 남아 있는 상황이었는데, 집에서는 이제 나를 아이로 취급하지도 않았다. 하지만 그렇다고 해서 어른으로 대접하는 것도 아니었고, 게다가 그처럼 어정쩡한 나이에도 불구하고 형제자매들 가운데 유일하게 수영을 할 줄 몰랐다. 식구들은 나를 어린이용 테이블에 앉혀야 할지 어른용 테이블에 앉혀야 할지 난감해했다. 외갓집 하녀들도 이제는 내 앞에서나 전깃불이 꺼져 있는 곳에서는 옷을 갈아입지 않았으나, 그 가운데 하나는 몇 번 벌거벗은 몸으로 내 침대에서 잠을 잤는데, 내 수면을 방해하지는 않았다. 하지만 나는 그런 과도한 자유 의지를 만끽할 만한 시간적 여유가 없었다. 당시 내가 까살린스 선생님으로부터 받은 최우수 성적에 합당한 중등학교가 수끄레에는 없었기 때문에, 다음 해 1월부터는 바랑끼야에 있는 학교에서 공부를 시작하기 위해 바랑끼야로 돌아가야 했던 것이다.

어머니 아버지는 나하고는 아무런 상의 없이 오랜 토론과 상담을 한 끝에, 나를 바랑끼야 소재의 산호세 델 라 꼼빠니아 데 헤수스 학교에 입학시키기로 결정했다. 약국과 동종 요법 클리닉이 아직 현실화되어 있지 않은 상태에서 어머니 아버지가 어떻게 그토록 많은 자금을, 그것도 몇 개월 되지 않는 시간에 마련했는지 지금도 이해할 수 없다. 어머니는 항상 검증을 요구하지 않는 논리를 갖다 댔다. "신은 아주 위대하시다." 이사 비용 속에는 가족의 정착과 생계를 위한 비용이 포함되었으나 내 학자금은 포함되어 있지 않았다. 다 떨어진 신발 한 켤레와 다른 옷을 빨 때 갈아입을 옷 한 벌밖에 없는 상황에서, 어머니는 6개월 이내에 내 키가 한 뼘 정도 자라 있을 것이라는 사실은 예견하지 못한 채 새 옷 한 벌을 마련해 관만 한 트렁크에 넣어 주었다. 변성기가 되기 전에는 긴 바지를 입을 수 없다는, 아버지가 고수하고 있던 사회적 규칙에 반해, 나더러 긴 바지를 입으라고 혼자 결정해 버린 사람은 어머니였다.

내 마음속에는 사실, 평소에도 곧잘 버럭버럭 화를 내는 아버지가 자식들 각자의 교육에 관한 토론을 하는 과정에서 화를 버럭 내며 우리 가운데 그 누구도 학교에 보낼 필요가 없다고 선언하게 될 거라는 생각이 항상 있었던 것이 사실이다. 학교에 보내지 않는다는 것이 불가능한 생각만은 아니었다. 아버지 자신도 가난이라는 강력한 세력 때문에 독학을 했고, 할아버지는 가족의 순결성을 보존하기 위해 가정에서 교육할 것을 선포했던 돈 페르난도 7세의 강철 같은 도덕심에 고무되어 있었다. 학교가 감옥처럼 무서웠고 규칙적으로 종을 울리는 체제에 순응해야 한다는 생각만으로도 소름이 끼쳤다. 하지만 그것은 열세 살 때부터는 가족과 좋은 관계를 유지하면서도 가족의 명령과 자식 수를 늘리는 부모의 열정으로부터, 위태위태한 세월로부터 멀리 떨어진 채, 책을 읽을 만큼 빛이 비치는 곳에서, 숨쉴 시간도 아까워하며 독서를 하는 자유로운 삶을 향유할 수 있는 유일한 가능성이기도 했다.

당시 카리브 지역에서 공부를 가장 많이 시키고 학비가 비싼 걸로 유명한 학교들 가운데 하나인 산호세 학교에 대한 나의 유일한 불만은 군사 교육이었으나, 어머니는 경구 같은 말 한 마디로 나를 제압했다. "그 학교에서 정부 지도자들이 만들어진단다." 이제 더 이상의 퇴로가 없게 되었을 때 아버지는 그 문제로부터 손을 뗐다.

"나는 가타부타 아무 말도 하지 않았다는 사실을 명심하기 바라오."

아버지는 내가 영어를 배울 수 있도록 미국 학교에 입학하기를 선호했으나, 어머니는 그 학교가 루터파 소굴이라는 왜곡된 이유를 들먹이며 그 학교를 배제했다. 나는 작가로서 살아온 내 삶에서 저지른 실수들 가운데 하나가 내가 영어를 구사할 줄 모른다는 데 있다는 사실을, 아버지에게 경의를 표하며, 인정해야 한다.

우리 가족이 석 달 전에 탔던 까뻬딴 데 까로 호 갑판에서 바랑끼야를 다시 보게 되었을 때, 나는 내가 언젠가 혼자서 현실 삶으로 되돌아가게 되리라는 것을 예감하기라도 했던 것처럼 마음이 심란했다. 다행히 내 부모는 내가 사촌 형 호세 마리아 발데블랑께스[‡]와 형수 오르뗀시아의 집에서 숙식을 해결할 수 있도록 미리 조치해 놓았다. 두 분은 젊고 친절한 사람들이었다. 나는 소박한 거실과 침실 하나, 그리고 철사 줄에 널어놓은 빨래들 때문에 항상 어두컴컴한 작은 마당이 있는 집에서 그들과 함께 평온한 삶을 유지했다. 사촌 형 부부는 6개월 된

[‡] 가르시아 마르케스의 외삼촌 호세 마리아 발데블랑께스와 이름이 동일한 사촌 형이다. 한 가계의 각기 다른 가족에게 동일한 이름을 붙이는 것은 에스파냐·중남미에서 흔한 일이다.

딸과 함께 방에서 잤다. 나는 밤이면 침대로 변하는 거실 소파를 이용했다.

산호세 학교는 집에서 여섯 블록 정도 떨어진, 편도 나무 우거진 공원에 위치했다. 그 공원에는 보도블록이 깔린 길 바로 곁에 뼈들이 흩어져 있고, 썩은 옷 쪼가리들이 널려 있는, 그 도시에서 가장 오래된 공동묘지가 있었다. 학교 중앙 운동장으로 들어갔던 날 학교에서는 하얀 바지에 파란 모직 재킷 교복을 입은 신입생들을 맞이하는 행사가 거행되고 있었는데, 나는 내가 모르는 것을 다른 신입생들이 다 알고 있을 거라는 공포에서 벗어날 수 없었다. 하지만 곧 그들 역시 불확실한 미래 앞에서 나처럼 겁을 먹고 있는 초보들이라는 사실을 알아차렸다.

내가 개인적으로 도깨비 같은 인간이라 생각하던 중등부 주임 교사 뻬드로 레이에스 수사는 내가 중학교 교육을 받을 준비가 되어 있지 않다는 사실을 윗사람들에게 알리는 데 열중했다. 그는 전혀 생각지도 못한 순간에 어디선가 불쑥 튀어나와 내 앞길을 가로막는 골칫덩어리로 변해 엉뚱하고 아리송한 문제로 나를 시험했다. "하느님께서 사람이 들 수 없는 무거운 돌 하나를 창조해 내실 수 있다고 생각하니?" 그는 생각해 볼 틈도 주지 않은 채 나를 다그쳤다. 또는 내 앞에 이런 빌어먹을 함정을 파 놓기도 했다. "만약 적도를 따라 두께 50센티미터짜리 황금 띠를 두른다면 지구 무게는 얼마나 늘어날까?" 설사 그 문제들에 대한 답을 알고 있었다 해도, 처음으로 전화 통화를 하던 때처럼 공포에 사로잡혀 혀가 제대로 움직여 주지 않았기 때문에 단 한 문제도 제대로 맞히지 못했다. 레이에스 수사가 그렇게 할 만한 이유가 있다는 생각에서 비롯되는 공포였다. 중등학교 수업을 받을 준비가 채 되어 있지 않았으나 무시험으로 합격되었다는 행운을 포기할 수도 없는 일이었다. 그를 보기만 해도 몸이 부들부들 떨렸다. 일부 급우들이 레이에스 수사에게 심술궂은 얘기들을 하기도 했으나 나는 전혀 개의치 않았다. 게다가, 첫 번째 구두 시험에서 프라이 루이스 델 레온에 관해 물 흐르듯 유창하게 대답함으로써 무난하게 통과했고, 칠판에 색분필로 예수 그리스도의 모습을 살아 있는 것처럼 그림으로써 자신감을 얻게 되었다. 심사 위원들이 아주 만족했기 때문에 수학과 국사 역시 걱정할 것이 없었다.

레이에스 수사와 연관된 문제는 부활절 기간 그의 식물학 시간에 사용할 그림들을 내가 눈 하나 깜짝하지 않고 그려 줌으로써 해결되었다. 레이에스 수사는 나에 대한 공격을 포기했을 뿐만 아니라 휴식 시간을 이용해, 과거 내가 대답할 수 없었던 문제들 또는 우연이었다는 듯이 1학년 동안 이어지는 시험에 출제된 가장 특이한 문제들 가운데 몇 개의 답을, 가끔 아주 정확히 내게 가르쳐 주는 걸 즐겼다. 그러다가도 내가 급우들과 함께 있는 것을 볼라치면, 내가 중등부 3학년 학생들 가운데 유일하게 성적이 향상되고 있는 학생이라며 우스워 죽겠다는 듯 놀려 댔다. 당시 내 실력이 오죽했으면 그런 얘기를 했을까 요즘 들어 이해가 간다. 무엇보다도 맞춤법에 관한 한 실력이 형편없었다. 맞춤법은 학교 생활 전과정을 걸쳐 수난과 고통의 원인이었고, 내 원고를 교정하는 사람들을 여전히 놀라게 만들고 있다. 마음씨가 따뜻한 교정자들은 내가 저지른 맞춤법상의 오류를 타자수의 실수라고 믿고 있을 것이다.

내가 받은 충격들을 완화해 준 사건은 화가이자 작가인 엑또르 로하스 에라소가 미술 교사로 부임한 것이었다. 스무 살 정도 되어 보였는데, 주임 신부와 함께 교실로 들어온 그의 인사말은 오후 3시의 나른

한 분위기를 깨며 문이 꽝 닫히는 소리처럼 울려 퍼졌다. 금박 단추가 달린 꽉 끼는 낙타 털 재킷, 다양한 색깔이 혼합된 조끼 차림에 나염 실크 넥타이를 매고 있는 모습은 영화배우처럼 잘생기고 부드럽고 품위가 있었다. 하지만 의상 가운데 가장 특이했던 것은 그늘 아래 있어도 섭씨 30도에 이르는 더위 속에서 쓰고 있던 멜론처럼 생긴 모자였다. 그는 상인방에 닿을 정도로 키가 커서 칠판에 그림을 그릴 때는 고개를 숙여야 했다. 그 옆에 있는 주임 신부는 신의 손이 포기한 형상처럼 보였다.

수업이 시작되자 그에게는 교수법도 인내심도 없다는 게 드러났으나, 칠판에 색분필로 뛰어난 그림을 그림으로써 우리를 놀라게 했고, 심술궂은 유머로 우리의 마음을 졸이게 만들었다. 그는 석 달 만에 교사직을 그만두었다. 이유는 알 수 없었으나 아마 그의 자유분방한 교육법이 예수회 사도(師道)와 부합되지 않았기 때문이라 추측해 볼 수 있다.

학교 생활을 시작하면서부터 나는 시인이라는 명성을 얻었다. 그 첫 번째 이유는 교과서에 실린 에스파냐 고전주의와 낭만주의 시인들의 시를 쉽사리 외워 낭랑하게 읊어 대는 재주 때문이었고, 두 번째 이유는 내가 급우들을 위해 교지에 싣던 정형시들이 내포하는 풍자성 때문이었다. 아이들이 활자가 지닌 권능을 인정할 거라는 사실을 미리 알았더라면 아예 시들을 쓰지 않았거나 쓰는 데 더 많은 정성을 기울였을 것이다. 어찌 되었건, 급우들이 내 풍자시들을 좋아했기 때문에 시를 적은 종이쪽지들이 오후 2시의 나른한 교실 여기저기를 은밀하게 돌아다녔다. 고등부 주임 교사 루이스 뽀사다 신부는 쪽지 하나를 압수해 눈썹을 찡그린 채 읽고는 나를 몹시 나무랐으나 쪽지를 호주머니에 넣어 보관했다. 아르뚜로 메히아 신부는 나를 사무실로 불러 압수한 내 풍자시들을 공식 교지인 《젊음》에 실어 보라고 권유했다. 나는 즉각적으로 놀람과 부끄러움과 행복감이 어지럽게 뒤섞인 반응을 보이며, 설득력이 전혀 없는 논리로 그 제의를 거절하기로 작정했다.

"제가 쓴 건 다 엉터리예요."

메히아 신부는 내 대답을 적어 두었다가 윗사람들을 설득해 승인을 받은 뒤 내 시들을 '나의 엉터리 시들'이라는 제목하에 교지에 실었고, 다음 호에는 '가비또'라는 필명도 함께 실었다. 나는 연속적으로 발행된 두 권의 교지에 급우들의 요청에 따라 일련의 신작 시들을 발표해야 했다. 그래서 그 유치한 시들은, 내가 원했든 원치 않았든 간에, 실제로 나의 등단 시가 되었다.

손에 잡히는 대로 책을 읽어 대는 악습은 그치지 않았고, 그것도 모자라 수업 시간 거의 대부분을 책을 읽으며 보냈다. 당시 콜롬비아에서 유행하던 대중 시 레퍼토리를 죄다 암송할 수 있었고, 에스파냐 황금세기와 낭만주의 시대에 쓰인 가장 아름다운 시들도 암송할 수 있었는데, 그들 가운데 대다수는 교과서에서 배운 것들이었다. 나이에 걸맞지 않게 지니고 있던 그런 지식은 선생님들을 화나게 만들었다. 선생님들이 내게 아주 어려운 질문을 할 때마다 나는 선생님들이 평가할 만한 조건에 있지 않은, 문학적이거나 다른 책에 있는 것들을 언급해 가며 대답했다. 메히아 신부는 나를 '지긋지긋한' 아이라 부를 수가 없어 '잘난 체하는 아이'라 불렀다. 시들이나 좋은 고전 산문들에 나오는 일부 문장들은 서너 번만 읽으면 머릿속에 저장되기 때문에 일부러 외우려고 애쓴 적은 단 한 번도 없다. 나는 가스빠르 누녜스 데 아르세가 쓴 8음절 10행시 「현기증」 57편 전체를 외우는 내기를 주임 신부와 했는데, 단 한 자도 틀리지 않고 줄줄 외움으로써 만년필 하나를 얻었다.

수업 시간에도 무릎 위에 책을 펼쳐 놓고 읽었는데, 그런 뻔뻔스러운 행동은 선생님들의 암묵적인 동의하에 별다른 제지를 받지 않은 덕분에 가능했다. 치밀하게 계산된 감언이설을 동원해도 이룰 수 없었던 한 가지는 오전 7시에 진행되는 학교 미사에 참석하지 않는 것이었다. '엉터리 시들'을 쓰는 것 말고도, 합창단의 솔로로 활동하고 풍자 만화를 그리고 공식 행사에서 시를 읊는 등 과외로 할 일이 너무 많았기 때문에 내가 어느 시간에 공부를 하는지 아무도 이해하지 못했다. 대답은 아주 간단했다. 공부를 하지 않았던 것이다.

내가 그토록 지나치게 열정적으로 활동하고 있을 당시, 선생님들이 내게 무척 신경을 써 주면서도 나의 오류투성이 맞춤법은 문제 삼지 않은 이유가 무엇인지는 지금도 이해할 수 없다. 반면에 맞춤법에 관한 한 어머니는 다른 태도를 취했다. 내가 집으로 보낸 편지들 가운데 일부는 아버지 속을 상하지 않게 하려고 아버지 몰래 숨겨 두었고, 일부는 수정을 해서, 또 가끔은 내 문법 실력이 상당히 향상되었고, 내가 적합한 어휘를 사용한다는 축하 말을 적어 내게 되돌려 보내기도 했다. 하지만 2년이 지나도 그 문제는 눈에 띄게 나아지지 않았다. 요즘도 그 문제는 계속되고 있는데, 당시 나는 왜 무성 음가를 지닌 문자를 쓰는 게 허용되는지, 왜 두 개의 다른 문자가 동일한 음가를 지니는지 결코 이해할 수 없었고, 별 효과도 없는 문법 규칙들은 왜 그리 많은지도 이해할 수 없었다.

이런 상황에서 내 평생 나를 따라다니게 될 하나의 자질을 내 안에서 발견하게 되었다. 그것은 바로 내가 학교 선배들과 대화하기를 좋아한다는 것이다. 요즘도 나는 손자들이나 손자 또래 젊은이들의 모임에서 나 스스로 그들보다 더 어리다는 느낌을 갖지 않도록 애써야 할 정도다. 아무튼 그렇게 해서 나보다 나이 많은 동기 동창 둘과 친구가 되었고, 그들은 나중에 내 일생의 역사적인 사건들이 발생할 때마다 동반자가 되어 주었다. 한 친구는 내가 아무런 준비도 없이 무작정 기자 생활을 시작한, 바랑끼야 소재 지방지 《엘 에랄도》의 공동 창립자이자 소유주 세 명 가운데 하나의 아들 후안 B. 페르난데스였다. 그는 그 신문사 기자로 입사해 편집국장을 역임했다. 다른 친구는 그 도시의 전설적인 쿠바 출신 사진사의 아들 엔리께 스꼬뻴이었다. 그 역시 그 신문사 사진 기자로 활동했다. 내가 지금도 그에게 고마움을 느끼는 이유는 우리가 신문사에서 공동 작업을 했기 때문이 아니라 세계의 절반 정도로 수출하고 있던 생가죽을 무두질하는 그의 직업 때문이다. 내가 외국 여행을 시작해 몇 번 외국을 드나들던 무렵, 그는 길이 3미터짜리 악어 가죽 하나를 내게 선물했다.

"이 가죽 아주 비싼 거라네." 그가 담담하게 말했다. "하지만 굶어 죽을 지경에 이르렀다는 생각이 들지 않는 한 팔지 말게."

지혜로운 끼께(엔리께의 애칭) 스꼬뻴이 장차 내가 되풀이할 가난의 세월 속에서 수차례에 걸쳐 그 가죽을 팔아야 할 상태에 이를 것이라는 사실을 어떻게 알고 그 영원한 부적을 내게 주었는지는 아직도 아리송하다. 아무튼 내가 가방 속에 그 가죽을 넣고 전 세계를 돌아다니기 시작한 이후 먹고살 돈이 떨어진 적이 없었기 때문에, 먼지 끼고 푸석푸석해진 그 가죽을 아직까지 간직하고 있다.

수업 시간에 엄격하기 이를 데 없는 예수회 신부들은 휴식 시간에는 아주 딴판으로 변해, 교실에서 말하지 않은 것들을 우리에게 가르쳐 주고, 진심으로 가르쳐 주고 싶은 것들을 우리에게 비밀스럽게 알려 주기도 했다. 나는 내 나이에 이해할 수 있는 수준까지만 알아들을 수 있었는데, 나이에 비해 얘기의 수준이 너무 높아서 오히려 더 많은 도움을 주었던 것 같다. 아주 진보적인 정신을 소유한 까차꼬였던 루이스 뽀사다 신부는 수년 동안 노동조합에 관여했다. 그는 책과 저자들에 관해 백과사전식으로 요약한 온갖 자료들을 기록해 놓은 카드 파일을 지니고 있었다. 이그나시오 살디바르 신부는 바스크 산악 지대에서 태어난 사람으로, 나는 그가 까르따헤나의 산뻬드로 끌라베르 수도원에서 노령에 이를 때까지 계속해서 그를 찾아갔다. 에두아르도 누네스 신부는 기념비적인 콜롬비아 문학사를 아주 많이 저술하고 있었다. 그 후 그에 관한 소식은 전혀 듣지 못했다. 이미 고령에 이른 음악 교사 마누엘 이달고 신부는 전혀 생각지 못했던 세속 음악에 대한 재능을 스스로 발굴해 심취하게 되었다.

뻬에스차꼰 교장 신부님과 가끔 우연스러운 대화를 나누었는데, 대화에서 다루어지는 테마들뿐만 아니라 그의 대담한 설명 때문에 그가 나를 어른으로 생각하고 있지 않나 하는 의구심을 품게 되었다. 내가 하늘 나라와 지옥에 관한 개념을 명확히 설정하는 데 그는 결정적인 역할을 했다. 하늘과 지옥 사이에 존재하는 단순한 지리적 간극 때문에 그 이전까지 나는 교리 문답서에 들어 있는 관련 사항들을 수용하지 못하고 있었다. 교장 신부님은 그런 교리에 반하는 대담한 생각들을 밝힘으로써 내 마음을 편하게 해 주었다. 하늘나라는 신학적으로 복잡하게 설명하고 말 것도 없이 그저 하느님이 계신 곳이었다. 따라서 지옥은 그 반대였다. 하지만 신부님은 "어찌 되었든 지옥은 불길에 휩싸여 있다."고 말하면서, 문제는 그에 관한 설명을 할 수 없다는 것이라고 두 번에 걸쳐 내게 고백했다. 수업 시간보다는 휴식 시간에 이루어지던 그런 강의 덕분에 나는 그해 말 여러 개의 메달로 가슴을 장식할 수 있었다.

수끄레에서 처음으로 맞이한 방학은 어느 일요일 오후 4시에 꽃들과 색색깔 풍선들로 치장된 부두 광장에서 열린 크리스마스 바자회에서 시작되었다. 그곳에 막 당도하자마자 아주 예쁜 금발머리 소녀가 갑자기 달려들어 팔로 내 목을 감더니 숨이 막힐 정도로 키스를 퍼부어 댔다. 그 소녀는 아버지가 어머니와 결혼하기 전에 낳은 딸 까르멘 로사였다. 낯선 가족들과 함께 지내기 위해 잠시 수끄레 집에 와 있었던 것이다. 아버지의 다른 아들 아벨라르도도 와 있었다. 상당한 실력을 갖춘 직업 재단사였는데, 중앙 광장 한 귀퉁이에 봉제 공장을 차리게 된 그는 내 사춘기 인생의 스승이었다.

이사를 하고 새 가구를 장만해 놓은 우리 집은 축제 분위기가 넘쳤고, 5월에 남동생 하이메가 상서로운 쌍둥이좌 기운을 타고 태어났다. 하이메는 칠삭둥이였다. 어머니 아버지는 매년 아이들이 태어난다는 사실이 쑥스러웠는지 그런 사실을 드러내 놓고 알리려 하지 않았기 때문에, 나는 집에 도착할 때까지 내 동생에 대해 까마득히 모르고 있었다. 어머니는 그 동생이 집안을 융성하게 만들어 준 성녀 리따에게 바치는 공물 같은 것이라고 둘러댔다. 어머니는 더 젊어지고 더 명랑해졌으며 예전보다 더욱 자주 노래를 흥얼거렸고, 아버지는 진료소에 사람들이 넘치고 약국에 물건이 넘쳐 기분이 좋은지 잔뜩 들떠 있었다. 주변 산지 마을에 거주하는 친척들이 찾아오는 일요일이면 더욱더 그랬다. 비록 시골 사람들이, 아버지의 탁월한 치료 능력은 아버지가 설탕으로 만든 작은 환약과 그가 준비한 신비의 물을 동원한 동종 요법의 효력 때문이 아니라 마법사로서의 기술 때문이라 생각하고 있었다고 해도, 아버지의 진료소에는 손님들이 쇄도했다. 아버지가 실제 훌륭한 치료사라는 명성 때문이었다. 그 사실을 아버지 자신이 알고 있었는가에 관한 부분은 지금도 확신할 수 없다.

성탄절이 되면 수끄레 주민들은 크게 두 지역, 즉 남쪽의 술리아 지역과 북쪽의 꽁고베오 지역으로 나뉘어 시합을 벌였다. 여러 가지 경합이 있었지만, 특히 두 지역이 서로 기예를 겨루는 전통적인 꽃 장식 수레 경합이 인기 있었다. 경합이 이루어지고 나면 최종적으로 크리스마스 전야에 중앙 광장에서 대규모로 갑론을박을 벌인 끝에 두 지역 가운데 어느 지역이 그해의 승자인지 결정했다.

까르멘 로사는 그곳에 도착하자마자 크리스마스를 새롭게 빛내 주었다. 세련되고 애교가 넘쳤으며, 구혼자들이 떼거리로 몰려드는 가운데 무도회의 여주인공이 되었다. 딸들에 대한 질투심이 아주 강한 어머니도 까르멘 로사에게만은 질투심을 느끼지 않았고, 오히려 집안에 요상한 소문 하나를 끌어들인 그녀의 애정 행각을 축하해 주기도 했다. 어머니는 자신의 친딸들과도 유지해 본 적이 없는 공범 관계를 까르멘 로사와 유지하고 있었다. 한편 아벨라르도는 칸막이로 분리되어 있는 한 칸짜리 봉제 공장에서 다른 방식의 삶을 모색했다. 재단사로는 그런대로 잘나갔으나, 혼자 따분하게 재봉틀에서 시간을 보내기보다는 칸막이 뒤 침대를 벗 삼아 편안하게 있는 편을 택했기 때문에, 종마처럼 용의주도하게 잘나가던 때만큼은 상황이 좋지 않았다. 방학 무렵 아버지는 내게 장사를 시켜야겠다는 특이한 생각을 하게 되었다. "만일을 대비해서 말이다." 아버지가 내게 한 말이었다. 나는 우선 집집마다 돌아다니며 외상값을 받는 일을 배웠다. 어느 날 아버지는 나더러 도시 외곽에 있는 합법 성 매매 업소 '라 오라'에 가서 외상값을 받아 오라고 했다.

그곳에 들어선 나는, 길 쪽으로 문이 난 어느 방으로 다가가 반쯤 열린 문으로 안을 들여다보았다. 여자 하나가 매트리스에서 낮잠을 자고 있었다. 맨발에 허벅지조차 제대로 가릴 수 없는 슬립을 입고 있었는데, 그녀는 내가 무슨 말을 꺼내기도 전에 일어나 매트리스에 앉더니 졸리는 눈으로 나를 쳐다보며 내게 용건을 물었다. 나는 아버지 심부름으로 집주인 돈 엘리히오 몰리나에게 전할 말이 있다고 말했다. 하지만 그녀는 집주인 있는 곳을 가르쳐 주기는커녕 방으로 들어오라고 하더니 방문에 빗장을 걸었고, 내게 검지를 한 번 까닥거림으로써 모든 것을 말했다.

"이리 와."

나는 그녀 가까이 다가갔다. 그녀의 거친 숨소리가 강물 불어나듯 방을 채우기 시작했다. 그녀는 오른손으로 내 팔을 붙잡고 왼손으로 바지 지퍼를 내리더니 바지 속으로 손을 집어넣었다. 나는 달콤한 공포를 느꼈다.

"그러니까 네가 환약으로 병자를 치료하는 의사의 아들이구나." 그녀는 바지 속에 집어넣은 다섯 손가락이 열 손가락이나 되는 것처럼 능수능란하게 주물럭거리며 말했다. 그녀는 내 귀에 끊임없이 색정적인 말들을 속삭이며 내 바지를 벗겼다. 그리고 슬립을 머리 위로 벗어 던지더니, 색색의 꽃무늬가 그려진 팬티만 걸친 채 매트리스에 드러누웠다. "이건 네가 벗겨줘." 그녀가 말했다. "이건 남자로서 네가 할 일이야."

나는 그녀의 아랫도리 가리개를 벗기려 시도했다. 하지만 너무 서

두르는 바람에 제대로 되지 않았고, 그러자 그녀가 두 다리를 쫙 펴고 수영 선수처럼 재빠르게 몸을 움직임으로써 나를 도와 주었다. 알몸이 된 그녀는 겨드랑이를 잡아 내 몸을 들어 올린 뒤 자기 몸 위에 올려놓음으로써 모범적인 정상위 자세를 완성시켰다. 나머지는 그녀가 다 알아서 했는데, 결국 나는 그녀의 암말 같은 사타구니의 양파 수프 속에서 첨벙거리다 그녀의 몸 위에서 외롭게 죽어 버렸다.

그녀는 모로 누워 나를 뚫어지게 쳐다보면서 말 없이 휴식을 취했고, 나는 이제 두려움 없이 천천히 다시 시작해 보겠다는 생각으로 그녀의 눈길을 응시하고 있었다. 그런데 그녀가 느닷없는 말을 꺼냈다. 내가 준비를 하고 온 것이 아니기 때문에 서비스 요금 2뻬소를 받지 않겠다는 것이었다. 그리고 나서 매트리스에 드러눕더니 내 얼굴을 찬찬히 뜯어보았다.

"게다가 넌 루이스 엔리께의 착실한 형이잖아. 안 그래? 형제가 어쩜 목소리도 똑같네."

나는 순진하게도 어떻게 해서 동생을 알게 되었는지 그녀에게 묻고 말았다.

"바보 같긴." 그녀가 씩 웃었다. "동생이 얼마 전에 왔다가 벗어 놓고 가서 내가 빨아 놓은 팬티도 있는데, 뭘."

동생이 나이가 어린 터라 그녀가 농담을 하고 있다고 생각했으나 내게 동생의 팬티를 보여 주었을 때는 그 말이 사실이라는 것을 인정할 수밖에 없었다. 그녀는 발레를 하듯 우아한 동작으로 침대를 박차고 일어나더니, 주섬주섬 옷을 입으면서 왼쪽 옆방에 돈 엘리히오 몰리나가 있다고 가르쳐 주었다. 그리고 마지막으로 내게 물었다.

"이번이 처음이지, 안 그래?"

내 가슴이 한 번 쿵쾅거렸다.

"무슨 소리예요. 일곱 번쨀데요." 나는 거짓말을 했다.

"어찌 되었든, 동생더러 한 수 가르쳐 달라고 해야 할 것 같아." 그녀가 비꼬는 표정을 지으며 말했다.

그 첫 경험은 내게 삶에 대한 일종의 활력을 불어넣어 주었다. 방학은 12월부터 다음 해 2월까지였고, 나는 그녀에게 다시 가기 위해서는 몇 번이나 2뻬소를 더 마련해야 할 것인가 자문해 보았다. 이미 육체적인 것에 관한 한 베테랑이 되어 있던 동생 루이스 엔리께는, 우리 또래 두 사람이 동시에 즐기고, 또 두 사람을 행복하게 만들어 주는 무언가를 위해 돈을 쓰게 생겼다며 배꼽이 빠져라 웃어 댔다.

봉건주의적 정신이 지배하고 있던 라 모하나 지역에서는 지주들이 소작인들로부터 처녀들을 차출해 순결을 빼앗는 재미를 보면서 여러 날 밤에 걸쳐 농락한 끝에, 결국 처녀들을 방치해 버렸다. 그 결과, 무도회가 끝난 뒤 우리를 사냥하러 광장으로 나오는 여자들 중에는 쓸 만한 여자도 꽤 많았다. 그런데 그런 여자들은 내가 전화와 관련하여 느꼈던 것과 같은 두려움을 유발시켰기 때문에, 나는 그 여자들을 물 위에 떠다니는 구름처럼 바라볼 수밖에 없었다. 우연히 겪은 첫 모험이 내 몸에 남겨 놓은 허전함 때문에 나는 이후 단 한순간도 편안하게 지낼 수 없었다. 방학이 끝나고 학교로 돌아갔을 때 나는 무뚝뚝한 사람으로 변해 있었다. 첫 행부터 듣는 사람을 미치게 만들던 보고타 출신 시인 돈 호세 마누엘 마로낀의 기발하고 엉뚱한 시에 완전히 현혹되었던 이유도 바로 그런 허전함 때문이었다고 생각한다.

멍멍 개 짖는 지금, 꼬꼬댁 닭 우는 지금,

동트는 새벽녘 땡땡 요란하게 종 울리고,
힝힝 당나귀 울고 짹짹 새 울고,
사륵사륵 밤이슬 내리고 꿀꿀 암퇘지 지분거리고,
황금빛 펼쳐진 광활한 대지의 희미한 장미에
진주알 같은 물이 맺히면 나는 눈물 흘리고,
뜨거운 영혼이 추위로 몸을 떠는 지금,
나는 그대를 찾아와 그대의 창문 아래서 한숨 쉬노라.

  나는 어디를 가든 염주 알을 세듯 끝없이 시를 암송함으로써 사람들을 어리둥절하게 만들었을 뿐만 아니라, 시인이 태어난 곳이 어디인지도 모르면서 그곳 사람들처럼 유창하게 말하는 법을 배웠다. 무슨 질문에든 척척 대답했다. 대답이 너무 특이하고 재미있어서 선생님들이 슬그머니 꽁무니를 빼는 일도 흔하게 일어났다. 언젠가 어느 시험에서 정확하지만 단번에는 판독할 수 없는 답을 했을 때, 선생님들 가운데 누군가는 틀림없이 내 정신 건강에 문제가 있을 거라고 생각했을 것이다. 모든 사람을 웃게 만드는 이런 편안한 농담들에 어떤 악의가 들어 있었는지는 기억나지 않는다.
  사제들이 이성을 잃은 것처럼 내게 말하는 것이 놀라웠지만, 이내 나도 그들을 따라했다. 나는 다행히 아무도 이해하지 못하던 속어들을 이용해 성가 합창곡을 패러디한 노래들을 만듦으로써 사제들을 놀라게 했다. 상담 교사는 내 부모의 뜻에 따라 나를 어느 전문의에게 데려갔고, 의사는 진절머리 나지만 아주 재미있는 검사를 실시했다. 재미가 있었던 이유는 그의 머리 회전이 빨랐을 뿐만 아니라 그가 인정이 많고, 독특하기 이를 데 없는 방법론을 지니고 있었기 때문이다. 의사는 엉터리 문장들이 쓰여 있는 카드 하나를 주면서 순서에 맞게 읽어 보라고 시켰다. 나는 의사가 시킨 대로 아주 열심히 해냈고, 의사는 내 놀이에 개입하고 싶은 유혹을 이겨 내지 못했다. 결국 우리는 기발한 검사용 문제들을 고안해 냈고, 그는 앞으로 검사를 할 때 그 문제들을 이용하기 위해 적어 놓았다. 의사는 내 습관에 관해 자세히 물은 다음 내가 자위 행위를 몇 번이나 했는지 물었다. 나는 생각나는 대로 대답했다. 단 한 번도 해본 적이 없다고. 그는 내 말을 믿지 않았으나 두려움은 성 건강에 부정적인 요인이라고 슬쩍 말했다. 내 말을 믿지 않은 그런 태도가 오히려 그렇게 하라고 부추기는 것처럼 보였다. 그가 아주 멋진 남자라는 생각을 하고 있던 나는 《엘 에랄도》의 기자로 일하게 되었을 때 과거 내가 받은 검사 결과에 관한 그의 개인적 결론을 듣고 싶어 그를 만나 보려 했다. 내가 알아낸 유일한 사실은 그가 몇 년 전 미국으로 옮겨 갔다는 것이었다. 그의 오랜 동료들 가운데 하나는 더욱더 솔직한 사람이었다. 그 동료는 그 의사 스스로도 자신의 상태가 자기 환자의 상태보다 더 안 좋다고 생각하고 있었기 때문에, 그가 시카고의 어느 정신 병원에 수용되어 있다는 사실은 이상할 게 전혀 없다고 아주 다정하게 내게 말해 주었다.

　진단 결과는 식사 후 곧바로 독서를 하는 습관 때문에 신경성 피로가 심각해졌다는 것이었다. 의사는 식사 후 소화가 될 때까지 두 시간 동안은 절대 휴식을 취하고, 운동량을 평소보다 한층 더 늘려 격렬한 신체 활동을 하라고 권유했다. 당시 내 부모와 교사들이 의사의 지시를 어찌나 엄격하게 따랐는지 생각해 보면 지금도 놀랄 정도다. 교사들은 내 독서를 규제했고, 내가 수업 시간에 책상 밑에 책을 펼쳐 놓고 있는 것을 보고는 책을 빼앗았다. 그들은 내가 어려운 과목들을 피해

갈 수 있도록 배려해 주었고, 매일 몇 시간에 걸친 신체 활동을 강요했다. 나는 급우들이 교실에서 수업을 하는 사이 학교 농구장에서 혼자 공연한 숯을 쏘아 댔고 시 등을 암송했다. 급우들은 처음부터 여러 패로 갈렸다. 나를 원래 미친놈이라 생각하는 친구들, 내가 삶을 즐기기 위해 일부러 미친 짓을 하는 것이라 믿고 있는 친구들, 그리고 미친 사람들은 내가 아니라 교사들이라는 기조를 유지한 채 나를 한결같이 대해 주는 친구들. 흑판에 비례법 연습 문제를 쓰고 있던 수학 선생님을 향해 내가 잉크병을 던졌는데, 퇴학을 당할 거라는 소문이 나돈 것은 그때부터였을 것이다. 다행히 그 문제를 아주 단순하게 이해해 버린 아버지는 그해 말까지 학교에 다닐 필요도 없고, 간 질환만 유발할 뿐인 그런 일에 시간과 돈을 더 이상 허비하지 말고 집으로 돌아오라는 결정을 내렸다.

한편, 내 이복형 아벨라르도는 삶의 모든 문제를 침대에서 해결할 수 있다고 믿고 있었다. 내 여동생들이 나에게 연민 어린 대접을 해 주었던 반면에 그는 내가 자기 봉제 공장에 들어서는 모습을 본 순간부터 마술적인 처방을 가르쳐 주었다.

"네게 필요한 건 좋은 여자야."

그는 스스로 한 말을 철저하게 지켰다. 거의 매일 봉제 공장 칸막이 뒤로 온갖 여자 친구들을 데려와 내게 남겨 두고는 정작 자신은 30분씩 길모퉁이에 있는 당구장에 가 있었다. 매번 여자가 바뀌었다. 그때는 창조적인 무절제가 자행되던 시기였는데, 그다음 해 내가 올바른 판단력을 회복하고 학교로 돌아갔던 것으로 보아 아벨라르도의 임상학적 진단이 옳았던 것 같다.

내가 산호세 학교로 돌아갔을 때 받은 환대와 아버지가 환약으로 병자들을 치료하는 것에 대해서 사람들이 칭찬하고 감탄한 일은 절대 잊을 수 없다. 이번에는 발데블랑께스가 둘째 아들을 보는 바람에 집에 여유 공간이 없어서 돈 엘리에세르 가르시아 집에서 살게 되었다. 내 할머니의 동생인 그는 성품이 관대하고 정직한 사람이라는 소문이 자자했다. 은행원 생활을 하다 정년 퇴직했는데, 그가 지닌 영어에 대한 영원한 열정이 그 무엇보다 나를 감동시켰다. 평생 새벽부터 밤 늦게까지, 아주 정확한 발음과 억양으로 노래 연습을 하듯 영어 공부를 했고, 그런 공부법은 건강이 허락할 때까지 지속되었다. 휴일이면 관광객들과 얘기를 하기 위해 항구로 나가 관광객들을 붙들었고, 그렇게 해서 결국 영어를 에스파냐어만큼 정복하기에 이르렀으나 특유의 소심함 때문에 지인들과 대화를 할 때는 절대 영어를 사용하지 않았다. 그 할아버지에게는 나보다 나이가 많은 아들 셋과 딸 발렌띠나가 있었는데, 그들조차도 아버지가 영어로 대화하는 것을 들어 본 적이 없을 정도였다.

나는 발렌띠나를 통해 (그녀는 나의 절친한 친구이자 나를 고무시켰던 독서 선생님이었다.) 파블로 네루다를 전례로 삼아 카리브 지역의 시들을 혁신해 보고자 시도하던 일군의 젊은 시인들로 이루어진 '아레나 이 시엘로' 파가 활동하고 있다는 사실을 알아냈다. 이들은 '삐에드라 이 시엘로'‡ 파를 모방한 작은 지역 유파로, 19세기의 낙엽들을 쓸어내 버리겠다는 건강한 모토를 가지고 탄생되었다. 당시 보고타 출신 시인들이 드나드는 카페들을 무대로 활동하던 삐에드라 이 시엘로 파는, 에스파냐 시인 후안 라몬 히메네스의 영향을 받은 에두아르도

---

‡ '아레나 이 시엘로'는 모래와 하늘이라는 뜻이고, '삐에드라 이 시엘로'는 돌과 하늘이라는 뜻이다.

까란사의 지휘하에 발행되던 일요 신문 문예란에 작품을 발표하고 있었다. 아레나 이 시엘로 파라고 해보았자 막 사춘기를 벗어난 대여섯 명의 청년들이었으나, 그들은 전도유망할 거라 평가받기 시작하던 해안 지방 문학 간행물들의 발간에 아주 열정적으로 투신했다.

아레나 이 시엘로 파 좌장은 세사르 아우구스또 델 바예였다. 스물두 살 정도 먹은 젊은이로, 자기 시의 주제와 감성뿐만 아니라 맞춤법과 문법까지 혁신해야겠다는 강한 의지를 지니고 있었다. 따라서 그는 국어 순화론자들에게는 이교도로, 학자들에게는 바보로, 고전주의자들에게는 정신 나간 사람으로 비쳤다. 그는 실제로는 걸핏하면 싸우려 드는 과격주의자였음에도 네루다처럼 대단한 낭만주의자였다.

어느 일요일, 발렌띠나는 산 로께 동네에서 부모와 함께 살고 있던 세사르의 집으로 나를 데려갔다. 세사르는 그 도시에서 가장 유명한 난봉꾼이었다. 거무스레한 피부에 마른 체격이었지만 뼈대 하나는 단단했고 이는 토끼처럼 커다란 데다, 머리는 당시 유행하던 시인들의 스타일대로 헝클어져 있었다. 그는 대단한 난봉꾼에 바지 지퍼까지 헤픈 남자였다. 중하층 정도인 그의 집은 책 한 권 더 꽂아 넣을 틈 없이 온통 책으로 도배를 해 놓은 것 같았다. 그의 아버지는 진지하다 못해 슬퍼 보이기까지 하는 남자로 퇴직 공무원 같은 분위기를 풍겼는데, 아들의 부질없는 문학적 재능 때문에 마음이 상해 있는 것처럼 보였다. 그의 어머니는 내가, 당신을 그토록 많이 울리던 바로 그 악습에 빠져 있는 또 하나의 아들이나 되는 것처럼 동정 어린 태도로 나를 맞이했다.

그 집을 방문한 것은 내가 열네 살 무렵이었는데, 직관한 듯하나 그게 어느 정도였는지는 알 수 없는 어떤 세계를 내 앞에 열어 주었다.

그 시인을 방문한 첫날부터 나는 가장 열렬하게 그를 찾아가는 방문객이 되어 그에게서 많은 시간을 빼앗았는데, 그가 나의 그런 행동을 어떻게 참아낼 수 있었는지는 오늘까지도 이해할 수 없다. 그가 일면 제멋대로인 것 같지만 번득이는 기지가 빛나는 자신의 문학 이론을 실습하기 위해, 문학적 재주가 놀랄 정도지만 위협이 될 정도는 아닌 대담자인 나를 이용하고 있다고 나는 생각한 적도 있었다. 그는 내 평생 이름도 들어 본 적이 없는 시인들의 시집을 내게 빌려 주었고, 나는 나 자신이 무모하다는 생각은 추호도 하지 않은 채 그와 더불어 그것들에 관한 대화를 나누었다. 네루다의 시에 관해 집중적으로 토론했는데, 나는 시라는 우회로를 통과해 보지 않은 예수회 사제 한 명을 격분케 하기 위해 네루다의 『스무 편의 사랑의 시와 한 편의 절망의 노래』를 몽땅 외워 버렸다. 그 당시 그 도시에서는 메이라 델마르가 써서 해안 지방의 모든 매체들의 지면을 가득 채웠던, 까르따헤나 데 인디아스를 찬양하는 시 한 편 때문에 문화적 동요가 일고 있었다. 세사르 델 바예가 시인 특유의 매혹적인 목소리와 운율을 살려 가며 내게 읽어 준 그 시가 어찌나 감동적이었는지, 나는 두 번 읽고 외워 버렸다.

그 후, 세사르가 자기 방식대로 글 쓰는 데 몰두해 버렸기 때문에 우리가 얘기를 나눌 수 있는 기회는 그리 많지 않았다. 세사르는 자신이 다른 세상에 있다는 듯, 이 방에서 저 방으로 이 복도에서 저 복도로 왔다 갔다 하고, 이삼 분마다 몽유병자처럼 내 앞을 지나가고, 갑자기 타자기 앞에 앉아 시 한 줄, 단어 하나, 아니면 세미콜론 하나를 쓰고 나서 다시 자리에서 일어나 걸어다녔다. 나는 그가 자신만의 비밀스러운 시 작법을 발견해 가고 있다는 극도의 감동에 젖은 채 정신이 혼미해져 있는 모습을 볼 수 있었다. 내가 산호세 학교에 다니는 동안 그는 항상 그런 모습이었는데, 그 모습을 통해 나는 그동안 나를 따라다니던 악령을 쫓아낼 수 있는 수사학적 바탕을 마련할 수 있었다. 그곳을 떠나 보고타에서 2년을 보낸 뒤, 절대 잊을 수 없는 그 시인에 관해 들은 마지막 소식은 발신자 이름을 쓸 경황도 없이 발렌띠나가 보낸 단 두 단어짜리 전보였다. "세사르 사망".

부모 없이 혼자 살게 된 도시 바랑끼야에서 처음으로 나를 감동시킨 것은 무한한 자유였다. 나는 학교 밖에서도 친구들과 우정을 나누었다. 그중 알바로 델 또로(그는 쉬는 시간 행해지던 나의 시 낭송회에서 저음부를 맡았다.) 그리고 아르떼따 원주민 친구와 함께 나는 툭하면 서점이나 영화관으로 도피해 버렸다. 엘리에세르 할아버지가 내 보호자로서의 책임을 다하기 위해 나더러 밤 8시 전까지는 집에 돌아와야 한다고 정한 것이 그 집에서 내게 부과한 유일한 제한 조치였다.

어느 날 내가 세사르 델 바예의 집에서 그를 기다리며 책을 읽고 있을 때, 뭔가에 잔뜩 놀란 여자 하나가 그를 찾아왔다. 그녀의 이름은 마르띠나 폰세까였다. 흑백 혼혈인데도 피부는 흰 편이었으며, 지적이고 자존심이 세 보였다. 시인의 정부일 확률이 높았다. 집에 돌아온 세사르가 어디로 간다는 말도 없이 그녀를 데리고 나갈 때까지 나는 두세 시간 동안 그녀와 대화를 나누는 온전한 즐거움을 누렸다. 그러나 그 후, 그해 재의 수요일 전까지 그녀에 관한 소식은 듣지 못했다. 그런데 바로 그날 내가 대미사에 참석하고 나왔을 때 그녀가 공원 벤치에 앉아 나를 기다리고 있었다. 허깨비를 만난 것만 같았다. 자수 놓인 리넨 드레스, 모조 목걸이, 앞가슴과 등이 깊이 팬 드레스 깃에 달려 있는 활활 타오르는 불 같은 꽃 한 송이가 그녀의 아름다움을 더욱 돋보이게 했다. 그런데 현재 내 기억 속에 가장 선명하게 남은 것은, 미리 생각하고 있었다는 최소한의 표시도 하지 않고서 그녀가 갑작스레 나를 자기 집으로 초대했다는 사실이다. 우리 둘 다 이마에 재의 십자가라는 신성한 표시를 그려 놓고 있다는 사실을 알지 못한 채였다. 마그달레나 강을 운항하는 배에서 수로 안내인으로 일하고 있던 그녀의 남편은 12일 동안의 정규 업무차 집을 비우고 있었다. 어찌 되었든, 남편 있는 여자가 어느 토요일 자기 집에서 뜨거운 초콜릿을 마시고 알모하바나‡를 먹자고 나를 초대한다는 게 말이나 되는 것인가? 그런 의식은 그해 말까지, 그녀 남편이 배를 타는 동안인 4시부터 7시까지만 반복되었다. 엘리에세르 할아버지 집에는 그 시간에 렉스 극장에서 상연하는 청소년용 영화를 본다는 핑계를 댔다.

그녀의 전공은 초등학교 교사들에게 승진 시험 준비를 시키는 것이었다. 한가한 시간이면 성적이 가장 뛰어난 제자들을 집으로 초대해 초콜릿과 알모하바나를 대접했기 때문에, 이러쿵저러쿵 말 많은 이웃 사람들조차도 그녀가 토요일에 새로운 제자 하나를 집으로 초대하는 것에 별다른 관심을 두지 않았다. 미친 듯이 타올랐던 그 비밀스러운 사랑이 3월부터 12월까지 매끄럽게 유지되었다는 사실은 놀랄 만하다. 처음 두 번의 토요일을 보내고 나서부터 나는 평생 그녀와 함께하고 싶다는 광적인 욕망을 참을 수 없게 되었다.

남편은 항구로 들어오면서 암호 하나를 보냄으로써 잠시 후 자신이 도시에 도착한다는 사실을 아내에게 미리 알렸기 때문에 우리는 그 어떤 위험으로부터도 안전했다. 그렇게 세 번째 사랑을 나누던 토요일, 침대에 누워 있던 우리에게 멀리서 황소 울음소리 같은 소리가 들렸

‡ 옥수수 가루, 치즈, 계란, 설탕 등을 섞어 만든 팬케이크.

다. 그녀는 아연 긴장했다.

"가만히 있어." 그녀는 내게 이렇게 말해 놓고 나서 그 소리가 두 번 더 들릴 때까지 기다렸다. 두려움에 휩싸인 나는 그녀가 곧 침대를 박차고 일어나리라 생각했다. 하지만 그녀는 대담하게도 가만히 누워 있었다. "아직 세 시간도 더 남아 있어." 그녀는 나에게 남편이 "키가 2미터가 족히 넘는 거대한 흑인으로 포수처럼 정확한 사람"이라고 설명한 적이 있었다. 질투심이 확 치밀어 오르는 바람에 우리가 유지하고 있던 유희의 규칙을 깨 버리고 싶은 충동을 느꼈다. 그녀의 남편을 죽이고 싶었던 것이다. 모든 문제를 수완 좋게 해결한 그녀는 그때부터 내가 마치 양의 탈을 쓴 이리 새끼나 된다는 듯 내게 고삐를 채워 나를 실제 삶의 암초 사이로 끌고 다녔다.

내 학교 생활은 엉망이 되어 버렸고 공부에 관해서는 아무것도 알고 싶지 않았으나, 마르띠나는 내가 학생으로서 져야 할 고난의 십자가를 대신 지었다. 내가 남자로서 거부할 수 없는 악마적 욕망을 충족하기 위해 학교 수업을 등한시한다는 사실을 알고 그녀는 놀랐다. "그건 그래요. 만약 이 침대가 학교고 당신이 선생님이라면 나는 반에서뿐만 아니라 학교 전체에서 일등을 할 거예요." 그녀는 내가 한 말이 대단히 일리 있는 비유라는 것을 인정했다.

"우리가 하고자 하는 건 정당한 거지." 그녀가 말했다.

그녀는 대단한 희생을 치르지 않고서도 정해진 시간표에 따라 나의 재활 작업에 착수했다. 침대에서 함께 뒹굴고, 어머니처럼 잔소리를 해 가며 내 학교 숙제를 해결해 주고 다음 주 수업 준비를 해 주었다. 정해진 기한에 숙제를 제대로 하지 못하는 경우가 세 번 반복되면 토요일 자기 집 출입을 한 번 금지하는 벌을 내리기도 했다. 나는 두 번

이상 의무를 어긴 적이 없었다. 내 변화는 학교에서도 두드러지기 시작했다.

그녀가 실제로 내게 가르쳐 준 것은, 불행하게도 중등학교 마지막 학년에만 소용되었던 확고부동한 공식 하나였다. 즉, 내가 수업에 충실하고 급우들의 숙제를 베끼는 대신 스스로 했더라면, 성적도 잘 받고 한가한 시간에 읽고 싶은 책도 읽고, 진을 빼는 밤샘도 하지 않고, 까닭 없이 불필요한 불안감도 갖지 않은 채 내 삶을 영위할 수 있었을 것이라는 사실이다. 이런 마술적인 처방 덕분에 나는 1942년 반에서 일등을 함으로써 최우수 메달을 거머쥐었고 온갖 명예로운 찬사를 받았다. 하지만, 정작 감사는 의사들에게 은밀하게 돌려졌다. 그들이 내 정신병을 고쳐 놓았다는 이유 때문이었다. 학년 말 파티에서, 지난 몇 년 동안 실제로는 내가 이룬 것이 아니었던 나의 성과에 대한 칭찬에 감사하다면서 표출했던 내 감정 속에는 냉소적인 면이 상당히 내포되어 있었다는 사실을 비로소 인지했다. 따라서 마지막 해에 칭찬을 받았을 때는, 그 칭찬에 고마워하지 않는 것이 옳다는 생각이 들었다. 하지만 파티의 마지막 순서에서, 나는 사자들 앞에 선 어느 기독교인보다 더 심한 두려움에 휩싸인 채, 기예르모 발렌시아의 시 「서커스」 전체를 단 한 자도 틀리지 않고 외워 낭송함으로써 그에 화답했다.

그 좋은 해에 맞이한 방학 동안, 아라까따까의 뜨랑낄리나 외할머니를 방문하기로 예정되어 있었으나, 외할머니는 백내장 수술을 받기 위해 급히 바랑끼야로 가야 했다. 다시 외할머니를 만나게 된다는 즐거움은 외할아버지가 내게 사전 하나를 선물로 가져옴으로써 유발된 즐거움과 더불어 완전해졌다. 외할머니는 자신이 시력을 잃어 가고 있다는 사실을 전혀 눈치 채지 못했다. 아니, 이미 혼자 힘으로는 자기 방에서 나올 수도 없게 될 때까지 그 사실을 발설하고 싶어하지 않았다. 까리닷 병원에서 이루어진 수술은 신속하게 진행되었고 수술 경과가 좋을 것 같았다. 침대에 앉아 있는 외할머니의 눈에 감아 놓은 붕대를 떼어 냈을 때 외할머니는 청춘을 새롭게 맞이한 기분으로 그 빛나는 두 눈을 떴고, 환한 얼굴로 자신의 즐거움을 표현했다.

"보인다."

의사는 외할머니가 보고 있는 것이 무엇인지 정확히 알고자 했고, 외할머니는 새로 되찾은 시선으로 방 안을 훑어 가며 놀랄 만큼 정확하게 각각의 사물들을 열거했다. 의사는 숨을 멈추었다. 사실, 외할머니가 나열한 사물들은 병실 안 외할머니 앞에 놓여 있는 것들이 아니라 아라까따까의 침실에 있던 것들로, 외할머니가 기억하고 있는 것들을 순서에 따라 나열하고 있다는 사실을 아는 사람은 나밖에 없었다. 외할머니는 결코 시력을 회복하지 못했다.

어머니 아버지는 내가 수끄레에서 자신들과 함께 방학을 보내야 하기 때문에 나더러 외할머니를 수끄레로 모셔 오라고 했다. 외할머니는 나이에 비해 훨씬 더 늙고 정신도 오락가락했으나 목소리는 더욱더 아름다워져 그 어느 때보다 더 많이, 더 감명 깊게 노래를 불렀다. 어머니는 외할머니가 마치 거대한 인형이나 된다는 듯, 할머니 몸을 깨끗하고 단정하게 유지하는 데 신경을 썼다. 외할머니가 세상사에 대해 알고 있는 것은 확실했으나 과거의 일들이었다. 무엇보다도 과거 라디오 프로그램들이 주요 관심사였다. 그것들이 그녀에게 소녀적 관심을 일깨웠던 것이다. 외할머니는 여러 아나운서들의 목소리를 구별해 냈는데, 아라까따까의 외할머니 집에는 라디오가 없었기 때문에 그들을 리오아차에서 보낸 젊은 시절 자기 친구들 이름으로 부르기도 했다.

아나운서들의 일부 코멘트에 반론을 제기하거나 비판을 가하기도 했으며, 자기 침대에 함께 있는 실제 인물들이나 된다는 듯이 그들과 다양한 테마들에 관해 토론을 하거나 그들이 범한 문법적 오류들을 비난했다. 라디오에서 마지막 멘트를 하기 전에는 옷을 갈아입으려 하지도 않았다. 라디오 방송이 종료되면 외할머니도 여전히 유지하고 있던 교양과 품위를 드러내며 작별 인사를 했다.

"좋은 밤 보내세요, 아나운서님."

사라져 버린 사물들, 간직된 비밀들 또는 금지된 사안들에 관한 수많은 미스터리가 외할머니의 독백을 통해 밝혀졌다. 아라까따까의 집에서 사라져 버린 물동이를 몰래 트렁크에 넣어 가져간 사람이 누구였는지 드러났고, 형제를 다른 사람으로 오인한 형제들이 쏜 총알 세례를 받은 마띨데 살모나 신부가 실제로 누구인지 밝혀졌다.

마르띠나 폰세까 없이 수끄레에서 보낸 첫 방학은 즐겁지 않았으나, 그녀가 그곳으로 와서 나와 함께 지낼 가능성은 전혀 없었다. 두 달 동안 그녀를 보지 못하고 지낸다는 생각만으로도 정신이 아찔했다. 하지만 그녀는 그렇게 생각하지 않았다. 오히려 내가 그녀에게 그 문제에 관해 언급했을 때, 나는 그녀가 항상 그렇듯 벌써 나보다 세 걸음 정도 앞서 나가고 있다는 사실을 깨달았다.

"그 문제에 관해 얘기하고 싶었어." 그녀가 솔직하고 담담하게 내게 말했다. "우리가 이렇게 서로를 붙들고 있는 현재, 우리 두 사람에게 가장 좋은 방법은 네가 다른 곳에 가서 공부하는 거야. 그렇게만 하면, 앞으로 우리는 과거에 지녔던 것과 똑같은 것을 지니게 될 거라는 사실을 깨닫게 될 거야."

나는 그녀가 농담을 하는 것이라 생각했다.

"나 내일 당장 떠나서 석 달 안에 돌아와 당신과 함께 지낼 거예요."
그녀는 탱고를 부르듯 내 말에 대꾸했다.
"하하하하!"
그때 나는 마르띠나가 그렇다고 대답하면 설득하기는 쉽지만, 아니라고 대답하는 경우에는 절대로 설득할 수 없다는 사실을 깨달았다. 나는 눈물을 줄줄 흘리며 그 도전을 받아들였고, 그녀가 나를 위해 생각했던 그 삶과는 다른 사람이 되겠다고 다짐했다. 즉, 다른 도시로 가서 다른 학교에 다니고 다른 친구들을 사귈 것이라고 말했으며, 심지어는 다른 방식으로 살겠다고까지 말했던 것이다. 하지만 그때까지 그런 생각을 해본 적은 거의 없었다. 그동안 내가 받은 수많은 메달들의 권위를 실어 내가 아버지에게 처음으로 정중하게 한 말은 이제 더 이상 산호세 학교로 돌아가지 않겠다는 것이었다. 그러니까, 바랑끼야로 돌아가지 않겠다는 것이었다.

"듣던 중 반가운 소리군!" 아버지가 말했다. "사실 난 네가 어쩌다 예수회 신부들하고 공부를 하겠다는 그런 낭만적인 생각을 하게 되었는지 알 수가 없었단다."

어머니는 아버지의 말에 신경을 쓰지 않았다.
"거기가 아니라면 보고타로 가야겠지." 어머니가 말했다.
"까차꼬들이 사는 곳으로 갈 만한 돈이 없는 판인데, 그렇담 아무 데도 가지 않겠다는 거로군." 아버지가 즉각적으로 받아쳤다. 참 특이한 일이긴 하지만, 내 평생 소원이던, 공부를 계속하지 않겠다는 그런 단순한 생각을 당시에는 실현시킬 수 없을 거라는 생각이 들었다. 그래서 나는 도저히 이룰 수 없을 것 같은 꿈 하나에 의존해야 하는 극단적인 지경에까지 이르렀다.

"장학금이 있잖아요."

"아주 많지, 하지만 그건 부자들에게나 해당되는 거야." 아버지가 말했다.

맞는 말이었다. 장학금 수혜 결정은 정실에 따라 이루어지기도 했거니와, 신청 절차가 까다롭고 자격 요건이 제대로 알려져 있지 않았다. 모든 일이 중앙집권적 방식으로 이루어지고 있던 터라 장학금을 받고자 하는 학생들은 모두 보고타로 가야 했는데, 거기서 1,000킬로미터나 떨어져 있는 보고타까지 가려면 좋은 기숙 학교의 석 달치 납부금에 해당하는 돈을 써 가며 여드레 동안 여행해야 했다. 하지만 그렇게 한다 해도 소득이 없을 수 있는 일이었다. 어머니가 버럭 화를 냈다.

"일단 돈 쓸 생각을 했다 하면 밑도 끝도 없게 된다고요."

게다가 아직 갚지 않은 다른 채무들도 있었다. 나보다 한 살 어린 루이스 엔리께는 그 지역 학교들에 등록했다가 몇 개월이 채 되지 않아 중퇴해 버린 경우가 두 번이나 되었다. 마르가리따와 아이다는 수녀들이 운영하는 초등학교에서 공부를 잘하고 있었으나, 중등 과정은 가까운 어느 도시의 돈이 덜 드는 학교에서 할 생각을 이미 해 놓고 있었다. 구스따보, 리히아, 리따, 하이메는 아직 급하지는 않았으나 놀라운 속도로 성장해 가고 있었다. 그 동생들뿐만 아니라 나중에 태어난 동생 셋은 항상 나를 떠나기 위해 돌아오는 사람처럼 대했다.

내게는 결정적인 해였다. 꽃으로 장식한 수레들이 지닌 가장 큰 매력은 각자가 지닌 우아함과 아름다움 때문에 선발된 아가씨들에게 있었는데, 여왕처럼 차려입은 그 아가씨들은 둘로 나누어진 그 마을 양측의 상징적인 전쟁을 암시하는 시들을 읊었다. 그 마을에서 여전히 반 외지인 취급을 받고 있던 나는 중도적 입장을 취하는 특권을 즐기며 중도적으로 행동하곤 했다. 그런데 그해에 나는 기념비적인 꽃수레의 여왕으로 선발될 내 이복 누나 까르멘 로사를 위한 시를 써 달라는 꽁고베오 지역 대표들의 간청을 받아들였다. 나는 그들을 크게 만족시켰으나, 게임의 규칙을 제대로 숙지하지 못한 탓에 상대방을 공격하는 데 도를 넘고 말았다. 평화를 청하는 시 두 편을 써 줌으로써 사태를 해결하는 것 외에 다른 방도가 없었다. 한 편은 꽁고베오 지역 미의 여왕을 위한 위안의 시였고, 다른 한 편은 술리아 지역 미의 여왕을 위한 화해의 시였다. 내가 시를 써 주었다는 소식이 공공연하게 알려졌다. 그때까지 그 마을에 잘 알려지지 않았던 한 무명 시인이 그 행사의 영웅이 된 것이다. 그 일로 지역 사회에 내 존재가 알려졌고, 나는 양측과 공히 우정을 쌓게 되었다. 그때부터 나는 어린이 연극, 자선 바자회, 자선을 목적으로 하는 복권 판매에 참여하느라 눈코 뜰 새 없이 바빴고, 지방 자치 의원 선거에 나선 어느 후보의 연설원 노릇까지 하게 되었다.

그토록 바라던 기타 연주자가 되어 활동하게 된 루이스 엔리께가 내게 기타 연주법을 가르쳐 주었다. 루이스 엔리께, 필라델포 벨리야, 그리고 나는 다시 세레나데의 왕이 되었다. 우리가 부르는 세레나데에 감동한 일부 아가씨들이 득달같이 옷을 갈아입고 집 문을 열고 다른 이웃 아가씨들까지 깨우는 큰 후원에 힘입어 우리는 아침 식사 때까지 파티를 계속했다. 그해, 돈 많고 손 큰 어느 지주의 손자 호세 빨렌시아가 우리 그룹에 합류함으로써 우리 그룹의 재정 사정이 많이 나아졌다. 호세는 손에 잡히는 악기는 무엇이든 척척 연주할 줄 아는 천부적인 음악가였다. 영화배우처럼 잘생긴 외모에 타고난 춤꾼이었고, 빛나는 지성을 겸비한 데다, 여자들과 연애 행각을 벌이는 데는 유독 질투심이 날 정도로 운이 따랐다.

반면에 나는 춤을 출 줄 몰랐고, 선천성 불구인데도 자신들의 흔들의자에 앉아 춤을 아주 잘 가르쳤던 로이세아우 여섯 자매에게서조차도 춤을 배울 수 없었다. 소문을 들으면 절대 참지 못하는 아버지가 내게 새로운 면모를 보여 주었다. 우리는 처음으로 아주 오랜 시간 대화를 나누었다. 사실 우리는 서로를 거의 모르고 있었다. 내가 아라까따까, 바랑끼야, 까르따헤나, 신세, 수끄레에서 살아가는 동안 내 부모와 함께 산 시간을 합산해 보면 겨우 3년도 되지 않았던 것 같다. 그 대화는 아주 즐거운 경험이었고, 나는 그 대화를 통해 부모님에 관해 더 잘 알게 되었다. 어머니가 내게 말했다. "네가 아버지와 친구가 되어 참 좋구나." 며칠 뒤 어머니는 부엌에서 커피를 준비하면서 내게 덧붙였다.

"네 아버진 너에 대한 자부심이 대단하시단다."

다음날 어머니가 살금살금 다가와 나를 깨우더니 내 귀에 속삭였다. "네 아버지가 놀랄 만한 선물을 네게 주실 게다." 내가 아침을 먹으러 내려가자 아버지가 온 식구들 앞에서 근엄한 목소리로 내게 소식 하나를 알렸다.

"보고타로 가게 되었으니 짐을 꾸려라."

당시 나는 매일 밤 흥청망청 이어지는 술잔치에 파묻혀 지내는 걸 원하고 있었던 터라 그 소식을 처음 들었을 때는 눈앞이 캄캄해지는 것 같았다. 하지만 단순하게 생각하고 받아들이기로 다짐했다. 추운 지방에서 입는 옷은 문제가 없었다. 아버지에게는 검은 트위드와 코르덴 옷이 있었는데, 아버지의 몸이 부는 바람에 허리가 맞는 게 없었다.

그래서 우리는 소위 기적의 재단사라 불리는 뻬드로 레온 로살레스를 찾아갔고, 그는 그 옷들을 내 몸에 맞게 수선해 주었다. 그것들 말고도, 어머니는 당시 고인이 된 어느 상원 의원이 입던 낙타 가죽 코트를 내게 사 주었다. 내가 집에서 그 옷이 맞는지 입어 보았을 때, 태어날 때부터 통찰력을 지니고 있던 여동생 리히아가 그 상원 의원의 귀신이 밤이면 그 외투를 입은 채 자기 집에 나타난다는 얘기를 비밀스럽게 해 주었다. 당시에는 그 말에 별다른 신경을 쓰지 않았으나, 보고타에서 그 외투를 입고 거울 앞에 섰을 때 거울에서 죽은 상원 의원을 보았던 것으로 판단하건대, 실제로는 내가 그 말에 신경을 쓰고 있었던 것 같다. 나는 그 외투를 몬떼 데 삐에닷 전당포에 10뻬소에 저당 잡히고는 일부러 되찾지 않았다.

가정 분위기가 너무나 화기애애했기 때문에 가족과 헤어질 순간이 되자 하마터면 눈물이 나올 뻔했다. 그러나 내가 보고타로 떠나는 일은 감상주의 같은 건 아랑곳하지 않은 채 착착 진행되었다. 1월 두 번째 주, 하룻밤을 자유로운 남자로 보내고 난 뒤에, 나는 마강게에서 선박 회사 나비에라 꼴롬비아나 선적인 다빗 아랑고 호에 몸을 실었다. 나와 함께 선실을 사용하게 된 여행객은 몸무게가 100킬로그램이 넘고 온몸에 털 하나 나지 않은 천사 같은 사내였다. 그는 '백정 잭'이라는 별명을 자기 것으로 삼아 사용하던, 소아시아 서커스단 소속 칼잡이들 가운데 마지막 생존자였다. 언뜻 보기에 그는 내가 잠자는 사이 내 목을 조를 것 같았으나, 며칠이 지나자 그가 보기와는 전혀 다른 사람이라는 사실을 깨달았다. 실제로는 마음이 몸 속에 다 들어가지 못할 정도로 넓은 아기 거인이었다.

승선한 첫날 밤 배에서는 오케스트라와 만찬이 준비된 공식 파티가 열렸으나, 갑판으로 도망쳐 나온 나는 고통 없이 잊을 준비를 하고 있던 세상의 빛들을 마지막으로 바라보면서 새벽까지 원 없이 울었다. 지금 내가 어린 시절로 돌아가고 싶은 단 한 가지 이유가 있다면, 바로 그때 그 여행을 즐기기 위해서라고 감히 말하겠다. 중등학교 나머지 과정 4년과 대학 2년 동안 그런 여행을 여러 차례 반복해야 했는데, 여행을 할 때마다 삶에 관해 학교에서보다 더 많이, 더 좋은 것들을 배울 수 있었다. 비가 많이 와서 강의 수량이 풍부해지는 시기에는 바랑끼야에서 뿌에르또 살가르까지 올라가는 데 닷새가 걸렸고, 뿌에르또 살가르에서 보고타까지는 기차를 타야 했다. 건기에, 바쁜 일이 없는 경우 배를 타고 여행하는 것은 아주 즐거운 일이었는데, 3주까지 걸릴 때도 있었다.

배의 이름은 주변에서 흔히 들을 수 있는 것으로 쉽사리 기억되는 것들이었다. '아뜰란띠꼬', '메데인', '까뻬딴 데 까로', '다빗 아랑고' 등. 선장들은, 콘래드의 소설에 등장하는 선장들처럼 강력한 권한을 지닌 사람들로 성격이 좋았는데, 야만인들처럼 먹어 댔고 왕의 침실 같은 자신들의 선실에서 혼자 자는 법이 없었다. 배는 천천히 운항했고 놀랄 만한 일들이 많았다. 우리 승객들은 하루 종일 갑판에 앉아 잊힌 마을들, 조심성 없는 나비들을 잡아먹기 위해 커다란 입을 쫙 벌리고 누워 있는 악어들, 배의 항적에 놀라 공중으로 날아오르는 해오라기 무리, 늪지대 가운데서 살아가는 오리 떼, 백사장에서 새끼들에게 젖을 먹이면서 울부짖는 바다소들을 구경했다. 여행을 마칠 때까지 소란스럽게 떠들어 대는 원숭이와 잉꼬들 때문에 다들 새벽잠을 깨기 일쑤였다. 가끔씩은 물에 빠져 죽은 암소에서 풍기는 역겨운 냄새가 코를 찔러 낮잠을 설치기도 했는데, 물살 속에 떠 있는 암소 배 위에 가이나소 한 마리가 외롭게 서 있는 모습이 보이기도 했다.

오늘날에는 비행기를 타고 가다 누군가를 사귀는 것이 쉽지 않은 일이다. 하지만 당시만 해도 여객선을 타고 함께 여행하던 학생들은 매년 서로 시간을 맞춰 함께 여행했기 때문에 결국 한 가족처럼 지내는 사이가 되곤 했다. 어떤 때는 배가 모래 사주에 좌초되어 보름 동안 갇혀 있기도 했다. 하지만 그 누구도 걱정을 하지 않았고, 파티는 계속되었으며 선장이 끼고 있던 반지를 도장으로 찍은 편지 한 통이면 학생들이 학교에 늦게 도착해도 사면이 되었다.

승선 첫날부터 나는 어느 가족의 구성원들 가운데 나이가 가장 어린 젊은이에게 관심을 갖게 되었다. 그는 며칠 동안 일등석 갑판을 왔다 갔다 하면서 졸린 듯 반도네온을 연주했다. 나는 7월 20일 아라까따까에서 열린 독립 기념식에서 프란시스꼬 엘 옴브레가 연주하는 아코디언 음악을 처음으로 들었을 때부터 외할아버지에게 아코디언 하나를 사 달라고 졸랐다. 하지만 외할머니는 늘 아코디언은 하층민들의 천박한 악기라는 엉터리 같은 말을 늘어놓으며 거부했기 때문에 그 젊은이를 보자 부러운 마음을 참을 수 없었다. 약 30년이 지난 뒤, 파리에서 열린 세계 신경과 전문의 회의에서, 배에서 아코디언을 연주하던 그 멋진 젊은이를 보았다는 느낌이 들었다. 그동안 시간이 흘러 그도 많이 변해 있었다. 보헤미안처럼 수염을 기르고 옷도 두 치수는 더 큰 것을 입고 있었으나 그의 솜씨에 대한 기억이 너무나 생생했기 때문에 도저히 착각할 수가 없는 노릇이었다. 그런데 내가 나 자신에 대해 소개하지 않은 채 그에게 질문을 던졌을 때 그가 보인 반응은 더할 나위 없이 퉁명스러웠다.

"반도네온은 어떻게 되었습니까?"

그는 놀라며 대꾸했다.

"무슨 말을 하는지 모르겠군요."

흙을 씹은 듯한 느낌이었지만, 1944년 1월 초순경 다빗 아랑고 호에서 반도네온을 연주하던 학생과 혼동한 것 같은데 죄송하게 되었다는 말을 겸손하게 그에게 전했다. 그러자 그는 기억을 되살렸는지 눈에서 빛을 뿜었다. 그는 세계에서 제일 가는 신경과 전문의 중 하나인, 콜롬비아 출신 의사 살로몬 아킴이었다. 하지만 나는 그가 반도네온 대신 의학 공학을 택했다는 사실에 적잖이 실망했다.

유독 사람들과 어울리지 않았기 때문에 내 관심을 끈 승객이 있었다. 피부가 불그레한 건강한 젊은이로, 근시 안경을 쓰고 있었으며 나이에 걸맞지 않게 상당한 대머리였다. 까차꼬 관광객 특유의 완벽한 이미지를 지니고 있는 것 같았다. 그는 첫날부터 가장 편안한 안락의자를 독차지하고 앉아 작은 테이블에 수많은 새 책으로 탑 여러 개를 쌓아 놓고, 오전부터 밤이 되어 술 마시고 춤추는 파티가 벌어져 정신을 집중할 수 없게 될 때까지 진득하고 차분하게 책을 읽었다. 매일 꽃들이 만발한 각기 다른 해변 그림이 그려진 새 옷을 입고 식당에 나타나, 아침 식사를 하고 점심 식사를 하고 저녁 식사를 하면서, 계속해서 가장 후미진 탁자에 홀로 앉아 책을 읽었다. 나는 그가 다른 승객과 인사를 나누는 모습을 보지 못했다. 나는 속으로 '싫증을 내지 않는 독자'라는 이름을 그에게 붙여 주었다.

그가 읽고 있던 책 냄새를 맡아 보고 싶은 욕망을 참을 수 없었다. 대부분은 공법(公法)에 관한 소화하기 어려운 주제를 다루고 있는 것들이었는데, 그는 그런 책들을 주로 오전에 밑줄을 긋고 여백에 코멘트를 적어 가며 읽었다. 선선한 오후가 되면 소설을 읽었다. 소설 가운데 나를 아연실색하게 만든 것이 하나 있었다. 도스토옙스키의 『분신』으로, 예전에 바랑끼야의 어느 서점에서 훔치려다 결국 훔치지 못한 것이었다. 그 책을 읽고 싶어 미칠 지경이었다. 어찌나 읽고 싶었던지, 빌려 달라 말하고 싶었으나 용기가 나지 않았다. 그러던 어느 날 그가 『몬 대장』을 읽고 있는 모습이 보였다. 들어 본 적이 없는 책이었으나, 그 책은 금방 내가 좋아하는 걸작들 사이에 끼게 되었다. 반면에, 나는 당시 이미 읽어 버려 더 이상 읽을 필요가 없는 책들을 소지하고 있었다. 내 평생 끝까지 읽지 못한 꼴로마 신부의 『헤로민』, 호세 에우스따시오 리베라의 『소용돌이』, 에드문도 데 아미시스의 『아뻬니노스에서 안데스까지』, 그리고 몇 시간씩 토막토막 읽던, 외할아버지가 내게 선물한 그 사전이었다. 어찌 되었든, 그가 책을 자세히 읽는 완벽한 독자라면 여행하면서 그토록 많은 책을 다 읽을 수는 없는 일이었다. 언제나 하고 싶었던 말이면서도 지금까지 해본 적이 없는 말은, 무슨 대가를 치르더라도 그 사람처럼 되고 싶었다는 것이다.

  내 관심을 끈 세 번째 승객은 물론 나와 같은 선실을 쓰던 '백정 잭'이었는데, 그는 잠을 자면서 몇 시간씩 거친 말로 잠꼬대를 해 댔다. 그의 잠꼬대는 일종의 선율을 내포하고 있어서 내가 새벽녘 독서에 깊이 몰입하도록 만들어 주었다. 그는 자신이 잠꼬대를 하는지 알지 못했다고 내게 말했는데, 어렸을 때는 아시아에서 통용되는 여섯 가지 방언을 사용해 서커스단 곡예사들과 대화를 할 수 있었으나 어머니가 세상을 뜬 뒤로는 그 모든 언어를 잊어버렸기 때문에 자신이 어떤 언어로 잠꼬대를 하는지 잘 모른다고 했다. 이제는 모어인 폴란드어만 기억에 남아 있다고 했으나, 우리는 그가 잠꼬대로 하는 말이 폴란드어가 아니라는 사실을 확인할 수 있었다. 소지하고 있던 예리한 칼들의 날에 분홍빛 혀로 침을 발라 가며 날 상태를 검사하는 그 사람보다 더 희한한 사람은 기억나지 않는다.

그가 지닌 유일한 문제는 첫째 날 식당에서 드러났다. 매끼 4인분을 먹지 않으면 여행을 견디지 못한다고 식당 종업원들에게 항의했다. 식당 지배인이 추가 식비를 더 내면 특별 할인 가격으로 요구를 들어주겠노라고 설명했다. 그는 세상 바다를 다 돌아다녀 보았지만, 어느 곳에서도 굶어 죽지 않을 인간의 권리를 존중해 주었다고 항변했다. 그 문제는 선장에게까지 보고되었다. 선장은 특유의 콜롬비아식 결정을 내렸다. 2인분을 제공하라는 정식 조치를 취하면서도, 식당 종업원들에게는 모른 체하고 2인분을 덤으로 갖다 주라는 정실 조치를 취했던 것이다. 그는 식탁에 함께 앉아 식사를 하는 사람들과 식욕 잃은 몇몇 옆 사람들의 음식을 자기 포크로 주기도 했는데, 그들도 그런 일을 즐기고 있었다. 그 자리에 있지 않으면 도저히 믿을 수 없는 일이었다.

심심하던 차에 라 글로리아에서 학생 한 무리가 탔다. 그들은 밤이면 삼사 인조 악단을 구성해 연가풍 볼레로로 이루어진 아름다운 세레나데를 노래했다. 고음 기타 하나가 남아돈다는 사실을 알게 된 나는 그것을 연주해 보겠다고 자청했다. 오후에는 그들과 더불어 연습을 하고 새벽녘까지 노래를 불렀다. 한가한 시간의 따분함 덕분에 그렇듯 내 마음에 드는 해결책을 강구했던 것이다. 노래를 하지 않는 사람은 노래하는 즐거움을 상상할 수 없는 법이다.

보름달이 휘영청 밝은 어느 날 밤, 강변으로부터 가슴을 찢는 것 같은 울음소리가 들려와 다들 잠에서 깨어났다. 가장 위대한 선장들 가운데 하나인 끌리마꼬 꼰데 아베요 선장은 울음소리가 어디서 들리는지 서치라이트를 이용해 찾아보라고 명령했다. 울음소리의 주인공은 쓰러진 나뭇가지 속에 갇힌 바다소 암컷이었다. 작은 증기선들을 띄워 캡스턴에 바다소를 묶은 뒤 나뭇가지 사이에서 빼낼 수 있었다. 길이가 거의 4미터에 이르는, 언뜻 보면 여자처럼 보이기도 하고 소처럼 보이기도 하는 바다소의 모습은 환상적이면서도 연민의 정을 자아냈다. 납빛 가죽은 부드러웠고 커다란 젖꼭지들이 달린 상체는 태초의 어머니 같았다. 인간이 강에서 서식하는 동물들을 계속해서 죽인다면 세상이 종말을 맞이할 것이라는 말을 내게 처음으로 들려준 사람은 바로 꼰데 아베요 선장이었다. 그는 자기 배에서는 총 쏘는 것을 금하고 있었다.

"누군가를 죽이고자 하는 사람은 자기 집 식구를 죽일 수도 있어요!" 선장이 소리쳤다. "내 배에서는 절대 안 돼요."

그런 일이 있은 지 17년 뒤, 그러니까 친구 하나가 멕시코로 전화를 걸어 다빗 아랑고 호가 마강게 항구에서 화재로 전소되었다는 소식을 전해 온 1961년 1월 19일을 나는 몹시 불쾌한 날로 기억하고 있다. 바로 그날 내 젊음이 끝나 버렸던 것이다. 우리의 추억이 서려 있는 강 덕택에 우리 가슴에 여전히 남아 있던 약간의 젊음마저 끝장나 버렸다는 생각에 몸서리를 치면서 전화를 끊었다. 현재 마그달레나 강은 물이 오염되고 서식하던 동물들도 사라져 죽은 강이 되었다. 이어지는 정권들이 강 복원 사업에 관해 수없이 많은 말들을 해 왔지만 가시적인 성과는 전혀 없는 상황이다. 복원을 위해서는 사유지의 90퍼센트에 해당하는 땅에 나무 600만 그루를 기술적으로 파종해야 하고, 지주들은 조국에 대한 사랑 하나로 현재 자신들의 수입 90퍼센트를 포기해야 할 것이다.

강을 타고 여행할 때마다 스쳐 지나가던 마을들에서 이루어지던 삶을 통해 우리는 평생 잊을 수 없는 위대한 가르침을 받곤 했다. 우리 가운데 상당수는 그 마을들의 운명에 깊이 휘말려 버리기도 했다. 초대받지 않은 결혼 피로연에 참석한 훌륭한 의과대 학생 하나가 가장 아름다운 아가씨와 허락 없이 춤을 추었다는 이유로 신랑이 단방에 쏘아 죽이는 사건이 발생했다. 뿌에르또 베리오에서 마음에 드는 여자를 만나자 진탕 취한 상태에서 청혼해 결혼까지 한 학생도 있었는데, 부인과 아홉 남매를 거느리며 여전히 행복하게 잘 살고 있다. 수끄레에 사는 우리 친구 호세 빨렌시아는 떼네리페에서 열린 드럼 연주 대회에서 암소 한 마리를 상으로 받아, 바로 그 자리에서 당시로는 거금인 50 뻬소를 받고 팔았다. 우리는 석유 산업 중심지 바랑까베르메하의 거대한 홍등가에 있는 어느 업소에서 악단과 더불어 노래를 하다가 1년 전 흔적도 없이 수끄레에서 사라져 버린 호세의 사촌 형 앙헬 까시흐 빨렌시아를 갑작스레 만나기도 했다. 우리가 새벽까지 진탕 퍼마시고 춤을 춘 비용은 악단이 댔다.

가장 불쾌한 기억은 뿌에르또 베리오의 음침한 술집에서 일어난 사건이다. 갑자기 들이닥친 경찰이 아무런 설명도 없이, 우리 말은 들은 체도 하지 않고, 우리 일행 넷을 곤봉으로 때리며 술집에서 끌어내 체포한 것이다. 여학생 하나를 강간했다는 죄목이었다. 우리가 경찰서에 도착했을 때 경찰들은 진짜 범인들을 손 하나 대지 않은 채 철창에 가두어 놓고 있었다. 그들은 우리 배와는 아무 상관도 없는 지역 불량배들이었다.

배의 기착지인 뿌에르또 살가르에 도착하면 고원 지대로 가기 위해 두꺼운 옷을 껴입고 새벽 5시에 하선해야 했다. 사방에서 두꺼비들이 울어 대고, 죽은 짐승들 가득 찬 강에서 구역질 나는 냄새가 풍기는 가운데, 검은 모직 옷에 조끼를 입고 버섯처럼 생긴 모자를 쓰고 어깨에 가벼운 외투를 걸친 채 배에서 내린 남자들은 완연히 다른 사람처럼 보였다. 배에서 내리고 있던 나의 손에는 특이하고 놀랄 만한 것이 하나 들려 있었다. 내가 집을 떠나기 바로 전, 어머니의 친구 하나가 어머니더러 배를 타고 갈 때 필요할 거라고 일러 준 것이었다. 그렇게 해서 좁다란 해먹, 양털 담요, 비상 변기는 에스빠르또 풀로 짠 돗자리로 둘둘 감고 해먹 줄을 이용해 십자형으로 묶은 짐 꾸러미 하나로 완성되었다. 함께 노래를 부르던 동료들은 내가 문명의 요람 안에서 그 괴상한 짐 꾸러미를 들고 있는 모습을 보고는 웃음을 참지 못했는데, 가장 괄괄한 친구 하나가 내가 감히 하지 못하고 있던 일을 저질러 버렸다. 짐 꾸러미를 강물에 내던져 버린 것이다. 잊을 수 없는 그 여행에 관해 내가 마지막으로 기억하고 있는 장면은 물 위에 둥둥 떠 고향으로 돌아가던 바로 그 짐 꾸러미다.

뿌에르또 살가르에서 출발한 기차는 굽이굽이 이어진 가파른 자갈길을 네 시간 동안 기어가듯 오르고 있었다. 가장 가파른 지점들에서는 탄력을 받아 앞으로 박차고 나가기 위해 잠시 뒤로 밀리는가 싶더니, 용이 거칠게 숨을 내쉬는 것 같은 소리를 지르며 다시 오르기를 시도했다. 가끔씩은 기차의 무게를 줄이기 위해 승객들이 기차에서 내려 다음 굽이까지 걸어 올라가야 할 필요가 있었다. 기찻길 옆 마을들은 을씨년스럽고 썰렁했으며, 황량한 역들에서는 평생 동안 먹음직스럽고 노릇노릇하게 삶은 암탉들과 하얀 감자들을 기차 창을 통해 승객들에게 팔고 있는 여자들만이 우리를 기다리고 있었다. 나는 그곳에서 낯설고 눈에 보이지 않는 뭔가를 난생처음으로 체감했다. 추위였다. 해질 무렵이 되자 다행스럽게도 천상의 바다 정원처럼 푸르고 아름다운 광활한 사바나 지역이 지평선까지 쫙 펼쳐졌다. 바깥세상은 또다시 조용히 신속하게 변해 가고 있었다. 그와 더불어 기차 안 분위기도 바뀌어 갔다.

내가 그 '싫증을 내지 않는 독자'를 이미 완전히 잊고 있었을 때 그가 갑자기 나타나 뭔가 급한 용무가 있는 것 같은 표정으로 내 앞에 앉았다. 믿을 수 없는 일이었다. 배 안에서 내가 밤이면 불러 대던 어느 볼레로에 감동을 받았는지 그 노래 가사를 적어 달라는 것이었다. 나는 가사를 적어 주었을 뿐만 아니라 곡조도 가르쳐 주었다. 가르쳐 주자마자 혼자서 정확하고 유창하게 부르던 그의 뛰어난 청각과 아름다운 목소리에 나는 감탄하고 말았다.

"내 노래를 들으면 그 여자가 까무라칠 거야!" 그가 신바람이 나서 소리쳤다.

그제야 나는 왜 그가 그토록 다급하게 내게 다가왔는지 이해할 수 있었다. 우리가 배에서 부르던 볼레로를 들은 그는, 그 볼레로가 석 달 전 보고타에서 헤어져 그날 오후 보고타 역에서 그를 기다리고 있을 애인에게는 뜻밖의 귀한 선물이 될 거라 생각했다. 그는 배에서 두세 번 듣고 한 소절씩 따라 부를 수 있을 정도는 되었으나, 내가 기차 의자에 혼자 앉아 있는 것을 보고는 나더러 노래를 가르쳐 달라고 요청했던 것이다. 나 역시 내 의도를 대담하게 죄다 밝혀야겠다고 마음먹고는, 그 상황에 썩 어울리지는 않지만 약간의 심술까지 섞어 가며, 정말 귀한 책 한 권이 그의 탁자 위에 놓여 있는 것을 보고는 무척 놀랐다고 말했다. 그는 진심으로 놀라는 표정을 지었다.

"어떤 책 말인가?"

"『분신』말입니다."

그가 환하게 웃으며 말했다.

"아직 다 읽진 않았는데. 그건 내가 갖고 있는 책들 중 가장 특이한 편에 속하지."

그리고 그는 그 책에 관해 더 이상 언급하지 않았다. 그는 내가 볼레로를 가르쳐 준 것에 대해 갖은 말로 고마움을 표하고, 내 손을 힘차게 쥐고 흔든 뒤 자리를 떴다.

기차가 속도를 줄였을 때 사방은 어두워지기 시작하고 있었다. 기차는 녹슨 고철들이 잔뜩 쌓여 있는 창고 하나를 지나쳐 음산한 플랫폼에 멈춰 섰다. 나는 사람들이 나를 밀치기 전에 트렁크 손잡이를 잡아 통로를 향해 끌었다. 내가 막 역 출입구에 이르려는 순간 누군가 소리쳤다.

"이봐, 젊은이!"

나는 나와 함께 걷고 있는 같은 또래 젊은이들, 나보다 나이가 어린 젊은이들과 함께 뒤돌아보았다. '싫증을 내지 않는 독자'가 내 곁으로 다가오더니 주저 없이 책 한 권을 내밀었다.

"잘 읽게!" 그는 이렇게 소리치고 나서 인파 속으로 사라졌다.

『분신』이었다. 나는 몹시 어리벙벙한 상태였기 때문에 방금 전에 무슨 일이 일어났는지조차 제대로 파악하지 못하고 있었다. 외투 호주머니에 책을 간수했다. 역을 나서자 황혼 무렵의 차가운 공기가 엄습해 왔다. 지쳐 쓰러질 것 같은 상태였기 때문에 바닥에 트렁크를 내려놓고 그 위에 앉아 공기를 들이마셨다. 거리로 나섰을 때는 사람 하나 보이지 않았다. 희미하게 볼 수 있었던 것은 해발 2,400미터 높이에 위치한, 숨쉬기 곤란할 정도로 차가운 공기가 가득 찬 도시였다. 그리고 매연으로 뒤덮인 보슬비 속의 음산하고 차가운 대로 하나였다.

추위에 얼어 죽을 것 같은 상태로 30분 이상을 기다렸다. 아버지가 친척이자 내 보호자가 될 돈 엘리에세르 또레스 아랑고에게 미리 급전을 쳐 내가 도착한다는 사실을 알려 놓았기 때문에 누군가가 나와 있어야 했다. 하지만 그때 내가 걱정하고 있었던 것은 누가 마중을 나오고 나오지 않고 하는 문제가 아니라 세상 반대편에서 아는 사람 하나 없이 관처럼 생긴 트렁크 위에 앉아 있는 데서 오는 두려움이었다. 그때 택시에서 눈에 띄는 남자 하나가 내렸다. 손에는 비단 우산을 들고 발목까지 내려오는 낙타 가죽 코트를 입고 있었다. 그가 나를 본체만체 스쳐 지나갔지만, 나는 그가 내 보호자라는 사실을 직감했다. 하지만 그에게 나의 존재를 알리는 신호조차 보내지 못하고 있었다. 역 안으로 달려갔던 그는 몇 분 뒤 실망한 표정을 지으며 역에서 나왔다. 마침내 나를 발견하고는 검지로 나를 불렀다.

"네가 가비또지, 그렇지?"

나는 반가움에 복받쳐 그에게 대답했다.

"그렇긴 한데요."

16세기 초부터 끊임없이 보슬비가 내리던 보고타는 당시 생경하고 음산한 도시였다. 거리에는, 내가 그곳에 도착했을 때의 차림새처럼, 검은 모직 옷을 입고 중산모를 쓴 채 바쁘게 움직이는 남자들이 무수히 많았다. 반면에 눈요기가 될 만한 여자는 하나도 보이지 않았다. 여자들은 사제복 입은 사제들과 군복 입은 군인들처럼 상가 밀집 지역의 음침한 카페에 출입하는 것이 금지되어 있었다. 전차와 공중변소에는 슬픈 표어가 붙어 있었다. "신이 두렵지 않더라도 매독은 두려워하라."

맥주를 실은 마차를 끄는 거대한 말들, 전차들이 길모퉁이를 돌아가는 동안 전선에서 내뿜어지는 불꽃들, 그리고 비가 내리는 가운데 걸어서 운구하는 장례 행렬에 길을 양보하기 위해 서 있던 차들이 인상적이었다. 호화 마차들, 벨벳으로 몸을 치장하고 커다란 검은 깃털로 만든 투구를 쓴 말들, 그리고 죽음까지도 마음대로 할 수 있다는 듯 행동하던 좋은 가문들의 주검들로 이루어진 장례 행렬이 그중 가장 슬퍼 보였다. 택시를 타고 니에베스 성당 앞을 지나가면서 성당 안마당에 있던 여자를 보았다. 내가 보고타 거리에서 처음 본 그 여자는 늘씬하고 조용했으며 장례식의 여왕처럼 우아했으나, 그녀의 얼굴은 절대 넘보지 못할 베일로 가려져 있었기 때문에 그녀에 관한 한 나는 영원히 반쪽짜리 환상만 지니게 되었다.

충격적인 경험이었다. 내가 밤을 보낸 집은 크고 편안했으나, 칙칙한 장미꽃들이 피어 있는 음산한 정원과 뼛속까지 스며드는 추위 때문에 마치 유령의 집 같았다. 그 집은 나도 알고 있던 아버지의 친척 또레스 감보아 가족의 집이었다. 그 집 식구들이 잠잘 때 덮는 모포로 몸을 감싼 채 저녁 식사를 하는 모습이 특이해 보였다. 정말 충격적인 사건은 침대 모포 속으로 미끄러져 들어갔을 때 발생했다. 얼음물을 뒤집어쓴 것 같은 느낌 때문에 공포에 찬 비명을 질러 버렸다. 그 집 식구들은 내게, 처음에는 다 그렇지만 특이한 기후에 차츰차츰 익숙해질 거라고 설명해 주었다. 나는 몇 시간 동안 소리 없는 눈물을 흘린 끝에 불행한 잠을 이룰 수 있었다.

불행하다는 것. 그것은 바로 내가 보고타에 도착한 지 나흘 뒤, 정부 장학생 선발 시험 원서를 접수하게 될 교육부를 향해 추위, 보슬비와 싸우며 전속력으로 걷고 있을 때 내가 느낀 감정이었다. 지원자들의 줄은 교육부 청사 3층에 있는 접수처 창구 앞에서 시작해 청사 출입구까지 꼬불꼬불 늘어서 있었다. 그 광경을 보니 맥이 풀렸다. 비가 그친 오전 10시경에는 건물 복도에 이미 들어가 있던 지원자들 말고도 줄이 히메네스 데 께사다 대로를 따라 두 블록이나 더 늘어서 있었다. 그런 쟁탈전 속에서 장학금을 받는다는 것은 불가능해 보였다.

정오가 지났을 무렵 누군가가 내 등을 두 번 탁탁 쳤다. 배에서 만났던 바로 그 '싫증을 내지 않는 독자'였다. 그는 줄 맨 뒤쪽에 서 있던 나를 알아보았으나, 나는 까차꼬 특유의 버섯 모양 모자를 쓰고 칙칙한 옷을 입고 있는 그를 쉽사리 알아보지 못했다.

"여기서 뭐 하고 계시는 거예요?"

"참 재미있군!" 그가 우스워 죽겠다는 듯 말했다. "날 따라오게." 그는 내 팔을 잡아 끌고 교육부 청사로 향했다. 그때 나는 그가 바로 교육부의 장학금 담당관, 아돌포 고메스 따마라 박사라는 사실을 알게 되었다.

우연 치고는 너무 뜻밖이었는데, 내 인생에서 맞이한 가장 행복한 우연들 가운데 하나였다. 고메스 따마라는 교육계 순수 혈통의 농담 한마디를 곁들이며 부하 직원들에게 낭만적인 볼레로를 가장 감명 깊게 부르는 가수라고 나를 소개했다. 직원들은 내게 커피를 대접했고, 자신들이 접수 절차를 우롱하는 것이 아니라 깊이를 헤아릴 수 없는 우연의 신들에게 공물을 바치는 것이라고 말하고는, 곧바로 절차를 생략하고 내 서류를 직통으로 접수해 주었다. 시험은 다음 주 월요일 산 바르똘로메 학교에서 실시될 예정이었다. 전국에서 모여든 수천 명의 학생이 350명의 장학생 선발 시험 원서를 냈기 때문에 전투는 길고 어려울 수 있었으며, 내가 꿈을 실현하는 데 치명적인 타격을 입을 수 있는 상황이었다. 시험을 치르고 한 주가 지나면 합격 여부가 통보되고 합격자들은 자신들을 지명한 학교에 관한 정보를 받기로 되어 있었다. 이것은 나를 비차다가 아니라 메데인으로 보낼 수도 있다는 것을 의미했기 때문에 내게는 새롭고도 심각한 문제였다. 이렇게 제비뽑기를 해서 학생들을 지리적으로 이동시키는 것은 각기 다른 지역 간의 문화적 교류를 진작시키기 위해서라고 당국자들이 내게 설명했다. 모든 수속이 끝났을 때 고메스 따마라는 내가 그에게 볼레로를 가르쳐 주었을 때처럼 내 손을 힘차게 부여잡으며 말했다.
"준비 잘하게. 이제 자네 삶은 자네 두 손에 달려 있네."
원서를 접수하고 교육부 청사를 나섰을 때 사제 같은 인상을 풍기는 몸집 작은 남자가 다가오더니 50뻬소를 내면 확실하게 장학금을 받게 해 주고 내가 원하는 학교에 입학시켜 주겠노라고 제의했다. 그렇게만 된다면 그건 대단한 행운이었으나, 내가 만약 그런 행운을 얻게 되었더라도 그 행운을 온전히 누리기는커녕 시험에 대한 공포를 회피한 대가를 지불해 버렸을 것이다. 며칠 뒤 나는 신문에 실린 사진들 속에서 그 협잡꾼의 얼굴을 확인했다. 그는 공공 기관에서 불법적인 사업을 하기 위해 사제로 위장하고 있는 사기꾼 집단의 두목이었다.
어느 지역으로 배정될지 모른다는 생각 때문에 나는 짐도 풀지 않고 있었다. 아주 비관적인 생각을 지니고 있던 나는 장학생 선발 시험 전날 배에서 함께 활동하던 악단 동료들과 더불어 끄루스세스 지역의 험악한 동네에 있는 어느 조악한 술집에 갔다. 옥수수를 발효하여 만든 싸구려 술 치차 한 잔에 노래 한 곡을 불러 주는 식으로 노래를 했는데, 예민한 술꾼들은 그 치차에 화약을 넣어 정제하여 마셨다. 그 때문에 머리가 지끈거리고, 전날 밤 내가 어디에 있었고, 누가 날 집까지 데려다 주었는지조차 기억하지 못하는 상태로 시험장에 갔다. 게다가 지각까지 했으나 감독관들은 관대하게도 응시생들로 가득 찬 거대한 교실로 나를 들여보내 주었다. 시험 문제들을 대충 훑어보니 보나마나 떨어질 거라는 생각이 들었다. 단지 감독관들의 주위를 딴 데로 돌리기 위해 사회 시험 문제에 느긋하게 시간을 투자했는데, 사회 시험 문제는 다른 문제들에 비해 그나마 덜 무자비하게 보였다. 그런데 바로 그 순간 나는 어떤 영험한 기운에 휩싸인 것을 느꼈고, 그 덕분에 믿을 수 없는 답들을 즉석에서 써 냄으로써 기적적인 행운을 잡을 수 있었다. 수학 문제는 예외였다. 하느님의 뜻이라고는 해도, 나로서는 도저히 당해 낼 재간이 없었다. 미술 시험은 신속하게 치렀지만 잘 치렀고, 그 덕분에 마음이 한결 가벼워졌다. "다 치차 때문에 생긴 기적이었어." 배에서 함께 연주하고 노래하던 동료들이 내게 말했다. 어찌 되었든, 나는 녹초가 다 된 상태로 시험을 끝마쳤고, 집에는 돌아가지 않겠다는 권리와 이유를 적은 편지를 집으로 보내야겠다고 작정했다.

일주일 뒤, 나는 성적 확인을 하는 내 의무를 이행했다. 창구 여직원은 내 서류에 있는 무슨 표시를 알아차렸는지 아무런 설명도 없이 나를 부서장에게 데려갔다. 와이셔츠 소매를 걷어붙이고 화사한 빨간색 멜빵을 착용한 그는 기분이 아주 좋아 보였다. 그는 전문가답게 아주 세밀하게 내 성적을 검토하더니 두어 번 고개를 갸웃거린 뒤 마침내 숨을 내쉬었다.

"수학을 제외하곤 나쁘진 않군." 그가 혼잣말을 했다. "하지만, 미술 시험에서 5점을 맞은 덕분에 정말 간신히 통과했어."

그는 용수철 달린 의자 등받이에 상체를 기대 뒤로 재끼더니 나더러 어느 학교에 갈 생각인지 물었다.

그것은 당시 가장 큰 걱정거리 가운데 하나였으나, 나는 주저하지 않았다.

"여기 보고타에 있는 산바르똘로메 학교입니다."

그는 책상 위에 줄지어 놓인 서류들 위로 손바닥을 내려놓았다.

"이게 다 자식들, 친척들, 친구들을 이곳 소재 학교에 입학시키기 위해 추천하는 묵직한 편지들이라네." 그는 하지 않아도 될 말을 괜히 했다는 사실을 깨달았으나 말을 계속했다. "내가 자넬 돕는 걸 자네가 허락한다면, 여기서 기차로 한 시간 걸리는 '리세오 나시오날 데 시빠끼라'에 가는 게 더 좋겠다는 생각이네."

내가 시빠끼라라는 역사적인 도시에 관해 알고 있는 유일한 사항은 그곳에 소금 광산이 있다는 것이었다. 고메스 따마라는 그 학교는 최근에 일어난 자유주의적 개혁 조치를 통해 어느 종교 단체로부터 넘겨받은 식민지 시대의 중등학교로, 지금은 현대적 정신을 소유한 젊은이들로 이루어진 뛰어난 교사진을 갖추고 있다고 했다. 그때 나는 문제를 확실하게 결정해야 한다고 생각했다.

"아버지는 보수파세요."

그가 껄껄 웃음을 터뜨리더니 이렇게 말했다.

"심각하게 받아들일 필요는 없네. 내가 말한 자유주의라는 건 폭넓은 사고를 의미하니까 말이야."

그는 즉시 자신의 스타일을 회복하더니, 공부하는 것 외에 재밋거리라곤 전혀 없는 그 나른한 도시에서 교리에 집착하지 않는 학교로 변한, 17세기 고(古) 수도원에 내 운이 달려 있다고 결정했다. 그 옛 수도원은 그 기나긴 영고의 세월 속에서도 무감각하게 존재하고 있었다. 수도원이 설립되었을 당시 현관문 돌기둥에는 다음과 같은 문구가 새겨져 있었다. "지식은 신에 대한 두려움에서 시작된다." 하지만 1936년 알폰소 로뻬스 뿌마레호 대통령의 자유당 정부가 교육을 공공화했을 때 그 표어는 콜롬비아 국가 문장(紋章)으로 교체되었다. 무거운 트렁크를 끌고 숨을 헐떡거리며 학교 현관에 들어서 잠시 쉬는 사이 자연석들을 다듬어 만든 식민지풍 아치들로 이루어진 작은 마당, 초록색을 칠한 나무 발코니들, 난간에 걸려 있는 울적한 분위기 감도는 화분들을 보니 마음이 침울해졌다. 모든 것이 일종의 신앙적 질서에 속해 있고, 300년이 넘도록 여자의 온화한 손을 타지 않았다는 것이 사물마다 역력히 드러나 있었다. 카리브의 무법적인 공간 속에서 자유분방하게 자라온 내가 그 정체된 시간 속에서 사춘기 4년 동안을 꼼짝없이 갇혀 지내야 한다는 공포감이 엄습해 왔다.

적막한 정원을 둘러싼 2층 건물, 그리고 구석 자리에 아무렇게나 세워진 벽돌 건물 하나가 교장실과 교장 사택, 행정실, 주방, 식당, 도서관, 교실 여섯 개, 화장실, 그리고 전국에서 가장 위축되고 가난한 도시들에서 끌려온 50여 명 학생들을 위한 철제 침대들이 줄지어 늘어선 공동 숙소가 될 수 있다는 사실은 지금 생각해 보아도 불가능하게 느껴지는 조건이었다. 다행스럽게도, 유배나 다름없는 그런 조건은 내가 지닌 행운에다 하늘에서 또 하나의 은총을 내려 준 셈이 되었다. 그런 은총을 통해, 나는 세상에서 내게 낙찰된 나라의 모습이 어떠한지를 이내 잘 배울 수 있었다. 열두어 명 되는 카리브 지역 출신 학생들은 내가 학교에 입학했을 때부터 나를 자신들 편에 끼워 주었고, 물론 나 역시 그들 편이 되어 우리와 다른 학생들, 즉 현지 출신 학생들과 타지 출신 학생들 사이에 결코 극복할 수 없는 차별을 만들어 나갔다.

초저녁 휴식 시간부터 학교 마당 구석구석에 각각 패를 지어 모여 있는 학생들은 나라의 모습을 잘 반영하고 있었다. 각 패거리가 자신의 영역에서 가만히 있는 동안에는 경쟁이 없었다. 내가 밀접한 관계를 유지하고 있던 학생들은 카리브 지역 출신이었는데, 우리는 당연히 시끌벅적하고 유대감이 아주 돈독했으며, 걸핏하면 밤을 새는 춤꾼들이라는 명성을 지니고 있었다. 물론 나는 춤꾼이 아니었으나, 까르따헤나 출신 춤꾼 안또니오 마르띠네스 시에라가 저녁 휴식 시간을 이용해 내게 당시 유행하던 춤을 가르쳐 주었다. 은밀히 연애하기에서 나의 위대한 공범이었던 리까르도 곤살레스 리뿔은 후에 유명한 건축가가 되었으나, 당시는 제대로 알아들을 수도 없는 노래 하나를 입에 달고 다니며 항상 혼자 춤을 추었다.

천부적인 피아니스트로 국립 무용단 오케스트라의 상임 연주자가 된 민초 부르고스는 악기를 배우고 싶어하던 학생들과 더불어 밴드를 조직했고, 볼레로와 바예나또를 부를 때 저음부를 노래하는 비법을 내게 가르쳐 주었다. 그의 위대한 공적은 보고타 토박이 기예르모 로뻬스 게라에게 끌라베를 연주하는 카리브적 예술 훈련을 시켰던 것인데, 그 훈련은 그런대로 잘 이루어졌다.

엘 방꼬 출신인 움베르또 하이메스는 눈에 핏발을 세운 채 공부만 하는 친구로, 춤 같은 것에는 도무지 관심이 없고 주말까지 희생해 가며 학교에 남아 공부했다. 그는 축구공이 어떻게 생긴지도 몰랐고, 어떤 경기의 규약집 하나 제대로 읽어 본 적이 없는 것 같았다. 그런데도 그는 보고타에서 공과대학을 졸업하고 《엘 띠엠뽀》의 스포츠국 편집 기자로 입사해 결국은 국장이 되고, 국내에서 가장 훌륭한 축구 해설가가 되었다. 내가 기억하고 있는 가장 특이한 친구는 피부가 짙은 갈색인 실비오 루나였다. 초꼬 출신인 그는 법과대학을 졸업하고 나서 다시 의과대학을 졸업했고, 나와 헤어질 당시는 세 번째 전공 과정을 시작할 준비가 되어 있는 것처럼 보였다.

다니엘 로소(빠고시오라 불렸다.)는 항상 인문학과 신학의 모든 분야를 알은체했고, 수업 시간과 휴식 시간에 자신의 지식을 남용했다. 우리는 겨우 소문을 통해 알고 있던 세계 대전의 상황을 항상 그를 통해 들었다. 당시 학교에서는 신문이나 잡지를 정기적으로 구독하는 것이 허용되지 않았고, 전축 겸용 라디오는 춤출 때만 사용했다. 항상 연합군이 이기는 역사적인 전쟁에 관한 소식들을 빼고시오가 어디서 얻는지는 도무지 알 수 없었다.

께따메 출신의 세르히오 까스뜨로는 전교 일등을 거의 휩쓸었다. 그는 입학하고서부터 줄곧 최고 자리를 지켰다. 세르히오가 최고 성적을 거두는 비결은 내가 산호세 학교에 다닐 때 마르띠나 폰세까가 내게 해 주었던 충고와 같은 것이었다고 생각한다. 세르히오는 선생님의 말이나 수업 시간 토론에 참여하는 급우들의 말을 단 한 마디도 놓치지 않았고, 선생님의 숨소리까지 메모해 놓았다가 노트에 완벽하게 정리했다. 그렇기 때문에 시험 준비를 하느라 시간을 허비할 필요가 없었을 것이고, 주말에 우리가 밀린 공부를 하느라 몸을 불태우고 있는 사이 그는 모험 소설을 읽었다.

휴식 시간에 가장 부지런했던 급우는 보고타 토박이 알바로 루이스 또레스였다. 저녁 휴식 시간에 나와 함께 군인 같은 발걸음으로 학교 마당을 돌면서 애인들에 관한 매일매일의 소식을 교환했다. 다른 친구들은 하이메 브라보, 움베르또 기엔, 알바로 비달 바론이었다. 나는 그들과 학교에서 아주 친하게 지냈고, 우리는 그 후로도 몇 년 동안 계속해서 만났다. 알바로 루이스는 주말만 되면 보고타에 사는 가족 품으로 돌아갔다가 많은 담배와 애인들에 관한 재미있는 소식들을 갖고 학교로 돌아왔다. 함께 공부하던 시절 나로 하여금 담배를 피우고 연애를 하도록 사주한 친구가 바로 그였고, 내가 지금 기술하고 있는 것들을 되살리는 데 도움이 될 만한 훌륭한 기억들을 최근 2년 동안 제공해 주었다.

내가 그 국립 학교에 잡혀 있는 동안 무엇을 배웠는지는 잘 모르겠다. 하지만 모든 친구들과 잘 어울려 함께 지냈던 4년이라는 세월은 내게 국가에 관한 일치된 비전 하나를 심어 주었고, 나는 우리가 얼마나 다양한 모습을 가지고 있으며 우리가 어디에 소용될 수 있는가를 배웠고, 또 우리 각자의 총합에는 나라의 총체적인 모습이 들어 있다는 사실을 명심할 수 있었다. 정부가 지원하는 지역 간 교류에 대해 교육부에서 말하고자 하던 바는 아마도 이런 것이었을 것이다. 내가 이미 중년에 접어들었을 때였다. 대서양을 횡단하는 어느 국제선 비행기 조종실에 초대받았을 때 기장이 내게 건넨 첫 마디는 내가 어느 지역 출신인지 묻는 것이었다. 나는 그 말을 듣자마자 딱 부러지게 대답했다.

"기장님이 소가모소 출신이라면 나는 해변 출신이죠."

그는 시빠끼라 중등학교 4학년 때 내 짝꿍이던 마르꼬 피델 부야와 행동거지, 표정, 목소리까지 똑같았다. 이처럼 강한 직감이 한 치 앞도 분간할 수 없는 학교라는 늪지대를 나침반도 없이 항해하는 법을 내게 가르쳐 주고, 내 창작 활동을 이끌어 주는 지침이 되었다.

공부를 하고 싶어 장학금을 꿈꾼 것이 아니라 그 어떤 제약으로부터, 더 정확히 말해, 가족으로부터 독립을 유지하기 위해 장학금을 꿈꾸었기 때문에, 나는 내 꿈이 실현되고 있다고 느꼈다. 하루 세 끼를 확실하게 먹을 수 있다는 사실은 우리가 집에서보다 가난한 자들의 도피처인 학교에서 더 잘살고 있다는 생각을 하도록 만들기에 충분했다. 학교는 가정 권력보다 감시나 지배가 덜한 자치적 체제하에 있었던 것이다. 학교 식당에는 시장 시스템이 적용되어 각자 원하는 만큼 먹을 수 있었다. 돈은 별 효용이 없었다. 아침 식사에 나오는 계란 두 개는 시세가 가장 좋은 화폐였다. 계란 두 개로 세 끼 식사를 아무 거나 좋은 조건에 구입할 수 있었다. 모든 사물들은 합당한 가치를 지니고 있었고, 그 무엇도 우리의 합법적인 매매를 교란시키지 못했다. 아니, 내가 기숙사에서 4년을 사는 동안 어떤 이유로든 서로 치고받고 싸운 기억이 전혀 없다.

같은 식당의 다른 식탁에서 식사를 하던 교사들 역시 개인적으로 물물 교환을 했다. 그들도 각자의 신식 학교 습관을 여전히 유지하고 있었기 때문이다. 대부분은 미혼이거나 부인 없이 혼자 살았는데, 봉급이라고 해보았자 우리 가족의 생활비만큼 박봉이었다. 교사들 역시 우리처럼 식사에 관해 이러쿵저러쿵 불만들을 늘어놓았으며, 불만이 고조되었을 때 우리와 일부 교사들이 연합해 식사 거부 투쟁을 벌일 가능성이 함께 타진되기도 했다. 특별 식재료를 기증받거나 외부 손님이 올 때만 우리 사이의 평등을 단번에 해치는 특별 음식이 교사들에게 허용되었다. 그런 경우는 4학년 때, 학교 의사가 자신의 해부학 시간에 황소 심장을 해부하는 실험을 해보겠다고 우리에게 약속했을 때 일어났다. 약속한 다음날 의사는 피가 뚝뚝 떨어질 정도로 싱싱한 심장 하나를 주방 냉장고에 보관하도록 시켰는데, 수업 시간에 쓰기 위해 가 보니 심장이 사라지고 없었다. 사연은 이러했다. 학생들에게 약속을 해 놓은 상태에서 심장을 구할 수 없게 된 의사는, 마지막 순간에 어느 건물 4층에서 미끄러져 죽은 벽돌공의 주인 없는 심장을 냉장고에 보관하라고 지시했다. 당연히 황소의 심장인 줄 알았던 요리사들은 심장 하나로는 학생들까지 먹일 수 없었기 때문에, 교사들만을 위해 맛있는 소스를 곁들인 음식을 준비해 버렸다. 아무튼 교사들과 학생들 사이에 조성되었던 그런 유연한 관계들은 역사에는 썩 자세히 기록되어 있지 않은 당시 교육 개혁의 결과와 어느 정도 관계가 있었으나, 그런 관계가 교사와 학생 사이의 협약을 단순화하는 데는 어느 정도 일조했다고 믿는다. 교사와 학생이 함께 술을 마시고 토요일이면 애인들과 함께 댄스파티를 벌였기 때문에, 나이 차이로 인한 차별이 줄어들었고 넥타이를 착용해야 한다는 규율도 느슨해졌으며, 그 누구도 쓸데없이 경계를 하거나 겁을 먹지 않았다.

이런 분위기는 일반적으로 학생들과 개인적인 관계를 맺는 것을 쉽사리 허용한 교사들 때문에 가능한 일이었다. 수학 선생님은 자신의 지식과 신랄한 유머 감각으로 수업을 가공할 만한 축제로 변모시켰다. 호아낀 히랄도 산따 선생님은 콜롬비아 제1호 수학 박사였다. 나도 그도 엄청난 노력을 기울였건만 불행하게도 나는 그의 수업을 전혀 따라갈 수 없었다. 당시에는 시적 재능이 수학 때문에 방해를 받는다고들 말했는데, 결국은 나도 그 사실을 믿었을 뿐만 아니라 그 말에 함몰되기까지 했다. 기하학은 그 자체가 지니고 있는 문학적 특성 때문에 수학 가운데 가장 자비로웠다. 반면에, 산술은 단순했지만 썩 재미있게 다가오지 않았다. 오늘날까지도 암산으로 덧셈을 할 때면, 가장 쉬운 계산에서조차 숫자들을 해체시켜야 하고, 특히 7 더하기 9는 암산으로는 답을 구할 수가 없다. 그렇듯 7 더하기 4를 하기 위해 7에서 2를 뺀 다음, 4와 5를 더하고 2를 더해 답을 낸다. 그래, 11이야! 나눗셈에서는 구구단을 전혀 기억할 수 없었기 때문에 항상 실패했다. 대수학은 열심히 공부했다. 수학에서 대수학이 전통적으로 중요했기 때문만이 아니라 선생님을 좋아하는 동시에 무서워했기 때문이다. 하지만 아무 소용이 없었다. 석 달에 한 번씩 나오는 성적은 낙제 점수였다. 재시험을 두 번이나 치렀지만 통과하지 못했고, 선생님들이 자선을 베풀어 불법적으로 치르게 해 준 마지막 시험도 낙제했다.

언어 담당 교사 셋이 가장 헌신적이었다. 영어를 담당하신 분은 카리브 토박이 미스터 아베야 선생님이었다. 완벽한 옥스퍼드 영어를 구사하고 웹스터 사전에 성직자적인 열정을 보임으로써 눈을 감은 채 사전을 줄줄 외울 수 있었다. 그 후임으로 온 선생님은 엑또르 피게로아였다. 우리가 휴식 시간이면 중창으로 부르는 볼레로에 미쳐 있던 훌륭한 젊은 선생님이었다. 수업 시간에 찾아오는 졸음을 이겨 가며 최선의 노력을 경주했고 기말 시험에도 최선을 다했으나, 내가 좋은 성적을 받은 이유는 셰익스피어 때문도 아니고, 수많은 사람으로 하여금 낙원을 꿈꾸게 하고 수많은 사람을 사랑 때문에 자살하게 만든 레오 마리니와 우고 로마니‡ 때문도 아니었다. 4학년 때 프랑스어 선생님은 안또니오 옐라 알반이었다. 그는 내가 탐정 소설에 중독되어 있다는 사실을 알아 버렸다. 선생님의 수업은 다른 선생님들의 수업과 마찬가지로 지루하기 이를 데 없었으나, 길거리 프랑스어에 관해 그가 우리에게 가르쳐 준 적절한 예들은 내가 10년 뒤 파리에서 굶어 죽지 않는 데 많은 도움이 되었다.

교사들 대부분은 고등사범학교 출신이었다. 교장은 산후안 델 세사르 출신 정신과 의사 호세 프란시스꼬 소까라스 박사였다. 그는 한 세기에 걸친 보수당 정부의 종교적 교육학을 인문주의적 합리주의로 바꾸는 데 공헌한 사람이었다. 마누엘 꾸에요 델 리오는 급진적 마르크스주의자였다. 아마도 같은 이유로 린위탕을 숭배했던 것 같은데, 유령의 존재를 믿고 있었다. 까를로스 훌리오 깔데론이 설립한 도서관은 설립자와 동향 출신이자 『소용돌이』의 저자인 호세 에우스따시오 리

---

‡ 아르헨티나 출신 볼레로 가수들.

베라가 관장을 맡고 있었다. 그리스 고전물, 콜롬비아의 뻬에드라 이시엘로 파의 작품들, 그리고 세계 각지의 낭만주의적 작품들을 균일하게 갖추어 놓고 있었다. 몇 되지 않은 우리 근면한 독자들은 그 모든 것 덕분에 프롤레타리아 혁명의 선도자들뿐만 아니라 산후안 델 라 끄루스나 호세 마리아 바르가스를 읽을 수 있었다. 사회 과목 선생님인 곤살로 오깜뽀는 자기 방에 정치에 관한 좋은 책들을 많이 구비해 놓았다. 그 책들이 고학년 교실에서 장난스레 돌아다녔으나 나는 왜 프리드리히 엥겔스의 『가족·사유 재산 및 국가의 기원』을 문학 시간에 인간의 아름다운 모험에 관한 서사시처럼 가르치지 않고, 푹푹 찌는 오후의 정치·경제학 시간에 가르치는지 이해할 수 없었다. 기예르모 로뻬스 게라는 역시 엥겔스의 저작인 『반(反) 뒤링론(論)』을 곤살로 오깜뽀 선생님에게 빌려 휴식 시간에 읽었다. 하지만 내가 로뻬스 게라와 토론하기 위해 오깜뽀 선생님에게 그 책을 빌려 달라고 했을 때, 선생님은 인류 진보에 초석이 될 만한 책이지만 지나치게 길고 어려워 역사에 남지 않을 것 같은 그 두꺼운 책을 내게 빌려 주는 악역은 맡지 않겠다고 말했다. 아마도 이런 이데올로기적 교환들 때문에 학교가 정치적 도착(倒錯)의 실험실이라는 불명예를 뒤집어썼을 것이다. 오히려 그런 것들이 약자들을 일깨우고, 강자들의 온갖 교조주의에 대항할 수 있는 능력을 키우도록 하기 위해 내가 자발적으로 해야 할 경험이었다는 사실을 깨닫는 데는 반평생이 걸렸다.

  내가 늘 가장 직접적인 관계를 유지한 선생님은 1학년에서 국어를, 4학년에서 세계 문학을, 5학년에서 에스파냐 문학을, 6학년에서 국문학을 가르치던 까를로스 훌리오 깔데론이었다. 성장 과정과 기호가 특이한 그는 회계학을 좋아했다. 우일라 주의 주도 네이바 태생인 그는 호세 에우스따시오 리베라에 대한 애국적 존경심을 드러내는 데 주저함이 없었다. 외과 의학 공부를 중단해야 했던 그는 그 사실을 자기 인생의 실패로 기억했으나 예술과 문학에 대한 열정만은 억누를 수 없었다. 내가 쓴 작품들 초고에 있는 오류들을 정확히 지적함으로써 그것들을 걸레로 만들어 놓은 첫 번째 스승이 바로 그였다.

어찌 되었든 학생들과 교사들 사이의 관계는 수업 시간뿐만 아니라, 저녁 식사가 끝난 뒤 학교 마당에서 독특한 방식으로 이루어지는 휴식 시간에도 극히 자연스러웠다. 이런 이유로 우리는 그때까지 익숙해져 있던 방식과는 다른 방식으로 교류를 할 수 있었고, 이런 것은 의심할 바 없이 우리가 존경심과 동료 의식이 발휘되는 분위기 속에서 살아갈 수 있도록 만들어 준 고마운 점이었다.

당시 학교 도서관에 입고된 프로이트 전집 덕분에 무시무시한 모험 하나를 겪게 되었다. 물론 난해하기 이를 데 없는 프로이트의 분석을 이해하지 못했으나, 그가 밝히고 있는 임상학적 케이스들은, 쥘 베른의 판타지들이 그랬던 것처럼, 책을 다 읽을 때까지 나를 붙들어 매었다. 깔데론 선생님은 국어 시간에 자유 주제로 단편소설을 하나씩 써서 제출하라고 했다. 나는 일곱 살 먹은 어느 여자아이가 정신병에 걸린 경우를 생각해 내고는 과거에 지었던 시 제목과 상반되는 의미를 지닌 현학적인 제목을 달았다. '강박성 정신병에 관한 사례'. 선생님이 수업 시간에 내게 그 단편소설을 읽으라고 했다. 짝꿍 아우렐리오 쁘리에또는 그런 복잡한 사안에 관해 최소한의 과학적, 문학적 지식도 없으면서 무지하게 현학적이기만 한 글을 썼다고 노골적으로 반격했다. 나는 그의 비판을 겸손하게 수용하지 않았다. 오히려 프로이트가 자신의 비망록에 기술해 놓은 임상학적 사례 하나를 그저 차용했을 뿐이라고 화를 내며 해명했다. 깔데론 선생님은 수업 시간에 여러 급우들로부터 신랄한 비판을 받은 것에 대해 내가 앙심을 품고 있으리라 생각했는지, 휴식 시간에 나를 따로 불러내 계속해서 같은 길을 가라고 용기를 불어넣어 주었다. 그는 내 단편소설을 통해 볼 때 내가 현대 픽션의 기교를 모르고 있으나 소질과 의욕은 있는 것 같다고 지적했다. 잘 썼고, 적어도 무언가 독창적인 것을 드러낼 의도가 있는 것 같다고도 했다. 그는 수사학에 관해 처음으로 내게 말해 준 사람이었다. 의도를 드러내지 않은 채 시를 쓰는 데 필요한 테마와 운율에 관한 실제적인 책략 몇 가지를 가르쳐 주고는, 글을 쓴다는 것이 단지 정신 건강을 위해서라고 해도, 어찌 되었든 지속적으로 글을 써야 한다고 말했다. 그 대화는 내가 학교에 다니는 동안 휴식 시간이든 자유 시간이든 그와 나누었던 가장 긴 대화들 가운데 첫 대화였는데, 내가 작가로 살아가는 데 큰 도움이 되고 있다.

그것이 바로 내가 추구하던 분위기였다. 산호세 학교에 다닐 때부터 손에 잡히는 것이면 무엇이든 읽어 대는 악습에 빠져 있던 나는 자유 시간과 수업 시간 거의 대부분을 독서에 할애했다. 내 나이 열여섯에는, 철자법이 맞든지 틀리든지, 산호세 학교에서 배운 시들을 단숨에 외울 수 있었다. 시들을 닥치는 대로 읽고 또 읽었는데, 거의 항상 수업 시간에 몰래 읽었다. 유용한 책들뿐만 아니라 공문서들, 의욕 없는 교사들이 기증한 책들, 어디서 굴러 들어온 것인지는 모르지만 그곳에 섞여 있는 잡다한 책 등, 덜 유용하고 쓰레기 같은 것들로 이루어진, 필설로 이루 형용할 수 없는 학교 도서관이 소장하고 있는 온갖 것들을 다 읽었다고 생각한다. 돈 다니엘 삼뻬르 오르떼가의 지원하에 미네르바 출판사가 출간하고 교육부가 각 공사립 학교에 배포한 『비블리오떼까 알데아나』 전집을 잊을 수 없다. 당시까지 콜롬비아에서 쓰인 최고의 책들과 최악의 책들을 총 망라한 100권짜리 전집으로, 제1권부터 시작해 번호순으로 마음이 내킬 때까지 읽어 나갔다. 내가 그 학교에서 보낸 마지막 2년 동안 그 전집을 거의 다 읽을 순간에까지 이르렀다는 생각을 하면 지금도 아찔하기만 한데, 그것이 그 후 내 삶에서 무슨 도움이라도 되었는지는 정확히 판단할 수 없다.

기숙사의 새벽에는, 한밤중이나 다름없는 6시에 울리는 죽을 맛 나는 경보 종소리(우리는 항상 그렇게 불렀다.)를 제외하고는 행복감과 비슷한 묘한 기류가 흘렀다. 종소리가 울리면 마음 약한 두세 명만 기숙사 샤워실에 여섯 개밖에 없는 수도꼭지를 일차로 차지하기 위해 침대를 박차고 일어났다. 나머지 학생들은 사감 선생님이 모포를 벗기며 기숙사 안을 돌아다닐 때까지 마지막 한숨이라도 더 자기 위해 애를 썼다. 각자가 내밀한 것을 다 드러내는 그 한 시간 30분 동안에 옷을 정리하고 구두를 닦고, 샤워기도 달려 있지 않은 수도꼭지에서 얼음처럼 차가운 물로 샤워를 하고, 샤워를 하는 사이 각자 자신들의 욕구 불만을 큰 소리로 털어놓고, 급우들의 욕구 불만에 대해 농담을 하고, 서로 각자의 은밀한 연애 사건들을 폭로하고, 각자의 거래와 분쟁에 관해 토론하고, 식당에서 이루어지는 물물 교환 문제에 관해 의견을 나누었다. 아침에 이루어지는 대화의 주요 테마는 전날 밤 읽은 책 내용이었다.

기예르모 그라나도스는 자신이 알고 있는 무수한 탱고 레퍼토리를 새벽부터 멋진 테너 음성에 실어 풀어놓았다. 나와 내 옆 침대에서 자는 리까르도 곤살레스 리뽈은 침대 머리맡에서 구두를 닦으면서, 카리브 지역에서 유행하는 구아라차[‡]를 구두 닦는 헝겊으로 박자를 맞

‡ 안띠야스 제도에서 유행하던 대중음악 또는 춤을 가리킨다.

취가며 이중창으로 불렀고, 그사이 나와 한패거리인 사바스 까라바요는 갓 태어났을 때처럼 아무것도 걸치지 않은 알몸으로, 철근 콘크리트 같은 성기에 수건을 걸친 채, 기숙사 방 한쪽 끝에서 다른 쪽 끝으로 내달렸다.

　만약 기숙사에서 도망치는 것이 가능했더라면, 많은 학생들이 주말에 예정된 데이트를 위해 새벽녘에 도망쳤을 것이다. 매주 돌아가며 맡는 사감 말고는, 기숙사 야간 수위도 기숙사에서 자는 선생님도 없었다. 학교의 터줏대감 수위 리베리따는 근무 시간 내내 의자에 앉아 꾸벅꾸벅 졸고 있었다. 그는 학교 현관 옆에 마련된 방에서 살면서 업무를 잘 수행했으나, 우리는 밤이 되면 교회의 육중한 대문 빗장을 벗겨 소리 없이 여닫고 밤새 어느 집에서 놀다가 날이 밝기 조금 전 쌀쌀한 거리를 통해 기숙사로 돌아오곤 했다. 우리는 리베리따가 죽은 듯이 자는지, 아니면 학생들의 공범자가 되기 위해 친절하게도 일부러 자는 척하는지 결코 알지 못했다. 기숙사를 빠져나오는 학생들 수는 그리 많지 않았고, 그들의 비밀은 충실한 공범자들의 기억 속에 매장되곤 했다. 나는 습관적으로 기숙사를 빠져나가는 몇몇 학생과, 모험에 대한 긴장감이 엄습했지만 호기롭게 기숙사를 빠져나갔다가 돌아올 때는 공포에 질리곤 하는 몇몇 학생도 알고 있었다. 하지만 발각된 학생이 있었다는 얘기는 전혀 듣지 못했다.

　학교 생활을 하는 동안 한 가지 불편했던 점은 어머니로부터 물려받은 기분 나쁜 악몽이었다. 내 잠꼬대는 저승에서 들려오는 비명 소리처럼 동료들의 잠을 방해했다. 내 옆 침대에서 잠을 자는 동료들은 내 잠꼬대에 익숙해져 있었기 때문에 새벽녘의 고요 속에서 첫 번째로 터져 나오는 섬뜩한 울부짖음에만 놀랐을 뿐이다. 마분지로 칸을 막아 놓은 침실에서 잠을 자는 당직 선생님은 기숙사 안이 다시 조용해질 때까지 몽유병자처럼 방 한쪽 끝에서 다른 쪽 끝으로 왔다 갔다 했다. 악몽은 도저히 제어할 수 없었을 뿐만 아니라, 두 번인가는 성 매매 업소에 있는 꿈을 꾸었던 것으로 보아 내게 일종의 죄책감 같은 것이 있지 않았나 싶다. 그런 일은 무시무시한 장면 속에서 나타나는 것이 아니라 내가 살아가는 평범한 장소들에서 일어나는 행복한 사건들이었고, 아무것도 모른다는 눈길로 나를 힐끗 바라봄으로써 내게 불길한 메시지를 주는, 내가 늘 만나는 사람들을 통해서 비쳐졌기 때문에, 그 꿈들을 제대로 해석할 수 없었다. 내 악몽은 어머니 당신이 무릎에 당신 머리를 올려놓고 잠을 못 이루게 만드는 서캐와 이들을 잡아내는 악몽과는 비교가 되지 않는 것이었다. 내가 비명을 질렀던 이유는 무서워서라기보다는 누군가에게 나를 악몽에서 깨워 주는 자선을 베풀어 달라고 구원을 청하기 위해서였다. 물론 내가 첫 번째 비명을 지르자마자 기숙사 방 옆 침대들에서 내게 베개들을 던져 댔기 때문에 굳이 도움을 청하고 말 것도 없었다. 숨을 헐떡거리고 심장이 요동치는 상태였지만 살아 있다는 안도감을 느끼면서 잠에서 깨어날 수 있었다.

학교 생활에서 가장 좋았던 점은 잠자기 전 큰 소리로 책을 읽는 것이었다. 책을 낭독하는 습관은, 다음날 첫째 시간에 갑작스레 시험을 치러야 했던 5학년 학생들을 위해 마크 트웨인의 단편소설 하나를 까를로스 홀리오 깔데론 선생님이 큰 소리로 읽어 준 것에서부터 시작되었다. 선생님은 그 소설을 읽을 시간이 없는 학생들이 내용을 알 수 있도록 마분지로 막아 놓은 자기 침실에서 큰 소리로 네 쪽을 낭독했다. 어찌나 재미있던지, 그때부터 매일 밤 잠자기 전 큰 소리로 책을 읽는 것이 일상화되었다. 물론 처음에는 그 일이 쉽지만은 않았다. 신심이 깊은 체하던 어느 선생님이 읽을 책들을 취사선택하는 기준을 설정했으나, 고학년 학생들이 스스로의 판단에 따라 그 목록을 수용할 수 없다는 위험한 반항을 했기 때문이다.

그것은 30분 동안에 이루어지던 행사였다. 당직 선생님은 기숙사에서 가장 큰 방 출입구 쪽에 붙어 있는 자기 침실의 조명을 밝게 한 상태에서 책을 읽었다. 처음에는, 일부는 실제로 일부는 짐짓, 장난스레 코 고는 소리를 냄으로써 선생님의 입을 다물게 만들었으나, 항상 선생님께 고마움을 느꼈다. 나중에는 책 내용이 재미있을 경우 낭독이 한 시간까지 연장되었고, 당직 교사들은 매주 거행되는 당직 교사 교대식에서 학생들로부터 박수를 받았다. 『노스트라다무스』와 『철가면』을 읽으면서 재미있는 시간이 시작되었는데, 모두들 즐거워했다. 당시 토마스 만의 『마의 산』이 우리의 넋을 앗아갈 정도로 성공을 거둔 이유를 지금도 이해할 수 없다. 교장 선생님까지 끼어들어 우리가 한스 카스토르프와 클라우디아 쇼샤의 키스 장면을 기대하며 뜬눈으로 밤을 새우는 것을 방해할 정도였다. 또 모든 친구들이 침대에 앉은 채 나프타와 그의 친구 세템브리니 사이에 벌어진 혼돈스러운 철학적 논쟁을 한 단어도 놓치지 않기 위해 긴장했던 것도 이해할 수 없다. 그날 밤 책 읽기는 한 시간 이상 지속되었는데, 기숙사 방에서 박수갈채가 터져 나왔다.

젊은 시절에 만난 교사들 가운데 가장 불가사의한 인물로 남아 있는 사람은 내가 학교에 도착했을 때 만난 교장 선생님이었다. 알레한드로 라모스 교장 선생님은 완고하고 고독한 사람으로, 두꺼운 안경을 쓰고 있어 장님처럼 보였지만 그가 뱉어 내는 매 단어에 실리는 허식 없는 힘은 쇠주먹으로 치는 것처럼 무거웠다. 아침 7시에 자신의 피난처에서 내려와 학생 개개인의 위생 상태를 점검한 후 식당으로 들어갔다. 항상 티끌 하나 없는 화려한 색깔 옷을 입고, 옷깃에는 셀룰로이드처럼 빳빳하게 풀을 먹였으며, 화사한 넥타이를 매고 번쩍거리는 구두를 신고 있었다. 학생들의 청결 문제에서 사소한 결점이라도 발견되면 투덜거리며 체크했는데, 이는 지적당한 학생이 방으로 돌아가 시정하라는 명령이었다. 나머지 시간은 하루 종일 2층 사무실에 틀어박혔고, 다음날 아침 7시 또는 매주 단 세 번 수학을 강의하기 위해 걸어가는, 6학년 교실과 자기 사무실 사이의 열두 걸음을 제외하고는 도무지 얼굴을 볼 수 없었다. 제자들은 그를 가리켜 수의 천재라고들 했다. 그는 강의하는 걸 즐겼고, 자신의 지식으로 학생들을 감동시키고 무시무시한 기말 시험으로 학생들을 벌벌 떨게 만들었다.

입학한 지 얼마 되지 않아 나는 학교에서 열린 어느 공식 행사의 축사를 쓰게 되었다. 선생님 대부분은 내가 쓴 글의 테마를 수용했으나, 그런 경우 최종 결정권은 교장 선생님이 쥐고 있다는 데 다들 동의했다. 교장 선생님의 방은 2층 계단 바로 옆에 있었으나 나는 온 세상을 걸어 다니는 것 같은 거리감을 느꼈다. 밤잠을 설친 나는 미사에 참석할 때 매는 넥타이를 매고 아침은 뜨는 둥 마는 둥 대충 해치웠다. 교장실 문을 천천히 두드렸다. 세 번째로 문을 두드렸을 때 교장 선생님이 문을 열어 주더니 인사말도 없이 들어오라고만 했다. 나는 교장 선생님의 무뚝뚝한 태도 때문만이 아니라, 우단을 씌운 고급 목재 가구들이 있고, 가죽 장정을 한 책들이 꽂혀 있는 멋진 서가들이 장식된 벽으로 둘러싸인 사무실의 위압적이고 질서 정연하고 아름다운 모습에 주눅이 들었다. 혀가 떨어지지 않아 교장 선생님의 인사말에 답례조차 하지 못할 정도였기 때문에 교장 선생님이 인사말을 건네지 않은 게 그나마 다행이었다. 교장 선생님은 내가 숨을 고르기를 아주 점잖고 진득하게 기다려 주었다. 그러고 나서 자기 책상 앞에 있는 손님용 의자를 가리켰고 본인도 의자에 앉았다.

나는 축사를 쓸 때만큼이나 철저하게 방문 이유를 미리 준비해 두고 있었다. 그는 조용히 내 설명을 들으며 문장 하나 하나에 고개를 끄덕임으로써 내 말을 수용했으나, 여전히 내 얼굴을 쳐다보지 않은 채 내 손에서 벌벌 떨리고 있는 종이를 주시하고 있었다. 재미있다고 생각되는 부분에서 그가 미소를 지어 보이기를 바랐으나, 아무 소용이 없었다. 한숨 더 떠서, 나는 내가 찾아간 이유를 그가 이미 알고 있을 것이라고 확신했으나, 그는 나더러 설명을 끝내라고 했다.

내가 설명을 다 마쳤을 때 그가 책상 위로 손을 뻗더니 내게서 축사를 적어 놓은 종이를 건네받았다. 그는 안경을 벗고 아주 자세하게 읽어 나가더니, 눈길을 멈추고 연필로 두 군데를 수정했다. 그러고 나서 다시 안경을 쓰고는 내 눈은 쳐다보지도 않은 채, 내 가슴을 울리게 하는 냉정하고 완고한 목소리로 말했다.

"이 글에 틀린 것이 두 개 있다. 넌 '우리는 에스파냐 현자 호세 셀레스띠노 무띠스가 18세기에 세상에 널리 알린 우리 나라의 풍요로운(exhuberante) 식물상과 조화를 이루는 낙원 같은(paradisíaco) 환경을 지닌 이 학교에서 생활하고 있습니다.'라고 썼어. 하지만 '풍요로운'은 아체(h) 없이 exuberante라 써야 하고 '낙원 같은'은 이(i) 자에 악센트를 찍지 않고 paradisiaco라 써야 하는 거다."

창피했다. 첫 번째 경우는 할 말이 없었으나 두 번째 경우는 맞춤법에 맞게 썼다고 생각했기 때문에 마지막 용기를 내어 즉시 반론을 제기했다.

"교장 선생님, 죄송합니다. 사전에는 이(i) 자 위에 악센트가 있는 거나 없는 거나 똑같이 사용되고 있습니다만, 끝에서 세 번째 음절에 악센트를 두는 것이 더 멋있게, 잘 들리는 것 같습니다."

교장 선생님이 나를 쳐다보지도 않은 채 말 한 마디 없이 책꽂이에서 사전을 꺼낸 것으로 보아 자신이 내가 당한 것만큼이나 무안을 당했다고 느꼈음에 틀림없었다. 교장 선생님이 보고 있던 사전은 외할아버지가 내게 선물한 것과 같은 아틀라스 사전이었으나 반짝거리는 새것이었다. 한 번도 사용하지 않은 것 같았다. 교장 선생님은 그 단어가 나와 있는 쪽을 단번에 펼쳤고, 내용을 읽고 또 읽더니 사전에서 눈을 떼지 않은 채 내게 물었다.

"몇 학년이지?"

"3학년입니다."

그는 탁 소리가 나도록 힘차게 사전을 덮더니 처음으로 내 눈을 쳐다보았다.

"좋았어. 그렇게 해."

그날부터 급우들이 나를 영웅이라 칭찬하는 일만 남게 되었는데, 오히려 나를 "교장 선생님과 대화를 한 바닷가 촌놈"이라 빈정거리기 시작했다. 그런데 교장 선생님과의 면담에서 내게 크나큰 영향을 미쳤던 것은 내가 한 번 더 맞춤법과 관계된 문제와 맞닥뜨리게 되었다는 것이다. 나는 맞춤법에 관한 것을 절대 이해할 수 없었다. 한 선생님은, 시몬 볼리바르가 맞춤법이 엉망이어서 마땅히 누려야 할 영광을 제대로 누리지 못했다는 말로 내게 자비로운 일격을 가하려 했다. 다른 선생님들은 그것은 수많은 실수 가운데 하나라고 나를 위안했다. 책 열일곱 권을 낸 현재까지도, 내 책의 친절한 교열자들은 내가 저지른 무시무시한 맞춤법적 오류들을 그저 단순한 오탈자 정도로 생각하고 교열해 줌으로써 나를 예우해 주고 있다.

시빠끼라에서 이루어진 사교적 모임은 일반적으로 각자의 재능과 생활 방식에 따라 행해졌다. 에스파냐 사람들이 발견한 소금 광산은 주말이면 우리가 자주 가는 곳이었다. 여행은 숯불에 구운 뱃살 고기와 소금을 넣은 커다란 솥에 넣고 찜으로써 하얀 소금기를 둘러쓴 감자를 사 먹는 것으로 절정에 이르렀다. 해안 지방 출신 학생들은 시끌벅적하고 무례하다는 악명이 났을 뿐만 아니라 유행하는 음악에 맞춰 전문 춤꾼처럼 춤을 추는 데 훈련이 잘되어 있었고, 죽음을 불사하는 사랑에 빠지는 걸 좋아했다.

나는 아주 자발적인 사람으로 변했다. 1차 세계대전이 종결되었다는 소식을 접하던 날 우리는 거리로 뛰쳐나가, 국기며 플래카드 같은 것을 흔들고 승리의 함성을 질러 대는 기쁨의 행렬에 참가했다. 누군가 자발적으로 연설을 해 줄 사람 하나를 요청하자 나는 이것저것 따져보지도 않은 채, 그 도시의 중앙 광장 앞에 있는 사교 클럽의 발코니로 올라가 즉흥적으로 사자후를 토해 냈다. 많은 사람들은 내가 연설문을 미리 준비해 둔 것으로 생각했다.

칠십 평생, 그때 단 한 번 즉흥적인 연설을 해야 했다. 연설 말미에 4대 강국의 지도자 개개인에 관해 시적인 찬사를 바쳤는데, 광장에 있던 사람들의 관심을 끈 것은 전쟁이 종결되기 얼마 전 서거한 미국 대통령에 관한 것이었다. "프랭클린 델러노 루스벨트는 엘 시드 깜뻬아도르‡처럼 죽은 뒤에도 전쟁에서 승리하는 법을 알았습니다." 이 문장

‡ 11세기경 에스파냐에서 무어 족을 퇴치하기 위해 전투를 벌여 '엘 시드'라는 영웅 칭호를 얻은 로드리고 디아스 데 비바르(Rodrigo Díaz de Vivar)를 일컫는다.

은 며칠 동안 도시를 떠돌아다녔고, 벽보들과 일부 가게의 진열장에 붙은 루스벨트의 사진에 쓰였다. 그렇게 내가 공적으로 거둔 첫 번째 성공은 시인이나 소설가로 얻은 것이 아니라 연설가로 얻은 것이었는데, 하필이면 정치 연설가였다. 그 후로 학교의 공식 행사가 열렸다 하면 사람들은 나를 발코니에 올려놓았고, 나는 항상 미리 써 두었다가 마지막 순간까지 교정한 원고를 들고 연설했다.

그동안 내가 저질렀던 그런 후안무치한 행위는, 어느 정도 시간이 흐르면서 내게 무대에 올라가는 것에 대한 두려움을 불러일으킴으로써, 결국은 절대적 침묵을 지키는 지경에까지 이르고 말았다. 바닥을 길 정도로 취하게 되는 성대한 결혼식뿐만 아니라 루아나를 두르고 샌들을 신은 인디오들이 드나드는 술집에서도, 다른 남자를 미친 듯이 사랑했기 때문에 다행스럽게도 나와 결혼하지 않은 아름답고 너그러운 베레니세의 집에서도, 또 용돈이 늦어지자 불안해진 내가 부모에게 보내는 전보들을 외상으로 처리해 주고, 나를 경제적 궁핍으로부터 꺼내 줄 부모님의 용돈이 도착하기도 전에 내게 두어 차례 미리 돈을 지불해 준 적이 있는 사리따가 근무하던 전신국에서도, 말을 제대로 할 수가 없었다. 가장 잊을 수 없는 여자는 누구든 사랑하고 싶어하는 그런 여자가 아니라, 시에 빠져 있는 남자들의 요정이었다. 요정의 이름은 세실리아 곤살레스 삐사노였다. 머리가 아주 명석하고 사근사근했으며, 보수주의적 전통을 지닌 가정에서 자랐건만 자유로운 정신을 소유하고 있었고, 시라면 뭐든지 다 외우는 초인적인 능력이 있었다. 그녀는 학교 정문 건너편에 있는 식민지풍 저택에서 귀족적인 미혼 고모와 함께 살고 있었다. 저택은 헬리오트롭 나무 무성한 정원을 둘러싸고 있었다. 초기에 세실리아와 우리 사이의 관계는 함께 시 짓기 경연을 하는 데 국한되었으나, 결국 그녀는 우리 삶의 진정한 동료가 되었다. 항상 우스워 죽겠다는 듯 깔깔거리는 그녀는 마침내 우리 모두의 공모를 통해 깔데론 선생님의 문학 수업에 슬그머니 참여하게 되었다.

   아라까따까에 살았을 때 나는 아코디언 한 대를 매고 목청껏 노래를 부르며 장돌뱅이처럼 살아가는 유유자적한 삶을 꿈꾸었다. 그렇게 하는 것이 늘 이야기 하나를 하기 위한 가장 오래되고 가장 행복한 방법처럼 보였기 때문이다. 어머니가 우리 자식들을 낳기 위해 피아노를 포기했다면, 그리고 아버지가 자식들을 부양하기 위해 바이올린을 벽에 걸어 놓았다면, 자식들 가운데 맏이가 음악 때문에 굶어 죽는 꼴 좋은 선례를 남기는 것이 썩 정당할 수만은 없는 일이었다. 하지만 우연히 학교 그룹 사운드에 보컬리스트와 기타 연주자로 참여함으로써, 나는 나에게 가장 어려운 악기도 배울 수 있는 귀가 있고, 따라서 노래도 잘할 수 있다는 점을 검증받을 수 있었다.

   학교에서 거행된 국경일 야간 행사나 엄숙한 행사에는 어떤 식으로든 내 손이 미치지 않는 경우가 없었다. 작곡가이자 그 도시의 보스고, 그 도시 악단의 영원한 단장이며, 「양귀비」의 작곡가 기예르모 뻬베도 소르노사 선생님 덕분에 가능한 일이었다. 「양귀비」는 선생님이 젊었을 때 야회와 세레나데에서 단골로 불리던 젊음의 노래였다. 일요 미사가 끝나면 나는 선생님이 지휘하는 야외 연주회에 참석하기 위해 공원을 가로지르던 사람들 가운데 하나였다. 연주회는 「도둑 까치」로 시작되어 「일 트로바토레」 중 '대장간의 합창'으로 끝났다. 그 당시 내 인생의 꿈이 선생님과 같은 사람이 되는 것이었다는 사실을 선생님은 전혀 몰랐고, 나 또한 그 사실을 선생님에게 감히 말하지 못했다.

   학교에서 음악 감상 과정에 지원자를 뽑았을 때 맨 먼저 손을 든 학생은 기예르모 로뻬스 게라와 나였다. 그 과정은 '보고타의 목소리' 방송국의 첫 클래식 음악 프로그램 프로듀서 안드레스 빠르도 또바르 선생님이 담당하던 것으로, 매주 토요일 오전에 실시되었다. 학생은 임시 교실로 쓰는 식당의 4분의 1도 다 채우지 못했으나 우리는 그의 음악 전도사로서의 유창한 화술에 즉시 매료되고 말았다. 전형적인 까차꼬로, 감청색 블레이저와 공단 조끼를 입고 있었으며, 목소리가 나긋나긋하고 행동거지도 차분했다. 그 고풍스러운 면모 때문에 오늘날까지도 신선한 기억으로 남아 있는 것은, 그가 뛰어난 솜씨와 물개 사육사 같은 애정으로 다루던 수동 축음기였다. 그는 우리가 젖비린내 나는 신출내기라는 가정하에(우리의 경우 그 말은 맞았다.) 강의를 시작했다. 그래서 그는 생상스의 「동물의 사육제」부터 설명하기 시작했는데, 해박한 지식을 동원하며 각 동물의 특성을 요약했다. 그리고 나서는 프로코피예프의 「피터와 늑대」를 들려주었다. 당연하고 말고! 토요일마다 이루어지는 그 축제에서 좋지 않았던 점은 대가들의 음악이 비밀스러울 정도로 해롭다는 당혹감이 들었다는 것이었으며, 따라서 내가 좋은 음악과 나쁜 음악을 주제넘게 차별하지 않기 위해 여러 해를 소비해야 했다는 것이다.

다음 해, 그러니까 교장 선생님이 4학년 기하학을 담당하기 전까지 교장 선생님과 나는 개인적으로 만날 일이 없었다. 학기가 시작된 첫 화요일 오전 10시에 교실로 들어간 나는, 아무도 쳐다보지 않은 채 툴툴거리듯 아침 인사를 하고 작은 방석으로 티끌 하나 없을 때까지 책상을 닦았다. 그때 교장 선생님이 우리를 향해 몸을 돌리더니 출석도 채 부르기 전에 알바로 루이스 또레스에게 물었다.

"점이란 뭘 말하는 거지?"

바로 그때 사회 선생님이 교실 문을 두드리더니 교육부 장관에게서 전화가 왔다고 알렸기 때문에 알바로는 미처 대답을 할 시간이 없었다. 전화를 받기 위해 서둘러 교실을 나간 교장 선생님은 돌아오지 않았다. 교육부 장관의 전화는 교장 선생님이 평생 동안 훌륭하게 봉사하고 그 학교에서 5년 동안 양심적으로 임기를 채웠다는 이유로 교장직을 해임하기 위한 것이었기 때문에, 교장 선생님은 그 후 영영 돌아오지 않았다.

후임자는 삐에드라 이 시엘로 파의 뛰어난 시인들 가운데 가장 젊은 사람이었던 까를로스 마르띤이었다. 그는 내가 바랑끼야에 있을 때 세사르 델 바예 덕분에 발견한 시인이었다. 나이 서른에 벌써 책 세 권을 출간한 상태였다. 나는 그의 시를 읽어 보았고, 보고타의 어느 서점에서 그를 한 번 본 적이 있었지만, 그에게 말 한 마디 붙여 보지 못했고, 그의 저서들 가운데 어느 것에 사인을 해 달라고 부탁도 못했다. 어느 월요일 점심 휴식 시간에 그가 예고도 없이 우리 앞에 모습을 나타냈다. 전혀 예상하지 못한 일이었다. 체크무늬 옷을 입은 그는 이마가 훤하게 벗겨져 있고, 자신의 시에 드러난 것과 같은 정확한 형식미를 갖추어 가지런하게 기르고 있는 수염 때문에 시인이라기보다는 변호사처럼 보였다. 그는 가장 가까운 곳에 있던 학생들을 향해 차분하고 약간은 냉정한 태도로 또박또박 걸어 다가가더니 악수를 청했다.

"안녕, 난 까를로스 마르띤이란다."

나는 당시 에두아르도 까란사가 《엘 띠엠뽀》의 일요판 문예지와 문학잡지 《사바도》에 발표한 산문시에 흠뻑 빠져 있었다. 그 산문시들은 후안 라몬 히메네스의 『플라테로와 나』를 모방한 장르처럼 보였다. 그것은 당시 문학지도(文學地圖)에서 기예르모 발렌시아의 신화를 지우고자 했던 젊은 시인들 사이에 유행하던 것이다. 어느 정도의 유산을 상속받은 시인 호르헤 로하스는 남아 있는 유산을 털어서 자신의 이름을 걸고 독창적인 작은 시집들의 출판을 지원했고, 그 시집들을 통해 동시대인들의 큰 관심을 불러일으키고, 이름이 널리 알려진 훌륭한 시인들을 규합할 수 있었다.

교장 선생님이 새로 부임함으로써 학교 내 인간관계에 근본적인 변화가 생겨났다. 학생과 자신 사이에 적당하지만 항상 손에 잡힐 듯 가까운 거리를 유지하는 구체적인 한 존재가 전임 교장 선생님의 기괴한 이미지를 대체했다. 새 교장 선생님은 매일매일 행하던 복장 검사와 쓸모없는 잡다한 규칙들을 폐지하고, 저녁 휴식 시간에 가끔 제자들과 대화를 했다.

신임 교장 선생님의 새로운 스타일이 내 행로에 영향을 미쳤다. 그는 어디서 나에 관한 얘기를 들었는지 부임한 지 얼마 되지 않은 어느 날 밤 시에 대한 나의 관심을 넌지시 떠보았고, 나는 그에게 내 속에 담고 있는 얘기를 모두 털어놓았다. 그는 사람들 입에 자주 오르내리던 돈 알폰소 레이에스의 『문학적 경험』을 읽어 보았는지 물었다. 나는 읽어 보지 않았다고 고백했고, 그는 다음날 내게 그 책을 가져왔다. 수업 시간에 책상 밑에 펼쳐 놓고 내리 세 시간 동안 반 정도를 정신없이 읽었고, 나머지는 축구를 하며 놀 시간에 읽어 버렸다. 그토록 저명한 평론가가 아구스띤 라라의 노래들을 마치 가르실라소의 시나 된다는 듯 열심히 공부했다는 사실이 기뻤다. 그는 그 책에 다음과 같은 기발한 문구 하나를 변명 삼아 써 놓았다. "아구스띤 라라의 유명한 노래들은 통속적인 노래들이 아니다." 이 문장은 일상적으로 먹는 수프에 녹아 있는 시를 발견한 것과 같은 것이었다.

마르띤은 웅장한 교장 사무실을 포기했다. 사무실을 학교 중앙 운동장에 개설해 문을 개방함으로써, 저녁 식사를 마친 후면 우리 패거리와 교장 선생님이 더욱더 가깝게 지내게 되었다. 그는 부인, 자식들과 장기적으로 살 살림집을 도시 중앙 광장 어느 모퉁이에 잘 보존되어 있는 거대한 식민지풍의 주택으로 정했다. 그 집에는 당시 개혁적인 성향을 지니고 있는 진지한 독자라면 꿈꾸어 봄 직한, 온갖 종류의 책들로 벽이 뒤덮여 있는 서재가 하나 있었다. 주말이면 보고타에 사는 친구들이 그 집을 방문했는데, 특히 뻬에드라 이 시엘로 파의 동료들이 주를 이루었다. 어느 일요일 나는 무슨 용무가 있어 기예르모 로뻬스 게라와 함께 그 집을 찾아가야 했다. 그곳에는 당시의 스타 시인 에두아르도 까란사와 호르헤 로하스가 와 있었다. 우리가 집 안으로 들어서는 것을 본 교장 선생님은 자신들의 대화를 중단시키지 않기 위해 우리에게 의자에 앉으라는 신호를 신속하게 보냈고, 우리는 그들이 나눈 대화를 한 마디도 이해하지 못한 채 30분 동안 그대로 앉아 있었다. 그들은 우리가 들어 본 적도 없는 폴 발레리의 책에 관해 얘기하고 있었다. 나는 보고타의 서점과 카페에서 까란사를 두어 차례 보았지만, 워낙 독특하고 유려한 목소리만으로도 그를 알아볼 수 있었다. 그런 면모는 그 수수한 옷차림이나 태도와 잘 어울렸다. 시인다웠다. 반면에 호르헤 로하스는 각료 같은 차림새며 스타일 때문에 까란사가 그에게 말을 걸면서 이름을 언급하지 않았더라면 그가 시인 호르헤 로하스라는 사실을 몰랐을 것이다. 가장 위대한 시인 셋이 시에 관해 나누는 대화의 증인으로 남고 싶었지만 그렇게 되지는 않았다. 대화가 끝났을 때 교장 선생님이 내 어깨에 손을 짚더니 손님들에게 나를 소개했다.

"이 친구 역시 대단한 시인입니다."

물론 의례적인 소개였지만, 한 방 얻어맞은 기분이었다. 까를로스 마르띤은 우리더러 두 위대한 시인과 함께 사진을 찍으라 청했고, 실제로 그가 사진을 찍어 주었지만 반세기가 지난 뒤, 그가 현직에서 은퇴해 행복한 만년을 보내고 있던 까딸루냐 지방 해변에 있는 그의 집을 방문했을 때도 그 사진에 관한 얘기는 듣지 못했다.

학교는 개혁 바람에 휩싸였다. 우리가 사내들끼리 춤을 추기 위해서만 사용하던 라디오는 까를로스 마르띤과 더불어 사회를 알리는 하나의 도구가 되었다. 우리는 휴식을 취하는 마당에서 처음으로 밤 뉴스를 들었고 뉴스에 관해 토론했다. 문학 클럽 하나가 만들어지고 교지가 편찬됨으로써 문화적 활동이 활발해졌다. 문학 클럽을 결성하기 위해 문학적 열정이 가장 두드러진다고 판단되는 후보자 명단을 뽑았을 때, 그 안에 든 후보자 숫자가 바로 클럽의 이름이 되었다. 13인 클럽. 13이라는 숫자는 불운한 숫자라는 미신에 저항하기 위해서도 무척 잘된 일처럼 보였다. 학생들끼리 문학 클럽을 주도해 나갔는데, 자유시간에 학교 안팎에서 특별히 할 일이 없게 되었을 때, 일주일에 한 번씩 모여 문학에 관한 얘기들을 나누었다. 각자가 쓴 것을 가져와 돌려 읽고 동료들의 평가를 받았다. 동료들의 활발한 활동에 자극받은 나는 소네트를 시어 동료들에게 읽어 줌으로써 클럽 활동에 공헌했는데, 나를 내세우기 위해서가 아니라 나를 감추기 위해 저자를 하비에르 가르세스라 썼다. 그것들은 영감도 열망도 반영되어 있지 않은 단순한 기교적 연습일 뿐, 내 혼이 실린 것이 아니었기 때문에 그 어떤 시적 가치도 없었다. 나는 께베도, 로뻬 데 베가, 그리고 가르시아 로르까까지도 모방하기 시작했다. 그런 대가들의 8음절 시는 너무 자연스러웠기 때문에 그저 무기력하게 모방할 수밖에 없었다. 결국 이런 모방 열정에 너무 깊이 빠져 버린 나는 가르실라소 델 라 베가의 소네트 40편을 순서에 따라 한 편씩 패러디하는 숙제를 내 스스로에게 부과했다. 더불어, 일부 기숙사 동료들이 일요일이면 만나는 애인들에게 자기가 쓴 것처럼 속여 선물하기 위해 써 달라고 부탁하는 글을 대신 써 주기도 했다. 이건 극비 사항이었지만, 그 여자들 가운데 하나가 애인 자신이 직접 쓴 것처럼 위장하고 그녀에게 바친 내 시들을 읽고는 감동해 버린 일도 있었다.

까를로스 마르띤은 학교의 두 번째 운동장에 있던, 안전을 위해 창문을 폐쇄한 작은 창고 하나를 우리 클럽 멤버들에게 내주었다. 우리 다섯 멤버는 다음 모임을 위해 각자 숙제를 분담했다. 우리 중 그 누구도 정식으로 작가 수업을 받지는 않았으나, 정식으로 작가 수업을 받는 데보다는 각자 작가가 될 가능성이 있는지 시험해 보는 데 관심이 더 많았다. 우리는 동료들이 쓴 작품에 관해 토론하면서 축구 시합을 할 때처럼 늘 흥분했다. 어느 날 토론을 벌이다 잠시 나가야 할 일이 생겼던 리까르도 곤살레스 리뽈은 문 뒤에서 우리의 토론에 귀를 기울이고 있는 교장 선생님을 발견하기도 했다. 우리가 자유 시간을 문학에 관한 토론에 할애하는 것이 그로서는 믿기지 않았던 터라 그런 호기심을 가질 만도 했다.

3월 말경, 전임 교장 선생님 알레한드로 라모스가 보고타 국립공원에서 머리에 권총을 발사해 자살했다는 소식이 전해졌다. 그가 고독하고 의기소침한 구석이 있긴 했지만 그런 성격 때문에 자살했다는 데 동의하는 사람은 아무도 없었고, 국회의사당 현관에서 광신자 둘이 휘두른 도끼에 맞아 죽은, 네 번의 내란에 참여한 자유파 정치인 라파엘 우리베 우리베 장군 동상 뒤에서 자살할 만한 이유는 더군다나 없다고들 생각했다. 신임 교장 선생님을 단장으로 하는 조문단이 장례식에 참여했다. 우리 모두에게 알레한드로 라모스 선생님은 지난 시기의 상징적 인물로 남아 있었다.

기숙사 학생들에게 국내 정치 문제는 별다른 관심을 끌지 못했다. 천일전쟁이 끝난 뒤 자유파와 보수파 사이에 존재했던 유일한 차이는, 자유파는 남들이 볼까 봐 새벽 5시 미사에 참석하고, 보수파는 자신들을 신자로 믿어 달라고 하기 위해 오전 8시 미사에 참석한다는 사실을 외할아버지 집에서 살 때 귀가 따갑도록 들었었다. 그런데 전쟁이 끝난 지 30년이 지난 뒤, 보수당 정권이 무너지고 정권을 이어받은 자유당의 초기 대통령들이 세계의 새로운 바람에 국가 문호를 개방하려 애쓰고 있을 때, 그 둘 사이에 존재했던 실제적인 차이들이 감지되기 시작했다. 자신들이 향유하던 절대 권력이 부패함으로써 무너져 버린 자유당은 이탈리아 무솔리니가 구가했던, 자신들과 별 상관도 없는 영광과 에스파냐 프랑코 장군의 짙은 그림자의 영향을 받아 자신들의 집을 질서 정연하고 깨끗하게 유지했다. 반면 처음으로 정권을 잡은 알폰소 로뻬스 뿌마레호 대통령은 한 무리의 교양 있는 젊은 인재들과 더불어 국가를 경영함으로써 일종의 근대적 자유주의를 위한 발판을 마련하려 시도했다. 그들은 자신들의 그런 행위가 그렇지 않아도 콜롬비아 사회가 둘로 갈라져 있는 상황에서 우리 학생들까지 갈라놓는 역사적 숙명주의를 완수하고 있다는 사실을 모르고 있었던 것 같다. 어찌 되었든 그것은 불가피한 일이었다. 선생님들이 우리에게 빌려 준 어느 책을 통해 우리는 레닌이 다음과 같은 말을 했다는 사실을 알게 되었다. "당신이 정치에 개입하지 않으면 결국 정치가 개입할 것이다."

보수당 대통령들이 반동적인 헤게모니를 잡은 지 46년이 지난 뒤에야 평화가 가능해지기 시작했다. 근대적 사고방식을 소유한 젊은 대통령 셋이 과거의 안개를 걷어 낼 준비가 되어 있는 것처럼 보이는 자유주의적 전망을 제시했다. 그 셋 가운데 가장 뛰어나고 위험을 불사하는 개혁주의자였던 알폰소 로뻬스 뿌마레호가 1942년 대통령에 재선됨으로써 그 어떤 것도 변화의 리듬을 방해하지 않을 것처럼 보였다. 내가 학교에 들어간 첫 해 우리는 유럽에서 들려오는 전쟁 소식에 취해 있었다. 국내 정치는 우리의 관심을 전혀 끌지 못한 반면에 그 전쟁은 지대한 관심을 끌고 있었던 것이다. 우리가 신문에 관해 별 생각이 없었기 때문에 특별한 경우가 아니면 학교에 신문이 들어오지 않았다. 당시는 휴대용 라디오가 없었고, 학교에 있는 유일한 라디오는 교무실에 있는 낡은 콘솔 박스 속에 든 것이었다. 우리는 밤 7시에 춤을 출 때만 라디오를 틀어 볼륨을 최대한 높였다. 그렇게 우리는 우리 나라 역사상 가장 피비린내 나고 가장 비정상적인 전쟁이 획책되고 있는 상황으로부터 멀리 떨어져 있었다.

정치가 갑자기 학교로 쳐들어왔다. 우리는 자유당과 보수당으로 갈렸고, 각자가 어느 편에 속하는지 처음으로 인식하게 되었다. 처음에는 학교 안에 진실되고 학구적이기까지 한 투쟁성이 발현되었으나, 그 투쟁성은 나라를 부패시키기 시작하던 정신 상태와 동일하게 변질되고 말았다. 학교에 처음으로 발생한 긴장은 거의 감지할 수 없을 정도였으나, 자신들의 이데올로기를 절대 숨기지 않았던 교사 단체가 결성되었을 때, 사람들은 까를로스 마르띤이 그 단체에 지대한 영향력을 행사했을 거라고 믿었다. 설령 그가 투쟁성을 선명하게 드러내지 않았다 해도, 적어도 교무실 라디오를 통해 저녁 뉴스를 들을 수 있도록 허락해 주었다. 그때부터 정치 뉴스들이 춤추기 위한 음악을 압도했다. 교장실에 레닌이나 마르크스의 초상화가 걸려 있다는 확인되지 않는 소문이 나돌았다.

그 특이한 분위기의 결과는 학교에서 일어난 소요 사태의 유일한 징후였음에 틀림없다. 기숙사 방에서는 독서와 수면을 방해할 정도로 베개와 신발들이 날아다녔다. 나는 그 사태의 원인이 무엇인지 파악할 수 없었지만 그날 밤 큰 소리로 읽었던 책 때문이었다고 기억하고 있으며, 현재도 많은 급우들이 내 생각에 동의하고 있다. 그 책은 로물로 가예고스의 『깐따끌라로』†였다. 한바탕 진하게 싸움이 벌어졌다.

그 긴급한 사태에 관해 연락을 받은 까를로스 마르띤이 기숙사 방으로 들어갔다. 그는 자신이 나타남으로써 쥐 죽은 듯 조용해진 방 안을 끝에서 끝으로 여러 차례 왔다 갔다 했다. 잠시 후, 그는 평소와 달리 격정적인 독재자로 변하더니 우리더러 잠옷 차림에 슬리퍼를 신은 채 얼음장처럼 차가운 학교 운동장으로 집합하라고 명령했다. 거기서 그는 까띨리나‡처럼 우리에게 빙빙 돌리는 장광설을 늘어놓았다. 훈계가 끝난 뒤 우리는 질서 정연하게 기숙사 방으로 돌아와 잠을 잤다. 내 학교 생활에서 단 한 번 일어난 우발적 사건이었다.

그해에 6학년에 전학 온 마리오 꼰베르스는 다른 학교에서 발행하는 전통적인 신문들과 다른 새로운 신문 하나를 발행하자며 우리를 들썩이게 했다. 그가 처음으로 접촉한 학생들 가운데 나도 있었고, 그의

† '확실하게(명쾌하게) 노래하라'는 의미를 지닌 『깐따끌라로』는 로물로 가예고스의 1934년 작품이다. 편력 기사처럼 베네수엘라 평원을 누비고 다니는 한 가인을 통해 어두운 현실 속에서 대안 없는 삶을 영위하는 사회 각층의 다양한 인물들을 소개함으로써 베네수엘라의 불행한 현실을 고발한 소설이다.
‡ 카이사르가 원로원 의원으로 활동하던 시절 역모를 일으킨 로마 시대의 혁명가다.

제안이 대단한 호소력을 지니고 있었기 때문에 나는 신문의 편집장 자리를 수락했다. 하지만 우쭐한 기분에 젖은 나머지 편집장의 역할이 무엇인지조차 제대로 파악하지 못했다. 신문 발간에 필요한 준비 작업이 마지막으로 진행되고 있을 때 남부 지방을 공식 방문하고 있던 로뻬스 뿌마레호 대통령이 1944년 7월 8일 군대의 고급 장교 한 무리에 의해 체포되는 사건이 발생했다. 대통령 자신이 직접 언급했다시피 그 사건의 개요는 간단했지만 그가 별 의도 없이 조사관들에게 밝힌 사실은 엄청난 것이었다. 그 얘기에 따르면, 그는 석방될 때까지 그 사건의 진상에 관해 전혀 모르고 있었던 것이다. 그의 진술은 실제 상황과 앞뒤가 너무 잘 맞았기 때문에 빠스또에서 발생한 쿠데타는 국내 역사상 가장 우스운 사건들 가운데 하나로 남게 되었다.

　대통령 유고 시 헌법에 보장된 권한 대행자였던 알베르또 예라스 까마르고는 국립 라디오 방송을 통해 완벽한 연설을 함으로써 몇 시간 동안 나라를 잠재우는 데 성공했고, 마침내 뿌마레호 대통령이 석방되고 국가 질서가 바로잡혔다. 하지만 계엄령이 선포되어 언론 검열이 실시되었다. 한 치 앞도 내다볼 수 없는 불확실한 상황이었다. 1819년 콜롬비아가 에스파냐로부터 독립한 이후 오랫동안 국가를 통치하던 보수당은 자유주의를 이루겠다는 그 어떤 몸짓도 보여 주지 않았다. 반면에 자유당에는 권력의 미끼에 현혹된 젊은 지성인들로 구성된 엘리트 그룹이 있었다. 그들 가운데 가장 과격하고 능력이 뛰어난 인물이 바로 호르헤 엘리에세르 가이딴이었다. 그는 바나나 재배 지역에 대한 탄압에 반하는 활동을 벌여, 내 유년 시절에 내가 숭배한 영웅들 가운데 한 명이었다. 나는 사리 판단을 할 수 있게 된 후, 제대로 이해하지는 못했지만 그 탄압에 관해 들었다. 외할머니 또한 그를 존경했다. 당시 그가 보인 공산주의적 성향이 외할머니의 마음을 사로잡았을 것이라는 생각을 해본다. 나는 그가 시빠끼라 광장의 어느 발코니에서 하늘을 쩌렁쩌렁 울리는 연설을 하는 동안 그의 편이 되었다. 멜론처럼 생긴 머리, 쭉쭉 뻗은 빳빳한 머리칼, 순수 인디오 혈통의 피부, 그리고 정치적 계산에 따라 과장되었음이 틀림없는, 보고타 부랑아들 악센트를 지닌 우렁찬 목소리가 인상적이었다. 그는 연설에서, 다들 그렇게 하는 것처럼, 자유주의자니 보수주의자 같은 말이나 수탈하는 자니 수탈당하는 자 같은 단어는 언급하지 않고, 대신 빈자나 과두 정치의 집정자와 같은 용어들을 사용했다. 각 문장에서 튀어나온 그 용어들은 당시 내가 처음 듣는 것으로, 서둘러 사전을 찾아보아야 했다.

뛰어난 변호사인 호르헤 엘리에세르 가이딴은 로마 유학 당시 이탈리아 출신의 위대한 형법학자 엔리코 페리의 수제자였다. 거기서 무솔리니의 언변술을 공부한 그는 연단에서 연설할 때 극적 효과가 드러나는 스타일을 구사했다. 같은 당의 라이벌인 가브리엘 뚜르바이는 교양 있는 멋쟁이 의사였다. 멋진 금테 안경을 쓴 모습이 영화감독 같은 분위기를 자아냈다. 그는 당시 거행된 공산당 대회에서 즉석 연설을 함으로써 많은 사람들을 놀라게 만들고, 그가 속해 있는 당의 부르주아지 당원들을 불안하게 만들었다. 하지만 그는 자신이 지닌 자유주의적 성향이나 귀족적 자질에 반하는 행동이나 말은 하지는 않았다. 그는 1936년부터 이탈리아 주재 콜롬비아 대사로 근무하면서 소련과의 관계를 정립함으로써 러시아 외교단과 친분을 유지하게 되었다. 그로부 7년이 흐른 뒤, 주미 콜롬비아 공사로 워싱턴에서 근무하면서 소련과의 관계를 공식화했다.

그는 보고타 주재 소련 대사관과 좋은 관계를 유지해 그들과 사이가 좋았고, 콜롬비아 공산당 내에도 선거에서 자유당과 연합하는 문제에 동의할 수 있을 만한 지도자급 친구들을 두고 있었다. 그 당시 그가 선거 연합에 관해서 자주 언급했지만 구체화된 문제는 아니었다. 주미 콜롬비아 대사로 워싱턴에 근무하고 있던 그가 할리우드의 어느 유명 여배우(아마도 조앤 크로퍼드거나 파울렛 고다르였을 것이다.)의 숨겨진 애인이라는 끈질긴 소문이 콜롬비아에 나돌던 것도 바로 그 시기였으나, 그는 아무리 꼬드겨도 굴하지 않는 독신자 상태를 절대 포기하지 않았다.

가이딴 지지자들과 뚜르바이 지지자들이 힘을 합하면 자유당 내 다수파를 차지할 수도 있고 당 내에서 새로운 길을 개척할 수도 있었으나, 두 파가 나뉘어 있는 상태로는 그 어느 편도 단합과 준비가 잘된 보수당을 이길 수 없었다. 우리의 문학 신문 《가세따 리떼라리아》는 그처럼 불운한 시기에 출현했다. 바로 그 시기에 창간호를 이미 인쇄해 놓았는데, 판형도 인쇄 상태도 좋은 타블로이드 판 8면 신문은 전문적인 신문 같은 면모를 지니고 있어서 우리조차도 놀랄 정도였다. 까를로스 마르띤과 까를로스 깔데론은 신문 발간에 가장 열정적이었다. 둘은 휴식 시간에 기사에 관해 얘기를 나누었다. 가장 중요한 기사는 우리의 원고 청탁을 받은 까를로스 마르띤이 쓴 것이었다. 그는 그 기사를 통해 이익을 추구하는 미국, 권력을 추구하는 정치가들, 국가의 자유로운 행보를 교란시키는 악질 투기꾼들의 장사 수완에 반하는 투쟁을 전개하는 데 용감한 국민 의식을 고취해야 할 필요성이 있다고 역설했다. 큼지막한 필자 사진과 더불어 제1면에 실렸다. 에스파냐계 문화에 관한 꼰베르스의 기사와 하비에르 가르세스라는 필명으로 내가 쓴 산문시도 실렸다. 보고타에 열정적인 친구들을 두고 있던 꼰베르스는 그들의 힘을 빌려 타 학교에도 신문을 대량 배포할 수 있을 것이라는 소식을 우리에게 알렸다.

창간호는 빠스또 쿠데타가 일어나는 바람에 배포될 수 없었다. 공공질서가 교란되던 바로 그날, 시빠끼라 시장은 무장 병력을 이끌고 학교에 들어와서는 막 배포하려던 신문을 압수했다. 영화에서나 볼 수 있을 정도로 기습적인 사건이었다. 신문이 반체제적인 내용을 포함하고 있다는 교활한 포고문을 통해서만 이해할 수 있는 조치였다. 바로 그날, 우리 신문이 계엄령하의 언론 검열을 통과하지 않은 채 인쇄되었다는 공화국 대통령부(部) 언론 비서실의 통고문이 도착했고, 까를로스 마르띤은 불시에 교장직에서 경질되었다.

너무 터무니없는 결정이었기 때문에 우리는 굴욕감과 동시에 우리가 중요한 역할을 수행하고 있다는 생각을 하게 됐다. 200부도 채 못되게 인쇄한 신문은 친구들끼리 나눠 읽었다. 그 사건은 계엄령하에서는 검열을 받는 것이 불가피하다는 사실을 우리에게 인식시켜 주었다. 새로운 조치가 취해질 때까지 신문 발행 허가는 취소되었으나, 그 조치는 영원히 취해지지 않았다.

그로부터 50년이 더 지난 뒤 까를로스 마르띤은 이 회고록을 위해 그 터무니없는 사건의 비밀을 털어놓았다. 《가세따 리떼라리아》가 압수되던 날, 까를로스 마르띤을 교장으로 임명했던 교육부 장관 안또니오 로차는 까를로스 마르띤을 보고타 소재 자기 사무실로 불러 사임을 종용했다. 까를로스 마르띤이 교육부 장관을 만나러 가 보니, 장관은 자신들이 반체제적이라고 생각한 군데군데에 빨간색 연필로 밑줄을 그어 놓은 《가세따 리떼라리아》 하나를 들고 있었다. 그들은 사설과 마리오 꼰베르스가 쓴 기사에도 밑줄을 그어 놓았고, 익히 알려진 어느 시인의 시 한 편까지도 암호 언어로 이루어져 있어 의심스럽다며 밑줄을 그어 놓았다. "그런 식으로 심술궂게 밑줄을 그어 놓으면 성경 구절이라도 왜곡되게 보일 수 있는 겁니다." 까를로스 마르띤이 버럭 화를 내며 응수하자 교육부 장관은 경찰을 부르겠다며 까를로스 마르띤을 위협했다. 그런 사실은 잡지 《사바도》의 발행인을 맡고 있던 까를로스 마르띤 같은 지식인에게 아주 고무적인 일이라 여겨질 수 있는 것이었다. 그런데 그는 자신이 보수파의 음모에 희생되었다는 생각을 항상 지니고 있었다. 그는 보고타의 어느 카페에서 공격 목표가 되어 총알을 맞을 뻔한 적도 있었다. 새 교육부 장관은 그를 교육부 법무팀 책임 변호사로 임명했고, 그는 자신의 영역에서 빛나는 활약을 펼친 후 은퇴해 따라고나의 오아시스에서 책들에 둘러싸여 과거를 회상하며 살았다.

까를로스 마르띤이 은퇴한 것과 동시에, 학교와 그 도시의 가정과 술집에는 원인 모를 소문 하나가 돌았는데(물론 그 소문은 그와 아무런 상관도 없었다.) 그 소문에 따르면, 1932년에 콜롬비아가 페루와 벌인 전쟁은 보수 진영의 노골적인 반대에 부딪힌 자유당 정부가 정권을 유지하기 위해 벌인 기만적인 술책이라는 것이었다. 등사기로 복사해 유포되기까지 했던 그 소문은, 그 전쟁이 경비대 병력을 이끌고 아마존 강을 건넌 페루군 소위가 콜롬비아 측 강변에서 레띠시아 지역 행정 책임자의 숨겨진 애인, 즉 뻴라르의 애칭인 '뻴라'로 불리는 요염한 물라토 여성을 납치한, 정치적인 의도가 전혀 없는 사건 때문에 촉발되었다는 사실을 확인해 주었다. 애인이 납치되자 레띠시아 지역 행정 책임자는 무장한 인부들을 데리고 국경을 형성하고 있던 강을 건너 페루 영토에 있던 뻴라를 구출했다. 하지만 페루에서 절대 권력을 휘두르던 독재자 루이스 산체스 세로 장군은 양국 군인들이 벌인 사소한 전투를 콜롬비아를 침입하기 위한 구실로 삼아, 아마존 지역에 형성된 기존 국경을 자국에 유리하게 설정하려 했다.

반세기 동안 절대 권력을 휘두른 끝에 권좌에서 물러난 보수당의 사나운 추궁에 시달리던 올라야 에레라는 페루에 선전 포고를 하고, 국가 총동원령을 내리고, 군에 믿을 만한 사람들을 투입해 군을 정비하고, 페루인들이 점거한 영토를 되찾기 위해 군대를 파견했다. 전쟁을 독려하는 함성 소리가 국가를 흔들고 우리 젊은이들을 흥분시켰다. "콜롬비아 이겨라, 페루 망해라." 전쟁이 격화되는 가운데 SCADTA의 민간 항공기들이 전쟁에 차출되어 무장함으로써 전투기로 변했는데, 비행기들 가운데 하나가 폭탄이 고갈되자 페루의 게뻬에서 거행된 부활주일 행렬을 향해 야자열매를 투하했다는 소문이 떠돌기까지 했다. 대문호 후안 로사노 이 로사노는 콜롬비아와 페루가 서로 허위 사실을 유포하면서 벌였던 전쟁의 진실을 정확히 알려 달라는 올라야 대통령의 요청에 따라, 뛰어난 산문을 통해 사건의 진실을 밝혔으나, 헛소문이 오랫동안 진실처럼 돌았다.

물론 루이스 미겔 산체스 세로 장군은 그 전쟁을 통해 자신의 철권 통치 체제를 확립하기 위한 천재일우의 기회를 포착했다. 한편 올라야 에레라는 당시 파리에 체류하고 있던 보수파 알프레도 바스께스 꼬보 장군을 콜롬비아 군사령관에 임명했다. 장군은 군함 한 척을 타고 대서양을 건너 아마존 강 어귀에서 레띠시아까지 잠입했는데, 그때는 이미 양국 외교관들이 전쟁을 진화하기 시작하고 있었다.

빠스또 쿠데타와도 무관하고 학교 신문 건과도 무관하게 물러난 까를로스 마르띤 교장 선생님의 후임으로 전문 교육가이며 유명한 정신과의사인 오스까르 에스뻬띠아 브랜드가 부임했다. 그의 부임에 대해 의구심을 지니고 있던 기숙사의 모든 학생들이 쑥덕거렸다. 첫인사를 나누는데, 그가 시인처럼 산발한 내 머리와 산적 같은 내 수염을 쳐다보면서 깜짝 놀라는 기색을 보이자, 나는 기분이 상했고 전율을 느꼈다. 표정이 굳어 있던 그가 싸늘한 눈길로 나를 뚫어지게 쳐다보았다. 그가 우리의 유기 화학 선생님이 될 거라는 소식을 들었을 때는 경악하고 말았다.

그해 어느 토요일, 야간 자율 학습 프로그램 중간 부분에 상연된 영화를 보고 있을 때, 누군가가 확성기를 통해 우리 학교 학생 하나가 죽었다고 알렸다. 어찌나 놀랬던지 무슨 영화를 보고 있었는지조차도 잊어버렸으나, 영화배우 클로데트 콜버트가 다리 난간에서 콸콸 흐르는 강물로 뛰어들 순간에 보여 준 그 격정적인 모습은 절대 잊을 수가 없다. 죽은 학생은 에콰도르와 콜롬비아의 접경 지역에 위치한 그 먼 빠스또에서 얼마 전 유학 온, 열다섯 살 먹은 2학년 학생이었다. 체육 선생님이 공부를 등한시하는 제자들을 벌주려고 주말에 구보를 시켰는데, 구보 도중 호흡 곤란을 일으켜 결국 사망했던 것이다. 내가 그 학교를 다니는 동안, 어떤 이유로든 사망한 학생은 그밖에 없었다. 그의 죽음은 학교에서뿐만 아니라 그 도시에 커다란 동요를 일으켰다. 급우들은 장례식에서 조사(弔辭)를 할 사람으로 나를 추천했다. 그날 밤 나는 신임 교장 선생님에게 내가 쓴 조사를 보여 주기 위해 면담을 요청했다. 교장실로 들어가려는데, 자살한 전임 교장 선생님과 딱 한 번 했던 바로 그 면담이 재연되고 있는 것 같은 기괴한 생각이 들어 몸이 떨렸다. 에스뻬띠아 교장 선생님은 비통한 표정으로 내 원고를 읽더니 별다른 코멘트 없이 됐다고만 했으나, 내가 자리에서 일어나 나가려고 하자 나더러 다시 앉으라는 신호를 했다. 휴식 시간에 손에서 손으로 수없이 돌아다니던 내 기사들과 시들 가운데 일부를 이미 읽어 본 그는, 그 가운데 몇 편은 어느 신문 일요판 문예지에 발표할 만한 수준을 갖춘 것으로 생각하고 있었다. 내가 특유의 무정한 소심증을 극복하려고 시도했을 때 그는 이미 자신의 본심을 드러내고 있었다. 시인처럼 기르고 있는 내 곱슬머리가 진지한 남자에게는 어울리지 않으니 자르고, 수염은 가지런히 빗고, 카니발에 참석하는 사람들이나 입을 만한 새나 꽃 그림들이 알록달록 그려진 셔츠는 그만 입으라고 충고를 했던 것이다. 그런 충고를 하리라고는 전혀 예상하지 못한 터라 몹시 당황했기 때문에, 다행스럽게도 그의 말에 건방지게 대꾸할 여유가 없었다. 그 사실을 알아차린 그는 내가 시인이라는 명성을 지니고 있기 때문에, 내 후배들이 내 방식을 따라할까 봐 두렵다고 근엄한 목소리로 설명했다. 그렇게 높은 자리에 앉아 있는 사람이 나의 시적 습관과 재능에 대해 잘 알고 있다는 사실이 감동적이었다. 나는 그토록 경건한 장례식을 위해 내 외양을 바꿈으로써 교장 선생님을 즐겁게 해 줄 마음의 준비를 한 채 교장실을 나왔다. 내 마음이 어찌나 진지했던지, 만약 가족의 요청에 따라 추모식이 취소되어 버린다면, 그것은 나 개인의 실패가 될지도 모른다고 해석하기까지에 이르렀다.

결말이 어떻게 될지 불길했다. 조문을 할 수 있도록 관이 학교 도서관에 안치되었을 때 누군가가 관의 유리 부분에 뿌연 김이 서려 있는 것을 발견했다. 가족의 요청에 따라 알바로 루이스 또레스가 관을 열었다. 실제로 관 속이 축축했다. 알바로가 밀봉된 관 속에 김이 서린 이유를 찾느라 더듬거리다가 손끝으로 사자의 가슴을 슬쩍 눌렀을 때 사자가 가슴이 찢어지는 듯 고통스러운 탄식을 내뱉었다. 가족은 사자가 살아 있을지도 모른다는 생각에 기겁을 했고, 결국 의사가 호흡 곤란 때문에 폐에 공기가 차 있었는데, 사자의 가슴을 누르는 바람에 공기가 빠져나왔다고 설명했다. 진단이 간단했는데도, 아니 오히려 간단했기 때문에, 일부는 그를 산 채로 묻은 것 같다는 꺼림칙한 생각을 하게 되었다. 그런 기분 상태로 4학년 방학을 맞은 나는 어떻게든 부모를 설득해 학교 공부를 그만두어야겠다는 조바심을 품은 채 집으로 돌아갔다.

수끄레에 보일 듯 말 듯 보슬비가 내리는 가운데 배에서 내렸다. 항구 옹벽은 내 추억 속에 들어 있던 모습과는 달라 보였다. 광장은 내가 기억하는 것보다 더 작고 초라했으며, 성당과 산책로는 가지 잘린 편도 나무들 아래로 쓸쓸한 빛이 서려 있었다. 거리를 장식하고 있는 색색깔 화관들이 크리스마스 분위기를 돋우고 있었으나, 과거 크리스마스와 같은 감흥은 불러일으키지 못했다. 부두에서 우산을 든 채 기다리고 있던 몇 안 되는 남자들 가운데 아는 사람이 아무도 없는 것 같았는데, 그들 가운데 누군가가 내 곁을 지나가다 걸음을 멈추며 귀에 익은 억양과 목소리로 말했다.

"정말 오랜만이구나!"

아버지였다. 체중이 줄어 무척 수척해져 있었다. 아버지는 청년 시절부터 자신의 트레이드 마크였던 하얀 리넨 옷이 아니라, 평상복 바지에 열대 지방 사람들이 입는 반팔 티셔츠를 입고, 농장 십장들이 쓰는 특이한 모자를 쓰고 있었다. 동생 구스따보가 아버지와 함께 있었다. 아홉 살이 된 동생은 몰라보게 성장해 있었다.

다행히 가족은 가난한 사람들 특유의 낙천적인 성격을 유지하고 있었고, 저녁 식사는 그곳이 다른 집이 아니라 바로 내 집이라는 사실을 내게 알려 주기 위해 일부러 일찍 차린 것처럼 보였다. 식탁에서 여동생 리히아가 복권에 당첨되었다는 반가운 소식을 들었다. 리히아 자신이 들려준 얘기는 어머니가 꾼 꿈으로부터 시작되었다. 어머니는 외할아버지가 아라까따까의 옛집에 들어온 도둑을 놀라게 할 요량으로 공중에 대고 총을 발사하는 꿈을 꾸었다. 우리 집의 관습에 따라 어머니는 아침 식사를 하면서 가족에게 다시 꿈 얘기를 들먹이며 7로 끝나는 복권을 사라고 권했다. 외할아버지가 지니고 있던 권총의 형태가 7 자를 닮았기 때문이다. 복권에 당첨되면 당첨금을 받아 갚기로 하고 어머니가 외상으로 산 복권에는 운이 따르지 않았다. 하지만 당시 열한 살이던 리히아는 당첨되지 못한 복권 외상값 갚을 돈 30센따보와, 다음 주에 추첨할 복권 살 돈 30센따보를 달라고 아버지를 졸랐다. 번호는 특이하게도 0207번이었다.

우리의 형제 루이스 엔리께가 리히아를 놀라게 하려고 복권을 감추어 버렸으나 다음 주 월요일 리히아가 복권에 당첨되었다며 미친 듯이 소리를 지르며 집으로 들어왔다. 루이스는 대경실색을 했다. 루이스가 몽니를 부리느라 너무 서둘러 복권을 감춘 나머지 감춘 장소를 잊어버렸기 때문에 식구들은 허둥지둥 복권을 찾느라 옷장이며 트렁크를 모두 비우고, 거실이며 화장실까지 집을 온통 다 뒤집어 놓아야 했다. 무엇보다도 식구들을 조바심 나게 만들었던 것은 당첨금 총액 770뻬소였다.

좋지 않은 소식은, 어머니 아버지가 결국 루이스 엔리께를 메데인에 있는 폰띠두에뇨 소년원으로 보내겠다는 생각을 실천해 옮겼다는 것이다. 그들은 그곳이 말 안 듣는 아이들이 가는 일종의 학교인 줄 알고 있었지만 실제로는 그렇지 않았다. 아주 위험한 소년 범죄자들을 교화하는 감옥이었던 것이다.

아버지는 다루기 힘든 아들에게 약국 외상값을 수금해 오라는 심부름을 시켰다. 수금한 외상값 8뻬소를 가로채 고급 기타 하나를 사서 연주법을 배움으로써 대가가 될 정도에 이른 아들에게 아버지는 그런 과격한 결정을 내렸다. 집 안에서 악기를 발견한 아버지는 가타부타 아무 말도 하지 않은 채, 외상값을 받아 오라고만 아들을 채근했다. 아들은 그럴 때마다 소매상이 갚을 돈이 없다고 했다는 대답만 했다. 그로부터 몇 개월이 흘렀을 때 루이스 엔리께는 아버지가 기타를 켜며 노래를 지어 부르고 있는 모습을 발견했다. "날 좀 봐요. 난 지금 8뻬소를 주고 산 기타를 치고 있잖아요."

우리는 아버지가 어떻게 해서 그간의 경위를 알게 되었는지, 그동안 왜 아들의 못된 장난을 모른 체하고 있었는지 알지 못했으나, 그로 인해 아들은 집을 뛰쳐나갔고, 어머니가 아버지의 화를 가라앉혔을 때까지 돌아오지 않았다. 그때 우리는 아버지가 루이스 엔리께를 메데인에 있는 소년원으로 보내 버리겠다고 위협하는 말을 처음으로 들었다. 하지만 전에도 아버지가 무슨 일로 나를 벌하기 위해서가 아니라 우리 집에서 사제 하나가 탄생하는 영광을 향유하기 위해 나를 오까냐의 신학교에 보내 버리겠다는 의도를 밝힌 적이 있었기 때문에, 아무도 아버지의 말에 관심을 기울이지 않았다. 그러나 이번 경우, 아버지는 자신의 의도를 신중하게 견지하고 있었다. 결국 그 기타는 아버지로 하여금 최종 결정을 내리도록 만들었다.

루이스 엔리께가 소년원에 들어가는 것은 미성년 담당 판사의 결정이 있어야만 가능한 일이었으나, 아버지는 친한 친구들을 통해 메데인 대주교인 몬세뇨르 가르시아 베니떼스의 추천장 한 통을 받음으로써 소년원 입소 자격 요건을 충족시켰다. 한편 루이스 엔리께는 파티에 참석하러 가는 사람처럼 즐거워함으로써 천하태평한 성격을 그 어느 때보다 유감없이 보여 주었다.

동생 루이스 엔리께 없이 보내는 방학은 예전 같지 않았다. 동생이 있었더라면 마술적인 재단사이자 기타의 대가인 필라델포 벨리야, 그리고 물론 발데스 선생과 더불어 전문가처럼 공연을 할 수도 있었다. 그렇게 하는 것은 쉬운 일이었다. 우리가 부자들의 시끌벅적한 무도회장에서 나올 때쯤이면 은밀하게 행동하는 초보 창녀 몇 무리가 공원의 어둠 속에서 서성거리다 우리에게 달려들어 온갖 유혹을 해 댔다. 그러던 어느 날, 내 곁을 지나가고 있는 어느 여자가 그런 부류의 여자인 줄 알고 함께 가자고 제의하는 실수를 저질러 버리고 말았다. 그녀는 남편이 집에서 자고 있기 때문에 함께 갈 수 없다며 단호하게 거절했다. 하지만 이틀 뒤 밤에 그녀는 남편이 집에 있지 않을 때면 내가 자유롭게 자기 집으로 들어갈 수 있도록, 일주일에 세 번씩은 집 현관문의 빗장을 걸어 놓지 않겠다고 알려 왔다.

아직 그녀의 성과 이름을 기억하고 있으나 그 당시 내가 부르던 대로 그냥 니그로만따라고만 부르고 싶다. 그해 크리스마스에 만 스무 살이 된 그녀는 에티오피아 사람 같은 외모에 피부는 카카오 색이었다. 섹스를 할 때면 침대를 즐겁게 만들었고, 오르가슴에 이르면 온몸을 요란스럽게 흔들어 대며 격정에 사로잡혔다. 그녀가 지닌 사랑의 본능은 인간의 것이라기보다는 거친 강 같았다. 침대에서 처음 만났을 때부터 우리는 미친 사람처럼 변했다. 그녀의 남편은 후안 브레바[‡]처

[‡] 에스빠냐 출생의 가수. 에스빠냐 시인 페데리꼬 가르시아 로르까는 "후안 브레바가 몸집이 거대한 데 목소리는 아이 같다."고 언급한 바 있다.

럼 몸집은 거대한데 목소리는 아이 같은 남자였다. 그는 남부 지방에서 근무하는 경찰로, 단지 정확한 사격 솜씨를 유지하기 위해 자유파들을 죽이고 다닌다는 악명이 자자했다. 부부는 마분지 칸막이로 나누어 놓은 방 한 칸짜리 집에서 살고 있었는데, 문 하나는 거리 쪽으로 나 있고, 다른 문은 공동묘지 쪽으로 나 있었다. 이웃 사람들은 그녀가 섹스를 할 때 행복한 암캐처럼 질러 대는 소리 때문에 사자(死者)들의 평화가 교란된다고 불평들을 했으나, 그녀가 소리를 더 크게 지를수록 그녀 때문에 평화를 교란당한 사자들이 더 행복해했을 것임에 틀림없다.

첫 번째 주에는, 우리가 날짜를 혼동해서 그 경찰이 어느 순간에 들이닥칠지 몰랐기 때문에 나는 새벽 3시에 그녀의 방에서 도망쳐 나와야 했다. 도깨비불들이 나타나고 시체 애호 증세가 있는 개들이 짖어 대는 가운데 공동묘지 쪽으로 나 있는 문으로 나왔다. 시냇물 위로 놓인 두 번째 다리에 이르렀을 때 몸집이 거대한 사내 하나가 다가오는 것이 보였는데, 우리가 서로 엇갈릴 때까지 그가 누구인지 알아보지 못했다. 그는 바로 니그로만따의 남편인 그 경사였다. 그 집에서 5분만 더 지체했더라도 그가 나를 발견했을 것이다.

"안녕, 백인 소년." 그가 사근사근한 말투로 내게 인사했다.

나는 양심의 가책 같은 건 느끼지 않은 채 대답했다.

"신의 가호가 있기를 빕니다, 경사님."

그때 그가 걸음을 멈추더니 담뱃불을 청했다. 새벽 바람에 성냥불이 꺼지지 않도록 그의 곁에 바짝 붙어 담뱃불을 붙여 주었다. 그는 담배에 불을 붙인 뒤 내게서 떨어지며 기분 좋은 목소리로 말했다.

"자네 몸은 창녀 냄새에 절었군."

그 말 때문에 받은 충격이 기대보다는 덜 오래 지속되었는지, 나는 그다음 주 수요일 다시 그녀의 방을 찾아들었다. 눈을 떴을 때는 자존심이 상한 내 라이벌이 침대 발치에서 말 없이 나를 응시하고 있었다. 어찌나 놀랐던지 숨조차 제대로 쉴 수 없을 지경이었다. 역시 알몸이던 그녀가 중재를 하려고 애썼으나, 남편이 권총 부리로 그녀를 밀쳐내며 말했다.

"당신은 끼어들지 마. 침대에서 일어난 부정한 짓은 총알로 해결해야 하는 법이야."

권총을 탁자 위에 내려놓은 그가 사탕수수로 만든 럼주 병마개를 땄다. 우리는 얼굴을 맞대고 마주 앉아 아무 말 없이 술을 마셨다. 어떻게 해야 좋을지 몰랐으나, 만약 그가 날 죽일 생각이라면 그렇게 뜸을 들이지는 않을 것이라 생각했다. 잠시 후, 침대 시트로 몸을 가린 니그로만따가 안심이 되었는지 파티에 참석하는 것 같은 태도로 나타났다. 하지만 그가 다시 권총 부리로 그녀를 밀쳐 내며 말했다.

"이건 남자들 문제야."

그녀는 팔짝 뛰어 칸막이 뒤로 숨었다.

첫 병을 다 비울 때쯤 폭풍우가 몰아치기 시작했다. 두 번째 병을 딴 그가 권총 부리를 자기 관자놀이에 갖다 대고서 차가운 눈초리로 나를 뚫어지게 쳐다보았다. 방아쇠를 당겼다. 찰칵 소리만 날 뿐이었다. 내가 벌벌 떨리는 손을 가까스로 진정시키고 있을 때 그가 권총을 건네며 말했다.

"자네 차례야."

권총을 잡아 본 것은 그때가 처음이었는데, 놀랍게도 꽤 무겁고 따뜻했다. 나는 어찌해야 좋을지 몰랐다. 내 몸은 식은땀으로 범벅이 되어 있었고, 뱃속은 뜨거운 거품이 가득 차 있는 것 같았다. 무슨 말이라도 하고 싶었으나 입이 떨어지지 않았다. 그에게 권총을 발사해야겠다는 생각도 들지 않았기 때문에 그것이 나의 마지막 기회라는 사실도 깨닫지 못한 채 권총을 그에게 되돌려 주었다.

"왜 그래? 똥 지렸어?" 그는 재미있다는 듯 경멸하는 투로 내게 물었다. "여기 오기 전에 이런 건 미리 예상했어야지."

나는 사나이들 역시 똥을 싼다는 말을 그에게 해 줄 수도 있었으나, 그런 치명적인 농담을 하기에는 내 배포가 부족하다는 사실을 깨달았다. 그러자 그가 권총의 탄창을 열어 카트리지를 빼내 탁자에 던졌다. 비어 있었다. 안도감이 아니라 무시무시한 굴욕감이 밀려왔다.

새벽 4시가 되기 전 비의 기세가 꺾였다. 우리 둘은 긴장 때문에 탈진 상태에 있었다. 그가 내게 옷을 입으라고 명령한 것이 언젠지는 기억할 수 없지만, 당시 나는 비장하게 그의 말을 따랐다. 그가 다시 자리에 앉은 바로 그 순간 나는 그가 울고 있다는 사실을 깨달았다. 부끄럽지도 않은지 펑펑 울었는데, 흡사 자신의 눈물을 과시하는 것 같았다. 마침내 그가 손등으로 눈물을 훔치더니 손가락으로 코를 풀고 나서 자리에서 일어났다.

"내가 왜 자넬 이렇게 살려 두는지 알겠는가?" 이렇게 물은 그는 자신의 질문에 스스로 대답했다. "그 누구도 고칠 수 없었던 3년 묵은 내 악성 임질을 고쳐 준 사람이 바로 자네 아버지이기 때문이야."

그는 남자답게 손으로 내 등을 한 번 턱 치더니 나를 거리로 밀어냈다. 여전히 비가 내리고 있었고, 마을은 물벼락을 맞은 것 같은 상태였다. 나는 무릎까지 차오른 물을 헤치고 걸으며 살아 있다는 황홀감을 느꼈다.

그와 내가 조우한 사건에 관해 어머니가 어떻게 알게 되었는지는 지금도 알 수 없는 일이지만, 그 뒤 며칠 동안 어머니는 밤에 내가 집 밖으로 나가는 것을 금지하는 조치를 집요하게 취했다. 아버지에게 그랬듯이, 내가 정신을 딴 데로 쏟도록 여러 가지 방법을 모색했으나 별 소용이 없었다. 어머니는 내가 밖에서 옷을 벗은 흔적이 있는지 찾아보고, 향수 냄새가 나지도 않는데 난다고 우기고, 외출하려는 나에게 느끼한 음식들을 만들어 주었다. 이는 남편이나 아들들이 그 음식을 먹고 소화가 잘 안 된 상태에서는 감히 다른 여자와 섹스를 하지 않을 거라는 미신에서 비롯된 행위였다. 마침내 나를 잡아 두기 위한 다른 구실이 없어졌을 때 어머니는 내 앞에 앉아 이렇게 말했다.
"네가 어느 경찰관 부인과 놀아나고 있어, 그 경찰관이 널 쏠 거라는 소문이 나돌고 있더구나."
사실이 아니라고 어머니를 설득할 수 있었으나, 소문은 여전히 나돌았다. 니그로만따는 혼자 있다느니, 남편이 출장 중이라느니, 남편 본 지가 오래 되었다느니 하는 말을 내게 전해 왔다. 나는 경사와 마주치지 않으려고 항상 가능한 수단을 다 강구했는데, 그는 멀리서도 나를 보기만 하면 위협이라기보다는 화해의 의미가 담긴 손짓으로 서둘러 인사했다. 그다음 해 방학 때 그를 마지막으로 보았다. 판당고[‡] 파티가 열리던 어느 날 밤 그는 내게 독한 럼주 한 잔을 권했고, 나는 감히 거절할 수 없었다.
5학년이 되었을 때 도대체 무슨 곡절이 있었기에, 예전에는 항상 나를 내성적인 학생으로 보아 왔던 선생님들과 동료들이 까를로스 마르띤 시절에 융성하던 그런 비형식적인 분위기를 물려받은 못돼 먹은 시

---

‡ 에스파냐의 안달루시아 지방에서 추던 경쾌한 춤.

인으로 생각하기 시작했는지는 지금도 알 수 없다. 내가 열다섯 나이로 학교에서 담배를 피우기 시작했다는 그런 이미지 때문에 더욱더 그런 생각들을 하지 않았을까? 첫 담배를 피운 뒤 내가 받은 타격은 심각한 것이었다. 밤의 절반을 화장실 바닥에 구토를 하면서 보냈다. 기진맥진한 상태로 잠에서 깨어났으나, 첫 담배로 인한 부작용은 담배를 혐오하도록 만든 것이 아니라 오히려 계속해서 담배를 피우고 싶은 거부할 수 없는 욕망을 부추겼다. 그렇게 나는 애연가로서의 삶을 시작했고, 담배 연기를 한입 가득 담고 있지 않으면 글 한 줄 생각할 수 없을 정도에 이르고 말았다. 학교에서는 휴식 시간에만 담배를 피우도록 허락했지만, 수업 시간마다 담배를 피우고 싶은 조급한 욕망을 죽이기 위해 소변을 보러 가게 해 달라고 두세 번씩 요청해야 했다. 그렇게 해서 하루에 스무 개비짜리 담배 세 갑을 피우게 되었고, 방탕하게 밤을 보내는 경우에는 네 갑 넘게 피우기도 했다. 학교를 떠나 있을 때인 어느 시기에는 후두부가 마르고 뼈가 아픈 증세로 미쳐 버릴 것 같기도 했다. 담배를 끊기로 작정했으나 이틀을 넘기지 못하고 다시 피웠다.

깔데론 선생님이 내 주는, 갈수록 더 대담해지는 산문 숙제도 하지 않고, 반강제적으로 읽어야 했던 문학 책도 거의 읽지 않는 등 산문에서 손을 뗀 것도 바로 그런 이유 때문이었는지는 지금도 잘 모르겠다. 이제 와 내 삶을 회고해 보면, 『천일야화』를 읽고 처음으로 감동을 느낀 이래 수많은 책을 읽었다 해도, 당시 소설에 관한 나의 개념은 초보적이었던 것 같다. 샤흐라자드가 얘기한 불가사의한 것들은 그녀가 살던 시기의 일상적인 삶에서 실제로 일어났던 것인데, 그녀 다음 세대들의 불신과 삶에 대한 소심증 때문에 그런 일이 계속해서 일어나지 못했다는 과감한 생각을 하기도 했다. 따라서 양탄자를 타고 도시와 산

위를 날 수 있었다거나, 까르따헤나 데 인디아스의 어느 노예가 200년 동안 병 속에 갇혀 살았다는 등의 얘기를 독자들이 믿을 수 있도록 소설가가 써 내지 못하는 한, 우리 시대의 그 누구도 이런 사실을 다시는 믿지 못할 것이라 생각했다.

 수업 내용을 거의 외우다시피 했던 문학 수업들을 제외한 나머지 수업들을 좋아하지 않았고, 실증 나는 수업 시간에는 단 한 가지 역할만 했다. 공부하기가 싫어서 모든 것을 운에 맡겼다. 각 과목에서 가장 중요한 점들이 무엇인지 예측하는 본능과, 나머지 부분들을 공부하지 않을 속셈으로 선생님들이 어떤 점들에 가장 많은 관심을 기울이고 있는지 알아맞히는 본능을 믿은 것이다. 나를 감동시키지도 못했고, 따라서 진정 내 것이 아닌 내 삶에서 전혀 쓸모가 없었던 과목들에 왜 내가 재능과 시간을 바쳐야 하는지 나는 진정으로 알 수 없었다.

 선생님들 대부분이 내가 치른 시험의 결과보다는 오히려 내 삶의 방식에 따라 내 성적을 매긴다는 생각을 한 적이 있었다. 내가 하는 뜻밖의 대답들, 비정상적인 생각들, 비이성적인 착상들이 나를 구원해 주었던 것이다. 그런데 5학년을 마쳤을 때, 극복할 수 없을 것 같은 학문적인 쇼크를 받음으로써 나의 한계에 대해 인식하게 되었다. 그 당시까지 중등학교는 기적들로 가득 차 있는 하나의 길이었으나, 5학년 말에는 도저히 깨뜨릴 수 없는 벽 하나가 나를 가로막고 있다는 생각이 들었던 것이다. 솔직하게 진실을 털어놓자면, 학문적인 과정을 밟기에 나는 이미 의지도, 소명 의식도, 복종심도, 돈도, 철자법도 부족했다는 것이다. 다시 말하면, 그런 상태로 몇 해가 날아가 버렸고, 나는 내 삶에서 무엇을 해야 할지 최소한의 생각조차 하고 있지 못했다. 이 세상에도 다른 세상에도 한 작가에게 무용한 것은 아무것도 없기 때문에, 내가 그런 패배감에 빠지는 것조차 필요했다는 사실을 깨닫는 데는 여전히 많은 세월이 필요했다.

국내 상황 또한 개선되지 않고 있었다. 반동적인 보수파들의 극렬한 반대로 인해 벼랑 끝으로 내몰린 알폰소 로뻬스 뿌마레호가 1945년 7월 31일 대통령 직에서 하야했다. 의회가 지명한 알베르또 예라스 까마르고가 잔여 임기 동안 대통령 직을 승계했다. 특유의 부드러운 목소리와 유려한 문체로 연설한 대통령 취임사에서부터 예라스는 새로운 대통령을 뽑는 선거를 위해 국내의 분위기를 차분하게 진정시키겠다는 허망한 과제를 시작했다.

교장 선생님은 대서양 연안으로 떠나는 제자들의 수학여행에 정부의 지원을 청하기 위해, 신임 대통령의 사촌인 몬세뇨르 로뻬스 예라스의 중재를 통해 대통령과 특별 면담 허가를 받아 냈다. 교장 선생님은 내가 헝클어진 머리카락과 산적 같은 수염을 조금 다듬는다는 조건으로 나를 면담에 데려갈 학생으로 선발했는데, 정작 나는 선발된 이유를 모르고 있었다. 그 면담에는 우리 말고도 대통령의 친구 기예르모 로뻬스 게라와 자신의 시에 대담한 테마들을 다룸으로써 유명해진 여류 시인 라우라 빅또리아의 조카 알바로 루이스 또레스도 참석하기로 되어 있었다. 라우라 빅또리아가 속해 있던 '로스 누에보스'[+] 세대에는 대통령도 속해 있었다. 어떻게 해볼 도리가 없었다. 토요일 밤 기예르모 그라나도스가 기숙사 방에서 내 경우와 전혀 상관없는 소설 하나를 읽고 있을 때, 이발 기술을 배우고 있던 3학년 학생 하나가 내 머리를 입영하는 젊은이처럼 깎았다. 탱고 아티스트 같은 내 수염도 싹

[+] 새로운 사람들, 새로운 것들을 의미한다.

둑싹둑 잘라 버렸다. 그다음 주 내내 새로운 머리 모양과 수염 스타일 때문에 기숙사 안팎으로 학생들의 놀림을 받았다. 대통령궁에 들어간다는 생각만으로도 피가 얼어붙는 것 같았으나, 정작 우리가 거기서 발견한 권력의 신비에 관한 유일한 증표는 완벽한 정적뿐이었다. 내 심장이 오류를 범한 셈이다. 벽에 태피스트리가 걸리고 창에 공단 커튼을 드리운 응접실에서 잠시 기다리고 있자 정복 차림 군인 하나가 우리를 대통령 집무실로 안내했다.

　예라스 까마르고는 사진으로 보던 모습과는 약간 달라 보였다. 말 끔한 영국제 개버딘 속에 감추어진 삼각형 등, 불룩 튀어나온 광대뼈, 양피지처럼 창백한 얼굴, 만화가들이 즐겨 그리는 장난꾸러기 소년 같은 치아, 굼뜬 행동, 그리고 상대방 눈을 쳐다보면서 악수를 청하는 태도 등이 인상적이었다. 대통령들의 생김새에 관해 내가 당시 어떤 생각을 하고 있었는지는 기억나지 않지만 대통령들이 모두 예라스 까마르고 대통령 같지만은 않은 것 같았다. 시간이 지나서 내가 까마르고 대통령을 더 잘 알게 되었을 때, 그가 단지 타락한 작가에 불과하다는 사실을 그 스스로는 알지 못할 것이라는 생각이 들었다.

　대통령은 교장 선생님의 말에 지대한 관심을 보이며 경청하고 난 뒤 적절한 코멘트를 몇 가지 했으나, 함께 갔던 세 학생의 얘기를 듣기 전까지는 결정을 내리지 않았다. 그는 학생들의 말도 똑같이 경청하고, 또 교장 선생님을 대할 때와 마찬가지로 배려해 주고 친절하게 대함으로써 우리를 즐겁게 했다. 우리는 대통령이 마지막 2분 동안 한 얘기를 듣고 대통령이 배를 타고 강을 유람하는 우리의 수학여행보다는 시에 관해 더 많이 알고 있으며 시에 더 많은 관심이 있다는 사실을 의심할 바 없이 확인할 수 있었다.

대통령은 우리가 요청한 것을 다 수락했으며, 넉 달 뒤에 예정되어 있는 그해 졸업식에 참석하겠다는 약속까지 했다. 그는 정부의 가장 진지한 행사에 참석하는 것처럼 약속을 이행했고, 우리가 그의 참석을 기념하기 위해 공연한 소극(笑劇)을 관람하면서 그 누구보다도 즐겁게 웃었다. 마지막 행사인 리셉션에서는, 대통령이라는 이미지와는 다른 이미지를 보이며 학생처럼 아주 재미있어했고, 학생으로 되돌아간 듯한 유혹을 견디지 못한 나머지 술을 따르며 지나다니는 웨이터에게 한 발을 내밀어 발을 걸기도 했다. 웨이터는 대통령의 발에 걸리기 직전에야 겨우 피할 수 있었다.

졸업식의 축제 분위기를 간직한 채 5학년 방학을 가족과 함께 보내려고 집에 간 내게 가족이 첫 번째로 알려 준 것은 내 동생 루이스 엔리께가 1년 반 동안의 소년원 생활을 끝내고 집으로 돌아오고 있다는 아주 기쁜 소식이었다. 나는 동생의 착한 성품에 다시 한 번 더 놀랐다. 동생은 그런 처분을 받은 것에 대해 다른 사람을 전혀 원망하지 않았으며, 기발한 유머를 구사해 가며 자신의 불운을 이야기했다. 동생은 소년원에서 행한 명상을 통해 부모가 선의로 자신을 소년원에 보냈다는 결론에 도달했다. 그런데 주교청 보호 위원회는 감옥에서 일상적으로 행해지는 가혹한 시련으로부터 동생을 보호해 주지 않았다. 그런 조치는 동생을 잘못되게 만들기는커녕 동생의 좋은 성격과 유머 감각을 더욱 풍요롭게 만들었다.

동생이 집으로 돌아와 얻은 첫 일은 수끄레 시장의 비서 직이었다. 얼마 후, 시장이 갑작스럽게 위경련을 일으키자 누군가가 그에게 막 출시된 마술적인 약을 처방했다. 그 약은 바로 알카셀처였다. 시장은 그것을 물에 녹여 마시지 않고 보통 알약처럼 삼켜 버렸고, 알카셀처가 위 속에서 참을 수 없을 정도로 부글부글 끓어올랐지만 기적적으로 질식하지는 않았다. 쇼크에서 벗어나지 못한 시장은 며칠 동안 병가를 내 휴식을 취했는데, 합법적인 시장 직무 대행자들이 있었음에도, 정치적인 이유 때문에 그들 가운데 하나를 지명하지 않고 내 동생에게 시장 직무 대행을 맡기려 했다. 그런 특이한 우연 때문에 (동생의 나이가 규정에 미치지 못했는데도) 루이스 엔리께는 그 도시 역사상 최연소 시장으로 남게 되었다.

방학 때 내 마음을 진짜 심란하게 만든 한 가지는, 우리 가족이 내심 나에 대해 기대하고 있던 바에 따라 자신들의 미래를 설정해 놓고 있다는 확신이었고, 또 그것이 헛된 망상이라는 사실을 나 혼자서만 확연히 알고 있었다는 사실이었다. 식사 중에 아버지가 우연히 내뱉은 두세 문장은 가족이 우리의 공동 운명에 관해 할 말이 무척 많다는 사실을 내게 암시해 주었고, 그 말을 들은 어머니가 서둘러 맞장구를 쳤다. "만약 이런 식으로 계속된다면, 우리는 조만간에 까따까로 돌아가야 할 거다." 하지만 아버지가 재빨리 어머니에게 눈짓을 함으로써 어머니는 말을 정정할 수밖에 없었다.

"어디가 됐든지 말이야."

그 말을 듣고 나서야 나는 정황을 명확히 깨달을 수 있었다. 어느 곳으로든 다시 이사를 할 가능성은 우리 가족에게 이미 인지되어 있던 테마였다. 분위기가 교육적인 곳을 찾아가기 위해서가 아니라 자식들에게 더 유망한 미래를 제공하기 위해서라는 것이었다. 그때까지 나는 나 자신이 시달리던 패배 의식은 바로 그 도시, 그 도시 사람들, 그리고 더 나아가 내 가족 때문에 불가피하다고 생각하며 자위했었다. 하지만 연극적인 것을 좋아하는 아버지가 자신의 책임을 모면하기 위해 항상 다른 죄인 하나를 찾을 가능성이 있다는 사실을 그런 식으로 다시 한 번 더 확인하게 된 것이다.

　내가 집안 분위기 속에서 감지한 것은 훨씬 더 농밀한 그 무엇이었다. 어머니는 아직 육삭둥이 상태를 극복하지 못하고 있던 막내 하이메의 건강에만 매달려 있는 것처럼 보였다. 슬픔과 굴욕적인 더위에 지친 어머니는 침실에 걸려 있는 자신의 해먹에 거의 하루 종일 동생과 함께 누워 있었고, 집은 어머니의 태만에 대해 불쾌감을 느끼기 시작하고 있었다. 동생들은 어머니의 지휘, 감독으로부터 벗어나 있는 것처럼 보였다. 식사에 관한 규칙도 너무 해이해져서 우리는 배가 고프면 언제든지 밥을 먹었다. 우리 집 남자들 가운데 유독 집에만 틀어박혀 지내는 아버지는 약국에서 광장을 바라보며 하루를 보내고 오후가 되면 당구장에서 빈둥거렸다. 어느 날, 나는 그런 긴장 상태를 더 이상 참을 수가 없었다. 어렸을 때는 감히 그렇게 할 수 없었기 때문에 이제야 한 번 해본다는 듯이, 해먹에 누워 있는 어머니 곁에 누워 집안 공기 중에서 느껴지는 그 수상한 낌새가 무엇인지 어머니에게 물었다. 어머니는 목소리를 진정시키기 위해 긴 숨을 들이마시더니 속내를 털어놓았다.

　"네 아버지가 집 밖에 아들 하나를 두고 있단다."

　어머니의 목소리에 아연 활기가 넘친다는 사실을 감지한 나는 내가 그런 질문을 해 주기를 어머니가 초조하게 기다리고 있었다는 사실을 깨달았다. 어머니가 아버지의 바깥 자식에 관한 사실을 질투라는 통찰력을 통해 알아냈을 때, 우리 집 가정부가 흥분한 상태로 집에 돌아와서는 아버지가 전신국에서 전화 통화를 하는 것을 보았다고 알렸다. 질투심 많은 여자에게는 더 이상 알아볼 필요도 없는 일이었다. 당시 마을에 한 대밖에 없는 전화기였다. 사전에 통화 신청을 해 놓고 통화를 하기까지는 무작정 기다려야 하고, 분당 통화 요금도 비싼 장거리 전용 전화기로, 아주 중요한 사안이 생겼을 때만 사용하는 것이었다. 누군가 전화를 할 때마다, 그 내용이 아무리 단순한 것이라고 해도, 마을 광장에 모여 있던 사람들은 심술궂게 귀를 곤두세우곤 했다. 그런 상황이었기에 아버지가 집에 돌아왔을 때, 어머니는 아버지에게 아무 말도 하지 않은 채 아버지를 노려보았고, 결국 아버지는 업무상 과실에 관한 법적 항의 통지서를 호주머니에서 꺼내 찢어 버렸다. 기회를 노리던 어머니는 아버지가 누구와 통화했는지 추궁했다. 내용을 다 알고 하는 질문이라 아버지는 그 순간 진실보다 더 믿을 만한 대답을 찾아낼 수 없었다.

"어떤 변호사와 통화했소."

"그건 이미 알고 있어요." 어머니가 말했다. "내게 필요한 건, 당신 자신이 내가 인정할 만큼 솔직하게 그걸 말하는 거예요."

어머니는 당신이 다 된 밥에 자신도 모르게 재를 뿌리게 될까 봐 두려웠다는 사실을 나중에 인정했다. 만약 아버지가 어머니에게 진실을 털어놓으려 했다면, 그것은 어머니가 모든 사실을 알고 있다고 아버지가 생각하고 있었기 때문이거나 아니면 아버지 자신이 어머니에게 당연히 진실을 말할 수밖에 없는 상황이었기 때문이다.

그랬다. 아버지는 자신의 진료실에서 마약에 중독된 여자 환자에게 모르핀 한 대를 주사한 일 때문에 업무상 과실로 형사 입건되었음을 알리는 통고문을 받았노라고 고백했다. 그 사건은 아버지가 돈 없는 병자들을 치료하기 위해 잠시 머문 적이 있던, 기억도 잘 나지 않는 어느 지역에서 일어난 일일 수 있다는 것이었다. 그리고 나서 아버지는 즉시 자신의 결백에 대한 증거를 제시했다. 여자를 마취해서 강간했다는 드라마 같은 얘기는 자신의 적들이 날조한 범죄적 허구지만, 그 아이는 자기 아들이고 정상적인 상황에서 임신되었다는 것이었다.

비중 있는 누군가가 어둠 속에서 음모의 끈들을 조종하고 있었기 때문에 어머니가 스캔들로부터 빠져나오는 것은 쉽지 않았다. 각기 다른 시기에 우리 가족과 함께 살았고, 또 우리 모두로부터 사랑받았던 아벨라르도와 까르멘 루사 같은 전례가 있기도 했으나, 그 두 사람은 아버지가 어머니와 결혼하기 전에 얻은 자식들이었다. 하지만 결국 어머니는 남편이 밖에서 얻은 새 아들과 남편의 부정에서 비롯된 고통스러운 불행 때문에 생긴 원한을 극복했고, 남편이 강간을 했다는 근거 없는 혐의를 벗기기 위해 아버지와 함께 당당하게 투쟁했다.

가정에 평화가 다시 찾아왔다. 그런데 얼마 지나지 않아 같은 지역에서 은밀한 소식들이 전해졌다. 아버지와 다른 여자 사이에 딸이 하나 있는데, 아버지가 자기 딸이라 인정한 적이 있고 그 아이가 가엾은 조건에서 살고 있다는 것이었다. 어머니는 소송을 하고 추궁을 하는 데 시간을 허비하지 않고 대신 그 아이를 집으로 데려오기 위해 투쟁했다. "아버지가 여기저기 자식들을 뿌려 놓는 바람에 어머니도 나와 같은 일을 했지. 하지만 어머니는 결코 후회하지 않았어." 그때 어머니가 말했다. 그렇게 해서 어머니는 그 아이를 소리 소문 없이 우리 집으로 보내 달라는 조치를 혼자 취함으로써 그렇지 않아도 수가 많은 우리 가족에 그 아이를 포함시켜 버렸다.

그 모든 것은 과거에 동생 하이메가 다른 마을에서 벌어진 어느 파티에서 동생 구스따보와 똑같이 생긴 소년 하나를 만났던 일로부터 비롯되었다. 그 소년 때문에 법률 소송이 벌어졌다. 자기 어머니가 귀하게 잘 키워 놓은 아이였다. 어머니는 온갖 수단을 동원해 그 소년을 우리 집에 데려와 살게 하고 (이제 우리 집에는 아이들이 열한 명이 되었다.) 그 아이가 일을 배우고 삶에서 제자리를 잡을 수 있도록 도와주었다. 그때 나는 현기증이 날 정도의 질투심을 지닌 여자는 그런 일들도 할 수 있다는 사실에 놀라움을 감출 수 없었고, 어머니는 내가 그 후로 금과옥조처럼 간직하는 문장 하나로 내게 대답했다.

"내 자식들과 같은 피를 나눈 아이들이 그런 데서 방황하도록 놔둘 수 없었기 때문에 그렇게 했다."

매년 방학 동안에만 동생들을 볼 수 있었다. 방학을 맞이해 집에 갔다 올 때마다, 동생들 각자를 구별하고 새로 생긴 동생을 기억하기 위해 애를 써야 했다. 우리 모두는 본명 말고도 집에서 일상적으로 편하게 부를 수 있도록 나중에 각자에게 붙여 준 다른 이름이 있었다. 본명을 줄여서 만든 것이 아니라 별 생각 없이 붙인 별명이었다. 내 경우는 태어났을 때부터 가비또라는 이름을 붙여 주었는데 (가비또는 구아히라 해안 지방에서 가브리엘이라는 이름을 규칙에 어긋나게 줄여 부른 이름이다.) 나는 항상 그것이 내 본명이고 줄여 부른 이름이 바로 가브리엘이라고 생각했었다. 이처럼 변덕스러운 이름 짓기에 놀란 누군가는 왜 우리 부모는 자식들의 별명을 아예 본명으로 삼지, 왜 본명을 지어 놓고 따로 별명을 짓는지 우리에게 묻곤 했다.

그런데 어머니의 그런 관대함은 당신이 첫째 딸과 둘째 딸 마르곳과 아이다에게 하는 행동과는 반대되는 것처럼 보였다. 어머니 자신이 아버지와 이룬 열한 사랑 때문에 외할머니가 어머니에게 했던 것처럼 어머니는 두 딸을 엄격하게 대하려고 애썼다. 어머니는 다른 마을로 이사를 가고 싶어했다. 반면에 그런 말을 재차 할 필요도 없이 말을 듣자마자 짐을 꾸려 세상을 떠돌아다니는 사람이었던 아버지는, 그때만은 유독 완강하게 반대했다. 며칠이 지나서야 나는 그 두 딸이 각기 다른 두 남자와 사랑에 빠졌기 때문에 어머니와 아버지의 견해가 서로 엇갈렸다는 사실을 이해하게 되었는데, 공교롭게도 그 두 남자의 이름이 라파엘이었다. 그 얘기를 들었을 때, 공포 소설 같은 아버지와 어머니의 연애 시절 고생담을 기억해 내고 웃음을 참지 못했던 나는 어머니에게 그에 관해 말했다.

"같은 경우가 아니지." 어머니가 내게 말했다.

"같은 경우잖아요." 내가 주장했다.

"좋아, 같은 경우라 치자. 하지만 동시에 두 사건이 일어난 거잖니."

젊었을 때 어머니가 그러했던 것처럼, 자매가 아무리 변명을 하고 자신들의 의지를 관철하려 해도 아무 소용이 없었다. 각자가 자신의 행위가 발각되지 않도록 주의를 기울였기 때문에 우리 부모가 그 사실을 어떻게 알아냈는지는 그 누구도 알 수 없는 노릇이었다. 하지만 증인들은 아주 의외의 인물들이었다. 자매가 몇 번인가 자신들의 결백을 증명해 줄 수 있는 이복 남동생들을 대동하는 조치를 취했기 때문이다. 가장 놀라웠던 일은 아버지 역시 그 방해 작전에 참여했다는 것이었는데, 직접적으로 방해한 것이 아니라 외할아버지 니꼴라스가 당신 딸에게 했던 것처럼 수동적으로 방해했다.

"우리가 댄스파티에 참석하러 가면 아버지가 따라왔고, 두 라파엘이 그곳에 있으면 우리를 집으로 데려가곤 했죠." 아이다 로사는 어느 신문과의 인터뷰에서 이렇게 말한 적이 있다. 부모는 두 딸이 야외로 산책을 나가거나 극장에 가는 것을 금지했고, 혹시 두 딸이 어디를 갈라치면 감시인을 붙여 한시도 눈을 떼지 않게 조치했다. 두 딸은 사랑의 약속을 지키기 위해 쓸데없는 핑계를 댔지만, 약속 장소에서는 늘 눈에 띄지 않는 귀신이 나타나 밀고해 버렸다. 그 두 딸의 손아래 자매였던 리히아는 언니들을 감시하고 밀고한다는 악명을 얻었으나, 리히아 자신은 형제자매들 사이의 질투심은 사랑의 다른 방식이라는 논리로 스스로를 변명했다.

방학 기간에 나는 외할아버지 외할머니가 내 어머니에게 범했던 것과 같은 과오를 내 부모가 되풀이하지 않게 하려고 두 사람을 설득하려 애를 썼는데, 두 사람은 항상 내가 이해할 수 없는 복잡한 변명거리들을 찾아냈다. 가장 무시무시한 과오는 익명으로 붙인 벽보들 때문에 발생했다. 벽보는 비교적 의심을 덜 하는 가족들에게조차도, 진실이든 허위든 심각한 비밀들을 폭로해 버렸다. 과거에는 벽보보다 덜 직접적인 방법으로 사람들에게 전파되던 숨겨진 부자 관계들, 수치스러운 혼외정사들, 침대에서 이루어지는 변태 행위들이 벽보를 통해 폭로되었다. 깊이 숨겨져 있든 그렇지 않든, 잘 알려져 있지 않거나 조만간에 발생되지도 않을 것을 폭로하는 벽보가 붙은 적은 단 한 번도 없었다. "비밀의 주인공 자신이 벽보를 만들어 붙이는 법이오." 벽보 때문에 희생당한 사람들 가운데 하나가 이렇게 말했다.

내 부모가 예견하지 못한 것은 두 딸이 자기 부모가 했던 것과 같은 방법으로 스스로를 방어하려 했다는 것이다. 부모는 마르곳을 공부시키기 위해 몬떼리아로 보내 버렸고, 아이다는 자청해서 산따마르따 학교로 갔다. 두 딸은 각각 기숙사에 기거했고, 수업이 없는 날은 누군가 그녀들과 함께 행동하기로 되어 있었으나, 두 딸은 멀리 떨어져 있는 두 라파엘과 연락하기 위한 준비를 했다. 하지만 어머니는 당신 부모가 딸에게서 얻지 못했던 것을 얻었다. 수도원으로 들어간 아이다는 자신이 남자들로부터 자유로워졌다고 자각할 때까지 아무런 고통도 즐거움도 느끼지 않은 채 반평생 수도원에서 살았다. 마르곳과 나는, 마르곳이 흙을 먹는다는 사실을 어른들이 알아채지 않도록 내가 어른들을 감시해 주던 유년 시절의 경험 덕분에, 계속해서 항상 유대감을 유지하고 있었다. 마르곳은 결국 우리 모두의 두 번째 어머니 같은 역할을 했고, 특히 꾸끼에게는 각별했다. 꾸끼는 마르곳을 가장 많이 필요로 하는 동생이었고, 마르곳은 꾸끼가 숨을 거둘 때까지 꾸끼와 함께 지냈다.

어머니의 좋지 않은 기분 상태와 집안에 팽배해 있던 긴장이 당시 잠복해 있던 국내의 심각한 갈등들과 어느 정도까지 연관되어 있었는지는 요즘에 들어서야 비로소 인식하게 되었다. 예라스 대통령은 신년에 선거를 실시해야 할 형편이었고 미래는 불투명했다. 로뻬스를 무너뜨리는 데 성공한 보수파들은 후임자에게 이중 플레이를 하고 있었다. 후임자가 대단히 공정하다고 추켜세웠으나, 설득으로든 힘으로든 권력을 재탈환하기 위해 쁘로빈시아에서 불화를 조장하고 있었던 것이다.

수끄레는 폭력에 물들지 않았고, 기억에 남는 몇 가지 폭력 사태도 정치와는 무관했다. 폭력 사태들 가운데 하나는 지방 밴드에서 색소혼을 연주하던 인기 음악가 호아낀 베가의 살인 사건이었다. 저녁 7시, 그가 동료들과 함께 극장 입구에서 연주를 하고 있을 때, 적대적인 관계에 있던 친척 남자가 악기를 불어 대느라 팽팽하게 부풀어 올라 있던 호아낀 베가의 목을 단칼에 베어 버렸다. 바닥에 유혈이 낭자했다. 두 사람은 공히 마을에서 인기가 많은 사람들이었는데, 근거는 없지만 유일한 설명에 따르면, 명예 훼손 문제 때문에 일어난 사건이었다. 바로 그 시각 내 여동생 리따의 생일 파티가 열리고 있었다. 장시간 진행될 예정이던 생일 파티는 그 불행한 소식이 유발한 충격 때문에 엉망이 되고 말았다.

이 사건보다 훨씬 더 오래되었지만 마을 사람들의 기억에서 사라지지 않는 다른 결투는, 쁠리니오 발마세다와 디오니시아노 바리오스 사이에 벌어진 것이었다. 전자는 뼈대 있는 명망가 집안 출신에 몸집이 거대하고 매력적인 사내였으나, 술에 취하면 성미가 고약해졌다. 술에 취하지 않아 정신이 말짱할 때는 신사다운 분위기와 기품을 유지하였으나 만취한 상태에서 맘에 들지 않은 사람이 있으면 누구에게든 막무가내로 권총을 빼 들고, 허리춤에 찬 말채찍을 꺼내 휘둘러 대는 망나니로 변해 버렸다. 경찰관들까지도 그를 피했다. 그의 가족은 품성이 훌륭했지만, 그가 술에 취할 때마다 집으로 끌고 들어오는 일에 지친 나머지 나중에는 될 대로 되라고 포기해 버렸다.

디오니시아노 바리오스는 그와 반대되는 사람이었다. 소심한 데다 신체 장애까지 있는 사람으로, 천성적으로 싸움을 싫어하고 술도 마실 줄 모르는 사람이었다. 그는 쁠리니오 발마세다가 그의 장애를 비열하게 조롱하면서 싸움을 걸었을 때까지는 그 누구와도 문제를 일으켜 본 적이 없는 사람이었다. 발마세다가 걸어오는 싸움을 가능한 한 피했으나, 어느 날 발마세다가 길거리에서 그를 만나자 명백한 이유도 없이 얼굴을 채찍으로 갈겨 버렸다. 그러자 디오니시아노는 자신의 소심증, 장애, 불운을 극복하고, 권총을 빼 들고 공격자에게 대항했다. 즉각적으로 일어난 결투였고, 두 사람 다 심한 부상을 입었으나 디오니시아노만 죽었다.

마을 역사에 남을 만한 또 한 번의 결투 때문에 쁠리니오 발마세다뿐만 아니라 호아낀 베가가 색소혼을 연주하던 밴드에서 드럼을 연주하는 따시오 아나니아스도 죽게 되었다. 따시오 아나니아스는 마우리시오 아나니아스의 모범적인 아들로, 경우가 바르기로 유명한 현직 경사였다. 거리 한복판에서 벌어진 공식 결투 결과 두 사람은 중상을 입어 각자 집에서 기나긴 죽음의 고통에 시달렸다. 쁠리니오는 부상을 당하고도 이내 정신을 차렸는데, 정신을 차리자마자 아나니아스의 생명에 관해 걱정했다. 한편으로, 아나니아스는 쁠리니오가 그의 생명에 관해 걱정을 한다는 사실을 알고 감동을 받았다. 각자 상대가 죽지 않게 해 달라고 신께 간청했고, 양가 식구들은 두 사람의 의식이 유지되는 동안 두 사람이 서로의 상태에 관해 알 수 있도록 해 주었다. 온 마을 사람들은 두 사람의 생명을 연장시키기 위해 온갖 노력을 기울이느라 경황이 없었다.

  두 사람이 죽음의 고통을 겪은 지 48시간이 지났을 때, 바로 전에 죽은 여자를 추모하기 위해 교회에서 종을 울렸다. 각자의 침대에 누워 죽음의 고통에 시달리고 있던 두 사람은 각각 상대가 죽었기 때문에 교회에서 종을 울리는 것이라고 착각해 버렸다. 아나니아스는 쁠리니오가 죽었다며 슬피 울다가 종소리를 들은 지 얼마 되지 않아 슬픔을 억누르지 못해 죽고 말았다. 그 사실을 안 쁠리니오는 아나니아스 경사를 위해 눈물이 바다를 이룰 정도로 슬피 울다가 이틀 뒤 죽었다.

  그 마을처럼 평화를 사랑하는 친구들이 사는 마을에서는 그 몇 해 동안 폭력이 덜 치명적이었으나 꽤 해로운 방식으로 표출되었다. 그 폭력이라는 것은 바로 벽보였다. 세도가들의 집에는 공포가 팽배해 있었다. 그런 집들은 불길한 일이 일어나지 않을까 조마조마하는 마음으로 다음날을 맞이했다. 전혀 예상치 못한 곳에서 형벌 같은 종이 한 장이 발견되기도 했는데, 사람들은 각자 자기 문제에 관해 언급되어 있지 않으면 안도감을 느꼈고, 가끔씩 타인에 관해 언급되어 있으면 서로 쑤군거리며 재미있어했다. 내가 아는 사람들 가운데 가장 평화적인 사람일 거라 생각되는 아버지는 단 한 번도 쏘아 본 적이 없는 유서 깊은 권총에 기름칠을 했고, 당구장에서 엄포를 놓았다.

"내 딸들을 건드렸단 봐. 분노한 총알 맛을 보게 될 거야."

벽보가 반대편을 제압하기 위해 국내 도시 전체를 휩쓸고 있던 정치적 폭력의 서곡이라는 두려움 때문에 여러 가족이 그 도시를 떠나기 시작했다.

긴장은 매일매일 일용하는 다른 빵으로 변했다. 처음에는 벽보를 써 붙인 사람들이 누구인지 알기 위해서라기보다는 날이 밝아 벽보를 찢어 버리기 전에 벽보에 쓰인 내용이 무엇인지 알아보기 위해 은밀한 야경대가 조직되었다. 밤새 놀아 대던 우리 패거리는 새벽 3시경, 자기 집 문 앞에서 새벽 공기를 쐬고 있는 것 같았으나 실제로는 누가 벽보를 붙이는지 감시하고 있던 지방 공무원 한 사람을 발견했다. 내 동생이 농담 반 진담 반으로 일부 벽보에 실린 내용은 사실이라고 그에게 말했다. 권총을 꺼낸 그가 공이치기를 당겨 놓고 동생을 향해 총부리를 겨냥했다.

"다시 한 번 더 말해 봐!"

그때서야 우리는 전날 밤, 결혼하지 않은 그의 딸에 관한 사실적인 내용을 적은 벽보 한 장이 붙여졌다는 것을 알게 되었다. 하지만 벽보에 적힌 내용은 그 식구들도 알고 있는 공공연히 알려진 사실이었고, 그것을 모르고 있던 사람은 그녀 아버지뿐이었다. 처음에는 벽보들이 동일한 사람에 의해, 동일한 붓으로, 동일한 종이에 쓰였다는 게 명백했다. 광장에 서는 작은 시장에서 그런 지필을 팔 수 있는 가게는 하나밖에 없었으나, 가게 주인은 서둘러 결백을 주장했다. 군중에게 쓸데

없는 공상을 하도록 만들던 벽보의 내용 때문이 아니라, 각 가정 안에 팽배해 있던 견딜 수 없는 긴장에 대해 알게 된 그때부터, 나는 언젠가는 벽보에 관한 소설 한 권을 쓸 거라 생각하고 있었다.

그런 사건이 있은 지 20년 뒤, 나는 세 번째 소설 『불행한 시간』을 쓰게 되었다. 실제 사건들 가운데 어떤 것들은 내가 소설 속에 창조해 놓은 사건들보다 더 나았다. 그러나 명확하게 밝혀진 것이든 밝혀지지 않은 것이든, 소설에 차용하지 않겠다는 단순한 근신 행위가 옳다는 생각이 들었다. 게다가 나는 항상 희생자들의 개인적인 삶보다는 사회적 현상에 관심이 더 많았기 때문에, 그럴 필요도 없었다. 중앙 광장 주변으로 우리 같은 천덕꾸러기들이 사는 빈민촌에서는 많은 벽보가 재미삼아 붙여졌고, 나는 그 사실을 그 소설이 출판되고 나서야 비로소 알게 되었다.

사실 그 벽보 사건은 내가 결코 구체화할 수 없었던 어느 소설 줄거리의 시발점으로서만 차용되기도 했다. 사람들이 믿는 것과는 달리, 내가 쓰고 있던 이야기의 핵심 문제가 도덕적이 아니라 정치적이라는 것을 보여 주고 있었기 때문이다. 나는 항상 니그로만따의 남편을 『불행한 시간』에 등장하는 군인 시장의 좋은 모델이라 생각했으나, 그를 등장인물로 형상화하는 과정에서 한 인간으로서의 그의 매력을 발견하게 되었고 나는 그를 죽일 만한 동기를 발견하지 못했다. 진지한 작가라면 설득력 있는 이유가 없이는 등장인물 하나도 마음대로 죽일 수 없다는 사실을 알게 되었고, 이 경우도 바로 그에 해당되는 경우였다.

요즘 나는 소설 자체가 또 다른 소설이 될 수 있을 거라는 사실을 깨닫고 있다. 당시 나는 파리의 생미셸 대로에서 100미터 정도 떨어진 '라틴인 촌' 퀴자스 거리의 학생 전용 호텔에서 그 소설을 썼는데, 그 사이 수표 한 장을 기다리느라 며칠이 가차 없이 흘러 버렸고, 수표는 끝내 도착하지 않았다. 소설을 대충 탈고한 나는 사절지 원고지들을 둘둘 말아 호시절에 매고 다니던 넥타이 셋 가운데 하나로 질끈 동여매서는 옷장 깊숙한 곳에 처박아 놓았다.

2년 뒤 멕시코시티에 머무르고 있을 때, 그 찢어지게 가난하던 시기에 3,000달러라는 상금이 걸려 있는 콜롬비아 에쏘 문학상 소설 부분에 응모하라는 요청을 받았는데, 그 원고를 어디에 두었는지 전혀 생각나지 않았다. 응모 소식을 내게 전해 준 사람은 콜롬비아의 옛 친구이자 사진 작가인 기예르모 안굴로였다. 내가 파리에서 그 소설을 쓰고 있을 때부터 출판되지 않은 그 원고의 존재를 알고 있던 그는, 제출 마감 날짜에 쫓긴 나머지 둘둘 말린 원고를 증기 다리미로 펼 시간도 없이 넥타이에 묶인 상태 그대로 가져갔다. 그렇게 나는 당시로서는 집 한 채를 살 만큼 엄청난 상금이 걸려 있는 상을 탈 거라는 희망 같은 건 전혀 걸지 않은 채 소설을 응모했던 것이다. 하지만 1962년 4월 16일, 내가 보낸 소설은 바로 그 상태로 저명한 심사 위원들에 의해 최우수 작품으로 선정되었다. 선정 발표 시각은 우리의 둘째 아들 곤살로가 세상에 태어난 시각과 거의 같은 시각이었다. 곤살로는 제 먹고 살 복은 갖고 태어난 셈이었다.

상 받을 생각 같은 것을 해볼 시간조차 없던 우리에게 콜롬비아 언어 아카데미 원장 펠릭스 레스뜨레뽀 신부로부터 편지 한 통이 도착했다. 그는 문학상 심사를 주재했던 믿을 만한 사람이었는데, 소설 제목을 모른다는 것이었다. 그때 비로소 나는 원고를 보낼 당시 너무 바쁜 나머지 첫 쪽에 제목 쓰는 걸 잊었다는 사실을 깨달았다. 내가 쓰고자 했던 제목은 '이 똥 같은 마을(Este pueblo de mierda)'이었다.

제목을 알게 된 레스뜨레뽀 신부가 문제를 삼았고, 헤르만 바르가스를 통해 제목을 덜 과격하고 소설의 분위기에 더 어울리는 것으로 바꾸라고 극도로 친절하게 요청해 왔다. 여러 번에 걸쳐 의견을 교환한 뒤, 나는 소설의 내용을 포괄하는 제목이 되지 않을 수도 있겠지만 위선의 바다를 항해하는 데 꽂을 만한 깃발로는 사용될 수 있을 것 같은 제목으로 바꾸기로 결정했다.『불행한 시간』으로.

일주일 뒤, 멕시코 주재 콜롬비아 대사이자 콜롬비아 공화국의 차기 대통령 후보로 거론되던 까를로스 아랑고 벨레스 박사로부터 자기 사무실에서 만나자는 연락이 왔다. 레스뜨레뽀 신부가 대상을 받은 작품에는 수용되기 어려워 보이는 단어 두 개를 교체해 달라고 요청했다는 것이었다. 두 단어는 '콘돔'과 '자위'였다. 대사도 나도 놀라움을 숨길 수 없었으나, 우리는 그 끝나지 않을 경선에 행복한 결말을 제공하기 위해 공평한 해결책을 강구하여 레스뜨레뽀 신부를 만족시켜야 한다는 데 동의했다.

"좋습니다, 대사님. 두 단어 가운데 하나만 삭제하겠습니다. 대사님께서 좀 골라 주시기 바랍니다."

대사는 안도의 한숨을 내쉬더니 '자위'라는 단어를 선택했다. 그렇게 해서 승강이가 끝났고, 책은 마드리드의 이베로아메리까나 출판사에서 대량으로 인쇄되어 절찬리에 판매되었다. 질 좋은 종이, 흠 잡을 데 없는 인쇄 상태에 가죽 장정까지 입힌 책이었다. 하지만 그것은 한 순간의 허니문이었다. 책이 출판된 뒤 샅샅이 읽어 보고 싶은 유혹을 견딜 수 없었고, 막상 읽어 보니 라틴 아메리카식 언어로 쓰인 책이, 그 당시의 영화들처럼, 마드리드의 순수 토박이말로 바뀌어 있었다.

나는 이렇게 썼다. Así como ustedes viven ahora, no sólo están

en una situación insegura sino que constituyen un mal ejemplo para el pueblo. 에스파냐 편집자의 필사(筆寫)는 소름 끼치는 것이었다. Así como vivís ahora, no sólo estáis en una situación insegura, sino que constituís un mal ejemplo para el pueblo.‡ 더욱더 심각한 것은 다음과 같다. 즉, 이 문장은 어느 사제가 한 말인데, 이 글을 읽는 콜롬비아 독자라면 사제가 에스파냐 사람이라는 사실을 암시하기 위해 작가가 독자들에게 윙크를 한 것이라 생각할 수 있었을 것이고, 또 그럼으로써 사제의 태도가 모호해지고 줄거리의 근본적인 양상이 완전히 변질되어 버렸던 것이다. 대화들의 문법적인 사항을 손질하는 데 만족하지 못한 에스파냐 교열자는 단단히 무장한 손으로 문체까지 바꾸어 버렸고, 그 결과 책은 원본과 전혀 상관이 없는, 마드리드식 가필에 오염되었다. 나는 소설이 훼손되었다는 판단하에 출판사로부터 판권을 회수하고, 아직 팔리지 않은 것들을 찾아내 불태우는 수밖에 다른 도리가 없었다. 출판사 측 책임자들은 묵묵부답이었다.

바로 그 순간부터 나는 그 소설이 아직 출판되지 않았다고 간주하고, 단 하나밖에 없는 원본은 경선에 응모하기 위해 보낸 것, 즉 출판을 위해 에스파냐 이베로아메리까나 출판사로 보낸 것이었기 때문에, 이미 출판되어 있는 소설을 내 카리브식 방언으로 다시 고치는 지난한 작업에 몰두했다. 일단 원본을 복구하고 내가 처음부터 끝까지 한 번 더 교정을 보고 난 뒤, 멕시코의 에라 출판사가 그 판본이 초판이라는

---

‡ 한국어로 번역해 보면 다음과 같다. "지금 그대들이 살아가는 방식을 보아 하니, 그대들은 불안정한 상황에 처해 있을 뿐 아니라 마을에 좋지 않은 선례를 남기고 있어요." 두 문장의 의미는 크게 다르지 않으나, '당신들'에 해당하는 주어와 그에 상응하는 동사 변화를 중남미와 에스파냐에서 각각 달리 사용하고 있다.

명시적인 '일러두기'를 수록해 출판했다.

내가 쓴 소설이 여러 권인데, 보름달 뜨고 봄바람 부는 밤이면 왜 내가 유독 『불행한 시간』 속의 시공간으로만 들어가게 되는지는 정말 알 수 없는 노릇이다. 토요일이었고 화창한 하늘에 별들이 총총했다. 시계가 막 11시를 알렸을 때, 어머니가 안고 있는 아기를 재우기 위해 부엌에서 속삭이던 사랑의 파두[‡]가 들렸다. 내가 짐짓 어머니에게 그 음악이 어디에서 들려오는지 묻자 어머니는 특유의 방식으로 내게 대답했다.

"불량한 여자들 집에서 들리는 거란다."

내가 파티에 참석하기 위해 옷을 갈아입는 것을 본 어머니는, 내가 돈을 달라고 하기도 전에 5뻬소를 주었다. 내가 집을 나서기 전 어머니는 내가 아버지를 깨우지 않고서 아무 때나 집에 들어올 수 있도록 대문을 걸어 두지 않겠다는, 항상 취하는 조치를 내게 상기시켰다. 발데스 선생의 목공소에서 악사들의 연습이 있었기 때문에 나는 그 불량한 여사들 집에는 가 보지 못했다. 루이스 엔리께는 집으로 돌아오자마자 그 악단의 멤버로 가입했다.

그해 나는 그 그룹에 합류해, 여섯 명의 무명 음악가들과 함께 새벽까지 기타를 연주하고 노래를 불렀다. 나는 항상 동생이 훌륭한 기타리스트라 생각했는데, 그들과 함께 보낸 첫날 밤, 동생을 달갑지 않게 생각하는 라이벌들까지도 동생을 천재적인 기타리스트로 생각한다는 사실을 알았다. 그보다 더 좋은 악단은 없었고 멤버들 각자가 자신만만했기 때문에, 누군가가 그들에게 화해나 사과를 위한 세레나데를 불러 달라며 요청할 때면 발데스 선생은 이런 말로 미리 신청자를 위로

[‡] 포르투갈의 애조 섞인 노래.

하곤 했다.

"걱정하지 말아요. 밤에 애인이 베개를 물어뜯도록 만들어 줄게요."

발데스 없는 방학은 예전 같지 않았다. 발데스가 가는 곳마다 파티가 벌어졌고, 루이스 엔리께와 그는 필라델포 벨리야와 짝을 이뤄 전문가처럼 연주했다. 내가 알코올의 충성심을 발견하게 된 것도, 낮에 자고 밤에 노래하는 생활 방식을 배운 것도 바로 그때였다. 어머니가 늘 말했다시피 나는 실속도 없으면서 공연히 으스대기만 했었다.

나에 관한 소문들이 무성했고, 내게 오는 편지가 부모님 집 주소로 배달되는 것이 아니라 그 불량한 여자들 집으로 배달된다는 소문이 나돌았다. 나는 그녀들이 호랑이 간으로 만든 희귀한 산꼬초와 이구아나로 만든 스튜를 좋아하는 가장 신뢰할 만한 고객으로 변했다. 그런 음식은 사흘 밤 동안 성욕을 유지시켜 준다는 속설이 있었다. 나는 이제 책을 읽지도 않았고, 식구들이 식사를 할 때 일상적으로 나누는 대화에도 끼지 않았다. 내 행동에 불만을 품은 어머니는 내가 하고 싶은 것이 있으면 뭐든지 내 맘대로 한다고 걸핏하면 나무랐다. 한편 불쌍한 루이스 엔리께는 좋지 않은 명성을 달고 다니던 차라, 어머니가 내게 한 불평을 듣지도 못한 상태에서 어느 날 내게 이렇게 말했다. "어머니는 내가 형을 타락시키고 있기 때문에, 날 다시 소년원으로 보내 버리겠다는 말을 하고 싶을 거야."

성탄절 무렵 연례 행사인 꽃수레 경선에 참여하지 않기로 결정한 나는, 뜻이 맞는 친구 둘과 더불어 마하구알이라고 하는 옆 마을로 피해 버렸다. 집에는 사흘 동안 집을 떠나 있을 거라고 알렸지만 실제로는 열흘 동안 그곳에서 머물렀다. 알레한드리나 세르반떼스라는 신비스러운 여자 때문이었다. 그 마을에 간 첫날 밤 그녀를 만난 나는, 내 인생에서 가장 시끌벅적하게 퍼마시고 춤추는 파티에서 그녀와 더불어 정신을 잃어버렸다. 일요일까지 나와 함께 지낸 그녀가 일요일 아침에 침대에서 보이지 않더니 영원히 사라져 버렸다. 몇 년 뒤 나는, 그녀가 지닌 매력 때문이라기보다는 그녀의 이름이 풍기는 반향 때문에 내 추억 속에 그녀를 떠올렸고, 내 소설들 가운데 어느 것에서 그녀를 절대 존재하지 않은 성 매매 업소의 여주인이자 마담으로 되살려 놓았다.

새벽 5시경에 집에 돌아와 보니 어머니가 부엌에서 커피를 끓이고 있었다. 어머니는 잠에서 깨어난 아버지가 방학 중이라도 내가 그렇게 마음대로 행동해서는 안 된다고 나를 꾸짖을 채비를 하고 있으니, 아버지에게 가지 말고 당신과 함께 있으라며 공범자처럼 소곤소곤 말했다. 어머니는 내가 쓴 커피를 좋아하지 않는다는 사실을 알고 있었음에도 쓴 커피 한 대접을 내밀더니 아궁이 옆에 앉으라고 했다. 잠이 덜 깬 표정에 잠옷 차림으로 부엌에 들어온 아버지는 김이 모락모락 피어오르는 커피 잔을 들고 있는 나를 보고는 내게 조용히 물었다.

"너 커피 안 마신다고 하지 않았냐?"

나는 뭐라 대답해야 좋을지 몰라 머리에 언뜻 떠오르는 대로 둘러댔다.

"이 시각에는 항상 목이 말라서요."

"술 마시면 다들 그렇지."

아버지는 다시는 나를 쳐다보지 않았고 그 일에 대해서도 더 이상 왈가왈부하지 않았다. 하지만 어머니는 아버지가, 비록 내가 이 사실을 절대로 눈치 채지 못하도록 하셨지만, 그날부터 기분이 상한 나머지 나를 버린 자식으로 생각하기 시작했다는 사실을 귀띔해 주었다.

쏨쏨이가 너무 커져 감당할 수 없는 지경에 이르자 나는 어머니의 현금함에서 돈을 꺼내기로 작정했다. 루이스 엔리께는 부모에게서 훔친 돈을 여자를 사는 데 쓰지 않고 영화 보는 데 쓴다면 그것은 합법적인 돈이라는 특유의 논리를 동원해 가며 나를 사면시켜 주었다. 나의 탈선을 아버지가 눈치 채지 못하게 하려고 어머니가 힘들게 지낸다는 사실 때문에 내 마음이 편치 않았다. 내가 나쁜 길에 빠져 있다는 것은 정황상 증거가 충분했다. 집에서 가끔씩은 특별한 이유도 없이 점심 식사 시간 때까지 잠을 자고, 목쉰 수탉 같은 목소리로 말했으며, 게다가 어느 날인가는 아버지가 내게 같은 질문을 두 번이나 했는데도 알아듣지 못할 정도로 정신을 팔고 있기도 했다. 결국 아버지가 가장 심한 말로 진단을 내렸다.

"너 간덩이가 부었구나."

그 모든 상황에서도, 나는 사교적인 활동을 계속해 나갈 수 있었다. 화려한 댄스파티와 중앙 광장 근처에 사는 사람들이 가끔씩 주선하는 점심 식사에는 옷을 잘 갖춰 입고 참석해 최대한 교양 있게 보이도록 행동했다. 그런 집들은 1년 내내 문을 닫았다가, 학생들이 돌아오는 성탄절 무렵 파티를 열 때만 다시 열었다.

그해는 까예따노 헨띨레의 해였다. 그는 방학 동안에 화려한 댄스파티를 세 번이나 열었다. 파티가 열리던 날은 내게 행운의 날이었다. 세 번의 댄스파티 모두 같은 여자와 파트너가 되었던 것이다. 첫날 밤 나는 그녀에게 누구인지, 누구 딸인지, 누구와 함께 왔는지 묻는 번거로운 일 없이 그녀를 이끌어 춤을 출 수 있었다. 아주 신비한 여자처럼 보였기 때문에 두 번째로 춤을 출 때 나와 결혼해 달라고 진지하게 제안했다. 그녀는 정말 알쏭달쏭하게 대답했다.

"아빠는 나와 결혼하게 될 왕자님이 아직 태어나지 않았다고 말씀하세요."

며칠 뒤, 나는 야들야들하고 반짝거리는 반투명 비단 옷을 입은 그녀가, 정오의 작열하는 태양 아래서 예닐곱 살 정도 되어 보이는 남자애와 여자애의 손을 잡고 광장 산책로 끝을 건너가는 것을 보았다. 그녀는 내가 뭐라 묻기도 전에 우스워 죽겠다는 듯 "내 애들이에요."라고 대답했다. 어찌나 심술궂게 대답했는지 나는 내 청혼의 여파가 아직 그녀에게서 사그라들지 않았다고 생각하기 시작했다.

아라까따까 집에서 태어나면서부터 해먹에서 자는 법을 배웠으나 수끄레에서 지낼 때에야 비로소 해먹이 내 성격에 맞는다는 사실을 받아들였다. 사실 낮잠을 자고, 총총한 별들을 바라보고, 천천히 사색하고, 편견 없는 섹스를 하기에 해먹보다 더 좋은 것은 없다. 방탕한 일주일을 보내고 집에 돌아온 나는, 과거 아버지가 하던 식으로 마당에 있는 나무 두 그루 사이에 해먹을 매달아 놓고 평온한 마음으로 잠을 잤다. 하지만 우리 자식들이 자다가 죽을지도 모른다는 두려움에 사로잡혀 있던 어머니는 내가 살아 있는지 확인하기 위해 해질 무렵 나를 깨웠다. 그러고 나서 내 옆에 눕더니 당신의 삶을 어렵게 만드는 사안에 대해 단도직입적으로 말했다.

"네 아버지와 나는 네게 도대체 무슨 일이 일어나고 있는지 알고 싶구나."

그야말로 정곡을 찌르는 말이었다. 오래전부터 어머니와 아버지는 내 태도가 변했다는 사실에 우려를 나눴고, 어머니가 아버지를 진정시키기 위해 공연한 변명을 둘러댄다는 사실을 나는 알고 있었다. 집에서 어머니가 모르는 일은 단 한 가지도 없었고, 어머니의 불 같은 성질은 유명했다. 그런데 내가 일주일 내내 해가 중천에 떠 있을 때야 집에 돌아오자 어머니는 더 이상 참지 못했다. 나는 내 나름대로 이유가 있어 그런 식으로 살고 있었기 때문에, 어머니의 질문을 피해 갈 수도 있었고 또 더 적절한 기회에 어머니가 질문을 할 수도 있었을 테지만, 어머니는 일이 워낙 심각하기 때문에 즉답을 들어야겠다는 태세였다.

어머니의 주장은 모두 맞았다. 내가 저녁 무렵 결혼식에 참석하는 것처럼 잘 차려입고 사라져 날을 새고 들어와서는 점심 시간 이후까지 해먹에서 잔다는 것이었다. 나는 이제 책을 읽지도 않았고, 생전 처음으로, 집에 들어올 때까지 어디에 있었는지조차 제대로 기억하지 못한 채 집으로 돌아오는 무모한 짓까지 했다. "넌 동생들 얼굴 한 번 쳐다보지 않고, 걔들 이름도 나이도 혼동하고 있더라. 언젠가는 끌레멘시아 모랄레스의 손자를 제 동생인 줄 알고 뽀뽀를 해 주고 말이다." 하지만 곧 어머니는 자신의 말이 너무 과장되었다는 사실을 깨달았고, 그 과장을 무마하려 다음과 같은 단순한 사실을 말했다.

"결국, 넌 이 집에서 손님 같은 사람이 되어 버렸어."

"정말 그래요. 하지만 이유는 아주 단순해요. 모든 게 진절머리가 난단 말이에요."

"우리에게 말이냐?"

그렇다고 대답할 수도 있었으나, 반드시 그렇지만은 않았기 때문에 두루뭉술하게 대답했다.

"모든 게 다 그래요."

그리고 나는 내가 학교에서 처한 상황에 대해 어머니에게 언급했다. 다들 내 성적으로 나를 평가하고, 내 부모는 해가 갈수록 내가 거둔 결과에 대해 자부심이 더해 갔으며, 내가 나무랄 데 없는 학생일 뿐만 아니라 친구들 사이에서 모범적이고, 가장 영리하고, 가장 기민하고, 사교성이 좋기로 소문이 자자하다고 생각하고 있었다. 아니, 외할머니가 말했다시피 '완벽한 아이'라고 생각하고 있었다.

하지만 단도직입적으로 말하자면, 사실은 정반대였다. 나는, 자기 하고 싶은 일만 하는 내 동생 루이스 엔리께가 지닌 용기와 독립심을 지니고 있지 못했기 때문에, '완벽한 아이'처럼 보이기는 했다. 그리고 내 동생은 부모가 자식에게 바라는 그런 행복이 아니라, 자식들로 하여금 부모의 터무니없는 애정, 비이성적인 두려움, 그리고 즐거운 희망 같은 것을 극복하도록 만들어 주는 어떤 행복 같은 것을 성취해 가고 있음에 틀림없었다.

어머니는 자신과 남편이 고독한 꿈속에 그려 놓은 것과 반대로 드러나는 자식들의 모습에 낙심하고 말았다.

"그래, 이 얘기를 네 아버지에게 곧이곧대로 말해 버리면 네 아버지가 급사를 할 것 같은데, 어찌해야 좋을지 모르겠구나. 넌 네가 우리 집의 자랑거리라는 걸 모르니?" 입을 꾹 다물고 있던 어머니가 이렇게 말했다.

부모에게는 이 모든 것이 단순한 문제였다. 내가, 아버지가 돈이 없어 될 수 없었던 유능한 의사가 될 가능성이 전혀 없게 되자, 부모는 내가 어느 분야든 적어도 전문가가 되길 꿈꾸고 있었던 것이다.

"그래요, 난 아무것도 되지 않을 거예요." 나는 일부러 단호하게 말해 버렸다. "내가 하기 싫은 건 하지 않을 거예요. 날 어머니 아버지가 원하는 사람으로 만들려 한다면 그걸 거부할 거고요, 또 정부가 원하는 사람이 되는 건 더더욱 거부할 거라고요."

약간은 경솔하기까지 했던 논쟁은 그 주 내내 계속되었다. 지금 생각해 보면 어머니는 아버지와 대화할 시간을 벌기 원했던 것 같은데, 어머니의 그런 생각은 내게 새로운 용기를 불어넣어 주었다. 어느 날 우연한 기회에 어머니가 내게 갑작스러운 제의를 했다.

"네가 마음만 먹으면 훌륭한 작가가 될 수 있다고들 그러더라."

우리 집에서는 그런 말을 들은 적이 단 한 번도 없었다. 내 성향 때문에 사람들은 내가 어렸을 때부터 화가, 음악가, 교회 가수, 하다 못해 아마추어 시인은 될 거라는 생각들을 했었다. 말도 되지 않는 가벼운 글 나부랭이나 써 대는, 다들 알고 있던 나의 성향을 예전에 이미 발견한 나였으나 어머니의 말을 들은 순간 놀랍다는 반응을 보였다.

"이왕 작가가 되려면 위대한 작가가 되어야 할 텐데, 다들 그런 작가가 되려고도 하지 않아요." 내가 어머니에게 대답했다. "어찌 되었든, 작가보다 굶어 죽기 좋은 직업도 많아요."

그 무렵 어느 오후, 어머니는 나와 이야기를 나누는 대신 흑흑 울었는데 눈물은 흘리지 않았다. 절제된 울음은 위대한 여성들이 자신의 의도를 관철하기 위해 사용하는 확실한 수단이라 생각하기 때문에 요즘 그렇게 우는 모습을 보면 나는 아연 긴장하게 된다. 하지만 열여덟 살짜리 소년인 나는 어머니에게 뭐라 말해야 할지 몰랐고, 내가 아무 말도 하지 않자 어머니는 눈물을 흘리기 시작했다.

"좋아. 적어도 최선을 다해 중등학교는 마치겠다고 내게 약속해라. 그럼 그 이외의 문제는 네 아빠와 상의해 책임지고 조정해 보겠다."

우리 두 사람은 동시에 승리했다는 안도감을 느꼈다. 나는 우리가 곧바로 의견이 일치되지 않으면 어머니와 아버지가 죽을지도 모른다는 두려움을 느끼고 있었기 때문에, 어머니를 위해서뿐만 아니라 아버지를 위해서도 그 제안을 수용했다. 그렇게 해서 우리는 내가 법학이

나 정치학을 공부한다는 쉬운 해결책을 찾았다. 그런 전공은 어떤 직업에서든 유용한 문화적 바탕이 될 뿐만 아니라 오전에는 강의에 참석하고 오후 자유 시간에는 아르바이트를 할 수 있는 인간적인 전공이기도 했기 때문이다. 그 당시 어머니가 견디고 있던 감정적 부담에 대해 걱정하고 있던 나는, 아버지와 얼굴을 맞대고 대화할 수 있는 분위기를 조성해 달라고 어머니에게 부탁했다. 그렇게 하면 결국 아버지와 내가 다투게 될 거라는 확신을 지니고 있던 어머니는 내 부탁을 거절했다.

"이 세상에서 네 아버지와 너처럼 많이 닮은 두 사람을 찾을 순 없을 거다. 두 사람이 너무 닮았다는 점 때문에 서로 대화를 나누기가 쉽지 않지."

나는 항상 그 반대로 생각했었다. 그런대로 장수를 하고 돌아가셨을 때의 아버지 나이보다 더 많은 나이를 먹은 지금에 이르러서야 비로소 거울에 비친 내 모습이 나 자신보다는 아버지를 훨씬 더 많이 닮아 있다는 사실을 깨닫게 되었다.

어머니는 그날 밤 최상의 성취감을 느끼며 우쭐한 기분에 빠져 들었을 것이다. 아버지가 모든 가족을 식탁에 모아 놓고 무심결에 이렇게 말했던 것이다. "우리 집에 변호사가 탄생하겠구나." 어머니는 아버지가 식구들이 다 모인 자리에서 논쟁을 재개하려 할 것 같아 두려운 나머지, 최대한 천진스럽게 대화에 끼어들었다.

"가정 형편이 이렇고, 또 애들도 한 부대가 되는 실정이라, 가장 좋은 해결책은 바로 네 스스로 학비를 버는 것뿐이라고 생각했단다."

어머니가 말한 것처럼 그렇게 단순한 문제는 아니었으나, 우리 문제들 가운데 그나마 가장 사소한 것일 수 있었으며, 그 피해는 가장 덜 잔인할 수 있는 것이었다. 그래서 나는 게임을 계속하기 위해 아버지의 의견을 물었고, 아버지는 그 즉시 물염치할 정도로 솔직하게 대답했다.

"내가 무슨 말을 하길 바라냐? 넌 내 심장을 반으로 쪼개 버렸다만, 난 네가 되고 싶은 사람이 되도록 도와주는 데 자부심 정도는 느끼고 있다."

1964년 1월, 내가 누린 호사의 극치는 커다란 문제 하나를 가지고 다시 나타난 호세 빨렌시아 덕분에 처음으로 비행기를 타 본 것이었다. 그는 까르따헤나에서 중등학교 5학년까지는 대충 끝마칠 수 있었으나 6학년 과정은 낙제할 지경에 이르렀다. 나는 그가 어떻게 해서든 졸업장을 받을 수 있도록 내가 다니던 학교에 빈자리 하나를 알아보는 일을 맡기로 했고 그는 나를 비행기로 모셨다.

보고타행 비행기는 LANSA 항공사 소속 DC-3기로 매주 두 번씩 운항했는데, 가장 큰 위험 요소는 비행기 자체가 아니라 어느 목장에 임시로 설치해 놓은 점토 활주로에서 어슬렁거리는 암소들이었다. 가끔씩은 착륙하려던 비행기가 암소들을 활주로에서 다 쫓아낼 때까지 공중을 몇 차례 빙빙 돌아야 했다. 사람들에게 널리 알려진 비행기에 대한 나의 공포심은 바로 그런 경험 때문에 생겨났다. 교회 당국이 만일의 불상사로부터 성체를 안전하게 지키기 위해 성체를 비행기에 싣는 것조차 금지하고 있던 시기였다. 보고타까지는 쉬지 않고 시속 320킬로미터로 비행해 약 네 시간 정도 걸렸다. 우리처럼 강을 따라가는 경이로운 여행을 해본 경험이 있는 사람들은 하늘에서 거대한 마그달레나 강의 살아 있는 지도를 내려다보며 항로를 헤아려 보곤 했다. 미니어처럼 변해 있는 마을들, 장난감처럼 보이는 작은 어선들, 학교 운동장에서 행복한 인형처럼 우리에게 잘 가라 인사하는 여학생들을 보았다. 여자 승무원들은 두려움 때문에 기도를 하고 있는 승객들을 안심시키고, 멀미하는 승객들을 도와주고, 강에 있는 주검을 노려보고 있는 가이나소 무리와 비행기가 부딪칠 위험이 없다며 많은 승객들을 설득하는 데 시간을 보내고 있었다. 숙련된 승객들은 자신들이 경험했던 그 역사적인 비행들이 용기 있는 위업이나 된다는 듯 되풀이해 언급했다. 기압 조절도 하지 않고 산소 마스크도 쓰지 않은 채 보고타 고원으로 올라갔을 때는, 가슴속에서 큰 북이 울리는 것 같은 느낌이 들었고, 날개들이 심하게 떨리고 흔들거림으로써 착륙의 스릴이 증가되었다. 하지만 훨씬 더 놀라웠던 일은 우리가 전날 밤 보낸 전보보다 우리가 먼저 도착했다는 것이다.

보고타를 거쳐 가는 길에 호세 빨렌시아는 악단 하나를 조직할 정도로 많은 악기를 샀다. 사전 계획에 따라 샀는지 아니면 무슨 예감이 들어 샀는지는 잘 모르겠으나, 호세 빨렌시아가 여러 가지 기타, 북, 마라까‡, 하모니카를 든 채 당당하게 학교로 들어서는 모습을 에스뻬띠아 교장 선생님이 주의 깊게 바라보고 있을 때부터, 나는 호세 빨렌시아가 입학 허가를 받은 거나 다름없다는 사실을 깨달았다. 학교 현관에 들어서는 순간 새로운 조건 때문에 부담이 느껴졌다. 나도 이제 6학년 학생이 된 것이다. 그때까지만 해도 나는 후배들이 꿈꾸는 별 하나를 내 이마에 달고 있다는 사실을 깨닫지 못했는데, 후배들이 우리 선배들에게 다가올 때 보이는 태도, 선배들에게 말할 때 사용하는 어투, 선배를 존경하는 마음에서 비롯되는 경외감 등은 다 그 별 때문일 수 있다는 사실 또한 인식하지 못했다. 게다가 학교 생활은 1년 내내 파티

‡ 박 속을 파내고 말려 그 안에 돌멩이들을 넣은 악기를 가리킨다.

를 벌이는 것 같았다. 기숙사 방이 장학생들에게만 배당되긴 했지만, 어찌 되었든 호세 빨렌시아는 광장 부근에 있는 가장 좋은 호텔에서 묵었다. 호텔 여주인들 가운데 하나가 가끔 피아노를 쳤다. 우리의 삶은 1년 내내 일요일 같은 삶으로 변했다.

　일찍이 내 삶에서 일어난 도약들과는 또 다른 도약이었다. 내가 사춘기 소년이었을 때 어머니는 내게 헌 옷을 사 주고, 그 옷이 작아 내게 소용없게 되면 내 동생들에게 입혔다. 그 학교에 입학하고 나서 첫 2년 동안 가장 힘들었다. 추운 기후에 입는 모직 옷은 비싸기도 한 데다 구하기도 어려웠기 때문이다. 내 몸이 엄청나게 열심히 자라지는 않았다 해도, 한 해 동안 몰라보게 달라지는 내 몸에 맞는 옷을 맞출 시간이 없었다. 게다가, 기숙사 학생들 사이에 옷을 바꿔 입는 기발한 풍습도 제대로 자리 잡을 수 없었다. 옷들이 사람들 눈에 너무 익어서 새로 옷을 바꿔 입은 친구들에 대한 놀림은 참을 수 없을 정도였기 때문이다. 이런 문제는 에스삐띠아 교장 선생님이 파란색 재킷과 회색 바지 교복을 입으라고 강요했을 때 부분적으로는 해결되었는데, 그로 인해 학생들의 외양은 통일되고 변화는 줄어들었다.

　3학년과 4학년 때는 수끄레의 재단사가 내 몸에 맞게 고쳐 준 옷 한 벌을 입었다. 5학년 때 보존 상태가 아주 좋은 옷 한 벌을 샀으나 6학년이 되자 그 옷마저 소용없게 되었다. 내가 생각을 바꿔 먹은 것에 기분이 좋아진 아버지는 옷 한 벌을 맞춰 입으라며 돈을 보내 주었고, 호세 빨렌시아는 전 해에 사서 거의 입어 보지도 않은 낙타 가죽 옷 한 벌을 내게 주었다. 사람을 외모로 평가해서는 안 된다는 말이 얼마나 옳은지 곧 깨닫게 되었다. 나는 새 교복에서 새 옷으로 갈아입고 해안지방 출신 학생들이 주도하는 댄스파티에 참석했고, 그 자리에서 꽃보다 덜 오래 갔던 애인 하나를 구했다.

에스삐띠아 교장 선생님은 뜻밖에도 꽤 열렬하게 나를 받아들였다. 교장 선생님이 가르치는 화학 시간은 일주일에 두 번 들어 있었는데, 교장 선생님과 내가 재빨리 묻고 답하는 그 수업은 흡사 나만을 위해 진행되는 것 같았다. 내가 그렇게 의무적으로 수업에 관심을 기울이는 모습은 명예로운 목표를 달성하겠다고 부모와 맺은 약속을 완수하기 위한 좋은 출발점처럼 보였다. 그 외 것은 마르띠나 폰세까의 기발하고 단순한 방법론을 따랐다. 즉, 무시무시한 기말 시험 준비를 하느라 벌벌 떨면서 날밤을 밥 먹듯이 새는 것을 피하기 위해서는 수업에 열중하는 것이다. 현명한 가르침이었다. 마지막 학년에 그런 방법론을 적용하기로 결정한 이후부터 불안감은 진정되었다. 나는 선생님들의 질문에 쉽게 대답했는데, 그런 질문들이 갈수록 더 친숙해짐으로써 내가 부모와 맺은 약속을 이행하는 것이 얼마나 쉬운 일인지 깨닫게 되었다.

내가 지니고 있던 단 한 가지 불안한 문제는 내가 계속해서 악몽을 꾸면서 비명을 질러 댔다는 것이다. 당시 규율을 완벽하게 지키던 사람은, 제자들과 아주 좋은 관계를 유지하던 곤살로 오깜뽀 선생님이었다. 2학기 어느 날 밤 그는 내가 잊고 돌려주지 않은 열쇠들을 돌려받기 위해 어둠 속에서 발꿈치를 든 채 기숙사 방으로 들어왔다. 그가 내 어깨에 손을 대자마자 나는 거칠게 울부짖었고, 그 통에 모두 잠에서 깨고 말았다. 다음날, 나는 2층에 임시로 마련한 6인용 방으로 옮겨졌다.

그것은 내가 밤에 겪는 두려움에 대한 해결책이었으나, 그 해결책은 너무나도 큰 유혹을 동반했다. 임시로 마련한 방이 식료품 저장 창고 바로 위에 위치해 있어, 그 방에서 자는 학생들 가운데 넷이 주방까지 미끄러져 내려가 자정의 만찬을 즐기기 위해 각자 먹고 싶은 것을 약탈했기 때문이다. 성격이 너무 곧은 세르히오 까스뜨로와 가장 소심한 나는 긴급한 상황이 발생할 경우 협상자로 나서기 위해 각자의 침대에 머물러 있었다. 한 시간 뒤 동료 넷은 창고 절반을 털어 와 만찬을 차렸다. 우리가 기숙사에서 보낸 몇 년 동안 처음으로 맞이한 성대한 먹자 파티였으나 배탈이 나는 바람에 24시간 만에 발각되고 말았다. 나는 거기서 모든 것이 끝장났다고 생각했고, 별다른 대책도 없었다. 에스뻬띠아 교장 선생님의 협상가적 재능이 우리를 퇴학의 위기로부터 구해 주었다.

학교로 봐서는 가장 좋은 시절이었으나 나라로 봐서는 가장 희망 없는 시기였다. 예라스 대통령‡이 취한 중립적 입장은 학교에서 처음으로 느껴지기 시작하던 긴장을 자연스럽게 증폭시켜 버렸다. 그런데 바로 그때서야 나는 내가 살고 있는 나라에 대한 의식을 갖게 되기 시작했다. 물론, 요즘에 나는 내 안에 오래전부터 조국이 자리하고 있었다는 사실을 깨닫게 되었다. 그전 해부터 중립성을 유지하려 애쓰던 몇몇 선생님도 수업 시간에는 중립성을 유지할 수 없었고, 자신들의 정치적 성향에 관해 정리되지 않은 생각들을 줄줄이 늘어놓았다. 차기 대통령 선거를 위한 치열한 선거전이 시작된 뒤부터는 그 정도가 심해졌다.

같은 자유당에 소속된 가이딴과 뚜르비‡‡가 동시에 대통령 선거에 출마하면 자유당은 16년 동안 유지해 오던 정권을 잃을 것이라는 점이 날이 갈수록 더 명백해졌다. 두 후보는, 각자가 지닌 과오 때문만이 아

---

‡ Alberto Lleras Camargo(1906~1990). 외교관이며 정치인으로, 1945~1946년까지 대통령 권한 대행을 수행하고 1958~1962년까지 대통령을 역임했으며, 미주 기구(OAS)의 초대 사무총장을 지냈다.
‡‡ 가이딴(Jorge Eliécer Gaitán)은 자유당 급진파 지도자로, 1946년 대선에 자유당 공식 후보인 뚜르비(Gabriel Turbay)와 맞섰다.

니라, 라우레아노 고메스‡ 대신 족벌의 총수로 명성이 자자한 백만장자 엔지니어 오스삐나 뻬레스‡‡에게 대통령 후보 직을 맡긴 보수당의 살벌한 결정 때문에, 각기 다른 두 당에 소속되어 있는 것처럼 견해 차이가 아주 컸다. 보수당파는 자당의 대통령 후보를 결정한 바로 그날부터 정치적 상황이 어떻게 전개되리라는 것을 잘 알고 있었다. 분열된 자유당과 단결력을 과시하며 만반의 준비를 하고 있던 보수당의 경합은 그 결과가 뻔했다. 오스삐나 뻬레스가 대통령으로 당선되었다.

그때부터 라우레아노 고메스는 공권력을 이용하여 전면적인 폭력 사태를 일으킴으로써 대통령 직을 물려받을 준비를 시작했다. 그것은, 전국적으로 발발한 여덟 번의 내전과 지역적으로 발발한 열네 번의 내전, 세 번에 걸친 군사 쿠데타, 그리고 마지막으로, 400만에 불과한 국민 가운데 자유파와 보수파 두 진영에서 8만여 명이 희생된 천일전쟁 같은 사건들 사이사이에 이루어진 일시적인 휴전 상태 말고는 평화를 향유할 수 없었던, 19세기의 역사적 현실로 회귀하는 것이었다. 간단하게 말하자면, 100년을 후퇴하기 위한 저속한 프로그램에 불과했던 것이다.

내가 이미 학교를 마칠 무렵이었을 때 히랄도 선생님은 내게 특별하기 이를 데 없는 부당한 예외 조치를 취했다. 나는 지금도 그것에 대해 여전히 부끄러움을 느끼고 있다. 선생님은 내가 4학년 때부터 낙제한 대수학 과목을 통과시켜 주기 위해 간단한 시험 문제를 준비해 교무실에서 혼자 시험을 보도록 함으로써 부정행위를 할 수 있는 모든

‡ Laureano Eleuterio Gómez. 보수주의적인 성향이 강한 정치인으로 1950~1953년까지 콜롬비아 대통령을 역임했다.
‡‡ Luis Mariano Ospina Pérez. 보수당 출신으로 1946~1950년까지 대통령을 지냈다.

기회를 제공해 주었다. 한 시간 후 잔뜩 기대하는 얼굴로 나타난 선생님은 내가 써 낸 처참한 답안지를 보더니 쪽마다 위에서 아래로 커다란 가위표를 좍좍 그림으로써 답을 폐기시켰고, 이내 사납게 투덜거렸다. "대가리가 썩었군." 그럼에도 불구하고 최종 성적은 합격이었는데, 선생님이 나를 위해 자신의 원칙과 의무를 저버렸기 때문에 선생님에게 감사를 표하지 않는 것으로 예의를 표했다.

그해 마지막 시험을 치르기 전날 밤, 기예르모 로뻬스 게라와 나는 술에 잔뜩 취해 곤살로 오깜뽀 선생님과 말다툼을 하는 불쾌한 사건을 일으키고 말았다. 호세 빨렌시아가 자기 호텔 방에서 함께 공부를 하자며 우리를 초대했다. 호텔은 꽃이 만발한 공원과 그 뒤로 배경처럼 둘러서 있는 대성당이 어우러져 목가적 정취를 물씬 풍기는 식민지 시대의 보석이었다. 마지막 시험 한 과목만 남아 있었기 때문에 우리는 밤 늦게까지 공부를 하고, 우리 같은 빈자들이 드나드는 선술집들을 들러 학교로 돌아갔다. 당직을 서고 있던 완벽 규칙주의자 오깜뽀 선생님이 그 늦은 시각에 그런 몰골로 싸돌아다닌다고 우리를 나무라자 우리는 합창을 하듯 욕설을 퍼부어 버렸다. 선생님의 분노 섞인 반응과 우리의 고함 소리는 기숙사에 일대 소동을 일으켰다. 교무위원회는 로뻬스 게라와 내가 마지막 기말 시험을 볼 수 없다고 결정했다. 그러니까, 적어도 그해에는 우리가 중등학교 졸업장을 받을 수 없다는 것이었다. 교사들이 도저히 깨뜨릴 수 없는 연대감으로 군건히 결속했기 때문에, 우리는 교사들 사이에 어떤 비밀 협상이 이루어졌는지 전혀 알 수 없었다. 에스뻬띠아 교장 선생님이 위험을 무릅쓰고 혼자서 그 문제를 떠맡았던 것 같다. 그는 우리더러 보고타로 가서 교육부 건물 안에서 시험을 볼 수 있도록 했다. 우리는 시키는 대로 했다. 몸소 우리를 교육부로 데려간 에스뻬띠아 교장 선생님은 우리가 필답 고사를 치르는 동안 우리와 함께 있었고, 바로 그 자리에서 시험 결과가 나왔다. 결과는 아주 좋았다.

  에스뻬띠아 교장 선생님이 문제를 너무 쉽게 해결하고, 우리가 뛰어난 성적을 거두었기 때문인지 오깜뽀 선생님은 졸업식에도 참석하지 않았다. 당시 학교 내부 상황이 아주 복잡했던 것 같다. 그리고 나는 내 개인적인 성과 때문에 특별상으로 잊을 수 없는 책 한 권을 받았다. 디오게네스 라에르티오스의 『철학자들의 생애』였다. 부모님이 기대하던 것 이상이었을 뿐만 아니라, 그해 졸업생들 가운데 일등을 했다. 하지만 급우들은 내가 가장 뛰어난 성적을 거두었다고 생각하지 않았고, 나는 더더욱 그렇게 생각하지 않았다.

5

중등학교를 졸업한 지 9개월 뒤, 당시 가장 재미있고 진지했던, 보고타에서 발행되는 《엘 에스뻭따도르》 일요판 문예지 《핀 데 세마나》에 내 첫 번째 단편소설이 실릴 줄은 상상도 하지 못했다. 그로부터 42일 뒤, 두 번째 단편소설이 실렸다. 하지만 내가 가장 놀랐던 것은 신문사 편집부국장이자 《핀 데 세마나》의 편집장이면서, 당시 콜롬비아에서 가장 뛰어난 비평가로서 새로운 가치들의 출현에 지대한 관심을 지니고 있던, 에두아르도 살라메아 보르다('울리세스'[†]라는 필명을 사용했다.)가 쓴 헌사였다.

전혀 기대하지 않았던 일이 일어났으므로 지금 그에 관해 언급조차 쉽지 않을 정도다. 그해 초 나는 내 부모와 한 약속에 따라 보고타 소

[†] '율리시스'의 에스파냐어 발음이다.

재 국립 대학교 법과대학에 등록했다. 시내 최중심지 플로리안 거리에 있는 어느 하숙집에서 살았는데, 하숙생들은 거의 대부분이 대서양 연안 출신이었다. 나는 한가한 오후가 되면, 먹고살기 위해 아르바이트를 하는 대신 하숙방이나 독서가 허용되는 카페에서 책을 읽었다. 책들은 우연히, 운까지 따라 준 덕에, 내 수중에 들어오게 되었는데, 그런 책들을 살 능력이 있던 친구들이 반납 일정을 아주 빠듯하게 잡아 책을 빌려 주는 바람에 제 날짜에 책을 돌려주기 위해 여러 밤을 새곤 했고, 그런 의미에서 그것은 우연이라기보다는 내 운이 좋았다고 봐야 할 것이다. 하지만, 내가 시빠끼라 중등학교에서 읽은 책들, 즉 이미 기념비적인 작가들의 영묘에 안치될 만한 것들과는 달리, 그때 내가 읽은 책들은 2차 세계대전으로 인한 오랜 기간의 출판 공백을 깨고 부에노스 아이레스에서 새로 번역되어 인쇄된 것들이었다. 우리는 오븐에서 막 구워 낸 따끈한 빵을 대하는 것처럼 책을 읽어 댔다. 다행스럽게도 나는 호르헤 루이스 보르헤스와 D. H. 로렌스와 올더스 헉슬리처럼 익히 알려져 있던 작가들, 그레이엄 그린과 길버트 체스터턴 같은 작가들, 윌리엄 아이리시, 캐서린 맨스필드, 그리고 그밖에 많은 작가들을 발견하게 되었다.

 이런 새 책들은 책방에서 쉽사리 구할 수 없는 것들이었으나, 몇 가지 종류는 학생들이 자주 이용하는 카페에 돌아다녔다. 그런 카페들은 지방 출신 대학생들 사이에서 역동적인 문화 보급 센터 구실을 하고 있었다. 많은 학생들은 매년 고정 좌석을 확보해 두고 우편물 수신처도 그곳으로 정해 놓음으로써, 그곳에서 우편물은 물론이고 전신환까지 받았다. 주인들이나 서로 믿고 지내는 종업원들이 베푸는 그런 종류의 호의는 대학의 많은 과정들을 통과하는 데 결정적인 역할을 했다. 사실, 국내에서 활동하는 많은 전문직 종사자들이 눈에 보이지 않는 후원자들보다는 그들에게 더 많은 빚을 졌을 것이다.

나는 중견 시인들이 애용하는 엘 몰리노 카페를 더 좋아했다. 카페는 하숙집에서 불과 200여 미터 정도 떨어진 지점, 즉 히메네스 데 께사다 대로와 7번가가 교차하는 길모퉁이에 있었다. 학생들이 고정 좌석을 확보하는 걸 허용하지는 않았으나, 우리가 시인들 옆 좌석에 웅크리고 앉아 듣던 문학적 대화들 때문에, 어떤 사람은 책에서보다 그곳에서 더 많은 것을 배운다고 확신했다. 카페는 에스파냐식으로 지어진 커다랗고 멋진 집으로, 화가 산띠아고 마르띠네스 델가도가 장식한 벽들에는 돈 끼호떼가 풍차들과 싸우는 장면이 그려져 있었다. 당시 나는 고정 좌석을 확보하지는 못했지만, 항상 종업원들에게 부탁해 가능하다면 위대한 문필가 레온 데 그레이프(털보에, 구시렁구시렁 불평을 해대는 매력적이고 쾌활한 남자였다.)가 앉아 있는 곳에서 가장 가까운 곳에 잡아 달라고 미리 조정을 해 놓았다. 레온 데 그레이프는 그 당시 가장 유명한 작가 몇과 더불어 해가 질 무렵부터 문학 강의를 시작해, 체스 제자들과 더불어 자정 무렵까지 곤드레만드레 취하도록 술을 마셔 댔다. 국내 예술·문학계의 저명 인사 치고 그 자리를 거쳐 가지 않은 사람은 거의 없었는데, 우리는 우리 자리에 앉아 그들의 대화를 단 한 마디도 놓치지 않으려고 죽은 듯이 잠자코 있었다. 대부분은 자신들의 예술과 일보다는 여자들이나 정치적 음모들에 관해 더 많은 얘기를 했다 해도, 항상 뭔가 배울 만한 새로운 것들에 관해 언급했다. 얘기를 가장 열심히 들었던 축은 우리 대서양 연안 출신들이었는데, 우리는 까차꼬들에 대항한다는 카리브적 공감대 때문에 단합하기도 했지만 그보다는 책을 좋아하는 악습의 영향이 더 컸다. 내게 성경을 읽는 법과, 욥의 친구들 이름을 죄다 암기하는 법을 가르쳐 준 법학과의 호르헤 알바로 에스뻬노사가 어느 날, 내가 앉아 있는 탁자 위에 무지하게 두꺼운 책 한 권을 올려놓더니 예의 그 주교처럼 위엄 있는 태도로 이렇게 선언했다.

"이건 또 다른 성경이지."

그 책은 제임스 조이스의 『율리시스』였다. 그 책이 생각날 때마다 무작정 집어 들어 조금씩 조금씩 읽었는데, 결국 인내심이 한계에 이르고 말았다. 그 책을 읽기에는 아직 내 실력이 모자랐던 것이다. 몇 년 뒤 내가 이미 유유낙낙한 어른이 되었을 때 그 책을 진지하게 다시 숙독해야 한다는 과제를 스스로에게 부과했다. 그것을 통해 결국, 그동안 전혀 생각해 보지 못한 독특한 세계 하나를 발견했을 뿐만 아니라, 내가 내 책들을 통해 구가하는 언어의 자유, 시간과 서사 구조의 운용에 잊을 수 없는 기교적 도움을 얻었다.

나와 방을 함께 쓰는 농료들 가운데 도밍고 마누엘 베가라는 친구가 있었다. 수끄레에서부터 나와 친구로 지낸 의학과 학생으로, 그도 나처럼 게걸스럽게 책을 읽어 댔다. 다른 친구는 외삼촌의 맏아들인 니꼴라스 리까르도였다. 그는 내가 우리 가족이 지닌 미덕을 유지하도록 도와주었다. 어느 날 밤 베가는 책 세 권을 사 들고 와서 그 가운데 한 권을 내게 빌려 주었다. 그는 잠을 제대로 이루지 못하는 내가 독서를 하다 잠들 수 있도록 가끔 책을 빌려 주었다. 하지만 그 책을 읽을 때는 완전히 정반대 현상이 일어났다. 다시는 예전처럼 평화로운 상태로 잠들지 못했던 것이다. 프란츠 카프카의 『변신』 때문이었다. 보르헤스가 서툴게 번역한 것을 부에노스 아이레스의 로사다 출판사가 발행한 것으로, 첫째 줄부터 내 삶에 새로운 길 하나를 설정해 주었다.

오늘날 그 책은 세계 문학사에 길이 빛날 작품이 되었다. "어느 날 아침, 악몽을 꾸고 꺼림칙한 기분으로 잠에서 깨어난 그레고르 잠자는 침대에 누워 있는 자신이 흉측한 벌레로 변해 있다는 사실을 발견했다." 베가가 산 책들은 추리 소설들이었는데, 책 속에 들어 있는 위태위태한 벼랑길들은 내가 당시까지 알고 있던 모든 것들과 달랐을 뿐만 아니라 대개는 정반대되는 것들이었다. 소설에 써진 것들을 논증할 필요는 없었다. 작가가 그것이 실제처럼 보이도록 하기 위해 그렇게 썼다는 사실만으로도 충분했고, 또 그의 재능이 지닌 힘과 그의 목소리가 지닌 권위 자체보다 더 훌륭한 증거는 없었기 때문이다. 그것은 '새로운 샤흐라자드'였는데, 그녀는 모든 것이 가능한 1,000개의 자기 세계 안에 있었던 것이 아니라 모든 것이 이미 상실되어 버린 복구할 수 없는 다른 세계 안에 있었다.

『변신』을 다 읽고 났을 때, 그 낯선 천국에서 살고 싶다는 거부할 수 없는 조바심이 나를 사로잡았다. 책을 다 읽고 새롭게 맞이한 날, 나는 도밍고 마누엘 베가가 내게 빌려 준 타자기 앞에 앉아 거대한 갑충으로 변한 카프카의 가련한 세일즈맨과 유사하게 보이는 무언가를 쓰려고 시도했다. 그 뒤 며칠 동안, 나는 그 마법이 깨질까 봐 두려워 학교에도 가지 않은 채 질투심으로 이루어진 땀을 연신 흘려 대고 있었다. 그때 마침 에두아르도 살라메아 보르다가 자신이 편집장으로 일하는 잡지에 침통한 어조의 기사 한 편을 썼는데, 그 기사에서 그는 콜롬비아의 신세대 작가들 중에는 마땅히 기억할 만한 이름이 없고, 미래에도 현 상황이 개선될 여지가 전혀 보이지 않는다고 개탄했다. 나는 당시 무슨 권리로 그 기사를 내 세대의 이름에 대한 도전으로 생각했는지는 지금도 알 수 없다. 하지만 나는 그동안 방치해 둔 단편소설을 다시 잡아듦으로써 그 도전에 응할 태세를 취했다. 나는 『변신』에 등장하는 '스스로를 의식하고 있지만, 자기 자신에 관한 허위적인 미스터리와 존재론적 편견으로부터 벗어나 있는 시체'의 발상을 차용해 나름대로 다듬었다.

어찌 되었든 나는 내 작업에 관해 아무런 확신이 없었기 때문에 카페의 같은 테이블에 앉아 있는 동료들 가운데 그 누구에게도 감히 얘기를 꺼내지 못했다. 법학과 동기이자, 내가 강의의 따분함을 견뎌 내기 위해 쓰던 산문시의 유일한 독자인 곤살로 마야리노에게도 마찬가지였다. 피로에 지칠 때까지 원고를 읽고 또 읽고 수정했으며, 마지막으로 그때까지 단 한 번도 대면한 적이 없는 에두아르도 살라메아에게 짤막한 편지 한 통을 썼는데, 현재 그 편지의 내용은 단 한 자도 기억나지 않는다. 나는 그 모든 것을 봉투에 넣어 직접 《엘 에스뻭따도르》 안내 데스크로 가져갔다. 수위는 나더러 살라메아에게 가서 직접 전달하라며 2층으로 올라가라고 했으나, 단 한 가지 생각 때문에 그만두었다. 나는 봉투를 안내 데스크에 놓고는 도망치듯 신문사를 나와 버렸다.

어느 화요일에 일어난 일이었다. 내 단편소설의 운명에 관해 그 어떤 예감도 나를 힘들게 하지는 않았으나, 그것이 출판된다고 해도 빠른 시일 내에 이루어지지는 않을 거라는 확신은 지니고 있었다. 그사이 2주 동안, 일요판 문예지가 발간되는 토요일 오후만 되면 밀려오는 조바심을 달래기 위해 이 카페 저 카페를 돌아다니며 방황하고 있었는데, 9월 13일 엘 몰리노 카페에 들어갔을 때 막 발간된 《엘 에스뻭따도르》에 내 단편소설 제목이 대문짝만 하게 실려 있었다. '세 번째 포기'.

맨 먼저 떠오른 생각은 내 수중에 신문 살 돈 5센따보도 없다는 눈물겨운 확신이었다. 신문 말고도 일상 생활에 필요한 많은 기본적인 것들, 예컨대 전차비, 공중전화비, 커피 한 잔 값, 구두 닦는 값 등이 5센따보였기 때문에, 이것은 내가 가난하다는 사실을 명백히 반영하는 것이었다. 차가운 이슬비가 내리는 거리를 우비도 없이 내달렸으나 주변 카페들에는 내게 자선의 동전 한 닢 선사할 지인 하나 없었다. 토요일의 그 죽은 시각에 하숙집에는 여주인 말고 아무도 없었다. 두 달 동안 먹고 자는 데 5센따보의 720배에 달하는 돈을 하숙집 여주인에게 빚지고 있었기 때문에 여주인은 있으나 마나였다. 될 대로 되라는 식으로 다시 거리로 나왔을 때 마치 하느님께서 보내 주신 것처럼 손에 《엘 에스뻭따도르》를 든 남자가 택시에서 내리고 있었다. 나는 그에게 신문을 달라고 당당하게 요구했다.

그렇게 해서, 나는 그 신문사 전속 삽화가 에르난 메리노가 그린 삽화와 더불어 활자화된 내 단편소설을 읽을 수 있었다. 내 방으로 들어온 나는 가슴이 방망이질을 하는 가운데 숨을 죽인 채 아무도 몰래 내 단편소설을 읽었고, 매 행에서 인쇄 활자의 파괴적 힘을 발견하게 되었다. 엄청난 애정을 투여하고 엄청난 고통을 감내하면서 세계적인 천재의 작품을 겸손하게 모방해 구축해 놓았다고 자위했었는데, 막상 신문에 실린 것을 읽어 보니 위안을 삼을 수 있는 문장 서너 개에 의해 가까스로 지탱되고 있을 뿐, 혼란스럽고 허약한 독백에 불과한 것처럼 보였던 것이다. 내가 과감하게 그 단편소설을 두 번째로 읽기까지는 거의 20년이 흘러야 했는데, 그 당시 내가 내 처지에 연민의 정을 발휘함으로써 제아무리 관대하게 판단했다고 해도, 그때의 내 심정은 만족감과는 거리가 멀었다.

가장 곤란했던 것은, 신문을 사 들고 내 하숙방으로 쳐들어와서는 제대로 이해하지 못했음에 틀림없는 내 단편소설에 관한 과도한 칭찬을 해 대는 열광적인 친구들이었다. 대학 동료들 중 몇은 내 단편소설을 이해했고, 일부는 덜 이해했고, 일부는 이런저런 이유로 첫 네 줄도 채 넘기지 못했으나, 문학적 판단이 정확하다는 점에서 의심할 여지가 없던 곤살로 마야리노는 무조건 인정해 주었다.

내가 몹시 초조했던 이유는 호르헤 알바로 에스뻬노사의 의견 때문이었다. 그의 예리한 칼날은 우리의 문학 서클 밖에서도 가장 위험스럽게 취급받고 있었다. 나는 그에게 적대적인 감정을 느끼고 있었다. 불안감을 단번에 해소하기 위해 당장이라도 그를 만나고 싶기도 했으나 동시에 그를 만난다는 생각만 해도 두려움이 엄습해 왔다. 그는 화요일까지 모습을 드러내지 않았다. 그런 일은 욕심 많은 독자에게는 그리 특이한 일이 아니었다. 이윽고 엘 몰리노 카페에 다시 나타난 그는 내 단편소설이 아니라 나의 대담성에 관해 말하기 시작했다.

"네가 어떤 짓을 했는지 너 스스로 잘 알고 있을 거다." 그는 코브라 같은 초록색 눈으로 내 눈을 뚫어지게 쳐다보면서 말했다. "이제 넌 이름이 알려진 작가들과 같은 반열에 놓이게 되었고, 그에 상응한 대접을 받으려면 할 일이 엄청 많을 거야."

나는 울리세스가 내 단편소설에 대해 썼던 헌사처럼 충격적인 그의 말 때문에 몸이 굳어져 버렸다. 하지만 그 말이 채 끝나기도 전에 나는 내가 진실이라고 생각했고, 계속해서 그렇게 생각하던 바를 그에게 밝히기로 결정했다.

"그 소설은 쓰레기야."

그는 시간이 없어 내 단편소설을 대충 훑어보았기 때문에 특별히 해 줄 말이 없다고 특유의 절제력을 발휘해 가며 대답했다. 하지만 그는, 설령 그 단편소설이 내가 말하는 것처럼 그렇게 나쁘다고 해도, 내 삶에 찾아온 그 황금 같은 기회를 희생시킬 만큼은 아니라고 내게 설명했다.
"어찌 되었든, 그 단편소설은 과거 일이야. 지금 중요한 건 다음에 쓸 소설이란 말이야." 그가 결론지었다.
그 말을 듣자 정신이 멍해졌다. 어리석게도 그에 반박할 논리들을 정신없이 찾아보던 나는 마침내 그의 충고보다 더 현명한 충고는 들을 수 없으리라는 사실을 깨닫게 되었다. 그는 먼저 소설의 얼개를 구상하고, 그러고 나서 문체를 생각하되, 양자는 일종의 상호 예속 상태에서 서로에게 의존하는 것이라는 확고한 논리를 전개했다. 이런 방법은 고전주의 작가들이 휘두르던 마법의 지팡이였다는 것이다. 내가 중등학교에서 의무감에 읽은 적이 있던 호메로스뿐만 아니라 그리스 고전 작품들을 편견 없이 심도 있게 읽을 필요가 있다는, 여러 번에 걸쳐 내게 반복하던 그의 견해가 나를 조금은 안심시켰다. 나는 그에게 그렇게 하겠노라 약속했고, 내친김에 다른 작가들의 이름을 그에게서 듣고 싶었으나, 그는 그전 주말에 읽은 앙드레 지드의 『사전(私錢)꾼』으로 화제를 돌렸다. 우리의 대화가 내 삶의 문제를 해결해 줄 수도 있을 거라는 말을 그에게 할 용기가 나지 않았다. 나는 이번에는 첫 번째 단편소설을 쓸 때처럼 구불구불 돌아가지 않기 위해, 다음 단편소설에 필요한 사항들을 적느라 그날 밤을 꼬박 세웠다.
나는, 내 단편소설에 관해 내게 얘기하는 사람들은 그 스토리 자체에 많은 감동을 받은 것이 아니라 (그들은 아마 읽지도 않았거나 읽었더라도 이해하지 못했음에 틀림없다.) 아주 중요한 어느 지면에 특별한 형식으로 실렸기 때문일 것이라 생각했다. 우선 나는 내가 지닌 커다란 결점 두 가지는 세상에서 가장 큰 결점이라는 사실을 깨달았다. 그것은 내 서투른 글쓰기 솜씨와 인간의 마음에 관한 나의 무지였다. 그런 점들은 내 첫 번째 단편소설에 아주 명백히 드러나 있었다. 인위적 감정을 남용함으로써 더 악화되어 버린, 혼돈스럽고 모호한 명상의 결과였다.

두 번째 단편소설을 쓰기 위해 내 실제 삶의 상황들에 관한 기억을 되살려 보는 과정에서 나는 유년 시절에 만난 아름다운 여자들 가운데 하나가 자기 무릎에 올려놓고 쓰다듬고 있던, 아주 예쁜 수코양이 몸속에 들어가고 싶다고 내게 말한 사실을 기억해 냈다. 당시 내가 그 이유를 묻자, 그녀가 대답했다. "고양이가 나보다 더 예쁘니까." 그때 나는 두 번째 단편소설의 출발점과 매력적인 제목을 발견했다. '이브는 자기 고양이 속에 있다'. 나머지 부분은, 첫 번째 단편소설에서처럼 순전히 내가 지어낸 것이고, 그렇기 때문에 (그 당시 우리가 즐겨 사용하던 어투로 말하자면) 그 두 단편소설 모두 내부에 자기 파괴를 유발할 수 있는 씨를 지니고 있었다.

카리브 지역 하늘에 떠오르는 별이었던 화가 엔리께 그라우가 삽화를 그린 이 단편소설은 1947년 10월 25일 토요일, 첫 번째 단편소설과 동일한 형식으로 실렸다. 이미 등단한 작가에게 단편소설의 출판을 일상적인 일이나 되는 것처럼 내 친구들이 받아들인다는 사실이 놀라웠다. 한편 나는 오류들 때문에 마음 고생을 했고, 성공을 의심하면서도 희망을 유지할 수 있었다. 며칠 뒤, 울리세스라는 필명을 사용하는 에두아르도 살라메아가 《엘 에스뻭따도르》의 자기 칼럼에 기사 한 편을 실음으로써 나에게 거대한 충격을 주었다. 아주 직설적인 표현이었다. "《엘 에스뻭따도르》 일요판 문예지 《핀 데 세마나》의 독자들은 역동적인 개성을 지닌 독창적인 신예 천재가 출현했다는 사실을 알게 되었을 것이다." 그리고 더 나아가서는 이렇게 써 놓았다. "상상 속에서는 무엇이든 만들어 낼 수 있으나, 상상으로부터 자연스럽게, 단순 명료하게, 호들갑스럽지 않게 진주를 뽑아내 보여 줄 줄 아는 것은 이제 막 문학과 관계를 맺은 스무 살 청년 모두가 할 수 있는 일이 아니다." 그리고 그 기사는 단도직입적인 어투로 끝을 맺었다. "가르시아 마르케스를 통해 새롭고 뛰어난 작가 한 명이 탄생했다."

그 기사는 (그렇고 말고!) 내게 행복한 충격이었으나, 동시에 살라메아 자신이 돌아오지 못할 길을 자청해서 떠나 버린 것이 몹시 안타깝다는 생각이 들었다. 이제 모든 것은 이루어졌고, 나는 그의 관대함을 내가 평생 간직해야 할 양심에 호소하는 것으로 해석할 수밖에 없었다. 기사는 역시 울리세스가 자신의 편집국 동료들 가운데 누군가를 통해 내 신분에 관해 파악했다는 사실 또한 밝혔다. 그날 밤 나는 절친한 사촌들 가운데서도 유독 친하게 지내던 곤살로 곤살레스가 울리세스에게 나에 대해 정보를 주었다는 사실을 확인했다. 곤살로 곤살레스는 15년 동안, 에두아르도 살라메아의 책상에서 5미터 떨어진 곳에 위치한 자신의 자리에서 식을 줄 모르는 열정을 지닌 채, '곡'이라는 필명으로 독자들의 질문들에 답변하는 칼럼을 썼다. 다행히 에두아르도 살라메아는 나를 찾지 않았고 나 또한 그를 찾지 않았다. 시인 레온 데 그레이프의 고정 좌석에 앉아 있는 그를 한 번 보았을 때, 골수 흡연가인 그의 목소리와 탁한 기침 소리를 들었을 뿐이고, 여러 문화 행사에서 그와 지근거리에 있었으나, 그 누구도 그를 우리에게 소개해 주지 않았다. 몇 번은 우리가 서로 모르는 사이였기 때문이고, 다른 몇 번의 경우는 우리가 서로 모르는 사이라는 것이 다른 사람들에게는 가능해 보이지 않았기 때문이다.

당시 사람들이 어느 정도까지 시의 그늘 아래서 살고 있었는지 상상하는 것은 어려운 일이다. 시는 격렬한 열정이었고, 존재의 다른 방식이었으며, 아무 곳으로나 흘러내리는 촛농이었다. 우리는 경제면이 되었건 법률면이 되었건 항상 신문을 펼치고, 커피 잔 바닥에서 커피 찌꺼기를 읽었는데,‡ 바로 그곳에 우리의 꿈을 실현시켜 주기 위한 시가 우리를 기다리고 있었다. 따라서, 지방 출신인 우리에게 보고타는 나라의 수도고 통치의 중심지였으나, 무엇보다도 시인들이 살고 있는 도시였다. 우리는 시를 신봉했고 시 때문에 죽을 수도 있었을 뿐만 아니라, 루이스 까르도사 이 아라곤이 썼다시피, "시는 인간 존재에 대한 유일하고 확실한 증표다."라는 사실을 확고하게 인식하고 있었다.

세상은 시인들에게 속해 있었다. 내 세대에게는 시인들이 새롭게 발표한 시들이 갈수록 우울해져만 가는 정치적 뉴스보다 더 중요했다. 콜롬비아의 시는 탁월한 낭만파 시인 호세 아순시온 실바라는 외로운 스타의 빛을 받아 19세기부터 출현했다. 그는 의사에게 부탁하여 심장 부분에 요오드 용액을 묻힌 솔로 동그라미를 그려 놓게 한 뒤, 서른한 살의 나이로 권총 한 발을 발사해 버렸다. 라파엘 뽐보나 위대한 서정 시인 에두아르도 까스띠요는 내가 태어나기 전에 세상을 뜬 시인들이었다. 에두아르도 까스띠요의 친구들은 그를, 모르핀 때문에 푸르딩딩하게 변한 피부에 기다란 망토를 입고, 가이나소 같은 형상을 한 채 해질 무렵 무덤에서 도망쳐 나온 귀신으로 묘사했다. 망나니 시인 같은 외모였다. 어느 날 오후, 나는 전차를 타고 7번가에 위치한 어느 거대한 저택 앞을 지나가면서 그때까지 본 사람들 가운데 가장 인상 깊은

‡ 차나 커피를 마시고 난 뒤 잔의 바닥에 남은 찻잎이나 커피 찌꺼기로 점치는 것을 의미한다.

남자 하나가 티 하나 없는 양복 차림에 영국식 모자를 쓰고, 시각 장애인용 검은 안경을 끼고, 목부들의 망토를 둘러쓴 채 현관 앞에 서 있는 모습을 보았다. 그가 바로 당시 좋은 시로 평가받던 시들 가운데 몇 편을 발표한, 외모에 신경깨나 쓰던 낭만파 시인 알베르도 앙헬 몬또야였다. 그들은, 내가 엘 몰리노 카페에서 몇 년 동안 훔쳐보던 레온 데 그레이프를 제외하고, 우리 세대에게 이미 과거의 유령이 되어 있었다.

그들 가운데 그 누구도, 채 서른 살이 되기 전에 스스로 '쎈떼나리오'‡ 세대의 수장이 된 뽀빠얀의 귀족 기예르모 발렌시아의 명성을 따라갈 수 없었다. 쎈떼나리오 세대가 결성된 1910년은 콜롬비아가 에스파냐로부터 독립한 지 100주년이 되는 해였다. 기예르모 발렌시아와 동시대를 살았던, 위대한 낭만파 시인 에두아르도 까스띠요와 뽀르피리오 바르바 하꼽은 발렌시아의 대리석 같은 수사 덕분에 눈부시게 빛나게 된 나라에서 마땅히 받아야 했던 정당한 평가를 얻지 못했다. 발렌시아의 신화적 그늘이 3세대에 걸쳐 진로를 차단했던 것이다. 1925년, '로스 누에보스'라는 이름으로 그 이름에 걸맞은 의욕을 표방한 채 등장한 우리 바로 직전 세대는 라파엘 마야, 그리고 역시 레온 데 그레이프 같은 뛰어난 작가들로 이루어져 있었는데, 그 두 사람은 발렌시아가 권좌에 앉아 있는 동안에는 그 위대성을 전혀 인정받지 못했다. 그때까지 발렌시아는 대통령 자리에까지 오를 뻔할 정도로 특이한 영광을 구가했다.

50년 만에 감히 발렌시아에게 훼방을 놓은 유일한 인물들은 젊음이 넘치는 시집들을 출간한 삐에드라 이 시엘로 파의 구성원들이었는데,

‡ 백 년이라는 뜻이다.

그들은 마지막 순간에 발렌시아 파가 되지 않겠다는 용기를 공통으로 지니고 있었을 뿐이다. 에두아르도 까란사, 아르뚜로 까마초 라미레스, 아우렐리오 아르뚜로, 그리고 멤버들의 시집 출판 비용을 지원하던 호르헤 로하스가 그들이었다. 시의 형식이나 주제에서 모든 멤버들이 동일성을 추구하지는 않았으나, 집단적으로는 고답파 시인들의 케케묵은 유물들을 벌벌 떨게 만들고, 후안 라몬 히메네스, 루벤 다리오, 가르시아 로르까, 파블로 네루다 또는 비센떼 우이도브로 같은 시인들의 다양한 영향력이 드러나 있는 새로운 서정시를 통해 삶을 일깨웠다. 그들은 즉시 대중으로부터 인정을 받은 것도 아니었고, 또 자신들이 천명에 따라 시(詩)라는 집을 청소하기 위해 신이 내린 사람들로 보였다는 사실도 모르고 있는 것 같았다. 그런데 그 당시 가장 존경받는 평론가이자 비평가였던 돈 발도메로 사닌 까노는 발렌시아에 반하는 그 어떤 시도도 좌절시키기 위해 직설적인 평론 하나를 서둘러 썼다. 속담으로 인용될 것 같은 그의 신중함이 괘도를 이탈해 버린 것이다. 단호한 문장들 여럿 가운데 하나를 인용하자면, 발렌시아는 "머나먼 과거의 영혼에 관해 알기 위해 옛 지식을 소유하게 되었고, 인간의 완전한 영혼을 유추를 통해 이해하기 위해 현대 텍스트들에 천착하고 있다."고 썼다. 그는 발렌시아를 모든 것을 통달한 불후의 시인이라고 한 번 더 추켜세웠고, "루크레티우스, 단테, 괴테처럼 자신의 영혼을 구하기 위해 육체를 보존했던" 그런 작가들 사이에 위치시켰다. 발도메로 사닌 까노 같은 친구들 때문에 발렌시아가 적이 없다고 생각했을 법한 사람이 한둘이 아니었다.

  에두아르도 까란사는, 글의 전체 내용을 함축하는 '셰익스피어를 숭배하는 경우'라는 제목의 글 한 편을 씀으로써 사닌 까노에게 반론을 가했다. 그 글은 발렌시아를 자신의 한계 안에 위치시키고, 발렌시아가 서 있는 주춧돌을 제자리에 제 크기로 축소하기 위해 첫 번째로 날린 정확한 타격이었다. 그는 발렌시아가 콜롬비아에서 영혼에 불을 지핀 것이 아니라 언어에 정형 수술을 시술했다는 이유로 고발했으며, 발렌시아의 시는 지나치게 과장되고 형식적이며 잔꾀가 많은 예술가가 쓴 것이라 규정했다. 그 글은 시에 관해 자문하는 것으로 결론을 맺는데, 발렌시아가 쓴 좋은 시들 가운데 하나와 일맥상통하는 내용이었다. "만약 시라는 것이 내 피를 역동적으로 흐르게 만들고, 내 앞에서 갑자기 신비로 향하는 창문이 열리도록 하고, 내가 세상을 발견하도록 도와주고, 이 황량한 가슴이 고독과 사랑, 환희와 증오를 체감하도록 하지 않는다면, 내게 무슨 소용이 있겠는가?" 그의 글은 다음과 같이 끝났다. "내가 나를 모욕하다니! 내게 발렌시아는 고작 괜찮은 시인 한 명에 불과하다."

'셰익스피어를 숭배하는 경우'는 당시 많은 독자를 확보하고 있던 《엘 에스뻭따도르》의 문예지 《렉뚜라스 도미니깔레스》에 실리면서 사회적인 동요를 일으켰다. 그 글은, 그런 효과 말고도, 콜롬비아 시들을 시초부터 심층적으로 점검해 보는 경이로운 계기가 되었지만, 돈 후안 데 까스떼야노스가 '뛰어난 인디언 남자들에 대한 비가(悲歌)'라는 제목의 11음절 시 15만 행을 쓴 이후로 그 과제는 진지하게 다루어지지 않았던 것 같다.

그때부터 시는 널리 알려지기 시작했다. 당시 각광을 받았던 로스 누에보스 파의 멤버들에게뿐만 아니라, 후에 나타나서 팔꿈치로 서로를 밀쳐 대며 자신들의 입지를 구축하고 있던 다른 파 멤버들도 마찬가지였다. 시가 너무 대중적이 되어 버렸기 때문에, 까란사가 주도하고 있던《렉뚜라스 도미니깔레스》나 내 모교 교장 선생님을 지낸 까를로스 마르띤이 주도하고 있던《사바도》각 호의 인기가 어느 정도였는지 오늘날 이해한다는 건 쉽지 않다.

까란사는 자신의 시 말고도, 유명한 행동으로 시인이 되는 방법 하나를 가르쳤다. 그것은 오후 6시에 책 한 권을 가슴에 받쳐 든 채 보고타 7번가의 열 블록에 걸쳐 조성된 상점들을 순례하는 것이었다. 그는 자신이 속한 세대에 하나의 모델이 되었는데, 다음 세대에 각기 다른 방식으로 전수되었다.

그해 중반경 보고타에 시인 파블로 네루다가 도착했다. 그는 시가 정치적인 무기가 되어야 한다고 믿는 사람이었다. 그는 보고타에서 행한 문학 강의들을 통해 라우레아노 고메스 같은 반혁신적인 부류가 있다는 사실을 알았고, 작별 인사를 대신해 자신의 명예를 걸고 징벌성 소네트 세 편을 일필휘지로 썼다. 첫 4행은 시들의 전체 내용을 응축하고 있다.

잘 가오, 결코 월계관을 쓰지 못한 라우레아노[‡]여,
슬픈 총독, 어정뱅이 왕이여.
잘 가오, 껍데기 황제여,
끝없는 죄값을 치르고, 영원히 가오.

까란사는 우파에 우호적이고 라우에라노 고메스와 개인적 친분이 있었음에도, 자신이 주도하던 문학 지면에 그 소네트들을 정치적 선언

[‡] 라우레아노(Laureano)라는 이름은 '월계관을 씌우다'라는 뜻을 가진 동사 laurear와 연관이 있다.

이라기보다는 특종 기사로 두드러지게 실어 버렸다. 하지만 독자들의 반발은 거의 만장일치에 가까웠다. 무엇보다도, 파블로 네루다의 혁신적 사고에 대한 반감만큼이나 라우레아노 고메스의 퇴보적인 사고에 강한 반감을 지니고 있던 전직 대통령 에두아르도 산또스 같은 골수 자유파가 소유한 신문에 그런 소네트들을 실어 버린 몰상식한 행위에 대한 반감이 컸다. 한 외국인이 감히 그런 월권행위를 자행한 것을 참지 못한 사람들은 더욱더 시끌벅적한 반응을 보였다. 시적이라기보다는 궤변적이고 기발하기까지 한 소네트 세 편이 그런 소란을 유발할 수 있었다는 사실은 그 당시 몇 년 동안 시가 지녔던 힘을 증명하는 현상이었다. 어찌 되었든 그 사건이 일어난 뒤, 이제 공화국 대통령이 되어 있던 라우레아노 고메스는, 구스따보 로하스 삐니야 장군이 현직에 있을 때 그랬던 것처럼 네루다의 콜롬비아 입국을 금지했으나, 네루다는 칠레와 유럽을 오가는 여객선을 갈아 타기 위해 까르따헤나와 부에나벤뚜라 항에서 여러 차례 머물렀다. 네루다의 콜롬비아 친구들은 네루다가 칠레와 유럽을 오가느라 콜롬비아 항구들에 머물 때마다 시끌벅적한 파티를 벌였다.

  1947년 2월 법과대학에 입학했을 때 나는 삐에드라 이 시엘로 파에 완전하게 소속되어 있었다. 시빠끼라 중등학교에 다닐 때 까를로스 마르띤 교장 선생님 집에서 삐에드라 이 시엘로 파 멤버들 가운데 가장 유명했던 에두아르도 까란사와 호르헤 로하스를 만난 적이 있었는데도, 내 소심한 성격 탓에 가장 가까이 하기 쉬운 까란사에게조차도 우리가 과거에 한 번 만났다는 사실을 상기시키지 못했다. 언젠가 그란 꼴롬비아 서점에서 그를 본 적이 있다. 아주 가까이 대면했는데 나는 숭배자로서 그에게 인사를 했다. 그는 내게 아주 친절하게 답례를 했으나 나를 알아보지는 못했다. 한번은 엘 몰리노 카페에 있던 레온 데 그레이프가 자리에서 일어나 내가 앉아 있는 자리를 향해 인사를 했다. 그때 누군가가 내가 《엘 에스빽따도르》에 단편소설들을 발표한 적이 있다고 레온 데 그레이프에게 이야기하자 그는 그 단편소설들을 읽어 보겠노라고 약속했다. 그로부터 몇 주 뒤, 불행하게도 4월 9일 민중 소요 사태가 발생했고, 나는 여전히 연기가 피어오르는 그 도시를 피해야만 했다. 4년 뒤, 내가 다시 그 도시로 돌아갔을 때, 엘 몰리노 카페는 이미 잿더미로 변해 사라진 후였고, 선생은 자신을 추종하던 친구들을 데리고 엘 아우또마띠꼬 카페로 옮겨 갔다. 그곳에서 우리는 책, 아구아르디엔떼‡와 친구가 되었고, 선생은 기술에도 행운에도 의지하지 않은 채 체스의 말을 움직이는 법을 내게 가르쳐 주었다.

 어렸을 때부터 사귀어 온 친구들은 시가 문학을 주도하고 있는 나라에서 내가 단편소설을 쓰는 데 그토록 몰두하는 이유를 이해하지 못하는 것 같았는데, 그에 관한 한 나 자신도 제대로 설명할 수 없었다. 어렸을 때 「인간의 궁핍」이라는 시가 큰 인기를 얻었는데, 이를 통해 나 역시 시가 문학을 주도한다는 사실을 어린 시절부터 알게 되었다. 그 대중적인 시는 조잡한 포장지에 인쇄해 수첩처럼 만들어 팔리거나 카리브 지역 시장과 공동묘지들에서 2센따보씩 받고 낭송되기도 했다. 반면에 소설은 드물었다. 호르헤 이사아크스의 『마리아』 이후 많은 소설이 발표되었지만 별다른 반응을 얻지 못했다. 호세 마리아 바르가스 빌라가 가난한 사람들의 마음을 사로잡기 위해 소설 쉰다섯 권을 썼다는 것은 특이한 현상이다. 지칠 줄 모르는 여행가였던 그는 온

---

‡ 콜롬비아식 소주.

통 자기 책뿐인 엄청난 분량의 짐꾸러미를 들고 라틴 아메리카와 에스파냐를 돌아다니며 각지의 호텔 문 밖에 진열해 놓고 팔았는데, 열렬한 독자들 때문에 책이 늘 매진되었다. 그의 대표작 『산들바람 또는 오랑캐꽃』은 동시대 작가들의 훌륭한 소설들보다 더 많은 독자의 가슴을 울렸다.

운 좋게도 살아남은 소설들은 다음과 같다. 에스파냐 출신 작가 후안 로드리게스 프레일레가 식민지 시대 중기인 1600년에서 1638년 사이에 쓴 『숫양』이었다. 누에바그라나다‡의 역사에 관한 자유분방한 소설로, 나중에 기념비적인 픽션으로 인정받았다. 그리고 호르헤 이사아크스가 1867년에 쓴 『마리아』, 호세 에우스따시오 리베라가 1924년에 쓴 『소용돌이』, 또마스 까라스끼야가 1926년에 쓴 『욜롬보 후작 부인』, 에두아르도 살라메아가 1936년에 쓴 『나 자신 속에 머무른 4년』이 있다. 하지만 그 어떤 소설가도, 합당하든 합당하지 않든, 그 수많은 시인들이 향유했던 영광을 향유할 수는 없었다. 한편, 안띠오끼아 주 출신의 위대한 작가 까라스끼야가 쓴 단편소설처럼 아주 유명한 전례도 있었지만, 단편소설은 유연하지도 못하고 기력도 없는 수사법 안에 함몰되어 있었다.

내 문학적 재능이 소설에 그쳤다는 증거는 바로, 내가 시에 미쳐 죽고 싶은 생각이 추호도 없었기에 내 이름을 밝히지 않았거나 필명을 써 가며 시빠끼라 중등학교 시절에 남겨 놓은 많은 시들이다. 그런데 《엘 에스뻭따도르》에 첫 단편소설들을 발표했을 때, 그럴 만한 권한도 없는 많은 사람들이 단편소설이라는 장르의 가치를 깎아내리려 했다.

‡ 18세기~19세기 식민지 시대의 에스파냐령 국가로 지금의 콜롬비아, 파나마, 에콰도르, 베네수엘라에 해당한다.

다양한 관점에서 바라볼 때, 당시 콜롬비아의 삶은 여전히 19세기에 머물러 있었기 때문에 위와 같은 현상을 이해할 수 있을 거라는 생각이 든다. 무엇보다도 여전히 식민지 시대의 추억이 남아 있는 1940년대의 음울한 보고타의 삶은 더욱더 19세기적이었다. 바로 그때 내가 재능도 의욕도 없이 보고타에 있는 국립 대학교 법과대학에 입학한 것이다.

그런 사실은 7번가와 히메네스 데 께사다 대로가 만나는 신경통에 걸린 것 같은 시내에 가 보면 충분히 확인할 수 있었다. 과장이 심한 보고타 사람들은 그곳을 세상에서 가장 훌륭한 교차로라 불렀다. 산 프란시스꼬 성당 시계탑의 시계가 정오를 알릴 때면, 사람들은 교회가 알리는 공식 시간에 자신들의 시계를 맞추기 위해 가던 길을 멈춰 서거나 카페에서 대화를 중단했다. 바로 그 교차로 주변과 교차로 부근 거리에 사람들이 가장 붐볐는데, 우리를 통치했던 에스파냐 왕 펠리뻬 5세처럼 한결같이 다리까지 늘어진 검은색 복장을 입은 상인, 정치가, 기자 들이 (그리고 물론 시인들이) 하루에 두 번씩 약속 장소로 애용했다.

내 학창 시절, 그곳에서는 선례를 찾기가 쉽지 않을 것 같은 신문 하나가 여전히 읽히고 있었다. 그 신문은 교실에 걸려 있는 것과 같은 흑판이었다. 매일 정오와 오후 5시가 되면 분필로 최종 뉴스를 적은 흑판이 《엘 에스뻭따도르》 건물 발코니에 내걸렸다. 그 순간에는 초조하게 뉴스를 기다리는 군중으로 거리가 넘쳐 났기 때문에 전차 통행이 몹시 어려울 정도였다. 거리에 있던 독자들은 좋은 뉴스가 나오면 모두 환호성을 지르며 박수갈채를 보냈고, 뉴스가 맘에 들지 않으면 휘파람을 불며 야유를 하거나 돌멩이를 던졌다. 즉흥적이고 민주적인 참여 방식이었는데,《엘 에스뻭따도르》가 여론의 열기를 측정하는 데 그 어떤 것보다 정확한 온도계였던 셈이다.

아직 텔레비전이 없었고, 라디오 뉴스는 완성도가 아주 높았지만 정해진 시간에만 방송했기 때문에 사람들은 더 완전한 세상 소식을 갖고 집에 도착하기 위해 점심 식사나 저녁 식사를 하러 집에 가기 전에 그곳으로 모여들어 흑판이 내걸리기를 기다렸다. 그곳에서 조종사 꼰차 베네가스가 리마와 보고타 사이를 단독 비행한다는 소식이 알려졌고, 곧이어 그 비행에 관한 잊을 수 없을 정도로 가혹한 소식이 속속 전해졌다. 그런 종류의 뉴스거리들이 발생할 때면 군중의 게걸스러운 궁금증을 풀어 주기 위해 예정된 시간 외에 여러 차례에 걸쳐 바뀐 내용이 쓰인 흑판이 내걸리고 호외가 발행되었다. 세상에 단 하나밖에 없는 그 신문을 읽던 거리의 독자들은 그 아이디어의 고안자이자 아이디어를 충실하게 실천한 사람의 이름이 호세 살가르이며, 그가 약관 스무 살의 나이에《엘 에스뻭따도르》의 수습 편집기자가 되어, 초등학교 이상을 다녀 본 적도 없이 위대한 저널리스트가 되기에 이른 사람이라는 사실을 전혀 모르고 있었다.

보고타의 독특한 명물은 중심가에 있는 카페들이었는데, 머지않아 나라 전체의 삶이 그곳으로 합류했다. 그곳을 찾는 사람 각자가 나름대로 좋아하는 테마, 예컨대 정치, 문학, 경제를 가지고 자신의 시간을 즐겼기 때문에 그 당시 몇 년간의 콜롬비아 역사 대부분은 이런 카페들과 어느 정도 관련되어 있었다. 다들 자신의 정체성에 대한 확실한 표식처럼 나름대로 선호하는 카페를 정해 놓고 있었다.

그 세기 전반기의 작가들과 정치가들(어떤 대통령을 포함하여)은 로사리오 학교 앞 14번가에 위치한 카페들에서 공부했다. 한때 저명한 정치가들이 드나들던 엘 윈드소르 카페는 가장 유서 깊은 카페들 가운데 하나로, 위대한 만화가 리까르도 렌돈은 그곳을 도피처로 삼아 위대한 작품들을 만들어 내기도 했는데, 몇 년 후, 그란비아 카페의 뒷방에서 권총 탄환 한 방으로 자신의 천재적인 두개골을 꿰뚫어 버렸다.

오후만 되면 늘 찾아오는 지루함을 달래기 위한 방법을 모색하던 나는 국립 도서관에서 일반인에게 개방된 음악 홀 하나를 우연히 발견하게 되었다. 나는 그곳을 위대한 작곡가들의 보호 아래 독서를 하는 좋은 도피처로 삼았고, 가끔씩은 친구들을 데리고 가 매력적인 여직원에게 여러 작곡가들의 음악을 신청해 감상했다. 자주 그곳을 찾게 되자, 우리는 각자가 좋아하는 음악 장르에 따라 각각의 다양한 기호들을 발견하게 되었다. 나는 다른 사람들의 기호를 통해 내가 평생 동안 좋아하게 될 무수한 작가들의 다양한 작품을 대부분 알게 되었는데, 매일 열성적으로 쇼팽의 작품을 신청하는 끈질긴 음악광 한 사람 때문에 그 당시 몇 년간은 쇼팽이라면 넌더리가 났다.

어느 날 오후, 음향 시스템이 고장 나는 바람에 음악 홀에는 사람이 없었다. 하지만 음악 홀 여자 책임자는 내가 조용한 홀 안에서 독서를 하도록 허락해 주었다. 처음에는 평화로운 오아시스 속에 있다는 느낌을 받았으나 채 두 시간도 되기 전에 아무런 이유도 없이 마음이 불안해지기 시작해 독서에 집중할 수가 없게 되었고, 결국 나 자신이 낯설다는 느낌까지 들어 버렸다. 그런 식으로 여러 날 지속되던 불안감은 다시 음악을 듣게 되면서 해소되었고, 그때부터 음악은 내가 항상 비밀스럽게, 열정적으로 추구하는 대상이 되었다.

일요일 오후 음악 홀이 문을 닫으면, 나의 오달진 즐거움은 파란색 유리창이 달린 전차를 타고 여행하는 것이었다. 5센따보만 내면 볼리바르 광장에서 칠레 대로 사이를 오갈 수 있었다. 전차 안에서 사춘기 시절의 오후들을 회상했다. 과거 속에 파묻혀 있던 수많은 일요일들이 주마등처럼 스치고 지나갔다. 두 지점 사이를 마냥 왔다 갔다 하는 전차를 타고 다니는 사이 시집들을 읽으며 시간을 보냈다. 여행은 한 블록을 지나가는 동안 시 한 소절을 읽는 식으로, 끊임없이 이슬비가 오가는 도시에 첫 전깃불이 켜질 때까지 계속되었다. 전차에서 내린 뒤 전차에서 읽은 시들에 관해 함께 대화를 나누는 자선을 베풀어 줄 누군가를 찾아 구시가의 인적 없는 카페들을 기웃거렸다. 가끔씩은 그런 사람(항상 남자였다.)을 만나기도 했다. 우리는 재떨이의 담배꽁초들을 다시 물어 끝까지 다 피우면서, 카페 바깥세상에서는 전 인류가 섹스를 하고 있는 사이 시에 관해 이야기하면서, 자정이 넘은 시각까지 돼지우리처럼 지저분한 어느 싸구려 카페에 머물러 있었다.

  그 당시엔 세상에 젊은이들밖에 없는 것 같았는데, 우리는 항상 우리보다 더 젊은 사람들을 만났다. 각 세대는 서로 다른 세대를 밀어냈다. 무엇보다도 시인들과 범죄자들 사이에서는 그 정도가 심했다. 누군가 뭔가를 채 다 끝내기도 전에 다른 누군가가 그 뭔가를 그보다 더 잘하겠다며 위협적인 모습을 드러내는 일이 다반사였다. 가끔 나는 과거 산프란시스꼬 성당 앞마당에서 거리 사진사들이 찍어 준 우리 사진 몇 장을 옛 문서들 사이에서 발견한다. 그 사진들은, 세상에 쉬운 것이라곤 하나 없고, 일요일 오후면 사랑 없이 생존하는 것이 더더욱 쉽지 않은, 모든 문들이 닫혀 있는 한 도시에 있던 우리가 아니라, 우리 자식들을 찍은 것처럼 보이기 때문에 울컥 솟아오르는 애석한 마음을 억누를 수 없다. 그 도시에서 우연히 외삼촌 호세 마리아 발데블랑께스를 처음 만났다. 그때 나는, 일요 미사를 마치고 나오는 군중 사이를 우산으로 헤치면서 나오는 외할아버지를 보았다는 생각을 했다. 그의 복장에는 그의 정체성이 고스란히 드러나 있었다. 위아래 모두 검은 모직 옷을 입고, 셀룰로이드 옷깃이 달린 하얀 와이셔츠에 빗살 무늬 넥타이를 매고, 시곗줄이 달린 조끼를 입고 있었으며, 딱딱한 모자에 금테 안경을 쓰고 있었다. 그의 인상이 어찌나 강렬했던지 나도 모르게 그 앞을 가로막고 서 버렸다. 그가 위협적인 태도로 우산을 치켜세우더니 내 눈앞에 바짝 들이밀었다.

"지나가도 되겠나?"

"죄송합니다." 내가 무안해하며 말했다. "제 외할아버지인 줄 착각했습니다."

그는 천문학자 같은 시선으로 나를 계속해서 뜯어보더니 냉소적인 어투로 물었다.

"그 유명하신 외할아버지가 어떤 분이신지 알 수 있겠나?"

나는 무례한 짓을 했다는 생각에 적잖게 당황한 상태라 외할아버지의 성명을 정확히 밝혀 버렸다. 그러자 그는 치켜들고 있던 우산을 내리더니 아주 환한 표정으로 씩 웃으며 이렇게 말했다.

"우리가 닮았으니까 그럴 만도 하겠지. 내가 그분의 장남이다."

국립 대학교에서의 일상은 더 견딜 만했다. 그럼에도 불구하고, 나는 그 당시의 현실을 제대로 기억해 낼 수가 없다. 1학년 때 (내가 보고타에서 유일하게 마쳤던 해) 내 성적이 내가 법과대학생이었다는 사실을 믿도록 만들어 준다고 해도, 스스로 법과대학생이라 생각한 적이 단 하루도 없었기 때문이다. 그곳에서는, 내가 시빠끼라 중등학교에서 맺을 수 있었던 인간적 관계를 맺을 시간도 기회도 없었고, 강의가 끝나자마자 학우들은 도시 속으로 뿔뿔이 흩어져 버렸다. 가장 놀랍고도 기분 좋았던 일은 법과대학 학과장이 작가 뻬드로 고메스 발데라마라는 사실을 안 것이었다. 그가 문학잡지들을 만드는 데 초기부터 참여했기 때문에 나는 그에 관해 이미 알고 있었는데, 그는 젊은 나이로 사망할 때까지 나의 절친한 친구 중 하나였다.

1학년 때부터 가장 열성적인 학우는 곤살로 마야리노 보떼로였다. 사실적으로 보이지는 않지만 실제로 일어났던 경이로운 경험들을 잘 믿는 유일한 친구였다. 그는 법과대학이라는 것이 내가 생각하고 있던 것처럼 그렇게 황폐한 곳은 아니라는 사실을 내게 일깨워 주었는데, 강의 첫날부터 아침 7시에 나를 일반 통계학과 인구 통계학 강의실에서 끄집어내서는 대학 캠퍼스 안에 있는 카페에서 시에 대한 결투를 신청했다. 오전의 그 무료한 시간에 그는 에스파냐 고전주의 시대 시들을 음송했고, 나는 전 세기의 수사학적 잔여물을 향해 포격을 가했던 콜롬비아 젊은 시인들이 쓴 시들을 음송함으로써 그에게 응수했다.

어느 일요일, 그가 어머니, 형제자매들과 함께 살고 있는 자기 집으로 나를 초대했다. 그곳은 내 친가처럼 가부장적인 긴장감이 팽배해 있었다. 맏형 빅또르는 전문 연극인이자 에스파냐어권에서는 이름이 알려진 음유 시인이었다. 나는 아버지 휘하에서 도망쳐 나온 뒤로 마야리노의 어머니 뻬빠 보떼로를 만나기까지 내 집처럼 편안한 곳에 있어 본 적이 없었다. 뻬빠 보떼로는 보고타 귀족 특유의 은둔하는 성격과 안띠오끼아 출신의 괄괄한 성품의 여자였다. 천성적인 지성과 멋진 말솜씨를 지닌 그녀는 세르반떼스가 구사했을 법한 불경스러운 단어들을 적재적소에 사용할 줄 아는 탁월한 재능을 갖고 있었다. 사바나에 끝없이 펼쳐져 있는 에메랄드 빛 초원 위로 떨어지는 태양을 구경하고, 거품을 일으키며 끓는 초콜릿과 뜨거운 알모하바나의 따스한 열기를 느끼면서 보낸 오후들을 잊을 수가 없다. 뻬빠 보떼로의 노골적인 은어와 매일매일의 삶에 관한 얘기를 통해 배운 것은 내가 실제 생활에 관한 새로운 수사학을 정립하는 데 귀중한 자료가 되었다.

친하게 지낸 다른 학우들은 기예르모 로뻬스 게라와 알바로 비달 바론이었다. 시빠끼라 중등학교에 다닐 때부터 마음이 통하던 친구들이었다. 그런데 대학교에서는 루이스 비야르 보르다, 까밀로 또레스 레스뜨레뽀와 더 친하게 지냈다. 예술에 푹 빠진 그들은 시인이자 기자인 후안 로사노 이 로사노가 비밀리에 주도하고 있던 신문 《라 라손》의 일요판 문예지를 맨손으로 만들었다. 잡지 마감 날이면, 그들과 함께 편집국으로 가서 그 긴급한 시간에 내 한 손을 빌려 주는 일이 잦았다. 몇 번인가는 편집인과 얼굴을 마주치기도 했다. 나는 그가 쓴 소네트들을 읽고 탄복했으며, 그가 잡지 《사바도》에 싣는 국내 저명 인사들의 생애에 관한 스케치에는 더욱더 탄복했다. 그는 울리세스가 나에 관해 쓴 기사를 어느 정도는 기억하고 있었으나 내 단편소설을 읽어 보지 않은 것 같았기 때문에, 그가 단편소설을 좋아하지 않는다고 생각하고는 그에 관해서는 일절 언급하지 않았다. 첫째 날, 그는 나와 헤어지기 직전에 자신이 관리하는 신문 지면이 내게 열려 있다고 말했지만, 나는 보고타 사람 특유의 겉치레 말일 거라 치부해 버렸다.

학우 까밀로 또레스 레스뜨레뽀와 루이스 비야르 보르다가 아스뚜리아스 카페에서 쁠리니오 아뿔레요 멘도사를 소개해 주었다. 그는 에두아르도 까란사가 《엘 띠엠뽀》의 일요판 문예지에 실으면서부터 국내에 유행하게 된 장르인 산문시들을 열여섯 살에 발표한 적이 있는 사람이었다. 새까맣게 탄 피부와 짙은 밤색 생머리 때문에 영락없이 인디오처럼 보였다. 젊은 나이에도 자기 아버지 쁠리니오 멘도사 네이라가 창간한 주간지 《사바도》에 기사들을 실어 명성을 얻었다. 지금 생각해 보면, 그의 아버지는 과거에 국방부 장관을 지냈고 천부적인 위대한 기자였지만, 한평생 완전한 글 한 줄 제대로 쓴 적이 없었던 같다. 그럼에도 불구하고 쁠리니오 멘도사 네이라는, 위세 좋게 창간했다가, 정치적으로 고위직에 올랐기 때문인지 아니면 나중에 대재난을 가져올 다른 거대한 회사들을 설립하기 위해 포기해 버렸던 자신의 주간지에, 많은 사람들이 각자의 방식대로 글을 쓰도록 이끌었다. 그 당시 나는 그의 아들 쁠리니오 아뿔레요 멘도사를 두세 번밖에 보지 못했는데, 내가 볼 때마다 그는 학우들과 함께 있었다. 그가 젊은 나이에 노인 같은 논리로 얘기하는 것에 놀랐으나, 몇 년 뒤 내가 그와 함께 물불을 가리지 않는 저널리즘의 엄청난 노동에 함께 참여하리라는 생각은 추호도 해보지 않았다. 저널리즘은 아직 매력적인 직업으로 생각되지 않았고, 법학보다 관심이 덜 가는 학문이었던 것이다.

그때까지는 내가 현실적으로 저널리즘에 관심을 두리라는 생각 같은 것은 전혀 해본 적도 없었다. 그런데 바로 그날, 쁠리니오의 누이 엘비라 멘도사가 아르헨티나 출신 여류 음유 시인 베르따 싱헤르만을 취재한 긴급 인터뷰 기사를 통해 저널리즘에 대한 나의 편견이 송두리째 바뀌었으며, 나로 하여금 당시까지 잊고 있던 저널리즘적 자질을 발견하도록 만들었다. 인터뷰 기사는, 내게 수많은 의구심을 남겼고 지금도 남기고 있는 묻고 답하는 고전적인 인터뷰와는 달리, 콜롬비아에서 일찍이 시도된 적이 없을 정도로 독창적인 것이었다. 몇 년 뒤, 엘비라 멘도사가 이미 세계적인 기자가 되고 나의 절친한 여자 친구들 가운데 하나가 되었을 때, 그 인터뷰는 심각한 편집 사고 하나를 방지하기 위해 임시방편으로 고안해 낸 자구책이었다는 사실을 내게 실토했다.

베르따 싱헤르만이 콜롬비아에 도착한 것은 그날의 주요 사건이었다. 잡지 《사바도》의 여성 섹션의 책임을 맡고 있던 엘비라는 베르따 싱헤르만과 인터뷰하기 위해 상부의 승인을 요청했고, 엘비라가 그런 인터뷰를 해본 경험이 부족하다는 이유로 사주인 아버지가 승인을 해 주는 데 뜸을 들였음에도 결국 승인을 얻어 냈다. 편집국은 그 몇 년 동안 가장 유명한 지성인들의 회합 장소였기 때문에, 엘비라는 그곳을 찾는 지성인들에게 인터뷰에 사용할 질문 거리 몇 개를 요청하면서까지 만반의 준비를 해 두었다. 하지만 정작 인터뷰를 하는 날 그라나다 호텔 국빈용 스위트룸에서 베르따 싱헤르만을 만났을 때 그녀가 깔보는 태도로 맞이하자 엘비라는 분노로 폭발할 직전에 이르고 말았다. 각 질문들 뒤에 그녀가 콜롬비아를 여러 차례 방문하면서 사귀고 존경해 왔던 수많은 훌륭한 작가들이 하나씩 있다는 사실을 모르고 있던 베르따 싱헤르만은, 첫 번째 질문부터 어리석고 우둔한 질문이라고 치부함으로써 냉소적으로 답변하는 걸 즐기고 있었다. 항상 밝고 쾌활하기만 했던 엘비라는 눈물을 삼키며 모욕을 감당해야 했다. 그때 예기치 않게 베르따 싱헤르만의 남편이 들어옴으로써 난항을 거듭하던 인터뷰가 정상적으로 이루어졌다. 그는 심각한 사고로 비화될 시점에 있던 상황을, 절묘한 수완과 훌륭한 유머 감각으로 조율했다.

엘비라는 그 디바의 대답을 포함한 대담 기사를 쓴 것이 아니라 그녀와 인터뷰를 하는 과정에서 발생한 어려움에 관한 기사를 썼다. 베르따 싱헤르만의 남편의 천우신조 같은 개입을 다룸으로써 그를 인터뷰의 진정한 주인공으로 격상시켰던 것이다. 베르따 싱헤르만은 인터뷰 기사를 읽고 대노했다. 하지만 《사바도》는 이미 가장 많은 독자를 보유한 주간지였고, 그 주에는 판매 부수가 상승해 인구 60만의 도시에서 10만 부가 팔리는 기염을 토했다.

냉정하고 비상한 재주를 지닌 엘비라 멘도사가 베르따 싱헤르만의 본모습을 드러내기 위해 베르따 싱헤르만의 우매함을 이용한 것을 경험한 나는 기사가 지닌 가능성에 대해 처음으로 생각해 보았다. 단순히 정보를 제공하는 중요한 수단으로서의 가능성이 아니라 훨씬 더 중요한 가능성, 즉 문학의 한 장르가 될 수 있다는 가능성이었다. 내가 그 사실을 스스로 체감하는 데는 얼마 걸리지 않았는데, 마침내 나는 소설과 기사가 같은 어머니의 자식이라는 사실을 믿게 되었고, 요즘은 그 사실을 그 어느 때보다 더 절감하고 있다.

그때까지만 해도 나는 시에만 목숨을 걸고 있었다. 산호세 학교 교지에 실은 풍자시들과, 창간호만 발행하고 폐간되어 버린 시빠끼라 국립 중등학교 신문에 삐에드라 이 시엘로 파 작가들의 방식대로 써서 실었던 산문시 또는 상상 속의 사랑을 소재로 한 소네트들이었다. 그 사건이 있기 조금 전, 시빠끼라 중등학교에 다닐 때 내 단짝이었던 세실리아 곤살레스 뻬사노는 내가 쓴 작은 노래 한 편을 《엘 띠엠뽀》의 일요판 문예지 가장 후미진 곳에 필명으로, 7포인트짜리 활자로 실어 달라고 시인이자 수필가인 다니엘 아랑고를 설득해 놓았다. 내가 쓴 노래가 실렸지만 나는 감동을 받지도 않았고, 내가 과거보다 더 시인 같아졌다는 생각도 들지 않았다. 한편, 내 가슴속에 잠들어 있던 기자적 의식을 엘비라의 기사 덕분에 찾아냈고, 그 의식을 일깨우기 위해 스스로에게 용기를 불어넣었다. 그때부터 나는 신문을 다른 방식으로 읽기 시작했다. 내 생각에 동조하고 있던 까밀로 또레스와 루이스 비야르 보르다는 돈 후안 로사노가 자신이 주도하는 《라 라손》의 지면을 내게 제공하겠다는 제의를 여러 차례 확인시켜 주었으나, 나는 평생 내가 쓴 시들이라 생각해 본 적이 없는, 기교적인 시 두어 편을 실었을 뿐이다. 그들은 나더러 쁠리니오 아뿔레요 멘도사에게 얘기해 잡지 《사바도》에서 일해 보라고 제의했으나, 나를 보호해 주던 특유의 소심함은 내가 제대로 알지도 못하는 새로운 일을 감행하기에는 아직 많은 것이 부족하다는 사실을 내게 일깨워 주었다. 그런데 한편으로 내가 발견한 그런 사실은 즉각적인 효용성이 있었다. 그 당시 며칠 동안 나는, 시빠끼라 중등학교에 다닐 때 숙제로 쓴 것들까지 포함해 산문이건 시건 내가 쓴 모든 것들이 삐에드라 이 시엘로 파의 시풍을 뻔뻔스럽게 모방했다는 달갑잖은 사실을 절감하고 있었고, 이후 발표하게 될 단편소설부터는 근본적인 변화를 시도해야겠다는 결심을 했기 때문이다. 실제로 작품을 써 본 결과, mente‡라는 접미사가 붙는 부사들은 글을 빈약하게 만드는 요소라는 사실을 깨닫게 되었다. 그래서 그런 부사들을 발견할 때마다 수정하기 시작했는데, 그런 강박 관념이 나로 하여금 더 맛깔 나고 풍부한 형태들을 발견하도록 만들었다는 사실을 갈수록 인정하게 되었다. 그렇게 함으로써, 다른 원문을 인용하는 경우 몇 가지를 제외하고는, 오래전에 내 책에서는 그런 부사들이 사라지게 되었다. 물론 내 책의 번역가들 역시 자신의 업무와 관련된 이유로 그런 문체적 편집증을 간파하고 체득했지는 잘 모르겠다.

까밀로 또레스, 비야르 보르다와의 우정은 이내 강의실과 편집국의 경계를 벗어나면서까지 유지되었고, 우리는 대학에서보다 거리에서 더 많은 시간을 함께 보냈다. 두 사람은 국내의 정치·사회적 상황에

---

‡ '~하게'라는 의미로, 영어의 ~ly에 해당한다.

대해 대단히 적대적인 태도를 견지하는 가운데 약한 불에 스스로를 달구고 있었다. 문학의 미스터리에 흠뻑 취해 있던 나는 그들의 결론 없는 분석과 비관적인 예측을 이해하려는 시도 같은 것은 전혀 하지 않았으나, 그들과 맺은 우정의 흔적들은 그 당시 몇 년 동안 내가 맺은 가장 만족스럽고 유익한 우정이었다.

반면에 나는 강의실에서는 열의가 없었다. 나는 우리의 권태로운 태도를 눈감아 주던 저명한 교수들이 지닌 장점들에 비해 내 정성이 부족하다는 점을 항상 안타깝게 생각했다. 그런 교수들 가운데는 20세기 들어 콜롬비아에서 유일하게 재선된 대통령의 아들 알폰소 로뻬스 미첼슨이 있었다. 지금 생각해 보면, 아버지가 재선 대통령이라는 점 때문에 그 역시 태어날 때부터 대통령이 되기로 예정되었다는 강한 느낌을 받았던 것 같은데, 실제로 그는 대통령이 되었다. 그는 런던에서 만든 멋진 캐시미어 재킷을 입고 자신이 가르치는 법학개론 강의실에 짜증날 정도로 정확하게 도착했다. 그는 항상 타인의 꿈속을 헤매는 것처럼 보이는 도수 높은 근시 안경을 쓴 지식인들이 지닌 그런 고상한 분위기를 풍기면서, 그 누구와도 시선을 마주치지 않은 채 강의했다. 그의 강의들은, 시에 관한 강의가 아닌 모든 강의가 내게 그랬던 것처럼, 단음조의 독백처럼 들렸으나, 그의 지루한 목소리는 뱀 마술사들이 뱀에게 발휘하는 것과 같은 최면 효과를 지니고 있었다. 그가 지닌 폭넓은 문학적 교양은 그때부터 확실한 기반을 지니고 있었고, 그는 글과 연설을 통해 그 문학적 교양을 이용할 줄 알고 있었으나, 나는 몇 년 뒤 우리가 다시 만나게 되어, 과거 강의실에서 경험한 그 졸음을 잊어버린 채 친구가 되었을 때 비로소 그의 문학적 교양을 인정하기 시작했다. 완고한 정치가로서 그의 명성은 그가 개인적으로 지닌 마술적인 매력과, 사람들의 의도를 기막히게 잘 파악하는 위험스러울 정도로 명석한 두뇌에서 비롯되었다. 또한 자신이 덜 좋아하는 사람들의 의도를 파악하는 재주는 탁월했다. 그런데 무엇보다 공인으로서 그가 지닌 가장 탁월한 미덕은 단 한 문장으로 역사적 상황들을 재현해 내는 놀랄 만한 능력이었다.

시간이 흐르면서 우리의 우정은 돈독해졌으나, 대학에서 나는 가장 열심히 공부하는 모범적인 학생은 아니었고, 치유할 수 없는 소심증 때문에 타인과 나 사이에 구제할 수 없는 거리감을 두고 지냈는데, 특히 내가 존경하는 사람들과는 더욱 그랬다. 이런 이유로 인해, 내가 눈에 띄지 않는 학생이라는 악명을 얻을 정도로 결석을 많이 했는데도 1학년 기말 시험에 그가 나를 부른 것은 나로서는 엄청나게 놀랄 만한 일이었다. 나는 수사학적 수단을 동원해 문제의 본질을 회피하는 내 과거 책략을 사용했다. 나는 그가 내 속임수에 대해 알고 있음을 인지했지만, 그는 그것을 문학적인 장난으로 생각하고 있었던 것 같다. 내가 시험의 강박 관념에 휩싸여 저지른 유일한 실수는 '취득 시효'라는 단어를 사용한 것이었다. 그는 그 단어를 듣자마자 내가 그 말뜻을 제대로 알고 사용했는지 확인하기 위해 나더러 그 용어를 정의해 보라고 채근했다.

"취득 시효는 일정 시간이 경과함으로써 소유권을 획득한다는 것입니다."

그는 즉각적으로 내게 되물었다.

"획득하는 것인가 잃는 것인가?"

두 가지 다 맞는 말이었으나, 나는 선천적인 우유부단함 때문에 더 이상 반론을 제기하지 못했다. 그가 내게 합격점을 주었던 것으로 판단해 보건대, 그의 말은 그가 식사 후 식탁에서 나누던 그 유명한 농담들 가운데 하나였던 것 같다. 몇 년 뒤, 내가 그에게 그 사건에 관해 얘기했을 때 그는 물론 기억하지 못했다. 예전에 그런 일이 정말 있었는지는 당시 그도 나도 확신하지 못했던 것이다.

우리 둘은 정치와 취득 시효의 신비 같은 것들을 잊기 위한 좋은 안식처를 문학에서 찾았던 반면에, 가끔씩은 방문자들을 방해하고 부인들을 화나게 만들 정도로 끝없이 이루어지는 대화 속에서 놀랄 만한 책들과 잊힌 작가들을 발견하기도 했다. 어머니가 내게 나와 그가 친척이라는 사실을 알려 주었다. 하지만 그 어떤 유대감보다도 바예나 또 음악에 대해 공유하고 있던 열정이 우리를 더 공고하게 연계해 주었다.

우연히 맺어진 인연으로 생긴 친가 쪽 친척은 까를로스 H. 빠레하였다. 정치경제학 교수였으며, 위대한 작가들의 신작을 자유롭게 열람하도록 탁자 위에 진열해 놓은 채, 감시하는 직원도 배치하지 않는 그 훌륭한 진열 관습 때문에 학생들이 좋아하던 그란꼴롬비아 서점의 주인이었다. 그가 가르치던 우리 제자들까지도 땅거미 깔릴 무렵 서점 측의 방심을 이용해 서점으로 침입해 들어가서, 책을 훔치는 것은 범법 행위지 죄가 되지 않는다는 교칙을 상기하고는 손 기술을 발휘해 책들을 훔쳤다. 능력이 좋아서가 아니라 선천적으로 겁이 많은 내가 도둑질에서 맡은 역할은 나보다 솜씨 좋은 친구들이 책뿐만 아니라 내가 가리키는 것들을 훔칠 수 있도록 그들의 등 뒤에서 망을 보는 것으로 제한되었다. 어느 날 오후, 내 공범자들 가운데 하나가 막 프란시스꼬 루이스 베르난데스의 『라우라 없는 도시』를 훔치고 있을 때 나는 내 어깨를 붙잡는 거센 손길을 느꼈다. 곧이어 하사관 같은 목소리가 들려왔다.

"결국 도둑질까지 하다니, 빌어먹을!"

겁에 질린 내가 고개를 돌렸을 때, 까를로스 H. 빠레하 교수가 나를 노려보고 있었고, 그사이 다른 공범 셋은 쏜살같이 도망치고 있었다. 다행스럽게도, 나는 그에게 채 사과를 하기도 전에 그가 나를 도둑으로 생각하고 붙잡은 것이 아니라 한 달이 넘도록 강의실에서 내 얼굴을 본 적이 없었기 때문에 나를 붙잡았다는 사실을 깨달았다. 그는 교수로서 의례적으로 몇 마디 꾸짖고 난 뒤 내게 물었다.

"자네가 가브리엘 엘리히오의 아들이란 게 사실인가?"

그 말은 사실이었으나 나는 그렇지 않다고 대답했다. 그의 아버지와 내 아버지가, 내가 결코 이해하지 못한 어느 사건으로 사이가 틀어져 버렸다는 사실을 알고 있었기 때문이다. 하지만 나중에 진실을 알게 된 그는, 진실을 알게 된 바로 그날부터 서점과 강의실에서 나를 조카처럼 대했고, 그는 시몬 라띠노라는 필명으로 수준이 고르지 않은 시집 여러 권을 이미 출판했지만, 그와 나는 문학적이라기보다는 정치적인 관계를 유지했다. 우리가 서로 친척이라는 인식은 우리 패거리가 그의 책을 훔칠 때 내가 더 이상 공범들의 방패막이가 되지 못하도록 하는 데만 소용이 있었을 뿐이다.

또 다른 뛰어난 교수는 디에고 몬따냐 꾸에야르였다. 로뻬스 미첼슨과 대조적인 인물로, 로뻬스 미첼슨과는 비밀스러운 경쟁 관계를 유지하는 것 같았다. 로뻬스가 요란스러운 자유파라면 몬따냐 꾸에야르는 과격한 좌파였다. 나는 몬따냐와 강의실 밖에서도 좋은 관계를 유지했다. 로뻬스 미첼슨이 내게는 항상 귀염둥이 시인처럼 보였다면, 몬따냐 꾸에야르는 스스로 개혁적인 변화를 모색하는 유망한 사람이었다.
  내가 몬따냐 꾸에야르에게 호감을 가지게 된 것은, 사열식 복장으로 그의 강의를 수강하는 군사학교의 젊은 장교 셋 때문에 그가 어려움을 겪게 되면서부터였다. 장교들은 군대식 정확성에 길들여진 사람들로, 옆으로 나란히 놓여 있는 의자들에 항상 붙어 앉았으며, 공책 필기를 흠잡을 데 없이 했고, 까다로운 시험에서 우수한 점수를 받았다. 디에고 몬따냐 꾸에야르는 강의가 시작되어 며칠이 되지 않은 어느 날 그들에게 전투 복장으로 강의에 참석하지 말라고 사적으로 충고했다. 그들은 상부 명령에 따라 그렇게 하는 것이라며 지극히 예의 바르게 대답했고, 그로 하여금 자신들의 말이 지닌 중량감을 기필코 느끼도록 만들었다. 어찌 되었든 세 장교가 지닌 몇 가지 특이한 점들을 제외하면, 학생들과 교수들은 그들이 뛰어난 학생들이라는 사실을 항상 명백히 인식하고 있었다.
  그들은 티 하나 없이 깨끗한, 똑같은 제복 차림으로, 항상 정확히 시간에 맞춰 함께 강의실로 들어왔다. 다른 학생들과 떨어져 앉았고, 항상 가장 진지하고 질서 정연한 학생들이었으나 내게는 항상 그들이 우리와는 다른 세계에 살고 있는 것처럼 보였다. 누군가 그들에게 말이라도 걸라치면 그들은 친절한 태도로 경청했으나, 지극히 형식적이어서 묻는 말 이외에 더 이상 말을 하지 않았다. 시험 기간이면 우리 민간인 학생들은 네 사람씩 그룹을 지어 카페에서 공부를 하면서 재미있게 보냈고, 토요일 댄스파티에서, 학생들의 돌멩이 던지기 놀이에서, 편안한 술집들에서, 음침한 집창촌에서 서로 만났으나, 우연일망정 그런 곳에서 우리 군인 학우들을 만나는 일은 절대 없었다.
  우리가 대학을 함께 다닌 그 긴 한 해 동안 나는 그들과 인사조차 제대로 나누지 않았다. 그들은 정확히 강의가 시작되는 순간 강의실에 들어와 교수의 마지막 말이 끝나는 것과 동시에 강의실을 나갔다. 우리는 그들과 인사를 나눌 시간도 없었고, 그들은 쉬는 시간에도 2학년 소속인 다른 젊은 군인들을 만나는 것 외에 다른 학생들과 전혀 사귀지 않았다. 나는 그들의 이름을 전혀 몰랐고, 그 후 그들에 관한 소식을 듣지도 못했다. 당시 우리가 서로 대화를 하지 않은 가장 큰 이유는 그들이 내게 말을 걸지 않았기 때문이기도 하지만, 나 또한 내 할아버지들로 하여금 실패한 전쟁을 일으키도록 만들고 바나나 재배 지역의 무시무시한 학살이 유발했던 그 고통을 절대 극복할 수 없었기 때문이었다.

 헌법학 교수 호르헤 소또 델 꼬랄은 세계의 모든 헌법을 다 암기하고 있기로 유명한 사람이었다. 강의실에서는 빛나는 총명과 넓고 깊은 법률 지식으로 우리를 현혹했는데, 천성적으로 유머 감각이 부족해 그 지식이 제 힘을 발휘하지 못했다. 나는 그가, 강의실에서는 자신의 정치적 견해를 노출하지 않기 위해 갖은 애를 쓰지만 그런 견해를 본의 아니게 노출하는 그런 교수들 가운데 하나라고 믿는다. 그들의 정치적 견해는 그들의 손짓에서 그리고 자신들의 생각을 밝힐 때의 말투에서까지 드러났는데, 40여 년 동안 지속되던 무장하의 평화가 끝나 가고 새로운 시민전쟁이 발발할 지경에 있던 한 나라가 지닌 거대한 맥박이 가장 생생하게 느껴지던 곳이 바로 대학이었다. 나는 정기적으로 강의를 빼먹고 법학에 대해 아는 것이 없었지만, 법학과 1학년의 쉬운 과목들은 마지막 순간에 머리에서 쥐가 나도록 열심히 공부해 통과했고, 가장 어려운 과목들 역시 기발한 방법으로 즉답을 회피하는 옛날 수법을 동원해 통과했다. 사실 속으로는 썩 편치 않았고, 어떤 식으로 그

막다른 골목을 계속해서 더듬더듬 걸어가야 할지 막연하기만 했다. 법학을 잘 이해하지 못하고 있었던 데다 시빠끼라 중등학교에서 배운 그 어떤 과목보다 재미가 훨씬 덜했다. 나는 이미 스스로 결정을 내릴 수 있을 만큼 충분히 컸다고 느끼고 있었다. 결국 16개월 동안 기적적으로 생존한 뒤 내게 남은 것이라고는 내 나머지 삶에서 교류하게 될 좋은 친구 한 무리뿐이었다.

공부에 대한 무관심은 울리세스가 기사를 쓴 이후로 더욱 심해졌는데, 무엇보다도 학우 몇이 나를 선생님이라 부르고 다른 사람에게 나를 작가라고 소개하던 대학에서는 더욱더 그랬다. 이런 무관심은, 사실적이고 동시에 환상적이지만 그 둘 사이에 틈새가 없는 서사 구조 하나를 만드는 법을 배워 보겠다고 결심한 것과 직접적인 관계가 있었다. 주인공이 자기 아버지의 살인 사건을 조사하다가 결국은 자기 자신이 아버지를 죽인 사람이라는 사실을 알게 되는 소포클레스의 『오이디푸스 왕』, 모든 사건이 우연에 의해 발생하는 완벽한 동화인 W. W. 제이콥스의 『원숭이의 앞발』, 그리고 모파상의 『비곗덩어리』처럼 완벽하고 냉정한 모델들을 동원하고, 신이 자신의 성스러운 나라에 데리고 있을 만큼 큰 죄를 지은 무수히 많은 다른 사람들을 등장시켜 해 그런 구조를 만드는 것이었다. 그런 생각을 하며 어느 일요일 밤을 보내고 있을 때 이 책에서 밝힐 필요가 있는 사건이 바야흐로 발생하고 말았다.

칠레 대로 근처에 있는 곤살로 마야리노 집에서 거의 온종일 내가 작가로서 느낀 좌절감에 대해 함께 토론하다가 마지막 전차를 타고 하숙집으로 돌아오고 있을 때, 차뻬네로 역에서 인간 파우누스[+] 하나가

[+] 로마 신화에 등장하는 반인반양(半身半羊)의 신.

전차에 올라탔다. 그렇다. 그것은 바로 파우누스였다. 가만히 지켜보자니 자정이 다 된 시각의 몇 되지 않는 승객들 가운데 그 누구도 그를 보고 놀라지 않았는데, 그런 연유로 나는 그가 일요일마다 어린이 공원에서 변장을 하고 잡동사니를 파는 사람들 가운데 하나라는 생각을 하게 되었다. 하지만 뿔과 얼굴에 난 털 등이 염소처럼 아주 거칠었기 때문에 진짜 파우누스라는 점은 의심할 여지가 없었고, 그가 옆으로 지나갈 때는 털가죽에서 나는 악취까지 맡을 수 있을 정도였다. 공동묘지가 위치한 26번가에 이르기 전, 그는 한 가정의 좋은 아버지 같은 태도로 전차에서 내려 공원 숲 속으로 사라졌다.

자정이 지났을 무렵, 내가 침대에서 뒤척거리는 소리에 잠을 깬 도밍고 마누엘 베가가 내게 무슨 일이 있었는지 물었다. "파우누스 하나가 전차를 탔다니까." 나는 반쯤 졸면서 그에게 말했다. 그는 잠이 확 깬다는 듯, 그것이 악몽이라면 일요일이라 소화가 잘 되지 않았기 때문일 것이나, 그것이 내가 다음에 쓸 동화의 주제라면 환상적이라 생각된다고 대꾸했다. 다음날 아침, 나는 실제로 전차에서 파우누스 하나를 보았는지 아니면 일요일의 환각 상태에서 보았는지 이미 구분조차 할 수 없었다. 낮에 쌓인 피로 때문에 전차 안에서 잠이 들었고, 꿈이 아주 선명했기 때문에 꿈을 현실과 구분하지 못한 것이라고 인정하기 시작했다. 하지만 어찌 되었든, 내가 본 파우누스가 실물인지 아닌지가 중요한 것이 아니라, 그 파우누스가 실물인 것처럼 생생한 경험을 했다는 것이 중요했다. 그렇기 때문에, 실물을 보았건 꿈에서 보았건, 그것을 상상 속의 요술이 아니라 내 삶에서 겪은 멋진 경험으로 생각하는 것은 타당하기 그지없는 일이었다.

그래서 나는 그 다음날 단김에 그에 관한 것을 써서 베개 밑에 넣어 두었다가 며칠 동안은 밤에 잠자기 전에도, 아침에 잠에서 깨어나서도 읽고 또 읽었다. 그것은 전차에서 내가 본 것의 골자를 추려내 문학적으로 묘사한 것으로, 어느 신문 사회면에 실리는 영세 관련 소식처럼 소박한 문체로 구성되었다. 새로운 의구심들에 사로잡혀 있던 나는 마침내 그 이야기를 활자라는 신뢰할 수 있는 시험대에 올리기로 작정했고,《엘 에스뻭따도르》가 아니라《엘 띠엠뽀》의 일요판 문예지에 싣기로 했다. 그렇게 결정한 이유는 아마도 에두아르도 살라메아가 하는 비평과는 다른 비평을 접하고자 했기 때문이고, 또 그가 공유할 이유가 없는 모험에 그를 끼워 주고 싶지 않았기 때문일 것이다. 나는 원고에 편지 한 통을 동봉한 뒤 하숙집 동료를 통해《엘 띠엠뽀》의 문예지《수쁠레멘또 리떼라리오》의 아주 젊은 신임 편집장 돈 하이메 뽀사다에게 건넸다. 하지만, 원고는 실리지 않았고, 편지에 대한 답장도 오지 않았다.

　내가 그 당시에 써서《핀 데 세마나》에 실린 단편소설들은 쓰이고 실린 순서에 따라 도둑을 맞았고, 1952년 9월 6일 공권력의 폭력으로《엘 에스뻭따도르》사옥이 불타 버렸을 때 신문사 문서고에서 사라져 버렸다. 사본은 나 자신도 가장 절친한 친구들도 갖고 있지 않았다. 망각 때문에 불타 버렸다고 자위하는 수밖에 없었다. 하지만 일부는 당시 발행되던 일부 지방 신문의 일요판 문예지에 허가 없이 실리고, 일부는 여러 잡지에 실린 덕분에, 결국 그것들을 모아 1972년 몬떼비데오의 알필 출판사에서 단행본으로 출판할 수 있었다. 책 제목은 수록된 단편소설들 제목 가운데 하나로 정했다. '천사들을 기다리게 만든 흑인 나보'.

　믿을 만한 판본이 없다는 이유로 단행본에 단 한 번도 실린 적이 없는 단편소설이 하나 있다. 1948년 1월 17일 《엘 에스뻭따도르》에 실린 「뚜발 까인이 별 하나를 만들다」였다. 모든 사람이 다 알고 있는 것은 아니겠지만, 주인공의 이름은 성경에 등장하는 대장장이의 이름으로, 음악을 발명한 사람이었다. 연작 단편 세 편이었다. 그 연작 소설이 쓰이고 실린 순서에 따라 읽어 보면 서로 앞뒤가 맞지 않고, 추상적이며, 어떤 것들은 어거지처럼 보이고, 그 어떤 것도 현실 감각에 맞지 않았다. 나는 에두아르도 살라메아처럼 엄격한 비평가가 그것들을 읽을 때 지녔던 판단 기준을 전혀 확립할 수 없었다. 그래도 그 누구에게도 중요하지 않을 그것들이 내게는 중요했다. 그것들 각자에는 그 당시 내 삶에 급격하게 진전되던 상황과 부합되는 무엇이 있었던 것이다.

그 당시 읽고 감탄한 소설들 중 대부분은 단지 기교적인 면에서 배울 것이 있었기 때문에 흥미로웠다. 다시 말해, 그 책들이 드러내던 은밀한 구성이 흥미로웠다는 것이다. 첫 번째로 쓴 단편소설 세 편을 형이상학적으로 추상하는 과정에서부터 당시 마지막 단편소설 세 편을 끝내기까지의 과정을 통해, 한 작가가 기본적인 조건을 갖추는 과정에 아주 적확하고 유용한 실마리들을 발견할 수 있었다. 다른 형태들을 발굴해야겠다는 생각이 든 적은 없었다. 단편소설들과 장편소설들이 서로 다른 문학 장르일 뿐만 아니라 성격이 상당히 다른 유기체들로, 그 둘을 혼동한다는 것은 치명적인 일이 될 것이라 생각했었다. 오늘날에도 나는 그 당시 생각했던 것들을 여전히 믿고 있고, 단편소설이 장편소설보다 상위에 있다는 사실을 그 어느 때보다 더 확신하고 있다.

문학적으로 성공하지도 못한 상태에서 《엘 에스뻭따도르》에 작품들을 싣게 되자 현실적이고 재미있는 다른 문제들이 생겨났다. 아직 제자리를 잡지 못하고 있던 친구들이 거리에서 나를 붙들고 먹고살게 돈 좀 빌려 달라고 부탁을 한 것이다. 그토록 많은 작품을 발표하는 작가가 거액의 인세를 받지 않았으리라 믿을 수가 없었던 것이다. 그러나 당시만 해도 국내 언론사가 작가에게 인세를 지불하지 않는 것이 관행이었기 때문에 작품을 발표했다 해도 돈 한 푼 받지 않았고, 나 또한 그것을 기대하지 않았다는 사실을 믿어 주는 친구는 아주 소수였다. 더욱 심각했던 것은, 이미 태어난 형제자매 열한 명 가운데 셋이 공부를 하고 있는 형편에 내가 용돈도 제대로 벌 수 없다는 사실을 알았을 때 아버지가 느낀 실망감이었다. 집에서는 내게 다달이 30뻬소를 보내 주었다. 아침 식사에 계란도 포함되어 있지 않은 하숙비만 해도 18뻬소나 되었는데, 예기치 않게 다른 데 돈 쓸 일이 생겼기 때문에 항상 하숙비를 밀리고 있었다. 당시 다행스럽게도, 어떤 연유로 그렇게 되었는지는 지금도 알 수 없는 노릇이지만, 신문 가장자리나 식당의 냅킨, 카페의 대리석 테이블에 부지불식간에 그림을 그려 대는 습관이 생겼다. 어렸을 때 외할아버지의 귀금속 세공실 벽에 그림을 그려 대던 습관이 그대로 이어져 온 것이라 무턱대고 생각해 보기도 한다. 당시 내 감정을 토로해 낼 수 있는 쉬운 출구였던 것 같다. 그런데 그림에 관해서는 문외한이면서도 어느 부처에 화가로 취업할 정도의 영향력을 지니고 있던 친구 하나를 엘 몰리노에서 우연히 사귀게 되었고, 그가 나더러 자기 대신 그림을 그리고 급료를 나눠 갖자고 제의했다. 내 삶에서 부패에 그토록 가까이 다가갔던 적은 그 이후로는 단 한 번도 없었으나, 후회를 할 정도로 그렇게 가까이 다가갔던 것은 아니었다.

 음악에 대한 나의 관심은, 카리브 대중음악(나는 그 음악을 들으며 어머니의 젖을 먹었다.)이 보고타에 길을 트고 있을 당시에 역시 증대되었다. 청취율이 가장 높은 라디오 프로그램은 수도에 대서양 연안의 음악을 전파하는, 소위 음악 영사(領事)인 돈 빠스꾸알 델벡치오가 진행하는 「해변의 시간」이었다. 일요일 오전에 방송되는 그 프로그램이 대단한 인기를 얻게 되어 우리 카리브 연안 출신 학생들은 방송국 사무실에 가서 늦은 오후까지 춤을 추었다. 그 프로그램으로 말미암아, 콜롬비아 내륙 지방에, 그리고 나중에는 전국 방방곡곡에 우리 음악이 엄청난 인기를 구가하게 되었고, 보고타에 유학 온 해안 지방 출신 학생들의 사회적 지위가 상승되는 계기가 되었다.

단 한 가지 불리한 점은 강제 결혼이라는 뜬소문이었다. 어떤 빌어먹을 선례들 때문에 그런 소문들이 퍼졌는지는 지금도 잘 모르겠지만, 해안 지방 출신 총각들에게 헤픈 보고타 출신 아가씨들이 침대에서 온갖 술수를 부림으로써 우리 해안 지방 출신 총각들로 하여금 자신들과 강제로 결혼하게 만든다는 믿음이 해안 지방에·쫙 퍼지게 되었다. 사랑 때문이 아니라 창문 하나가 바다를 향해 달려 있는 집에서 살게 된다는 꿈을 이루기 위해 그렇게 한다는 것이었다. 하지만 나는 그런 생각을 해본 적이 단 한 번도 없다. 반면에 내 삶에서 가장 기분 나쁜 기억은, 우리가 울적한 기분에 술을 흠뻑 퍼마신 뒤 찾아가던 보고타 변두리의 빌어먹을 성 매매 업소들이다. 그들 가운데 가장 야비한 집에서, 방금 전에 나와 함께 잤던 여자가 알몸 상태로 복도에 뛰쳐나가면서 내가 자기 화장대 서랍에서 12뻬소를 훔쳤다고 소리를 질러 대는 바람에, 그렇지 않아도 섹스를 하느라 기진맥진해진 내 기력이 하마터면 영영 다할 뻔했다. 그 집에서 고용한 살인 청부업자 둘이 나를 쓰러뜨리더니, 그 재수 없는 화대를 치르고 호주머니에 남겨 둔 마지막 2뻬소를 빼앗은 것으로도 모자라, 신발까지 홀라당 다 벗겨 놓고 훔친 돈을 찾는다며 내 몸을 샅샅이 뒤졌다. 어찌 되었든 그들은 나를 죽이는 대신 경찰에 넘겼는데, 그때 그 여자는 전날 돈을 다른 곳에 숨겨 두었다는 사실을 기억해 냈고, 그 돈은 그 자리에 고스란히 남아 있었다.

대학에서 친구들과 맺은 우정 가운데 까밀로 또레스와 맺은 우정은 가장 잊을 수 없을 뿐만 아니라 우리의 젊은 시절에 일어난 가장 극적인 것이었다. 어느 날 까밀로 또레스가 처음으로 강의를 빼먹었다. 화약이 연쇄 폭발을 일으키듯 퍼져 나간 이유는 이러했다. 그는 보고타에서 100여 킬로미터 떨어져 있는 시빠까라의 신학교에 들어가기 위해 짐을 꾸려 집을 나와 버렸고, 어머니가 기차역에서 붙잡아 집 서재에 가두어 버렸던 것이다. 직접 찾아가 보니 그는 평소보다 더 창백해 보였다. 하얀 루아나를 쓰고 있던 그의 평온한 모습을 통해 나는 '은총받은 상태'는 과연 어떤 것인지 처음으로 생각해 보게 되었다. 그는 신의 부르심에 따라 신학교에 들어갈 결정을 해 놓았는데, 그동안 자신의 생각을 전혀 드러내지 않았으나 죽을 때까지 순명하겠다는 생각이 확고했다.

"가장 어려운 과정은 이미 통과했어."

애인과 헤어졌고, 애인도 그의 결정에 동의했다는 말을 내게 그런 식으로 표현했던 것이다. 우리는 그날 오후를 참으로 의미 있고 재미있게 보냈다. 그리고 그는 내게 판독할 수 없는 선물 하나를 주었다. 다윈의 『종의 기원』이었다. 나는 다시는 그를 볼 수 없을 거라는 특이한 확신을 지닌 채 그와 헤어졌다.

그가 신학교에 있는 동안 그를 볼 수 없었다. 그가 신학 교육을 받기 위해 3년 예정으로 로바이나로 떠났다는 둥, 신학교에 들어갔지만 그의 학생 정신과 세속적인 태도는 변하지 않았다는 둥, 그를 보고 애를 태우는 아가씨들은 그를 성직자 옷에 가려 진가가 드러나지 않은 영화

배우로 대한다는 둥, 떠도는 소문만 들었을 뿐이다.

10년 뒤 보고타로 돌아온 그는 자신이 받은 사제라는 위치를 정신과 육체 안에 수용했으나, 사춘기 소년처럼 훌륭한 덕성은 여전히 간직하고 있었다. 나는 작가에 무기명 기자로, 결혼도 했고 1959년 8월 24일 보고타의 빨레르모 병원에서 태어난 아들 로드리고를 두고 있는 몸이었다. 아이가 태어났을 때, 우리 집에서는 까밀로에게 아이의 영세를 주관해 달라 부탁하기로 결정했다. 쁠리니오 아뿔레요 멘도사가 대부가 되어 주기로 했는데, 내 아내와 나는 전부터 그를 우리 자식들의 대부로 정해 놓고 서로 우의를 돈독히 하고 있는 상태였다. 대모는 헤르만 바르가스의 부인 수사나 리나레스였다. 헤르만은 훌륭한 기자와 좋은 친구가 되는 기술을 내게 전수해 준 사람이었다. 까밀로는, 오래전부터 우리보다는 쁠리니오와 더 친한 사이였으나, 그 당시 쁠리니오가 공산주의자들과 친분 관계를 유지하고 있었으며, 또한 쁠리니오의 장난기 많은 성품이 엄숙한 성사를 훼손할 수도 있을 거라는 이유로 쁠리니오를 대부로 인정하려 하지 않았다. 수사나가 아이의 정신적인 교육에 대한 책임을 맡기로 약속하자 마음을 바꾼 까밀로는 쁠리니오가 아이의 대부가 되는 것에 별 말 없이 동의했다.

영세는 차가운 기운이 감도는 오후 6시, 어둠이 깔린 빨레르모 병원 부속 성당에서 거행되었고, 참석자들이라고는 대부, 대모, 나, 그리고 사람들 눈에 띄지 않게 성사에 참여하기 위해 마치 공중 부양을 하듯 다가왔던, 망토를 걸치고 샌들을 신은 농부 한 사람밖에 없었다. 수사나가 갓 태어난 아기를 안고 왔을 때, 제멋대로 행동하는 대부가 농담으로 첫 번째 도발을 감행했다.

"우리 이 아이를 위대한 전사로 키웁시다."

성사를 위해 이런저런 준비를 하고 있던 까밀로가 같은 톤으로 맞받아 쳤다. "그래요, 하지만 하느님의 전사로 키우죠." 그러고 나서 까밀로는 그 당시 몇 년 동안 본 적이 없는 결연한 태도를 보이며 성사를 시작했다.

"믿음이 없는 자들이 본 성사의 의미를 이해할 수 있도록 에스빠냐어로 거행하겠습니다."

나는 까밀로가 내뱉는 우렁찬 에스빠냐어를 아라까따까에서 어린 시절 성당 복사를 할 때 외워 둔 라틴어로 따라가고 있었다. 세정식(洗淨式)을 거행할 시간이 되었을 때 까밀로가 그 누구에게도 눈길을 주지 않은 채 다른 형태의 도발을 감행했다.

"이 순간 성령께서 이 아이의 몸에 내린다는 사실을 믿는 사람은 무릎을 꿇으세요."

대부모와 나는, 친구이자 사제인 까밀로의 입심 좋은 말 때문에 약간 당황했기 때문에 얼떨결에 그냥 그대로 서 있었고, 그사이 아이는 가차없이 쏟아지는 차가운 물줄기를 맞으며 울고 있었다. 무릎을 꿇은 사람은 샌들을 신은 농부뿐이었다. 이 사건에서 받은 충격은 내 삶에 호된 질책으로 남아 있다. 까밀로가 겸손이라는 교훈으로, 아니면 적어도 좋은 매너라는 교훈으로 우리를 벌하기 위해, 사전에 치밀한 계획을 세워 그 농부를 그곳으로 데려갔다고 철석같이 믿었기 때문이다.

그 후 나는 드문드문 몇 차례, 항상 타당하고 긴급한 이유 때문에 그를 만났는데, 대부분 그가 정치적 박해를 받는 사람들에게 베푸는 자선 사업과 연관된 일이었다. 어느 날 아침 그가 절도죄로 형을 마친 남자 하나를 대동하고 우리 신혼집에 찾아왔다. 경찰들이 그 남자를 가만 놔두지 않고, 모든 것을 빼앗아 간다는 것이었다. 언젠가 나는 최대 안전을 도모하기 위해 밑창을 특수하게 디자인한 작업화 한 켤레를 그 남자에게 선물했다. 며칠 후, 어느 도랑에서 사체로 발견된 범죄자의 사진을 본 우리 집 가정부가 그 작업화 밑창을 알아보고는 우리에게 알렸다. 그는 우리의 친구인 그 도둑이었다.

그 사건이 까밀로의 최종 운명과 무슨 관계가 있었을 거라는 생각은 하지 않고 있다. 하지만 사건이 발생한 지 몇 개월 뒤 친구를 문병한다며 군 병원 안으로 들어간 까밀로가 국가해방군의 정규 게릴라 전사로 다시 나타났다는 정부 발표가 있기까지 그에 대한 소식은 알려지지 않았다. 까밀로는 정찰 부대와 교전 중, 1966년 2월 5일 서른일곱의 나이로 사망했다.

까밀로가 신학교에 들어갔을 때 나는 법과대학에서 계속 시간을 허비할 필요가 없다고 결정했지만, 어머니 아버지에게는 딱 부러지게 내 뜻을 밝힐 용기가 없었다. 좋은 직장을 얻어 1948년 2월 보고타에 온 동생 루이스 엔리께를 통해 그들이 내가 고등학교에서 거둔 성적과 법과대학 1년 생활에 대해 대단히 만족해한다는 사실을 알았다. 어머니 아버지는 시장에 있는 타자기들 가운데 가장 가볍고 현대적인 것 하나를 사서 내게 깜짝 선물로 보냈다. 내 생애 처음으로 갖게 된 타자기였으나, 우리는 동생과 하숙집 동료들의 환영 파티를 계속하기 위해 타자기를 받은 바로 그날 12뻬소에 저당 잡아 버렸다. 다음날 술 때문에 머리가 깨질 듯 아픈 가운데, 타자기가 여전히 라벨을 단 채 전당포에 잘 있는지 확인하기 위해, 그리고 타자기를 되찾아올 돈이 하늘에서 떨어질 때까지 양호한 상태로 있게 될 것인지 우리 스스로 확신하기 위해 전당포에 갔다. 나의 동업자였던 가짜 화가가 내게 급료를 주어 타자기를 되찾을 수 있는 절호의 기호를 갖게 되었으나, 마지막 순간에 타자기는 나중에 되찾기로 결정해 버렸다. 동생과 나는 어떤 때는 함께, 어떤 때는 따로따로, 전당포 옆을 지나갈 때마다 열을 지어 잘 보관된 가전제품들 사이에, 셀로판 종이로 보물처럼 싸고 오건디 띠로 매듭을 묶어 놓은 타자기가 여전히 자기 자리에 놓여 있다는 사실을 밖에서 확인할 수 있었다. 한 달이 지났을 무렵, 우리가 술이라는 쾌락에 빠져 저질렀던 즐거운 계산은 여전히 완결되지 않았으나, 타자기는 고스란히 자기 자리에 머물러 있었고, 우리가 석 달치 이자를 제때에 물어낼 때까지 계속해서 그 자리에 남아 있었다.

지금 생각해 보면 당시 우리는 무시무시한 정치적 긴장감이 국가를 교란시키기 시작했다는 사실을 아직 모르고 있었던 것 같다. 오스뻬나 뻬레스가 권좌에 오를 수 있도록 한 온건한 보수당의 위세에도 불구하고, 대다수 보수당원들은 대통령 선거의 승리가 단지 자유당의 내분 때문에 가능했다고들 알고 있었다. 선거 패배의 충격에 정신이 명해진 자유당원들은 알베르또 예라스가 자해적인 공정성을 발휘했기 때문에 선거에서 패배할 수밖에 없었다며 알베르또 예라스를 비난했다. 가브리엘 뚜르바이 박사는 반대표보다는 억눌린 마음 때문에 더욱더 고통스러운 나머지, 심장병 최고 전문가 과정을 이수한다는 명목으로 정해진 곳도 목표 의식도 없이 유럽으로 떠났고, 1년 반 뒤 패배의 후유증으로 천식이 심해져 파리의 플라스 아테네 호텔의 조화와 빛바랜 테피스트리들 사이에서 외롭게 사망했다. 한편 호르헤 엘리에세르 가이딴은 차기 대통령 선거를 위해 선거 운동을 단 하루도 거르지 않았고, 오히려 자유파와 보수파의 뿌리 깊은 분열이 지나치게 과열되던 실정에서 국가의 도덕 재무장 프로그램을 실행함으로써 선거 운동을 근본적으로 과격하게 진행시켰다. 그리고 착취하는 자들과 착취당하는 자들, 즉 정치가들의 국가와 국민의 국가 사이에 편을 가르고 더 현실적인 차이를 둠으로써 선거 운동을 더욱더 심도 있게 진행시켰다. 그는 "그들을 몰아냅시다."라는 역사적인 슬로건을 내걸고 초인적인 열정을 발휘했다. 그리고 1년도 채 되지 않아, 진정한 사회 혁명 발발 전야에 이를 때까지 영역을 확보해 갔던 대규모 선동적인 선거운동을 전개함으로써 전국 방방곡곡에 저항의 씨앗을 뿌렸다.

그런 상황을 통해서만 우리는, 우리가 에스파냐로부터 독립한 이래 우리에게 유산으로 남겨진 바로 그 시민전쟁의 심연에 국가가 미끄러져 들어가기 시작함으로써 원 주인공들의 증손자들에게 공포를 유발하고 있다는 사실을 알게 되었다. 자유당이 4대째 집권한 뒤 분파됨으로써 대통령 직을 회복하게 된 보수당은 다시는 권좌를 잃지 않기 위해 수단과 방법을 가리지 않기로 작정한 상태였다. 오스삐나 뻬레스 정부는 자신들의 목표를 달성하기 위해 가정에서의 일상적인 삶에 이르기까지 국가를 피로 물들였던, 소위 초토 전술을 전개하고 있었다.

나는 정치에 무관심했을 뿐만 아니라 문학이라는 구름 위에 떠 있었기 때문에, 하숙집으로 돌아가다가 내 양심을 자각한 어느 날 밤 이전에는 국가의 생생한 현실을 제대로 인지한 적이 단 한 번도 없었다. 산골짜기에서 불어오는 차가운 밤바람에 휩싸여 있던 황량한 도시는, 매주 금요일 시립 극장에서 역동적인 연설을 하는 호르헤 엘리에세르 가이딴의 카랑카랑한 목소리와 의도적으로 거칠게 강조하는 어투에 휩쓸려 있었다. 극장은 빼곡하게 채워도 채 1,000명이 들어가지 않는 공간이었으나, 그의 연설은 먼저 지근거리에 설치된 확성기들을 통해 쏟아져 나왔고, 그러고 나서는 깜짝 놀라는 도시의 분위기에 채찍질을 가하듯 울려 퍼지고, 서너 시간 만에 전국의 청취자에게 온전하게,

볼륨을 최대로 올린 라디오들을 통해 동심원의 파장을 그리며 전파되었다.

그날 밤 나는, 매주 금요일이면 전투를 개시할 것처럼 중무장한 수많은 경찰들이 경비를 서는《엘 띠엠뽀》사가 위치한 중앙 교차로를 제외한 다른 거리에, 나 말고 아무도 없는 것 같은 인상을 받았다. 그것은, 가이딴을 믿지 않는 교만을 스스로에게 허용했던 내게 하나의 계시와 같았으나, 그날 밤 나는 그가 이미 에스파냐어권 국가를 초월해, 그가 내뱉은 단어들의 의미 때문만이 아니라 그 감동적이고 예리한 목소리 덕분에 모든 사람에게 통용되는 만국 공통어를 그가 발명했다는 사실을 불현듯 깨달았다. 가이딴은 영웅적인 연설을 통해 아버지처럼 빈틈없는 톤으로 청중들에게 차분하게 가정으로 돌아가도록 권유했고, 그들은 사회적 불평등과 야만적인 정부의 권력을 대변하는 모든 것에 대한 자신들의 혐오를 표하기 위해 가이딴의 연설을 코드화된 명령처럼 정확하게 가족들에게 전했다. 질서를 유지해야 하는 경찰들까지도 자신들이 반대로 해석하던 그 훈계에 마음이 흔들려 버렸다.

그날 밤 연설의 주제는 당국이 자유파의 반대를 격퇴하기 위한 초토 작전으로 저지른 폭력 사태의 피해를 사실 그대로 폭로하는 것이었다. 가이딴은 농어촌 지역에서 공권력에 의해 희생당한 사람의 숫자와, 도시로 피신해 집도 먹을 것도 없이 살아가는 사람들로 이루어진 동네의 숫자가 아직도 제대로 파악조차 할 수 없다고 말했다. 소름이 끼칠 정도로 많은 사망자와 폭력 사태에 관해 언급한 뒤, 목소리를 높여 효과적이고 정확하고 경이로운 수사학을 동원해 가며 매 단어를 매 문장을 즐기기 시작했다. 그의 목소리에 따라 청중의 긴장감이 고조되더니 마침내 그 도시 안에서 마지막 폭발이 이루어졌고, 폭발음은 라디오를 통해 국내의 가장 후미진 시골까지 울려 퍼졌다.

흥분한 군중은 거리로 뛰어들었고 경찰들이 이유 없이 관대하게 대해 주는 가운데 평화적인 시위를 했다. 내가 결국 외할아버지의 좌절과 까밀로 또레스 레스뜨레뽀의 명철한 분석을 이해한 때는 바로 그날 밤이었다. 보고타 국립 대학교에서 학생들이 여전히 공산당과 유대를 맺은 채 자유파와 무법자로 남아 있었으나, 가이딴이 나라 전체에 파고 있던 균열이 그 대학에서는 일어나고 있다는 느낌이 들지 않았다는 사실 때문에 나는 놀라고 있었다. 그날 밤에 벌어진 소동으로 멍한 상태가 되어 하숙집에 돌아왔을 때 같은 방을 쓰던 동료는 침대에서 차분하게 오르떼가 이 가세뜨를 읽고 있었다.

"어이, 베가 박사. 나 새 사람 되어 돌아왔네." 내가 그에게 말했다. "니꼴라스 마르께스 대령이 왜, 어떻게, 전쟁들을 시작했는지 이제 알게 됐다니까."

채 며칠이 지나지 않은 1948년 2월 7일, 가이딴은 첫 번째 정치 행위를 거행했고 나는 생전 처음으로 거기에 참여했다. 정부가 국내에서 저지른 폭력으로 희생된 무수한 사람들을 기리는 행렬이었는데, 6만 명이 넘는 남녀가 자유당을 상징하는 빨간색 깃발과 자유당의 슬픔을 상징하는 검은색 깃발을 들고 가슴 깊이 애도를 표했다. 슬로건은 단 한 가지뿐이었다. 절대적 침묵. 그 집회는 상상도 못할 극적 효과를 거두며 완료되었다. 각 가정과 사무실의 발코니에서도 우리 시위대가 중앙로를 가득 메운 채 열한 블록을 행진하는 것을 지켜보았다. 내 옆에 있던 부인 하나가 중얼중얼 기도를 하고 있었다. 그 부인 옆에 있던 남자가 놀란 듯 그녀를 쳐다보았다.

"부인, 제발 조용히 하세요!"

그 부인은 미안하다는 듯 신음을 내뱉더니 유령처럼 침묵을 지키던 인파 속으로 사라져 버렸다. 그런데 나로 하여금 하마터면 울음을 터뜨릴 뻔하게 만든 것은 군중이 초인적인 침묵을 유지하면서 조심조심 행진하는 소리와 숨소리였다. 나는 그 어떤 정치적 신념도 없었지만 그 침묵에 대한 호기심에 이끌려 그곳에 있었는데, 놀랍게도 갑자기 목이 메어 왔다. 볼리바르 광장에 붙어 있는 시 감사원 건물 발코니에서 행하는 가이딴의 연설은 복받쳐 오르는 감정을 억누른 채 토해 내는 애도였다. 가이딴이 속해 있는 당조차 냉소적인 예측을 했건만, 가이딴의 연설은 매우 숙연한 분위기를 조성하면서 절정에 다다랐다. 연설이 끝났음에도 단 한 번의 박수 소리조차 들리지 않았던 것이다.

'침묵의 행진'은 콜롬비아에서 이루어진 행진들 가운데 가장 감동적인 것이었다. 가이딴의 지지파와 반대파가 그 역사적인 오후에 받은 인상은 가이딴의 당선은 막을 수 없다는 것이었다. 보수당원들 역시 정부가 온 나라에 행한 폭력이 미친 파장의 강도, 비무장 자유주의를 억압하는 체제 수호적 경찰의 야만성, 그리고 초토 작전 때문에 가이딴의 당선이 유력하다는 사실을 잘 알고 있었다. 그 주말, 보고타 투우장에서 투우를 관람하던 관객들은 민심을 가장 은밀하게 표현했다. 지붕 없는 관람석에 앉아 있던 관객들이 너무 유순한 소와 소를 즉사시키지 못하는 무능한 투우사 때문에 화가 나서 투우장 안으로 뛰어들었다. 흥분한 군중은 숫소를 산 채로 토막내 버렸다. 그 소름 끼치는 현장을 직접 목격하거나 소문으로 듣고 알게 된 많은 기자들과 작가들은 그동안 꾹 참고 있던 국민들의 거친 분노가 표출된 무시무시한 현상이라고 해석했다.

그처럼 긴장이 고조되어 있는 분위기에서, 3월 30일 오후 4시 반, 보고타에서는 제9차 범아메리카 회의가 개최되었다. 도시는 콜롬비아 외무장관 라우레아노 고메스의 화려한 미적 취향에 따라 막대한 돈을 투자해 재단장되었고, 그는 개최국 외무장관 자격으로 범아메리카 회의 의장에 선출되었다. 라틴 아메리카 전 외무장관들과 당시 주요 인사들이 참석했고, 호르헤 엘리에세르 가이딴을 제외한 콜롬비아 주요 정치가들이 초대되었다. 가이딴이 배제된 이유는 틀림없이 라우레아노 고메스가 거부권을 행사했기 때문이고, 아마도 가이딴이 보수, 자유 양당에 공존하고 있던 과두 정치를 공격한다는 이유로 일부 자유당 지도자들이 가이딴을 경원하고 있었기 때문일 것이다. 범아메리카 회의에서 가장 주목받은 인물은 미국 대표이자 바로 전 종료된 세계대전의 위대한 영웅 조지 마샬 장군이었다. 그는 빈번한 전쟁 때문에 황폐된 유럽을 재건하는 데 앞장섬으로써 영화배우 뺨치는 인기를 누리고 있었다.

4월 9일 금요일, 호르헤 엘리에세르 가이딴은, 저닐리스트 에우도로 갈라르사 오싸를 죽인 혐의로 피소된 헤수스마리아 꼬르떼스 뽀베다 대위의 사면을 이루어 냄으로써 그날 라디오 뉴스를 장식한 인물이 되었다. 가이딴은 새벽까지 법원에 있었음에도 불구하고 오전 8시가 되기 조금 전, 7번가와 히메네스 데 께사다 대로가 만나는 지점에 있는, 사람들로 북적거리는 사거리에 위치한 자신의 변호사 사무실에 기분 좋은 상태로 도착했다. 출근 후 시시각각으로 많은 약속이 잡혀 있었으나 오후 1시가 되기 전 쁠리니오 멘도사 네이라가, 당시 신문들은 아직 싣지 못한 법적 승리를 축하하기 위해 가이딴의 사무실에 와 있던 친구, 정치가 여섯과 더불어 가이딴을 점심에 초대하자, 그는 즉시 그 초대를 받아들였다. 그중에는 가이딴의 주치의이자 정치 측근 가운데 하나인 뻬드로 엘리세오 끄루스도 있었다.

그 긴박한 상황에서 나는 점심 식사를 하기 위해 가이딴의 변호사 사무실에서 세 블록 떨어져 있는 하숙집 식당에 앉아 있었다. 식탁에 수프가 채 차려지기도 전에 윌프리도 마티에우가 겁에 질린 표정으로 식당으로 들어와 내 식탁 앞에 서더니 이렇게 말했다.

"이 나라 완전히 끝장났어. 방금 전 가또 네그로 앞에서 가이딴이 암살당했어."

다른 하숙생들처럼 수끄레에서 유학 온 마티에우는 외과 전공 모범 의대생으로, 그동안 불길한 예감에 시달리고 있었다. 불과 일주일 전 그는, 가공할 만한 사건 하나가 곧 벌어질 것이라며, 그것은 바로 호르헤 엘리에세르 가이딴의 암살 사건으로 그 결과는 엄청나게 파괴적일 것이라고 우리에게 말했다. 하지만 그런 일이 일어날 것이라 가정하기 위해 그런 예고를 한다는 것은 불필요한 것이었기 때문에, 그 말을 들은 우리는 한결같이 콧방귀를 뀌고 말았다.

나는 숨돌릴 틈도 없이 히메네스 데 께사다 대로를 쏜살같이 건너, 7번가 길모퉁이에 있는 가또 네그로 카페에 숨이 막힐 지경이 되어 도착했다. 피격당한 가이딴은 생명은 붙어 있었지만 희망이 없는 상태에서, 그곳으로부터 네 블록 정도 떨어진 중앙 병원으로 막 옮겨진 뒤였다. 한 무리의 남자들이 땅바닥에 고여 있는 뜨거운 피가 역사적 유물이나 된다는 듯 손수건에 적시고 있었다. 그곳에서 잡동사니를 팔던 수많은 여자들 가운데 검은 숄을 걸치고 샌들을 신은 여자가 피 묻은 손수건을 든 채 욕설을 퍼부었다.

"이런 개자식들이 그분을 죽이다니!"

구두닦이 한 무리가 구두닦이용 나무통으로 누에바그라나다 약국의 철문을 때려 부수려 애쓰고 있었다. 몇 안 되는 경비 경찰이 흥분한 군중으로부터 저격범을 보호하기 위해 약국 안에 가둬 놓았던 것이다. 결혼식에라도 참석하는 것처럼 말끔한 회색 정장을 차려입고, 아주 점잖아 보이는 키 큰 남자가 치밀하게 계산된 고함 소리를 질러 대며 구두닦이들을 선동하고 있었다. 고함 소리가 대단히 효과적이기도 했지만, 약국 주인은 구두닦이들이 약국을 불 질러 버릴까 두려운 나머지 약국 철제문을 들어 올렸다. 저격범은 흥분한 사람들이 달려드는 것을 보고는 공포에 질려 어느 경찰관의 몸에 찰싹 달라붙어 있었다.

"경찰관님, 사람들이 절 죽이지 않도록 해 주세요." 저격범이 기어 들어 가는 목소리로 간청했다.

그의 모습은 결코 잊을 수 없을 것 같았다. 산발한 머리, 며칠 동안 면도를 하지 않았는지 텁수룩한 수염, 공포에 질려 눈알이 툭 튀어나온 얼굴은 죽은 사람처럼 창백했다. 세로 줄무늬가 있는 낡은 갈색 모직 옷을 입고 있었는데, 상의 옷깃은 군중이 그를 보자마자 잡아당기는 바람에 찢어졌다. 순간적으로 일어난 일이었지만 영원히 잊지 못할 광경이 벌어지고 말았다. 구두닦이들이 구두닦이 나무통을 휘둘러 대며 경찰관들로부터 그 저격범을 낚아채고는 발길질을 해 죽여 버렸던 것이다. 저격범이 땅바닥에 쓰러졌을 때는 이미 신발 한 짝이 벗겨져 나가고 없었다.

"대통령궁으로 갑시다!" 신원이 절대 밝혀지지 않은 회색 정장 차림의 남자가 큰 소리로 명령했다. "대통령궁으로!"

최고조로 흥분된 사람들이 그의 말에 따랐다. 유혈이 낭자한 저격범의 발목을 잡아든 그들은, 가이딴의 저격 소식을 듣고 정부에 대항해 도전적인 욕설에 해당하는 경적을 울리면서 멈춰 서 있는 마지막 전차들 사이를 통과해 볼리바르 광장 쪽으로 질질 끌고 갔다. 보도와 발코니에 있던 사람들은 그들에게 소리를 지르고 박수갈채를 보내면서 그들을 응원하고 있었고, 두드려 맞아서 몰골이 흉하게 된 저격범의 시체는 돌 깔린 도로 위를 끌려가느라 옷과 몸이 찢겼다. 많은 사람들이 그 행렬에 동참했다. 채 여섯 블록도 행진하지 않아 전투를 개시할 정도의 숫자와 팽창력을 지니게 되었다. 일그러진 시체에 남아 있던 것이라고는 팬티와 신발 한 짝뿐이었다.

막 새로 단장한 볼리바르 광장에는 역사적인 지난 금요일들의 장엄한 분위기는 사라지고, 품위 없는 나무들과 새롭게 설정한 공식적인 미학에 따라 만들어진 볼품없는 상(像)들이 세워져 있었다. 열흘 전 범아메리카 회의가 개막되었던 까삐똘리오 나시오날[‡]에는 각국 대표들이 점심을 먹으러 가 버린 상태라 아무도 없었다. 상황이 그러했기 때문에 군중은, 역시 텅 비어 있는 대통령궁을 향해 계속해서 나아갔다. 군중은 걸레 쪼가리로 변한 팬티 외에 남아 있는 옷이 없고, 왼발에 구두 한 짝을 신고, 목에 설명이 불가능한 타이 두 개를 매고 있던 저격범의 시체를 그곳에 놔두었다. 몇 분이 지나자 공화국 대통령 마리아노 오스뻬나 뻬레스가 엔가띠바에서 열린 축산 박람회 개회식을 치른 뒤 부인과 함께 점심을 먹으러 도착했다. 대통령 전용차의 라디오가 꺼져 있었기 때문에 대통령 부처는 그 순간까지 가이딴의 암살 사건에 관한 소식을 듣지 못하고 있었다.

나는 증언들의 형식과 내용이 바뀌며 전파되어 결국 실제 사건과 영 딴판이 되어 버리는 현상이 재빠르게 전개되는 데 놀란 채, 범죄 현

[‡] 볼리바르 광장 남쪽에 위치한 정부 청사로 콜롬비아 국회가 열리는 곳이다.

장에서 10분 정도 더 머물러 있었다. 우리는 사람이 가장 붐비는 시각에, 히메네스 대로와 7번가가 교차하는 사거리, 즉《엘 띠엠뽀》사에서 50보 정도 떨어진 곳에 있었다. 우리는 그때 가이딴이 사무실을 나섰을 때 함께 동행한 인물들은 뻬드로 엘리세오 끄루스, 알레한드로 바예호, 호르헤 빠디야, 알폰소 로뻬스 뿌마레호 내각에서 국방부 장관을 지낸 쁠리니오 멘도사 네이라였다는 사실을 알게 되었다. 쁠리니오 멘도사 네이라가 가이딴 일행을 점심 식사에 초대했던 것이다. 가이딴은 경호원 한 명 대동하지 않은 채 친구 몇과 함께 사무실이 있는 건물을 나왔다. 일행이 보도에 내려서자마자 멘도사가 가이딴의 팔을 잡아 일행으로부터 끌어내 한 걸음 정도 앞서 가면서 가이딴에게 말했다.

"나 자네에게 좀 실없는 얘길 하고 싶었네."

멘도사는 더 이상 말을 할 수 없었다. 가이딴이 팔로 얼굴을 가렸고, 멘도사는 첫 번째 총성을 듣고 나서, 남자 하나가 자신들 앞에서 지도자의 머리에 권총을 겨냥한 채 전문가처럼 냉정하게 세 발을 발사하는 것을 보았다. 곧이어 네 번째 총알이 발사되어 빗나가 버렸다는 소리가 들렸고, 아마도 다섯 번째 총알이 발사되었다는 소리도 들렸던 것 같다.

사건이 일어나기 전 아버지와 두 누이 엘비라, 로사 이네스와 함께 그곳에 와 있던 쁠리니오 아뿔레요 멘도사는, 가이딴이 병원으로 실려 가기 1분 전 그의 얼굴이 하늘로 향한 채 쓰러져 있는 모습을 볼 수 있었다. 쁠리니오 아뿔레요 멘도사는 그 사건이 발생하고 몇 년이 지난 뒤 내게 말했다. "사망한 것 같지는 않았어. 그리 크지 않은 핏자국 옆에 하늘로 향한 채 드러누워 있는 당당한 상 같았는데, 한 곳에 시선을 고정시킨 두 눈에는 커다란 슬픔이 배어 있었지." 그 혼란스러운 순간 자기 아버지도 사망했을 거라 생각한 자매가 정신을 제대로 차리지 못하고 있었기 때문에, 쁠리니오 아뿔레요 멘도사는 자매를 그곳으로부터 떼어 놓기 위해 지나가는 전차에 태워 보냈다. 하지만 그곳에서 일어난 사건의 진상을 파악한 전차 운전사는 쓰고 있던 모자를 벗어 땅바닥에 내동댕이치더니, 도로 한복판에 전차를 세워 둔 채 전차에서 뛰어내려 반항의 첫 번째 절규에 자신의 목소리를 보탰다. 몇 분 뒤 전차는 미쳐 날뛰는 군중에 의해 전복된 첫 번째 전차가 되었다.

저격범의 숫자와 맡은 역할에 대해서는 증언들 사이에 커다란 차이가 있었다. 한 목격자는 저격범 셋이 번갈아 발사했다고 증언했고, 다른 목격자는 진짜 저격범이 혼돈에 빠진 군중 사이로 빠져나가, 운행 중이던 전차에 올라타 사라졌다고 증언했다. 멘도사 네이라가 가이딴의 팔을 붙잡아 이끌면서 가이딴에게 하고자 했던 얘기는, 그 당시 고려되던 중요한 사안들 가운데 하나가 아니라 자신이 노조 지도자들을 육성하는 학원 하나를 설립하려고 하는데 허락해 줄 수 있느냐 하는 것이었다. 아니, 학원이 아니라 멘도사 네이라의 장인이 며칠 전에 그에게 농담으로 했던, '운전수에게 철학을 가르치는 학교'였을 것이다. 하지만 그들 면전으로 첫 번째 총알이 발사되는 바람에 멘도사 네이라는 가이딴에게 그 얘기는 미처 하지 못하고 말았다.

50년이 지난 뒤에도 여전히 내 기억은 약국 앞에서 군중을 선동하는 것처럼 보이던 그 남자의 이미지에 고정되어 있는데, 그날 사건에 관한 무수한 증언들을 읽어 보았지만 그 어느 곳에서도 그 남자에 관한 사실은 언급되어 있지 않았다. 나는 당시 고급 옷을 입고, 피부가 설화 석고처럼 매끄럽고 하얀 그 남자의 치밀하게 계산된 행동을 아주 가까운 곳에서 목격했다. 그의 존재가 너무 특이했기 때문에 계속해서 그를 주시하고 있었는데, 군중이 저격범의 시체를 끌고 가자마자 최신형 자동차에 몸을 실은 그는 역사의 기억에서 영영 사라져 버린 것 같았다. 그 남자는 그 후 수년 동안 내 기억에서도 사라져 버렸다. 나중에 내가 기자로 일하고 있을 때, 그가 진짜 저격범의 신분을 보호해 주기 위해 가짜 저격범을 죽이도록 했을 것이라는 생각이 번득 머리를 스쳤다.

제어할 수 없는 소요가 발생하고 있을 때 당시 스무 살이던 쿠바 학생 지도자 피델 까스뜨로가 범아메리카 회의와 유사한 민주적 회의체 성격의 학생 집회에 아바나 대학교 대표로 참석하기 위해 콜롬비아에 와 있었다. 쿠바 대학생 대표인 알프레도 게바라, 엔리께 오바레스, 라파엘 델 삐노와 함께 며칠 전에 입국한 그가 하던 활동들 가운데 하나는, 자신이 존경하는 호르헤 엘리에세르 가이딴과 면담하는 것이었다. 콜롬비아에 도착한 지 이틀 뒤 까스뜨로는 가이딴과 대면했고, 가이딴은 다음 주 금요일에 정식 면담을 하자고 약속했다. 가이딴은 집무실 책상에 놓여 있는 다이어리의 4월 9일이라 인쇄된 쪽에 직접 약속 사항을 기입했다. "오후 2시. 피델 까스뜨로."

피델 까스뜨로 자신이 여러 번에 걸쳐 각기 다른 매체를 통해 밝혔고, 나와 오랜 우정을 유지하면서 함께 나눈 수많은 대화를 통해 밝힌 사실에 따르면, 당시 피델은 가이딴과 약속한 시간 오후 2시를 맞추기 위해 가이딴의 사무실 부근에서 배회하던 차에서 그 사건에 관해 처음 접하게 되었다고 한다. 피델 까스뜨로는 사건 소식을 처음으로 접한 군중이 우르르 달려가면서 합창하듯 질러 대는 소리에 깜짝 놀랐다.

"가이딴이 암살당했어!"

피델 까스뜨로는 멘도사 네이라가 갑작스럽게 가이딴을 점심 식사에 초대했기 때문에 4시 혹은 5시가 되기 전에는 가이딴과 면담을 할 수 없을 거라는 생각을 나중에까지 하지 못했다.

암살 현장에는 더 이상 들어갈 수가 없었다. 차들이 서로 뒤엉켜 멈춰 있고, 전차들이 전복되어 있었기 때문에 나는 점심 식사를 마저 하려고 하숙집을 향해 가고 있었다. 바로 그때 까를로스 H. 빠레하 선생이 자기 사무실 문 앞에서 내 앞을 가로막으며 나더러 어디 가는지 물었다.

"점심 먹으러 갑니다."

"빌어먹을." 그는 카리브 특유의 걸쭉한 말투로 말했다. "방금 전 가이딴이 암살당했는데, 점심 먹을 생각이 드는가?"

그는 내게 숨 돌릴 틈도 주지 않은 채 나더러 당장 학교로 가서 학생들의 항의 데모를 이끌라고 명령했다. 특이한 것은 내가 내 성격과 맞지 않게 그의 말을 따랐다는 것이다. 7번가를 통해 북쪽으로 갔다. 내가 향한 방향은 군중이, 일부는 호기심 때문에, 일부는 슬픔에 젖어, 일부는 분노하며 암살이 일어난 길모퉁이를 향해 부리나케 가고 있던 방향과는 반대 방향이었다. 흥분한 학생들이 운전하는 보고타 국립 대학교 버스들이 행진을 선도하고 있었다. 암살 사건이 일어난 길모퉁이에서 100미터 정도 떨어져 있는 산딴데르 공원에서는 보고타에서 가장 호화로운 그라나다 호텔 종업원들이 서둘러 호텔 문을 폐쇄하고 있었다. 당시 호텔에는 범아메리카 회의에 참석하고 있는 외무장관들과 주요 초청 인사들이 묵고 있었다.

투쟁에 개방적인 태도를 견지하던 빈자들이 새롭게 무리를 지어 모든 길모퉁이에서 파도처럼 밀려오고 있었다. 그들 중 대부분이 처음으로 가게들로 난입해 막 훔쳐낸 마체떼로 무장하고 있었다. 마체떼를 사용하고 싶어 안달이 난 것처럼 보였다. 나는 암살 사건이 유발할 수 있는 결과들에 대해 명확한 전망을 지니고 있지 않았으며, 항의 데모보다는 점심 식사에 마음이 더 가 있었기 때문에 하숙집으로 발걸음을 돌렸다. 정치색을 띤 하숙집 친구들이 전투에 가담하겠거니 생각하고서 하숙집 계단을 뛰어 올라갔다. 하지만 사실은 그렇지 않았다. 식탁에는 아무도 없었고, 내 옆방을 쓰고 있던 내 동생과 호세 빨렌시오가 하숙집 친구들과 함께 노래를 부르고 있었다.

"가이딴이 암살당했어!" 내가 소리쳤다.

친구들은 이미 다 알고 있다는 표정을 지었으나, 마음 상태는 조의를 표하고 있다기보다는 휴식을 취하고 있었다. 그들은 노래를 멈추지 않았다. 잠시 후 우리는 그 문제가 더 이상 확산되지 않을 거라 생각하고서 점심을 먹기 위해 텅 빈 식탁에 앉았고, 누군가 우리 무관심한 친구들이 들을 수 있도록 라디오 볼륨을 올렸다. 까를로스 빠레하는 한 시간 전에 내게 항의 데모를 할 것을 사주하던 방식대로 가장 뛰어난 좌파 자유주의자들로 구성된 통치 혁명 위원회를 설치했는데, 그들 가운데 가장 유명한 사람은 작가이자 정치가인 호르헤 살라메아라고 알렸다. 그 위원회가 맨 처음 시행하기로 결정한 사항은 집행 위원회, 경찰 총지휘부, 그리고 혁명 정부에 필요한 모든 조직들을 구성하는 것이었다. 혁명 위원회의 다른 위원들은 갈수록 정상적인 궤를 벗어나고 있던 시위에 관해 얘기했다.

그처럼 엄숙한 행위가 이루어지고 있는 가운데 내 머리를 처음으로 스쳤던 생각은 아버지가 자신의 골수 보수파 사촌이 극좌파 혁명의 최고 리더라는 사실을 알게 되었을 때 과연 무슨 생각을 할까 하는 것이었다. 라디오에서 언급된 사람들이 유명한 대학 관계자들이라는 사실을 알게 된 하숙집 여주인은 그들이 대학 교수라기보다는 난폭한 학생처럼 행동한다는 사실에 놀라워했다. 라디오의 다이얼을 불과 두 칸만 이동하면 콜롬비아는 다른 나라로 묘사되고 말았다. 국립 라디오 방송국에서 친(親)정부적인 자유당원들이 국민들에게 자제해 줄 것을 요구하고, 다른 방속국에서 모스크바에 충성하는 공산주의자들에 반대하는 목소리를 높이고 있는 사이, 친정부 자유당의 최고위 당직자들은 보수당 정부와의 연합 약속을 받아 내기 위해 대통령궁에 도달하려 애를 쓰면서 시가전도 불사할 태세였다.

뒤죽박죽 혼란스러운 사태로 인해 우리가 여전히 멍한 상태에 있을 때, 갑자기 하숙집 여주인의 아들 하나가 집이 불타고 있다며 소리를 질렀다. 돌로 쌓은 집 뒷벽에 나 있는 틈새로 새까맣고 짙은 연기가 새 들어와 침실 공기가 뜨거워지기 시작했다. 연기는 하숙집에 인접해 있는 주 정부 청사에서 나오고 있는 것이 틀림없었는데, 시위자들이 청사에 불을 질렀으나 청사 벽이 워낙 튼튼해 하숙집은 안전할 것처럼 보였다. 우리가 성큼성큼 계단을 뛰어 내려가 보니 시가전이 벌어지고 있었다. 몹시 흥분한 시위대가 주 정부 청사 안으로 난입해 사무실 집기들을 닥치는 대로 집어들어 창 밖으로 내던지고 있었다. 화재 연기로 시야가 불분명해졌고, 하늘에 불길한 막이 드리운 것 같았다. 흥분한 시위대는 주변 철물점들에서 탈취한 마체떼를 비롯한 온갖 연장으로 무장한 채 시위대에 동조하는 경찰관들의 도움을 받아가며 7번가와 주변 거리 상가들을 급습하고 불을 지르고 있었다. 그런 장면을 본 우리는 상황이 통제 불능 상태에 이르렀다는 사실을 즉각적으로 알아차렸다. 내 동생이 내가 미처 생각하지 못했던 바를 큰 소리로 말했다.

"이런 제기랄, 타자기는 어떡해!"

우리는 튼튼한 쇠창살 덕분에 아직 시위대의 손길이 미치지 않고 있던 전당포를 향해 뛰어갔으나, 항상 같은 자리에 있던 타자기가 눈에 띄지 않았다. 하지만 그 어마어마한 재난이 그 후 며칠 동안 지속될 거라는 사실을 여전히 알지 못하고 있던 상황이라, 며칠 내로 타자기를 되찾아오리라 생각하고서 별 걱정을 하지 않았다.

보고타 경비를 담당하는 군대의 임무가 관청과 은행을 지키는 것으로 제한되었기 때문에 공공 질서를 맡을 사람이 아무도 없었다. 소요 사태가 발생한 지 채 몇 시간이 지나지 않아 경찰 고위 간부 대다수는 지휘 본부에 숨어 버렸고, 순찰 경찰관들은 거리에 떠돌아다니는 무기를 든 채 고위 간부들을 따라가 버렸다. 순찰 경찰관 여럿이 시위대의 붉은 완장을 찬 채 우리로부터 아주 가까운 곳에서 총을 발사함으로써 총소리가 내 가슴속에서 진동했다. 그때부터 나는 총소리만으로도 사람을 죽일 수 있다고 생각하게 되었다.

전당포에서 집으로 돌아가는 길에 도시에서 가장 고급스러운 8번가의 상가들이 단 몇 분 만에 폐허로 변하는 광경을 목격했다. 우리 해안 지방 출신 학생들이 그토록 갖고 싶어 했으면서도 눈요기를 하는 것으로 만족해야 했던, 상점들의 쇼윈도에 들어 있는 최고급 귀금속들, 영국제 모직물, 영국 본드 스트리트의 모자들이, 당시 외국계 은행들을 경비하던 무표정한 군인들 앞에서 모든 사람들의 손으로 넘어가고 있었다. 우리가 절대 들어갈 수 없었던 최고급 산마리노 카페는 문도 열려 있고 식탁보들도 벗겨져 있었다. 그때만은, 카리브 출신 학생들이 안으로 들어갈라치면 득달같이 막아서던 턱시도 차림의 웨이터들도 없었다.

몇 사람은 고급 옷을 걸치고 커다란 직물 롤들을 어깨에 메고 상점에서 나와 거리 한복판에 내던지고 있었다. 나는 그 롤이 썩 무겁지는 않을 거라 생각하고서 하나를 집어들었으나 뼛속까지 느껴지는 고통 때문에 내려놓고 말았다. 가는 곳마다 거리에 버려진 가정용품들이 발길에 채였는데, 시위대가 마체떼로 목을 잘라 버린 고급 브랜드 위스키 병들과 온갖 이국적인 술병들 때문에 걷기가 쉽지 않을 지경이었다. 내 동생 루이스 엔리께와 호세 빨렌시아는 고급 옷을 파는 어느 가게에서 사람들이 약탈하고 남은 것들을 주워 왔다. 그중에는 질이 아주 좋은 모직의 하늘색 정장 한 벌이 있었다. 아버지 사이즈에 딱 맞을 것 같아 아버지에게 보냈고, 아버지는 그 후 몇 년 동안 중요 행사에 참석할 경우 어김없이 그 옷을 입었다. 내가 천우신조로 얻게 된 유일한 전리품은 도시에서 가장 값비싼 찻집에 있던 송아지 가죽 서류 가방이었다. 그 후 몇 년 동안 나는 잠잘 곳이 없던 수많은 밤에 원고 뭉치들을 넣은 그 가방을 겨드랑이에 끼고 다녔다.

나는 한 시위대와 함께 까삐똘리오 나시오날을 향해 8번가를 헤쳐 나갔다. 시위대의 선두가 볼리바르 광장에 다가가고 있을 때 한 차례 발사된 기관총 탄환들이 선두에 선 사람들을 휩쓸어 버렸다. 순식간에 죽거나 부상당해 거리 한복판에 쌓여 있는 사람들을 보고는 우리의 온몸이 얼어붙었다. 피범벅이 되어 죽어 가던 남자 하나가 사망자와 부상자 더미를 헤치고 기어 나와 내 바짓가랑이를 부여잡더니 가슴이 찢어질 것 같은 부탁을 했다.

"젊은이, 하느님의 은총으로 날 죽게 내버려 두지 말아 주오!"

공포에 휩싸인 나는 그를 내팽개쳐 두고 도망쳐 버렸다. 그때부터 나는, 내 것이 되었건 다른 사람 것이 되었건, 웬만한 공포는 잊어버리는 법을 배웠으나 타오르는 불길 속에서 본 그 두 눈에 서린 절망감만은 절대 잊을 수가 없었다. 당시 나와 내 동생이 그 무자비한 지옥에서 죽을 수도 있었다는 생각을 내가 단 한 순간도 해보지 않았다는 사실에 요즘도 놀라곤 한다.

  오후 3시부터 별안간 쏟아지기 시작하던 비가 오후 5시가 지나자 폭우로 변해 자잘한 화재들은 대부분 자연스럽게 진압되었고, 시위의 기세도 한결 수그러들었다. 수가 별로 많지 않았기 때문에 시위에 적극 대처할 능력이 없던 보고타 경비대는 거리의 분노한 시위대들을 작은 무리로 분산시켰다. 보고타 경비대는, 자정을 넘어 인접한 주들에서, 무엇보다도 보야까 주에서 비상 병력을 파견함으로써 보강되었다. 당시 보야까 주 군대는 당국이 자행하는 폭력의 일꾼을 양성하는 학교라는 명성이 자자했다. 그때까지 라디오 방송은 상황을 제대로 알리기보다는 자극적인 소식을 전하느라 정신이 없었기 때문에 모든 뉴스는 출처가 불분명했고 진실을 파악하는 것은 불가능했다. 긴급 투입된 지원병들은 새벽녘에 그동안 시위대에 의해 파괴되어 화재로 인한 불빛밖에 없는 시내 상가들을 장악했으나, 정치색이 짙은 시위대는 며칠 동안 여전히 저항을 계속했고, 시위대 일부는 탑들과 옥상에 저격병들을 배치해 놓고 있었다. 그 시각 거리에 있는 사망자 수는 이루 헤아릴 수 없을 지경이 되었다.

  우리가 하숙집으로 돌아왔을 때는 도시의 대부분이 불길에 휩싸여 있었으며 전복된 전차, 자동차의 잔해가 즉석 바리케이드 역할을 하고 있었다. 우리는 가방 하나에 필요한 물건들을 챙겨 하숙집을 나왔고, 나오자마자, 아직 출판되지 않은 단편소설 원고 두세 편과, 외할아버지가 내게 준 사전, 그리고 내가 중등학교 1학년 때 상으로 받은 디오게네스 라에르티오스의 책을 놔두고 나왔다는 생각이 들었는데, 사전은 영영 잃어버리고 말았다.

그 당시 우리 머릿속에는 하숙집에서 단 네 블록 떨어진 곳에 있는 외삼촌 후아니또의 집으로 가서 나와 동생을 숨겨 달라고 부탁할 생각밖에 없었다. 외삼촌은 건물 2층에 있는 거실, 주방, 침실 두 개짜리 아파트에서 부인, 그리고 세 아이 에두아르도, 마르가리따, 니꼴라스와 함께 살고 있었다. 장남 에두아르도는 하숙집에서 나와 함께 산 적이 있었다. 우리가 들어갈 공간은 거의 없었으나 외삼촌 부부는 우리 형제뿐만 아니라 하숙집에서 함께 사는 친구는 물론 동료들인 호세 빨렌시오, 도밍고 마누엘 베가, 까르멜로 마르띠네스 (그들 모두는 수끄레 출신이었다.) 그리고 우리가 겨우 안면이나 트고 지내던 다른 동료들을 위해, 그렇지 않아도 비좁은 공간을, 주방까지 활용해 가며 임시로 마련해 줄 정도로 따스한 마음씨를 지니고 있었다.

자정이 되기 전 비가 멈추자 우리는 화재의 잔불들이 희미하게 비치는 그 도시의 지옥 같은 풍경을 관찰하기 위해 건물 옥상으로 올라갔다. 저 멀리 몬세랏과 구아달루뻬가 있었다. 두 산은 연기 가득 찬 하늘 아래서 시꺼멓고 거대한 덩어리처럼 보였으나, 황량한 안개 속에서 내가 계속해서 보고 있던 것은 내게 불가능한 도움을 요청하기 위해 나를 향해 기어오던, 죽어 가는 그 남자의 거대한 얼굴뿐이었다. 도시에서 벌어지던 사냥은 기세가 꺾여 있었고, 무시무시한 정적 속에서 시내 전역에 잠복해 있는 무수한 저격병들이 간헐적으로 쏘아 대는 총소리들, 그리고 도시를 통제하기 위해 무장 또는 비무장 저항의 모든 흔적들을 차츰차츰 소탕하고 있던 군대의 함성 소리만 들릴 뿐이었다. 사망자들의 모습을 보고 경악한 외삼촌 후아니또는 우리 모두가 느끼고 있던 감정을 한숨 속에 털어놓았다.

"하느님 맙소사. 마치 꿈을 꾸고 있는 것 같네!"

어둑어둑한 거실로 돌아왔을 때, 나는 허물어지듯 소파에 주저앉았다. 정부가 장악한 라디오 방송국들이 발표하는 공식 뉴스 속보들은 차츰차츰 안정을 찾아가는 도시의 모습을 그리고 있었다. 이제 연설 방송은 하지 않았으나, 정부가 장악하고 있는 방송국들과 여전히 시위대의 수중에 있는 방송국들 사이의 차이를 정확히 구분할 수 없었고, 시위대의 수중에 있는 방송국들조차도 통제 불능 상태로 마구 쏟아져 나오는 불순한 의도의 루머들을 가려내지 못하고 있었다. 모든 대사관이 난민으로 넘쳐났고, 마샬 장군은 군사학교 의장대의 경호를 받으며 미 대사관에 머물고 있다는 소문이 무성했다. 사태가 발생한 지 채 몇 시간이 되지 않아 미 대사관에 피신해 있던 라우레아노 고메스는 대통령과 전화 연락망을 유지하면서, 사태가 공산주의자들에 의해 조종되는 것으로 판단되는 상황에서 자유파들과 협상할 필요가 없다고 대통령을 설득하려 애썼다. 당시 미주 기구의 사무총장을 지내던 전임 대통령 알베르또 예라스가 방탄 처리가 되어 있지 않은 자동차를 타고 까삐똘리오 나시오날을 벗어나고 있을 때 그를 발견한 시위대는, 그가 보수파에게 정권을 합법적으로 이양한 것에 대한 대가로 그를 죽이려 했지만 기적적으로 목숨을 건졌다. 자정 무렵이 되었을 때, 범아메리카 회의에 참석한 각국 대표 대부분은 안전한 상태에 있었다.

서로 상반되는 수많은 뉴스 사이에는 시인 기예르모 레온 발렌시아의 아들이 돌에 맞아 죽어 그 시체가 볼리바르 광장에 내걸렸다는 소식이 있었다. 그는 자기 아버지와 이름이 동일했다. 하지만 정부가 사태를 통제하고 있다는 생각은, 군대가 그동안 시위대가 장악하고 있던 라디오 방송국들을 이내 탈환하자마자 가시화되기 시작했다. 당시 뉴스들은 선전 포고를 알리는 대신 정부가 그 사태를 진정시키고 있다는, 위안을 주는 말로 국가를 안정시키려 했고, 그사이 자유당 고위 당직자들은 권력을 반으로 분담하는 문제를 가지고 공화국 대통령과 협상을 진행하고 있었다.

실제로 정치적 의식으로 행동한다고 할 수 있는 사람들은 무질서한 거리에서 교통경찰처럼 군중을 권력 중심지로 이끌고 가는 것처럼 보였던 공산주의자들과 열광적인 소수파들뿐이었다. 반면에 자유파는, 가이딴이 선거 운동 과정에서 폭로한 바처럼, 두 파로 나누어져 있다는 사실을 스스로 드러냈다. 그들은 대통령궁에서 일정 지분의 권력을 얻어 내려고 시도하는 지도자들과, 그 지도자들에게 투표를 했으면서도 탑과 옥상의 어느 곳이든지 되는대로 자리를 잡고서 가능한 한 최대로 저항하던 사람들이었다.

가이딴의 암살과 연관해 발생한 첫 번째 의구심은 암살자의 신원에 관한 것이었다. 7번가에 운집해 있던 군중 사이에서 가이딴에게 단독으로 권총을 발사했다고 하는 후안 로아 시에라가 암살자라고 오늘날까지 모두가 믿는 것은 아니다. 그날, 그 시각, 그 장소에서, 그 같은 방식으로, 그처럼 엄청난 암살을 혼자서 실행하기로 결정할 만큼의 독자적인 배경이 그에게는 없었다. 그가 혼자서 그 일을 감행했으리라 이해한다는 것은 쉽지 않은 일이다. 그의 쉰두 살 먹은 홀어머니 엔까르나시온 시에라는 라디오를 통해 자신의 정치적 영웅인 가이딴이 암살당했다는 소식을 듣고는 가이딴의 죽음에 애도를 표하기 위해 갖고 있던 가장 좋은 옷을 검은색으로 물들이고 있었다. 염색 작업을 채 끝내기도 전에 그녀는 자신의 열네 남매 가운데 열세 번째인 후안 로아 시에라가 바로 범인이라는 소식을 들었다. 열네 남매 중 그 누구도 초등학교를 졸업하지 않았으며, 그 가운데 넷(아들 둘과 딸 둘)은 이미 죽고 없었다.

그녀는, 약 8개월 전부터 아들 후안의 행동에서 이상한 변화를 감지했노라고 증언했다. 혼자 뭐라 중얼거리고 괜히 씩 웃고, 어떤 때는 자신이 우리 나라 독립의 영웅인 프란시스꼬 데 빠울라 산딴데르 장군의 화신이라 믿고 있다는 말을 가족에게 털어놓았으나 가족은 그가 술에 취해 쓸데없는 농담을 한 것으로 치부해 버렸다. 그녀의 아들은 남에게 못된 짓을 할 사람으로 알려져 있지 않았고, 일자리를 얻기 위한 추천장들을 어느 영향력 있는 사람으로부터 받기로 되어 있었다. 가이딴을 저격했을 당시 지갑에 추천장들 하나가 끼워져 있었다. 6개월 전, 그는 자필로 오스뻬나 뻬레스 대통령에게 편지 한 통을 썼다. 대통령에게 일자리를 부탁하기 위해 면담 요청을 하는 내용이었다. 어머니는 아들이 자신의 문제를 가이딴에게도 개인적으로 부탁해 볼 생각을 했으나 가이딴은 아들에게 그 어떤 희망도 주지 않았다고 사건 조사관들에게 증언했다. 그가 생전에 총을 한 번이라도 쏘아 보았는지는 잘 알려져 있지 않았으나, 진짜 범인의 총 솜씨는 전혀 초보가 아니었다. 후안 로아 시에라가 사용했다고 하는 권총은 리볼버형 38구경으로, 그런 고물총으로 쏜 총탄이 단 한 발도 빗나가지 않고 모두 적중한다는 것은 놀랄 만한 일이었다.

가이딴의 사무실이 있는 건물의 일부 직원들은 저격이 발생하기 전날 밤 가이딴의 사무실이 있는 층에서 후안 로아 시에라를 본 적이 있다고 진술했다. 건물 수위는 4월 9일 오전, 로아가 계단을 통해 위로 올라갔다가 어느 낯선 사람과 함께 엘리베이터를 타고 내려온 것을 본 게 확실하다고 증언했다. 수위는 두 사람이 건물 입구 근처에서 몇 시간 동안 누군가를 기다렸으나 가이딴이 사무실로 올라갔을 때 로아 혼자서 문 옆에 있었던 것 같다고 증언했다.

가이딴의 선거 본부에서 발행하던 신문《라 호르나다》의 기자 가브리엘 레스뜨레뽀는 로아 시에라가 범행 당시 몸에 지니고 있던 신분증들을 검사했다. 로아 시에라의 신분과 사회적 조건 같은 것은 의심의 여지가 없었으나 범행 의도에 관해서는 그 어떤 실마리도 발견되지 않았다. 바지 한쪽 호주머니에는 각종 동전 82센따보가 들어 있었다. 하루 용돈으로 5센따보밖에 쓰지 않을 때였다. 상의 안주머니에 들어 있는 검은 가죽 지갑에는 1뻬소짜리 지폐 한 장이 들어 있었다. 자신의 정직성을 보장해 주는 증명서도 한 통 지니고 있었고, 경찰이 발행한 무전과(無前科) 증명서도 지니고 있었으며, 가난한 사람들이 거주하는 동네인 또 다른 8번가 30-70번지라는 주소가 기입된 서류도 하나 들어 있었다. 상의의 같은 호주머니에 들어 있던 2급 보충역 병역 수첩에 따르면, 그는 라파엘 로아와 엔까르나시온 시에라의 아들로, 21년 전인 1927년 11월 4일 태어났다.

모든 면에서 아무런 하자가 없었는데, 보잘것없는 집안 태생에 전과조차 없는 남자 하나가 자신의 품행이 방정하다는 증거들을 그토록 많이 지니고 있다는 사실은 특이했다. 게다가, 내가 결코 해결할 수 없었던 의구심을 내게 품게 한 한 가지는 고급 옷을 입은 고상한 신사 하나가 분노한 군중에게 로아 시에라를 내던져 놓고 고급 승용차를 타고 영영 잠적해 버린 점이다.

그 비극적인 사건으로 일대 소동이 벌어진 가운데, 살해당한 목자(牧者)의 시체에 방부 처리를 하고 있는 사이, 자유파 지도자들은 비상조치들을 강구하기 위해 중앙 병원의 식당에 모였다. 가장 긴급히 시행되어야 했던 조치는 사전 면담 신청 없이 대통령궁으로 가서 국가를 위협하는 재난을 방지할 수 있는 비상조치에 관해 국가수반과 토론하는 것이었다. 밤 9시가 되기 바로 전에 비가 수그러들었고, 첫 번째 협상단은 군중 시위로 생긴 쓰레기로 막혀 있는 거리를 어렵사리 통과하고 발코니와 옥상에 숨어 있는 저격병들이 쏜 총탄에 벌집이 된 시체들을 헤쳐 가며 대통령궁으로 갔다. 협상단은 대통령궁 대기실에서 보수당 소속 공무원, 정치가 몇, 그리고 자존심이 아주 센 영부인 베르따 에르난데스 데 오스뻬냐를 만났다. 그녀는 남편과 함께 엔가띠바에서 개최된 축산 박람회에 참석했을 때 입었던 옷을 아직도 입고 있었는데, 비상사태 시 규정에 따라 허리에 권총을 차고 있었다.

그날 오후 끝 무렵, 시위가 가장 격렬하게 이루어진 지역들에 대한 파악이 불가능한 상황에서, 대통령은 집무실 문을 닫아 건 채 군부 요인, 장관들과 함께 국가가 처한 상황에 관해 평가하려 애를 쓰고 있었다. 밤 10시 조금 못 미쳐 자유파 지도자들이 찾아왔다는 사실을 알고 깜짝 놀란 대통령은 모든 내방객을 동시에 접견하는 것이 아니라 둘씩 접견하기를 원했으나, 자유파 지도자들을 그럴 경우에는 대통령 집무실에 아무도 들어가지 않겠노라고 버텼다. 결국 대통령이 양보했고 자유파 지도자들은, 어찌 되었든, 대통령의 기가 꺾인 것으로 이해했다.

말끔하게 차려입은 대통령은 초조한 빛은 전혀 드러내지 않은 채 기다란 회의용 테이블 상석에 앉아 있었다. 그나마 그의 긴장감이 배어 나온 행동은 그가 줄담배를 피워 대는 방식이었는데, 가끔씩은 담배 한 개비를 반 정도 피우고 나서 곧바로 다른 담배에 불을 붙였다. 대통령과 면담을 한 사람들 가운데 하나는, 당시 무표정한 대통령의 은빛 머리를 비추던 화재의 불빛이 무척 인상적이었노라고 몇 년 뒤 내게 술회했다. 붉게 물든 하늘 아래 폐허 더미 위로 여전히 타오르던 잔화가 대통령 집무실의 커다란 유리창들을 통해 보였다. 불빛은 지평선까지 닿아 있었다.

그 면담에 관해 알려진 사항들은 면담 당사자들이 밝힌 몇 되지 않은 정보, 면담의 결과에 관해 미심쩍어하는 일부 참석자들의 발설, 다른 사람들의 수많은 환상, 시인이자 역사가인 아르뚜로 알라뻬에 의해 한 조각씩 짜 맞추어진 그 불길한 날들에 대한 재구성 덕분이었다. 아르뚜로 알라뻬는 지금 이 회고록에서 기술한 것들 가운데 상당 부분에 대한 전거를 제공해 주었다. 그 당시 대통령을 면담한 사람은 자유파가 발행하던 석간 신문 《엘 에스뻭따도르》의 발행인 돈 루이스 까노, 면담이 이루어지도록 고무시켰던 쁠리니오 멘도사 네이라, 자유파의 가장 역동적이고 젊은 지도자들 가운데 세 사람인 까를로스 예라스 레스뜨레뽀, 다리오 에찬디아, 알폰소 아라우호였다. 면담이 진행되는 동안 자유파의 다른 지도자들이 면담장을 들락거렸다.

몇 년 뒤 베네수엘라 까라까스에서 가슴 졸이는 망명 생활을 하던 쁠리니오 멘도사 네이라로부터 내가 직접 들은 값진 회고에 의하면, 당시 면담에 참석한 자유파 지도자들 가운데 그 누구도 구체적인 계획을 가지고 있지 않았다고 한다. 가이딴 암살에 대한 유일한 증인인 쁠리니오 멘도사 네이라는, 천부적 작가이자 평생 저널리스트로서 지니고 있던 노련한 글 솜씨로 그 사건의 진상을 차근차근 밝혔다. 그가 밝힌 바에 따르면, 대통령은 자유파 지도자들의 말을 경청하고 나서 엄청난 국가 비상사태를 해결할 수 있는 공정하고 애국적인 해결책을 각자 하나씩 제시해 달라고 지도자들에게 요청했다.

친구들에게나 적들에게나 꾸밈없이 솔직하기로 유명한 멘도사는,

정부가 취할 수 있는 가장 적합한 방책은 당시 국민이 신임하는 군부에 권력을 이양하는 것이라고 답변했다. 알폰소 로뻬스 뿌마레호 정부 때 국방부 장관을 역임했기 때문에 군부를 속속들이 파악하고 있던 멘도사는 그들만이 국가를 정상화할 수 있는 채널을 재개할 수 있을 거라 생각했던 것이다. 하지만 대통령은 그런 계획은 현실적으로 불가능하다며 동의하지 않았고, 함께 간 자유파 지도자들조차도 동조하지 않았다.

다음 차례는 사려가 깊기로 유명한 돈 루이스 까노였다. 그는 오스삐나 대통령에게 부성애에 가까운 감정을 느끼고 있었기 때문에 오스삐나가 다수의 지지를 받는 결정을 신속하고 공정하게 내린다면, 그 어떤 결정이든 일조하겠노라고 대답했다. 대통령은 국정을 정상화하기 위해 필수적인 수단을 강구해 보겠다고 확약했으나 반드시 헌법의 테두리 안에서 하겠다고 했다. 그러고 나서 그는 도시를 뒤덮고 있던 지옥 같은 장면을 유리창을 통해 가리키면서 상황을 그렇게 만든 것은 정부가 아니라는 사실을 은근히 비꼬는 말투로 참석자들에게 상기시켰다.

대통령은, 선거를 기획, 조정하는 데 전문가들인 시끌벅적한 라우레아노 고메스며 소속 당의 교만한 당직자들과는 달리 진득하고 교양 있는 사람이라는 명성을 지니고 있었으나, 그 역사적인 밤만큼은 자신의 고집을 절대 꺾지 않겠다는 사실을 보여 주었다. 따라서 토의는 아무런 합의점도 이끌어 내지 못한 채 자정까지 지속되었는데, 그때 영부인 베르따 데 오스삐나가 더욱더 무시무시한 소식을 갖고 합류했다.

당시 거리에 쌓여 있는 시체들의 숫자와 도저히 찾아낼 수 없는 장소에 숨어 있는 저격병들의 숫자, 그리고 고통과 분노에 휩싸인 채 화려한 상점에서 탈취한 고급 술에 취한 군중의 숫자는 이미 헤아릴 수 없는 지경이 되었다. 도시 중심가는 황폐화되어 여전히 화염에 휩싸여 있고, 고급 상점들, 대법원 청사, 주 청사, 그리고 다른 역사적 건물들이 파괴되거나 불에 타 버렸다. 대통령 집무실이라는 황량한 섬에서, 다수가 한 사람의 평화적 동의를 얻기 위해 무자비하게 다그치고 있는 상황이었다.

그들 가운데 가장 큰 권위를 지니고 있던 다리오 에찬디아는 다른 참석자들에 비해 의사 표현을 삼갔다. 대통령을 비꼬는 코멘트를 두어 차례 했을 뿐 다시 냉정하게 입을 다물어 버렸다. 그는 오스뻬나 뻬레스 대통령을 대체하기에 가장 적합한 후보처럼 보였으나 그날 밤은 가타부타 의사 표현을 하지 않았다. 온건 보수주의자로 인정되던 대통령은 갈수록 덜 온건해지는 것 같았다. 그는 동일한 세기에 대통령을 지낸 두 사람의 손자와 조카이자 가문의 호주에 전직 엔지니어였으며, 평생 백만장자로 살아온 사람이었는데, 한편으로는 가정에서나 대통령궁에서 실권을 행사하는 사람은 성격이 단호하고 공격적인 영부인이라는 근거 없는 소문이 나돌 정도로 아주 조용히 일을 처리하는 사람이었다. 그렇다손 치더라도 그는 신랄하게 빈정거리는 말투로 되받기도 했고, 그들의 제의를 받아들이는 데는 전혀 어려움이 없었으며, 국민의 의지에 따라 앉게 된 자리에서 정부를 지휘하는 것을 아주 편안하게 생각하고 있었다.

그는 자유파들이 지니고 있지 않은 정보, 즉 국가 공공질서에 관해 정확하고 완전한 지식을 지님으로써 자신감 넘치는 어투로 이야기했다. 심도 있는 정보를 얻기 위해 여러 차례에 걸쳐 직접 현장 시찰을 했기 때문에 최근 정보를 가질 수 있었던 것이다. 보고타 경비 병력의 숫자는 채 1,000명도 되지 않았고, 정도 차이는 있지만 모든 주들이 상당히 심각한 상태에 처해 있다는 소식이 있었으나, 전국의 모든 경비 병력이 잘 통제되고 있으며, 군부는 정부에 대해 충성심을 유지하고 있었다. 유서 깊은 자유주의와 엄격한 보수주의가 공존하는, 보고타 인접 보야까 주에서는 고집 세고 강경한 보수파 주지사 호세 마리아 비야레알이 아침 일찍부터 그 지역 소요 사태를 진압했을 뿐만 아니라 보야까 주 소속 중무장 병력을 수도로 파견하고 있었다. 따라서 대통령이 해야 했던 일은 말을 적게 하고 천천히 담배를 피우는 식으로, 면밀한 계산에 의한 절제된 태도를 취함으로써 자유파들을 즐겁게 하는 것밖에 없었다. 단 한 차례도 시계를 보지 않았으나, 시위 진압 업무에 능력이 출중하기로 충분히 검증 받은 병력이 새로 투입되어 도시가 제대로 경비되고 있을 시각을 아주 잘 계산하고 있었음에 틀림없었다.

문제 해결을 위한 시안들을 놓고 아주 오랫동안 의견을 교환한 끝에 까를로스 예라스 레스뜨레뽀는 중앙 병원에서 자유당 지도부가 합의해 최후의 수단으로 준비해 두었던 안을 제시했다. 정치적 화합과 사회적 평화를 위해 다리오 에찬디아에게 권력을 이양할 것을 대통령에게 제의하는 것이었다. 전직 대통령이자 정치적인 신망이 대단히 두터웠던 에두아르도 산또스와 알폰소 로뻬스 뿌마레호가 흔쾌히 수용할 만한 안이었음에 틀림없었으나, 그날 두 사람은 국내에 없었다.

그런데 대통령이 담배를 피우면서 용의주도하게 대답한 내용은 기대하지 못한 것이었다. 대통령은 진짜 의중을 보여 줄 기회를 놓치지 않았는데, 그때까지 대통령의 의중을 알고 있는 사람은 몇 되지 않았다. 그는 자신과 가족에게 가장 편안한 것은 권좌에서 물러나 개인 재산으로 아무런 정치적 걱정 없이 외국에서 사는 것이 될 것이나, 그것은 국민에 의해 선출된 대통령이 자신의 임무를 버리고 도피하는 것을 의미할 수 있다는 사실이 걱정스럽다고 말했다. 그렇게 되면 내전은 불가피하다는 것이었다. 예라스 레스뜨레뽀가 대통령의 사임을 다시 한 번 더 주장하자, 그는 자신이 조국뿐만 아니라 양심과 하느님께 약속했기 때문에 헌법과 제반 법률을 수호할 임무가 있다는 사실을 조심스럽게 상기시켰다. 바로 그때 그는, 그 후로 영원히 그의 말로 인정받고 있다고는 해도 그 당시에는 그가 한 말이라고 도저히 생각될 수 없는, 역사적인 말 한 마디를 했다고들 한다. "콜롬비아의 민주주의를 위해서는 도피한 대통령보다 죽은 대통령이 더 가치 있다."

그곳에 있던 사람들 중 더러는 대통령의 입이나 그 누구의 입에서도 그런 말이 나온 것을 들어 본 적이 없다고 술회했다. 시간이 흐름에 따라 사람들은 그 문장이 인간이 지닌 다양한 재능의 소산이라 생각하기에 이르렀고, 그 문장이 지닌 정치적 장점들과 역사적 효용성에 관해 토론하기까지 했으나 그 문장의 문학적 광채에 관한 언급은 전혀 없었다. 그 이후로 그 문장은 오스삐나 뻬레스 정부의 모토가 되고, 오스삐나 뻬레스가 얻은 명성의 한 축이 되었다. 여러 보수주의적 저널리스트들이 직조해 낸 것이라는 말까지 생겨났고, 작가이자 정치가로 당시에는 광산, 석유 자원부 장관을 맡고 있던 호아낀 에스뜨라다 몬살바가 지어낸 것이라는 말이 설득력을 얻었으나 당시 그는 대통령궁에는 있었지만 회의실 안에 있지는 않았다. 따라서, 재가 식기 시작하던 폐허화된 한 도시와 다시는 그전 상태로 돌아갈 수 없는 한 국가 안에서, 그 명언은 가장 했음 직한 사람이 했다는 것으로 역사에 남아 있게 되었다.

결국 대통령이 지니고 있던 실제적 장점은 그런 역사적 문장들을 생각해 낸 것이 아니라, 민중 시위를 진압하고 보수주의적 평화를 강제하기 위해 신규 병력이 도착한 자정이 넘은 시각까지 졸음을 유발하는 캐러멜로 자유파들을 즐겁게 만들었다는 것이다. 바로 그때, 즉 4월 10일 아침 8시, 대통령은 악몽 같은 전화벨을 열한 번이나 울려 가며 다리오 에찬디아를 잠에서 깨웠고, 양당 공조 체제를 도모하기 위해 그를 내무부 장관에 임명했다. 그런 결정에 불만을 품은 데다 신변의 위협까지 느낀 라우레아노 고메스는 대통령이 되겠다는 자신의 영원한 열망을 실현할 조건이 조성될 때까지 가족을 데리고 뉴욕으로 떠나 버렸다.

사회를 근본적으로 바꾸어야 한다는 모든 꿈들은 가이딴의 죽음으로 인해 그 도시의 연기 나는 잔해 더미 사이로 사라져 버렸다. 보고타 거리에 깔려 있던 사망자들과 그 후 몇 년 동안 지속된 정부의 억압으로 죽은 사람들은, 비참하기 이를 데 없는 빈자들과 무수한 망명객들은 제외하고도 100만 명이 족히 넘었을 것이다. 하지만 정부 고위직에 있던 자유파 지도자들이 그 사건으로 자신들이 역사의 공범자로 기록될 위험을 자초했다는 사실을 인지하기까지는 시간이 조금 더 지나야 했다.

그날 보고타에 있던 다수의 역사적 증인들 사이에는, 서로 모르는 사이였지만 몇 년 뒤 나의 위대한 친구가 될 두 사람이 있었다. 하나는 과테말라 출신 시인이자 정치·문학 평론가인 루이스 까르도사 이 아라곤이었다. 그는 과테말라의 외무장관이자 대표단 수석대표로 범아메리카 회의에 참석했다. 다른 사람은 피델 까스뜨로였다. 두 사람 다 그 소요 사태에 개입했다는 이유로 각기 다른 시기에 기소되었다.

까르도사 이 아라곤은 과테말라 진보 정부의 특별 대표 신임장으로 위장한 채 입국한 사람으로, 시위 사태 선동자들 가운데 하나라는 혐의로 기소되었다. 하지만 까르도사 이 아라곤은 한 역사적 정부의 대표였고, 엉뚱한 모험 같은 것에는 절대 끼어들지 않을 사람이었으며, 우리말을 조탁하는 위대한 시인이었다는 점을 이해해야 한다. 그의 멋진 회고록에 실린 가슴 아픈 기억에 따르면, 깔리반이라는 필명으로 알려진 엔리께 산또스 몬떼호가 그를 기소했는데, 엔리께 산또스 몬떼호는 《엘 띠엠뽀》에 싣던 자신의 인기 칼럼 「시간들의 춤」에 그가 조지 마샬 장군을 암살하는 공식 임무를 띠고 있었다고 폭로해 버렸다. 집권 보수당의 기관지 《엘 시글로》는 까르도사 이 아라곤이 소요 사태를 선동했다는 유언비어를 유포했다.

그 사건이 발생한 지 여러 해가 지난 뒤 멕시코시티 꼬요아깐에 있는 그의 자택에서 그와 그의 부인 리아 코스타코프스키를 처음 만났다. 그 집은 그들의 과거 업적 덕분에 더 빛났고, 당대의 저명한 미술가들의 작품들 덕분에 더욱더 아름답게 보였다. 우리 친구들은 일요일 밤이면 그의 집에 모여 중요 사항을 격의 없이 논의하는 내밀한 모임을 열었다. 그는 가이딴 암살 사건이 일어난 지 채 몇 시간도 되지 않아 자신의 차가 저격병들의 기관총 세례를 받았기 때문에 스스로를 생존자라 생각하고 있었다. 그 사건이 일어난 지 며칠 뒤 시위가 이미 진압되었을 때, 술 취한 남자 하나가 길거리에서 그의 앞을 가로막고 그의 얼굴에 권총을 겨냥한 채 방아쇠를 두 번이나 잡아당겼으나 총알이 발사되지는 않았다. 4월 9일은 우리 대화에서 자주 등장하는 소재였는데, 그날을 언급할 때마다 잃어버린 세월에 대한 추억과 분노가 뒤섞였다.

한편 피델 까스뜨로는 학생 운동가라는 그의 조건에 결부된 일부 행동 때문에 온갖 부당한 비난의 희생자가 되었다. 격렬한 시위와 진압으로 점철된 무시무시한 하루가 지난 뒤 찾아온 암흑의 밤에, 그는 거리에서 자행되던 살육 행위에 종지부를 찍을 수 있는 유익한 방법 하나를 찾기 위해 경찰 지휘부로 갔다. 합치된 의견에 도달하기가 불가능한 것처럼 보이던 반란의 요새에서 그가 느낀 실망감을 상상하기 위해서는 그 내막에 관해 알아야 할 것이다.

그는 경비대의 고위 간부들, 반정부 투쟁에 가담하던 다른 간부들과의 면담을 통해 병영에 주둔하는 모든 경찰 병력이 기능을 상실한 상태라는 사실을 그들에게 인지시키려고 애썼으나, 수포로 돌아가고 말았다. 그는 그들에게 자신들의 병력을 차출해 거리에서 질서를 유지시키고 더욱더 공정한 시스템을 확립할 수 있도록 해 달라고 제의했다. 그는 온갖 역사적 전례를 거론해 가며 그들에게 동기를 부여하려 했으나 그들은 그의 말을 들으려 하지 않았고, 그사이 정부군과 탱크들은 그 요새를 벌집으로 만들고 있었다. 마침내 그는 모든 사람들과 운명을 함께하기로 작정했다.

새벽녘에 쁠리니오 멘도사 네이라는 소요 사태에 가담한 경찰 간부들과 병력뿐만 아니라, 행동 개시 명령을 기다리며 표류하던 수많은 자유파들의 항복을 평화적으로 유도하기 위해, 자유당 지도부의 지시 사항을 가지고 경찰 지휘부에 도착했다. 하나의 합의점에 도달하기 위해 여러 시간 동안 지속된 협상에서 멘도사 네이라의 머릿속에는 통통하고 토론하기 좋아하는 쿠바 출신 학생의 이미지가 깊이 박히게 되었는데, 그 학생은 자유당 지도부와 소요 사태에 가담하고 있던 경찰 간부들 사이의 의견 대립을 그곳에 있던 모든 사람을 능가하는 명석한 논리로 여러 차례 중재했다. 몇 년 뒤 까라까스에 머물던 멘도사 네이라는 피델 까스뜨로가 이미 마에스뜨라 산 속에 들어가 있을 때, 그 무시무시한 밤에 찍은 한 사진 속에서 우연히 피델 까스뜨로를 보고서야 과거에 만난 그 쿠바 출신 학생이 누구였는지 비로소 알게 되었다.

11년 뒤, 기자로 활동 중이던 나는 아바나에 의기양양하게 입성하는 그의 모습을 취재했고, 우리는 흐르는 세월 속에서 수도 없이 부딪치게 된 난관들을 극복하는 데에 힘이 되어 준 귀중한 우정을 맺게 되었다. 내가 그와 나눈 장시간의 대화들, 특히 신적인 것과 인간적인 것에 관해 나눈 긴 대화들 속에서, 4월 9일은 그가 자신의 삶에 거대한 영향을 미쳤던 드라마들 가운데 하나로 회고하던 단골 테마였다. 무엇보다도 경찰 지휘부에 가 있던 그날 밤이 4월 9일의 주된 테마였는데, 피델 까스뜨로는 그곳을 들락거리던 시위 가담자들의 상당수가, 정치적 해결책을 찾아야 하는 비상 시기에 진지한 노력을 경주하는 대신, 물건을 약탈하는 데 시간을 허비하고 있다는 사실을 깨달았다고 했다.

그 두 친구가 콜롬비아 역사를 둘로 쪼갠 그 사건들의 증인으로 참여하는 사이, 나와 동생은 외삼촌 후아니또의 집으로 피신한 동료들과 함께 암흑 속에서 생존하고 있었다. 당시 나는, 우리가 살았던 그 소름끼치는 날들에 대한 증언을 기억해 내고 재구성하려 애쓰게 될 초보 작가가 될 거라고 생각해 본 적이 단 한 순간도 없었다. 당시 나의 단 한 가지 걱정은 가장 현실적인 것이었다. 그것은 우리 형제가 살아 있다는 사실을 (적어도 그 당시까지는) 우리 가족에게 알리는 것이었고, 동시에 부모님과 형제자매들의 안부를, 무엇보다도 각기 다른 도시의 기숙학교에 유학하고 있던 큰 여동생 마르곳과 둘째 여동생 아이다의 소식을 듣는 것이었다.

외삼촌 후아니또의 은신처는 하나의 기적이었다. 처음 며칠은 계속해서 들리는 총소리 때문에, 그리고 믿을 만한 뉴스가 하나도 없다는 사실 때문에 어려운 나날이었다. 하지만 차츰차츰 우리는 주변 상점들을 발굴해 먹거리들을 살 수 있었다. 거리는 총살이 허용된다는 절대 명령을 받은 진압 부대원들이 점유하고 있었다. 못 말리는 호세 빨렌시아는 자유롭게 거리를 쏘다니기 위해 쓰레기통에서 찾아낸 탐험가용 모자와 군인용 각반을 착용하고 거리로 나갔다가 순찰대에 붙잡혔고 기적적으로 도망칠 수 있었다.

자정이 되기 전까지만 해도 침묵을 지키고 있던 상업 방송들은 군대의 통제하에 놓이게 되었다. 몇 개 되지 않은 구식 전신기와 전화기는 공안 부대가 사용하도록 예약되어 있었기 때문에 다른 의사소통 수단이 없었다. 사람들로 북새통을 이루는 전신국 사무실 밖에는 전보를 부치려는 사람들의 행렬이 끝없이 이어져 있었으나, 라디오 방송국들은 청취를 할 수 있는 행운을 가진 사람들을 위해 개인 메시지 송출 서비스를 개시했다. 우리는 이것이 가장 쉽고 믿을 만한 수단이라 생각했고, 그리 큰 기대는 하지 않은 채 라디오 방송에 의존했다.

동생과 나는 사흘 동안 숨어 지내다 거리로 나왔다. 거리의 모습은 무시무시했다. 도시는 폐허의 잔해로 뒤덮여 있었고 구름이 잔뜩 끼어 있었으며 계속해서 내리는 비로 혼탁했는데, 비 때문에 불길이 잡히긴 했지만 또 그로 인해 복구가 늦어지고 있었다. 대부분의 거리는 옥상에 둥지를 틀고 있는 저격병들 때문에 통행이 차단되었고, 세계대전이 발발했을 때처럼 행인들은 무장한 순찰 대원들이 시키는 대로 무작정 우회해야 했다. 거리의 시체에서 풍기는 냄새는 참을 수 없을 정도였다. 군용 트럭들은 보도에 쌓여 있는 시체를 치우기에 역부족이었고, 군인들은 죽은 가족의 신원을 절망적인 심정으로 확인하고자 하던 군중을 상대해야 했다.

폐허로 변한 상점들에서 나는 악취 때문에 숨조차 제대로 쉴 수 없을 정도여서 많은 사람들은 시체들 속에서 자기 가족 찾는 일을 포기해야 할 지경이었다. 피라미드처럼 쌓여 있는 시체 더미 속에, 신발도 신지 않고 옷도 입지 않았으나 아주 멋진 프록코트를 걸친 시체가 있었다. 사흘이 지났을 무렵에도 잿더미는 여전히 건물들의 잔해 속에서 썩어 가고 있었고, 보도에 쌓인 주인 없는 시체 냄새를 풍기고 있었다.

내 동생과 나는 갑자기 등 뒤에서 총 노리쇠를 잡아당기는 섬뜩한 소리에 동작을 멈추었다. 누군가 단호하게 명령했다.

"손 들어!"

나는 공포에 사로잡혀 몸이 굳은 상태에서 반사적으로 두 손을 치켜올렸다. 곧이어 일급 예비군으로서 군대의 비상 소집에 응해 근무하던 우리의 친구 앙헬 까시흐의 너털웃음 소리가 들렸고, 이제 살았다는 생각이 들었다. 외삼촌 후아니또의 집에 피신해 있던 우리 동료들은 그 친구 덕분에 국영 라디오 방송국 앞에서 하루를 기다린 끝에 우리의 소식을 공중파에 실어 보낼 수 있었다. 아버지는 수끄레에서 2주 동안 밤낮으로 라디오에서 쏟아져 나오는 무수한 소식들 사이에서 우리 형제가 보낸 소식을 들었다. 뭐든지 추측해서 판단하길 좋아하는 우리 가족의 광증에 의해 희생된 동생과 나는, 어머니가 내 친구들이 당신에게 최악의 소식을 전하기 전에 충격을 완화할 목적으로 미리 그런 소식을 전한 것이라고 해석할 수도 있다는 생각에 몹시 두려웠다. 우리가 약간 경솔하게 처신한 면도 있었다. 실제로 어머니는 소요 사태가 발생하던 첫날 밤부터 자신의 장남과 차남이 소요 사태의 피바다에 빠져 죽는 꿈을 꾸었던 것이다. 그 꿈은 실현 가능성이 너무 농후했기 때문에, 어머니는 우리 형제가 무사하다는 소식을 다른 경로를 통해 알게 되었을 때, 집에서 굶어 죽는 한이 있더라도 다시는 우리를 보고타로 보내지 않겠노라고 결심했다. 우리 부모가 형제에게 보낸 첫 번째 전보에서 우리에게 했던 유일한 명령은 우리가 장래에 어떻게 해야 할 것인지 결정해야겠다며 즉시 수끄레로 돌아오라는 것이었고, 그를 통해 보건대 어머니의 결정은 단호했음에 틀림없었다.

그 긴장된 기다림이 지속되는 동안, 내 학우들은 폐허 상태가 된 보고타가 복구된다고 해도 보고타 사람들은 학살에 대한 공포와 혐오감으로부터 절대 벗어나지 못할 거라 생각했다. 그래서 그들은 까르따헤나 데 인디아스에서 공부를 계속할 수 있을 거라는 황금빛 가능성에 대해 내게 말했다. 까르따헤나는 도시의 역사적 유물만큼이나 명성이 자자한 100년 전통을 자랑하는 대학교가 있고, 그 대학교에는 내가 보고타 국립 대학교에서 받은 나쁜 성적을 수용해 줄 인간적인 규모의 법과대학이 있었다.

나는 그 생각을 심각하게 고려해 보기 전에는 거부하고 싶지 않았고, 그 생각을 검증해 보기 전까지는 어머니 아버지에게 말하고 싶지도 않았다. 그들에게는 실전이 벌어지고 있을 때 마그달레나 강을 통해 여행하는 것은 위험천만하기 때문에 비행기로 까르따헤나를 경유해서 수끄레로 가겠다고만 전했다. 한편 동생 루이스 엔리께는 보고타의 고용주와 계산을 마치는 대로 바랑끼야로 가서 일자리를 알아 보겠다고 전했다.

어찌 되었든 나는 어느 대학에서 공부를 하건 변호사가 되지 못할 거라는 사실을 알고 있었다. 부모의 관심을 딴 데로 돌릴 시간을 조금 더 벌고 싶었을 뿐이고, 까르따헤나는 내 문제를 생각해 볼 수 있는 훌륭한 기착지가 될 수도 있는 곳이었다. 그런 이성적인 계산이 나로 하여금 내가 계속해서 살아가고자 원하던 곳이 바로 그곳이라는 사실을 아주 진지하게 결정하도록 만들어 주었는데, 나는 그때까지 이런 생각을 전혀 해본 적이 없었다.

그 시기에 대서양 연안 각지를 경유하는 비행기 좌석 다섯 자리를 한꺼번에 얻은 것은 순전히 내 동생의 공적이었다. 동생은 비상시국의 임시 공항에서 위태위태하게 끝없이 늘어서 있는 줄 속에서 기다리고 공항 안을 하루 종일 이리저리 뛰어다닌 끝에, 언제 떠날지도 모르고 또 어디서 총탄과 폭탄이 날아올지도 모르는 각기 다른 비행기 세 대에 좌석 다섯 개를 확보할 수 있었다. 동생과 나는 바랑끼야로 가는 같은 비행기를 타기로 예정되어 있었으나, 마지막 순간에 각기 다른 비행기를 타고 보고타를 떠나게 되었다. 지난 금요일부터 보고타에 지속적으로 내리던 보슬비와 자욱한 안개에는 화약 냄새와 썩은 시체에서 풍기는 악취가 배어 있었다. 집에서 공항까지 가는 길에 우리는 두 차례 연속으로 검문을 받아야 했는데, 검문소에 근무하는 군인들은 공포에 사로잡혀 있었다. 두 번째 검문소에서 공업용 가스가 새어 나와 중화기에서 실탄 한 발이 발사되고 연이어 폭발이 일어나는 바람에 검문소 위병들과 우리는 땅바닥에 엎드려야 했다. 위병 하나가, 보고타에 대체 병력과 보급품이 바닥나서 사흘 전부터 교대도 못하고 보급품도 제공받지 못한 채 근무를 서고 있는 자신들의 극악한 상황에 관해 우리에게 말했을 때, 우리 행인들은 상황을 이해할 수 있었다. 검문소에서 우리를 잡아 둔 이후로 우리는 감히 말조차 제대로 할 수 없었고, 군인들이 지닌 공포감은 우리를 질리게 만들었다. 그런데 한편으로는, 우리의 신분과 행선지를 확인하는 공식 절차를 마친 뒤 비행기를 타게 될 때까지, 더 이상의 절차 없이 단지 그곳에 있기만 하면 된다는 사실을 알고 적잖게 안심이 되었다. 누군가 내게 선심을 베풀어 선물한 담배 세 개비 가운데 두 개비를 피운 것이 내가 기다리는 동안 한 일의 전부였다. 한 개비는 비행 도중 두려움이 몰려올 때 피우려고 남겨 두었다.

전화가 없었기 때문에 비행에 관한 정보와 여러 가지 변경 사항들은 전령들이 오토바이를 타고 왔다 갔다 하면서 검문소로 전달하였다. 오전 8시에 바랑끼야로 가는 비행기에 즉시 탑승할 승객 한 무리가 호출되었는데, 그 비행기는 내가 탈 비행기와 다른 것이었다. 우리 일행 가운데 셋은 다른 검문소에서 내 동생과 함께 비행기에 탑승했다는 사실을 나는 나중에 알게 되었다. 비행기가 이륙했을 때 하늘에는 구름이 잔뜩 끼어 있었고, 바위들이 구르는 것 같은 천둥소리까지 들렸다. 아마도 동료들이 떠난 뒤 나 혼자 외롭게 비행기를 기다렸던 것이 내가 천성적으로 지니고 있던 비행 공포증에 좋지 않은 영향을 미쳤던 것 같았다. 비행기 탑승용 사다리는 다른 비행기로 가져가 버렸기 때문에, 벽돌 쌓을 때 쓰는 사다리를 타고 비행기에 오르는 것을 군인 둘이 도와야 했다. 몇 년 뒤 피델 까스뜨로가 내게 들려준 바에 따르면, 바로 그 공항에서 같은 시각에 그가 투우용 황소들을 적재한 비행기를 타고 아바나로 떠났다.

다행인지 불행인지, 내가 탄 비행기는 신선한 칠 냄새와 윤활유 냄새가 나는 DC-3기로, 객실에서 조종하는 개인 전등이나 환기 시스템이 갖춰지지 않은 것이었다. 군인 수송용으로 사용하던 비행기였기 때문에 관광용 비행기들처럼 3열로 분리된 좌석이 있었던 게 아니라, 양 옆으로 기다랗게 놓인 나무 벤치가 바닥에 단단히 고정되어 있었다. 내 짐은 더러운 옷 두세 벌과 시집 몇 권, 그리고 동생 루이스 엔리께가 챙겨 온, 신문 일요판 문예지들에서 오려 놓은 자료가 들어 있는 범포 가방 하나뿐이었다. 승객들은 조종석에서 꼬리까지 길게 들어선 벤치에 서로 얼굴을 마주한 채 앉았다. 안전벨트 대신 배를 묶을 때 쓰는 마 밧줄로 몸을 묶었는데, 벤치에 앉은 사람 모두를 기다란 안전 밧줄 두 개로 지탱시켜 벤치 양쪽에 묶어 놓은 꼴이었다. 가장 힘들었던 것은 비행 공포증을 견디기 위해 남겨 둔 담배 한 개비를 막 꺼내 피우려고 했을 때, 조종석에 있던 기장이 우리가 밟고 있는 나무 판지 바닥 밑에 연료통이 있기 때문에 담배는 피울 수 없다고 알린 것이었다. 도저히 끝나지 않을 것 같은 세 시간의 비행이었다.

바랑끼야는 물난리를 겪고 있었다. 비는 4월에만 내린다는 듯 비가 쏟아져, 집들이 뿌리째 뽑혀 거리로 흘러든 물길에 휩쓸려 가 버렸으며 병자들은 침대에서 질식해 가고 있었다. 나는 홍수로 난장판이 된 공항에서 비가 그치기를 기다렸다. 동생과 친구 둘이 탄 비행기는 제시간에 공항에 도착했고, 한차례 폭우가 쏟아지려는 천둥소리가 들리기 직전에 서둘러 공항 터미널을 빠져나갔다는 사실을 가까스로 알아낼 수 있었다.

내가 여행사에 도착하기까지는 세 시간이 더 걸렸는데, 폭풍우가 몰아칠 거라는 예보로 인해 앞당겨진 스케줄에 따라 까르따헤나로 가는 막차는 이미 떠나 버린 상태였다. 결국 나는 차를 놓쳤다. 동생이 바랑끼야에 가 있을 거라 믿었기 때문에 썩 걱정되지는 않았으나, 돈도 없이 바랑끼야에서 잠을 자야 한다는 생각이 드는 순간 막막해지고 말았다. 결국 호세 빨렌시아 덕분에 알바라신 씨의 아리따운 누이들 일세와 릴라의 집에 비상 대비처를 마련할 수 있었고, 사흘 뒤 털털거리는 우편 회사 차를 타고 까르따헤나로 갈 수 있었다. 동생 루이스 엔리께는 일자리를 찾기 위해 바랑끼야에 머물고 있었으리라. 내게는 단돈 8뻬소밖에 없었는데, 호세 빨렌시아가 밤차로 돈을 조금 더 가져다주겠노라고 약속했다. 내가 탄 우편 회사 차에는 빈 공간은커녕 서 있을 공간도 없었으나, 운전수가 보통 우편물 값의 4분의 1만 받고 차 지붕에 승객 셋을 실었기 때문에, 우리 승객들은 각자의 짐과 가방 위에 앉아 가야 했다. 지금 생각해 보니, 나는 그런 특이한 상황에서, 쨍쨍 내리쬐는 뙤약볕 아래서, 1948년 4월 9일에야 비로소 콜롬비아에 20세기가 시작되었다고 인식했던 것 같다.

6

　우편 회사 트럭은 꼬불꼬불한 도로를 따라 위험천만하게 흔들거리며 달린 끝에 이쯤 왔으면 거의 되었다 싶은 곳에서 마지막 숨을 내뱉었다. 까르따헤나 데 인디아스에서 약 반 리그 정도 떨어져 있는, 물고기 썩는 냄새가 진동하는 홍수림 진흙탕에 처박혀 버렸던 것이다. "트럭을 타고 다니는 사람은 자기가 어디서 죽을지 모르는 법이야." 외할아버지가 했던 말이 떠올랐다. 차 지붕 위에서 여섯 시간 동안 뙤약볕을 쬔 데다가 늪지에서 풍기는 악취에 화가 난 사람들은 사다리를 받쳐 줄 때까지 차분하게 기다릴 수 없었는지, 그동안 깔고 앉았던 암탉 우리들, 쁠라따노 다발들, 팔리게 되든지 아니면 죽게 될 온갖 물건들을 부리나케 차 양옆으로 집어던지기 시작했다.
　트럭 기사가 운전석에서 뛰어내려 사납게 소리를 내질렀다.
　"라 에로이까예요!"

영웅적인 도시라는 뜻의 '라 에로이까'라는 이름은 까르따헤나 데 인디아스가 과거에 영광을 누렸다는 이유로 까르따헤나 데 인디아스를 상징하는 이름으로 알려져 있는데, 영광을 구가한 것은 사실이었다. 하지만 나는 4월 9일부터 입고 다니던 검은 모직 옷 안에서 숨도 제대로 쉴 수 없는 지경이었기 때문에 도시의 모습을 보지 못했다. 다른 옷 두 벌은 타자기와 마찬가지로 몬떼 데 삐에닷 전당포에 10뻬소에 저당 잡혔으나, 집에다는 타자기와 사소한 개인 물품들이 소요 사태 때 발생한 화재로 난장판이 되는 바람에 옷과 더불어 사라져 버렸다고 점잖게 말할 생각이었다. 그곳까지 오는 동안 산도적 같은 내 모습을 놀려 대던 뻔뻔스러운 트럭 기사는 도시를 본답시고 괜히 그 자리에서 빙빙 돌고만 있는 내 모습을 보더니 금방이라도 웃음을 터뜨릴 것 같은 표정을 지었다.

"당신 엉덩이 쪽에 있잖소!" 그는 사람들이 다 들을 수 있도록 큰 소리로 내게 말했다. "거기서 바보짓 하다간 훈장을 달게 되니까 정신 차려요."

내 등 뒤에 400년 역사를 간직한 까르따헤나 데 인디아스가 있었다. 하지만 홍수 늪지에서 반 리그 정도 떨어져 있고, 번영기에는 이교도들과 해적들로부터 도시를 지켜 주던 전설적인 성벽에 둘러싸여 있는 도시의 모습을 상상한다는 것은 쉽지 않았는데, 거칠게 헝클어진 잡목들과 기다랗게 층층이 매달린 노란 종꽃들에 가려 그 모습이 제대로 보이지 않았다. 웅성거리는 승객들 틈에서, 구둣발로 밟을 때마다 껍질이 폭죽 터지듯 톡톡 소리를 내는, 살아 있는 게들로 뒤덮인 잡초 위를 가방을 질질 끌며 걸었다. 처음으로 집을 떠나 여행을 할 때 동료들이 마그달레나 강으로 내던져 버린 짐 꾸러미와, 시빠끼라 중등학교에서 보낸 첫 몇 년 동안 분류를 삼키며 나라의 반을 이리저리 끌고 다니다 졸업 기념으로 안데스 산맥 벼랑 아래로 내던져 버린 그 우중충한 트렁크가 생각났다. 구태여 가지고 다닐 필요가 없었지만 가지고 다녔던 그 짐들은 항상 다른 사람의 운명과 결부되어 있다고 생각됐는데, 이미 꽤 긴 세월을 살아왔지만 그 생각이 잘못되었다는 것을 증명할 수 있을지는 잘 모르겠다.

늦은 오후의 안개 속으로 일부 성당과 수도원의 둥근 지붕들이 어렴풋이 윤곽을 드러내기 시작했을 때, 박쥐 한 무리가 우리에게 다가와 머리 위를 스칠 듯 날아다녔는데, 특유의 지혜가 있는 동물이라 우리를 땅바닥에 엎드리게 할 정도로 낮게 날지는 않았다. 박쥐들의 퍼덕이는 날개 소리가 천둥소리처럼 요란했으며, 그들이 지나간 뒤에는 죽음의 악취가 풍겼다. 공포에 사로잡힌 나는 가방을 내팽개치고 두 팔로 머리를 감싼 채 땅바닥에 웅크리고 앉았다. 마침내 내 옆을 지나가던 나이 지긋한 부인이 내게 소리쳤다.

"'라 마그니피까' 기도문을 암송해 봐요."

'라 마그니피까'라는 기도문은 악마의 공격을 막는 데 사용하는 주문으로, 교회는 인정하지 않았지만, 신성 모독이라는 죄로부터 이미 해방된 위대한 무신론자들이 숭앙하던 것이었다. 내가 기도문을 외울 줄 모른다는 사실을 알게 된 부인은 내 가방 한쪽 가죽 끈을 잡아 거들어 주면서 이렇게 말했다.

"나랑 기도해요. 하지만 이건 알아야 하는데요, 깊은 믿음을 갖고 해야 돼요."

그렇게 해서 부인은 '라 마그니피까' 기도문을 한 구절씩 선창했고, 나는 내 생전 다시는 경험하지 못할 정도로 경건하고 뜨겁게 큰 소리로 따라했다. 요즘에도 나는 그런 것을 쉬이 믿는 편은 아니지만, 당시 머리 위로 요란스럽게 날아다니던 박쥐 떼는 우리가 기도를 다 끝내기도 전에 하늘에서 사라져 버렸다. 해안 절벽에 부딪히는 거대한 파도 소리만 남아 있었다.

 우리는 렐로호 성문(城門)에 이르게 되었다. 그곳에는 구 도시와 도시 옆에 붙어 있는 게세마니 마을과 홍수림 근처에서부터 빽빽하게 들어차 있는 빈민촌을 연결하는 100년 된 가동교(可動橋) 하나가 있었는데, 밤 9시부터 새벽까지는 들어 올려져 있었다. 빈민촌 주민들은 세상뿐만 아니라 역사와도 격리되어 있었다. 전하는 바에 따르면, 변두리 지역 빈민들이 한밤중에 에스파냐 출신 식민지 개척자들의 거주 지역에 침입해 잠들어 있는 그들의 목을 자를까 두려워 다리를 건설했다고 한다. 그런데 다리가 지닌 묘한 매력이 도시를 돋보이게 했기 때문에 옅은 자줏빛 어둠이 깔린 오후 6시에 성곽 전체를 둘러보기 위해 안으로 들어갔다. 그곳에서 나는 새롭게 태어난 것 같은 감동을 억누를 수 없었다.

 그런 생각이 드는 건 당연했다. 나는 연기 피어오르는 건물 잔해 사이에 버려져 있는 주인 없는 시체들을 뒤로하고 피와 진흙이 뒤섞여 있는 늪을 첨벙거리며 보고타를 떠나왔다. 까르따헤나에 와 보니 갑자기 세상이 달라져 있었다. 그곳에는 온 나라를 쑥대밭으로 만들었던 내전의 흔적도 없었고, 고통 없는 고독과 바다가 끝없이 펼쳐져 있었다. 그곳에 도착했다는 그 무한한 감동을, 내가 괴로움을 느꼈던 그 동일한 삶으로부터 겨우 일주일 뒤에 맞닥뜨리게 되었다는 사실이 믿기지 않았다.

 세상에 태어난 뒤부터 까르따헤나에 대해 수도 없이 들어왔기 때문에 마차들과 당나귀가 끄는 짐수레들이 주차된 작은 광장과, 광장 맨 끝에 상점들이 빽빽하게 몰려 있어 서민들의 시끌벅적 요란한 거래가 이루어지는 상점가를 즉각적으로 알아보았다. 비록 당국에서는 그렇게 인정하지 않았다 해도, 그곳은 도시가 생긴 이래 도시에 마지막까지 남아 있던 활동의 심장부였다. 식민지 시대에 그곳은 '뽀르딸 델 로스 메르까데레스'라 불렸다. 그곳에서부터 노예무역의 보이지 않는 끈들이 조종되고, 에스파냐 식민지 정책에 대한 반감이 들끓어 올랐다. 나중에는 '뽀르딸 델 로스 에스끄리바노스'라 불렸다. 모직 조끼 차림에 토시를 낀 채 아무 말 없이 문맹자들에게 연애편지며 각종 서류들을 대필해 주는 대서인들 때문에 생겨난 이름이었다. 그들 가운데 많은 수는 싸구려 서적들, 특히 종교재판소가 금서로 정한 책들을 책상 밑에 감춰 두고 팔았는데, 그들은 에스파냐 사람들에 대한 중남미인들의 음모를 기가 막히게 감지하는 사람들이라 여겨졌다. 20세기 초 아버지는 그곳에서 자주 연애편지를 대필해 주는 기술을 발휘함으로써 시인이 되고 싶은 충동을 완화시켰다. 하지만 아버지는 편지를 공짜로 대필해 달라고 하면서 우편료 5레알까지 대신 내 달라는 약삭빠른 (실제로는 궁핍한) 손님들 때문에 시인으로도 대서인으로도 성공하지 못했다.

그곳은 수년 전부터 '뽀르딸 델 로스 둘세스'‡라 불렸는데, 여기저기 찢긴 낡은 천막들이 있고, 상점에서 팔다 남은 것들을 먹으러 거지들이 모여들고, 손님에게 돈을 비싸게 받으면서도 죽을 날짜와 시각을 정확하게 알려 주지 않는 점쟁이 인디오들이 소리를 질러 댔다. 과자

---

‡ '뽀르딸 델 로스 메르까데레스'는 상인들의 현관이라는 뜻이고, '뽀르딸 델 로스 에스끄리바노스'는 대서인들의 현관이라는 뜻이고, '뽀르딸 델 로스 둘세스'는 과자들의 현관이라는 뜻이다.

를 만든 아주머니들이 붙여 준 이름의 과자를 사기 위해 카리브 해의 스쿠너들이 항구에서 지체했는데, 과자를 팔러 다니는 사람들은 이렇게 소리쳤다. "노랑머리는 뻬오노노 과자 사세요, 아저씨들은 디아볼린 과자 사세요, 엉뚱한 사람은 꼬꼬 과자 사세요, 마누엘라는 설탕 과자 사세요." 좋은 시절이었든 나쁜 시절이었든, 그 현관은 정부의 비호를 받은 주(州)의 중요사들이 발표되는 곳으로 그 도시에서 가장 생기가 넘치는 곳이었고, 보고타에 있는 대통령이 주지사를 내정하기도 전에 각종 튀김을 파는 여자들이 어떤 사람이 주지사가 될 것인지 알게 되는 유일한 곳이기도 했다.

왁자지껄한 분위기에 매혹된 나는 가방을 질질 끌며 사람들과 부대끼면서 오후 6시의 군중 사이를 뚫고 앞으로 나아갔다. 넝마 같은 옷을 입은 깡마른 노인 하나가 구두닦이들이 앉아 있는 보도에서 매의 눈처럼 차가운 눈초리로 나를 뚫어지게 쳐다보고 있었다. 몸이 오싹해진 나는 그 자리에서 멈춰 섰다. 노인은 내가 자기를 쳐다보았다는 사실을 눈치 채자마자 가방을 들어 주겠노라고 제의했다. 내가 노인에게 고맙다고 인사하자 마침내 노인이 자기 지방 말로 요구 조건을 얘기했다.

"서른 푼이오."

말도 안 되는 소리였다. 가방 하나를 들어 주는데 30센따보를 요구하는 것은 다음 주 집에서 원조금을 받기 전까지 달랑 4뻬소밖에 없는 내게 너무나 큰 타격이었다.

"가방과 안에 들어 있는 것을 다 합쳐도 그 값이 안 되는데요." 내가 말했다.

게다가 보고타에서 출발한 하숙집 동료들이 묵기로 되어 있는 하숙집은 그리 멀지 않은 곳에 있었다. 노인은 세 푼에 가방을 옮겨 주겠다고 양보하고는 신고 있던 샌들을 벗더니 함께 묶어 목에 걸고 나서, 뼈만 앙상한 몸에서 어떻게 그런 힘이 나올까 싶게 가방을 어깨에 척 둘러메었다. 그러더니 수 세기 동안 방치되어 있어 허물어져 가는 식민지풍 집들 사이로 난 험한 골목길을 맨발로 달리기 선수처럼 달려갔다. 몰골을 보면 채 몇 시간도 살지 못할 것 같은 노인이 올림픽에 참가한 선수처럼 달리는 모습을 시야에서 놓치지 않으려고 그 뒤를 따르다 보니 스물한 살 먹은 내 심장이 입 밖으로 튀어나올 것만 같았다. 노인은 다섯 블록을 내달린 끝에 커다란 호텔 문 안으로 들어가 층계를 두 계단씩 뛰어 올라갔다. 숨도 헐떡거리지 않은 채 가방을 바닥에 내려놓더니 내게 손바닥을 내밀었다.

"서른 푼."

운반비는 이미 지불했음을 상기시켰으나 노인은 운반비 3센따보에는 계단 위로 올려 주는 비용은 포함되어 있지 않다고 고집을 부렸다. 손님을 받으러 나온 호텔 여주인은 노인 편을 들었다. 계단을 올라가는 비용은 따로 계산한다는 것이었다. 그리고 여주인은 내게 내 나머지 삶에서 교훈이 될 만한 말 한 마디를 해 주었다.

"까르따헤나에서는 모든 게 다르다는 걸 알게 될 거요."

호텔에 나를 포함한 네 명이 숙박하기로 예약은 되어 있었지만, 보고타 하숙집 동료 가운데 그 누구도 도착해 있지 않다는 좋지 않은 소식을 접해야 했다. 동료들과 협의해 결정한 계획에 따르면, 우리는 그날 오후 6시 전에 그 호텔에서 모이기로 되어 있었다. 정기 노선 버스를 타려다 위험천만한 우편 회사 트럭으로 바꿔 타는 바람에 약속 시간보다 세 시간 늦게 도착했지만, 다른 동료들보다 비교적 더 정확하게 도착했고, 4뻬소에서 33센따보를 제한 그 돈으로는 아무것도 할 수 없는 상황이었다. 호텔 여주인은 어머니처럼 좋은 여자였지만, 내가 기나긴 두 달 동안 그녀의 호텔에서 지내는 동안 겪었다시피, 자기 원칙에 사로잡혀 있는 여자였다. 그녀는 내가 첫 달치 월세를 선불하지 않으면 체크인을 할 수 없다고 했다. 6인용 방에 세 끼 식사를 제공하는 조건으로 18뻬소를 내라는 것이었다.

일주일 안으로는 집으로부터 원조를 기대할 수도 없는 입장이어서, 동료들이 와서 나를 도와주지 않는 한 내 가방은 층계참에서 꼼짝도 할 수 없는 처지에 놓여 있었다. 나는 재수 없게도 하루 종일 뙤약볕 내리쬐는 트럭 위에서 지낸 뒤 마치 하늘에서 떨어진 것 같은, 대주교들이나 앉는 안락의자에 앉아 기다렸다. 사실 그 며칠 동안의 상황은 아무것도 확신할 수 없었다. 우리가 모일 모시에 정확히 그곳에서 만나기로 약속한 것은 현실 감각이 결여된 계획이었다. 여러 해 전부터 각 지방에 잠재되어 있다가 일주일 전부터 각 도시에서 발생해 치명적인 결과를 가져왔던 유혈이 낭자한 내전에 나라의 반이 휩싸여 있다는 말을, 우리 자신에게조차도 감히 하지 못하고 있는 상황이었기 때문이다.

여덟 시간이 지난 뒤, 까르따헤나 있는 호텔에서 오도 가도 못하는 신세가 된 나는 호세 빨렌시아와 그의 친구들에게 도대체 무슨 일이 일어났는지 전혀 알지 못했다. 아무런 소식도 듣지 못한 채 한 시간을 더 기다린 끝에 인적 없는 거리로 나서 정처 없이 걷기 시작했다. 4월에는 날이 일찍 저문다. 가로등은 이미 밝혀 있었지만 너무 희미해서 나무 사이로 보이는 별들과 혼동될 지경이었다. 식민지풍 동네의 구불구불한 돌길을 15분 동안 정처 없이 걸었을 뿐인데도, 그 특이한 도시는 학교에서 선생님들이 우리에게 소개했던 소위 '깡통 속의 화석'과는 아무 상관이 없다는 사실을 발견했고, 그것은 내 마음에 커다란 위안이 되었다.
　거리에는 사람 하나 없었다. 일을 하거나 물건을 팔기 위해 새벽녘 변두리에서 시내로 들어온 군중은 오후 5시가 되면 근교에 있는 자신들의 동네로 떼를 지어 돌아갔고, 성(城) 안 동네에 사는 주민들은 집 대문을 걸어 잠근 채 들어앉아 저녁 식사를 하거나 자정까지 도미노 게임을 했다. 자가용이 흔치 않던 시절이라 몇 안 되는 렌터카가 성 밖에서 손님을 기다리고 있었다. 아주 오만한 공무원들조차도 지방 공업사에서 개조한 버스를 타고 자동차 광장까지 갔고, 거기서부터는 보도를 따라 늘어서 있는 싸구려 좌판들을 뛰어넘어 사무실까지 갔다. 그 비극적인 몇 해 동안 역임했던 허풍쟁이 주지사들 가운데 어떤 이는, 자신이 학교 다닐 때 타고 다니던 버스들을, 선택받은 자들이 사는 자신들의 동네에서부터 자동차 광장까지 여전히 타고 다닌다는 사실을 걸핏하면 자랑했다.
　대부분의 사동차는 유서 깊은 그 도시의 현실과 맞지 않았기 때문에 자동차 숫자를 줄이는 것은 불가피한 일이었다. 밤이면 구루병에 걸린 말들이 편자를 차지 않은 채 걷는 소리가 울려 퍼지는 이 도시에서, 구불구불 비좁은 길에 자동차들이 돌아다닐 공간이 없었다. 길이 어찌나 비좁던지 몹시 무더운 날에 공원에서 불어오는 시원한 바람이 들어오도록 발코니 창문을 열어 놓으면 갑자기 터져 나오는 아주 은밀한 대화들이 유령의 메아리처럼 들려왔다. 선잠을 자고 있던 할머니 할아버지들은 돌길을 지나가는 은밀한 발소리가 들리면 눈을 감은 채 발소리의 주인공을 알아내고 덤덤하게 말했다. "호세 안또니오가 차벨라를 만나러 가는구먼." 실제로 잠 못 이루는 사람들을 짜증 나게 만들었던 것은 성 안 동네에 울려 퍼지는, 도미노 패가 테이블에 탁탁 부덮히는 소리뿐이었다.

    내게는 역사적인 밤이었다. 현재 삶의 문제를 해결해야 하는 입장이라 책 속에 들어 있는 학문적 허구 같은 것은 거의 생각나지 않았다. 거지들이 현관에서 잠을 자고 있는, 많이 낡았지만 옛 모습을 유지하고 있던 후작들의 옛 저택들이 내 눈앞에 모습을 드러냈을 때는 눈물이 날 정도로 감정이 복받쳐 올랐다. 해적 프랜시스 드레이크가 포를 만들려고 약탈해 가는 바람에 종조차 달려 있지 않은 주교좌성당을 보았다. 약탈당하지 않고 남아 있던 종 몇 개마저도 사악한 소리로 악마를 불러들인다는 이유로 주교의 마법사들이 불구덩이에 던져 버린 뒤였고, 그것도 모자라 귀신을 쫓아내는 의식까지 행했다. 시든 나무들을 보았고, 언젠가는 닳아 없어질 대리석으로 깎은 것이 아니라 생생한 살을 여전히 간직한 채 죽어 있는 것처럼 보이는 위인들의 상을 보았다. 까르따헤나에서는 그 상들이 시간의 녹이 끼지 않은 채 보존되어 있는 게 아니었다. 유구한 세월이 흐르는 동안에도 시간이 여전히 원래 나이를 지니고 있는 사물들을 위해 보존되어 있었기 때문이다. 그렇게 내가 도착한 날 밤 그 도시는 역사가들이 만든 종이 반죽 화석으로서가 아니라 도시 자체의 호전적 영광 대신 도시에 남아 있는 유물들의 권위에 의해 지탱되어 살아 있는 한 도시로서 고유의 삶을 내게 보여 주었다.

    새로운 활력을 얻은 나는 시계탑의 시계가 10시를 가리켰을 때 앞으로 묵게 될 호텔로 돌아갔다. 반쯤 졸고 있던 호텔 경비원이 내 친구들은 아직 아무도 도착하지 않았다고 내게 알려 주었으나 내 가방은 호텔 짐 보관소에 안전하게 보관되어 있었다. 그때서야 나는 바랑끼야에서 보잘것없는 아침 식사를 한 뒤로 입에 댄 게 아무것도 없다는 사실을 깨달았다. 허기에 지쳐 다리 힘이 풀렸으나 호텔 여주인이 내 가방을 받아 주고, 호텔 로비의 안락의자에서라도 그날 하룻밤만 자게 해 준다면 감지덕지라고 생각했다. 경비원이 내 순진함을 비웃었다.

"턱없는 소리는 하지도 말아요." 경비원이 거친 카리브 억양으로 말했다. "이 호텔 여주인은 돈이 어찌나 많은지 저녁 7시에 자고 그 다음 날 11시에 일어나기 때문에 지금 어떻게 해볼 도리가 없소."

그 말이 지당하게 들렸기 때문에 누구를 귀찮게 하느니 차라리 길 건너편에 있는 볼리바르 공원 벤치에 앉아 친구들을 기다리기로 했다. 공원 전등불은 일요일과 중요한 축일에만 켜졌기 때문에 공원의 시든 나무들이 멀리서 비치는 가로등 불빛에 희미하게 보였다. 대리석 벤치에는 뻔뻔스러운 시인들이 여러 번 쓰고 지운 시구들의 흔적이 남아 있었다. 앞면은 부왕궁처럼 자연석에 문양을 새겨 넣고 출입문은 바실리카 공회당 것을 본뜬 종교재판소 건물 안에서는, 병든 것 같은 새 한 마리가 자신은 이 세상 새가 아니라는 듯 구슬프게 우는 소리가 들렸다. 그때 담배를 피우고 싶은 생각과 책을 읽고 싶은 생각이 동시에 나를 강타했다. 그 두 가지는 특유의 뻔뻔스럽고 고집스러운 속성 때문에 젊은 시절 나를 자주 혼동에 빠뜨렸다. 올더스 헉슬리의 소설 『연애대위법』을 읽고 싶었지만, 비행기를 타고 오는 동안 쌓인 육체적 피로 때문에 계속해서 읽을 수가 없어 가방에 넣고 열쇠를 채워 버렸기 때문에 가방 속에서 잠들어 있었다. 안도감과 공포감이 뒤섞인 특이한 감정이 일어나는 가운데 마지막 담배 한 개비에 불을 붙였고, 다음날 아침을 기약할 수 없는 어느 밤을 위해 비축해 둔다는 의미로 반쯤 피우다 껐다.

앉아 있던 그 벤치에서 잠을 잘 마음의 준비를 해 두고 있을 때 짙디 짙은 나무 그림자 사이로 뭔가가 숨어 있는 것 같은 느낌이 들었다. 말을 탄 시몬 볼리바르의 상이었다. 바로 그 시몬 볼리바르. 내 외할아버지가 나더러 우상으로 삼으라 강요했던 시몬 호세 안또니오 델 라 산띠시마 뜨리니닷 볼리바르 이 빨라시오스 장군의 상으로, 번쩍거리는 멋진 제복 차림에 머리는 로마 황제처럼 치장한 그 상에 제비가 싸 놓은 똥이 덕지덕지 붙어 있었다.

그는 해결될 수 없는 모순을 지녔지만 아마도 그 모순 때문에 여전히 내가 잊을 수 없는 인물로 존재한다. 어찌 되었건 볼리바르가 지녔던 모순은, 그런 모순 때문에 대령이라는 직위에까지 올랐고, 자유당의 일원으로 볼리바르가 창당해 지원했던 보수당과 벌인 수많은 전투에서 위험을 무릅썼던 외할아버지가 지닌 모순과 비교하기 쉽지 않았다. 그런 흐릿한 기억 속을 헤매고 있던 나는 등 뒤에서 들린 단호한 목소리에 제정신을 차렸다.

"손 들어!"

친구들이 그곳에 도착했다는 확신에 안도하는 마음으로 두 손을 치켜들었는데, 촌스럽고 투박하고 차림새가 누추한 경찰관 둘이 내게 신형 총을 겨누고 있었다. 경관들은 내가 두 시간 전에 실시된 야간 통행금지 조치를 위반한 이유가 무엇인지 알고 싶어했다. 내게 지난 주 일요일부터 야간 통행금지가 실시되었다고 알려 주었는데, 나는 그 사실을 전혀 몰랐고 통행금지를 알리는 나팔 소리나 종소리 같은 것도 전혀 듣지 못했으며, 거리에 사람들이 단 한 명도 보이지 않았던 이유를 이해할 만한 그 어떤 낌새도 알아차리지 못했다. 내가 그곳에 있게 된 이유를 설명하는 사이 내 신분증명서들을 보고 있던 경찰관들은 이해력이 있는 사람들이라기보다는 게으른 사람들이었다. 신분증명서들을 대충 훑어보고 나서 내게 되돌려 주었던 것이다. 그들은 내게 가진 돈이 얼마인지 물었고, 나는 4뻬소가 채 되지 않는다고 대답했다. 그러자 둘 가운데 더 단호하게 보이는 경찰관이 내게 담배 한 개비를 달라고 했고, 나는 자기 전에 마저 피울 생각으로 피우다 말고 남겨 둔 담배꽁초를 보여 주었다. 그는 담배꽁초를 내 손에서 낚아채더니 손톱에 담뱃불이 닿을 정도까지 피웠다. 잠시 후 그들은 법을 집행하고 싶었다기보다는 담배를 피우고 싶은 생각이 간절했기 때문인지 담배 한 개비를 1쎈따보에 파는 가게들 가운데 문을 열어 놓은 가게를 찾기 위해 양옆에서 내 팔을 낀 채 나를 데리고 길을 걸어갔다. 보름달 휘영청 밝은 밤은 투명하고 선선했으며, 고요가 공기처럼 숨쉴 수 있는 투명한 물질처럼 느껴졌다. 그때, 나는 아버지가 우리에게 무수히 들려주었지만 그 당시는 이해하지 못했던 말을 이해하게 되었다. 아버지는 자신이 켜는 사랑의 왈츠가 카리브 전 지역에 울려 퍼지는 것을 느끼기 위해 새벽 공동묘지의 고요 속에서 바이올린을 켰다고 말했다.

 담배를 개비로 파는 가게를 찾아 헤매다 결국 찾지도 못한 채 피곤해진 우리는 성을 나와 시장 뒤, 독특한 생활 방식이 유지되던 부두로 갔다. 쿠라사오, 아루바, 소 안티야스 제도 등지에서 온 스쿠너들이 정박해 있었다. 그 도시에서 가장 재미있고 유익한 사람들이 모여들어 밤을 새는 곳이었는데, 그들에게는 자신들의 일이 지닌 특성 때문에 야간 통행금지 시각에도 무상으로 통행할 권리가 있었다. 야간 노동자들뿐만 아니라 다른 곳에 문을 연 식당이 없을 때 음식을 먹고 싶은 사람은 너 나 할 것 없이 한 노천 식당에 몰려들어 저렴한 가격에 좋은 친구들과 함께 새벽녘까지 음식을 먹었다. 그 식당은 정식 상호가 없었으나 그 식당과 가장 어울리지 않은 이름으로 널리 알려져 있었다.

'라 꾸에바'.‡

경찰관들은 식당이 자기 집이나 된다는 듯 식당 안으로 들어섰다. 이미 테이블을 차지하고 앉아 있던 손님들은 다들 서로 아는 사이로, 함께 앉아 있는 것에 만족감을 느낀다는 것이 명백했다. 모두 학교 다닐 때 부르던 별명을 부르고, 상대의 말을 제대로 듣지도 않고, 말을 할 때도 상대를 쳐다보지도 않은 채 고래고래 소리를 지르며 말을 했기 때문에 상대의 성조차 모르기 일쑤였다. 머리가 하얗게 세고 턱시도를 입은 잘생긴 60대 노인 하나를 제외하고는 모두 작업복 차림이었다. 노인은, 번쩍거리는 금속판들이 달린 낡은 드레스 차림에 과도하다 싶게 많은 진짜 보석들로 치장한 아주 아름다운 중년 부인과 함께 있었다. 당시는 남편들이 아내를 평판이 나쁜 그런 곳에 드나들도록 허락하는 경우가 많지 않았기 때문에, 그녀가 그런 곳에 있다는 것 자체만으로도 그녀가 어떤 여자라는 것은 능히 짐작할 수 있는 일이었다. 그들이 여유로운 태도를 보이지 않았다거나, 중남미식 억양으로 말하지 않았다거나, 그곳에 있던 모든 사람들을 친밀하게 대하지 않았더라면 그들을 관광객으로 생각했을 수도 있었다. 나중에 나는 그들이 외모에서 풍기는 분위기와는 전혀 관계없는, 까르따헤나 출신의 산만한 노부부라는 사실을 알게 되었다. 그들은 걸핏하면 그렇게 멋진 정장을 차려입고 나와 외식을 하는데, 그날 밤은 자신들의 하인들이 잠들어 버렸고 야간 통행금지 때문에 식당들이 문을 닫는 바람에 그 식당에 와 있었던 것이다.

그들이 우리를 식사에 초대했다. 다른 사람들이 우리를 위해 기다

‡ 동굴이라는 뜻이다.

란 테이블의 자리를 양보해 주었고, 주눅이 든 우리 셋은 쭈뼛쭈뼛 그 자리에 앉았다. 그들은 경찰관들을 자기 하인 대하듯 친숙하게 대했다. 경찰관 한 명은 진지하고 자신만만했으며 테이블에서도 어렸을 때 교육을 잘 받은 것처럼 행동했다. 다른 경찰관은 음식을 먹고 담배를 피울 때 말고는 산만해 보였다. 나는 예의가 발랐다기보다는 소심했기 때문에 경찰관들보다 음식을 적게 주문했는데, 내 배가 반쯤 불렀다는 사실을 깨달았을 때 다른 사람들은 이미 식사를 끝내고 있었다.

라 꾸에바 식당의 주인이자 하나뿐인 종업원 호세 돌로레스는 사춘기 소년 같은 분위기에 보는 이를 당황케 할 정도로 잘생긴 흑인으로, 흠 한 점 없는 이슬람 시트들을 몸에 두르고 귀에는 항상 카네이션 생화 한 송이를 꽂고 있었다. 하지만 가장 두드러진 것은 그가 지나치게 영리하다는 점이었는데, 그는 자신이 행복해지고 타인을 행복하게 만드는 데 자신의 영리함을 마음껏 사용할 줄 알았다. 거의 여자나 다름없는 그가 자기 남편하고만 잠자리를 한다는 사실은 널리 알려져 있었다. 위트가 있고 대응이 재빠른 그는 자신에게 호의를 베푸는 사람이 있으면 반드시 고마움을 표하고, 해를 가하는 사람이 있으면 반드시 대가를 치르게 했기 때문에 그 누구도 그의 생활 방식에 관해 이러쿵저러쿵 농담 같은 것을 하지 않았다. 그를 엄마라 부르는 여섯 살 정도 먹은 사내아이가 아주 가끔 그를 도와주는 것 외에는 아무런 도움도 받지 않은 채, 각 손님들의 기호에 따라 정확하게 요리를 하는 일에서부터 한 손으로는 푸른 쁠라따노를 튀기고 다른 손으로는 계산서를 정리하는 일을 혼자서 척척 해냈다. 식사 대접을 받은 뒤 작별 인사를 하고 나왔을 때 나는 거기서 겪은 일이 재미있다는 생각이 들었으나, 흥청망청 밤을 지새는 사람들이 모이는 그곳이 내가 살아가는 동안 잊을 수 없는 곳이 되리라는 생각 같은 것은 해보지 않았던 것 같다.

식사를 끝낸 나는 경찰관들이 늦은 순찰을 다 마칠 때까지 따라다녔다. 하늘에 떠 있는 달이 황금 접시처럼 보였다. 바람이 불기 시작하고, 저 멀리서 아련한 음악 소리가 바람을 타고 간헐적으로 들려오고, 진탕 마시고 노는 떠들썩한 파티에서 술꾼들이 질러 대는 고함 소리가 희미하게 들려왔다. 달동네들에서는 야간 통행금지를 이유로 집에서 잠이나 자는 사람은 아무도 없고, 댄스파티 모임을 조직해서는 매일 각기 다른 회원 집에 모여 새벽녘까지 춤을 춘다는 사실을 그 경찰관들도 알고 있었다.

새벽 2시가 되자 나와 경찰관들은 친구들이 이미 호텔에 도착해 있을 거라 철석같이 믿고 호텔로 갔다. 호텔 경비원은 괜한 일로 자기를 깨웠다며 우리를 지옥에 떨어질 인간들이라고 했다. 내가 잠잘 곳이 없다는 사실을 알게 된 경찰관들은 나를 서(署)로 데려가겠다고 했다. 그 말이 아주 무례한 농담처럼 들렸기 때문에 나는 버럭 화를 내며 그들에게 욕 한 마디를 내뱉어 버렸다. 순진하게도 내가 그런 식으로 반응하자 경찰관 가운데 하나가 내 배에 총구를 들이대며 명령했다.

"웃기고 자빠졌네." 그는 배꼽을 잡고 웃으면서 내게 말했다. "자넨 야간 통행금지 위반 사범으로 잡혀 있다는 걸 기억하라구."

그렇게 해서 나는 까르따헤나에 도착한 첫날 밤을 6인용 유치장의 땀에 절어 있는 매트리스 위에서 보냈다.

그곳 생활에 익숙해지는 것은 첫째 날을 살아남는 것보다 훨씬 더 쉬웠다. 2주가 지나기 전에 나는 내 부모와 나 사이의 갈등을 해소했다. 두 사람은 내전이 벌어지지 않는 어느 도시에서 살겠다는 나의 결정에 선선히 동의해 주었다. 호텔 여주인은 나로 하여금 하룻밤을 유치장에서 보내도록 한 것이 후회스러웠는지 아름다운 식민지풍 집 옥상에 새로 지은 가건물에서 학생 스무 명과 더불어 살 수 있도록 해 주었다. 그곳은 시빠끼라 국립 중등학교 기숙사를 카리브 지역으로 옮겨 놓은 것 같았고, 모든 것이 다 포함된 하숙비가 보고타 하숙비보다 쌌기 때문에 불평할 만한 이유가 없었다.

법과대학에 들어가는 문제는 교무처장 이그나시오 벨레스 마르띠네스와 이름이 기억나지 않는 어느 정치·경제학 교수 앞에서 한 시간 동안 편입 시험을 치름으로써 해결되었다. 편입 시험은 관례에 따라 2학년 학생 전체가 모인 가운데 진행되었다. 주민들이 말을 할 때 횡설수설하기로 유명한 그 지역에서 교수 둘이 언어를 아주 명쾌하고 정확하게 구사한다는 사실이 처음부터 인상깊었다. 제비뽑기로 선정된 첫 번째 문제는 미국 남북 전쟁이었는데, 나는 그것에 관해 문외한이나 다름없었다. 미국 신세대 작가들의 작품이 아직 우리에게 널리 알려지지 않던 상황이라 내가 그런 작품들을 아직 읽어 보지 못했다는 사실은 애석했지만, 시험관 벨레스 마르띠네스 교수가 내가 중등학교 시절부터 잘 알고 있던 『톰 아저씨의 오두막』과 미국 남북 전쟁을 연관시켜 자유롭게 설명하라는 문제로 시작했다는 것이 내게 행운이었다. 나는 즉시 대답했다. 시험 시간 60분이 미국 남부 지역 노예제도의 치욕스러움에 관한 감정적 분석에 통째로 할애되었던 것으로 판단해 보건대 당시 두 교수가 향수에 깊이 빠져 있었던 것 같다. 그렇게 해서 시험이 끝났다. 러시안 룰렛 게임과 같을 거라고 예감했듯 시험은 일종의 재미있는 대화였으며, 그 결과 나는 좋은 점수와 일부 참석자들로부터 우정 어린 박수를 받았다.

그렇게 해서, 보고타에서 1학년 동안 통과하지 못한 한두 과목의 재

시험을 치르는 조건으로 그 법과대학에 편입해 2학년을 마치기로 했다. 일부 동료 학생들은 내가 문제들을 내 방식대로 자유롭게 풀어 가는 것에 고무되었다. 학문적으로 무척 엄격했던 이 대학교에서 창조적인 자유를 옹호하는 일부 군인 학생들까지 내 방식에 동조했다. 그런 식으로 문제를 푸는 것은 내가 지닌 이유 없는 반항심 때문이 아니라 공부를 하지 않고 시험에 통과하고 싶은 나의 유일한 희망 때문에 시빠끼라 중등학교 때부터 늘 내가 고독하게 꿈꾸어 오던 바였다. 하지만 강의실에서 자유로운 사고를 주장하던 학생들조차 숙명주의에 빠진 채 식민지 시대의 두꺼운 책들을 암기해 시험이라는 교수대로 올라갔다. 다행스러운 것은, 계엄령이라는 그늘 속에서 더욱더 뻔뻔스러워지고 있던 압제의 위험에도, 실생활에서는 그들이 금요일 밤마다 각자의 집을 돌아다니며 열리는 댄스파티를 활성화하는, 예술에서는 뛰어난 수완을 발휘하는 대가들이었다는 점이다. 야간 통행금지가 시행되는 동안 경찰들의 은밀한 동조로 지속되던 댄스파티는 야간 통행금지가 폐지되자 그간의 고통에서 벗어나 그 어느 때보다도 더 활기차게 이루어졌다. 그 음울한 몇 년 동안, 그 어느 곳보다도 또리세스 동네나 게세마니 동네, 또는 뽀빠 아랫동네에서 진탕 마시고 노는 파티가 벌어졌다. 창문 밖을 내다보아 가장 재미있을 것 같은 댄스파티 하나를 선택하기만 하면 되었다. 회비 50센따보만 내면 시끌시끌한 확성기를 통해 증폭되어 나오는 열정적인 카리브 음악에 맞춰 새벽까지 춤을 출 수 있었다. 특별 우대 손님으로 초대된 아가씨들은 주중 하굣길에 여학교 교문에서 마주치던 학생들이었는데, 일요 미사에 참석할 때 입는 제복 차림의 여학생들은 샤프롱 역할을 하는 고모나 파티를 허락해 준 어머니의 감시를 받으며 발랄하게 춤을 추었다. 그처럼 큰 사냥 놀이가 이루어지던 어느 날 밤, 게세마니 동네를 싸돌아다니던 내가 식민지 시대에 노예 수용소로 사용되던 건물 앞에 있게 되었을 때 누군가 내 등을 세게 치면서 우렁찬 목소리로 말했다. 마치 암구호 같았다.

"이 날강도!"

마누엘 사빠따 올리베야였다. 아프리카 출신인 그의 고조할아버지의 할아버지 때부터 그의 가족은 말라 끄리안사 거리에 살았고 그 역시 그곳 토박이였다. 우리는 4월 9일 시위가 벌어지던 보고타에서 만났는데, 성한 몸으로 까르따헤나에서 다시 만났다는 사실이 무엇보다도 놀라웠다. 그는 인정 많은 의사이면서 소설가이기도 했고, 정치적 행동가이자 카리브 음악을 전파하는 사람이기도 했으나 그가 가장 잘하는 일은 다른 사람의 문제를 해결하는 것이었다. 그 불길한 금요일에 우리가 겪은 일과 우리의 미래 계획에 관한 얘기를 나누고 나서 그는 나더러 언론계에서 행운을 시험해 보라고 즉석에서 제의했다. 한 달 전 자유당 지도자 도밍고 로뻬스 에스까우리아사가 《엘 우니베르살》이라는 일간지를 창간했다는 것이었다. 편집국장은 끌레멘떼 마누엘 사발라였다. 그는 언론인이라기보다 온갖 장르의 음악 전문가이자 과거에 공산주의자였다는 말을 들은 적이 있었다. 사빠따 올리베야는 함께 그를 만나러 가자고 했다. 올리베야는 그가 국내를, 무엇보다도 가장 낙후된 도시들 가운데 하나인 까르따헤나를 지배하던 상투적이고 복종적인 면모에 대항하는 창조적인 저널리즘을 본보기로 정립하기 위한 새로운 인물을 찾고 있다고 했다.

저널리즘이 내 분야가 아니라는 사실은 명백했다. 나는 독창적인 작가가 되고 싶어했지만, 나와 전혀 상관없는 다른 작가들을 모방함으로써 그렇게 되려고 애쓰고 있었다. 그래서 나는 며칠 동안 사색을 위한 휴지기를 가졌다. 내가 보고타에서 출판해 에두아르도 살라메아와 다른 비평가들, 친구들로부터 대단한 호평을 받았던 단편소설 세 편을 발표한 뒤로 막다른 길에 이르렀기 때문이다. 사빠따 올리베야는 저널리즘과 문학은 궁극적으로는 같은 것이며, 《엘 우니베르살》과 관계를 맺게 되면 내가 각기 다른 세 가지를 얻게 되는데, 그것은 내 삶의 문제를 품위 있고 유익한 방법으로 해결할 수 있고, 그 자체로도 중요한 업무인 저널리즘이라는 직업적 환경에 나를 위치시킬 수 있으며, 또 국내 저널리즘 사상 유례를 찾기 어려울 정도로 대가인 끌레멘떼 마누엘 사발라와 함께 일을 할 수 있다며 내 생각을 반박하려 했다. 무척 단순한 그런 논리가 나로 하여금 특유의 소심증에서 벗어나게 함으로써 나를 불행으로부터 구해 줄 수 있었다. 하지만 무슨 일을 벌였다 하면 당장 해결해야 직성이 풀리는 성격의 사빠따 올리베야는 나더러 그 다음날 오후 5시에 신문사가 위치한 산 후안 데 디오스 가 381번지에서 만나자고 했다. 나는 밤새 침대에서 뒤척거렸다. 다음날 아침 식사를 하면서 호텔 여주인에게 산 후안 데 디오스 가가 어디에 있는지 묻자 그녀가 창문 밖으로 손가락을 내밀어 가르쳐 주었다.

"저기 저, 두 블록 떨어진 곳에 있어요."

《엘 우니베르살》사 건물은 중앙 제단 아래에 100년이 넘도록 온전한 모습으로 전시되어 있는 아메리카 최초의 성인 산 뻬드로 끌라베르를 기리는 성당의 거대한 금빛 담 앞에 위치해 있었다. 신문사 건물은 공화파 기장들이 부착된 고색창연한 식민지풍 건물로, 거대한 출입문 둘, 신문사 내부를 훤히 들여다볼 수 있는 창문 몇 개가 있었다. 하지만 내가 진정으로 공포를 느꼈던 대상은 너비 3미터 정도 되는 거친 나무 베란다가 달린 창문 뒤에 앉아 있던 남자였다. 하얀 리넨 셔츠에 재킷을 입고 넥타이를 매고 있던 그는 인디오처럼 피부가 가무잡잡하고 머리카락이 굵고 검은 고독해 보이는 중년 남자로, 검토할 원고 더미들이 놓여 있는 낡은 책상에서 연필로 글을 쓰고 있었다. 그가 누구인지 알고 싶은 생각이 간절했던 나는 다시 반대 방향으로 지나가보았고, 이런 식으로 두 번이나 더 지나가 보았으며, 처음 지나갔을 때나 네 번째로 지나갔을 때나, 그 사람이 내가 예상했던 것과 비슷하면서 더 무시무시하게 생긴 끌레멘떼 마누엘 사발라라고 확신하게 되었다. 겁에 질린 상태에서 유리창을 통해 그를 보았지만, 그가 삶과 업무에 관해 지나치게 많이 알고 있다는 사실을 충분히 감지할 수 있었기 때문에, 그날 오후 그와 한 약속을 지키지 않으리라 선뜻 결정해 버렸다. 호텔로 돌아간 나는 침대에 엎드려 앙드레 지드의 『사전꾼』을 읽고, 연신 담배를 피워 대면서 내 특유의 방식대로 후회 없이 또 다른 하루를 즐겼다. 오후 5시, 총소리와 흡사하게 손바닥으로 방문을 탕탕 치는 소리가 들리면서 방문이 심하게 흔들렸다.

"어서 가, 젠장!" 사빠따 올리베야가 문에서 소리쳤다. "사발라가 자넬 기다리고 있어. 이 나라에서 그를 기다리게 할 만큼 호사를 누릴 수 있는 사람은 아무도 없단 말이야!"

첫 만남은 꿈꿀 수 있는 그 어떤 악몽보다 더 끔찍했다. 사발라는 어이가 없다는 듯 연신 담배를 피우면서 나를 맞이했는데, 더위 때문에 더 짜증을 내는 것 같았다. 그는 우리에게 모든 것을 보여 주었다. 발행인실과 총무국장실을 보여 주었다. 또 편집국과 그 이른 시각에는 비어 있는 책상 세 개가 놓여 있는 조판실도 보여 주었는데, 구석에 한 차례의 소요 사태를 겪으면서도 고스란히 남아 있는 윤전기 한 대와 단 두 대뿐인 라이노타이프가 있었다.

사발라가 내 단편소설 세 편을 이미 다 읽었고, 살라메아의 서평이 정확하다고 생각한다는 점이 놀라웠다.

"저는 그렇게 생각하지 않습니다." 내가 그에게 말했다. "그 단편소설들은 영 맘에 들지 않습니다. 약간은 무의식적인 충동에 의해 썼는데, 출판되고 나서 읽어 보니 앞으로 어떻게 계속해 나갈지 막막했습니다."

사발라는 담배 한 모금을 깊이 빨아들이더니 사빠따 올리베야에게 말했다.

"그건 좋은 증상이지."

사빠따 올리베야는 그 말이 떨어지기가 무섭게 기회를 잡았다는 듯 내가 학교 강의가 없을 때 신문사 일을 하는 것이 사발라에게 유익할 수 있을 거라고 말했다. 사발라는 사빠따 올리베야가 나를 위해 면담 약속을 요청했을 때 같은 생각을 했다고 말했다. 그러고는 발행인 로뻬스 에스까우리아사에게 나를 소개했다. 그가 전날 밤 발행인에게 미리 귀띔을 해 둔 바대로 내가 기고자로 일할 수 있을 거라는 것이었다.

"그렇게만 된다면야 더할 나위 없이 좋지." 발행인은 고풍스러운 신사처럼 항상 달고 다니는 미소를 머금은 채 말했다.

우리는 그 어떤 것도 구체적으로 합의하지 않았으나 사발라는 뛰어난 시인이자 화가이며 신문사의 스타급 칼럼니스트인 엑또르 로하스 에라소에게 나를 소개해 줄 테니 다음날 다시 오라고 했다. 요즘 생각해 보아도 뭐라 설명할 수 없는 특유의 소심증 때문에 엑또르 로하스 에라소가 산호세 학교의 내 미술 선생님이었다는 사실을 그에게 이야기하지 못했다. 우리가 신문사를 나왔을 때 마누엘 사빠따 올리베야는 위압적인 산뻬드로 끌라베르 박물관 정면에 있는 광장에서 한 번 펄쩍 뛰면서 어린아이처럼 즐거워하며 소리를 질렀다.
"어이, 호랑이, 봤지. 이젠 다 됐다니까!"
나는 그를 실망시키지 않기 위해 다정하게 껴안아 줌으로써 그의 말에 응답했으나 나 자신의 미래에 대해 심각한 의구심을 지니고 있었다. 그때 마누엘 사빠따 올리베야는 내가 사발라에 대해 어떻게 생각하는지 물었고, 나는 진실을 말해 주었다. 영혼을 낚는 어부 같다고. 그 말은 젊은이들이 사발라의 이성과 신중함에 영향을 받는 이유를 결정적으로 설명하는 말이 될 것이다. 나는 사발라가 국가의 공적인 삶에서 중대한 역할을 하지 못한 것은 바로 그의 그런 존재 방식 때문일 거라 결론지었는데, 이런 내 생각은 청년 같은 한 중년 남자에 대한 나의 그릇된 판단에서 비롯된 것임에 틀림없다.
마누엘 사빠따 올리베야는 사발라와 나눈 어느 대화 때문에 우스워 죽겠다며 그날 밤 내게 전화를 했다. 사발라가 엄청나게 열을 내 가며 내 얘기를 했는데, 내가 사설란에 최고로 적합한 중요 인물이 될 거라고 확신하며, 발행인도 같은 생각이라고 되풀이해 말했다는 것이다. 하지만 그가 내게 전화를 한 진짜 이유는, 사발라가 나에 대해 걱정하는 점이 한 가지 있다는 것을 알려 주기 위해서였다. 그는 내가 지닌 병적인 소심함이 내 삶에 커다란 장애가 될 수도 있다고 생각한다는 것이다.
내가 마지막 순간 그 신문사로 돌아가리라 결정한 이유는 다음날 아침 같은 방을 쓰는 동료 하나가 샤워실 문을 열고 들어오면서 《엘 우니베르살》의 사설란을 내눈 앞에 갖다 댔기 때문이다. 내가 그 도시에 도착했다는 무시무시한 기사가 하나 실려 있었다. 내가 진정한 작가가 되기도 전에 나를 작가로 소개해 놓았고, 신문사 건물 안에서 첫 대면을 한 지 스물네 시간도 채 지나지 않은 상태에서 나를 긴급 투입될 저널리스트로 소개해 놓았다. 마누엘 사빠따 올리베야는 그 기사를 보자마자 내게 축하 전화를 했는데, 나는 사전에 나와 한마디 상의도 하지 않은 채 그런 무책임한 기사를 써 놓은 것에 대해 화를 내면서 그를 나무랐다. 그런데 그 기사를 사발라가 몸소 쓴 것이라는 사실을 알았을 때 내 안에 일종의 변화가 생겼고, 그 변화는 아마도 영원히 지속될 수 있는 것이었다. 그래서 나는 바지 끈을 동여매고 편집국으로 돌아가 사발라에게 고마움을 표했다. 그는 거의 아무런 반응도 보이지 않았다. 그러고 나서 나를 엑또르 로하스 에라소에게 소개했다. 카키색 바지에 아마존 지역 꽃들이 그려진 셔츠를 입고 있던 그는 천둥소리 같은 목소리로 청산유수처럼 얘기를 쏟아내는 사람으로, 자신의 포획물을 완전히 덮치기까지는 대화에서 지는 법이 없었다. 물론 그는 내가 바랑끼야에 있는 산호세 학교의 제자들 가운데 하나였다는 사실을 눈치 채지 못했다.

  사발라 선생은(모두 그렇게 불렀다.) 우리도 알고 있던 친구 두세 명과 내가 나중에 반드시 만나야 했던 다른 친구들에 관한 기억을 되살림으로써 우리를 자신의 궤도 속에 들여놓았다. 그러고 나서 그는 우리만 남겨 둔 채, 그때까지 자신은 우리와 전혀 상관이 없었다는 듯이, 새빨간 색연필을 들고 긴급을 요하는 종이에 글을 써 가는 전투에 돌입했다. 엑또르도 사발라와 전혀 관계가 없다는 듯 라이노타이프를 작동시켰고, 보슬비 소리 같은 소음 속에서 나와 얘기를 계속했다. 그는 눈부시게 재치 있는 화술을 동원해 가며 끝없이 얘기를 늘어놓는 천부적인 이야기꾼이자, 사실 같지 않은 현실을 창조해 놓고 결국 자신도 믿어 버리고 마는 상상의 모험가였다. 우리는 죽었거나 살아 있는 다른 친구들에 관해, 절대로 쓸 수 없는 책들에 관해, 우리를 잊었지만 우리는 잊을 수 없는 여자들에 관해, 카리브적 낙원 같은 그의 고향 똘루의 목가적인 해변들에 관해, 실수를 모르는 아라까따까의 마법사들과 묵시록적 재난들에 관해 여러 시간 동안 얘기했다. 우리가 아직 다 못한 얘기들을 마저 다할 만큼 삶이 길지 않은 것이 두렵다는 듯, 물 한 모금 마시지 않고 숨도 제대로 쉬지 않은 채 줄담배를 피워 가며, 지금까지 존재했던 모든 것들과 앞으로 존재해야 할 모든 것들에 관해 얘기했다.

밤 10시, 신문이 인쇄에 들어가자 사발라 선생은 재킷을 걸치고 넥타이를 맨 뒤 약간의 젊음이 남아 있는 발레 스텝을 밟으며 우리를 저녁 식사에 초대했다. 예상했던 바대로, 라 꾸에바에서는 호세 돌로레스와 늦은 시각에 식사를 하는 손님들이 나를 단골 손님이나 된 듯 알아보았고, 나와 함께 갔던 일행은 놀랍다는 표정을 지었다. 그 도시에서 처음으로 만난 경찰관들 가운데 하나가 내 곁을 지나가면서 내가 그 재수 없는 밤에 경찰서에서 보낸 사건을 빗대 애매한 농담 한마디를 던졌다. 그가 내가 막 뜯은 담뱃갑을 내게서 낚아챘을 때 그 놀라움은 증폭되었다. 엑또르가 호세 돌로레스와 더불어 의미심장한 농담들을 주고받음으로써 손님들이 웃음을 터뜨렸는데, 사발라 선생은 만족스러운 표정만 짓고 있을 뿐이었다. 나는 과감하게 재미없는 농담 하나를 던지며 그들 사이에 끼어들었고, 그로 인해 나는 호세 돌로레스가 한 달에 최대 네 번까지 외상을 주는 몇 안 되는 특별 손님들 가운데 하나로 인정받을 수 있었다.

식사를 마친 뒤 엑또르와 나는 시장에서 배출된 공화국 쓰레기로 오염된 만이 보이는 마르띠레스[‡] 산책로에서 신문사 사무실에서 나누던 대화를 재개했다. 세상에서 가장 멋있는 밤이었다. 쿠라사오에서 온 첫 번째 스쿠너들이 슬그머니 닻을 내리고 있었다. 새벽녘이 되었을 때 엑또르는, 학자들의 부드러운 픽션이라기보다는 진실에 더 가깝게 보일 수도 있는 까르따헤나의 눈물겨운 비사(秘史)를 처음으로 내게 들려주었다. 순교자 열 명의 삶에 관한 것이었는데, 그 순교자들의 영웅성을 기념하기 위해 산책로 양옆에 그들의 대리석 흉상이 안치되어 있다고 했다. 사람들 사이에 전해지는 얘기에 따르면(엑또르 자신의 얘기인 것처럼 보였다.) 처음 그 흉상들을 세웠을 때, 조각가들이 주인공들의 이름과 생몰 연대를 흉상이 아니라 받침돌에 새겨 버렸다. 흉상 제막 100주년을 맞이하여 흉상 청소를 하기 위해 흉상들을 철거했을 때 사람들의 부주의로 흉상들이 뒤섞이는 바람에 각 흉상의 이름과 생몰 연대가 서로 맞지 않게 되었고, 누가 누구인지 정확히 구분해 낼 사람이 아무도 없었기 때문에 아무 받침돌에 아무렇게나 앉혀야 했다는 것이다. 그 얘기는 여러 해 전부터 농담처럼 돌아다녔으나, 나는 그 위인들이 각자 치열한 삶을 살기도 했지만 그보다는 운명을 공유했기 때문에 흉상이 그런 식으로 안치된 것은 역사적으로 지당한 일일 수 있을 거라 생각해 보았다.

  뜬눈으로 지새는 그런 밤들은 내가 까르따헤나에서 산 몇 년 동안 일상적으로 반복되었으나, 첫 번째 또는 두 번째 밤부터 나는 엑또르가 자기를 많이 좋아하는 우리 같은 사람들만이 사심 없이 이해할 수 있는, 아주 복잡한 정서적 교감을 이용해 사람을 즉각적으로 유혹하는

[‡] 순교자들이라는 뜻이다.

능력을 지니고 있다는 사실을 깨달았다. 그는 대단히 인정 많은 사람이었으나 동시에 불같이 화를 내고, 가끔씩은 그 화가 파괴적이기도 했는데, 화가 풀리면 아기 예수처럼 천진난만하고 귀엽게 굴었다. 그 정도에 이르면 비로소 사람들은 엑또르가 어떤 사람인지, 사발라 선생이 자신이 엑또르를 사랑하는 만큼 우리가 엑또르를 사랑할 수 있도록 최선을 다했던 이유가 무엇인지 이해하게 되었다. 함께 보낸 첫날 밤 (다른 많은 밤들처럼) 우리는 기자라는 신분 덕에 야간 통행금지령의 보호를 받으며 마르띠레스 산책로에 새벽녘까지 함께 있었다. 수평선에 새로운 햇빛이 비칠 때까지 목소리와 기억력에 변함이 없던 엑또르가 이렇게 말했다.

"오늘 밤이 「카사블랑카」에서처럼 끝난다면 좋겠군."

그는 더 이상 말을 하지 않았으나, 그 멋진 목소리는 수평선 위에서 번쩍거리는 햇빛을 향해 어깨를 나란히 한 채 새벽 안개 사이로 걸어가던 험프리 보가트와 클로드 레인스의 이미지와, 이제는 전설적인 대사가 된 비극적 해피 엔딩의 대사를 떠오르게 했다. "이것이 아름다운 우정의 시작이라고 생각하오."

세 시간 뒤, 전화로 나를 깨운 사발라 선생이 내게 던진 말은 썩 유쾌하게 들리지 않았다.

"그 대작은 어떻게 되어 가고 있나?"

다음날 신문에 실을 내 기사에 관해 언급하고 있다는 사실을 깨닫는 데는 몇 분이 걸렸다. 당시 우리 사이에 어떤 계약이 성립되었는지는 지금도 기억할 수 없고, 그가 나더러 첫 번째 기사를 써 달라고 부탁했을 때 내가 가타부타 대답을 했는지조차도 기억에 없으나, 전날 밤에 이야기 마라톤을 치른 뒤였기 때문에 그날 아침은 무엇이든 할 수 있을 거라는 생각이 들었다. 사발라 선생이 그날 다룰 소재들을 이미 설정해 놓고 있었던 것으로 보아 선생 자신도 그렇게 이해했음에 틀림없었는데, 나는 더욱더 현실적으로 보이는 다른 소재를 그에게 제시했다. 그것은 바로 '야간 통행금지'였다.

그는 내게 어떤 방향도 설정해 주지 않았다. 내 의도는 까르따헤나에 도착해서 맞은 첫날 밤 내가 겪은 일에 관해 얘기하는 것이었는데, 나는 편집국에 있는 구식 타자기를 사용할 줄 몰랐기 때문에 손으로 직접 썼다. 네 시간의 산고 끝에 글이 완성되었다. 사발라 선생은 자신의 의중을 전혀 드러내지 않은 채 내 앞에서 원고를 검토하더니 마침내 아주 부드러운 어조로 말했다.

"나쁘진 않군. 하지만 이런 식으론 실을 수가 없어."

나는 놀라지 않았다. 반대로, 그렇게 되리라 이미 예상하던 차라 저널리스트가 됨으로써 지게 된 달갑지 않은 부담을 몇 분 동안이나마 벗어 버릴 수 있었다. 내가 모르던 사실이었지만 그가 그렇게 말한 데는 결정적인 이유가 있었다. 4월 9일부터 정부는 국내 모든 신문사 편집국이 자기 집인 것처럼 책상 하나를 차지하고서 오후 6시부터 검열을 실시했는데, 공공질서를 훼손할 우려가 있는 기사는 단 한 자도 승인하지 않겠다는 의지를 보이며 강압적으로 자신들의 의도를 관철하고 있었다. 내가 쓴 글은 논평이 아니라, 신문사의 논조가 전혀 반영되지 않은, 개인적인 경험을 회고해 주관적으로 쓴 글이었기 때문에 사발라 선생이 제시한 이유가 정부가 말하는 이유보다 더 부담스럽게 느껴졌다. 게다가 야간 통행금지가 정부의 합법적 수단이니 아니니 하는 말은 언급도 하지 않았고, 단지 무식한 경찰관들이 교활하게도 야간 통행금지를 핑계 삼아 1센따보짜리 개비 담배를 사려 했다는 내용만 언급했을 뿐이다. 다행스럽게도, 사발라 선생은 내게 사형 선고를 내리기 전 원고를 되돌려 주면서, 자기를 위해서가 아니라 검열을 피하기 위해 처음부터 끝까지 전면적으로 수정하라 지시했고, 내게 칭찬과 질책이 뒤섞인 선고를 내리는 자선을 베풀었다.

"문학적 장점은, 그래, 지니고 있지. 의심할 나위가 없어. 하지만 그에 관해선 나중에 얘기하자고."

그는 그런 사람이었다. 내가 신문사에 첫발을 들여놓던 날부터 사발라 선생이 나, 사빠따 올리베야와 대화를 할 때 그의 독특한 대화법이 눈에 띄었다. 그는 누군가와 대화를 할 때면 피우고 있던 담뱃불에 손톱이 탈 정도가 되었고 제삼자의 얼굴을 쳐다보면서 얘기했다. 처음에는 그런 모습이 위협적으로 보여 조마조마했다. 순전히 내 소심증에서 비롯된 이러한 생각에 그나마 덜 어리석은 태도를 보이려면, 큰 관심을 보이며 진지한 태도로 그의 얘기를 경청하되 그와 사빠따 올리베야로부터 내 결론을 견지하기 위해서는 그의 얼굴을 쳐다보는 것이 아니라 사빠따의 얼굴을 쳐다봐야 했다. 나중에 우리가 로하스 에라소와 발행인 로뻬스 에스까우리아사와 그 외에도 수많은 사람들과 얘기를 하게 되었을 때, 나는 사발라 선생이 많은 사람들과 대화를 할 때는 꼭 그런 특이한 방식을 취한다는 사실을 알게 되었다. 그런 대화 방식을 이해하게 된 나와 사발라 선생은 대화 도중 자신도 모르는 사이에 우리의 공범자 역할을 하는 사람들, 순진하게도 우리의 중계자 역할을 하는 사람들의 얼굴을 쳐다보면서 서로의 생각과 감정들을 교환할 수 있었다. 몇 년 동안 그와 나 사이에 쌓인 신뢰를 바탕으로 그동안 내가 받은 인상을 그에게 과감하게 털어놓았을 때, 그는 대화를 할 때 상대방 얼굴 정면에 담배 연기를 내뿜지 않기 위해 거의 항상 옆얼굴을 본다고 담담하게 설명해 주었다. 그랬다. 나는 그처럼 평화롭고 차분하고 조용한 성품을 지닌 사람, 그처럼 교양 있고 예의 바른 사람은 결코 만나지 못했다. 그는 항상 자기가 원하는 바대로 처신할 줄 아는 사람이었다. 그는 어둠 속에 있는 현자였던 것이다.

실제로 나는 시빠끼라 중등학교에서 연설문, 조악한 시, 애국적인 선언문, 학교에서 제공하는 형편없는 식사에 항의하는 건의문 들을 쓴 적이 있고, 이미 작가로 알려진 뒤에도 어머니가 수정해 내게 되돌려 준 가족에게 보낸 편지들을 제외한 글을 몇 편 쓴 적이 있었다. 마침내 신문 사설란에 내 기사가 실렸는데, 그것은 내가 원래 썼던 것과 전혀 상관없는 것이었다. 사발라 선생의 수정과 검열관들의 수정을 거치자, 내가 쓴 글 가운데 남게 된 것은 내 의도도 문체도 살아 있지 않은, 교정원의 문법적 파벌주의에 의해 손질된 시적 산문 부스러기들이었다. 마지막 순간 우리는 신문 칼럼에 대해 몇 가지 합의를 보았는데, 아마도 책임의 범위를 분명히 하기 위해서였던 것 같다. 칼럼의 정식 타이틀은 '뽄또 이 아빠르떼'‡로 정했고, 필자인 내 이름을 명기하기로 했다.

매일 갈고 연마하는 데 이골이 나 있던 사발라와 로하스 에라소는 첫 번째 칼럼에 대해 내가 품고 있던 고민을 해소해 주었고, 그렇게 해서 나는 계속해서 두 번째 세 번째 칼럼을 쓸 수 있었으나, 첫 번째 칼럼보다 더 나아지지는 않았다. 나는 기명으로 또는 무기명으로, 어떤 때는 하루에 두 편까지 써서, 가까스로 검열을 통과하면서 거의 2년 동안 편집국에 머물렀고, 검열관의 조카와 결혼할 마음을 먹기까지 했다.

‡ Punto y aparte. 온점과 새 문단이라는 뜻이다.

그 당시 사발라 선생의 연필과 검열의 압박이 없었더라면 내 삶이 어떻게 되었을까 요즘도 자문해 보는데, 그 두 가지 존재 자체만도 나로 하여금 창조적인 도전을 해보도록 만들었다. 하지만 검열은 그 자체가 지니고 있는 박해적 기만성 때문에 우리가 그것을 경계하는 것보다 그것이 우리를 더 확실하게 경계했다. 사발라 선생은 위대한 작가들의 글을 인용하는 것은 검열단의 의심을 사게 되는 복병이라 생각했고, 많은 경우에 실제로 의심을 받았다. 그는 유령을 보고 있었던 것이다. 그는 자신이 상상하는 의미들을 믿어 버리는 아류 세르반떼스 학생이었다. 자신의 불길한 별이 떴던 어느 날 밤, 15분마다 화장실을 들락거리던 그가 결국 더 이상 참을 수 없었는지 자기가 우리 때문에 너무 놀라서 환장할 지경이라고 말했다.

"제기랄!" 그가 소리쳤다. "이렇게 바쁘게 뛰어다니다간 엉덩이가 제대로 붙어 있지 않겠어!"

국가를 피로 물들이던 정치적 폭력 상황에서 정부가 추진한 강경책의 또 다른 일환으로 경찰이 군대화되었는데, 그나마 대서양 연안 지역에는 폭력의 정도가 비교적 덜했다. 그럼에도 불구하고, 5월 초 경찰은 까르따헤나에서 약 20리그 정도 떨어져 있는 까르멘 데 볼리바르의 거리들에서 행해지던 부활절 행렬을, 좋아서 그런 건지 싫어서 그런 건지 아무런 이유도 없이 무자비하게 진압했다. 나는 마마 이모가 자라났고 외할아버지 니꼴라스가 그 유명한 작은 황금 물고기들을 만들던 그 마을에 대해 일종의 연민의 정을 느끼고 있었다. 까르멘 데 볼리바르 인근 산 하신또 출신인 사발라 선생은, 자기가 모든 책임을 질 테니 검열 같은 것은 신경 쓰지 말라고 하면서 모든 기사의 편집권을 내게 위임하는 특별 조치를 취했다. 내가 사설란에 무기명으로 기고한 첫 번째 기사는 무자비한 진압에 대한 심층 조사를 하고 책임자들을 벌하도록 정부에 요구하는 내용이었다. 그 기사는 이런 질문으로 끝맺었다. "까르멘 데 볼리바르에서는 도대체 무슨 일이 일어난 건가?" 정부 측의 냉소적 반응 앞에서 우리는 이제 드러내 놓고 검열과의 전쟁에 돌입했고, 정부의 화를 이전보다 훨씬 더 많이 돋울 준비를 한 채, 갈수록 강도를 더해 가는 칼럼 하나를 동일 지면에 실어 그 질문을 반복했다. 사흘이 지난 뒤, 신문 발행인은 편집국 전체 회의를 한 결과 우리가 그 소재를 계속해서 다루어야 한다는 데 자신이 동의했다는 사실을 사발라 선생과 함께 인정했다. 그래서 우리는 그 질문을 계속해 나갔다. 그사이 정부의 비밀이 누설됨으로써 우리가 알게 된 단 한 가지 사실은, 정부는 우리가 그런 기사를 싣건 말건 천방지축 미치광이들이 제 풀에 지쳐 포기할 때까지 그대로 놔두라고 명령했다는 것이었다. 하지만 그렇게 만만하게 볼 문제가 아니었다. 우리가 매일 던지는 그 질문이 사람들 사이에 의례적으로 오가는 인사말처럼 거리를 떠돌아다녔던 것이다. "어이 친구. 까르멘 데 볼리바르에서는 도대체 무슨 일이 일어난 건가?"

어느 날 밤, 우리가 전혀 예측하지 못했던 상황에서 정부의 순찰대 하나가 아무런 예고 없이 고함을 지르고 무기를 휘둘러 대면서 산 후안 데 디오스 거리를 차단했고, 전투 경찰 사령관 하이메 뽈라니아 뿌요 대령이 《엘 우니베르살》 건물 안으로 성큼성큼 들어왔다. 그는 중요한 행사가 있을 때 입는 크림 색 정복 차림에 검은 에나멜 가죽 군화를 신고, 칼을 비단 끈에 묶어 차고 있었다. 황금으로 만든 것처럼 보이는 단추와 기장들이 유난히 번쩍거렸다. 우리는 평화 시든 전쟁 시든 그가 항상 엄격한 사람이라는 사실을 알고 있었고, 몇 년 뒤 한국

전쟁에 참전한 콜롬비아군 사령관을 지내면서 그런 면모가 잘 드러나긴 했지만, 그때는 멋쟁이에 매력적인 남자라는 명성을 전혀 손상시키지 않을 정도의 차림새였다. 그가 문을 닫아걸고 발행인과 대화를 나누던 그 긴박한 두 시간 동안 다들 제자리에서 꿈쩍도 하지 않았다. 두 사람은 해로운 것을 싫어했기 때문에 담배 한 모금 피우지 않고 술 한 모금 마시지 않고 대신 블랙커피 스물두 잔을 마셨다. 대화를 마치고 대령이 우리 직원 한 명 한 명과 작별 인사를 할 때 보니 키가 훨씬 더 커 보였다. 그는 나와 작별 인사를 할 때 조금 더 많은 시간을 지체하면서 살쾡이 같은 눈으로 나를 뚫어지게 쳐다보며 말했다.
"댁은 멀리 가겠소."
그가 이미 나에 관해 다 알고 있으며, 그에게 '가장 멀리 간다'는 것은 나의 죽음을 의미할 수도 있을 거라는 생각이 들자 가슴이 콩닥콩닥 뛰었다. 발행인 자신이 대령과 나눈 대화에 관해 사발라 선생에게 은밀하게 전한 내용에 따르면, 대령은 신문에 기사를 쓰는 사람의 성과 이름을 다 알고 있었다. 발행인은 자신의 성격을 드러내는 독특한 몸짓을 써 가며, 기사들은 자기 지시에 따라 써지는데, 상명 하달은 군대에서나 신문사에서나 똑같다고 대령에게 말했다. 어찌 되었든 대령은, 동굴 속에 살고 있는 야만인이 정부 대신 정의를 실현시키겠다고 나서는 꼴과 같다며, 우리가 캠페인을 완화하는 것이 좋겠다고 발행인에게 충고했다. 발행인은 그 말의 의미를 이해했고, 우리 모두는 대령이 말하지 않은 부분까지 다 이해했다. 발행인이 가장 놀랐던 점은 대령 자신이 신문사 안에서 직접 생활해 보기라도 한 것처럼 신문사 내부 사정을 쭉 꿰고 있다고 자랑한 것이었다. 검열관이, 어머니의 유골 앞에서 맹세하건대, 자신은 절대로 대령의 비밀 요원이 아니라고 했지만, 검열관이 바로 대령의 비밀 요원이라는 사실을 모두 알고 있었다. 대령이 신문사를 방문해 대답하려 하지 않았던 것은 우리가 매일 신문에 게재한 그 질문에 대한 것뿐이었다. 지혜롭기로 유명한 발행인은 우리더러 자기가 전하는 내용을 그냥 그대로 수용하라고 충고했다. 진실은 그보다 훨씬 더 고약할 수 있기 때문이다.

나는 검열에 대항하는 전쟁을 벌이겠다고 스스로에게 약속한 이래 대학이나 단편소설 등에 관해서는 전혀 신경 쓰지 않았다. 대부분의 교수들이 출석을 부르지 않는다는 것이 그나마 다행스러운 일이었는데, 그 때문에 강의에 출석하지 않은 것이 무마되었다. 더욱이, 내가 온갖 노력을 경주해 가며 검열을 피하고 있다는 사실을 알게 된 자유파 교수들은 시험에서 나를 도울 방도를 찾느라 나보다 더 많은 애를 썼다. 요즘 그 시절에 관해 회고해 보려고 노력하지만, 내 기억 속에는 남은 것이 거의 없기 때문에, 결국 나는 기억보다는 망각에 더 많이 의존하게 된다.

부모님은 내가 신문사에서 일하면서 생활비를 충분히 벌고 있다는 소식을 전한 이후부터 편안하게 잘 수 있었다. 하지만 충분한 돈을 벌지는 못했다. 수습 사원 월급은 일주일을 버티기도 빠듯했다. 채 석 달이 되기도 전에 호텔 여주인에게 도저히 갚을 수 없는 빚을 진 채 호텔에서 나와야 했다. 그녀는 나중에 자기 손녀의 열다섯 번째 생일에 관한 기사를 우리 신문 사회면에 실어 주는 대가로 빚을 탕감해 주었다. 하지만 그녀는 그런 거래를 단 한 번밖에 허용해 주지 않았다.

여전히 야간 통행금지가 실시되고 있었지만, 그 도시에서 가장 자주 애용했을 뿐 아니라 가장 쾌적했던 잠자리는 여전히 마르띠레스 산책로였다. 새벽녘의 토론이 끝나면 나는 그곳에 앉아 잠을 자는 일이

다반사였다. 가끔씩은 신문사 창고의 신문 용지 위에서 자기도 하고, 해먹을 둘둘 말아 겨드랑이에 끼고 인정 많은 학생들 방에 찾아가서 그들이 나의 가위눌림과 심하게 잠꼬대를 하는 나쁜 습관을 더 이상 참아 내지 못할 때까지 그곳에서 머물렀다. 그렇듯 음식이 생기면 먹고 하느님이 정해 준 곳에서 자면서 운과 우연에 따라 생존하고 있던 내게 마침내 프랑꼬 무네라의 인간미 넘치는 가족이 동정 어린 가격으로 하루 두 끼 식사를 제공하겠다고 했다. 가장 볼리바르 프랑꼬 빠레하는 과거 유명한 초등교사였다. 예술가들과 작가들을 광적으로 좋아하는 쾌활한 그 집 가족은 내 두뇌가 말라 버리면 안 된다는 이유로, 나더러 내가 지불하는 밥값보다 더 많은 음식을 먹도록 늘 강요했다. 밥값을 지불할 돈이 없었던 적이 여러 번 있었으나, 그들은 식사가 끝난 뒤 내가 들려주는 이야기를 통해 즐거움을 얻었다. 그처럼 활력을 불어넣는 거래에서 자주 할부금 역할을 한 것은 돈 호르헤 만리께가 아버지의 죽음을 애도하기 위해 쓴 단시(短詩)들과 가르시아 로르까의 『집시 발라드』였다.

　성곽 안 동네의 마음을 심란하게 만드는 정적으로부터 멀리 떨어진 떼스까의 드넓은 해변에 위치한 노천 성 매매 업소들은 해변을 따라 늘어선 관광 호텔들보다 더 친절했다. 나를 포함한 대학생 예닐곱은 초저녁부터 엘 시스네에 자리를 잡고 앉아 댄스파티가 벌어지는 업소 마당의 침침한 조명 아래서 기말 시험을 준비하기도 했다. 새벽녘 바다에서 불어오는 바람과 요란스럽게 들리는 뱃고동 소리는 카리브 브라스 밴드의 시끌벅적한 음악과, 바닷바람이 불어오면 치마 밑단이 허리춤까지 올라가는 통이 아주 넓은 치마를 속옷도 없이 입고 춤을 추는 아가씨들의 도발은, 지쳐 있던 우리를 위로해 주었다. 새벽녘이면 가끔씩 자기 아버지를 그리워하는 어느 나이 어린 창녀가 우리를 초대해 약간 부족하다 싶은 사랑을 나누고 잠을 재워 주었다. 나는 한 아가씨의 이름과 몸의 사이즈를 아주 잘 기억하고 있는데, 그녀는 내가 잠결에 들려주는 환상적인 얘기들을 아주 좋아했다. 나는 그녀 덕분에 술수를 쓰지 않고서도 로마법 과목을 통과할 수 있었으며, 경찰이 공원에서 잠자는 것을 금지했을 때 경찰의 그물망을 여러 번 피할 수 있었다. 우리는 침대에서도 그랬지만, 그녀가 단 몇 시간이라도 더 잘 수 있도록 내가 새벽에 그녀의 잡다한 일을 대신 해 주었기 때문에, 서로에게 도움이 되는 부부인 것처럼 생각되기도 했다.

그 무렵 나는 신문사 편집 업무에 아주 잘 적응하기 시작했는데, 항상 편집 업무를 저널리즘적이라기보다는 하나의 문학적인 형태로 간주했다. 까르따헤나에서 200리그 떨어져 있고, 까르따헤나에 비해 해발 고도가 2,000미터나 높은 곳에 위치한 악몽 같은 보고타에 관해서는 4월 9일 재로 변한 거리의 악취만 기억날 뿐이었다. 나는 여전히 예술과 문학에 대한 열정, 무엇보다도 자정에 이루어지는 토론에 대한 열정을 지니고 있었으나 작가가 되겠다는 열정은 식어 가기 시작했다. 그런 생각이 너무 확고했기 때문에 《엘 에스뻭따도르》에 단편소설 세 편을 발표한 이래로 창작을 하지 않았는데, 7월 초순경 나를 찾아낸 에두아르도 살라메아가 나더러 6개월 동안의 침묵을 깨고 자기 신문에 새 단편소설 한 편을 보내 달라고 사발라 선생을 통해 부탁해 왔다. 사발라 선생을 통한 원고 청탁이라 차마 거절할 수 없었기 때문에 초안에 적어 놓고 잊어버렸던 생각들을 닥치는 대로 다시 모아「죽음의 다른 쪽 갈비뼈」를 썼는데, 처음 구상했던 것을 아주 조금 보충한 작품에 불과했다. 쓰기 전에 완전한 줄거리가 준비되어 있지 않았던 터라 쓰면서 구상해 갔다는 사실을 지금도 생생하게 기억하고 있다. 1948년 7월 25일, 그전에 발표한 것들과 마찬가지로 《엘 에스뻬따도르》의 일요판 문예지 《핀 데 세마나》에 실렸고, 당시 내 삶이 바뀌어 있었기 때문에 그 다음해까지는 단편소설을 쓰지 않았다. 가끔 출석하던 몇 가지 법학 과목들을 포기할 생각뿐이었으나, 그것들은 내 부모의 꿈을 유지해주기 위한 최후의 알리바이였다.

사발라 선생과 로하스 에라소가 적극적으로 내게 소개해 준 새 친구 구스따보 이바라 메를라노의 서재에서 공부를 하던 때는 나 스스로 그 어느 때보다도 훌륭한 학생이 될 거라는 사실을 추호도 의심하지 않았다. 보고타 소재 고등사범학교를 졸업하고 막 그곳에 와 있던 구스따보는 《엘 우니베르살》에서 이루어지던 토론과 마르띠레스 산책로에서 새벽녘까지 이루어지는 토론에 곧바로 참여했다. 구스따보는 활화산처럼 폭발하는 엑또르의 입과 사발라 선생의 창조적 회의주의 사이에서 나의 즉흥적이고 산만한 생각들과 경망스러운 마음을 다잡는 데 절실하게 필요한 체계적 엄격성을 부여해 주었다. 그는 한편으로는 지극히 부드럽고, 한편으로는 강철처럼 강한 태도로 그렇게 했다.

다음날 구스따보가 마르베야 해변에 위치한 부모 집에 나를 초대했다. 거대한 바다가 후원처럼 펼쳐진 그 집에는 벽 한쪽 길이가 12미터에 이르는 서재가 있었다. 새롭게 꾸미며 정리 정돈을 잘 해놓은 서재에는 후회 없이 세상을 살아가기 위해 반드시 읽어야 할 책들만 구비되어 있었다. 그리스, 라틴, 에스파냐 고전물들이었다. 상태가 어찌나 좋던지 한 번도 읽지 않은 것 같았으나, 쪽 가장자리들에는 유식한 메모들이 갈겨쓴 글씨체로 적혀 있었고, 그 가운데 일부는 라틴어로 씌어 있었다. 구스따보는 은근히 목에 힘을 주어 메모들에 관해 설명했으나, 말을 해 놓고는 어색했는지 머리카락이 뿌리까지 빨갛게 상기되더니 이내 썰렁한 유머로 말꼬리를 돌렸다. 친구 하나는 내가 구스따보를 알기 전 이렇게 말했었다. "그 친구 사제 같은 사람이야." 나는 그런 평가를 쉽게 수긍하게 되는 이유가 무엇인지 금방 알 수 있었다. 물론 내가 구스따보를 잘 알게 된 뒤에도 그 친구가 한 말이 틀렸다고는 절대 생각을 못했다.

  내가 구스따보 집에 처음으로 초대받은 바로 그날 구스따보와 나는 새벽녘까지 쉬지 않고 얘기를 했고, 나는 그의 독서 범위가 아주 깊이 있고 다양하지만 그때까지 내가 단 한 번도 들어 본 적이 없는 당대의 가톨릭 지성인들의 심오한 지식에 의지한다는 사실을 알아차렸다. 그는 시에 관해 알아야 할 사항들은 죄다 알고 있었으나, 특히 원어로 읽어 왔던 그리스, 라틴 고전 시들에 관해서는 더욱더 그랬다. 그는 자기와 내가 동시에 알고 있던 친구들에 관해 정확한 판단을 하고 있었고, 나로 하여금 그 친구들을 더욱 좋아하도록 만들 만한 유용한 정보를 내게 주었다. 바랑끼야에서 활동하고 있는 언론인 세 명, 즉 세뻬다, 바르가스, 푸엔마요르를 사귀는 게 중요하다는 사실까지 내게 확인시켜 주었는데, 그들에 관해서는 로하스 에라소와 사발라 선생이 내게 수도 없이 얘기해 주었었다. 대단한 지성미와 교양을 갖춘 구스따보가 올림픽 수영 선수 뺨치는 몸매를 유지하면서 올림픽 챔피언처럼 수영을 한다는 사실이 인상 깊었다. 그가 나에 관해 가장 우려하던 점은 내가 시빠끼라 중등학교에 다닐 때 조각조각 읽고 또 읽은 『오디세이아』를 제외한 그리스, 라틴 고전들을 모두 지루하고 무용한 것으로 생각하며 위험스러울 정도로 하찮게 여기고 있다는 사실이었다. 그래서인지 그는 내가 그 집을 나오기 전에 표지를 가죽으로 만든 책 한 권을 서가에서 꺼내더니 엄숙한 태도로 내게 주었다. "자넨 훌륭한 작가가 될 수도 있을 거네. 하지만 그리스 고전을 제대로 모르면 진실로 훌륭한 작가는 결코 될 수 없네." 그 책은 소포클레스의 전 작품을 망라하고 있었다. 그 순간 이후 구스따보는 내 삶에 결정적인 영향을 미친 인물 가운데 하나가 되었는데, 나는 『오이디푸스』를 한 번 읽고 나서 완벽한 작품이라는 사실을 깨달았다.

그날 밤은 내게 역사적인 밤이었다. 구스따보와 소포클레스를 동시에 발견하고, 또 몇 시간 뒤 엘 시스네에 있는 내 비밀 애인의 방에서 재수 없이 죽을 뻔했기 때문이다. 1년도 넘는 과거에 이미 죽은 줄 알았던 그녀의 옛 기둥서방이 실성한 사람처럼 욕설을 퍼부어 대며 그녀의 방문을 발로 차 부순 사건이 마치 어제 일처럼 생생하다. 분노에 사로잡힌 채 자신의 침대를 차지하려고 돌아온 그 사내가 바로 아라까따까 초등학교 시절 친하게 지내던 동창이라는 사실을 나는 단박에 알아차렸다. 초등학교를 졸업하고 나서는 한 번도 만난 적이 없었지만, 그는 침대에서 벌거벗은 몸으로 공포에 휩싸여 있던 나를 알아보고도 아주 멋들어지게도 짐짓 모른 척했다.

그해 나는 라미로와 오스까르 델 라 에스쁘리에야를 사귀게 되었다. 그들은 끝없이 얘기하기를 좋아하는 사람들로, 특히 기독교적 윤리관이 금기하는 집들에서는 더욱더 그랬다. 두 사람 다 까르따헤나에서 한 시간 정도 떨어진 뚜르바꼬에서 부모와 함께 살고 있었는데, 아이스크림 가게 아메리까나에서 열리는 작가, 예술가들의 토론 모임에 거의 매번 참석했다. 보고타 법과대학을 졸업한 라미로는 칼럼을 몇 번 쓴 적이 있는 《엘 우니베르살》 멤버들과 아주 가까이 지냈다. 그의 아버지는 뛰어난 변호사이자 자유분방한 자유파였고, 어머니는 매력적인 데다 말도 솔직 담백하게 했다. 두 사람 다 젊은이들과 대화하는 것을 좋아했다. 뚜르바꼬의 무성한 물푸레나무 아래서 오랜 시간 대화를 나누는 동안 두 사람은 천일전쟁에 관한 귀한 정보를 내게 제공하였다. 그것은 외할아버지가 돌아가신 후 말라 버렸던 나의 문학적인 원천이 되었다. 그 정보 덕분에 나는 현재 라파엘 우리베 우리베 장군에 관해 가장 신뢰할 만하다고 생각되는 이미지를 갖고 있다. 장군은 존경스러울 정도로 멋지고 통이 큰 사람이었다.

그 당시 라미로와 내가 어떠했는가에 대해 가장 믿을 만한 증거를 여성 화가 세실리아 뽀라스가 캔버스에 유화로 그렸다. 그녀는 자신이 속한 계급의 잘난 체하고 점잔 떠는 분위기를 싫어했고, 남자들끼리 진탕 마시고 노는 떠들썩한 파티에서도 자기 집처럼 편하게 행동하는 사람이었다. 그 그림은 매일 두 차례에 걸쳐 그녀를 비롯한 다른 친구들과 만나는 카페에 앉아 있는 우리 두 사람의 모습을 그려 놓은 것이었다. 라미로와 내가 각기 다른 길을 가기 시작했을 때 우리는 서로가 그림의 주인이라고 승강이를 했다. 솔로몬의 지혜를 발휘한 세실리아가 전정가위로 그림을 잘라 우리 두 사람에게 반씩 나눠 주었다. 내가 가진 반쪽은 몇 년 뒤 둘둘 말아 까라까스의 어느 아파트 붙박이장에 보관해 두었으나, 영영 잃어버리고 말았다.

국내의 다른 지역과는 달리, 그해 초까지는 당국의 폭력이 까르따헤나를 황폐화시키지 않았다. 바로 그 당시 우리의 친구 까를로스 알레만이 아주 '뛰어난' 몸뽁스 선거구 덕분에 주의원에 당선되었다. 오븐에서 갓 나온 따끈따끈한 변호사였던 그는 쾌활한 성격을 지니고 있었으나, 서로 대립하던 양당 의원들이 의회 개회식 때 악마의 장난으로 총싸움을 벌이는 바람에 유탄 한 발이 그의 상의 어깨 패드를 꿰뚫어 버렸다. 알레만은 우리 나라 의회처럼 무용한 한 권력이 한 개인의 생명을 희생시킬 정도로 가치가 있지는 않다는 아주 당연한 생각을 함으로써 가불한 세비를 친구들과 교제하는 데 써 버리는 것을 더 좋아했다.

술 마시고 놀기 좋아하는 진짜 술꾼 오스까르 델 라 에스쁘리에야는, 성 매매 업소가 오전에는 조용하고 밤에는 파티가 벌어지고 경찰들과 사이좋게 지내기 때문에, 작가에게는 아주 좋은 거처라는 윌리엄 포크너의 생각에 동의했다. 포크너의 말을 곧이곧대로 받아들인 주 의원 알레만은 우리의 유흥비를 처음부터 끝까지 다 댔다. 그러던 어느날 밤, 나는 포크너의 환상을 믿었던 것을 후회하게 되었다. 성 매매 업소 여주인 마리 레이예스의 옛 정부가 자기와 그녀 사이에 태어나 그녀와 함께 살고 있던 다섯 살짜리 아들을 데려가기 위해 그 집 문을 부수고 쳐들어왔던 것이다. 현 정부가 경찰인 자신의 체면과 그 집 살림살이를 지키기 위해 팬티 바람으로 업무용 권총을 들고 침실에서 튀어나오자 상대방은 총 한 방을 쏘면서 그를 맞이했다. 총소리가 대포 소리처럼 댄스홀을 진동시켰다. 겁에 질린 경사는 자기 방에 숨어 버렸다. 내가 옷을 입는 둥 마는 둥 내 방에서 나왔을 때, 잠시 쉬었다 가는 세입자들은 각자의 방에서, 왼손으로 머리를 쓰다듬고 있던 아이 아버지의 오른손에 들린 권총 총구에서 여전히 연기가 피어오르는 가운데, 복도 끝에서 오줌을 누고 있는 아이를 보았다. 집 안에서는 마리가 숫기 없는 경사를 비난하며 퍼부어 대는 욕설만 들릴 뿐이었다.

바로 그 무렵 어느 날, 거대한 남자 하나가 아무런 예고도 없이 《엘 우니베르살》 사무실로 들어왔다. 그는 아주 과장된 몸짓으로 셔츠를 벗더니 편집국 안을 걸어다니며 알록달록한 흉터들 때문에 시멘트처럼 보이는 등과 팔을 우리에게 보여 주었다. 우리는 적잖이 놀랐다. 우리가 놀라는 모습을 보고 의기양양해진 그는 우레와 같은 목소리로 자기 몸에 흉터가 생긴 경위를 설명했다.

"사자들이 할퀸 거요."

그는 자기 가족으로 이루어진 서커스단의 시즌 공연을 준비하기 위해 방금 전 까르따헤나에 도착한 에밀리오 라쪼레였다. 그의 서커스단은 세계에서 가장 유명한 서커스단들 가운데 하나였다. 지난 주 아바나를 출발한 에스파냐 선적 대서양 정기선을 타고 까르따헤나에 도착해, 다음 주 토요일에 공연하기로 예정되어 있었다. 라쪼레는 세상에 태어나기 전부터 서커스를 한 것에 자부심이 대단했다. 그의 공연을 직접 보지 않아도 그가 거대한 맹수를 조련하는 사람이라는 걸 단박에 알 수 있을 정도였다. 그는 맹수들이 가족이나 된다는 듯 맹수들 각자의 이름을 불렀고, 맹수들은 한편으로는 애교스럽게 한편으로는 거친 태도를 보이며 그의 말에 따랐다. 그는 호랑이와 사자들에게 손수 먹이를 줄 때 비무장 상태로 우리에 들어갔다. 그가 귀여워하던 곰이 그에게 사랑의 포옹을 하는 바람에 어느 봄 내내 병원 신세를 진 적도 있었다. 그런데 가장 인기 있는 사람은 그 자신이나 불을 삼키는 사람이 아니라 고개를 비틀어 머리를 팔 아래에 낀 채 무대 주위를 걸어다니는 사람이었다. 에밀리오 라쪼레에 관해 가장 잊을 수 없는 것은 꺾이지 않는 성격이었다. 나는 장시간 그의 얘기에 푹 빠진 뒤《엘 우니베르살》에 칼럼 하나를 실었고, 과감하게도 그를 "내가 만난 인간 가운데 가장 멋진 인간"으로 묘사했다. 내가 이십 평생 살아오면서 만난 사람은 그리 많지 않았으나, 그 문장이 지금도 유효하다고 생각한다. 그와 나는 신문사 사람들과 함께 가끔 라 꾸에바에서 식사를 했는데, 그는 거기서도 역시, 사랑을 통해 맹수들을 순화시켰다는 자기 얘기를 늘어놓음으로써 사람들의 사랑을 받았다. 그러던 어느 날 밤, 나는 많은 생각을 한 끝에, 호랑이들이 들어 있지 않을 때 우리 청소를 시켜도 좋으니, 나를 그의 서커스단에 넣어 달라고 용감하게도 그에게 부탁했다. 그는 가타부타 아무 말도 하지 않았으나 조용히 내게 악수를 청해 왔다. 그것을 서커스단 특유의 암호라 이해한 나는 그가 그렇게 하겠노라 약속한 것으로 받아들였다. 나는 서커스에 미쳐 있는 안띠오끼아 출신 시인이자, 라쪼레의 지역 파트너로, 방금 전 까르따헤나에 도착해 있던 살바도르 메사 니촐스에게 그 사실을 털어놓았다. 내 나이 때 어느 서커스단을 따라다닌 적이 있던 그는, 광대들이 우는 것을 처음 본 사람들은 광대들을 따라가고 싶어하지만 막상 따라간 다음날이면 후회하게 된다고 경고했다. 그럼에도 불구하고, 그는 일을 실행하기 전에 소문이 퍼지지 않도록 자기와 내가 절대 비밀을 지킨다는 조건하에 내 결정을 존중해 주었을 뿐만 아니라 조련사를 설득했다. 당시 서커스단을 기다리는 것은 애가 타고 조바심이 나는 일이었는데 지금도 마찬가지다.

정기선은 예정된 날짜에 도착하지 않았고 배와 교신하는 것도 불가능했다. 한 주가 지난 뒤 우리는 신문사 사무실에서 카리브 해 지역 기상 상태를 탐지하기 위해 아마추어 무선가들의 도움을 받았는데, 각 신문사와 라디오 방송국들이 놀랄 만한 뉴스거리가 발생할 가능성을 예상하기 시작하는 것을 막을 수는 없었다. 메사 니촐스와 나는 에밀리오 라쪼레와 더불어 그의 호텔 방에서 먹지도 자지도 않은 채 긴박한 며칠을 보냈다. 그 끝없는 기다림 속에서 에밀리오 라쪼레가 좌절하고 몸이 수척해지는 것을 지켜보았으며, 마침내 우리 모두는 그 정기선이 그 어디에도 영영 도착할 수 없으며, 배에 무슨 일이 발생했는지 전혀 알 수 없다는 사실을 인정하기에 이르렀다. 맹수 조련사는 꼬박 하루를 호텔 방에 틀어박혀 있다가 다음날 신문사로 나를 찾아와서는 100년 동안 매일매일 벌이던 투쟁이 단 하루 만에 소멸될 수는 없는 법이라고 말했다. 그래서 그는 못 하나도, 가족도 없는 상태로 마이애미로 가서 난파된 서커스단을, 무에서 시작해 하나하나 재건해 보겠노라고 말했다. 나는 비극을 딛고 일어서려는 그의 단호한 결심에 감동을 받았고, 비행기를 타고 플로리다로 가는 그를 전송하기 위해 그와 함께 바랑끼야까지 갔다. 비행기에 오르기 전 그는 내가 자기 서커스단에 입단하기로 결정한 것에 감사한다고 말했고, 구체적인 성과가 있으면 곧바로 연락하겠노라고 약속했다. 그가 가슴이 미어지도록 슬프게 포옹을 하고 떠났을 때 나는 그의 사자들이 그를 얼마나 사랑했을지 가슴 절절하게 이해할 수 있었다. 그 후 그에 관한 소식은 다시 듣지 못했다.

　마이애미행 비행기는 라쪼레에 관한 내 기사가 신문에 실린 바로 그날 오전 10시에 떠났다. 1948년 9월 16일이었다. 그날 오후 까르따헤나로 돌아갈 예정이었지만, 까르따헤나의 친구들의 친구들인 헤르만 바르가스와 알바로 세뻬다가 글을 쓰고 있는 석간 신문 《엘 나시오날》에 들러 보고 싶은 생각이 들었다. 편집국은 구 시가지의 낡은 건물에 있었다. 텅 비어 있는 기다란 방은 나무 칸막이로 분리되어 있었다. 방 맨 구석에 금발의 젊은이 하나가 와이셔츠 차림으로 글을 쓰고 있었다. 타자 치는 소리가 텅 빈 방에 폭죽 소리처럼 들렸다. 걸을 때마다 바닥에서 음산하게 삐걱거리는 소리가 나는 게 여간 신경 쓰이는 게 아니어서 살금살금 그에게 접근해 그가 나를 쳐다볼 때까지 칸막이 뒤에서 기다리고 있었다. 마침내 그가 전문 아나운서처럼 낭랑한 목소리로 짧게 물었다.

"무슨 일이죠?"

짧은 머리에 턱이 강인해 보이는 그는 방해를 받아 짜증난다는 듯 투명한 눈으로 나를 뚫어지게 쳐다보았다. 나는 차근차근 정성을 다해 대답했다.

"저는 가르시아 마르케스입니다."

까르따헤나의 내 친구들은 바랑끼야에 있는 자기 친구들이 내 첫 번째 단편소설을 읽었기 때문에 나에 관해 서로 얘기들을 많이 한다고 내게 말했었다. 하지만 내가 대단한 확신을 가지고 밝혔던 내 이름을 들어도 헤르만 바르가스는 금방 내가 누구인지 알기는 어려울 수도 있을 거라는 사실을 깨달았다. 《엘 나시오날》에 열정적인 기사 한 편을 실은 적이 있는 헤르만 바르가스는 새로운 문학 소재를 다룰 때는 절대 날것으로 삼키는 법이 없었다. 하지만 그가 나를 맞이하면서 보인 관심은 내가 누구인지 아주 잘 알고 있다는 사실을 확인시켜 주었고, 성품은 듣던 것보다 더 다정다감했다. 몇 시간 뒤 나는 문도 서점에서 알폰소 푸엔마요르와 알바로 세뻬다를 처음으로 만났고, 우리는 꼴롬비아 카페에서 술을 마셨다. 내가 그토록 만나고 싶어했으면서도 만나는 것이 두렵기도 했던 까딸루냐의 현자 돈 라몬 비녜스는 그날 오후 6시에 열린 토론 모임에 참석하지 않았다. 술 다섯 잔씩을 마시고 꼴롬비아 카페를 나왔을 때 우리는 몇 년 동안 사귄 친구처럼 친해져 있었다.

천진난만하게 보낸 긴긴 밤이었다. 술을 마시면 마실수록 더 확실해지고 더 진지해지는 기발한 운전수 알바로는 기억에 남을 만한 우리의 행사들을 위해 이리저리 옮겨 다니는 일을 제대로 완수했다. 데뽀르띠보 주이오르 팀 팬들만 출입할 수 있는, 꽃이 만발한 나무 아래에 위치한 노천 술집 로스 알멘드로스에서는 손님 여럿이 말다툼을 벌인 끝에 하마터면 주먹다짐을 할 뻔했다. 내가 그들을 말리려 하자, 알폰소는 축구 박사들이 모여 있는 그런 곳에서는 평화주의자들이 대접을 받지 못하므로 괜히 끼어들지 말라고 충고했다. 그래서 나는 평생 살아온 도시도 아니고, 내 부모가 젊었을 때 살던 도시도 아니며, 내 어머니가 가난을 겪은 도시도 아니고, 산호세 학교가 있던 도시도 아닌, 성인이 된 뒤 처음으로 방문하게 된 성 매매 업소들의 천국 바랑끼야라는 도시에서 밤을 보냈다.

  네 블록에 걸쳐 조성된 홍등가에서는 금속성 악기들의 연주가 땅을 뒤흔들고 있었으나, 인정이 엿보이는 가정적인 구석도 있었다. 주인이 부인 및 자식들과 함께 사는 집에서 영업을 하는 가정적인 곳들도 있었다. 그런 집들에서는 돈 마누엘 안또니오 까레뇨의 기독교 도덕과 예절에 의거해 베테랑 손님들을 접대했다. 일부 주인들은 초보 아가씨들이 안면 있는 손님들과는 외상으로 잘 수 있도록 보증인 역할도 했다. 그곳에서 가장 오래된 집인 마르띠나에는 성직에 몸담은 걸 후회하는 성직자들이 은밀하게 드나들 수 있는 문도 하나 있었고 가격도 인정머리가 있었다. 그곳에서는 간접세를 요구하지도 않았고, 바가지를 씌우지도 않았으며, 성병 때문에 놀라는 일도 생기지 않았다. 1차 세계대전이 발생했을 때부터 그곳에 와 있던 마지막 프랑스 마담들은 이제 병들고 침울해진 모습으로 해질 무렵부터 홍등 불빛 아래 앉아 최음 효과가 있는 콘돔의 효능을 믿을 제3세대를 기다리고 있었다. 냉방이 잘 된 방들을 갖춘 집들도 있어, 음모를 꾸미는 사람들이 비밀 회합 장소로 사용하거나 부인들로부터 도피해 온 시장들이 도피처로 삼기도 했다.

백일홍 덩굴 시렁 밑에 춤 마당이 있는 엘 가또 네그로는 영어 노래를 불렀고, 테이블 밑으로 아줌마 아저씨들에게 환각성 포마드를 팔던, 금발이 하얗게 센 구아히라 출신 여자가 그 집을 산 이후 상선 선원들의 낙원이 되었다. 그 집 연대기에 실려 있는 어느 역사적인 밤, 알바로 세뻬다와 끼께 스꼬뻴은 열여섯 명의 백인 아가씨들이 마당에 앉아 코를 고는 사이 그 집에 단 하나밖에 없는 흑인 아가씨의 방 앞에 줄을 서 있던 노르웨이 선원 열두 명의 인종차별주의를 더 이상 참을 수 없어 그들에게 싸움을 걸었다. 맨주먹으로 벌인 12 대 2의 싸움이었으나, 두 사람은 잠에서 깨어나 즐거운 마음으로 각자의 의자를 들어 선원들을 두들겨 팼던 백인 아가씨들 덕분에 그들을 물리칠 수 있었다. 결국 백인 아가씨들은 벌거벗고 있던 흑인 아가씨를 노르웨이의 퀸으로 선발하는 광적인 보복을 감행했다.

홍등가 밖에는 합법적으로 또는 비밀리에 운영되던 업소들이 있었는데, 모두 경찰들과 좋은 관계를 유지하고 있었다. 그들 가운데 하나는 어느 빈민촌에 있었다. 업소라고 해봐야 꽃들이 만발한 거대한 편도 나무가 서 있는 마당이나 다름없었다. 낡은 가게 하나에 임대한 간이 침대 두 개가 있는 방 하나를 갖추고 있었다. 갖춰 놓은 상품이라고는 빈혈이 있는 이웃집 소녀들이었는데, 골수 주정뱅이들과 한 번 자는 대가로 1뻬소를 벌었다. 어느 날 오후, 소위 '10월의 폭우'를 만난 알바로 세뻬다는 우연히 발견한 그 집에서 비를 피했다. 알바로 세뻬다에게 맥주 한 병을 대접한 여주인은 비가 그칠 때까지 번갈아 가며 할 수 있도록 소녀 둘을 붙여 주겠노라고 했다. 알바로는 친구들을 계속해서 그 집으로 초대해 편도 나무 아래서 시원한 맥주를 대접했다.

소녀들과 자게 하려고 그런 것이 아니라 소녀들에게 글 읽는 법을 가르쳐 주도록 하기 위해서였다. 알바로는 가장 열심히 공부한 소녀들에게 공립학교에서 공부할 수 있도록 장학금을 얻어 주었다. 소녀들 가운데 하나는 몇 년 동안 까리닷 병원에서 간호사로 일하기도 했다. 알바로는 그 집을 구입해 여주인에게 선물했으며, 소녀들이 살던 그 허술한 유치원은 수명이 다해 쓰러질 때까지 예사롭지 않은 이름 하나를 지니게 되었다. '배고픔 때문에 손님과 잠을 자는 소녀들의 집'.

내가 바랑끼야에서 처음으로 보낸 역사적인 밤을 위해 친구들은 네그라 에우페미아라 불리는 집을 선택했다. 잎이 무성한 타마린드 나무 사이로 춤을 출 수 있는 넓은 시멘트 마당이 있고, 한 시간에 5뻬소를 받고 빌려 주는 오두막집들, 그리고 여러 가지 원색을 칠한 작은 탁자와 의자들을 갖춘 그 집에는 마도요들이 자유롭게 날아들었다. 100살이 다 된, 기념비적인 여주인 에우페미아는, 무엇에 쓰려고 놔두었는지는 모르겠지만, 집기라고는 성당에서 가져온 거대한 못 하나뿐인 자신의 사무실 책상 뒤에 앉아 문으로 들어오는 손님들에게 몸소 인사를 하고 손님들을 가려냈다. 그녀는 품행이 방정한지, 육체적인 매력이 있는지 따져 아가씨들을 골랐다. 아가씨들은 각자 자신이 좋아하는 별명을 붙였다. 어떤 아가씨들은 멕시코 영화를 좋아하는 알바로 세뻬다가 영화 속 주인공들의 이름을 따 그녀들에게 붙여 준 이름을 더 좋아했다. 예를 들면 '불량한 이르마' '심술궂은 수사나' '자정의 처녀' 등이었다.

손님들이 좋지 않은 기억들을 지워 버리도록 무아지경에 빠진 카리브 악단 하나가 뻬레스 쁘라도의 새로운 맘보를 최대 볼륨으로 연주했고, 악단이 볼레로를 연주하는 동안에는 대화를 나눈다는 것이 불가능해 보였다. 하지만 우리 모두는 악을 쓰며 대화하는 데 전문가들이었다. 그날 밤 헤르만과 알바로가 제기한 대화의 테마는 소설이나 기사의 소재들에 관한 것이었다. 두 사람은 존 허시가 막 게재한 히로시마 원자폭탄 투하 사진에 매료되어 있었으나 나는 『전염병 연대기』 같은 직접적인 리포트 형식의 증언 문학을 더 좋아했는데, 대니얼 디포가 모델로 삼은 런던의 흑사병은 작가가 대여섯 살밖에 안 먹었을 때 발생했다는 사실을 친구들이 내게 설명해 주었다. 우리는 또한 『몬테크리스토 백작』이 지닌 불가사의에 도달했다. 친구 셋은 소설가들이 만들어놓은 수수께끼 같은 그 문제에 관해 전부터 토론하곤 했다. 그 문제란, '어떻게 해서 알렉상드르 뒤마는 순진하고, 무식하고, 가난하고, 이유도 없이 감옥에 갇힌 선원 하나가 당대 최고 부자에 가장 교양 있는 사람으로 변해 난공불락의 성을 빠져나올 수 있도록 할 수 있었는가?'였다. 이 문제의 대답은, 에드몽 당테스가 이프 성으로 들어갔을 때 작가는 이미 성 안에 파리아 신부를 위치시켜 놓았고, 신부는 감옥 안에서 에드몽 당테스에게 자기 지식의 정수를 전수해 주고, 에드몽 당테스가 새로운 삶을 살기 위해 알아야 할 필요가 있는 것, 즉 엄청난 보물과 탈출법이 숨겨져 있는 곳을 가르쳐 준다는 것이었다. 다시 말하면, 뒤마는 서로 다른 두 인물을 설정해 놓고 나중에 두 인물의 운명을 바꾸어 놓았던 것이다. 그래서 당테스가 성을 탈출했을 때 그는 이미 다른 사람 안에 있는 한 인물이 되어 있었고, 바뀐 그에게 남은 것은 뛰어난 수영 선수의 몸뿐이었다.

헤르만은 삼베 자루에 담긴 에드몽이 바다에 던져졌을 때 에드몽이 삼베 자루에서 빠져나와 해변까지 수영해 갈 수 있도록 뒤마가 자기 인물을 선원으로 만들었다는 확신을 지니고 있었다. 가장 박식하고 의심할 바 없이 가장 신랄한 알폰소는 콜럼버스의 선원들 70퍼센트는 수영을 할 줄 몰랐기 때문에 그런 가설은 아무것도 보증해 주지 않는다고 항변했다. 그로서는, 스튜 요리에서 개운치 않은 뒷맛을 제거하기 위해 후추 알갱이들을 맘껏 뿌린다 해도 전혀 입맛에 맞지 않는 것과 같은 논리였던 것이다. 문학적 불가사의에 관한 장난에 고무된 나는 레몬 섞은 사탕수수 럼주를 벌컥벌컥 들이켜기 시작했는데, 다른 친구들은 한 모금씩 홀짝홀짝 마시고 있었다. 세 친구는 뒤마가 그 소설에서, 아니 자신의 모든 작품에서 보여 준 재능과 각종 정보를 다루는 솜씨는 소설가적이라기보다는 기자적이라고 결론지었다.

토론의 마지막에, 나는 새로 사귄 그 친구들이 코난 도일을 읽을 때와 마찬가지로 께베도와 제임스 조이스도 아주 즐겁게 읽고 있다는 사실을 확인할 수 있었다. 지칠 줄 모르는 유머 감각을 소유하고, 볼레로와 바예나또를 부르거나 황금세기 시들을 줄줄이 읊조리며 며칠 밤을 지샐 능력이 있는 친구들이었다. 다양한 의견을 개진한 끝에 세계 시의 정상은 호르헤 만리께가 아버지의 죽음을 애도하기 위해 쓴 시라는 데 우리의 의견이 일치되었다. 그날 밤은 달콤한 여흥으로 변했고, 그것을 통해 그 문학 마니아 일당과 나 사이의 우정을 방해할 수도 있었던 마지막 편견들이 해소되어 버렸다. 그들과 함께 있는 것이 너무 편했고, 독한 럼주에 취해 기분이 좋은 상태였기 때문에 평소 나를 옥죄고 있던 소심증을 털어 버렸다. 그해 3월에 열린 카니발 춤 경연 대회에서 우승한 '심술궂은 수사나'가 내게 춤을 추자고 했다. 친구들이 플로어에서 노닐던 암탉들과 마도요들을 쫓아내고 수사나와 나를 격려하기 위해 우리 주위를 빙 둘러쌌다.

다마소 뻬레스 쁘라도의 「맘보 넘버 파이브」에 맞춰 춤을 추었다.

술기운이 넘치던 나는 무대에서 열대 음악을 연주하는 악사의 마라까를 빼앗아 다니엘 산또스, 아구스띤 라라, 비엔베니도 그란다의 볼레로를 한 시간도 넘게 불렀다. 노래를 부르면서 내 몸이 어떤 자유의 바람 같은 것에 의해 정화되고 있다는 느낌을 받았다. 세 친구가 나에 대해 자부심을 느꼈는지 아니면 부끄러움을 느꼈는지는 전혀 알 수 없었으나 내가 테이블로 돌아왔을 때 그들은 내가 자신들 가운데 하나라도 되는 듯 환호해 주었다.

잠시 뒤, 알바로는 다른 친구들이 그와 단 한 번도 토론해 본 적이 없는 테마를 들고 나왔다. 영화였다. 영화는 내게 천우신조의 발견이었다. 사실 나는 영화라는 것이 소설보다는 연극에서 더 많은 자양분을 얻고 있는 부차적인 예술이라는 생각을 해 왔었다. 반면에 알바로는 내가 음악에 대해 지니고 있던 생각과 비슷한 생각으로 영화를 바라보고 있었다. 영화는 모든 예술에 유용한 예술이라는 것이었다.

이미 동이 터오르기 시작할 무렵, 일부는 졸고 일부는 술에 취한 상태에 있을 때 알바로는 새로 간행된 책들과《뉴욕 타임스》의 일요판 문예지가 가득 실린 차를 모범 택시 운전수나 되는 것처럼 운전하고 있었다. 헤르만과 알폰소를 각자의 집에 내려 주고 나자 알바로가 서재를 구경시켜 주겠다며 자기 집으로 가자고 우겼다. 침실 세 개 면을 장식한 서가들이 천장까지 솟아 있었다. 알바로는 몸을 한 바퀴 빙 돌리면서 검지로 책들을 가리키더니 내게 말했다.

"이것들은 세상에서 유일하게 글을 쓸 줄 아는 작가들의 작품이오."

흥분한 나는 어제의 배고픔과 피로를 깡그리 잊어버렸다. 알코올은 내 안에서 하느님의 은총처럼 여전히 살아 있었다. 알바로는 에스파냐어와 영어로 쓰인 자신의 애장서를 내게 보여 주었고, 헝클어진 머리에 그 어느 때보다도 투명한 눈을 반짝이며, 고집스러운 목소리로 각각의 책에 관해 얘기했다. 아소린과 사로얀(그는 이 두 작가에 대해서는 취약했다.)에 관해, 그리고 공적, 개인적인 삶을 팬티 속까지 다 알고 있는 다른 작가들에 관해 말했다. 나는 그때 버지니아 울프라는 이름을 처음 들어 보았는데, 알바로는 울프를 울프 할머니, 포크너를 포크너 할아버지라 불렀다. 그 말을 들은 내가 놀라는 기색을 보이자 그는 기분이 좋아 어쩔 줄을 몰라했다. 그는 애장서라고 소개한 책들을 무더기로 뽑아내더니 내 손에 올려놓으며 말했다.

"바보가 되지 말아요. 이걸 다 가져가서 읽은 후에 우리 뭐든지 얘기해 봅시다."

그 책들은 내게 상상도 못할 행운이었으나, 그것들을 보관할 누추한 방 한 칸도 제대로 없는 실정이라 감히 가져가겠다는 위험을 무릅쓸 수가 없었다. 마침내 그는 버지니아 울프의 『댈러웨이 부인』 에스파냐어 판을 내게 선물하겠다면서 내가 그 책을 다 외워 버릴 거라고 단언했다.

날이 밝아 오고 있었다. 첫차를 타고 까르따헤나로 돌아가고 싶었으나 알바로는 자신의 쌍둥이 침대 한쪽에서 자고 가라고 고집했다.

"젠장." 그가 마지막 남은 힘으로 말했다. "아예 여기서 살아요. 그럼 내일 우리가 멋진 일자리 하나 구해 줄 테니."

나는 옷을 입은 채 침대에 드러누웠고, 바로 그 순간 비로소 내 몸 안에서 삶의 무한한 무게를 느꼈다. 알바로 역시 옷을 입은 채 침대에 누웠고, 우리는 오전 11시까지 잠을 잤는데, 그의 사랑스러운 어머니 사라 사무디오가 주먹으로 문을 두드리면서 자신의 유일한 혈육이 죽어 있지나 않는지 두렵다고 말했다.

"신경 쓰지 말아요, 작가 선생." 알바로가 잠결에 내게 말했다. "어머닌 매일 오전 똑같은 얘길 하시는데, 심각한 건 언젠가는 진짜로 그런 일이 일어날 수도 있다는 거요."

나는 천하를 얻은 것 같은 기분으로 까르따헤나로 돌아왔다. 그때부터 나는 프랑꼬 무네라의 가족이 사는 집에서 식사를 한 뒤 밥값으로 황금세기의 시들이나 네루다의 『스무 편의 사랑의 시와 한 편의 절망의 노래』를 낭송한 것이 아니라 『댈러웨이 부인』에 나오는 멋있는 구절들과 가슴 깊이 상처를 입은 셉티머스 워렌 스미스가 미친 듯 절규하는 말들을 읊어 주었다. 나는 불안정하고 까다로운 사람으로 변해 있었다. 그 정도가 너무 심했기 때문에 엑또르와 사발라 선생에게는 내가 일부러 알바로 세뻬다를 모방하는 것처럼 비쳤다. 카리브 출신답게 다정다감하고 인정 많은 구스따보 이바라는 내가 바랑끼야에서 보낸 그날 밤의 에피소드를 듣고 재미있어라 하면서 그리스 시인들에 관해 갈수록 더 신중하게, 한 숟가락 한 숟가락 떠 먹이듯 내게 설명해 주었지만 유독 에우리피데스에 관해서만은 전혀 언급하지 않았고, 그에 대한 이유는 단 한 번도 설명해 주지 않았다. 그는, 고래뼈로 이루어진 거대한 돔 아래 위치한 세상의 모든 바다에서 풍랑을 이겨 낸 포경선들을 위해 요나에 관해 위대한 설교를 담은 『모비딕』이라는 문학적 쾌거를 이룬 멜빌을 소개해 주었다. 그는 너대니얼 호손의 『일곱 박공의 집』을 빌려 주었는데, 그 책은 내 삶에 커다란 영향을 미쳤다. 우리는 율리시스 오디세우스의 방랑에 내포되어 있는 향수의 숙명에 관한 이론 하나를 정립하려 시도했다가 결국 그 이론 안에 갇혀 길을 잃었고, 출구조차 찾을 수 없었다. 반세기가 지난 뒤 나는 밀란 쿤데라의 어느 명저에서 그 출구를 발견할 수 있었다.

그 당시 내가 새로 사귄 사람은 엘 뚜에르또[‡]로 더 잘 알려진, 위대한 시인 루이스 까를로스 로뻬스뿐이었다. 그는 죽지 않고서도 죽어 있을 수 있고, 장례식도 치르지 않고서도, 게다가 추도사를 하지 않고서도 땅 속에 묻혀 있을 수 있는 편안한 방법 하나를 고안한 적이 있었다. 그는 유서 깊은 따블론 가에 위치한 어느 유서 깊은 저택의 유서 깊은 안채에서 태어나 바로 그곳에서 다른 사람을 전혀 귀찮게 하지 않은 채 살았다. 죽은 뒤에야 비로소 그의 명예가 높아졌지만 살아 있는 동안 위대한 시인이라는 명성이 계속해서 증대되고 있는 사이에도 옛 친구 단 몇 사람만 만나며 지냈을 뿐이다.

실제로 그는 애꾸눈이 아니고, 보통의 경우와는 달리, 뭐라 딱 잡아 설명하기 어려운 사팔뜨기였는데, 사람들은 그저 엘 뚜에르또라 불렀다. 그의 동생이자《엘 우니베르살》의 발행인인 도밍고 로뻬스 에스까우리아사는 형에 관한 질문을 받으면 항상 같은 대답을 했다.

"그럭저럭 지내요."

확실한 대답을 회피하는 것처럼 들렸지만 그게 유일한 진실이었다. 그는 그럭저럭 지내고 있었다. 그 어떤 사람보다도 더 생명력 있는 삶을 살고 있었으나, 그 자신은 모든 것을 알고 있었고, 또 제 발로 묻히겠노라 작정했기 때문에 세상에 너무 많이 알려지지 않은 채 그렇게 살아가는 미덕을 유지했다. 사람들은 그를 '역사적인 유물'이라고들 말했다. 그의 시들을 읽어 보지 않은 사람들이 유독 그렇게 말했다. 상황이 그러했기 때문에, 나는 까르따헤나에 도착한 이래 보이지 않는 인간으로 살아가는 그의 특권을 인정해 주는 의미에서 애써 그를 만나

[‡] 흔히 애꾸눈을 의미하지만 사팔뜨기라는 의미도 내포하고 있다.

려고 하지도 않았다. 당시 그는 68세로, 비록 우리 중 대부분은 그가 누구인지, 무엇 때문에 위대한 시인이라 하는지 잘 모르고 있었고, 또 그의 작품이 지닌 특이한 면모 때문에 그가 위대한 시인이라는 사실을 믿기도 어려웠다고는 해도, 그가 고금을 통해 언어를 가장 잘 조탁하는 시인이었다는 점은 의심할 여지가 없었다.

사발라, 로하스 에라소, 구스따보 이바라와 나는 그의 시들을 암기했고, 우리의 토론을 빛나게 하기 위해 항상 자연스럽게, 즉흥적으로, 정확하게 인용했다. 그는 비사교적이라기보다는 부끄러움을 많이 타는 사람이었다. 그의 사진이 있었는지는 잘 모르겠지만, 나는 오늘까지도 그의 사진을 본 적이 없고, 대신 인쇄물에 실린 단순한 캐리커처 몇 개만 보았을 뿐이다. 지금 생각해 보면 당시 우리는 그를 보지 못하고 지냈기 때문에 그가 여전히 살아 있는지 까마득히 잊어버렸던 것 같은데, 어느 날 밤 내가 그날치 신문 기사를 막 끝내 가고 있을 때 사발라 선생이 숨이 곧 넘어가는 목소리로 외쳤다.

"아니, 엘 뚜에르또가!"

타자를 치고 있던 내가 눈을 들어올렸을 때 생전에 단 한 번도 본 적이 없는 특이한 남자 하나가 보였다. 그는 우리가 생각했던 것보다 키가 훨씬 더 작았고, 파르스름하게 보이는 백발이 아무렇게나 헝클어져 있는 모양은 마치 다른 사람의 머리카락을 빌려 얹어 놓은 것 같았다. 왼쪽 눈이 먼 게 아니라, 그의 별명에 잘 드러나 있듯이, 사팔뜨기였다. 집에서 입는 검은 리넨 바지, 줄무늬 셔츠 차림에 은으로 만든 궐련 물부리를 든 오른손을 어깨 높이로 올리고 있었는데, 담배에 불이 붙어 있었지만 피우지는 않았고, 담뱃재를 일부러 털어 내지 않았지만 담배가 타들어 감에 따라 스스로 지탱할 힘이 없게 되자 저절로 떨어졌다.

그는 주변에 신경도 쓰지 않고 동생의 사무실로 들어갔다가 두 시간이 지난 뒤 나왔다. 그때 편집국에는 사발라 선생과 나만이 그에게 인사할 기회를 기다리고 있었다. 그로부터 약 2년 뒤 그는 세상을 떴다. 그의 팬들이 받은 충격이 어찌나 컸던지, 그들은 그가 죽은 것이 아니라 부활한 것으로 생각할 정도였다. 관에 안치된 그의 모습은 죽어 있다기보다는 살아 있는 것처럼 보였다.

바로 그 시기에 에스파냐 작가 다마소 알론소와 그의 부인이자 소설가인 에울랄리아 갈바리아또가 대학 강당에서 두 번에 걸쳐 문학 강연을 했다. 타인의 삶을 어지럽히지 않는다는 지론을 지녔던 사발라 선생은 처음이자 마지막으로 자신의 지론을 포기하고 그들에게 만나 달라고 요청했다. 사발라 선생이 두 사람을 만나는 데는 구스따보 이바라, 엑또르 로하스 에라소, 그리고 내가 동행했고, 우리와 다마소 알론소 부부 사이에는 즉각적으로 화학적 결합이 이루어졌다. 우리는 호텔 델 까리베의 특별 응접실에서 라틴 아메리카를 처음 여행한 그들의 인상과 우리 젊은 작가들의 꿈에 관해 약 네 시간 동안 대화를 나누었다. 엑또르는 자기 시집 한 권을 그들에게 선물했고, 나는 《엘 에스뻭따도르》에 발표한 내 단편소설 하나를 복사해 선물했다. 엑또르와 내가 가장 인상 깊다고 생각한 것은 그들이 표가 날 정도로 신중하게 처신한다는 것인데, 우리를 칭찬할 때도 완곡한 표현을 통해 신중하게 했다.

10월에 《엘 우니베르살》 사무실에 곤살로 마야리노가 보낸 메시지가 도착했다. 약 20년 전 찰스 린드버그가 착륙한 적이 있던 곳으로부터 불과 몇 미터 떨어져 있는, 보까그란데 해변 리조트에 위치한 잇을 수 없는 펜션 비야 뚤리빤에서 시인 알바로 무띠스와 함께 나를 기다리고 있다는 것이었다. 대학에서 사사로이 나와 함께 문학 작품을 낭송하던 곤살로는 당시 수습 변호사가 되어 있었는데, 조종사들이 직접 설립한 국내 항공사 LANSA의 대외업무부서 책임자라는 권한을 지니고 있던 무띠스가 곤살로에게 바다 구경을 시켜 주려고 그곳으로 초대했던 것이다.

무띠스의 시들과 내 단편소설들이 적어도 한 차례는《엘 에스뻬따도르》의 일요판 문예지《핀 데 세마나》에 함께 실린 적이 있었기 때문에 우리가 만날 이유는 충분했다. 우리는 향후 반세기가 넘는 시간 동안 세상의 무수한 장소에서 이루어지고, 지금도 여전히 끝나지 않는 대화를 시작했다. 처음에는 우리의 자식들이, 나중에는 우리의 손자들이 그토록 격렬한 열정을 지닌 우리가 도대체 무슨 얘기를 하는지 종종 물을 때마다 우리는 그들에게 진실을 알려준다. 항상 똑같은 얘기를 한다고.

예술·문학계의 어른들과 기적적으로 유지한 우정 덕분에 나는 내 삶에서 가장 불확실했다고 여전히 기억되는 그 몇 해를 살아갈 수 있는 용기를 얻게 되었다. 7월 10일, 지난 석 달 동안 열심히 노력했지만 초보자의 장벽을 넘지 못한 채, 적절한 시기에 탈출하는 것이 좋겠다는 유일한 이점이라도 살리기 위해 중단하고자 했던《엘 우니베르살》의 칼럼「뿐또 이 아빠르떼」를 마지막으로 썼다. 나는 사설란에 무기명으로 주석을 다는, 책임 없는 업무로 도피했고 내 개인적 의견이 개입되는 경우에만 기명으로 썼다. 1950년 9월까지는 책임을 지지 않는 그런 단순한 업무를 계속하면서 에드거 앨런 포에 관해 과장된 기사 한 편을 썼을 뿐인데, 그 기사가 지닌 유일한 장점은 최악의 기사였다는 것이다.

그해 내내 사발라 선생에게 기사 쓰는 비법을 가르쳐 달라고 졸랐다. 그는 특유의 불가사의한 성격대로 가타부타 결정을 하지 않았으나, 열두 살 때 산따 끌라라 수도원에 묻힌 뒤 두 세기 동안 머리카락이 22미터 이상 자란 어느 소녀에 관한 수수께끼 같은 사건으로 나를 혼란스럽게 만들었다. 40년 뒤, 불길한 암시들이 담긴 낭만주의적 소설에 내가 그 수수께끼 같은 사실을 언급하기 위해 그 일을 재고하게 되리라고 당시로서는 상상도 하지 못했다. 하지만, 당시는 그런 생각을 할 만큼 호시절이 아니었다. 대수롭지 않은 문제로 버럭버럭 화를 내고, 아무런 해명도 없이 근무지를 이탈함으로써 급기야는 사발라 선생이 사람을 보내 나를 달래기도 했다. 법학과 2학년 기말 시험에서는, 순전히 운이 따라 주어, 단 두 과목만 재시험을 치르고 모두 통과되었기 때문에 3학년으로 올라갈 수 있었으나, 내가 신문사를 동원해 정치적 압력을 행사함으로써 이런 결과를 얻어 냈다는 헛소문이 떠돌았다. 내가 위조 군필증을 지닌 채 극장문을 나서다 체포되어 공공질서 유지 차원에서 징벌단 차출 대상자 명단에 올라갔을 때는 발행인이 개입했다.

그 당시 며칠 동안 정치적 혼란을 느낀 나는 공공질서가 파괴되었다는 명분으로 전국에 다시 계엄령이 발효되었다는 사실을 전혀 눈치채지 못하고 있었다. 언론 검열은 몇 차례 더 강화되었다. 분위기는 상황이 최악이었을 때처럼 악화되었고, 악질적인 범죄자들을 채용해 보강된 어느 정치 경찰은 농어촌 지역에 공포를 흩뿌리고 있었다. 공권력의 폭력 때문에 자유파들은 토지와 가정을 버려야 했다. 천성적인 회의주의자에, 그리스·라틴 고전에 해로울 정도로 빠져 있던 민법학의 대가로, 향후 자유당 대통령 후보로 나설 가능성이 있던 다리오 에 찬디아는 투표 자유 기권 제도에 찬성한다고 선언했다. 뉴욕에 머무르면서 보이지 않는 끈으로 정부를 조종하고 있는 것처럼 보이던 라우레아노 고메스의 당선을 위한 길은 열려 있었다.

그 당시, 시대의 흐름에 역행하는 이런 재난이 골수 보수당의 파렴치한 행위들이었을 뿐만 아니라 라 꾸에바에서 보낸 수많은 밤들 가운데 하나에 이르기까지 우리의 삶에서 일어나는 나쁜 변화의 징조라는 사실을 명확하게 인식하지 못했던 나는, 내가 원하는 것은 뭐든지 다 할 수 있는 자유를 누리고 있다고 허세를 부리고 싶었다. 사발라 선생은 수프를 뜬 숟가락을 막 입에 갖다 대려던 순간 안경테 너머로 나를 바라보더니 내 간담을 서늘하게 만들어 버렸다.

"가브리엘, 한 가지만 말해 보게. 자네가 그렇게 어리석은 짓을 무수히 저지르고 있는데, 이 나라가 끝장날 거라는 사실을 인지할 수나 있었겠는가?"

정곡을 찌르는 질문이었다. 만취한 나는 새벽녘 마르띠레스 산책로 벤치에 뻗어 버렸고, 노아의 홍수처럼 쏟아지는 비에 온몸이 흠뻑 젖었다. 널리 알려진 기본적인 항생제도 듣지 않는 폐렴 때문에 2주 동안 병원에 입원해야 했다. 그 폐렴은 젊은 나이에 발기 부전과 같은 심각한 부작용을 유발한다는 악명을 갖고 있었다. 나는 평소보다 훨씬 더 빼빼 마르고 창백해져 있었고, 부모님은 과도한 업무로 인해 (두 사람이 보낸 편지에 따르면) 병든 몸을 회복시켜야 한다며 나를 수끄레로 불렀다. 《엘 우니베르살》은 고별 사설을 통해 나를 대단한 재능의 저널리스트이자 작가라 축성해 주고, 다른 기사에서는 결코 존재하지도 않았고 내가 만들어 낸 제목도 아닌, 『우리는 이미 건초를 잘랐다』라는 소설의 저자로 나를 소개함으로써 내게서 더 멀어져 버렸다. 픽션으로 되돌아갈 마음이 전혀 없던 순간에 그런 일이 일어났다는 점이 더 특이했다. 사실, 나와는 전혀 상관이 없는 그 제목은 엑또르 로하스 에라소가 타이핑을 하다가 우연히 발명해 낸 것으로, 그는 우리의 토론을 풍요롭게 만들기 위해 자신이 가상으로 만들어 낸 가장 순수한 혈통의 라틴 아메리카 작가 세사르 발데스 게라의 작품들 가운데 하나로 설정했던 것이다. 엑또르는 세사르 발데스 게라가 까르따헤나에 왔다는 기사를 《엘 우니베르살》에 실었고, 나는 진정한 대륙적 소설의 잠들어 있는 의식을 덮고 있는 먼지를 털어내고자 하는 희망으로 「뿐또 이 아빠르떼」를 통해 그에게 인사를 한 적이 있었다. 어찌 되었든, 엑또르에 의해 고안된 그 멋진 제목을 단 상상의 소설은 여러 해가 지난 뒤, 내 책들에 관한 어느 에세이에 신문학(新文學)의 기초가 되는 작품이라 평해졌는데, 어느 지면인지 왜 그런 글이 실렸는지는 기억나지 않는다.

내가 수끄레에서 발견한 분위기는 그 당시 내가 지니고 있던 생각과 잘 부합되는 것이었다. 나는 헤르만 바르가스에게 편지를 써서 책을, 아주 많은 책을, 6개월로 예정된 요양기에 대작들에 파묻힐 수 있을 정도로 많은 책을 보내 달라고 요청했다. 마을에는 홍수가 났다. 약국에서 노예처럼 사는 생활을 청산한 아버지는 16개월 전에 태어난 엘리히오를 포함해 11남매가 되어 있던 우리 자식들이 넉넉하게 살 수 있는 집 한 채를 마을 입구에 세웠다. 햇볕이 잘 드는 큰 집으로, 탁한 물이 흐르는 강이 바라보이는 손님용 테라스가 있고, 1월의 바람이 통할 수 있도록 창문들을 여럿 달았다. 침대 하나를 둘이 사용하던 옛날과 달리 1인당 침대 하나씩이 배정된 침실 여섯 개가 있고, 각기 다른 높이에 해먹을 걸 수 있는 고리들이 복도에까지 달려 있었다. 철조망이 없는 마당은 나무가 우거진 산자락까지 펼쳐져 있었다. 마당에는 마을 사람들 공동 소유인 과실나무들이 있었고, 우리 집 가축들과 다른 집 가축들이 방들을 들락거렸다. 바랑까스와 아라까따까에서 보낸 어린 시절의 집 마당을 그리워하던 어머니가 새집을 농장처럼 만들었기 때문에, 우리 없이 자라는 닭과 오리, 천방지축으로 날뛰는 돼지들이 부엌에까지 들어와 점심으로 차릴 음식들을 먹어 치우기도 했다. 여름철이면 문을 열어 놓고 자는 게 가능하던 시절이라 암탉들이 횃대에서 천식으로 컥컥거리는 소리를 듣고, 새벽녘에 짧고 둔탁한 소리를 내며 나무에서 떨어지는 잘 익은 구아나바나 냄새를 맡을 수 있었다. "아이들 같은 소리를 낸다니까." 어머니는 늘 그렇게 말했다. 아버지는 자신의 동종 요법을 믿는 몇 사람만을 위해 진료를 오전으로 제한하고, 인쇄물은 손에 잡히는 대로 다 읽고, 두 그루 나무 사이에 매어 둔 해먹에 드러누워 있고, 오후의 슬픔을 물리치기 위해 한가하게 당구를 치는 습관이 생겼다. 넥타이를 매는 하얀 리넨 정장은 방치해 둔 채 젊은 분위기 물씬 풍기는 반소매 셔츠들을 입고서 예전과는 전혀 다른 모습으로 돌아다녔다.

외할머니 뜨랑낄리나 이구아란은 2개월 전 눈이 멀고 정신이 혼미해진 상태로 세상을 떠났다. 외할머니는 죽음의 고통 속에서 제정신이 들 때면 낭랑한 목소리와 완벽한 어법으로 가족의 비밀을 예언했었다. 마지막 숨을 거둘 때까지 외할머니가 했던 말은 외할아버지의 은퇴에 관한 것이었다. 아버지는 방부제 역할을 하는 알로에로 시체를 염하고 차분하게 부패할 수 있도록 관 속에 석회를 넣고 덮었다. 친정어머니가 생전에 빨간 장미를 아주 좋아했다는 사실을 기억하고 있던 루이사 산띠아가는 어머니의 무덤에 장미꽃이 떨어지지 않도록 마당 끝에 장미 정원 하나를 만들었다. 장미꽃들이 순식간에 화려한 자태를 드러내다가 금방 시들어 버렸기 때문에, 그 많은 멋진 장미가 신의 작품인지 악마의 작품인지 직접 확인해 보고 싶은 마음에 사무쳐 멀리서 찾아오는 외지인들이 충분히 즐길 시간이 없었다.

내 삶과 성격에 일어난 변화는 집의 변화와 관련이 있었다. 태어나서 서로 너무 유사하게 자라는 바람에 서로를 구분하기보다는 혼동하기가 더 쉬운 형제자매들을 위해, 부모님이 자주 집을 개조하고 이사를 했기 때문에, 집은 찾아갈 때마다 달라 보였다. 벌써 열 살이나 먹은 하이메는 육삭둥이였기 때문에 엄마 젖을 떼는 데 시간이 가장 오래 걸린 자식이었는데, 어머니는 에르난도(난치)가 태어난 후에도 하이메에게 여전히 젖을 먹이고 있었다. 3년 뒤 알프레도 리까르도(꾸끼)가 태어났고, 그 1년 반 뒤 막내 엘리히오(이요)가 태어났다. 그해 방학 때 엘리히오는 기는 기적을 발견하기 시작했다.

우리 형제자매들 가운데는 아버지가 결혼을 전후해 밖에서 낳은 자식들도 있었다. 산마르꼬스에 있는 까르멘 로사, 그리고 아벨라르도였다. 두 사람은 가끔 수끄레에 와서 일정 기간을 지낸 뒤 돌아갔다. 다른 자식들의 동의하에 어머니가 딸로 인정한 헤르마이네 아나이(에미)와 마지막으로 안또니오 마리아 끌라렛(또뇨)이 있었는데, 신세에서 자기 어머니의 손에 자란 안또니오가 자주 우리 집에 찾아왔다. 모두 열다섯 명이었다. 우리는 집에 먹을 것이 넉넉할 때는 서른 명 분량을 먹어 치우고, 자리가 있으면 아무 데나 퍼질러 앉았다.

그 당시 몇 해 동안의 집안 형편에 관해 큰 여동생들이 내게 들려준 이야기들을 통해 나는, 자식 하나가 젖을 떼기도 전에 또 다른 자식이 태어나던 당시의 집안 사정을 정확하게 파악할 수 있었다. 그럴 때마다 어머니는 자신의 실수를 인정하면서 나이 많은 딸들더러 어린 동생들을 보살펴 달라고 부탁했다. 큰 여동생 마르곳은 어머니가 또 임신했다는 사실을 알았을 때, 자기 혼자서는 모든 아이를 다 키울 시간이 없을 거라는 사실을 알고 있었기 때문에 놀라 죽을 뻔했다. 그래서 마르곳은 몬떼리아의 기숙학교로 떠나기 전 이번에 태어날 동생이 마지막 동생이 되어야 한다고 어머니에게 진심으로 간청했다. 어머니는 하느님께서 당신의 무한한 지식을 통해 문제를 가장 좋은 방식으로 해결해 주실 거라 확신했기 때문에, 약속을 한다는 것이 단지 마르곳을 즐겁게 만드는 것에 불과했을지라도, 항상 그렇듯, 그렇게 하겠노라고 약속했다.

모두 함께 식탁에 앉아 식사할 방법이 없었기 때문에, 식사 문제는 재난을 겪는 것이나 다름이 없었다. 어머니와 큰 자매들은 다른 식구들이 식탁에 도착하는 대로 음식을 차려 냈으나, 후식을 먹을 때가 다 되어 예상 밖의 누군가 나타나서 밥을 달라고 요구하는 것은 특이한 일이 아니었다. 밤이 깊어 감에 따라, 추위 또는 더위 때문에, 어금니가 아프다거나 죽은 사람들이 무서워서, 엄마 아빠를 사랑하기 때문이라거나 다른 형제자매들에게 질투심을 느껴 잠을 잘 수 없는 자식들은 엄마 아빠 침대로 건너갔고, 모두 부부 침대 위에서 서로 뒤엉킨 채 아침을 맞이하기 일쑤였다. 엘리히오 다음에 다른 동생이 태어나지 않았다면 그것은 바로 마르곳 덕분인데, 기숙학교에서 돌아온 마르곳이 큰딸로서 어머니에게 강압적으로 요구했고, 어머니는 아이를 더 이상 갖지 않겠다는 약속을 지켰다.

불행히도, 시간이 흘러감에 따라 현실은 첫째와 둘째 여동생의 계획을 바꾸어 버렸고, 두 사람은 평생 독신으로 지냈다. 감상주의 소설들에서처럼 종신 서원을 하고 수도원에 들어간 아이다는 모든 율법을 다 지키며 22년 동안 그 안에서 지낸 뒤, 라파엘[‡]은 물론이려니와 그 밖의 모든 사람들이 그녀 자신의 힘이 미치지 못하는 곳에 있다는 사실을 깨달았을 때 수도원을 나와 버렸다. 완고한 성격을 지닌 마르곳은 자신의 라파엘을 잃어버렸는데, 그 잘못은 두 사람 모두에게 있었다. 리따는, 이처럼 서글픈 두 경우와는 달리, 처음에 반한 남자와 결혼해 자식 다섯에 손자 손녀 아홉을 두고 행복하게 살았다. 나머지 둘 리히아와 에미는 부모님이 현실 삶에 대항해 싸우는 데 지쳐 버렸을 때, 사랑하는 남자와 결혼했다.

가족이 겪고 있던 고통은 경제적 불안과, 어느 불길한 계절처럼 수끄레에 찾아와서는 살금살금, 하지만 단호하게 집 안으로 쳐들어갔던 정치적 폭력에 의한 유혈 사태 때문에 발생한 국가적 위기의 일부처럼 보였다. 이미 당시에는 얼마 남아 있지 않은 것들마저 다 먹어 치운 터라, 수끄레로 오기 전 바랑끼야에서 그랬던 것처럼 우리는 정말 가난했다. 하지만 어머니는 모든 아이는 각자 자기 먹을 것을 갖고 태어난다는 사실을 체험을 통해 믿고 있어서 별 걱정을 하지 않았다. 폐렴에 걸린 내가 요양차 까르따헤나에서 집으로 돌아왔을 때의 집안 형편이 그러했으나, 식구들은 내가 집안 형편을 눈치 채지 못하도록 서로 미리 다 짜 놓고 있었다.

그 마을에서 발생하던 쑥덕공론의 단골 메뉴는 우리 친구 까예따노 헨띨과 근처 차빠랄 동네 학교 여교사의 연애 사건이었다. 그 여교사

[‡] 구약성서의 외경(外經)인 '토비서'에 나오는 일곱 천사의 하나로, 히브리어로 '하느님이 낫게 하였다.'라는 의미를 지니고 있다.

는 까예따노와는 신분이 달랐으며, 아주 진지하고 신망이 두터운 가정 출신으로 용모가 수려했다. 딱히 놀랄 만한 일도 아니었다. 항상 바람둥이였던 까예따노는 수끄레에서뿐만 아니라, 중등학교를 다니고 의학과에 입학했던 까르따헤나에서도 마찬가지였기 때문이다. 하지만 수끄레에 그의 애인이라 알려져 있는 아가씨는 전혀 보이지 않았고, 댄스파티에서 그가 좋아하는 파트너들도 알려지지 않았다. 우리는 어느 날 밤 까예따노가 자기 말들 가운데 가장 좋은 말을 타고 농장에 도착하는 모습을 보았다. 여교사는 손에 채찍을 든 채 안장에 앉아 있고, 그는 그녀 뒤 말 궁둥이에서 그녀의 허리를 껴안은 채 앉아 있었다. 두 사람이 그토록 친해져 있다는 사실뿐만 아니라, 하루 중 사람들이 가장 붐비는 시간에, 그리고 주민들이 심술궂기로 소문난 마을에서, 중앙 광장 산책로를 통해 들어오는 두 사람의 대담성 때문에 놀라고 말았다. 어떻게 된 일인지 설명을 듣고 싶은 사람들에게 까예따노는 그 밤에 교문 앞에서 마을로 데려다 줄 친절을 베풀 사람을 기다리고 있던 그녀를 우연히 만나게 되었다고 천연덕스럽게 설명했다. 그런 식으로 나가다간 어느 날 새벽에 그의 집 문에 벽보 하나가 붙어 있는 걸 보게 될 수도 있을 거라고 내가 농담 반 진담 반으로 그에게 경고하자, 그는 특유의 폼으로 어깨를 한 번 들썩거리더니 자신이 좋아하는 농담을 터뜨렸다.

"부자들에게는 감히 그런 짓을 하지 않아."

실제로, 벽보를 붙이는 유행은 그 유행이 도래했던 것과 같은 속도로 없어져 버렸다. 사람들은 벽보가 당시 국가를 황폐화하던 좋지 않은 정치적 분위기의 또 다른 현상일 수도 있을 거라 생각했다. 벽보가 두려워 제대로 자지도 못하던 사람들은 이제 벽보가 붙지 않게 됨으로

써 편안하게 잠을 잘 잘 수 있었다. 한편, 내가 그곳에 도착한 지 며칠이 지나지 않아 나는 아버지의 친구들 가운데 일부가 나를 대하는 태도에 약간의 변화가 생겼다는 사실을 감지했다. 그들은《엘 우니베르살》에 보수당 정부에 반하는 기사들을 쓴 사람이 바로 나라고 지명했다. 사실이 아니었다. 몇 번 정치적인 기사를 써야 했다면, 항상 무기명으로 썼으며, 또 발행인이 "까르멘 데 볼리바르에서는 도대체 무슨 일이 일어난 건가?"라고 묻는 질문을 보류하기로 결정한 이후부터는 발행인의 책임하에 썼기 때문이다. 내 이름의 칼럼에 실린 기사들은 국가가 처해 있는 안타까운 상태, 폭력과 부정의라는 불명예스러운 행위에 관한 명확한 입장을 드러내 놓았으나, 특정 정당을 옹호하거나 폄하하는 슬로건 같은 것은 없었다. 실제로 그때나 그 어느 때도 나는 특정 정당의 멤버가 된 적이 단 한 번도 없었다. 내가 그런 비난을 받게 되자 내 부모는 깜짝 놀랐고, 어머니는 성자들 앞에 촛불을 밝히기 시작했다. 내가 아주 늦은 시각까지 집 밖에서 머물 때는 더욱 더 그랬다. 내 주변에서 내게 가해지던 강압적인 분위기를 생전 처음으로 느낀 나는 가능하면 빨리 집을 떠나기로 결심했다.

아주 인상적인 남자 하나가 아버지의 진료실에 모습을 드러낸 때도 바로 그 좋지 않은 시기였다. 피부가 어찌나 투명한지 뼈들이 다 보일 것 같고, 배는 북처럼 불룩하고 팽팽한 사람으로, 이미 자기 자신의 유령처럼 보였다. 그는 단 한 문장을 내뱉음으로써 스스로를 영원히 잊지 못할 사람으로 만들어 버렸다.

"의사 선생님. 사람들이 내 뱃속에서 자라게 만든 원숭이 한 마리를 꺼내기 위해 왔습니다."

남자를 검사한 뒤 당신이 알고 있는 지식으로는 문제를 해결할 수 없다는 사실을 깨달은 아버지는 그를 어느 동창 외과의사에게 보냈다. 의사는 그 남자가 생각하던 것과는 달리 뱃속에서 원숭이를 발견하지 못했고, 형체를 잘 분간할 수 없는 기이한 물체 하나가 자생하고 있다는 사실을 알아냈다. 그런데 당시 내가 중요하게 생각했던 것은 그 남자 뱃속에 들어 있는 괴물이 아니라 환자가 라 시에르뻬라는 마술적 세계에 관해 들려준 이야기였다. 수끄레 안에 있는 그 마법의 땅은 김이 모락모락 나는 늪지대들을 통과해야만 도달할 수 있는 곳으로, 모욕을 당하면 모욕한 사람의 뱃속에 악마의 자식이 자라게 하는 저주로써 자신이 받은 모욕에 보복하는 것을 가능케 하는 곳이었다.
　라 시에르뻬 주민들은 신앙심 깊은 가톨릭 교인들이었으나 각각의 경우마다 주문을 외우는 등 나름대로의 신앙생활을 유지하고 있었다. 그들은 신과 성처녀와 삼위일체를 믿었으나 자신들에게 성스러운 능력을 보여 주는 것처럼 보이는 대상이면 무엇이든 경배했다. 그들이 상상할 수 없었던 것은, 뱃속에 사탄 같은 동물 한 마리가 자라고 있다고 믿는 사람이 어느 외과의사의 사교(邪敎)에 의지할 만큼 대단히 이성적일 수 있다는 사실이었다.
　수끄레의 모든 주민들이 라 시에르뻬가 실제로 존재하는 곳으로 알았으며, 또 온갖 지리적, 정신적 장애들을 이겨 내고 그곳에 도달하는 것이 그들의 유일한 관심사라는 사실을 알자마자 나는 깜짝 놀랐다. 마지막 순간에 나는 라 시에르뻬에 관한 전문가가 바로 내 친구 앙헬 까시흐라는 사실을 우연히 알게 되었는데, 그를 마지막으로 본 것은 그가 가족과 연락을 취할 수 있도록 4월 9일 악취 풍기는 폐허 더미 사이로 우리를 호위해 주었을 때였다. 내가 만난 그는 과거보다 더 이성적으로 보였지만, 라 시에르뻬를 여러 번 가 보았다는 혼란스러운 애기를 들려주었다. 그때 비로소 나는 마르께시따에 관해 알려져 있는 모든 사항을 알게 되었다. 그녀는 선이나 악을 만들어낼 수 있는, 그리고 얼굴도 본 적이 없는 어느 죽어 가는 사람의 신체적 특징과 그 사람이 있는 정확한 장소만 알아도 그 사람을 침대에서 일어나게 할 수 있는, 또는 뱀 한 마리를 늪을 통해 보내 이레 만에 적을 죽게 만드는 비밀 주문들이 널리 퍼져 있는 그 광대한 왕국의 주인이자 여왕이었다.

그녀가 유일하게 할 수 없었던 것은 죽은 사람을 살려 내는 것이었는데, 그것은 신만이 지닌 권한이었다. 그녀는 자신이 원하는 만큼 살아 233세에 이르렀을 것이라는 추측들이 있었고, 66세를 넘긴 뒤로 더 이상 늙지 않았다고 한다. 죽기 전, 자신의 멋진 가축들을 모아 자기 집 주위를 이틀 밤낮으로 돌게 함으로써 라 시에르뻬 늪지가 만들어졌는데, 그 늪지는 인광(燐光)을 발산하는 아네모네가 깔려 있는 끝없이 드넓은 바다였다. 사람들에 따르면, 라 시에르뻬 한가운데에 황금 박들이 열리는 나무 한 그루가 있고, 그 나무 몸통에 카누 한 척이 묶여져 있는데, 매년 11월 2일, 사자(死者)들의 날에 뱃사공도 없이, 하얀 악어들과 금방울들이 달린 뱀들의 호위를 받으며 마르께시따가 자신의 무한한 재산을 매장해 놓은 반대편 기슭에 갈 때 사용하는 것이라고 했다.

앙헬 까시흐가 그 환상적인 이야기를 내게 해 준 뒤부터 실재라는 진흙 속에 처박혀 있는 라 시에르뻬 낙원을 찾아가 봐야겠다는 조바심이 나를 숨막히게 만들기 시작했다. 우리는 퇴마 주문을 통해 면역시킨 말들, 투명 카누들, 마술을 부릴 줄 아는 길 안내인들, 그리고 초자연적인 사실주의의 연대기를 쓰는 데 필요한 온갖 소재 등 모든 준비를 철저하게 했다.

하지만 노새들은 안장을 얹은 채 방치되어 있었다. 치료하는 데 오랜 시간이 걸린 나의 폐렴, 광장에서 열린 댄스파티에서 친구들이 내게 던진 농담들, 선배들의 가공스러운 질타 등으로 내 여행은 절대로 실현되지 않을 미래의 어느 때로 연기되어 버렸다. 하지만 지금 생각해 보면 그것이 다행스러운 불행이었던 것같다. 환상적인 마르께시따의 낙원을 찾아갈 수 없게 된 내가 다음날부터 내 첫 번째 장편소설을 쓰는 데 몰두했기 때문인데, 그 소설은 내게 제목으로만 남아 있다. '집'.

지난번 마누엘 사빠따 올리베야가 까르따헤나를 방문했을 때 그 줄거리에 관해 대화를 나눈 적이 있었기 때문에 그 소설이 콜롬비아 카리브 해 연안에서 발생한 천일전쟁에 관한 한 편의 드라마가 되리라 예상했었다. 그때, 그는 내가 세운 계획과는 아무런 연관이 없는 상태였지만, 그 전쟁에 참여했던 역전의 용사에 관해 자기 아버지가 쓴 팸플릿 하나를 내게 주었다. 겉표지에 실린, 리낄리께를 입고 수염이 먼지에 찌들어 있는 용사의 사진은 내 외할아버지를 생각나게 했다. 그 용사의 이름을 잊었으나 그의 성은 영원히 나와 함께 남았다. 부엔디아. 그래서 나는 니꼴라스 마르케스 대령이 소모적인 전쟁들을 할 때 우리 가문이 겪었던 것과 아주 유사한 어느 가문의 서사시적 사건에 관한 장편소설 하나를 '집'이라는 제목으로 쓸 생각을 했던 것이다.

소설 제목은 등장인물들의 행동반경을 완벽하게 집 안으로만 제한하겠다는 내 의도에 따라 그렇게 설정되었던 것이다. 여러 번에 걸쳐 소설 쓰기를 시작해 보고 등장인물들에 관한 밑그림들을 그려 보면서, 나중에 다른 소설들을 쓸 때 이용하던 내 가족의 이름을 그들에게 붙여 주었다. 나는 가까이 있는 두 단어 사이에 운율(그것이 모음 압운일지라도)이 있는 취약한 문장에는 아주 민감하게 반응하고, 또 그런 문장은 내 마음에 들기 전까지는 발표하지 않는 걸 원칙으로 삼고 있다. 따라서 동사의 불완료 과거형 어미(-ía)가 필시 압운으로 작용하게 되는 부엔디아(Buendía)라는 성(姓)을 수정하려 했던 순간도 여러 번 있었다. 그러나 내가 그 성에 걸맞은 설득력 있는 인물 하나를 고안해 냈기 때문에 그 성은 결국 억지로 살아남게 되었다.

그 문제로 고심하고 있던 어느 날 아침, 수끄레 집에 쓴 라벨도 붙지 않고, 내용물에 관한 사항도 전혀 명기되지 않은 나무 상자가 도착했다. 아버지가 팔아 버린 약국에 남아 있던 것이려니 생각한 여동생 마르곳은 누가 보낸 것인지도 확인하지 않은 채 그 짐을 받아 버렸다. 같은 생각을 한 나도 별 생각 없이 가족과 함께 아침 식사를 했다. 내 것이라고 남은 것이 하나도 없다는 사실을 알지 못한 아버지는 그것이 내 나머지 짐일 거라 생각하고서 상자를 열어 보지 않았다고 나중에 술회했다. 열세 살밖에 먹지 않았는데도 뭐든지 못을 박아 잠그거나 못을 빼 열 수 있을 정도의 기술을 지니고 있던 동생 구스따보가 허락 없이 그 상자를 열어 보리라 작정했다. 몇 분 뒤 우리는 구스따보가 외치는 고함 소리를 들었다.

"책이다!"

내 가슴이 나보다 더 먼저 뛰었다. 실제로 상자 안에는 발송인에 대한 힌트가 전혀 없이, 숙련된 솜씨로 상자 위까지 차곡차곡 채워 놓은 책들과 헤르만 바르가스가 상형 문자 같은 서체로 난해한 시를 써 놓은 것 같은, 해독하기 어려운 편지 한 통이 들어 있었다. "작가 선생, 이건 당신 거요. 당신이 결국 뭔가를 배우는지 한번 보겠소." 알폰소 푸엔마요르도 서명했고, 내가 그때까지 만난 적이 없던 돈 라몬 비녜스가 쓴 것이라 판단되는, 휘갈겨 쓴 글자도 씌어 있었다. 그들이 내게 한 유일한 충고는 너무 노골적인 표절은 절대 하지 말라는 것이었다. 포크너의 책들 가운데 한 권 속에는 알바로 세뻬다가 특유의 난필로 빠르게 휘갈겨 쓴 메모 하나가 들어 있었다. 뉴욕 소재 컬럼비아 대학교의 저널리즘 특별 과정에서 1년간 수학하기 위해 다음 주에 떠난다는 내용이었다.

어머니가 아침 식사 설거지를 하고 있는 사이, 우선 식탁 위에 책들을 진열해 놓았다. 어머니는 전정가위로 책 속에 들어 있는 삽화들을 오려 내고 싶어하는 어린 자식들을 겁주고, 책들이 먹을 것이나 된다는 듯이 코를 벌름거리며 찾아오는 거리의 개들을 내쫓기 위해 빗자루로 무장해야 했다. 나 역시, 새 책이 생기면 항상 그렇듯, 책 냄새를 맡으며 닥치는 대로 띄엄띄엄 건성건성 읽으면서 한 권 한 권 모두 살펴보았다. 마음이 차분하지 않았거나, 정원 쪽으로 난 복도에 비치던 희미한 빛이 나를 지치게 했기 때문에 그날 밤 서너 차례나 장소를 옮겨야 했고, 새벽녘에는 등에 쥐까지 나 버렸다. 내가 그 기적 같은 일을 통해 얻을 수 있었던 유익한 점이 무엇이었는지는 전혀 생각나지 않는다.

당대 작가들이 쓴 명저 스물세 권으로, 모두 에스파냐어로 씌어 있고, 글 쓰는 법을 배우기 위해서만 읽힐 것이라는 단 한 가지 목표하에 명백한 의도를 갖고 선정된 것들이었다. 포크너의 『소리와 분노』 같은 최신 번역서들도 있었다. 그로부터 50년이 지난 지금 나는 그 책들의 이름을 다 기억하지 못하고 있으며, 그 이름들을 다 알고 있던 그 영원한 친구 셋은 지금 이 세상에 없기 때문에 그 사실을 상기시켜 주지 못한다. 그것들 가운데 단 두 권만이 이미 읽은 책이었다. 바로 울프 여사의 『댈러웨이 부인』과 올더스 헉슬리의 소설 『연애대위법』이었다.

가장 기억에 남는 것들은 윌리엄 포크너의 『촌락』 『소리와 분노』 『내가 죽어 누워 있을 때』 『야생 종려나무』 등이었다. 존 더스패서스의 『맨해튼 트랜스퍼』와 아마 그 밖의 다른 책도 있었을 것이고, 또 버지니아 울프의 『올란도』, 존 스타인벡의 『분노의 포도』 『쥐와 인간에 대하여』 그리고 로버트 네이선의 『제니의 초상』, 어스킨 콜드웰의 『담뱃길』 등이다. 반세기라는 시간적 거리 때문에 내가 지금 기억하지 못하고 있는 책들의 제목 가운데는 적어도 헤밍웨이의 작품이 하나 정도는 있었을 것이다. 아마 그것은 단편소설집일 것인 바, 바랑끼야 출신인 그 세 사람이 헤밍웨이의 작품들 가운데 가장 좋아하던 것이었다. 다른 것은 호르헤 루이스 보르헤스의 것으로, 그것 역시 틀림없이 단편소설집이었을 것이다. 펠리스베르또 에르난데스의 단편소설집도 있었을 텐데, 그는 아주 뛰어난 우루과이 출신 단편소설가로 내 친구들이 불과 얼마 전에 그의 작품들을 발견하고는 환호성을 질렀었다. 책을 받은 지 채 몇 개월도 지나지 않아 모두 다 읽어 버렸다. 어떤 것은 잘 읽고, 어떤 것을 대충대충 읽었는데, 나는 그 책들 덕분에 내가 좌초되어 있던 창조적 정체 상태에서 탈출할 수 있었다.

폐렴 때문에 금연 권고를 받았으나 나는 나 스스로부터 숨어 있는 것처럼 화장실에 숨어 담배를 피웠다. 그 사실을 알게 된 의사가 내게 엄중하게 경고했으나 그의 말을 따를 수 없었다. 이제 수끄레에서 지내게 된 나는 내게 도착한 책들을 쉬지 않고 읽으려 애쓰는 동안, 피우고 있던 담뱃불로 다른 담배에 불을 붙여 가며, 더 이상 견딜 수 없을 때까지 줄담배를 피워 댔다. 끊으려 하면 할수록 더 피우고 싶어졌다. 결국 하루에 네 갑을 피우기에 이르렀고, 식사 도중 담배를 피우고 싶어 식사를 중단하기도 하고, 담배를 피워 문 채 잠드는 바람에 침대 시트를 태우기도 했다. 죽음에 대한 공포 때문에 밤에도 수시로 잠에서 깨어났고 담배를 피움으로써 그 공포를 이겨낼 수 있었는데, 마침내 담배를 끊기 위해서는 죽는 게 더 낫겠다는 결론에 도달했다.

그 후 20년도 넘게 지나, 결혼도 하고 자식도 두었건만 여전히 담배를 피우고 있었다. 내 폐 엑스레이 사진을 살펴본 의사는 깜짝 놀라며 내가 이삼 년 이내로 숨을 쉬지 못할 것이라고 말했다. 겁에 질린 나는 더 이상 아무것도 하지 못한 채 몇 시간 동안 망연자실 앉아 있는 극도의 상황에까지 이르렀는데, 담배를 피우지 않고서는 독서를 하지도, 음악을 듣지도, 친구나 원수들과 대화를 하지도 못하는 상태가 되어 버렸던 것이다. 언제라고 정확히 기억할 수 없지만, 바르셀로나에서 가끔씩 만나는 지인들과 저녁 식사를 하는데, 정신과 의사 친구가 함께 식사를 하던 사람들에게 흡연이 끊기 어려운 중독이라고 설명했다. 나는 용기를 내어 그 근본적인 이유가 무엇인지 물었고, 그의 대답은 오싹한 느낌이 들 정도로 단순했다.

"담배를 끊는다는 건 사랑하는 누군가를 죽이는 것과 같거든."

그 말을 듣자 통찰력이 폭발하는 것 같았다. 왜 내가 그렇게 했는지 절대 알 수 없었고 또 알고 싶지도 않았으나, 막 불을 붙였던 담배를 재떨이에 비벼 껐고, 그 후로는 평생 초조함도 후회도 없이 다시는 담배를 피우지 않게 되었다.

다른 중독 또한 더 집요하면 집요했지 덜하지는 않았다. 어느 날 옆집 하녀들 가운데 하나가 우리 집으로 들어왔다. 그녀는 우리 식구 모두와 대화를 나눈 뒤 테라스까지 와서는, 대단히 정중한 태도로 내게 할 얘기가 있으니 허락해 달라고 청했다. 나는 그녀가 다음과 같은 질문을 할 때까지 독서를 중단하지 않고 있었다.

"마띨데를 기억하세요?"

나는 누군지 기억나지 않는다고 대답했으나 그녀는 내 말을 믿지 않았다.

"장난치지 마세요, 가비또 씨." 그녀가 또박또박 힘있게 한 자씩 말했다. "니-그-로-만-따 말이에요."

그랬다. 고인이 된 경찰과의 사이에 아들 하나를 둔 뒤 당시 자유로운 여자가 되어 있던 니그로만따는 친정에서 친정어머니를 비롯한 다른 가족과 함께 홀몸으로 살고 있었다. 그녀의 방은 공동묘지 뒤쪽으로 문이 난 외딴 방이었다. 나는 그녀를 만나러 갔고, 우리의 재회는 한 달이 넘게 지속되었다. 만남의 횟수가 늘어 갈수록 까르따헤나로 돌아가는 일은 연기되었고, 영원히 수끄레에 머물고 싶어졌다. 그러던 어느 날 새벽 그녀의 집에 있던 나는 경찰관과 나 사이에 러시안 룰렛 게임이 벌어졌던 그날 밤처럼 천지를 진동하는 천둥과 번개 때문에 깜짝 놀라고 말았다. 추녀 밑으로 피하려 했지만 무릎까지 차오른 물 때문에 더 이상 버티지 못한 채 거리 한복판으로 끌려 들어가 버렸다. 다행히도 부엌에 혼자 있던 어머니가 아버지 몰래 정원 샛길을 통해 침실로 데려다 주었다. 내가 물에 젖은 셔츠를 벗는 것을 도와주던 어머니는 팔을 쫙 편 상태로 엄지와 검지 끝으로 셔츠를 잡더니 더러운 것이나 된다는 듯 몸서리를 치며 구석으로 내던지고 나서 내게 말했다.

"너 그 여자와 함께 있었구나."

순간 내 몸이 돌처럼 굳어 버렸다.

"그걸 어떻게 아셨어요?"

"지난번에 나던 냄새가 나잖니." 어머니가 무표정하게 말했다. "남편이 죽고 없는 게 그나마 다행이구나."

어머니가 생전 처음으로 그처럼 쌀쌀맞게 말했다는 사실이 놀라웠다. 어머니가 기다렸다는 듯 정곡을 찔렀던 것으로 보아 어머니 스스로도 자신이 쌀쌀맞게 대응하고 있다는 사실을 인지하고 있었음에 틀림없었다.

"사람이 죽었다는 소식을 듣고도 반가운 마음이 든 때는 바로 그 사람이 죽었다는 소식을 들었을 때였다."

나는 당황하며 어머니에게 물었다.

"그 여자가 누구라는 걸 어떻게 아셨어요?"

"나참, 아들아." 어머니가 한숨을 내쉬었다. "너희 자식들과 연관된 일은 하느님께서 모두 내게 말씀해 주신단다."

마지막으로 어머니는 내가 물에 젖은 바지를 벗는 것을 도와주더니 다른 옷들과 함께 구석으로 내던졌다. "너희 모두 네 아버지를 닮아 가는구나." 수건으로 내 등을 닦아 주던 어머니가 깊은 한숨을 내쉬면서 별안간 이렇게 말했다. 그리고 어머니는 온 마음을 다 실어 말을 마쳤다.

"하느님께선 너희도 아버지처럼 좋은 남편이 되길 원하실 거다."

어머니가 내게 강제했던 그 극적인 조치들은 내 폐렴이 재발하는 것을 막아 주는 데 소기의 효과를 발휘했음에 틀림없다. 결국 나는 내가 천둥소리와 불꽃이 난무하는 니그로만따의 침대로 돌아가는 것을 막기 위해 어머니가 그 조치들을 일부러 아리송하고 복잡하게 만들었다는 사실을 알게 되었고, 그 이후로 다시는 니그로만따를 만나지 못했다.

몸이 회복되고 기분이 좋아진 나는 '집'이라는 작품을 쓰고 있다는 소식을 듣고 까르따헤나로 돌아갔고, 겨우 첫 장을 쓰기 시작했음에도 마치 다 쓴 것처럼 떠벌리고 다녔다. 사발라와 엑또르는 방탕한 자식이 돌아온 것처럼 나를 맞이해 주었다. 대학에서는 나의 훌륭한 교수님들이 모든 걸 포기했는지 본래의 내 모습을 인정해 주기로 하는 것 같았다. 동시에 나는 《엘 우니베르살》에 간간이 청부 기사를 쓰는 일을 계속했다. 단편소설가로서의 내 직업은 거의가 사발라 선생을 즐겁게 하기 위해 겨우 쓸 수 있었던 몇 안 되는 단편소설들을 쓰는 것으로 지속되고 있었다. 《엘 에스뻭따도르》에 실린 「거울의 대화」와 「세 몽유병자의 비애」였다. 이 두 단편소설에서는 초기 네 편에서 두드러졌던 초보적 수사학이 많이 나아졌으나, 여전히 늪에서 빠져나오지 못하고 있었다.

당시 까르따헤나는 국내 여타 지역을 지배하던 정치적 긴장에 오염되어 있었고, 이것은 뭔가 무시무시한 사건이 발생할지도 모른다는 불길한 예감으로 간주되었다. 그해 말 자유파는 야만적인 정치적 박해가 이루어지고 있다는 이유로 전면적으로 선거 기권을 선언했으나 정부를 전복하기 위한 비밀 계획은 포기하지 않았다. 농어촌 지역의 폭력이 심각해지자 사람들은 도시로 피난했으나 언론 검열단은 이런 상황을 완곡하게 보도하라고 요구했다. 한편, 당국의 추적을 피해 다니던 자유파는 국내 각지에서 국지전을 벌일 준비를 해 놓고 있었다. 국토의 4분의 1 이상을 차지하는 광활한 대양 같은 푸른 초원인 동부 야노스 지역에서 그 국지전들은 전설이 되어 버렸다. 총사령관 구아달루뻬 살세도는 이미 신화적 인물이 되었다. 군대에서조차도 그를 신화적 인물로 간주했고, 그의 사진은 비밀리에 수백 장씩 복사되어 제단에 안치된 채 촛불이 밝혀지기도 했다.

자신들이 말하는 것보다 더 많이 알고 있는 것처럼 보이던 델 라 에스쁘리에야 가족은 담으로 둘러싸인 그 집에서 보수당 정권을 전복하기 위한 쿠데타가 임박해 있다고 천연덕스럽게 얘기했다. 나는 자세한 내용은 모르고 있었으나, 사발라 선생은 거리에서 소요가 발생할 기미가 보이기만 하면 즉시 신문사로 오라고 내게 알렸다. 오후 3시에 약속이 있어 아이스크림 가게 아메리까나에 들어갔을 때 팽배해 있던 긴장감은 손으로 만질 수 있을 정도였다. 사람들이 도착하기 전까지 빈 테이블에 앉아 책을 읽고 있었는데, 그때까지 단 한 번도 정치적 얘기를 나눠 본 적이 없던 옛 동창이 내 옆을 지나가면서 나를 쳐다보지도 않은 채 말했다.

"곧 일이 터질 것 같으니 빨리 신문사로 가 봐."

그의 말에 따르지 않았다. 신문사 편집국에 틀어박혀 있는 것보다는 시내 한복판에서 그 사건이 어떤 식으로 진행될지 보고 싶었던 것이다. 몇 분 뒤, 내가 잘 알고 지내던 주 정부 언론 담당 관리 하나가 내 테이블에 앉았는데, 당시 나는 그가 내 행동을 제지할 임무를 띠고 있다는 생각 같은 것은 하지 못하고 있었다. 아무것도 모르는 상태로 그와 반 시간 정도 대화를 나누었는데, 그가 가겠다며 자리에서 일어났을 때 그 거대한 아이스크림 가게가 나도 모르는 사이에 텅 비어 있었다. 그는 내 눈길을 따라잡더니 시간을 확인했다. 1시 10분이었다.

"걱정할 것 없소." 그가 안도의 한숨을 내쉬며 내게 말했다. "아무 일도 일어나지 않았소."

실제로 정부의 폭력에 실망한 자유파의 핵심 지도자들은, 어떤 대가를 치르더라도 권력을 유지할 준비를 하고 있던 보수당 정권이 국내 전반에 걸쳐 자행한 무모한 살육에 종지부를 찍기 위해 민주적인 군

고위 인사들과 이미 합의를 해 놓은 상태였다. 그 군인들 대부분은 오스삐나 뻬레스 대통령과 맺은 협약을 통해 평화를 얻기 위한 4월 9일자 교섭에 참여했는데, 20개월 정도 지났을 무렵에 비로소 자신들이 엄청난 속임수의 희생자들이었다는 사실을 뒤늦게 깨닫게 되었다. 그날의 좌절된 거사는 자유당 정권에서 국방부 장관을 역임한 이래 군대 내부와 돈독한 관계를 유지하고 있던 쁠리니오 멘도사 네이라를 통해, 자유당 지휘부의 까를로스 예라스 레스뜨레뽀 의장의 승인을 받았었다. 멘도사 네이라가 협력한 거사는 국내에 퍼져 있는 같은 당 고위급 동지들의 비밀스러운 협조에 힘입어 그날 새벽 공군 비행기가 대통령궁을 폭격함으로써 시작되리라 예상되었다. 그 작전은 까르따헤나와 아뻬아이에 있는 해군 기지들의 도움과 국내 대부분의 군 경비대들의 도움, 그리고 국가적 화해를 위한 시민 정부를 설립하기 위해 권력을 쟁취하기로 결정한 노동조합들의 도움을 받고 있었다.

작전에 돌입하기 이틀 전, 전임 대통령 에두아르도 산또스가 보고타 소재 자택에서 그 계획을 마지막으로 검토하기 위해 자유파 고위 공직자들과 쿠데타 지도자들을 소집했다는 사실은 작전이 실패로 끝난 뒤에야 알려졌다. 토론을 하는 과정에서 누군가 의례적인 질문을 했다.

"유혈이 낭자한 참사가 일어날까요?"

아니라고 대답할 만큼 천진난만하거나 냉소적인 사람은 아무도 없었다. 다른 지도자들은 그런 사태가 발생하지 않도록 최선의 수단들을 강구했다고 설명했으나, 예기치 않은 사태를 막을 만한 마술과 같은 대책들은 존재하지 않았다. 자신들이 꾸미는 음모의 규모에 놀란 자유파 지도부는 토의도 거치지 않은 채 작전 취소 명령을 하달했다. 취소

명령을 제때에 전달받지 못한 수많은 가담자들은 작전을 실행했다가 체포되거나 사망했다. 다른 사람들은 멘도사에게 권력을 잡을 때까지 독자적으로 추진하라고 충고했다. 멘도사는 정치적인 이유보다는 윤리적인 이유 때문에 그렇게 하지 않았으나, 모든 가담자들을 제지할 만한 시간도 수단도 없었다. 베네수엘라 대사관으로 피신한 그는 궐석 재판을 통해 내란 선동죄로 20년 감옥형을 선고한 군법 회의의 손아귀에서 벗어나, 까라까스에서 4년 동안 망명 생활을 할 수 있었다. 권력을 쥐고 있던 보수당이 남긴 가공할 만한 결과에 대해, 즉 30만 명이 족히 넘는 사망자 때문에 멘도사 자신이 까라까스에서 망명 생활을 한 것에 대해 평생 후회했다는 사실을 그로부터 52년 뒤 내가 그의 허락 없이 쓰려고 했을 때는 내 손의 맥박조차 뛰지 않았다.

그 당시는 내게도 나름대로 중요한 때였다. 2개월 전, 법과대학 3학년을 낙제했고,《엘 우니베르살》과 맺은 계약도 끝내 버렸다. 둘 가운데 어느 곳에서도 내 미래를 기약할 수 없었기 때문이다. 공식적인 변명은 당시 막 시작하고 있던 소설을 쓰기 위한 자유 시간을 내기 위해서였다. 물론 내가 막 소설을 쓰기 시작했다는 사실은 진실도 거짓도 아니라는 점을 익히 알고 있었다. 또 소설을 쓰겠다는 계획은 수사학적 방식만 결정하면 금방 가시화될 것 같았는데, 포크너를 이용하는 법을 안다는 것은 최소한의 강점에 불과할 뿐, 오히려 내가 경험이 일천하다는 것이 엄청난 약점이라는 사실을 내심 알고 있었다. 나는 자신이 쓰고 있는 단편소설들과 (그 본질을 드러내지 않은 채) 유사한 얘기들을 한다는 것은 구상과 글쓰기의 중요한 부분이라는 사실을 이내 배웠다. 하지만 그것은 그 당시 중요한 사안이 아니었고, 나는 보여 줄 뭔가가 부족했기 때문에, 내 이야기를 들어 주는 사람들을 즐겁게 만들고 나 스스로를 속이기 위해 구연 소설 하나를 창작했다.

그렇게 나는 생각날 때마다 40쪽 미만의 단편소설을 찔끔찔끔 써 놓았는데, (내 머릿속에서는) 잡지들이나 신문들에 언급이 되고, 가상의 독자들에 의해 아주 사려 깊고 멋진 비평들이 미리 발표되기까지 했던 그 계획을 전면적으로 재고할 수밖에 없었다. 본질적인 측면에서 보자면, 쓰고자 하는 단편소설들과 유사한 얘기들을 하는 이런 습관이 생긴 이유는 비난이 아니라 동정을 받아 마땅하다. 글을 쓰는 데서 비롯되는 공포는 글을 쓰지 않는 데서 비롯되는 공포와 마찬가지로 견딜 수 없는 것일 수 있기 때문이다. 게다가 나의 경우, 실제로 발생한 사건을 이야기하는 것은 불운을 불러온다고 인식하고 있다. 가끔은 말로 하는 이야기가 글로 써진 이야기보다 더 좋을 수 있다는 사실로 나를 위안시키는데, 우리는 그런 사실도 모른 채 문학이 필요로 하는 새로운 장르 하나를 바야흐로 만들어 내고 있는 것 같다. 그것은 바로 픽션에 관한 픽션이다.

진짜 확실한 사실은 내가 어떻게 살아가고 있는지 나 자신도 잘 모르고 있었다는 것이다. 수끄레에서 요양을 하면서 내가 내 삶의 어느 부분을 살고 있는지 모른다는 사실을 깨닫게 되었으나, 내가 내 의지대로 결정할 자유를 택했을 때 어머니 아버지가 자살하지 않도록 두 사람을 설득하기 위한 훌륭한 방향도 그 어떤 새로운 논거도 획득할 수 없었다. 그래서 나는 까르따헤나로 돌아가기 전, 어머니가 내게 준 우리 집 생활비 200뻬소를 들고 바랑끼야로 갔다.

1949년 12월 15일, 나는 잊을 수 없는 라쪼레 씨를 전송하러 갔다가, 5월의 그 밤을 함께 보낸 이후 얼굴을 보지 못하고 지내던 친구들을 만나기 위해 오후 5시에 문도 서점으로 들어갔다. 나는 갈아입을 옷 한 벌과 책 몇 권, 그리고 초벌 원고들이 들어 있는 가죽 서류 가방을 넣은 비치백 하나만 들고 있었다. 서점에 들어온 지 몇 분이 지나자 모든 친구들이 앞서거니 뒤서거니 서점으로 들어왔다. 뉴욕에 있던 알바로 세뻬다를 제외하고 모두 여전히 시끌벅적하게 나를 맞이해 주었다. 다들 모이게 되자 술을 마시러 자리를 옮겼다. 서점에 붙어 있는 꼴롬비아 카페가 아니라 절친한 친구들끼리 모일 때 이용하는 길 건너편 하뻬 카페였다.

그날 밤, 아니 그 당시 나는 내 삶의 방향을 찾지 못하고 있었다. 특이한 것은 그 방향이 나를 바랑끼야로 인도할 수 있다는 생각을 전혀 하지 못했다는 것인데, 내가 바랑끼야에 갔던 이유는 문학에 관해 이야기하고, 수끄레에 있을 때 책을 보내 준 것에 대해 직접 감사를 표하기 위해서였다. 문학에 관한 얘기는 서로 충분히 오갔으나, 책을 보내 준 것에 감사를 표하는 문제는 여러 번에 걸쳐 시도했건만 전혀 할 수 없었다. 우리 그룹 친구들은 서로에게 고맙다는 인사를 주고받는 습관에 신성한 공포를 지니고 있었기 때문이다.

헤르만 바르가스가 그날 밤 예고도 없이 열두 사람을 식사에 초대했다. 초대받은 사람들에는 저널리스트들에서 시작해, 화가, 공증인, 그리고 전형적인 바랑끼야 출신 보수주의자로 자기만의 독특한 인식과 지배 방식을 지니고 있던 주지사까지 모든 인사들이 망라되어 있었다. 참석자 대부분은 자정이 넘자 자리를 뜨고, 나머지도 뿔뿔이 흩어져서 마침내 알폰소, 헤르만, 그리고 나만 주지사와 함께 남아 있게 되었다. 주지사는 우리가 사춘기 시절 새벽녘에 항상 그랬던 것처럼 비교적 멀쩡한 정신 상태를 유지했다.

그날 밤의 기나긴 대화에서, 나는 주지사의 입을 통해, 유혈이 낭자

하던 시절 주지사 자신을 포함해 그 도시를 지배하던 사람들의 성향에 관해 놀랄 만한 교훈 하나를 얻었다. 그는 그 야만적인 정치가 유발한 폐해들 가운데 가장 가공할 만한 것은 집도 먹을 것도 없이 각 도시들로 피난 온 엄청난 사람들이라고 평가했다.

"이런 식으로 가면, 다음에 이루어지는 선거들에서는 우리 당이 무기의 도움을 받아 반대파를 물리치고 절대 권력의 주인이 될 것이오." 그가 단정했다.

유일한 예외는 바랑끼야였는데, 바랑끼야 지역 보수파들이 공유하던, 그리고 그 도시를 태풍의 눈 속에 있는 피난처로 만들었던 정치적 공생 문화 때문이라는 것이었다. 내가 주지사의 말에 윤리적인 반론을 제기하려 했을 때, 그는 한 번의 손짓으로 내 말문을 닫아 버리더니 이렇게 말했다.

"미안하오. 이건 우리가 이 나라 주변부에서 살아가고 있다는 의미가 아니오. 그 반대로, 우리는 우리가 추구하는 그 평화주의 때문에 국내에서 일어나고 있는 사회적 비극이 슬금슬금 뒷문을 통해 이곳으로 들어오도록 허용해 버렸고, 지금 우리는 이 안에서 그 사회적 비극과 함께 살고 있는 것이오."

그때 나는, 가장 비참한 상태에 처해 있던 내륙 지방에 5,000명에 이르는 피난민이 발생했는데도, 문제가 불거지지 않도록 그들을 복귀시킬 방법을 알거나 그들을 숨겨 줄 만한 곳을 아는 사람은 아무도 없다는 사실을 깨닫게 되었다. 도시가 생기고 처음으로 군 순찰대가 들어와 가장 위태로운 곳에 초소를 설치했다. 군 순찰대의 활동은 모든 시민에게 포착되었지만 정부는 그 사실을 부인하고 있었고, 언론 검열단은 언론이 그 사실을 공포하는 것을 금지하고 있었다. 새벽녘이 되었을 무렵, 우리는 주지사를 질질 끌다시피 해 집에 보내고 나서, 날새기 꾼들이 아침 식사를 하는 식당 춥 수웨이로 갔다. 알폰소가 길모퉁이에 있는 노점에서 《엘 에랄도》 세 부를 샀다. 사설란에는 '퍽'이라는 필명으로 쓴 기사가 실려 있었다. 그 필명은 알폰소 자신의 것으로, 격일로 실리는 칼럼이었다. 기사 내용은 단순히 나에 대한 안부 인사였으나, 헤르만은 그 기사에 내가 비공식적인 휴가를 얻어 그곳에 머물고 있다고 씌어 있다며 알폰소를 놀려 댔다.

"환영 인사를 쓰고 나서 얼마 되지 않아 또 작별 인사를 쓰지 않도록 이 친구가 여기서 영영 살게 될 거라고 썼더라면 훨씬 더 좋았을 뻔 했어. 그렇게 하는 게 《엘 에랄도》처럼 인색한 신문이 낭비를 덜하는 거잖소."

그 말을 들은 알폰소는 진지한 태도를 보이며 자기 섹션을 다른 칼럼니스트가 맡아 쓰는 것도 나쁘지는 않을 거라 생각한다고 했다. 하지만, 헤르만은 첫새벽 여명이 비치는 가운데 거침없는 농담을 쏟아 냈다.

"이미 칼럼니스트 넷이 있으니, 이 친군 다섯 번째가 되겠군."

나 역시 그 칼럼을 맡아 보고 싶은 마음이 있었기 때문에 친구들이 적극 추천을 하면 알폰소에게 그렇게 하겠다고 대답하고 싶었지만, 그 누구도 내게 그렇게 하라고 말하지 않았다. 그 얘기는 더 이상 나오지 않았다. 그럴 필요도 없었다. 알폰소 자신이 신문사 경영진과 이미 얘기를 해 놓았고, 경영진은 허세가 심하지 않은 훌륭한 사람이라면 새 칼럼니스트로 채용하는 것도 좋을 것 같다는 견해를 피력했다는 말을 그날 밤 내게 했기 때문이다. 어찌 되었든, 정초가 지난 뒤까지도 그들은 아무것도 해결할 수 없었다. 그래서 나는, 2월에 신문사에서 일을 맡길 수 없다는 대답을 할지라도, 일을 핑계로 그곳에 머물러 있었다.

7

 그렇게 해서 1950년 1월 5일, 바랑끼야의 《엘 에랄도》 사설란에 내 첫 번째 기사가 실렸다. 《엘 우니베르살》에 근무할 때처럼 혹시 일이 틀어질 경우 내 몸을 온전히 보전하기 위해 내 기사에 실명을 기재하고 싶지 않았다. 필명에 관해서는 두 번 다시 생각하지 않았다. 버지니아 울프의 『댈러웨이 부인』에 등장하는 전쟁 신경증 환자 셉티머스 워렌 스미스의 이름에서 따온 '셉띠무스'로 정했다. 칼럼 제목 「라 히라파」는 수끄레에서 벌어진 댄스파티들에서 나의 유일한 춤 파트너였던 여자의 비밀스러운 별명으로, 나 혼자만 알고 있던 것이었다.
 1월에는 그해 어느 때보다 바람이 많이 불었다. 새벽녘까지 부는 바람이 휩쓸고 지나가는 거리를 걷는다는 것은 거의 불가능했던 것 같다. 아침에 일어나면, 잠과 닭장을 휩쓸어 가 버리고 지붕의 양철 판지를 날아다니는 단두대로 변모시키며 밤새 불어 대는 광풍의 피해가 어느 정도인가에 대해 주로 이야기를 나눴다.

지금 생각해 보면 그 광풍들이 메마른 과거를 휩쓸어 가 내게 새 삶의 문을 활짝 열어 주었던 것 같다. 바랑끼야 그룹 친구들과 나의 관계는 재미나 추구하는 관계를 넘어 전문가적 협력 관계로 변했다. 처음에는 우리가 쓰고자 하는 테마들에 관해 얘기하거나, 전혀 학자답지는 않았으나 절대로 잊을 수 없는 소견들을 교환했다. 내가 결정적인 소견을 들은 것은, 어느 날 아침 내가 하뻬 카페에 들어섰을 때 헤르만 바르가스가 그날 자 신문에서 오린 「라 히라파」를 말 없이 다 읽고 나서였다. 그룹의 다른 멤버들은 카페 안 담배 연기를 더욱더 짙게 만들던 일종의 경건한 공포를 느끼며 테이블 주변에서 헤르만의 평가를 기다리고 있었다. 칼럼을 다 읽고 난 헤르만은 내게 눈길 한 번 주지 않은 채 말 한 마디 없이 칼럼이 실린 신문 종이를 쫙쫙 찢더니, 재떨이 속 담배꽁초와 타고 남은 성냥 꼬투리들 사이로 던져 버렸다. 모두 입을 꽉 다물었고, 테이블의 분위기가 얼어붙은 것 같았다. 그 문제에 관해서는 다들 입도 벙긋하지 않았다. 하지만 그때의 교훈은, 게으름이나 조급함 때문에, 어려운 상황에서 빠져나갈 수 있는 구태의연한 단락 하나를 쓰고 싶은 유혹이 엄습할 때마다 나를 다그친다.

내가 거의 1년 동안 살았던 싸구려 호텔의 소유주들이 결국 나를 한 가족처럼 여기게 되었다. 당시 내 재산은 케케묵은 샌들과 샤워실에서 빨아 입던 옷 두 벌, 그리고 4월 9일 소요 사태가 발생할 때 보고타의 고급 찻집에서 훔친 가죽 서류 가방이었다. 쓰고 있던 원고들을 모조리 집어넣은 그 가방을 어디든지 들고 다녔는데, 잃어버리면 절대 안 되는 유일한 물건이었다. 열쇠를 일곱 개나 잠글 정도로 안전한 은행 금고라 해도 그 가방을 맡기지는 않았을 것이다. 까르따헤나에 도착해 처음 며칠 밤 동안 가방을 맡긴 유일한 사람은 바로 은밀한 성격을 지닌 호텔 수위 라시데스였다. 그가 호텔 방 값으로 내 가방을 압류했었다. 그는 타자기로 글자들이 써 있는, 수정 문자들과 표시들이 어지럽게 있는 기다란 종이 조각들을 유심히 바라보더니, 가방을 카운터 서랍 속에 보관했다. 다음날 나는 약속한 시각에 가방을 되찾았다. 그 후 내가 계속해서 아주 정확하게 돈을 갚았기 때문에 그는 사흘치 방값으로 가방을 저당 잡기도 했다. 그와 나 사이에 맺은 합의가 아주 진지해진 덕분에 어떤 때는 그에게 저녁 인사만 간단하게 하고 별 말 없이 서류 가방을 카운터에 올려놓고는, 내 손으로 카운터 열쇠판에 걸려 있는 열쇠를 집어 내 방으로 올라가기도 했다.

나의 빈곤한 상태를 잘 알고 있던 헤르만은 내가 잠잘 곳조차 없다는 사실을 알고 난 뒤부터 늘 방 값 1뻬소 반을 슬그머니 내게 건네주었다. 그가 어떻게 해서 내 사정을 알게 되었는지 전혀 눈치 채지 못했다. 나는 품행을 방정하게 한 덕분에 호텔 직원들의 신뢰를 받았고, 샤워를 할 때 어린 창녀들이 내게 비누를 빌려 주기에까지 이르렀다. 호텔 주인이자 여왕처럼 행세하는 까딸리나 라 그란데는 별 같은 유방과 박 같은 머리를 지닌 여자였다. 바로 그녀가 창녀들을 지휘하고 있었다. 그녀의 기둥서방인 호나스 산 비센떼는 물건을 훔치러 들어온 강도가 금이빨들을 빼 가기 전까지만 해도 고급 트럼펫 연주자였다. 몸이 상하고, 공기를 불어넣을 풀무도 없는 상태가 된 그는 직업을 바꾸어야 했고, 자신의 6인치짜리 몽둥이를 써 먹기에는 까딸리나 라 그란데의 황금 침대보다 더 좋은 것이 없었다. 그녀 또한 몸에 은밀한 보물을 지닌 덕분에 강나루에서 비참한 새벽을 맞이하던 여자의 처지에서 2년 만에 큰 마담의 권좌에 오를 수 있었다. 운 좋게도 나는 친구들을 행복하게 만들어 주는 두 사람의 재주와 후덕한 손 덕을 보게 되었다. 하지만 늘 단돈 1페소 반도 없는 처지인 나를, 남부러울 것 없이 멋진 사람들이 관용 리무진을 타고 와 데려가는 이유가 무엇인지 두 사람은 결코 이해하지 못했다.

그 당시 일어난 또 하나의 즐거운 사건은 결국 내가 택시 기사 모노게라의 유일한 조수가 되었다는 것이다. 피부가 어찌나 하얗던지 백피증 환자처럼 보이는 사람이었는데, 아주 영리하고 친절해서 선거 운동도 하지 않았는데도 명예 시의원으로 선발되었다. 홍등가에서 그가 맞이하는 새벽들은 영화 같았다. 그가 흥미진진한 기행으로 새벽들을 풍요롭게, 가끔씩은 미칠 지경에 이르게 만들었던 것이다. 그는 어느 날 밤에 시간이 많다고 내게 일러 주었고, 우리는 우리 아버지들과 우리 아버지들의 아버지들이 자식들을 만드는 법을 배웠던 그 광란의 홍등가를 쏘다녔다.

내가 그토록 단순한 삶 속에서 예기치 않은 무기력증에 빠져들게 된 이유가 무엇인지 결코 알 수 없었다. 약 6개월 전에 시작해 집필 중에 있던 내 소설 『집』은 무미건조한 익살처럼 생각되었다. 소설을 쓰는 것보다는 소설에 관한 말을 더 많이 하던 내가 그나마 최소한의 일관성을 유지하며 써 나갔던 것은, 내가 아직 본격적인 테마를 잡지 못하고 있을 때 「라 히라파」와 《끄로니까》에 앞서거니 뒤서거니 발표한 장편(掌篇)들뿐이었다. 동료들이 다들 각자의 집으로 쉬러 가고 나 혼자 남게 되는 주말이면, 나는 텅 빈 도시에서 극심한 권태와 외로움에 젖어 있었다. 절대 빈곤 상태에서 메추라기처럼 소심하게 지냈는데, 구제 불능의 교만과 야만적인 솔직함을 무기로 그런 상태에 반항하려 애썼다. 나 스스로 어느 곳에도 속하지 못하는 사람이라 느끼고 있었기 때문에 내 지인 몇은 내 상태가 몹시 심각하다는 사실을 내게 일깨워 주기까지 했다. 이런 현상은《엘 에랄도》편집국에서 더 심각하게 드러났다. 사무실 한쪽 구석에 떨어져 앉은 나는 대화도 나누지 않았고, 구제가 불가능한 고독 속에서 쉼 없이 피워 대는 싸구려 담배의 진한 연기에 휩싸여 무려 열 시간 동안 계속 글을 썼다. 아주 빠른 속도로, 많은 경우에는 동틀 무렵까지 썼다. 글은 가죽 서류 가방에 넣어 가지고 다니던 인쇄용 두루마리 종이에 썼다.

그 며칠 동안 몹시 부주의하게 지냈고, 그러던 어느 날 택시에서 서류 가방을 분실하고 말았다. 운이 없기 때문에 일어난 불상사라 자위하며 별 고통 없이 받아들였다. 가방을 되찾기 위해 애를 쓰지도 않았는데, 오히려 나의 무관심에 놀란 알폰소 푸엔마요르가 내 섹션 밑에 작은 기사 하나를 실어 주었다. "지난 토요일 한 대중교통 수단 안에서 서류 가방 하나가 주인을 잃었습니다. 가방의 주인과 이 섹션의 필자가 우연스럽게도 동일 인물이라는 점을 고려할 때, 습득하신 분이 우리 두 사람 가운데 누구에게라도 연락해 주시면 대단히 감사하게 생각하겠습니다. 서류 가방에는 돈이 될 만한 물건은 전혀 없고, 미발행 「라 히라파」 칼럼 원고들이 들어 있을 뿐입니다." 이틀 뒤 누군가가 《엘 에랄도》수위실에 내 원고들만 놓고 갔는데, 초록색 잉크에 멋진 글씨체로 철자법 세 군데가 고쳐져 있었다.

신문사에서 받는 급료는 하숙집으로 이용하던 호텔 방 값을 치르기도 빠듯했으나 나는 가난의 심연을 전혀 중요시하지 않았다. 방 값을 치를 수 없었던 많은 경우, 나는 실제 모습 그대로, 즉 밤에 볼리바르 산책로를 떠돌아다니는 외로운 남자로서 로마 카페에 가서 책을 읽었다. 혹 내가 아는 사람이 눈에 띄기라도 하면 멀리서 인사를 건네고는 내 단골 자리에 가 앉았고, 많은 경우 아침 햇살이 나를 놀래킬 때까지 책을 읽었다. 그 당시까지도 나는 체계적인 독서법도 제대로 갖추지 못한 채 닥치는 대로 끊임없이 책을 읽어 대는 습관을 갖고 있었다. 좋은 시건 나쁜 시건, 유독 시를 많이 읽었다. 나쁜 시들을 읽고 기분이 몹시 상해 있을 때라도 나쁜 시들이 조만간에 좋은 시들로 이어진다는 확신을 지니고 있었기 때문이다.

「라 히라파」에 실린 내 기사들은 내가 대중문화에 아주 민감하다는 점을 드러냈으나, 내 단편소설들은 국적 불명의 누군가에 의해 쓰인 카프카적 수수께끼들처럼 보였다. 하지만, 내 실제 마음 상태는 콜롬비아에서 발생한 극적인 사건이 내게 아득한 메아리처럼 들릴 정도로 무감각했고, 그 사건이 피로 이루어진 강으로 넘쳐날 지경에 이를 때에야 비로소 내 마음을 움직였을 뿐이다. 나는 피우고 있는 담배를 다 피우기도 전에 다른 담배에 불을 붙여 천식에 걸린 사람이 숨을 들이마시듯 삶의 갈망과 더불어 담배 연기를 들이마셨다. 하루 세 갑에 이르는 담배 때문에 손톱이 누렇게 변하고, 내 젊음을 교란시키는 기침을 늙은 개처럼 해 댔다.

간단히 말해, 나는 정통 카리브 출신답게 소심한 사람이었고, 나의 내밀한 삶에 욕심이 많아서 누가 내 속마음을 캘라치면 빙빙 돌려 대답하기 일쑤였다. 나는 내 불운이, 무엇보다도 여자와 돈에 관한 한, 타고난 것이고 대책이 없다는 사실을 잘 알고 있었으나, 운이 좋다고 해서 글이 잘 써지는 것은 아니라고 믿고 있었기 때문에 크게 괘념하지 않았다. 아주 젊은 나이에 객사할 거라 확신하고 있어서, 명예도 돈도 늙는다는 것도 별로 중요하지 않았다.

아라까따까의 집을 팔기 위해 어머니와 함께한 여행이 나를 그런

나락으로부터 구해 주었고, 새로 쓰고 있던 소설에 대한 믿음이 새로운 미래의 지평을 내게 열어 주었다. 그 여행은 내가 살아오면서 한 수많은 여행들 가운데 내 삶에 가장 결정적인 영향을 미쳤다. 내가 쓰려던 책이 어떤 시적 진실에 기반하지 않은, 순전히 수사학적 발명이라는 사실을 체감하도록 만들어 주었기 때문이다. 물론, 그 계획은 그 계시적인 여행에서 현실과 맞닥뜨리게 되면서 산산조각이 나 버렸다.

내가 꿈꾸고 있던 서사시의 모델은 바로, 어떤 것의 주인공도 아니고 희생자는 더더욱 아닌, 모든 것의 무의미한 증인이자 희생자였던 내 자신의 가족이 될 수밖에 없었다. 인위적인 수단에 의거해 글을 쓰는 것은 이제 더 이상 소용없다는 것이 드러난 마당에, 그동안 잘 알지도 못한 채 나를 질질 끌고 다녔고 외할아버지 집에 고스란히 남아 나를 기다리고 있던 그 감정적 부담을 해결하는 것이 중요했기 때문에, 나는 여행에서 돌아온 바로 그 순간부터 그 서사시를 쓰기 시작했다. 그동안 가장 올바른 글쓰기 방법을 찾기 위해 많은 시간을 쓰고 많은 노력을 기울였다고는 해도, 그 마을의 뜨겁게 달아오른 모래를 처음으로 밟고 지나간 때부터, 내 방법이 쓸쓸하고 향수 어린 그 지상 낙원에 관해 이야기하기에 가장 행복한 방법은 아니라는 사실을 깨달았다. 막 출간되려는 순간에 있던 《끄로니까》와 관계된 골치 아픈 문제들은 장애가 아니라 오히려 그 반대였다. 나의 조바심을 적절하게 제어해 주었기 때문이다.

내가 가족을 소재로 삼은 서사시를 쓰기 시작한 지 몇 시간 뒤 창작열기에 휩싸여 있던 나를 발견한 알폰소 푸엔마요르를 제외한 나머지 친구들은 그 후로도 오랫동안 내가 그 『집』을 계속해서 쓰고 있는 것이라 믿고 있었다. 나는 내가 대작이나 되는 것처럼 수없이 떠벌리고 다닌 구상 하나가 실패했다는 사실을 들키지 않을까 하는 유치한 두려움을 갖고 있었기 때문에 그런 오해가 발생했다고 생각했다. 하지만, 내가 무슨 작품을 쓰고 있는지 아무도 모르게 하기 위해서는 어떤 이야기를 하면서 실제로는 다른 이야기를 써야 한다는, 지금도 간직하고 있는 미신 때문에 일부러 사실을 밝히지 않았다. 무엇보다도, 마땅히 말해야 될 것 이상은 말하고 싶어하지 않은 소심한 작가들에게는 결국 위험한 픽션 장르가 될 수 있는 신문 인터뷰 기사에서는 더욱더 그랬다. 그럼에도 불구하고, 돈 라몬이 바르셀로나로 떠난 지 몇 개월 뒤 헤르만 바르가스가 그에게 보낸 어느 편지에서 "가비또가 『집』 집필 계획을 포기하고 다른 소설에 몰두하고 있는 것으로 생각됩니다."라고 썼던 것으로 보아, 그 귀신 같은 머리로 내가 다른 소설을 쓰고 있다는 사실을 알아차렸음에 틀림없었다. 물론 돈 라몬은 바르셀로나로 떠나기 전 그 사실을 알고 있었다.

새 책 첫 줄을 쓸 때부터 그 책이 1928년 바나나 재배 지역에서 발생한 학살 사건에서 살아남은 일곱 살짜리 소년의 기억에 기반을 두어야 한다는 확신을 지니고 있었다. 하지만, 곧 이런 구상을 바꾸어 버렸다. 서사에 필요한 충분한 시적 수단들이 갖춰지지 않은 상태에서 이야기가 한 등장인물의 시각에 한정되기 때문이었다. 당시 나는 스무 살 때 만용을 부려가며 『율리시스』를 읽고 나중에 『소리와 분노』를 읽은 것이 미래 없는 두 가지 설익은 무모함이었다는 생각을 하게 됨으로써, 앞으로는 덜 편향된 시각으로 그 책들을 다시 읽기로 작정했다. 실제로, 조이스와 포크너의 작품에서 과거에는 현학적이거나 난해하게 보였던 많은 것들이 다시 읽었을 때는 으리으리할 정도로 아름답고 소박하게 드러났다. 나는 죽어 가는 사람을 중심으로 중첩되어 있는 한 가족 전체의 회상을 다룬 포크너의 『내가 죽어 누워 있을 때』와 같은 방식을 취함으로써, 그리스 극의 코러스처럼 주인공의 독백을 온 마을 사람들의 목소리를 통해 다양화할 생각이었다. 포크너의 작품에서처럼, 매 대사 앞에 화자들의 이름을 일일이 열거하는 단순한 방법을 반복할 능력이 내게는 있지 않다고 느꼈으나, 할아버지와 어머니와 소년 이 세 사람의 목소리만은 이용해 보고 싶은 생각이 들었다. 그들의 서로 다른 어조와 운명은 그 자체로도 구분될 수 있을 정도였다. 그 소설에 등장하는 할아버지는 내 외할아버지처럼 애꾸눈은 아니나 절름발이였고, 어머니는 자폐 증세가 있으나 내 어머니처럼 영리했으며, 소년은 내가 그 나이에 항상 그랬던 것처럼 뭔가에 놀란 듯한 태도에 사색에 잠긴 듯 꼼짝도 하지 않는 인물로 설정될 예정이었다. 창조적인 발견이었다고 말할 수는 없고 그저 기교적인 장치일 뿐이었다.

새 책을 쓰는 동안에도 작품에 근본적인 변화가 없었고, 죽을 때까지 계속해서 고치는 해악이나 다름없는 습관에 의해 초판이 발행된 지 약 2년 동안 몇 가지를 삭제하고 고친 것을 제외하고는 원본과 다른 판도 없었다. 내가 과거에 구상해 둔 것과는 완연하게 달라진 마을은, 내가 어머니와 함께 아라까따까로 되돌아갔을 때 현실 속에 구체화해 놓았던 것이었으나, 그 마을의 이름은 (대단한 현자 돈 라몬이 내게 지적해 주었다시피) 소설에 사용하기 위해 내가 찾던 신화적 분위기가 결핍되어 있었기 때문에 바랑끼야라는 이름처럼 설득력이 없어 보였다. 그래서 나는 내가 어렸을 때부터 알고 있었음에 틀림없는 바로 그 이름으로 부르기로 결정했으나, 그 이름이 지닌 마술적 특성은 그 당시까지 내게 드러난 적이 없었다. 그 마을 이름은 마꼰도였다.

그 당시 내 친구들에게 아주 친숙했던 '집'이라는 제목이 내가 새롭게 구상하던 것과는 전혀 관계가 없었기 때문에 제목을 바꾸어야 했다. 작품을 써 가면서 떠오르는 제목들을 학교에서 사용하는 공책에 적어 놓는 실수를 범하고 말았는데, 무려 80개가 넘었다. 결국 초고가 거의 끝나 가고 있을 때, 그러니까 저자 서문을 써 보고 싶은 유혹이 들었을 때, 초고 안에서 그 제목을 어렵지 않게 찾을 수 있었다. 그 제목은 일말의 귀족적인 자존심을 유지하고 있던 외할머니가 유나이티드 프루트 컴퍼니가 떠나고 난 뒤의 황폐한 광경을 빗댄 것으로, 경멸적이면서 연민이 섞인 제목으로 내 눈앞에 떠올랐다. 바로 『낙엽』이었다.

내가 그 소설을 쓰는 데 강렬한 자극이 되었던 작가들은 미국 소설가들이었다. 특히, 수끄레에 머물 때 바랑끼야 친구들이 보내 준 책들의 작가들이 그랬다. 무엇보다도, 미국 최남부 지방 문화와 카리브 문화 사이에서 내가 찾던 온갖 종류의 유사성이 나를 자극했다. 나와 카리브 문화는 내가 인간으로서 작가로서 나를 형성하는 데 절대적이고, 근본적이고, 대체할 수 없는 동일성을 지니고 있다. 이런 사실을 알게 된 이후로, 현자들의 책을 읽는 재미도 대단했지만, 과연 그런 책들은 어떻게 써져 있는지 발견하고자 하는 탐욕스러운 호기심 때문에 정통적인 장인 소설가처럼 책을 읽기 시작했다. 처음에는 처음부터 제대로 읽고, 나중에는 거꾸로 읽었으며, 책의 구조 속에 가장 은밀하게 숨어 있는 미스터리들을 알아낼 때까지 일종의 외과적 수술을 통해 내장을 샅샅이 들어냈다. 지금까지도 하나의 작업 도구에 불과할 뿐인 내 서재에서, 나는 즉각적으로 도스토옙스키 한 장을 참고하거나, 줄리우스 카이사르의 간질, 자동차 카뷰레터의 기능에 관한 정확한 자료를 찾을 수 있다. 또한 자신을 방어할 능력이 없는 내 등장인물들 가운데 누군가가 필요한 경우 이용할 수 있도록, 완벽한 살인을 실행할 수 있는 살인 교본도 한 권 지니고 있다. 나머지는 내 독서를 지도해 주고 필요한 때 내가 읽어야 할 책들을 내게 빌려 준 친구들이 맡아 주었다. 그들은 내 작품들이 출판되기 전에 원고를 가혹할 정도로 철저하게 읽고 비판해 주었다.

 그런 예들이 나로 하여금 자신에 대해 새롭게 인식하도록 만들었고, 주간지 《끄로니까》를 발행하겠다는 나의 계획은 날개를 달게 되었다. 넘을 수 없을 것 같은 장애들에도 불구하고, 사기가 충천했던 우리는 엘리베이터도 없는 건물 3층에 사무실을 마련하기에 이르렀다. 그 건물은, 새벽부터 오후 7시까지 시끌벅적한 시장이 서는 산 블라스 거리에서 먹거리를 파는 여자들이 질러 대는 소리와 무법 버스들 사이에 둘러싸여 있었다. 사무실은 우리가 겨우 들어갈 수 있을 정도의 공간이었다. 아직 전화도 가설되어 있지 않았고, 에어컨은 주간지를 출판하는 비용보다 더 많은 돈이 들어갈 환상 같은 것이었다. 푸엔마요르는 언제 시간을 냈는지 너덜너덜한 백과사전들과 여러 언어로 되어 있는 신문 스크랩, 그리고 특이한 사업들에 관한 뛰어난 안내서들을 이미 사무실에 채워 놓았다. 그의 발행인용 책상에는 어느 대사관에 화재가 발생했을 때 죽음을 무릅쓰고 구해 낸, 역사적인 언더우드 백과사전도 있었는데, 지금은 바랑끼야의 로만띠꼬 박물관의 보물이 되어 있다. 나머지 하나밖에 없는 책상은 내가 차지하고 있었다. 책상 위에는 신임 편집장이라는 지위를 이용해 《엘 에랄도》에서 빌린 타자기 한 대가 놓여 있었다. 알레한드로 오브레곤, 오를란도 게라, 알폰소 멜로가 그림을 그릴 수 있는 제도용 탁자도 있었다. 그 유명 화가 셋은 잡지에 공짜로 삽화를 그려 주는 것으로 주간지 발간 작업에 협조하기로 공정한 판단하에 약조를 했고, 천성적인 관대함과 우리가 우리 자신에게조차 지불할 돈 한 푼 없는 실정이었기에 그들은 약속한 바대로 실행했다. 헌신적이고 자기 희생적인 사진 기자는 끼께 스꼬뻴이었다.

나는 고유 업무인 편집 일 외에도 식자·조판 업무를 감독하고, 네덜란드 사람처럼 서투른 내 문법 실력에도 불구하고 교정원을 돕기로 했다. 칼럼「라 히라파」를 계속해서 쓰겠다고《엘 에랄도》와 맺은 약속을 여전히 지키고 있었기 때문에《끄로니까》에 정기적으로 기고할 시간이 충분하지 않았다. 그럼에도 새벽녘의 한가한 시간을 쪼개 단편소설을 썼다.

모든 장르에 전문가였던 알폰소는 자기 믿음의 무게 중심을 탐정 소설에 실었다. 그는 탐정 소설에 불타는 열정을 지니고 있었다. 그가 탐정 소설들을 선정하거나 번역하는 일을 맡았고, 나는 그 결과물을 다듬거나 편집하는 단순한 일을 맡았는데 그 일은 내 개인 작업을 위해서도 소용될 것 같았다. 그 작업은 불필요한 단어뿐만 아니라 등장인물의 과장된 행동을 제거함으로써, 그 자체의 설득력에 영향을 미치지 않은 한도 내에서 정수만 남겨 지면을 아끼기 위한 것이었다. 다시 말하면, 각 단어가 전체 구조와 상응해야 하는 철저한 장르에서 군더더기들은 모조리 제거하는 방식이었다. 이것은 이야기하는 기술을 배우기 위해 내가 행하던 간접적인 연구들 속에서 유익한 훈련 가운데 하나였다.

호세 펠릭스 푸엔마요르가 쓴 훌륭한 기사들 가운데 일부가 원고 마감일인 토요일 여러 번에 걸쳐 우리를 구원해 주었으나, 잡지 판매 부수는 변하지 않았다. 어찌 되었든, 영원한 구명보트는 알폰소 푸엔마요르의 기질이었다. 사업가로서의 그의 자질은 단 한 번도 인정받지 못했지만, 자신의 능력에 앞서는 특유의 집념으로 무장한 채 우리 일에 매진했고, 난관이 닥칠 때마다 특유의 형편없는 유머 감각으로 돌파하려 애썼다. 그는 가장 뛰어난 논설에서부터 가장 쓸데없는 기사에 이르기까지 가리지 않고 썼으며, 광고를 수주하고, 전혀 생각지도 못한 외상 거래를 하고, 가장 까다로운 기고가들의 작품들을 독점해 올 때는 그 결단력과 인내력과 집요함으로 모든 일을 다 해냈다. 그런 기적 같은 일이 일어났지만 판매량은 썩 늘지 않았다. 신문팔이들이 들고 나간 잡지를 그대로 들고 돌아올 때면, 우리는 떼르세르 옴브레에서부터 강 나루터의 조용한 술집까지 자주 드나들던 술집에서 개인적으로 배포를 시도했는데, 그런 곳에서 번 얼마 되지 않는 이익금마저 술을 마시는 데 써야만 했다.

원고 마감일자를 정확하게 지키는 기고자들 가운데 하나이며 의심할 바 없이 가장 많은 독자를 확보하고 있는 기고자는 바뻬 오시오였다. 《끄로니까》 창간호부터 기대에 어긋나지 않는 기고자들 가운데 하나였던 그가 돌리 멜로라는 필명으로 기고한 기사 「어느 여자 타자수의 일기」는 결국 독자의 마음을 사로잡고 말았다. 그처럼 다양하고 많은 일이 한 사람의 천부적 재능 덕에 이루어졌다는 사실은 그 누구도 믿을 수 없었다.

봅 쁘리에또는 중세의 의학적인 것이나 예술적인 것이면 무엇이든 찾아냄으로써 《끄로니까》의 난파를 막을 수 있었다. 하지만, 그는 일에 관한 한 투명한 기준이 있었다. 돈을 지불하지 않으면 생산도 없다는 것이었다. 우리에게는 고통스러운 일이었지만, 이내 그의 원고를 받을 수 없게 되었다.

홀리오 마리오 산또도밍고가 영어로 쓴 수수께끼 같은 단편소설 네 편을 실었다. 알폰소가 잠자리 채집꾼 같은 열정을 보이며 특이한 사전 여러 권을 탐색한 끝에 우리말로 번역하고, 알레한드로 오브레곤이 대가의 솜씨를 발휘해 삽화를 그려 냈다. 사방팔방으로 수없이 여행을 다니던 훌리오 마리오는 우리의 보이지 않는 동업자가 되었다. 알폰소 푸엔마요르만이 그가 어디에 있는지 알고 있었는데, 알쏭달쏭한 말로 우리에게 그 사실을 암시했다.

"날아가는 비행기를 볼 때마다 훌리오 마리오 산또도밍고가 타고 있으려니 생각한다니까."

나머지는 부정기 기고자들이었다. 원고 마감 또는 원고료 지불 마감 시각 몇 분 전에 원고를 가져옴으로써 우리 가슴을 철렁하게 만드는 일이 다반사였다. 우리는 보고타를 다른 도시들과 마찬가지로 각별하게 신경쓰고 있었으나 보고타에 있는 유익한 친구들 가운데 그 누구도 우리 주간지를 띄우는 데 필요한 노력을 기울이지 않았다. 호르헤 살라메아만이 예외였다. 그는 자기 잡지와 우리 잡지 사이에 존재하는 유사성을 이해하고 있던 사람으로, 자료를 공유하자고 제의했는데 그 결과가 좋았다. 하지만 지금 생각해 보면 당시 《끄로니까》가 이미 기적을 이루었다는 사실을 실제로 그 누구도 믿지 않았던 것 같다. 편집 위원회는 각 위원 후보가 지닌 실력을 고려해 우리가 선발한 열여섯 명의 위원으로 구성되어 있었는데, 모두 실존하던 인물들이었으나 권력이 너무 세고 너무 바쁜 인사들이라 그들이 존재하는지조차 의심받을 만한 상황이었다.

《끄로니까》는 예고 없이 생긴 공백을 마감 시간의 고통 속에서 메우기 위해 내게 긴급히 단편소설들을 쓰게 했는데, 뜻하지 않게 내게는 중요한 일이 되어 버렸다. 나는 라이노타이프 기술자들과 조판공들이 작업을 하고 있는 사이 타자기 앞에 앉아 그 공백을 채울 만한 분량의 이야기 한 편을 창조했다. 그렇게 해서 나는 「나따나엘의 방문법(訪問法)에 관해」라는 작품을 씀으로써 새벽녘에 긴급한 문제를 해결했고, 5주 뒤에는 「파란 개의 눈」을 쓸 수 있었다. 첫 번째 것은, 앙드레 지드의 허락을 받지 않고 차용한, 동일한 이름을 지닌 인물이 등장하는 연작 소설의 기원이 되었다. 나중에는 마감을 앞둔 또 한 번의 극적인 상황을 해결하기 위해 「나따나엘의 최후」를 썼다. 위 두 단편소설은 6편으로 이루어진 연작 소설의 일부를 구성하는데, 그것들이 나와는 아무 상관이 없다는 사실을 깨달았을 때는 아무런 고통 없이 문서고 안에 내팽개쳐 버렸다. 현재 그 연작 소설들의 일부분밖에 기억나지 않고, 「나따나엘이 신부(新婦)처럼 옷 입는 방법에 관해」는 줄거리조차 기억할 수 없다. 지금 생각해 보니 등장인물은 내가 알았을 법한 사람과 닮지도 않았고, 나나 다른 사람의 경험에 기반하지도 않았던 것 같다. 어떻게 해서 내가 그토록 모호한 단편소설을 쓸 수 있었는지 상상조차 할 수 없다. 결론적으로 말해, 나따나엘은 인간적인 감흥이라곤 전혀 없는 문학적 도박이었다. 내가 나따나엘의 경우에서 하고자 했던 것처럼, 등장인물이란 무에서 창조되지 않는다는 사실을 잊지 않기 위해서라도 이런 재난들을 기억하는 것이 좋다. 내가 나 자신으로부터 너무 멀어질 만큼 대단한 상상력을 지니고 있지 않았다는 점은 다행스러운 일이었지만, 벽돌을 쌓는 일처럼 급료를 잘 받아야 하는 문학적인 작업에서는 우리가 식자공들에게 많은 급료를 정확하게 지불한다면 기고자들에게도 급료를 정확하게 지불해야 할 이유가 더더욱 많다는 사실 역시 깨달았다는 점은 불행한 일이었다.

《끄로니까》를 발간하는 작업에 대한 가장 큰 반향은 돈 라몬이 헤르만 바르가스에게 보낸 편지를 통해 우리에게 도달했다. 돈 라몬은 예기치 않은 소식들, 콜롬비아 친구들과 사건들에 관심이 많았고, 헤르만은 그에게 신문 스크랩을 보내고 지속적으로 편지를 보냄으로써 언론 검열단이 금지하던 소식을 전했다. 다시 말하면, 헤르만에게는《끄로니까》가 두 개 있었던 셈이다. 우리가 만들고 있던 '끄로니까'와 그가 주말에 돈 라몬에게 요약해 주는 '끄로니까'였다. 우리가 쓴 기사들에 관한 돈 라몬의 열성적이고 진지한 코멘트는 우리가 가장 욕심내던 것이었다.

사람들이《끄로니까》가 처한 어려움의 원인 몇 가지를 말해 줌으로써 그룹 멤버들조차 불안해하고 있었는데, 나는 일부 멤버들이 그 어려움 가운데 몇 가지를 나의 천성적이고 전염성 강한 불운 탓으로 돌리고 있다는 사실을 우연히 알게 되었다. 치명적인 증거로, 브라질 축구선수 베라스꼬체아에 관한 내 기사를 들먹였다. 우리는 그 기사를 통해 스포츠와 문학을 새로운 장르 안에서 조화시켜 보고자 했지만 참혹하게 실패하고 말았다. 내가 내 악명에 관해 알았을 때는 이미 하뻬 카페의 손님들 사이에 소문이 쫙 퍼져 있는 상태였다. 골수까지 기가 꺾인 나는 그 악명에 관해 헤르만 바르가스에게 말했다. 그는 다른 멤버들처럼 그 사실을 이미 알고 있었다.

"걱정 마오, 작가 선생." 그는 신뢰감이 물씬 밴 말투로 내게 말했다. "선생처럼 글을 쓴다는 것은 그 누구도 거부할 수 없는 일종의 행운이라고밖에 달리 표현할 방법이 없소."

매일 밤이 다 나빴던 것은 아니었다. 성 매매 업소 네그라 에우페미아에서 보낸 1950년 7월 27일 밤은 작가로서 내 삶에 역사적인 가치를 지니고 있었다. 그 집 여주인이 무슨 선심을 쓰고 싶어 네 가지 고기를 넣은 그 유명한 산꼬초를 만들라고 명령했는지는 지금도 잘 모르겠지만, 알까라반들이 그 야성적인 냄새에 흥분해 화덕 주위에서 날카로운 소리로 사납게 울어 댔다. 성질 급한 손님 하나가 어느 알까라반의 모가지를 집어 끓는 솥 속에 산 채로 던져 버렸다. 새는 마지막으로 날개를 퍼덕거리며 단말마의 비명을 겨우 뱉어 내더니 깊은 지옥 속으로 가라앉았다. 그 야만적인 살해자가 한 마리를 더 잡았을 때, 벌써 자신의 절대 권좌에서 일어나 있던 네그라 에우페미아가 소리를 질렀다.

"가만히 좀 있어, 이 빌어먹을 자식아! 그러다가 알까라반들이 네 눈구멍을 파 버린단 말이야!"

그 말을 중요하게 여긴 사람은 나밖에 없었다. 그 불경스러운 산꼬초를 먹어 보겠다는 생각이 싹 가셨던 사람은 나뿐이었기 때문이다. 잠을 자러 가는 대신 서둘러《끄로니까》사무실로 간 나는, 어느 성 매매 업소에서 알까라반들이 손님 셋의 눈을 파먹어 버렸는데 아무도 믿지 않았다는 얘기를 단숨에 썼다. 더블 스페이스로 친 사무용지 네 장 분량에 불과한 것으로, 어느 이름 없는 목소리에 의해 복수 일인칭 시점으로 서술되는 방식이었다. 명백히 사실주의적 작품이었지만 내 단편소설들 가운데 가장 불가사의한 것이었는데, 그것은 내가 따라갈 능력이 없어 막 포기하려 했던 길로 나를 들어서게 만들었다. 금요일 새벽 4시에 쓰기 시작해 아침 8시에 흔히 선각자들이 지니게 되는 그런 명한 상태로 고통스럽게 작업을 끝냈다. 그리고《엘 에랄도》의 터줏대감 식자공 뽀르피리오 멘도사의 믿을 만한 도움을 받아 다음날 배포될《끄로니까》레이아웃을 수정했다. 마지막 순간 내 목을 압박해 오던 단두대 때문에 자포자기 상태에 빠져 있던 나는 최후 순간에 찾아낸 제목을 뽀르피리오에게 불러 주었고, 그는 녹여 놓은 납에 곧바로 제목을 썼다. '알까라반들의 밤'.

여전히 형이상학적인 감옥을 벗어나지 못하고 있던 단편소설 아홉 편을 쓴 뒤, 제대로 포착할 수 없는 장르 하나를 계속 진행해 나갈 계획이 없던 내게 그 작품은 새로운 시대의 시작이었다. 호르헤 살라메아는 중요한 시들을 다루는 저명 문학지 《끄로니까》 다음 달 호에 그 작품을 다시 실었다. 50년이 지난 지금, 이 단락을 쓰기 전 그 작품을 다시 읽어 보았는데, 쉼표 하나도 바꾸고 싶은 생각이 들지 않는다. 내가 살고 있던 나침반도 없는 무질서 속에서 그 작품은 새로운 봄의 시작이었다.

한편, 나라의 상태는 뱅글뱅글 돌면서 추락하기 시작하고 있었다. 라우레아노 고메스가 보수당 대통령 후보로 나서기 위해 뉴욕에서 돌아와 있었다. 자유파는 폭력의 제국 앞에서 선거에 기권해 버렸고, 1950년 8월 7일 실시된 대통령 선거에 단독 출마한 고메스가 대통령에 당선되었다. 의회가 폐회 중이라 취임식은 대법원에서 했다.

그는 15개월 뒤 건강에 심각한 문제가 생겨 대통령 직을 하야했기 때문에 직접 통치할 기회가 거의 없었다. 보수당의 법률가이며 의원이자, 공화국 대통령 직 승계 1순위인 로베르또 우르다네따 아르벨라에스가 대통령 직을 승계했다. 그 현상을 선의로 해석하던 사람들은 라우레아노 고메스가 실질적인 권력은 유지한 채 명목상 다른 사람의 손에 이양해 놓고 자기 집에서 섭정을 하기 위해 스스로 짠 각본이라고 이해했다. 긴급한 경우에는 전화를 통해 섭정을 한다는 것이었다.

지금 생각해 보면, 알까라반이 희생되기 한 달 전 알바로 세뻬다가 미국 컬럼비아 대학을 졸업하고 돌아온 것이 그 당시의 불길한 전망을 견뎌 내는 데 결정적인 역할을 했던 것 같다. 그는 칫솔처럼 뻣뻣한 수염을 기르지는 않았지만 떠날 때보다 머리가 더 헝클어져 있었고 외모가 더 거칠어져 있었다. 그가 뉴욕에서 온순하게 길들여졌을지도 모른다는 두려움을 지닌 채 몇 개월 전부터 그를 기다려 왔던 헤르만 바르가스와 나는, 재킷에 넥타이 차림의 그가 트랩에서 헤밍웨이의 최신작 『강 건너 숲 속으로』를 흔들어 우리에게 인사를 하면서 비행기에서 내리는 모습을 보았을 때 우스워 죽을 뻔했다. 그의 손에서 책을 낚아챈 내가 책을 앞뒤로 어루만지며 그에게 뭔가를 물으려 했을 때, 알바로가 선수를 치고 나왔다.

"쓰레기 같은 책이야!"

어찌나 우습던지 숨이 곧 넘어갈 듯하던 헤르만 바르가스가 내 귀에 대고 속삭였다. "여전하군." 하지만 알바로는 마이애미에서 오는 비행기 안에서야 겨우 읽기 시작했기 때문에, 자신의 서평은 농담이었노라고 나중에 실토했다. 어찌 되었든, 우리의 정신을 일깨워 준 것은 그가 예전보다 더 강하게 감염시킨 저널리즘, 영화, 문학의 홍역이었다. 그 후 몇 개월 동안, 그는 다시 고향 풍토에 적응하면서 우리를 섭씨 40도로 유지시켜 주었다.

즉각적인 감염이었다. 몇 개월 전부터 소경 지팡이 짚는 식으로 제자리 맴돌기를 하고 있던 「라 히라파」는 『집』의 초고에서 빼낸 두 토막을 가지고 숨을 쉬기 시작했다. 한 토막은 결코 태어난 적이 없는 '대령의 아들'이었고, 다른 한 토막은 내가 다양한 길들을 모색하는 과정에서 여러 번 문을 두드려 보았지만 단 한 번도 대꾸하지 않았던 뺀질뺀질 피하기만 하는 소녀 '니'였다. 성인이 된 나는 어렸을 때 나를 매혹시킨 연재만화에 대한 관심 역시 회복했다. 물론, 일요일 심심풀이용으로서가 아니라 타당한 이유도 없이 아이들 놀이방에서 읽는 장르로 운명 지어진 새로운 문학 장르로서의 관심이었다. 수많은 만화

주인공들 중 내가 가장 좋아한 주인공은 딕 트레이시였다. 그리고 외할아버지가 내게 주입시켰고 아라까따까에서 돈 안또니오 다꼰떼가 내게 영양을 공급해 주던 영화에 대한 숭배 또한 당연히 회복했다. 알바로 세뻬다는 그 숭배를, 순례자들이 전해 주는 얘기를 통해 가장 훌륭한 영화들이 소개되는 한 나라를 위한 들끓는 열정으로 변모시켜 버렸다. 알바로 세뻬다의 귀향에 맞춰 대작 두 편이 상연되었다는 것은 행운이었다. 클라렌스 브라운 감독이 윌리엄 포크너의 소설을 영화화한 「사막의 침입자」와 윌리엄 데털리 감독이 로버트 네이선의 소설을 영화화한 「제니의 초상」이었다. 그 두 편의 영화에 대해 알바로 세뻬다와 긴 토론을 거친 뒤 「라 히라파」에 영화 평을 실었다. 영화에 관심이 지대했던 나는 다른 시각으로 영화를 보기 시작했다. 알바로 세뻬다를 알기 전에는 크레디트 타이틀 맨 마지막에 나오는 감독의 이름이 가장 중요하다는 사실을 모르고 있었다. 영화라는 것은 시나리오를 쓰고 배우를 조종하는 단순한 문제일 뿐 그 밖의 것은 영화 제작팀이 하는 것이라고 생각해 왔던 것이다. 귀향한 알바로는 미국에서 배운 영화에 관해 강제로 내게 가르쳐 주기 위해 가장 싼 술집 테이블에서 소리를 지르고 화이트 럼주를 마셔 가며 새벽녘까지 풀코스 강의를 했고, 그럴 때마다 우리는 콜롬비아에서 영화를 만들겠다는 야심 찬 꿈을 꾸면서 아침을 맞이했다.

 그의 빛나는 활약은 논외로 치고, 알바로의 경제속도를 따라가던 우리 친구들은 그가 차분하게 앉아서 글을 쓸 수 없는 상황에 처해 있다는 인상을 받았다. 그의 곁에서 살던 우리 친구들은 그가 책상에 앉아 한 시간 이상을 보내는 것을 볼 수가 없었다. 그가 돌아온 지 두세 달 뒤, 띠따 마노따스(몇 년 동안 사귄 알바로의 애인으로, 나중에 평생

반려자가 되었다.)가 사색이 되어 우리에게 전화를 해서는, 알바로가 그 유서 깊은 작은 트럭을 팔아 버렸는데, 미발표 단편소설들의 원고를 복사본도 만들어 놓지 않고 앞 좌석 사물함에 넣어 둔 채 넘겨 버렸다는 것이었다. 그런데도 그는 "개떡 같은 단편소설 예닐곱 편"에 불과하다는 논리를 전개하며 찾을 생각을 전혀 하지 않는다는 것이었다. 우리 친구들과 통신원들은 띠따를 도와, 여러 번 되팔린 트럭을 찾아 카리브 해 전 지역과 내륙에 위치한 메데인까지 훑었고, 마침내 200여 킬로미터 정도 떨어져 있는 신셀레호의 어느 정비 공장에서 트럭을 찾아낼 수 있었다. 우리는 누더기가 다 되어 있고 일부는 분실된, 인쇄용 두루마리에 써 있는 원고들을 알바로가 부주의로 또는 의도적으로 다시 분실할까 두려운 나머지 아예 띠따에게 맡겼다.

이 가운데 두 편이 《끄로니까》에 실렸고, 나머지는 적절한 출판 경로가 발견될 동안 헤르만 바르가스가 2년 동안 보관해 두었다. 우리 그룹에 항상 열심히 동참하던 여성 화가 세실리아 뽀라스는 그 단편소설들에 영감을 주는 삽화들을 그렸다. 삽화는 일반적이고 평범한 남자가 아니라 트럭 기사, 축제의 어릿광대, 미친 시인, 컬럼비아 대학교 학생 또는 그 밖의 특이한 직업을 지닌 남자의 모든 이미지를 동시에 드러낼 수 있는 차림새를 한 알바로의 엑스레이 사진 같은 것이었다. 문도 서점이 『우리 모두는 기다리고 있었다』라는 제목으로 출간했는데, 현학적인 제도권 비평가들에게만은 알려지지 않은 일대 출판 사건이었다. 내게는 (당시 나는 이렇게 썼다.) 콜롬비아에서 출판된 단편소설집 가운데 가장 훌륭한 것이었다.

한편 알폰소 푸엔마요르는 여러 신문과 잡지에 비평과 문필가들에 대한 평을 썼으나 자신이 발표한 글을 묶어 책으로 펴내는 것에는 부끄러움을 느끼고 있었다. 그는 독서량이 엄청난 독서광으로, 알바로 무띠스나 에두아르도 살라메아와 비견될 수 있을 정도였다. 헤르만 바르가스와 그는 타인의 작품뿐만 아니라 자신들의 작품에 대해서도 아주 과감한 평가를 한 비평가였다. 젊고 역동적인 가치들을 발견하려는 그들의 열정은 절대 꺾이지 않았다. 헤르만이 훌륭한 단편소설들을 쓰느라 밤을 지새고 있다는 끈질긴 소문이 나돈 것도 그 창조적인 봄이었으나, 여러 해가 지난 뒤까지도 그가 쓰고 있다고 하는 것들에 관해서는 알려진 바가 전혀 없었다. 그는 내 대모인 수사나 리나레스와 결혼하기 몇 시간 전, 그동안 자신이 써 놓은 글들을 그녀가 읽지 못하게 하려고 본가 침실에 틀어박혀 불태워 버렸다. 단편소설들과 에세이들일 수도 있고 어느 소설의 초고일 수도 있었다고들 추정했으나, 헤르만은 그전에도 그 후에도 그에 관해서는 입도 벙긋하지 않았으며, 결혼식 하루 전날 밤에 비로소, 그 누구도, 하물며 자신의 부인이 될 여자까지도 그 다음날부터는 그 사실을 전혀 모르게 하기 위해 그렇듯 과격한 예방 조치를 취해 버렸던 것이다. 당시 수사나가 그 사실을 알아차렸지만 그가 있던 방으로 들어가 제지를 할 수는 없었다. 시어머니가 그것을 허락하지 않았을 것이기 때문이다. 몇 년이 지난 뒤, 수시(수사나의 애칭)가 특유의 신랄한 유머 감각을 발휘해 내게 말했다. "그 당시엔 여자가 결혼하기 전에 약혼자 방에 들어가는 게 금지되어 있었잖아요."

채 1년도 지나지 않아 돈 라몬에게서 오는 편지들은 갈수록 덜 솔직해지고 더 우울한 분위기를 띠게 되었으며 더 뜸해졌다. 1952년 5월 7일 정오에 내가 문도 서점에 들어서자, 할 말을 잃은 헤르만은 돈 라몬이 이틀 전 바르셀로나에서 수면 중 사망했다는 소식을 내게 차마 전하지 못하고 있었다. 정오의 카페로 들어서던 우리가 이구동성으로 했던 유일한 말은 "말도 안 돼!"였다.

그 당시 나는 내가 내 인생에서 색다른 한 해를 살아가고 있었다는 사실을 인지하지 못했으나 오늘날 나는 그 1년이 결정적이었다는 사실을 전혀 의심하지 않는다. 그 당시까지 나는 방탕스러운 내 차림새에 만족하고 있었다. 나는 각자가 자기 식대로 편하게 살아가는 도시에서 많은 사람들로부터 사랑과 존경을 받았고, 일부 사람들로부터는 칭찬을 받았다. 사회생활을 열심히 했고, 알바로 세뻬다를 모방하기 위해 일부러 산 것으로 비쳐지는 순례자용 샌들을 신고, 샤워실에서 빨아 입던 리넨 바지에 능직 셔츠 두 개를 교대로 갈아입으면서 예술적, 사회적 토론회에 참여했다.

날이 갈수록, 각기 다른 이유 때문에 그리고 어떤 때는 아주 사소한 이유 때문에 옷을 정갈하게 입기 시작했고, 머리는 신병처럼 짧게 깎고 수염을 깔끔하게 다듬었으며, 우리 그룹에 간헐적으로 참여하는 멤버이자 그 도시의 역사가였던 라파엘 마리아가 박사가 자신에게는 크다는 이유로 신어 보지도 않은 채 내게 선물한 신사화를 신는 법도 배웠다. 사회적 신분 상승에 대한 무의식적인 야망에 취하게 된 나는 마치 아라까따까가 시베리아라도 된다는 듯이 고층 건물 옥상에 있는 하숙방이 더워 죽겠다고 느끼기 시작하고, 잠에서 깨어나자마자 큰 소리로 떠들며 지나가는 손님들 때문에 고통을 받기 시작하고, 밤의 암새들이 자신들의 방을 강에서 일하는 선원 한 무리로 계속해서 가득 채운다는 이유로 쉬지 않고 투덜거리기 시작했다.

당시 내가 거지 꼬락서니를 하고 다닌 이유는 가난하거나 시인이었기 때문이 아니라, 나의 에너지가 지독하게 어려운 글쓰기 학습에 집중되어 있었기 때문이라는 사실을 요즘 깨닫고 있다. 반듯하게 뻗은 길이 희미하게나마 보이자 그 '마천루'를 벗어나 도시와 사회의 다른 끝, 즉 메이라 델마르의 집으로부터 두 블록, 그리고 부유층 자제들이 일요 미사가 끝난 뒤 처녀 애인들과 함께 춤을 추던 그 유서 깊은 호텔에서 다섯 블록 떨어져 있는 조용한 쁘라도 동네로 이사했다. 아니, 헤르만이 말했다시피, 악을 위해 삶을 개선시키기 시작했다.

나는 수끄레에서 알게 된 아빌라 가 자매들 에스테르, 마이또, 또나의 집에서 살고 있었고, 자매들은 오래전부터 나를 파멸로부터 구하기 위해 전념해 왔다. 버릇없게 자란 손자로서 켜켜이 쌓아 온 비늘들을 잃어버렸던 그 누추한 칸막이 방 대신에, 화장실이 딸리고 정원 위로 창문이 달린 개인 방 하나를 가지고 있었고, 짐마차꾼 급료보다 아주 조금 더 많은 급료로 하루 세 끼 식사까지 먹을 수 있었다. 바지 하나와 온갖 꽃과 새 무늬가 그려진 열대 지방용 셔츠 여섯 장을 샀다. 그 때문에 배를 타는 마리꼰[+]이라는 비밀스러운 명성을 얼마 동안 얻게 되었다. 당시에는 한 번 헤어진 뒤로 다시는 만나지 못하고 지냈던 옛 친구들도 어디를 가나 만날 수 있었다. 그들은 「라 히라파」에 실린 말도 안 되는 기사들을 외우다시피 기억하고 있었고, 《끄로니까》가 편집 기조를 정정당당하게 유지한다는 이유로 열렬한 팬이 되었으며, 내 단편소설들을 제대로 이해하지는 못해도 죄다 읽었다는 사실을 기분 좋게 발견하게 되었다. 시빠끼라 국립 중등학교 기숙사 내 옆 자리에서 생활하던 리까르도 곤살레스 리뽈도 만났다. 건축사 자격증을 가지고 바랑끼야에 정착한 그는 1년이 안 되어 출고된 지 몇 년이 지난 것인

[+] 속어로 여자 역할을 하는 남성 동성애자를 의미한다.

지 불확실한 오리궁둥이형 시보레 한 대를 장만해서는 새벽녘부터 최대 여덟 명까지 태움으로써 삶의 문제를 해결하고 있었다. 그는, 한편으로는 마술처럼 보이는 정치적 공식을 통해, 다른 한편으로는 경찰들과 싸움을 벌임으로써, 국가를 바로잡겠다는 강박 관념에 사로잡혀 있던 새 친구들과 더불어 진탕 퍼마시고 노는 파티를 벌이기 위해 일주일에 세 번씩 초저녁에 나를 데리러 왔다.

이런 새로운 사실을 알게 된 어머니가 특유의 전갈을 보내왔다. "돈이 돈을 부르는 법이다." 하뻬 카페에서 그룹 친구들을 만나기 전까지는 그동안 내게 일어난 변화에 관해 그들에게 전혀 언급하지 않고 있었다. 친구들을 만난 나는 로뻬 데 베가의 빛나는 수사(修辭)를 붙잡았다. "스스로 정리하기로 했다. 그러기 위해서는 내 무질서를 통해 내 삶의 질서를 잡는 것이 합당한 방법이었다." 축구 경기장에서조차도 그와 유사한 야유를 들어 본 기억이 없다. 헤르만은 '마천루' 밖에서는 내게 아이디어가 단 하나도 떠오르지 않을 거라 장담했다. 알바로는 내가 하루 세 끼 식사를 그것도 정해진 시각에 해야 한다는 속박을 견디기는 쉽지 않을 거라 했다. 한편, 알바로는 내 개인적인 삶에 개입하는 것은 옳지 않다고 항변하면서 《끄로니까》의 운명과 연관된 근본적인 결정을 급히 내려야 하므로 우선 토론부터 하는 것이 중요하다며 내 삶에 관한 것은 묻어 버렸다. 지금 생각해 보면, 그들은 내 무질서에 대해 내심 책임감을 느끼고 있었으나 내 결정에 안도의 한숨을 내쉬며 감사하게 생각하지는 않을 정도로 지나치게 점잖은 친구들이었던 것 같다.

예상과는 달리 내 건강과 도덕성은 호전되었다. 시간이 빠듯해 예전보다 독서를 덜했으나, 「라 히라빠」의 논조를 더 강하게 유지했고,

예전에 택시 기사 모노 게라와 함께 허비하던 새벽 시간에 알폰소 푸엔마요르가 빌려 준 구식 타자기를 이용해 내 새 방에서 『낙엽』을 쓰는 데 몰두했다. 별다른 일이 없던 어느 오후, 신문사 편집국에서 「라 히라파」와 사설 하나, 그리고 실명을 밝히지 않은 수많은 기사들 중 일부를 쓰고, 단편 탐정 소설 한 편을 압축할 수 있었으며,《끄로니까》를 인쇄하기 전 최종 순간에 기사들을 쓸 수 있었다. 다행스럽게도, 시간이 지남에 따라 소설 쓰는 일이 더 쉬워졌던 게 아니라, 집필 중에 있던 소설이 내가 지닌 기준들에 대항해 자신의 기준들을 내게 강요하기 시작했고, 나는 아주 순진하게도 그것을 순풍이 불어올 징후라 이해했다.

《끄로니까》세 쪽을 할애해 둔 원고가 마감 시간 직전까지 들어오지 않자, 우리는 알고 지내던 정치 평론가에게 원고 하나를 써 달라고 했는데, 그가 갑자기 심각한 심장 발작 증세를 일으키는 바람에 상황이 다급해져 버렸다. 나는 결연한 마음으로 열 번째 단편소설 「누군가 이 장미들을 훼손하고 있다」를 급조해 냈다. 그런데, 그 단편소설의 교정쇄를 수정하고 있을 때 비로소 그것이 내가 지금까지 별 생각 없이 써 왔던 단편소설들과 별반 다르지 않은 재미없는 드라마라는 사실을 발견하게 되었다. 작품이 그 정도 수준이었다는 것을 깨닫는 순간, 자정이 다 된 시각에 친구 하나를 잠에서 깨워 세 시간 내로 글 한 편을 써 달라고 조르는 바람에 친구가 심장 발작을 일으켰다는 후회감이 가중되었다. 결국, 나는 심장 발작을 일으킨 친구에게 속죄하는 마음으로 세 시간 만에 그런 시시껄렁한 단편소설을 썼던 것이다. 그런 식으로 땜질을 하면 안 되겠다는 생각이 들었고, 월요일 편집 회의에서는 잡지를 침체 상태로부터 구하려면 강렬한 기사들을 실어야 하는데, 그러기 위해서는 우리가 한시바삐 거리로 뛰어나가야 할 필요가 있다고 거듭 제안했다. 하지만 모두가 동의했던 그 생각은 한 가지 이유 때문에 다시 한 번 거부되었는데, 그 이유는 결국 내 행복을 위해 이로운 것이었다. 그러니까, 우리가 취재에 대해 한가로운 태도를 지닌 채 거리로 뛰어나간다면 잡지는, 설령 언젠가는 나온다고 해도, 절대 제 시기에 나오지 못할 거라는 논리였다. 나는 그런 논리를 칭찬으로 이해해야 했으나, 그들이 그렇게 주장하는 진짜 이유가 베라스꼬체아에 관한 내 기사를 좋지 않게 기억했기 때문이라는 불쾌한 생각을 지울 수 없었다.

    그 당시 내게 큰 위안이 되었던 것은 세상 이쪽 편에서 널리 불렸고 당시도 계속 불렸던 노래들을 작곡한 라파엘 에스깔로나로부터 온 전화였다. 당시 바랑끼야는, 아라까따까의 축제들을 통해 우리가 알고 있던 아코디언 연주자 음유 시인들이 자주 드나들고 카리브 해 연안 라디오 방송국들이 집중적으로 그들의 음악을 소개함으로써 활기 넘치는 중심지가 되었다. 당시 가장 유명했던 가수는 기예르모 부이뜨라고였다. 그는 쁘로빈시아에 새로운 음악을 소개한다는 자부심이 대단했다. 대중의 인기를 얻었던 다른 가수는 끄레센시오 살세도였다. 그는 아메리까나 거리 식당 모퉁이에 서서 자신이 만든 노래나 다른 사람들이 만든 노래를 아무런 가식 없이 부르던 맨발의 인디오 가수였다. 목소리는 양철을 두드리는 것 같았으나 독특한 예술성으로 산 블라스 거리에 매일같이 모여드는 군중을 감동시켰다. 내 초기 젊은 시절 상당 부분을, 그에게 인사 한 마디 건네지 않고, 눈길 한 번 주지 않은 채, 그의 곁에 서서 보낸 나는 결국 모든 사람이 애창하는 그의 레퍼토리를 모조리 외우게 되었다.

그렇게 달아오른 열정은 「라 히라파」를 쓰고 있던 나를 전화벨 소리가 방해한 어느 무더운 오후에 최고조에 이르렀다. 유년 시절에 알았던 수많은 사람들의 목소리와 같은 어느 목소리가 사전에 교환하는 상투적인 인사말도 없이 단도직입적으로 알은체를 했다.

"어이 형제, 잘 지냈소? 나 라파엘 에스깔로나요."

5분 뒤 우리는 평생의 우정을 시작하기 위해 로마 카페 예약석에 마주 앉았다. 대충 인사를 건네자마자 나는 에스깔로나더러 자신의 최신곡을 불러 달라고 채근하기 시작했다. 그는 손가락으로 테이블을 두들겨 박자를 맞춰 가며 잘 가다듬어진 낮은 목소리로 한 소절씩 불렀다. 우리 땅의 대중 시들이 매 소절 새로운 옷이 입혀진 채 불리고 있었다. "물망초가 의미하는 바대로 당신이 행동하도록 당신에게 물망초 한 다발을 바치겠소." 그가 읊고 있었다. 그의 고향에서 불리고 있던 노래들 가운데 가장 훌륭한 것들을 내가 외우고 있다는 사실을 나 또한 그에게 보여 주었다. 그런 노래들은 도도한 강물처럼 흐르고 있던 구비(口碑)의 전통 속에서 내가 아주 어렸을 때부터 불러 오던 것이었다. 하지만 그가 정작 놀라워했던 것은 내가 마치 쁘로빈시아에 가 본 것처럼 속속들이 알고 있다는 것이었다.

며칠 전, 에스깔로나는 비야누에바에서 바예두빠르까지 버스를 타고 가면서 다가오는 일요일에 열릴 카니발에 쓸 노래 한 곡을 머릿속으로 작사 작곡하고 있었다. 음악을 오선지에 옮길 줄도 모르고 악기도 연주할 줄 몰랐기 때문에 그렇게 하는 것이 최선의 방법이었다. 버스가 정차한 몇몇 마을들 가운데 어느 마을에서 샌들을 신고 아코디언을 든 음유 시인 하나가 버스에 올랐다. 장이 서는 곳을 돌아다니며 노래를 하는, 셀 수 없이 많은 음유 시인들 가운데 하나였다. 에스깔로나는 그를 옆 자리에 앉혀 놓고, 새로 만들고 있던 노래에서 유일하게 완성된 두 소절을 그의 귀에 들려주었다.

그 음유 시인은 도중에 버스에서 내리고, 에스깔로나는 바예두빠르에 도착했는데, 거기서 감기에 걸리는 바람에 40도에 이르는 고열로 침대에 누워 땀을 뻘뻘 흘려야 했다. 사흘 뒤 일요일에 카니발이 시작되었고, 에스깔로나가 며칠 전 버스에서 우연히 만난 친구에게 은밀하게 들려준 적이 있을 뿐 채 완성하지 않고 있던 그 노래가, 바예두빠르에서부터 벨라 곳까지 옛날 노래며 새로 나온 노래며 할 것 없이 모든 노래를 제압해 버렸다. 카니발의 열기에 휩싸여 땀을 흘리는 사이 그 노래를 세상에 알린 사람이 누구인지, 그 노래에 '옛 여자 사라'라는 제목을 붙인 사람이 누구인지는 에스깔로나만이 알고 있었다.

실제로 일어난 일이긴 했지만, 가장 자연스러운 것도 놀랄 만한 것이 되는 한 지역과 한 동업자 단체에서는 특이한 일이 아니다. 콜롬비아의 전통 악기도, 일반화된 악기도 아닌 아코디언이 바예두빠르 지역에서만은 널리 사용되고 있었다. 아마도 지리상으로 가까운 아루바와 쿠라사오에서 수입되기 때문이었을 것이다. 독일로부터 수입되기도 했는데, 2차 세계대전 동안에는 수입이 중단되었고, 쁘로빈시아에 이미 들어와 있던 악기들은 원래 주인들의 보호하에 남아 있었다. 그 주인들 가운데 하나가 목수 레안드로 디아스였다. 천재적인 작곡가이자 아코디언의 대가였을 뿐만 아니라, 장님으로 태어났음에도 불구하고 전쟁이 계속되는 동안 아코디언을 수리할 수 있는 유일한 사람이었다. 이런 천재적인 음유 시인들의 삶은 인간의 일상사에서 비롯되는 재미있고 소박한 사건들을, 종교적 축제에서든 세속적 축제에서든, 마을 마을을 돌아다니며 노래하는 것인데, 특히 카니발의 왁자지껄하고 혼란스러운 분위기에서는 인기가 있었다. 라파엘 에스깔로나의 경우는 달랐다. 끌레멘떼 에스깔로나의 아들이자 저명한 주교 셀레돈의 조카로, 세레돈이라는 이름이 붙은 산따마르따의 고등학교를 졸업한 그는 아주 어렸을 때부터 노래를 만들어 냄으로써 아코디언을 연주하며 노래 부르는 것은 노동자들이나 할 일이라 생각하고 있던 가족을 아연케 만들었다. 고등학교를 졸업한 유일한 음유 시인이었을 뿐만 아니라 그 당시에 글을 읽고 쓸 줄 아는 몇 안 되는 사람들 가운데 하나였으며, 몹시 거만하면서도 사랑에 약한 남자였다. 하지만 음유 시인들 가운데 그만이 그런 특성을 지닌 것은 아니다. 현재 그런 음유 시인은 수백 명이 존재하고 갈수록 나이도 젊어져 간다. 빌 클린턴은, 임기 말년에 대통령을 위한 노래를 부르러 쁘로빈시아에서 백악관에 온 어느 초등학교 어린이 합창단의 노래를 들었을 때, 이런 점을 이해할 수 있었다.

운이 좋았던 그 시기에 나는 우연히 수끄레 약사의 딸 메르세데스 바르차를 만났다. 나는 그녀가 열세 살이 되었을 때부터 그녀에게 청혼했다. 내가 다가오는 일요일 쁘라도 호텔에서 열리는 댄스파티에 초대하자, 다른 때와 달리 선뜻 응했다. 바로 그때 나는 그녀가 갈수록 억압적으로 변해 가는 정치 상황에 따라 가족과 더불어 바랑끼야로 이사를 해 버렸다는 사실을 알게 되었다. 강경한 자유파였던 그녀의 아버지 데메뜨리오는 벽보를 통한 박해가 기승을 부리고, 사회적으로 불명예스러운 사건들이 빈번하게 일어났을 때 자신에게 가해지던 첫 번째 위협들에는 겁을 먹지 않았다. 그런데 자기 가족에게 압력이 가해지자 수끄레에 남아 있던 몇 가지 물건들을 처분하고 바랑끼야 쁘라도 호텔 근처에 약국을 차렸다. 그는 내 아버지 또래였지만 항상 나와 젊은 우정을 유지했는데, 우리는 자주 약국 앞에 있는 술집에서 몸을 데

웠고 떼르세르 옴브레에서 바랑끼야 그룹의 모든 멤버들과 더불어 갤리선을 젓는 노예처럼 취한 적도 한두 번이 아니었다. 당시 메데인에서 공부하고 있던 메르세데스는 크리스마스 휴가 때만 가족과 함께 보냈다. 항상 쾌활하고 내게는 친절했으나, 묻고 대답하는 것을 교묘하게 회피했고 그 어떤 것에 관해서도 구체적인 의중을 드러내지 않는 데는 환상적인 재능을 지니고 있었다. 나는 그것이 무관심이나 거부보다 더 열성적인 전략이라 받아들였고, 일부러 약국 앞 술집에서 내가 자기 아버지와 그의 친구들과 함께 있는 모습을 그녀에게 보여 주었다. 만약 그녀의 아버지가 그토록 기다리던 휴가 기간에 내가 자기 딸에게 보이던 관심을 눈치 채지 못했다면, 그 이유는 20세기 초반의 기독교적 분위기에서 살던 내가 관심을 아주 은밀하게 표출했기 때문일 것이다. 그는, 수끄레에서 열린 우리의 첫 번째 댄스파티에서 자기 딸이 내게 했던 문장을 떼르세르 옴브레에서 여러 차례에 걸쳐 자랑 삼아 되풀이했다. "아빠는 나와 결혼할 왕자님이 아직 태어나지 않았다고 말씀하세요." 그녀가 아버지의 말을 곧이곧대로 믿고 있었는지는 알 수 없는 노릇이었으나, 그 말을 믿고 있는 것처럼 행동했고, 다가오는 일요일 쁘라도 호텔에서 열린 아침 댄스파티에 함께 가는 데 동의하기까지 했다. 미신을 곧잘 믿던 나는 그녀의 결정이 이발사 아저씨가 내게 해 준, 예술가 분위기를 풍기는 머리와 콧수염, 그리고 특별한 행사에 착용하기 위해 터키인들이 벌인 경매에서 산 면직 의상과 실크 넥타이 때문이라 여겼다. 그녀가 어디를 갈 때면 항상 그렇듯 그 댄스파티에도 아버지와 함께 갈 것이라 확신한 나는 나와 함께 방학을 보내고 있던 여동생 아이다 로사도 초대했다. 하지만 정작 혼자 참석한 메르세데스는 아주 자연스럽고 장난스럽게 춤을 추었다. 상황이 그러했던지라 그 어떤 진지한 제안도 그녀에게는 우스개로 비칠 수 있을 것 같았다. 당시 몇 년 동안 널리 유행되고 당시 카리브의 분위기를 활기차게 만들어 준 덕분에 지금까지도 활기찬 분위기가 유지되도록 해 준 메레꿈베의 영예로운 창조자이자 나의 친구인 빠초 갈란의 잊을 수 없는 공연이 그날 개막되었다. 메르세데스는 당시 유행하던 춤을 아주 잘 추었고, 자기를 난처하게 만드는 제안들은 숙련된 기술을 이용해 대단히 교묘하게 피해 나갔다. 지금 생각해 보면, 당시 그녀의 술책은 그녀가 나를 진지한 사람으로 생각하지 않는다는 사실을 내가 믿도록 만들기 위한 것 같았는데, 그 술책이 어찌나 능란했던지 나는 항상 눈치 없이 앞서 나갔다.

12시 정각이 되자 그녀는 시간이 벌써 그렇게 되었다며 놀라더니 연주되는 음악에 따라 춤을 추다 말고 나를 멈춰 세웠고, 문까지 배웅해 주겠다는 내 제의조차 거부했다. 내 여동생에게는 그 모습이 너무 특이하게 보였던지라 혹시 자기가 그녀에게 무슨 잘못을 하지나 않았을까 하는 괜한 생각까지 하게 되었다. 나는, 그 서글픈 경우가 내 여동생이 갑자기 메데인에 있는 살레시오 수도원으로 들어가겠다는 결정을 내린 것과 어떤 관계가 있지 않을까 하는 생각을 지금도 하고 있다. 그날부터 메르세데스와 나는 결국 우리 둘 사이의 암호를 개발했고, 심지어는 서로 만나지도 않은 채 그 암호를 사용해 무언의 의사소통을 했다.

그로부터 한 달이 지난 뒤인 다음 해 1월 22일, 그녀가《엘 에랄도》사무실에 남긴 단도직입적인 메시지를 통해 다시 그녀에 관한 소식을 들을 수 있었다. "까예따노가 암살되었다." 까예따노는 우리에게 단 한 사람을 의미할 수 있었다. 막 의사가 되려던 사람으로, 늘 댄스파티를 주최하고 자신의 일을 사랑하던 수끄레의 우리 친구 까예따노 헨띨레였던 것이다. 즉시 전달된 소식은 그가 차빠랄 소재 학교에 근무하는 젊은 여교사의 두 오빠가 찌른 칼을 맞고 사망했다는 것이었다. 우리는 그가 여교사를 말에 태워 가는 것을 본 적이 있었다. 그날 하루가 지나는 동안 나는 속속 도착한 전보들을 통해 사건의 전모를 파악할 수 있었다.

당시는 전화가 흔한 시대가 아니었고, 개인 장거리 통화는 사전에 전보를 발송해 미리 약속한 다음 이루어졌다. 나는 기자 특유의 즉각적인 반응을 보여, 그 사건에 관한 기사를 쓰기 위해 수끄레로 가기로 결정했다. 하지만 신문사에서는 나의 결정을 감정적인 충동이라 해석했다. 요즘 나는 신문사가 그렇게 생각한 이유를 잘 이해하고 있다. 당시부터 이미 우리 콜롬비아인들은 아주 하찮은 이유로 살인을 하고, 가끔씩은 살인하기 위한 이유들을 일부러 만들어 내기도 했다. 애정 문제로 인한 범죄들은 도시에 거주하는 부유층의 호사스러운 쾌락을 위해 이미 예정되어 있는 것이나 마찬가지였다. 아무튼 영원히 기억될 만한 사건이라 생각한 나는 증인들의 증언을 수집하기 시작했다. 마침내 나의 은밀한 의도를 감지한 어머니는 제발 그 기사를 쓰지 말라고 간청했다. 까예따노의 어머니 훌리에따 치멘또가 살아 있는 동안만이라도 참아 달라는 것이었다. 무엇보다도 그녀는 내 여덟 번째 동생 에르난도가 영세를 받을 때 대모가 됨으로써 어머니와는 각별한 사이가 되기 때문이었다. 좋은 기사에 반드시 필요한 까예따노 어머니의 증언은 대단한 의미를 지니고 있었다. 여교사의 두 오빠는 집으로 피신하려 애쓰던 까예따노를 뒤쫓아 왔고, 아들이 침실에 있을 거라 생각한 훌리에따는 서둘러 집 대문을 잠가 버렸다. 결국 까예따노는 집으로 들어갈 수 없었고, 잠긴 자기 집 대문 앞에서 두 오빠의 칼에 찔려 죽었다.

그 범죄 사건에 관한 기사를 쓰기 위해 즉시 자리에 앉았으나, 온갖 장애에 부딪쳤다. 내가 관심을 두고 있던 것은 범죄 그 자체가 아니라 '집단적 책임'이라는 문학적 테마였다. 하지만 그 어떤 주장도 어머니를 설득하지 못했고, 어머니의 허락 없이 글을 쓰는 것은 도리에 어긋난다는 생각이 들었다. 그럼에도 불구하고, 그날부터 그 사건에 관해 쓰고 싶은 욕망에 시달리지 않은 날이 단 하루도 없었다. 여러 해가 지난 뒤, 아르헬 공항에서 탑승 대기를 하고 있는 사이 그 사건에 관해 쓰는 것을 포기하기 시작했다. 그때 갑자기 퍼스트 클래스의 문이 열리더니 자신의 혈통을 상징하듯 티 하나 없는 도포를 입은 아랍 왕자가 들어왔다. 주먹에 아주 멋진 송골매 암컷 한 마리를 올려놓고 있었는데, 매 사육자들이 전통적으로 착용하는 가죽 두건 대신 다이아몬드가 박힌 금 두건을 착용하고 있었다. 그 모습을 보자 아버지에게서 세련된 매 사냥 기술을 배운 까예따노 헨띨레가 생각나지 않을 수 없었다. 처음에는 아메리카 토종 새매를 이용해 사냥하고, 나중에는 아라비아 펠리스에서 들여온 멋진 종(種)들을 이용해 사냥했다. 그가 암살당했을 당시 집안 소유 농장에는 전문 매 우리가 있었다. 그 우리에는 메추리 사냥을 위해 훈련된 암컷 사촌 매 두 마리와 수컷 매 한 마리가 있었고, 개인 호신용 스코틀랜드 산 솔개 한 마리가 있었다. 당시 나는 실존 인물이 소설 속의 인물로 변화하는 과정에 관해 조지 플림턴이 어니스트 헤밍웨이와 나눈 역사적인 인터뷰 기사「더 파리 리뷰」를 통해 알고 있었다. 헤밍웨이가 그에게 대답했다. "만약 내가 그것이 어떻게 이루어지는지 설명한다면, 그것은 가끔, 명예 훼손 사건 전문 변호사들을 위한 지침서가 될 수도 있을 것이오." 하지만 아르헬 공항의 그 운 좋은 오전 이후 내 상황은 반대로 변했다. 까예따노의 죽음에 관한 얘기를 쓰지 않는다면 마음 편히 살아갈 기분을 느끼지 못할 것 같았던 것이다.

내가 무슨 말을 해도 그 사건에 관한 글을 쓰지 못하게 막겠다는 어머니의 결심은 여전히 확고했다. 살인 사건이 일어난 지 30년이 지난 뒤 어머니가 바르셀로나에 살고 있던 내게 직접 전화를 걸어 까예따노의 어머니 훌리에따 치멘또가 자식을 앞서 보냄으로써 생긴 마음의 병을 다스리지 못한 채 사망했다는 비보를 전했다. 하지만 이번에는, 특유의 확고한 도덕관념으로 무장하고 있던 어머니도 그 사건에 관한 이야기를 쓰는 것을 막을 만한 이유를 대지 않았다.

"내가 어미로서 단 한 가지만 부탁하마. 까예따노가 내 아들인 것처럼 그려 주길 바란다."

그 이야기는 『어느 예고된 죽음의 연대기』라는 제목으로 2년 뒤에 출간되었다. 어머니는 내가 나의 마음속 박물관에 어머니의 또 다른 보석으로 간직하고 있는 한 가지 이유 때문에 그 이야기를 읽지 않았다. "실제 삶에서 잘못 풀린 일은 책에서도 잘 풀릴 수 없는 법이란다."

까예따노가 죽은 지 일주일이 지난 오후 5시, 《엘 에랄도》에 매일 신는 기사를 막 쓰기 시작했을 때 책상에 놓인 전화벨이 울렸다. 연락도 없이 방금 전에 바랑끼야에 도착한 아버지로부터 걸려온 것으로, 급한 일 때문에 로마 카페에서 나를 기다리고 있다는 것이었다. 아버지의 긴장된 목소리 때문에 적잖이 놀랐으나 나를 더욱 놀라게 한 것은 아버지의 생전 처음 보는 몰골이었다. 면도도 하지 않은 얼굴에 머리는 텁수룩하고, 4월 9일 사태 때 주워서 아버지에게 선물한, 무더운 거리의 뜨거운 공기로 지저분해진 꾀죄죄한 하늘색 정장을 입고 있던 아버지에게는 패배자들 특유의 차분한 분위기가 물씬 풍겼다. 아버지의 모습을 본 나는 정신이 멍해졌기 때문에 아버지가 몹시 비통해하면서 아주 노골적으로 우리 가족의 재난에 대해 내게 알려주던 모습을 지금 그대로 옮길 수 없을 것 같다. 그렇듯, 살기 편하고 미인이 많은 낙원 수끄레는 급작스럽게 발생한 지진과 같은 정치적 폭력에 휩쓸려 버렸던 것이다. 까예따노의 죽음은 하나의 전조에 불과했다.

"넌 이 평화로운 오아시스에서 살고 있기 때문에 지옥 같은 그곳 상황을 잘 모를 거다." 아버지가 내게 말했다. "하지만 우리가 여전히 거기서 살고 있는 이유는 신께서 우리를 지켜보시기 때문이다."

아버지는 4월 9일 이후 분노한 자유파들로부터 몸을 피하지 않아도 되었던 몇 안 되는 보수당원 가운데 하나였는데, 그동안 아버지의 그늘 아래 숨어 있던 보수파 동료들이 이제 아버지의 미지근한 태도 때문에 아버지를 거부하고 있었다. 아버지는 모든 것을 버리고 가족과 까르따헤나로 이주하겠다는 자신의 경솔한 결정을 과도하게 정당화할 정도로 아무 무시무시하고 아주 생생한 그림을 내게 그려 보였다. 아버지의 결정에 반대하고 싶은 이유도 마음도 없었으나 즉각적인 이사보다는 덜 과격한 해결책 하나를 아버지에게 제시함으로써 아버지를 즐겁게 해 줄 수 있으리라 생각했다.

생각할 시간이 필요했다. 우리는 각자 생각에 잠긴 채 말 없이 음료수 잔을 집어들었다. 채 다 마시기도 전에 아버지가 자신의 들끓는 이 상주의를 회복함으로써 내 말문을 닫아 버렸다. "이런 상황에서도 나에게 위안을 주는 것이 딱 하나 있지." 아버지가 전율하듯 한숨을 내쉬며 말했다. "그건 바로 네가 공부를 다 끝마칠 수 있을 거라 기대하는 즐거움이야." 그토록 하찮은 것 때문에 아버지가 행복해한다는 사실로 인해 내 가슴이 찡해졌다는 얘기를 아버지에게는 결코 하지 않았다. 가족이 이사를 한다는 것은 어떻게 해서든 나를 변호사로 만들기 위해 아버지가 고안해 낸 책략에 불과하다는 심술궂은 생각이 들자 뱃속에서 한줄기 냉기가 느껴졌다. 아버지의 두 눈을 뚫어지게 쳐다보았다. 파문이 일고 있는 두 개의 잔잔한 물웅덩이처럼 보였다. 나는, 아버지가 너무 무방비 상태인 데다 애가 타는 처지였기 때문에 내게 뭘 강요하거나 부정할 상황에 있지는 않았으나, 내가 지쳐서 포기라도 하게 만들 수 있을 거라 믿을 정도로 신의 섭리에 대한 믿음이 충분하다는 사실을 깨달았다. 더욱이, 그런 신념에 사로잡힌 아버지는 까르따헤나에 내 일자리 하나를 구해 놓았고, 다가오는 월요일부터 출근하기로 만반의 조치가 다 되어 있다고 내게 알렸다. 아버지는 보름마다 급료를 받으러 가기만 하면 되는 대단한 일자리라고 설명했다.

내가 소화하기에는 벅찬 사안이었다. 이를 악문 나는 나의 최종적인 거부를 아버지가 받아들일 준비를 하도록 일부러 말을 빙빙 돌렸다. 어머니와 함께 아라까따까에 가면서 나눈 긴 대화에 관해 아버지에게 말해 주었다. 그에 대해서는 아버지로부터 아무런 답변도 듣지 못했으나, 아버지가 그 문제에 관해 보인 그런 무관심이 가장 적합한 대답이었다는 사실을 깨달을 수 있었다. 가장 가슴 아팠던 일은 내가 잔꾀를 부려 아버지를 놀리고 있었다는 것이다. 2학년 때 낙제한 두 과목의 학점을 영영 따지 못했고, 3학년 때는 다른 세 과목을 낙제해 구제 불능 상태가 되었기 때문이다. 가족이 쓸데없이 슬퍼하지 않도록 이런 사실을 숨겨 왔던 터라 그날 오후 아버지에게 그 사실을 실토했을 때 아버지가 어떤 반응을 보일지는 생각조차 하기 싫었다. 아버지와 대화를 시작하면서 어떤 경우에도 마음을 단단히 먹어야겠다고 다짐했다. 그토록 관대한 남자가 자식들 때문에 패배감을 느껴야만 한다는 사실이 너무 가슴 아팠기 때문이다. 하지만, 실토를 해 버리면 빼도 박도 못할 상황이 될 것만 같았다. 결국 나는 하룻밤만 더 생각해 볼 말미를 달라고 아버지에게 부탁하는 쉬운 방법을 택했다.

"그렇게 하렴." 아버지가 말했다. "가족의 운명이 네 두 손에 달려 있다는 사실을 항상 잊지 않는다면야."

아버지가 제시한 조건은 불필요한 것이었다. 나는 내 약점을 너무나 잘 알고 있었기 때문에 오후 7시 막차를 타고 떠나는 아버지를 배웅하러 갈 때 아버지 옆 자리에 앉지 않도록 마음을 다잡아야 했다. 대책이 없다는 게 명확했다. 우리 가족은 너무 가난해졌기 때문에 모든 구성원이 돕고 나서야만 생존할 수 있을 지경에 이르러 있었다.

무언가를 결정하기에는 좋지 않은 밤이었다. 내륙 농촌 지역에서 발생한 정치적 폭력을 피해 산 니꼴라스 공원에서 노숙을 하고 있던 여러 가족을 경찰이 무력으로 내쫓아 버렸다. 그럼에도 불구하고 로마 카페의 평화는 확고부동했다. 에스빠냐 출신 피난민들은 나를 보기만 하면 돈 라몬 비녜스의 소식을 알고 있는지 물었고, 나는 그에게서 온 편지들에는 에스빠냐 소식이 들어 있기는커녕 바랑끼야에 관한 소식을 듣고 어떤 상황인지 걱정스레 되묻고 있다는 말을 농담처럼 했다. 돈 라몬 비녜스가 사망한 뒤로 사람들은 그에 관해 언급하지 않았으나 카페 테이블에 여전히 그의 자리를 마련해 두었다. 돈 라몬 비녜스의 지도하에 함께 토론하던 동료 하나가 전날 내가 쓴 「라 히라파」를 읽고 축하 인사를 건넸다. 그 기사가 마리아노 호세 데 라라의 가슴이 미어지게 만드는 낭만주의를 어떻게든 상기해 주었기 때문이라고 했으나, 어떻게 해서 그런 생각을 하게 되었는지 전혀 알 수 없는 노릇이었다. 뻬레스 도메네치 교수가 난처한 처지에 있던 나를 시의 적절한 말로 구해 주었다. "나는 자네가 총으로 자살해 버린 그의 좋지 않은 선례를 따르지는 말길 바라네." 그날 밤, 그가 마리아노 호세 데 라라에 관한 한 어느 정도까지가 진실인지 알았더라면 그렇게 말하지는 않았을 것이라는 생각이 든다.

30분 뒤 나는 헤르만 바르가스의 팔을 잡아끌어 하뻬 카페 구석 자리로 데려갔다. 종업원이 우리에게 마실 것을 주고 돌아가자마자 나는 긴급하게 의논할 것이 있다고 말했다. 그는 음료수 잔을 들어 입에 갖다 대기 바로 직전 (돈 라몬처럼) 동작을 멈추더니 놀란 듯 내게 물었다.

"어디로 떠나려고 그러는 거요?"

그의 날카로운 통찰력이 놀랍기만 했다.

"참 귀신같이 알아맞히네!"

내 계획에 관해 정확하게 알고 있지는 못했지만 직감으로 때려잡은 그는 나의 사직이 《끄로니까》의 종말을 의미할 것이고, 내 평생 나를 괴롭힐 아주 무책임한 짓이라 생각하고 있었다. 나의 행위가 배반이나 다름없으며, 자기는 그 누구보다 더 그런 말을 할 권리가 있다는 사실을 내게 인식시켰다. 《끄로니까》에 관한 한 어떻게 해야 할지 그 누구도 모르고 있었으나, 우리 모두는 알폰소가 자기 능력을 넘어서는 투자를 한 것까지 포함해 아주 결정적인 순간에 잡지를 지탱했다는 사실을 잘 알고 있었고, 그래서 나는 나의 돌이킬 수 없는 이사가 그 잡지에게는 사형 선고나 다름없다는 불길한 생각을 헤르만의 뇌리에서 결코 떼어 낼 수 없었다. 모든 것을 다 이해하고 있던 그였기에, 내가 지닌 이사의 동기가 불가피한 것이라는 사실을 알고 있었으나, 그가 자신이 생각하고 있던 바를 내게 이야기해야 한다는 도덕적 의무감은 수행했다고 나는 확신하고 있다.

다음날, 알바로 세뻬다는 나를 자기 차에 태워 《끄로니까》 사무실로 데려다 주면서, 친구들의 걱정 때문에 마음이 몹시 심란했다는 감동적인 증거 하나를 보여 주었다. 그는 내가 떠날 거라는 사실을 헤르만을 통해 이미 알고 있었던 것 같다. 하지만 특유의 소심함 때문에 마음에 품고만 지냄으로써 우리 두 사람이 입씨름을 할 필요가 없었다.

"제기랄." 그가 내게 말했다. "까르따헤나야 엎어지면 코 닿을 곳이오. 전에 내가 그랬던 것처럼 당신이 뉴욕으로 간다면야, 그건 골치 아픈 일이 되겠지. 어찌 됐든, 난 이렇게 멀쩡하게 여기 있잖소."

그 말은 그가 울고 싶은 마음을 꾹 참고 있던 내 경우와 같은 처지에 빠졌을 때 자신에게 효과가 있었던 비유적인 대답의 일종이었다. 그래서 그가 콜롬비아에서 영화를 만들겠다는 계획에 관해 처음으로 나와 이야기하고 싶었다는 말을 했을 때 나는 놀라지 않았다. 그것은 우리가 평생 아무런 결론도 맺지 못한 채 계속해야 했던 대화였다. 그는 내게 약간의 희망을 남긴 채 자리에서 일어나겠다는 듯 그 문제를 툭 내던진 뒤 카페를 나서더니, 산 블라스 거리에 빽빽하게 들어차 있던 인파와 잡동사니를 파는 구멍가게들 사이에서 멈춰 섰다.

"그 잡지는 때려치우고, 우리 《타임》 같은 잡지 하날 만들어 보자고 알폰소에게 이미 말해 두었소!" 그가 카페 창문 밖에서 내게 소리를 질렀다.

알폰소와 대화를 하는 것은 내게도 알바로 세뻬다에게도 쉽지 않은 일이었다. 우리가 6개월 전부터 명확한 결론을 내리지 않고 차일피일 미루어 오고 있었던 데다 우리 둘 다 난감한 경우에 처하면 말더듬이가 되어 버리기 때문이었다. 나는 평소에도 잡지사 식자실에서 철없이 불끈불끈 화를 냈었다. 한번은 공식적인 사의를 은유적으로 표하듯 화를 버럭 내면서 《끄로니까》 발행인 명의란에서 내 이름과 직위를 빼 버렸는데, 격정이 가라앉고 났을 때도 까마득히 잊고 이름과 직위를 다시 집어넣지 않은 사건이 일어났다. 2주 뒤, 그 사실을 알게 된 헤르만 바르가스가 알폰소에게 얘기했을 때까지 그 누구도 알아차리지 못했다. 알폰소에게도 놀랄 만한 일이었다. 식자실장 뽀르피리오는 내가 얼마나 심하게 화가 났는지 그들에게 얘기했는데, 그들은 내가 이유를 설명할 때까지 그 사건을 가만 내버려 두기로 합의했다. 불행하게도 나는 《끄로니까》를 떠나기로 알폰소와 합의할 때까지 그에 관해 까마득히 잊고 있었다. 얘기가 끝났을 때, 그는 강렬하지만 매혹적인 특유의 농담 하나를 내던지고는 죽어라 웃으며 내게 작별을 고했다.

"잡지 발행인 명의란에서 당신 이름을 삭제할 필요조차 없다는 게 행운이오."

그때 비로소 칼에 찔린 듯 그 사건을 되살려 냈고, 알폰소가 아주 적절한 방법으로 말을 해 주었기 때문이 아니라 내가 그 사건에 대해 해명하는 걸 깜빡 잊고 있었다는 생각 때문에 땅이 푹 꺼지는 것 같은 느낌을 받았다. 기대했던 바대로 알폰소가 내게 어른다운 설명을 해 주었다. 만약 그것이 우리가 발설하지 않았던 유일한 부정이었다면, 아무런 설명 없이 그대로 방치해 두는 것은 점잖지 못한 행동이었다는 것이다. 나머지는 알폰소가 알바로, 헤르만과 더불어 처리하기로 했고, 만약 우리 모두가 합심하여 배를 구해야 한다면, 나 역시 까르따헤나에서 두 시간 이내에 돌아올 수 있을 것이라고 다짐했다. 우리는 최후의 수단을 편집 위원회에서 강구하고자 했다. 하지만 편집 위원회는 중대한 결정을 내릴 때 사용하는 기다란 호두나무 테이블에 우리가 단 한 번도 끌어들일 수 없었던 신의 섭리와 같은 것이었다.

헤르만과 알바로의 코멘트는 내가 떠나는 데 필요한 용기를 불어넣어 주었다. 알폰소는 내 사정을 이해했고, 내가 떠나는 이유가 나를 구원해 주리라 생각했지만, 내 사임과 더불어《끄로니까》가 끝장날 거라고는 결코 생각하지 않았다. 반대로 나더러 위기 상황에 차분하게 대처하라고 충고했고, 편집 위원회를 통해 잡지에 튼튼한 기초를 다질 수 있으리라는 생각으로 나를 안심시키면서 가치 있는 일이 가시화되면 내게 알리겠노라고 말했다.

그 말을 들은 나는 알폰소가《끄로니까》가 끝날 것이라는 가능성은 생각조차 하지 않고 있다는 조짐을 처음으로 감지했다. 14개월 동안 총 58호가 발간된《끄로니까》는 7월 28일, 고통도 영광도 없이 끝나고 말았다. 하지만 반세기가 지난 현재 나는 그 잡지의 출간이 국내 언론에 중요한 사건이었을 거라는 생각을 한다. 창간호부터 제6호까지만 남아 있을 뿐 모든 판본이 다 남아 있지는 않고, 일부 기사는 돈 라몬 비녜스의 까딸루냐 서재에 남아 있다.

내게 다행스러웠던 우연의 일치는 내가 살고 있던 집 식구들이 가구를 바꾸고자 하던 차에 아주 싼 값에 내게 제공해 주었다는 것이다. 떠나기 전날 밤, 급료 결산을 하는 과정에서《엘 에랄도》측은 「라 히라파」원고료 6개월치를 선불로 지급하겠다고 했다. 우리 가족이 수끄레에서 이사 올 때 가구를 가져오지도 않았고, 새 가구를 살 방법도 없었다는 사실을 알고 있던 나는 가족이 살고 있는 까르따헤나 집으로 가져갈 생각에서 그 돈 일부로 마이또의 중고 가구를 샀다. 그 후 50년 동안 사용했지만 현재까지도 잘 보존되어 여전히 사용되고 있다는 사실을 이 지면에서 빠뜨리고 싶지 않은데, 그렇게 된 데는 가구가 생겨 감사한 마음을 지녔던 어머니가 파는 걸 절대 허용하지 않았기 때문이다.

아버지가 나를 찾아오고 일주일이 지난 뒤, 나는 마이따에게 산 중고 가구와 입고 있던 옷 외에 옷 몇 가지를 가지고 까르따헤나로 이사했다. 첫 번째와는 달리, 필요한 일을 어떻게 처리해야 할지 알고 있었고, 까르따헤나에서 필요하게 될 것들을 죄다 알고 있었으며, 우리 가족에게는 모든 일이 잘 되기를 진심으로 바랐지만, 내 인격에 문제가 있다고 생각하고 있었기 때문에 그에 대한 벌로 내 일은 잘 되지 않게 되기를 진심으로 바라고 있었다.

우리가 이사 간 집은 뽀빠 동네에서 제법 좋은 곳에 위치한 것으로, 늘 금방이라도 무너져 버릴 것처럼 보이는 유서 깊은 수도원 그늘 아래에 있었다. 건물 1층의 우리 집에는 침실 네 개와 화장실 두 개가 있었고, 부모님과 스물여섯 살이 다 된 첫째 나부터 다섯 살 먹은 막내 엘리히오까지 11남매가 살게 되었다. 우리 11남매는 해먹과 바닥에 깔린 돗자리, 그리고 한 침대에 가능한 한 최대로 많은 수가 잠을 자는 침대들로 이루어진 카리브 지역 문화에서 무럭무럭 성장했다.

2층에서는 어머니의 남동생 에르모헤네스 솔이 아들 까를로스 마르띠네스 시마한과 함께 지냈다. 온 가족이 살기에는 충분하지 않았으나, 외삼촌이 사업상 그 집 여주인과 거래를 하고 있었기 때문에 임대료가 저렴했다. 우리는 여주인이 대단한 부자며, 뻬빠라 불린다고만 알고 있었다. 농담을 하는 데는 완전무결한 재능을 지니고 있던 우리 가족은 집 주소를 민요풍으로 완벽하게 구성해 내는 데 오랜 시간이

걸리지 않았다. '뽀빠 발치에 위치한 뻬빠의 집.'

형제자매들과 함께 사는 생활은 불가사의한 기억으로 남아 있다. 도시의 반 정도가 전깃불이 나가면 우리는 나이 어린 동생들을 재우기 위해 어둠 속에서 집안 정리를 하려 애썼다. 나이 든 형제자매들은 목소리로 서로를 구분했으나, 어린 형제자매들은 내가 마지막으로 집에 간 이후로 너무나 많이 변해 있었다. 촛불에 드러난 그들의 커다랗고 슬퍼 보이는 눈은 나를 놀라게 만들곤 했다. 온갖 트렁크, 짐꾸러미, 걸려 있는 해먹들이 어둠 속에 무질서하게 자리 잡고 있는 모습은 4월 9일 사태를 우리 집으로 옮겨 놓은 것 같았다. 어찌 되었든, 가장 놀라웠던 것은 내가 뭔가 싶어 들어 보려 했을 때 손에서 미끄러져 나간 형태 없는 배낭이었다. 어머니가 산 뻬드로 끌라베르 납골당에 안치하기 위해 파내 온 외할머니 뜨랑낄리나의 유골을 담은 것이었다. 현재 아버지와 이모 엘비라 까리요의 유골도 그 납골당에 안치되어 있다.

외삼촌 에르모헤네스 솔은 그 위급한 상황에 신이 보내 준 사람 같았다. 까르따헤나 소재 주 경찰청장으로 임명된 그가 처음으로 시행한 과격한 조치는 가족을 구하기 위해 부르주아적 범법 행위를 한 것이었다. 그 행위 속에는 이데올로기 때문이 아니라 옷 입는 방식 때문에 공산주의자라는 명성을 얻으며 정치적으로 탈선한 상태에 있던 나까지 포함되어 있었다. 모든 식구들에게 일자리가 주어졌던 것이다. 아버지에게는 정치적 책임이 없는 행정직 일자리가 주어졌다. 루이스 엔리께는 형사로 임명되고, 내게는 인구 조사국의 한직 하나가 주어졌다. 보수당 정부는 정적들이 얼마나 살아남았는지 파악하기 위해 인구 조사를 실시하고 있었던 것 같다. 내가 업무에 끼친 도덕적 피해는 정치적 피해보다 더 위험한 것이었다. 2주마다 급료를 받으러 가는 날을 제외하고 한 달 중 나머지는 온갖 질문들을 피하기 위해 사무실 근처에 얼씬도 못했기 때문이다. 비단 나를 위해서뿐만 아니라 100명이 넘는 직원들을 위한 공식적인 해명은 내가 시외 출장 중이라는 것이었다.

인구 조사국 사무실 앞에 위치한 모카 카페는 단지 급료를 받기 위해 인근 도시에서 온 위장 공무원들로 붐볐다. 내 급료는 상당했으나 급료 명세서에 서명하자마자 모두 우리 집 생활비로 들어갔기 때문에 개인적으로 쓸 돈은 단 한 푼도 남아나지 않았다. 그사이 나를 법과대학에 재입학시키려 시도하던 아버지는 내가 그동안 아버지에게 숨겨 왔던 진실과 맞닥뜨리게 되었다. 아버지가 나에 관한 진실을 알게 되었다는 사실만으로도 나는 졸업장을 받은 것처럼 아주 행복했다. 나의 행복은 더욱 확실하게 보증되어 있었다. 무수한 방해와 난관 속에서도 마침내 소설을 끝맺을 수 있는 시간과 공간을 발견했기 때문이다.

내가 《엘 우니베르살》 사무실을 찾아갔을 때 신문사 직원들은 내가 마치 내 집에 돌아온 것처럼 느끼도록 해 주었다. 신문사로서는 가장 바쁜 시각인 오후 6시였는데, 내가 사무실에 들어섬으로써 갑자기 식자기들과 타자기들이 작동을 멈추고 사방이 고요해졌고, 나는 목이 메고 말았다. 인디오 스타일로 묶은 사발라 선생의 머리는 그동안 단 1분의 시간도 흐르지 않은 듯 그대로였다. 사발라 선생은 내가 그 사무실에서 계속 일해 왔다는 듯이 밀려 있는 사설 한 편을 써 달라고 부탁했다. 내 타자기를 사용하고 있던 사춘기 소년처럼 보이는 신입 사원이 허둥지둥 내게 자리를 양보했다. 내가 첫 번째로 놀랐던 것은 「라 히라파」를 통해 2년 동안 무절제하게 기사를 쓴 뒤라 그 신문사의 신중한 논지를 견지하면서 무기명으로 기사를 쓴다는 것이 어렵다는 점이었다. 내가 한 쪽짜리 사설 초고를 손에 들고 있을 때 발행인 로뻬스 에스까우리아사가 다가와 인사를 했다. 영국 사람처럼 무심한 그의 성격은 친구들과의 토론 모임이나 정치 풍자 만화에 단골로 등장할 정도였는데, 그가 반갑게 나를 껴안으면서 즐거움에 얼굴이 상기되는 모습이 인상적이었다. 사설을 완성했을 때 사발라는 내게 논설위원 월급 120 뻬소를 제의하기 위해 발행인이 계산해 놓은 종이 쪽지 하나를 든 채 나를 기다리고 있었다. 나는 시기와 장소에 어울리지 않을 정도의 거액에 너무 놀란 나머지, 대답도 감사의 말도 하지 않은 채 지구가 태양 주위를 돌고 있다는 사실이 확실하다고 절감하면서, 자리에 앉아 사설 두 편을 더 썼다.

마치 근원으로 회귀한 것 같았다. 사발라 선생에 의해 자유파의 빨간색을 상징하는 빨간색 글씨로 수정되고 편집국의 불경스러운 과감성에 이미 굴복해 버린 검열관의 똑같은 검열에 의해 잘린 똑같은 논제들, 자정에 라 꾸에바 식당에서 튀긴 쁠라따노와 계란 프라이를 곁들인 비프스테이크를 먹는 똑같은 밤들, 그리고 마르띠레스 산책로에서 세상을 바꾸겠다며 새벽녘까지 나누는 똑같은 화제들로 회귀했던 것이다. 아무 곳으로나 이사하기 위해 그림을 그려 팔면서 1년을 보내던 로하스 에라소는 마침내 '큰 여자'라는 별명을 지닌 로사 이사벨과 결혼해 보고타로 떠났다. 나는 새벽이 다 된 시각까지 자리에 앉아 「라 히라파」를 써서 당시 유일한 근대적 운송 수단인 정규 우편을 통해 《엘 에랄도》에 송부했다. 빚을 다 청산할 때까지 최대의 노력을 기울임으로써 원고 송부를 하지 못한 경우가 거의 없었다.

어려운 상황에서 온 가족과 함께 살아간 일은 현재 기억의 영역이 아니라 상상의 영역을 차지하고 있다. 어머니 아버지는 어린 동생 몇과 더불어 아래층에 있는 어느 방에서 잤다. 여동생 넷은 각자 방 하나씩을 가질 권리가 있다는 점을 이미 느끼고 있었다. 세 번째 방에서는 하이메가 에르난도와 알프레도 리까르도를 데리고 잤다. 하이메는 늘 철학적이고 수학적인 훈계로 동생들에게 경각심을 심어 주었다. 열네 살 먹은 리따는 전기 요금을 아끼기 위해 대문 밖 가로등 밑에서 자정까지 공부했다. 리따는 현재도 간직하고 있는 세련미와 훌륭한 어투를 발휘해 가며 교과 내용을 큰 소리로 암기했다. 내 책에 수없이 등장하는 특이한 사항들은 리따가 큰 소리로 읽던 것을 차용한 것이다. "방앗간 가는 노새와 작은 모자 쓴 소년의 초콜릿과 술 빚는 예언가" 등이 그렇다. 자정이 지나면서부터 식구들이 물 마시러 주방에 드나들고, 소변이나 대변을 보기 위해 화장실을 들락거리고, 복도의 각기 다른 높이에다 서로 엇갈리게 해먹들을 치느라 집 안은 더 활기차고, 무엇보다도 더 인간적이 되었다. 외삼촌과 그의 아들이 본가로 옮기자, 나는 동생 구스따보, 루이스 엔리께와 함께 2층에서 살았고, 나중에 하이메가 밤 9시 이후로는 그 어떤 것에 관해서도 설교를 하지 않는다는 다짐을 한 뒤에 우리에게 합류했다. 어느 날 새벽 어미 잃은 양 한 마리가 몇 시간 동안 주기적으로 울어대는 바람에 우리는 잠에서 깨어났다. 구스따보가 짜증 섞인 목소리로 말했다.

"거참, 등대처럼 시끄럽게 구네."

그 말은 당시 내가 막 쓰기 시작한 소설을 위해 실제 생활에서 재빨리 낚아채던 비유법의 일종이었기 때문에 절대로 잊지 않게 되었다. 우리 집은 살림이 기울어 감과 동시에 더욱 쇠퇴해 가던 까르따헤나의 많은 집들 가운데 가장 활기찬 집이었다. 가장 싼 동네들을 찾아다니던 우리는 마침내 또릴 동네에 있는 집으로 옮길 정도로 사정이 열악해졌는데, 밤이 되면 그 동네에 여자 귀신이 나타났다. 다행히 나는 그 집에서 살지 않았으나 내 부모와 형제자매들이 들려준 말만 들어도 그곳에서 살았던 것처럼 너무너무 무서웠다. 그 집으로 이사한 첫날 밤 거실 소파에서 자고 있던 아버지 어머니는, 자잘한 붉은색 꽃무늬 옷을 입고 짧은 머리카락을 귀 뒤로 넘겨 빨간 리본들로 묶은 여자 귀신이 부모님을 쳐다보지도 않고 한 침실에서 다른 침실로 지나가는 것을 보았다. 어머니는 여자 귀신이 입고 있던 옷의 무늬와 신고 있던 신발의 모양까지 기술해 가며 여자 귀신에 관해 얘기했다. 아버지는 아내와 자식들을 더 이상 놀라게 하지 않으려고 귀신을 보았다는 사실을 극구 부인했으나 귀신이 해질 무렵부터 집 안에 출현함으로써 자주 식구들의 눈에 띄었기 때문에 그 누구도 귀신의 존재를 부인할 수 없게 되었다. 어느 새벽, 잠에서 깨어난 여동생 마르곳은 침실 베란다에서 강인한 눈초리로 자기를 뚫어지게 쳐다보던 그 여자 귀신을 보았다. 하지만 마르곳이 받은 충격은 저승에서 온 사람이 자신을 관찰했다는 공포에서 비롯되었다.

   일요 미사를 마치고 나오는데, 이웃집 여자가 다가오더니 우리가 이사를 오기 전에 살던 가족이 점심 식사를 하고 있던 대낮에 그 여자 귀신이 뻔뻔스럽게도 식당에 나타난 몇 년 전부터는 그 집에 아무도 살지 않았다는 사실을 어머니에게 말해 주었다. 다음날, 이사할 집을 찾아야겠다며 가장 어린 동생 둘을 데리고 나간 어머니는 네 시간 만에 이사할 집을 찾아냈다. 그렇지만 나이 많은 형제자매들은 죽은 여자 귀신이 자신들과 함께 이사했다는 생각을 떨쳐 버리기 위해 갖은 애를 써야 했다.

   뽀빠 발치에 있던 집에서는, 오랜 세월 동안 가정 경제를 내가 떠맡기는 했어도, 글을 쓰는 것이 아주 즐거웠기 때문에 하루하루가 너무 짧게 느껴졌다. 법학 박사 학위를 받아 그 어느 때보다도 더 정치적인 인간이 되어 있던 라미로 델 라 에스쁘리에야가 그동안 읽은 신작 소설들에 심취한 상태로 그곳에 다시 나타났다. 그는 무엇보다도 꾸르시오 말라빠르떼의 『살가죽』에 심취해 있었다. 그해 우리 세대의 필독서가 되어 있던 책이었다. 그 책이 지닌 함축적인 문장, 활기찬 지성, 현대사에 관한 날카로운 해석이 우리를 새벽까지 붙들어 두었다. 그러나 시간이 지나감에 따라 우리는 말라빠르떼 자체는 내가 갖고 싶어하던 강점들과는 다른 강점들이 있는 한 가지 예에 불과할 뿐이며, 그의 강점들이 결국 그가 지니고 있는 이미지를 파괴한다는 사실을 발견하게 되었다. 우리는 그에게서 발견하게 된 것과 완전히 다른 점을 거의 동시에 알베르 까뮈에게서 발견하게 되었다.

당시 우리 집에서 가까운 곳에 살고 있던 델 라 에스쁘리에야 형제들은 걸핏하면 자기 집 포도주 광에서 포도주를 병째 훔쳐 우리 집으로 가져왔다. 초고의 긴 토막들을 라몬 비녜스의 충고에 반해 그들과 내 동생들에게 읽어 주기도 했다. 그 원고들은 내가 《엘 우니베르살》에 근무할 당시 잠 못 이루는 밤에 써 놓은 모든 것이 들어 있는 바로 그 인쇄용 두루마기 종이 조각들로, 켜켜이 쌓여 있던 먼지도 털어 내지 않은 상태였다.

그 당시 알바로 무띠스와 곤살로 마야리노가 돌아왔으나, 탈고도 채 못하고 제목도 정해 놓지 않은 내 원고를, 다행스럽게도 겸손한 마음이 들어, 그들에게 읽어 달라고 청하지 않았다. 마지막 교정을 보기 전 어딘가에 틀어박혀 아무 방해도 받지 않은 채 규격 원고지에 처음으로 옮겨 적는 작업을 하고 싶었다. 예상했던 것보다 40여 쪽이 더 나왔으나 분량 초과가 심각한 장애가 될 수도 있으리라는 생각 같은 건

하지 못하고 있었다. 하지만 이내 장애가 될 수도 있다는 사실을 깨닫
게 되었다. 사실, 나는 엄격한 완벽주의에 사로잡혀 있기 때문에 각 장
의 쪽수와 책 전체의 쪽수를 정확하게 뽑아냄으로써 책의 길이를 사전
에 재야만 직성이 풀리는 사람이다. 이런 계산을 하는 중에 오류가 단
하나라도 눈에 띄면 모든 것을 다시 생각하지 않을 수 없다. 오탈자 하
나까지도 창작의 오류나 되는 것처럼 나를 괴롭히기 때문이다. 이런
완전무결한 방법은 책임에 관한 과도한 기준에서 비롯된 것이었으나,
오늘날 나는 그것이 단순하고 순수하고 물리적인 공포였다는 사실을
깨닫고 있다.

  라몬 비녜스의 충고를 다시 한 번 더 거부한 채, 여전히 제목을 붙이
지 않은 초고 전체를 그 정도면 탈고했다 싶어 구스따보 이바라에게
건네주었다. 이틀 뒤 그가 나를 자기 집에 초대했다. 햇빛에 그을려 구
릿빛으로 변한 그는 바다 쪽으로 난 테라스에서 갈대로 만든 흔들의자
에 수영복 차림으로 편안하게 앉아 있었다. 내게 이야기를 하는 사이
내 원고를 애무하듯 쓰다듬는 모습이 나를 감동시켰다. 그는 진정한
스승이었다. 책에 관해 설교 같은 얘기를 하지도 않았고, 원고가 좋다
거나 나쁘다거나 자신의 생각을 밝히지도 않았으며, 대신 나로 하여금
그 자신의 윤리적 가치를 인지하도록 만들었다. 얘기 말미에 만족스러
운 눈빛으로 나를 응시하더니 예의 그 단출한 결론을 내렸다.

  "이거 안티고네 신화더군."

  내 표정을 본 그는 내가 자기 말을 이해하지 못했다는 걸 알고는 책
꽂이에서 소포클레스의 책을 꺼내 자신이 말하고자 하는 부분을 읽어
주었다. 실제로 내 소설에 설정되어 있는 연극적인 상황은 숙부 크레
온 왕의 명령에 따라 오빠 폴리네이케스의 시체를 매장하지 않고 그대

로 두도록 선고받은 안티고네의 상황과 근본적으로 같은 것이었다. 나는 구스따보와 내가 서로 알게 된 당시 그가 내게 빌려 준 책에서 『콜로노스의 오이디푸스』를 읽은 적이 있었으나 바나나 재배 지역을 무대로 하는 드라마 속에 안티고네 신화를 기억으로 재생하기에는 그 신화에 대한 기억이 거의 없었고, 그 신화가 지닌 감정적 유사성을 당시까지는 깨닫지 못하고 있었다. 행복감과 실망감 때문에 내 영혼이 혼란스러워졌다는 걸 느꼈다. 그날 밤 나는 그처럼 위대한 작가와 내가 좋은 의미에서 일치했다는 자부심과 내가 그의 작품을 표절했다는 사실이 공공연하게 드러남으로써 느낀 수치심으로 인한 고통이 뒤섞인 특이한 감정을 지닌 채 내 원고를 다시 읽어 보았다. 뭔지 모를 위기의식에 휩싸인 채 한 주를 보낸 뒤, 내 책이 소포클레스가 쓴 책처럼 보이지 않도록 수정하고 말겠다는, 얼토당토않은 자만심을 여전히 깨닫지 못한 채, 나의 선의를 살릴 수 있는 근본적인 변화 몇 가지를 시도하기로 결정했다. 결국 체념해 버린 나는 소포클레스의 책에 실린 문장 하나를 소포클레스에게 경의를 표하는 제사(題詞)로 사용하는 도덕적 권리를 내가 지니고 있다는 사실을 자각했고, 그렇게 했다.

 까르따헤나로 이주함으로써 우리는 수끄레의 심각한 상황 악화와 위험으로부터 시의 적절하게 우리 자신을 보호할 수 있었으나 우리가 했던 계산 대부분은 부족한 수입뿐만 아니라 많은 가족 수 때문에 허망한 것으로 판명 났다. 어머니는 늘 가난한 집 자식들은 부잣집 자식들보다 더 많이 먹고 더 빨리 자란다고 말했는데, 어머니 자신의 집이 좋은 본보기가 되기에 충분했다. 우리 가족 모두가 벌어들이는 돈은 우리가 갑작스럽게 놀라는 일 없이 살아가기에는 충분하지 않았던 것이다.

시간이 나머지 문제들을 해결해 주었다. 하이메는 그를 제외한 가족들의 담합 때문에 토목 기사가 되었다. 학사 학위를 귀족 작위처럼 대단하게 생각하던 한 가정에서 유일하게 학위를 받은 자식이었다. 루이스 엔리께는 회계 교사가 되고, 구스따보는 지리 기사가 되어 학교를 졸업했는데, 두 사람은 여전히 다른 사람들의 세레나데에서 기타리스트와 가수로 활동했다. 이요는 아주 어렸을 때부터 뚜렷하게 드러나는 문학적 소양과 강한 성격 때문에 우리를 놀라게 했다. 성격이 어느 정도였냐 하면, 다섯 살 때, 집 안에서 소방관들이 화재를 진압하는 광경을 보겠다는 꿈을 실현하기 위해 옷이 가득 들어 있는 장롱에 불을 지르려다 발각되기도 했다. 나중에 나이 많은 동급생들이 이요와 이요의 형 꾸끼에게 마리화나를 피우라고 초대했을 때, 이요는 기겁을 하며 마리화나를 거부했다. 반면에 늘 호기심이 많고 앞뒤를 재지 않던 꾸끼는 마리화나를 깊이 들이마셨다. 몇 년 뒤 마약의 늪에 빠져 허우적대던 꾸끼가 첫 마약 여행을 한 뒤 자신에게 다음과 같이 말했다고 내게 털어놓았다. "젠장! 평생 이거 말고 다른 것은 전혀 하고 싶지 않아." 그 후 40년 동안, 꾸끼는 미래가 없는 한 가지 열정을 간직한 채 자신의 신념에 따라 죽겠다는 약속만은 철저하게 지켰다. 꾸끼는 쉰두 살 때 자신의 인위적 천국에 침몰되어 심각한 심장 발작을 일으키고 말았다.

　세상에서 가장 태평스러운 난치는 의무 복무 기간이 지난 뒤에도 계속해서 군대에 남아 온갖 현대 무기와 더불어 훈련을 하고 모의 전투에도 여러 차례 참여했으나, 수없이 일어났던 우리의 만성적인 전쟁에는 단 한 번도 참여할 기회가 없었다. 그래서 그는 제대를 하고 나서 소방관이 되는 데 만족했는데 소방서에 5년 이상 근무하면서 단 한 건의 화재도 진압할 기회가 없었다. 그럼에도 불구하고, 그는 자신을 가정에서 즉흥적인 재담의 대가로 인정받게 만들고, 또 살아 있다는 사실 하나만으로도 행복을 느끼도록 만들어주는 특유의 유머 감각 때문에 절대 좌절하지 않았다.

이요는 가난 때문에 가장 어려웠던 몇 년 동안 온갖 노력을 경주하며 작가 겸 기자가 되었는데, 평생 담배 한 개비 안 피우고, 술도 과하게 마시지 않았다. 그는 억누를 수 없는 문학적 자질과, 은밀한 창작 능력을 통해 온갖 역경에 맞섰다. 내게 직접적인 방법으로는 자료 하나 요청하지 않은 채, 여러 해 동안 나도 모르게 『백년의 고독』의 탄생 비밀에 관한 괄목할 만한 연구를 수행했고, 그 결과물로 600쪽이 넘는 연구서를 출간하자마자 향년 54세를 일기로 유명을 달리했다.

막 사춘기에 접어든 리따는 다른 사람들의 노력과 경험을 통해 교훈을 얻는 법을 알고 있었다. 아주 오랜만에 집에 가 보니 리따는 잘생기고 진지하고 점잖은 갈색 피부 청년을 사랑하게 되었고, 모든 소녀들이 빠지게 되는 일시적인 고난 상태에 빠져 있었다. 그 청년이 리따와 어울리지 않는 단 한 가지 점은 두 사람의 키 차이가 50센티미터 정도에 이른다는 것이었다. 그날 밤 나는, 침실 해먹에 드러누워 뉴스를 듣고 있던 아버지를 찾아갔다. 라디오 볼륨을 낮추고 아버지의 해먹 앞에 있는 침대에 앉은 나는, 집안의 장자 자격으로 리따의 사랑이 어떻게 되어 가는지 물었다. 아버지는 항상 준비해 두었음에 틀림없는 대답을 터뜨렸다.

"한 가지 문제는 그 친구가 도둑이라는 거야."

바로 내가 기대하고 있던 대답이었다.

"뭘 도둑질했는데요?"

"추잡스러운 도둑이지." 아버지는 여전히 나를 쳐다보지 않은 채 대답했다.

"뭘 도둑질했냐고요?" 나는 냉랭하게 아버지에게 물었다.

아버지는 여전히 나를 쳐다보지 않았다.

"그래." 아버지가 마침내 한숨을 내쉬었다. "그 녀석이 도둑질한 건 아니지만 형이 절도죄로 잡혀 가 있어."

"그럼 문제될 게 없네요." 바보스러울 정도로 쉽게 생각한 나는 이렇게 말했다. "리따는 절도범으로 잡혀 간 사람과 결혼하려는 게 아니라 잡혀 가지 않은 사람과 결혼하려는 거잖아요."

아버지는 대꾸하지 않았다. 아버지는 리따의 애인에게 수감된 형이 있다는 소문이 사실이 아니라는 점 또한 이미 알고 있던 차라, 아버지가 첫 번째 대답을 했을 때부터 익히 소문난 아버지의 정직성이 훼손되어 버렸다. 아버지는 더 이상 말을 하지 않은 채 아버지로서의 품위를 유지하려고 애썼다.

"좋다. 하지만 난 이 집 식구들이 오랫동안 연애하는 걸 원치 않기 때문에 두 사람을 당장 결혼시키고 싶다."

나는 즉각적으로, 나 스스로가 절대로 용서한 적이 없던 가혹한 태도를 보이며 대꾸했다.

"내일 날이 밝자마자 곧바로 시키세요."

"야, 인마! 그렇게 막 나갈 것까진 없잖아." 아버지는 깜짝 놀란 것 같았으나 처음으로 미소를 머금은 채 내게 대꾸했다. "네 동생은 결혼식 때 입을 옷도 아직 준비해 놓지 않았단 말이야."

아흔 살이 다 된 빠 이모를 마지막으로 본 것은, 찌는 듯한 더위가 기승을 부리던 어느 날 오후, 빠 이모가 예고도 없이 까르따헤나 우리 집에 찾아왔을 때였다. 리오아차에서 급행 승합 택시를 타고 온 빠 이모는 학생용 가방을 들고 상복을 격식 있게 차려입고 검은 터번을 쓰고 있었다. 빠 이모는 반갑게 두 팔을 활짝 벌린 채 들어와 모두에게 소리쳤다.

"내가 이제 죽을 것 같아 작별 인사를 하러 왔다."

우리는 빠 이모가 예전 모습 그대로였기 때문만이 아니라 이모가 자신의 죽음에 대해 어느 정도까지 파악하고 있는지 알고 있었기 때문에 이모를 반갑게 맞이했다. 우리 집에 머물게 된 빠 이모는 다른 방들은 놔두고 유독 가정부용 작은 방에서만 잠을 자겠다고 하더니, 그 방에서 자신의 시간을 기다리다가 순결한 몸으로 죽었다. 그때 우리는 빠 이모의 나이를 백한 살이라 계산했다.

그 당시가 《엘 우니베르살》에서 근무한 기간 가운데 가장 빡빡한 시기였다. 사발라는 내 기사들이 검열의 연필에 부딪히는 일 없이 마땅히 해야 할 말을 할 수 있도록 자신의 정치적 식견을 통해 나를 인도했고, 신문을 위해 특집 기사를 쓰겠다는 나의 오래된 생각에 처음으로 관심을 표명했다. 곧이어, 마르베야 해변에서 상어들의 공격을 받은 관광객들에 관한 무시무시한 뉴스가 나왔다. 그럼에도 불구하고, 시청이 생각해 낸 가장 기발한 아이디어는 상어를 잡아오면 한 마리당 50뻬소를 제공하겠다는 것이었고, 다음날, 전날 밤 잡힌 상어들을 전시할 때 깔 편도 나무 가지들이 부족할 정도였다. 그 소식을 듣고 실소를 금할 수 없었던 엑또르 로하스 에라소는 보고타에서 쓰고 있던 《엘 띠엠뽀》의 새 칼럼에 그 어처구니없는 케케묵은 방식을 상어 사냥에 적용한 실책을 조롱하는 기사 한 편을 썼다. 이 칼럼을 본 나는 밤의 사냥에 관한 기사를 써 봐야겠다는 생각을 하게 되었다. 사발라는 열성적으로 나를 도와주었으나 나의 실패는 내가 취재를 하기 위해 배를 탄 순간부터 시작되었다. 나는 뱃멀미를 하느냐는 선원들의 질문에 하지 않는다고 대답하고, 바다가 무섭냐고 물었을 때 실제로는 무서웠지만 무섭지 않다고 대답했는데, 마지막으로 수영을 할 줄 아느냐고 (그 질문을 맨 처음 했어야 했다.) 물었을 때 수영을 할 줄 안다는 거짓말은 감히 할 수 없었다. 어찌 되었든, 배를 타기 전 육지에서 선원들과 나눈 대화를 통해 나는 사냥꾼들이 까르따헤나에서 89해리나 떨어져 있는 보까스 데 세니사까지 나가 관광객들을 살상한 범죄 상어라는 명목으로 마리당 50뻬소에 팔기 위해 죄 없는 상어들을 잡아 온다는 사실을 알게 되었다. 그 빅뉴스는 바로 그날 종결되어 버렸고, 기사를 쓰겠다는 내 희망도 사라져 버렸다. 대신 나는 여덟 번째 단편소설「천사들을 기다리게 만든 흑인 나보」를 출판했다. 적어도 진지한 두 비평가들과 바랑끼야에 있는 나의 완고한 친구들은 그 작품을 좋은 방향 전환으로 판정했다.

지금 생각해 보면 당시 나는 정치적으로 충분히 성숙되지 않은 상태였기 때문에 그런 문제들이 내게 영향을 미칠 정도는 아니었으나, 내가 예전과 유사한 상태로 되돌아가 버렸다는 것은 사실이다. 너무나 의기소침해 있던 나에게 유일한 즐거움은 성곽 근처에 있는 둥근 천장 술집 라스 보베다스에서 술꾼들과 더불어 노래를 부르며 새벽을 맞이하는 것이었다. 그 술집은 식민지 시대에는 군인들이 이용하는 성 매매 업소로, 나중에는 악명 높은 정치범 감옥으로 사용되었다. 프란시스꼬 데 빠울라 산딴데르 장군은 무기를 들고 함께 투쟁했던 동료들에 의해 유럽으로 추방되기 전 그곳에서 8개월 동안 수감되었다.

그 역사적 유물의 관리인은 은퇴한 라이노타이프 식자공으로, 매일 신문 작업이 마감된 뒤 가장 활발한 동료들과 함께 모여 가축 도둑들이 불법으로 제조한 화이트 럼주를 통째 마시면서 새로운 날이 도래하는 것을 축하했다. 교양 있는 세습 인쇄 기술자들이자 치밀한 문법학자들이기도 한 그들은 매주 토요일이면 두주를 불사하는 술꾼들이었다. 나는 그들과 한패가 되었다.

그중 나이가 가장 어린 친구는 기예르모 다빌라였다. 자기 패거리에 까차꼬들을 받아들이지 않던 일부 지역 리더들의 비타협적인 태도에도 불구하고 해안 지역에서 일하게 되는 위업을 쟁취한 인물이었다. 그는 일 수완이 뛰어나고 개인적인 매력이 있는 데다 멋진 마술사라서, 순전히 자신의 다양한 재주를 이용해 일자리를 얻었다고 할 수 있을 것이다. 그는 책상 서랍에서 살아 있는 새들이 나오게 하기도 하고, 신문 마감 바로 직전에 우리가 제출한 사설 원고를 빈 종이로 만들어버리는 마술 같은 장난을 침으로서 우리를 당황하게 만들기도 했다. 업무에서 진지하기 이를 데 없는 사발라 선생도 그의 마술 같은 장난을 보면서 잠시 파데레프스키와 프롤레타리아 혁명 같은 것은 잊은 채, 그런 장난은 이번이 마지막이라는, 매번 반복되고 지켜지지 않는 경고를 하면서 마술사를 위한 박수를 유도했다. 내게 마술사 한 사람과 일상을 함께한 것은 드디어 현실을 발견한 것과도 같았.

라스 보베다스에서 날을 지새던 시절 어느 날 새벽, 다빌라가 가로 24센티미터 세로 24센티미터의 팔절지 크기 신문을 만들어 하루의 비즈니스가 종료되는 시점의 바쁜 시각에 무가로 배포하고 싶다는 생각을 내게 밝혔다. 10분 안에 읽을 수 있는, 세상에서 가장 작은 신문이 될 것이라는 것이었다. 그렇게 되었다. 신문의 이름은 《꼼쁘리미도》로, 내가 오전 11시에 시작해 한 시간 만에 기사를 써 내면 다빌라가 두 시간 만에 식자하고 인쇄했고, 아주 대담한 신문배달원 하나가 숨도 제대로 쉬지 않고 신문 이름 한 번 외치지 않은 채 순식간에 모조리 배포해 버렸다.

신문은 1951년 9월 18일 화요일에 창간되었는데, 그처럼 괄목할 만한 성공을 거두고 그처럼 단명한 신문을 찾아보기란 불가능할 것이다. 사흘 동안 3호까지 나오고 끝났다. 다빌라는 제아무리 검은 마법을 사용한다고 해도, 그토록 비좁은 영역을 점유하고 그토록 짧은 시간 동안 실행해 그토록 빨리 사라지는 그런 위대한 생각을, 그토록 적은 돈으로 실행한다는 것은 불가능할 것이라고 내게 실토했다. 가장 특이했던 것은 이틀째 되던 날 순간적으로 거리에 있던 사람들이 서로 신문을 받겠다며 쟁탈전을 벌이고 팬들이 뜨거운 성원을 보내 주는 바람에 그렇게 단순한 일이 내 인생의 해결책이 될 수 있을 거라는 생각을 하기에 이르렀다는 것이다. 그 꿈은 목요일까지 지속되었는데, 그날 총무는, 설령 신문에 광고를 싣기로 결정한다고 해도 광고 크기가 너무 작고 또 비싸야 하므로 타당성이 없기 때문에 단 한 호만 더 발행했다가는 파산할 것이라는 사실을 알렸다. 그런 규격의 신문을 발행하겠다는 생각 자체만으로도 신문이 자멸할 것이라는 수학적 가능성을 애초부터 배태하고 있었던 것이다. 팔면 팔수록 손해가 늘어나는 꼴이었다.

난처한 입장이 되어 버렸다. 하지만 까르따헤나로 이사한 것은 《끄로니까》에서 경험을 쌓은 이후로 시의 적절하고 유용한 것이었다. 『낙엽』을 계속해서 써 나갈 수 있는 좋은 분위기를 내게 제공했고, 무엇보다 별난 일도 항상 가능해 보이는 우리 집에서 만끽할 수 있는 창작 열기 때문이었다. 자신이 겪은 일이 전혀 기억나지 않을 때 그 기억을 되살려 글을 써야 하는 많은 작가들의 어려움에 관해 아버지와 대화를 나누며 먹었던 어느 점심을 얘기하면 이런 분위기를 설명하기에 충분할 것 같다. 갓 여섯 살밖에 안 된 꾸끼가 절묘할 만큼 간단한 결론을 이끌어 냈다.

"그럼 말이야, 작가가 제일 먼저 할 일은 기억나는 걸 쓰는 거지, 모든 게 기억날 때 쓰면 되잖아."

나는, 『집』을 쓸 때 일어났던 것과 같은 현상이 『낙엽』을 쓰고 있을 때 일어났다는 사실, 즉 내가 주제보다는 기교에 관심을 더 두기 시작했다는 사실을 감히 고백하지 못했다. 그토록 즐거운 마음으로 작업한 지 1년이 지난 뒤 소설은 입구도 출구도 없는 원형의 미로처럼 그 모습을 드러냈다. 요즘 들어서야 비로소 그렇게 된 이유를 알 것 같다는 생각이 든다. 시초부터 소설 장르를 혁신하는 데 좋은 본보기가 되었던 '꼬스뚬브리스모'[†]가 결국에 꼬스뚬브리스모 자체에 비상 출구들을 열어 주려고 애쓰던 국가적인 주요 주제들 역시 화석화해 버린 것이다. 당시 나는 불확실한 것은 단 1분도 참지 못할 정도가 되어 있었다. 작품을 탈고하기 전 내게 필요했던 것은 몇 가지 정보를 검증하고 문체 일부를 확정하는 것뿐이었다. 그런데 작품이 숨을 쉬고 있다는 느낌이 들지 않았다. 하지만 암흑 속에서 너무 오랫동안 작업을 한 뒤라 심하게 맥이 빠져 있던 나는 책이 침몰 되어 가고 있다는 사실은 알고 있었으나, 어느 부분에 균열이 생겼는지는 파악하지 못하고 있었다. 가장 심각했던 것은 내가 그 소설을 쓰고 있던 그 시점에는 그 누구의 도움도 소용없다는 것이었다. 그 이유는 균열들이 텍스트 안이

[†] Costumbrismo. '관습'이라는 뜻의 에스파냐어에서 유래된 개념으로, 특정 국가나 지역의 관습에 초점을 맞추는 에스파냐 문학의 경향이며, 에스파냐와 라틴 아메리카 지방의 소설 발달에 지대한 영향을 끼쳤다.

아니라 내 안에 있었고, 나만이 그 균열들을 볼 수 있는 눈과 그 균열들을 감내할 마음을 지닐 수 있었기 때문이다. 아마도 같은 이유로, 가구들을 사면서《엘 에랄도》에서 가불했던 돈을 다 갚았을 때 별로 깊이 생각하지 않은 채 「라 히라파」 쓰는 일을 그만두었던 것 같다.

 불행하게도, 재간도 반항도 사랑도 가난을 퇴치하기에는 충분치 않았다. 모든 것이 가난 편인 것 같았다. 인구 조사는 1년이 지나자 종결되었고, 내가《엘 우니베르살》에서 받는 급료는 인구 조사 기관에서 받는 돈보다 적었다. 법과대학 일부 교수들의 관심, 그리고 학문에 대한 나의 무관심과 달리 나를 앞으로 이끌어 가고자 공모하던 일부 교수들의 책략에도 불구하고 나는 다시는 대학으로 돌아가지 않았다. 온 가족이 벌어 오는 돈을 다 합쳐도 생활비가 충당되지 않았을 뿐더러, 부족한 금액이 너무 컸기 때문에 내가 생활비를 내놓는다 해도 절대 충분하지 않았으며, 꿈의 결핍은 돈의 결핍보다 내 마음을 더 힘들게 만들고 있었다.

 "우리가 다 물귀신이 되어야 한다면, 내가 나머지 식구들에게 노 젓는 배 한 척이라도 보낼 수 있도록 나라도 살아남게 해 주면 좋겠어요." 어느 날 점심 시간에 나는 작심을 하고 가족에게 말했다.

 그래서 모든 가족이 포기한 가운데, 나는 언젠가 배가 도착할 것이라는 확신을 지닌 채 12월 첫째 주 다시 바랑끼야로 이사했다.《끄로니까》에는 남아 있는 자산이 없었기 때문에, 내가 과거에 근무했던《엘 에랄도》사무실에 예고도 없이 들어서는 모습을 본 알폰소 푸엔마요르는 내가 어떤 처지에 처해 있는지를 첫눈에 알아보았음에 틀림없었다. 그는 내가 유령이나 된다는 듯 타자기 너머로 나를 쳐다보더니 깜짝 놀라며 소리를 질렀다.

"아무 기별도 없이 도대체 여기서 뭐하고 있는 거요, 이거!"
내 평생 진실에 가까운 대답을 한 적은 몇 번 되지 않는다.
"선생님, 저 불알 두 쪽밖에 안 남았어요."
알폰소가 마음을 가라앉히고 말했다.
"그래, 좋소!" 그는 변함없는 태도로 애국가보다 더 콜롬비아적인 문구 하나를 인용하며 대꾸했다. "다행스러운 일이군. 그렇듯 온 인류는 사슬에 묶여 신음하면서 존재하는 거요."
그는 내가 그곳으로 다시 오게 된 동기 같은 것에는 일말의 호기심도 드러내지 않았다. 일종의 텔레파시를 통해 내가 돌아올 것이라는 사실을 예감하고 있던 그는 최근 몇 개월 동안 나에 대한 질문을 하는 사람들에게는 한결같이 내가 언젠가는 돌아와 머물게 될 거라 대답해 주었다. 그는 재킷을 걸치면서 행복한 몸짓으로 자리에서 일어났다. 내가 마치 하늘에서 떨어진 것처럼 우연스럽게 자기를 찾아왔기 때문이었다. 그는 약속 시간에 반 시간이나 늦었는데 다음날치 사설을 아직 완성해 놓지 않았다면서 나더러 마저 다 써 놓으라고 부탁했다. 무슨 테마로 쓸 것인지 겨우 물어볼 시간밖에 없었는데, 복도를 걸어나가던 그는 우리 친구들 사이에서 통용되던 특유의 대수롭지 않다는 태도를 보이며 건성으로 대답했다.
"읽어 보면 알게 돼."
그 다음날 《엘 에랄도》 사무실에는 다시 타자기 두 대가 서로 마주 보며 놓이게 되었고, 나는 예전과 같은 지면에 「라 히라파」를 다시 쓰고 있었다. 그리고 물론 같은 급료에. 알폰소와 나는 둘 사이에 오가던 친밀한 교감을 기반으로 작업을 했고, 많은 사설들에는 우리 두 사람이 섞어 쓴 문단들이 함께 들어 있게 되었다. 누가 쓴 것인지 제대로 구분할 수도 없을 정도였다. 신문학과 또는 문학과의 몇몇 학생이 문서고에서 나와 그가 쓴 기사들을 서로 구분해 보려고 애를 쓴 적이 있었으나 특별한 테마를 다룬 글들을 제외하고는 구분할 수가 없었다. 문체 때문이 아니라 문화적 정보 때문이었다.

우리의 친애하는 도둑 친구가 피살되었다는 가슴 아픈 소식을 술집 떼르세르 옴브레에서 들었다. 어느 날 밤 그는 늘상 하던 밤일을 하러 나갔는데, 도둑질을 하던 집에서 심장에 총알 한 방을 맞고 피살되었다고만 대충 알려졌을 뿐 자세한 소식은 더 이상 나오지 않았다. 유일한 가족인 누나가 그의 시신을 거두었고, 장례식에는 우리 패거리와 술집 주인만이 참석했다.

나는 다시 아빌라 자매들의 집으로 돌아갔다. 다시 나와 이웃이 된 메이라 델마르는 밤 시간을 조용하고 평온하게 보냄으로써 내가 성 매매 업소 가또 네그로에서 보낸 음탕한 밤들을 계속해서 정화시켰다. 그녀와 여동생 알리시아는 외모가 똑같고 우리와 함께 있을 때는 우리를 위해 시간을 순환했기 때문에 마치 쌍둥이처럼 보였다. 자매는 아주 독특한 방식으로 계속해서 우리 그룹에 속해 있었다. 적어도 1년에 한 번씩은 자기 집에서 손수 아랍식 진미들을 준비해 우리를 초대함으로써 우리의 정신에 영양분을 공급해 주었고, 예기치 않게도 다양한 장르의 위대한 예술가에서부터 괴짜 시인에 이르기까지 유명한 방문객들이 찾아와 이브닝 파티가 열리기도 했다. 지금도 나는, 방향을 잘못 잡은 나의 음악 광증에 질서를 부여해 주고, 나를 예술 센터에 모여드는 행복한 패거리에 합류시킨 사람들이 바로 그 자매와 뻬드로 비아바 선생이었다고 생각한다.

당시, 곧바로 타자기 딸린 책상을 갖게 된 나는 혁신적 충동에 사로

잡혀 원고 수정을 시작했기 때문에, 지금 생각해 보면 바랑끼야가 내게 『낙엽』에 관해 더 나은 전망을 제시해 주었던 것 같다. 이 무렵 나는 원고가 채 완성되지 않았다는 사실을 알고 있으면서도 첫 번째 공식 사본을 그룹 멤버들에게 과감하게 보여 주었다. 우리는 내 작품에 관해 수많은 얘기들을 나누었기 때문에 그 어떤 충고도 불필요할 정도였다. 알폰소는 내 작품에 관해서는 이틀 동안 단 한 마디도 언급하지 않은 채 내 앞에서 기사를 쓰고 있었다. 사흘째 되던 날, 우리가 오후 늦게 업무를 끝냈을 때 그가 자기 책상 위에 내 원고를 펼쳐 놓더니 가늘고 긴 종이 조각들은 붙여 표시를 해 놓은 쪽들을 읽기 시작했다. 그는 한 비평가로 머물기보다는 비논리적인 것들을 찾아내는 추적자이자 문체를 정화하는 사람이기도 했다. 그의 소견은 매우 적확했다. 나는, 유년 시절 직접 겪은 에피소드라는 사실을 그에게 증명한 뒤조차도 그가 억지스럽다고 생각했던 한 가지 것에 관한 소견을 제외하고 그의 모든 소견을 다 활용했다.

"작품이 좋지 않으면 실제 일어난 것도 잘못되기 마련이지." 그가 우스워 죽겠다는 듯이 말했다.

한편 헤르만 바르가스가 취하는 방법론은 텍스트가 좋은 경우라면 직접적인 코멘트는 하지 않고 그저 작가를 진정시키는 견해 한 가지를 제시해 놓고 나서 감탄사 한 마디를 내뱉는 식이었다.

"기막힌 작품이오!"

그래 놓고는, 그 다음날부터 며칠 동안 책에 관한 산발적인 생각들을 계속해서 줄줄이 터뜨리는데, 그런 견해들은 늘 술 파티가 열리는 날 비로소 총체적인 결론에 도달하게 된다. 그는 좋은 원고라는 생각이 들지 않으면 자신의 견해를 작가에게만 대단히 솔직하고 아주 기품

있게 이야기했기 때문에, 초보 작가는 울고 싶은 생각이 간절할지라도 그에게 진심으로 감사를 표시하는 수밖에 없었다. 하지만 내 경우는 달랐다. 전혀 예상치 않은 날 헤르만이 내 원고들에 관해 그런 코멘트를 농담 반 진담 반으로 했던 것이다. 용기를 북돋아 주는 코멘트였다.

하뻬에서 사라진 알바로는 죽었는지 살았는지 감감 무소식이었다. 거의 일주일이 지난 뒤 전혀 기대하고 있지 않을 때 그가 볼리바르 산책로에서 차로 내 앞을 가로막더니 아주 기분 좋게 소리쳤다.

"타시오, 작가 선생. 당신처럼 어리석은 사람은 혼을 좀 내 주어야겠소."

흡사 마취제 같은 말이었다. 우리는 찌는 듯한 더위로 펄펄 끓는 것 같은 상업 지역을 정처 없이 돌아다녔다. 차를 운전하는 사이 알바로는 내 원고를 읽고 난 뒤 감정적이라고도 할 수 있지만 인상적인 분석 하나를 악을 써 가며 쏟아 놓았다. 보도에 아는 사람이라도 하나 지나갈라치면 하던 말을 멈추고 큰 소리로 정중하거나 장난스러운 말을 건네고, 열변을 토하느라 갈라진 목소리에 흐트러진 머리카락, 파놉티콘‡의 감시탑 철창 사이로 나를 관찰하는 것처럼 불룩 튀어나온 눈동자를 한 채, 열정적인 장광설을 늘어놓았다. 우리는 로스 알멘드로스에서 차가운 맥주를 마시며 얘기를 했고, 건너편 보도에서 주니어와 스뽀르띵의 광적인 팬들이 질러 대는 시끄러운 소리 때문에 짜증이 난 상태로 대충 얘기의 결론을 맺었다. 경기가 2 대 2로 끝난 뒤 스타디움에서 공기 빠지듯 쏟아져 나오는 수많은 축구 마니아들 때문에 더 이상 대화

‡ '모두'를 의미하는 pan과 '보다'라는 의미의 opticon을 합성한 단어로, '모두 다 본다.'는 뜻이다. 파놉티콘의 유래는 영국의 철학자이자 법학자인 제러미 벤담이 죄수를 교화할 목적으로 고안한 원형 감방에서 비롯되었으며, 한 사람이 모든 것을 감시하는 체계를 뜻한다.

를 나누기가 곤란했다. 차를 타고 떠나기 전 알바로는 내 소설 원고에 관한 최종 판정을 차창을 통해 큰 소리로 말했다.
"작가 선생, 어찌 되었든, 당신 소설에는 여전히 꼬스뚬브리스모가 많이 남아 있소!"
고마운 마음이 든 나는 큰 소리로 대꾸했다.
"하지만 포크너의 장점도 지니고 있잖아요."
그러자 그가 엄청나게 큰 소리로 깔깔 웃으며, 아직 언급되지도 않았고 고려되지도 않았던 모든 것에 종지부를 찍었다.
"개 좆 같은 소리 마쇼!"
50년이 지난 뒤, 그날 오후를 생각할 때마다 폭염에 쌓인 거리에서 돌들이 구르는 소리처럼 울려 퍼지던 그 폭발하는 웃음소리가 다시 들리곤 한다.
원고를 보여 준 친구들 가운데 셋은 각자 타당할 수도 있는 이유가 있어 속내를 정확하게 드러내지 않았다 해도 소설을 맘에 들어했다. 그러나 소설에 관해 그다지 많은 말을 하지 않았다. 아마도 그렇게 하는 것이 쉬운 전술처럼 생각되었을 것이기 때문이다. 그 누구도 그 소설을 출판하는 것에 관한 얘기를 하지 않았다. 그렇게 하는 것 또한 무엇보다도 글을 잘 쓰는 것이 더 중요하다고 생각하는 그들 특유의 방식이었다. 그 이상은 편집자들 몫이었다.
이렇듯 나는 우리의 변함없는 바랑끼야에 다시 있게 되었으나, 「라 히라파」를 계속 쓰고 싶은 마음이 없다는 인식을 스스로 하게 된 것이 바로 내 불행이었다. 실제로 「라 히라파」는 내가 끈기와 뛰어난 작가가 되고자 하는 예리한 열망을 지닌 채 글쓰는 법을 처음부터 차근차근 배우도록 매일 내게 목수 일과 같은 업무를 부과하는 자신의 임무를 수행했다. 많은 경우에 나는 그날의 주제를 제대로 다룰 수 없었는데, 어떤 주제가 내게 과하다고 생각될 때는 다른 주제로 바꿔 버렸다. 어떤 경우에도, 「라 히라파」는 내가 작가로 형성되는 데 기본이 되는 훈련 과정이었고, 나는 「라 히라파」가 그 어떤 역사적 구속도 없는 하나의 영양가 있는 물질에 불과할 뿐이라는 편안한 확신을 가지고 있었다.

첫 몇 개월 동안은 매일매일 다룰 주제를 선택하는 일만도 고통스러웠다. 도무지 다른 일을 할 시간이 나지 않았다. 다른 신문들을 샅샅이 뒤지느라 시간을 보내고, 개인적인 좌담을 통해 정보를 얻고, 환상에 빠져 잠까지 설칠 지경에 이르러, 결국 생활을 제대로 못할 정도가 되어 버렸다. 그런 의미에서, 가장 행복했던 경험은 어느 날 오후 버스를 타고 지나가다 어느 집 대문에 씌어 있는 단순한 문구 하나를 본 것이었다. "장례용 종려나무 팝니다."

순간 그 집 대문을 두드려 그 문구가 사실인지 확인해 보고 싶은 충동이 일어났으나 소심한 성격 탓에 그만두었다. 글을 쓰는 데 가장 유용한 비결들 가운데 하나는 어느 문을 두드려 직접 뭔가를 물어보지 않고서도 실제의 상형 문자들을 읽어 내는 법을 배우는 것이라는 점을 내 삶이 내게 가르쳐 주었다. 이런 점은, 이미 발간된 「라 히라파」 400편 이상을 최근 몇 년 동안 다시 읽고, 「라 히라파」를 통해 글 쓰는 법을 배우거나 등단한 일부 작가들의 문학 텍스트들과 「라 히라파」를 비교해 봄으로써 훨씬 더 명쾌해졌다.

크리스마스 휴가 때 《엘 에스뻭따도르》의 최고위층이 왔다. 발행인 돈 가브리엘 까노에서부터 그의 아들들, 즉 사장 루이스 가브리엘, 당시 부발행인이던 기예르모, 부사장 알폰소, 그리고 전반적인 업무를 배우고 있던 막내 피델이었다. 울리세스라는 필명을 사용하던 에두아르도 살라메아도 그들과 함께 왔다. 그는 내 단편소설들을 출판해 주고, 그에 대한 기사까지 써 주었기 때문에 내게는 특별한 손님이었다. 새해 첫 주를 바랑끼야에서 10리그 정도 떨어져 있는 휴양지 쁘라도마르 섬에서 함께 보내는 관습을 유지고 있던 그들은 그곳 술집을 기습해 술을 마시기도 했다. 그 시끌벅적한 휴가에 관해 내가 꽤 정확하게 기억하는 한 가지는 울리세스라는 개인이 내가 살아가면서 겪은 대단히 놀라운 인물들 중 하나였다는 것이다. 예전에 보고타에서 종종 그를 만나곤 했다. 처음에는 엘 몰리노 카페에서, 몇 년 뒤에는 엘 아우또마띠꼬 카페에서, 그리고 가끔씩은 레온 데 그레이프 선생이 주도하는 문학 토론회에서였다. 그의 뚱한 얼굴 표정과 차갑고 딱딱한 목소리를 기억하고 있던 나는 얼굴과 목소리로부터 성미가 불 같을 것이라는 결론을 도출해 냈고, 대학가의 훌륭한 독자들 사이에도 그렇게 소문 나 있는 게 확실했다. 그래서 나는 나중에 개인적으로 사용하기 위해 내가 설정해 두었던 그의 이미지를 훼손하지 않기 위해 그를 의도적으로 피한 적도 여러 번 있었다. 하지만 그것은 내 착각이었다. 현재 나는 그가 나름대로 특별한 이유가 있어 그토록 차갑고 붙임성 없는 사람이라는 인상을 주었다고 이해하고 있지만, 사실 그는 내가 기억하는 다정다감하고 사근사근한 사람들 가운데 하나였다. 그의 기질은 돈 라몬 비녜스, 알바로 무띠스 또는 레온 데 그레이프의 기질과는 전혀 달랐으나, 항상 선생처럼 가르치려 드는 천부적 성향은 그들과 같았고, 읽어야 될 책들은 모두 다 읽었다는 특이한 행운을 가진 것 또한 그들과 같았다.

《엘 에스뻭따도르》 편집국에서 일하게 된 나는 가브리엘 까노의 자식들(루이스 가브리엘, 기예르모, 알폰소, 피델)과 친구 이상의 유대 관계를 맺게 되었다. 우리가 쁘라도마르에서 며칠을 보내면서 밤에 벌이던 난상 토론 가운데 어떤 대화를 기억한다는 것은 무모한 짓이 될 것이나, 저널리즘과 문학의 치명적인 병증에 관한 그들의 완강한 주장들을 잊는다는 것 또한 불가능할 것이다. 그들은 나를 가족의 일원으로, 자신들의 개인 작가로 받아들였다. 나는 그들에 의해, 그들을 위해 발견되고, 선택받았던 것이다. 하지만, 내가 그들과 함께 일하고 싶어한다는 말을 혹시 누군가 그들에게 전했는지는 (그런 얘기가 여러 차례 회자되었다.) 기억할 수 없다. 나는 그들과 함께 일하게 된 것을 후회하지 않았다. 그 열악했던 순간 내 운명이 어떻게 될지 전혀 감을 잡을 수도 없었고, 나더러 내 운명을 스스로 선택하도록 허락받게 될지조차도 전혀 모르고 있었기 때문이다.

까노 집안 사람들의 열성에 매료되어 있던 알바로 무띠스는 세계적인 정유 회사 에쏘의 콜롬비아 법인 홍보 책임자로 임명되자마자 바랑끼야로 찾아와서, 나더러 보고타에서 함께 일해 보자고 설득했다. 하지만 그의 진짜 임무는 훨씬 더 무시무시한 것이었다. 그러니까, 그 지역의 한 유류 독점 공급업자의 엄청난 실수 때문에 직원들이 공항 연료 저장 탱크에 비행기용 연료 대신 자동차용 연료를 채워 버렸던 것이다. 잘못된 연료를 공급받은 비행기가 제대로 비행할 리 만무하다. 무띠스의 임무는 새벽이 되기 전 오류를 극비리에 시정하는 것이었는데, 공항 당국자들 모르게 처리해야 했고, 언론이 알면 더더욱 안 되는 사안이었다. 그는 임무를 완수했다. 그 지역 공항 창고에서 위스키를 나눠 마시며 대화를 하는 네 시간 동안 자동차용 연료는 비행기용 연료로 교체되었다. 우리는 이런저런 문제에 관해 충분히 얘기했다. 무띠스는 부에노스 아이레스의 로사다 출판사가 탈고될 시점에 있던 내 소설을 출판할 용의가 있다는 예상 밖의 얘기를 꺼냈다. 무띠스는 얼마 전 콜롬비아로 망명한 페루의 전직 내무장관이자 로사다 출판사의 보고타 지사 신임 지사장인 훌리오 세사르 비예가스로부터 그 사실을 직접 확인해 다 알고 있었다.

내 평생 그처럼 강렬한 감동을 받아 본 적이 없었던 것 같다. 로사다 출판사는 에스파냐 내란 때문에 야기된 출판 공백을 메운, 부에노스 아이레스에서 가장 훌륭한 출판사들 가운데 하나였다. 그런 출판사의 편집자들은 너무나 재미있고 특이한 신간을 매일 출간함으로써 우리에게 영양을 공급해 주고 있었다. 우리는 그 책을 다 읽을 시간이 없었다. 출판사 영업 사원들은 우리가 주문한 책들을 갖고 정확하게 도착했다. 우리는 그들을 '행복 전도사'로 받아들였다. 그런 출판사들 가운데 하나가 『낙엽』을 출판할 수 있으리라는 생각만 해도 곧바로 돌아 버릴 것 같았다. 나는 제 연료를 채운 비행기로 떠나는 무띠스에게 작별 인사조차 제대로 끝내지 못한 채 득달같이 신문사로 달려가 소설 원고를 세밀하게 검토하기 시작했다.

그 후 며칠 동안 소설 하나가 최상의 상태로 내 손을 떠날 수 있도록 광적인 검토 작업에 온몸을 바쳤다. 더블 스페이스로 쓴 사절지 120장이 채 되지 않는 분량이었으나 수도 없이 다듬고 바꾸고 새로운 내용을 끼워 넣음으로써, 원래 것보다 더 좋아졌는지 더 나빠졌는지 전혀 알 수 없게 되어 버렸다. 친절하게도 헤르만과 알폰소는 가장 심각한 부분을 다시 읽어 치명적인 오류를 남기지 않도록 해 주었다. 몹시 초조한 상태에서 정성을 다해 최종안을 검토한 나는 소설을 출판하지 않겠다고 평온한 마음으로 결정했다. 앞으로도 반복될 수 있는 변덕이었다. 책 한 권을 끝내 놓고 한편으로는 뿌듯한 마음이 들었지만 다른 한편으로는 앞으로 더 좋은 책을 쓸 수는 없을 거라는 서글픈 생각이 들었다.

다행히, 원고 제출을 미루는 이유가 무엇인지 이해할 수 없다고 생각한 알바로 무띠스가 바랑끼야로 날아와서는 내게 마지막으로 한 번 더 읽을 시간도 주지 않고 단 하나뿐인 깨끗한 원본을 가져가 부에노스아이레스로 보내 버렸다. 아직 상업적인 복사 가게가 없을 때라 내게 남은 것이라고는 혼동을 피하기 위해 각기 다른 색 잉크로 바깥 여백이나 행간에 수정 표시를 해 놓은 초고뿐이었다. 초고를 쓰레기통에 던져 버린 나는 출판사 측으로부터 출판에 관한 답변이 올 때까지 기나긴 두 달 동안 마음의 평정을 되찾지 못했다.

어느 날,《엘 에랄도》의 편집국장 책상으로 잘못 배달된 편지 한 통이 내게 전해졌다. 편지 봉투에서 발신자인 부에노스아이레스의 로사다 출판사 로고를 본 순간 가슴이 철렁 내려앉았지만 소심한 성격 때문에 편지를 받자마자 개봉하지 않고 가지고 있다가 내 방에서 뜯어보았다. 그 덕분에 『낙엽』의 출판이 거부되었다는 쌀쌀맞은 소식을 증인 없이 혼자 접하게 되었다. 출판 불가 사유를 모두 읽지도 않았건만 바로 그 순간 죽고 싶다는 갑작스러운 욕구가 솟구쳤다.

편지는 출판 위원회 위원장인 돈 기예르모 또레의 최종 판정문이었다. 에스파냐 출신 백인들의 어투, 열정, 자부심이 묻어 있는 단순한 문장들로 이루어져 있었다. 단 한 가지 위안은 마지막에 실린 의외의 양해 사항이었다. "작가가 관찰자와 시인으로서 탁월한 자질을 지니고 있다는 점을 작가에게 인지시켜야 할 것임." 그럼에도 불구하고, 당시 내가 느낀 실망과 부끄러움보다는 가장 신랄한 출판 불가 사유조차 내게 적절하게 보였다는 점이 오늘날까지도 여전히 나를 놀라게 한다.

미리 복사해 두지 않았던 그 편지는 나를 위로하려고 온갖 감미로운 이유들을 동원하던 바랑끼야의 친구들 사이에서 여러 달 동안 돌아다녔는데 결국 행방이 묘연해져 버렸다. 물론, 50년 세월이 지난 뒤 이런 기억들을 문서화하기 위해 그 편지 사본을 구하려고 애써 보았지만 부에노스아이레스 소재 출판사에서도 찾을 수 없었다. 내 소설의 출판을 거부하는 편지가 내게 발송되었다는 소식이 보도되었다는 기억은 없다. 물론 그럴 가능성이 있다는 생각 같은 것도 해보지 않았다. 어찌되었든, 당시 내가 마음 내키는 대로 횡설수설 떠들어 대고, 내 허락 없이 매체에 실리기도 했던, 분노에 찬 편지 하나를 쓰고 난 뒤 제정신을 차리기까지는 상당한 시간이 필요했다는 사실을 지금도 잘 알고 있다. 출판 불가에 대한 진실을 제대로 파악할 수 없다는 점이 내게 커다란 고통을 유발했다. 당시 출판 불가 판정서에 명시된 항목 가운데 내게 유용한 것들을 숙지한 뒤 내 판단에 따라 수정 가능한 것은 모두 수정하면서 작업을 계속 해 나가야겠다고 마지막엔 결심했기 때문이다.

헤르만 바르가스, 알폰소 푸엔마요르, 알바로 세뻬다의 견해가 내게 가장 큰 용기를 불어넣어 주었다. 어느 시장 골목에 있는 선술집에서 알폰소를 만났다. 그는 시장의 왁자지껄한 장사판 속에 독서를 할 수 있는 오아시스 하나를 발견해 두었다. 내가 쓴 소설을 그대로 놔두어야 할지 다른 구조로 다시 써야 할지 그의 견해를 요청했다. 전반부에서 유지되던 긴장감이 후반부에서는 실종된 것 같았기 때문이다.

"이봐요, 작가 선생." 마침내 그가 모든 것을 다 아는 선생님 같은 태도로 말했다. "기예르모 데 또레는 말이오, 그 자신이 믿는 것처럼 아주 존경할 만한 사람이긴 하나, 현대 소설에 썩 정통한 것 같지는 않습디다."

그즈음 한가한 시간에 이루어진 다른 대화들에서 그는 기예르모 데 또레가 1927년 빠블로 네루다의 시집 『지상의 거처』의 출판을 거부한 전력을 들어 가며 나를 위안했다. 푸엔마요르는 내 소설을 호르헤 루이스 보르헤스가 읽었더라면 그 운명이 달라졌을 테지만, 반면에 호르헤 루이스 보르헤스 역시 내 소설 출판을 거부했더라면 내가 느꼈을 황폐한 심정은 더 심각했을 거라 생각하고 있었다.

"그러니 더 이상 괴로워하지 마오." 알폰소가 결론지었다. "우리가 이미 보았다시피 당신 소설은 아주 훌륭해요. 이제 당신이 할 일이라 곤 계속해서 글을 써 나가는 것뿐이오."

항상 신중한 헤르만은 과장되지 않는 말로 내게 호의를 베풀었다. 그는 소설이라는 장르가 위기에 처해 있는 이 대륙에서 내 소설이 출판할 수 없을 정도로 나쁘지도 않고, 또 국제적인 선풍을 일으킬 정도로 훌륭하지도 않으므로 손해를 보게 되는 사람은 무명의 신출내기 작가 하나뿐일 거라 생각하고 있었다. 알바로 세뻬다는 그럴듯한 말로 기예르모 데 또레의 판단을 요약했다.

"에스파냐 출신들은 참 우둔하다니까."

내게 깨끗한 원고 사본이 하나도 남아 있지 않다는 사실을 깨달았을 때, 로사다 출판사가 "제출된 원고는 반환하지 않는다."는 규정이 있다는 사실을 제삼자를 통해 알려 왔다. 다행히, 부에노스아이레스로 원고를 보내기 전 한 부를 복사해 놓은 훌리오 세사르 비예가스가 그것을 내게 보내 주었다. 친구들의 결론을 바탕으로 새롭게 수정하기 시작했다. 베고니아가 있는 복도에서 사흘 동안 지속된 폭우를 응시하고 있던 주인공에 관한 긴 에피소드는 삭제한 뒤, 나중에 '마꼰도에 내리는 비를 바라보는 이사벨의 독백'에 집어넣었다. 바나나 재배 지역의 학살 사건이 일어나기 조금 전 외할아버지가 아우렐리아노 부엔디아 대령과 나눈 대화는 불필요하다고 판단되어 제거했고, 소설의 일관된 구조를 형식과 내용 면에서 둔하게 만드는 30여 쪽을 삭제해 버렸다. 거의 20년이 지난 뒤, 이미 내가 그것들을 잊었다고 믿고 있을 때, 삭제된 것들의 일부분이 나로 하여금 『백년의 고독』의 씨줄 날줄 사이에 향수 어린 기억을 유지할 수 있도록 도와주었다.

충격을 막 극복했을 때, 로사다 출판사가 내 소설 대신 출판하기로 선정한 콜롬비아 소설은 에두아르도 까바예로 깔데론의 『뒤돌아선 그리스도』였다는 소식이 신문에 실렸다. 그것은 출판사 측의 실수였거나 불성실성 때문에 진실이 왜곡되어 버린 경우였다. 책의 출판이 다수의 작품을 심사해 결정된 것이 아니라 콜롬비아 작가들의 작품으로 콜롬비아 시장에 파고들려던 로사다 출판사의 전략에 따른 것으로, 내 소설이 다른 소설과 경합을 벌인 끝에 출판 거부된 것이 아니라 돈 기예르모 데 또레가 출판이 불가하다고 생각했기 때문이었다.

내가 받은 충격은 인식하고 있던 것보다 훨씬 더 컸고, 내가 나 자신을 설득하지 못한 상황에서 그 충격을 견뎌 낼 용기가 나지 않았다. 그래서 나는 까따까에서 채 몇 리그 떨어지지 않은 세비야의 바나나 농장에서 그 몇 해 동안 파트 타임 회계사 겸 회계 감사관으로 일하고 있던 죽마고우 루이스 까르멜로 꼬레아를 예고 없이 찾아갔다. 항상 그렇듯, 우리는 우리의 유년 시절을 한번 더 쭉 회고해 보면서 이틀을 함께 보냈다. 그의 기억력과 직관과 솔직함이 어찌나 분명하게 드러나던지 무섭기까지 할 정도였다. 그는 연장통을 들고 집을 수선하면서 내게 말을 하고, 나는 바나나 농장에서 불어오는 부드러운 바람에 흔들거리는 해먹에 드러누워 그의 말을 들었다. 부엌에서 우리 대화를 엿듣고 낄낄대던 그의 아내 네나 산체스는 우리가 잘못 기억하고 있는 부분이나 잊어버린 부분을 바로잡아 주기도 했다. 그곳을 떠나오기 전, 아라까따까의 황량한 거리에서 친구와 함께 화합의 산보를 하던 중 나는 내 정신 건강이 얼마나 많이 회복되었는지 이해하게 되었고, 『낙엽』이 출판 거부를 당했건 당하지 않았건 상관없이, 내가 어머니와 함께 여행을 한 뒤 쓰겠다고 작정한 책이라는 사실에는 추호도 의심의 여지가 없다는 점을 깨달았다.

친구를 만남으로써 원기를 회복한 나는 내 세계를 뿌리까지 파헤치기 위해 라파엘 에스깔로나를 찾아 바예두빠르에 있는 그의 낙원으로 갔다. 놀랄 만한 일이 아니었다. 내가 만난 모든 것, 일어나고 있던 모든 사건, 내가 소개받은 모든 사람들이 마치 전생이 아니라 살아가고 있는 현생에서 내가 이미 본 적이 있는 것 같았기 때문이다. 나중에, 나는 무수히 다니던 어느 여행에서 라파엘의 아버지 끌레멘떼 에스깔로나 대령을 만났다. 첫날부터 그의 고상한 분위기와 옛날 족장 같은 태도가 인상적이었다. 골풀처럼 마른 그의 몸은 곧았고, 피부는 거칠고 뼈는 단단했으며, 극히 점잖고 품위 있는 사람이었다. 참전 용사들에게 지급되는 연금을 오랜 세월 끝끝내 기다리던 내 외조부모의 조바심과 품위는 어렸을 때부터 내 뇌리에 중요한 테마로 줄기차게 자리 잡고 있었다. 그런데 4년 뒤, 파리에 있는 어느 옛 호텔에서 마침내 그에 관한 책을 쓰기 시작했을 때, 내 기억 속에 항상 들어 있던 이미지는 외할아버지의 것이 아니라 돈 끌레멘떼 에스깔로나의 것으로, 자신에게 편지를 보내 줄 사람 하나 없는 대령의 육체를 복사해 놓은 것 같은 이미지였다.

라파엘 에스깔로나를 통해 마누엘 사빠따 올리베야가 바예두빠르에서 불과 몇 킬로미터밖에 떨어져 있지 않은 라 빠스 동네에 빈자들의 의사로 자리 잡았다는 사실을 알게 되었고, 그 후 우리는 그곳을 찾아갔다. 해질 무렵 그곳에 도착했는데, 숨쉬기가 곤란할 정도로 공기가 탁했다. 사빠따와 에스깔로나는 불과 20일 전에 정부의 의지를 관철시키기 위해 그 지역에 공포감을 조성하던 경찰 당국의 공격에 그 마을이 희생되었다는 사실을 내게 상기시켰다. 무시무시한 밤에 일어난 사건이었다. 경찰은 무차별 살상을 감행하고 가옥 열다섯 채를 불태웠다.

철권 검열 때문에 우리는 진실을 파악하지 못했었다. 당시 내가 그 사건에 관해 알고 나서도 그에 대해 생각해 볼 기회가 없었다. 그 지방에서 가장 뛰어난 음악가인 후안 로뻬스는 그 '검은 밤' 이후 그 지역을 떠나 다시는 돌아오지 않고 있었다. 우리가 그의 집을 찾아가 동생 빠블로에게 우리를 위해 노래 한 곡을 연주해 줄 것을 부탁했지만 그는 일언지하에 거절했다.

"내 생전 다시는 노래를 하지 않겠습니다."

그때 우리는 비단 그뿐만 아니라 그 지역 출신 모든 음악가들이 사망자들이 당한 고통을 기리는 뜻에서 자신들의 아코디언, 베이스 드럼과 구아차라까‡를 숨겨 놓고 다시는 노래를 부르지 않는다는 사실을 알게 되었다. 이는 충분히 이해할 만한 사안으로, 많은 사람들의 스승이었던 에스깔로나 자신과 당시 모든 사람들의 의사가 되고 있던 사빠따 올리베야도 노래를 시킬 수 없었다. 우리가 노래를 불러 보라고 사

---

‡ 속이 빈 박을 작은 막대기로 마찰시켜 소리를 내는 타악기.

정하자 이웃 주민들이 와서 노래를 할 수 없는 이유를 댔으나, 그들은 애도를 더 이상 지속할 수 없다는 사실을 마음 깊이 느끼고 있었다. "마치 죽은 사람들과 함께 죽어 버린 것 같다니까요." 귀에 빨간 장미 한 송이를 꽂은 여자가 말했다. 사람들은 그녀의 말에 동의했다. 그때 빠블로 로뻬스가 말없이 집으로 들어갔다가 아코디언을 들고 나왔다. 자기 자신의 고통을 털어내 버릴 사람은 자신밖에 없다고 생각했던 모양이다. 그는 그 어느 때보다 더 멋지게 노래를 불렀고, 그사이 다른 음악가들이 그곳으로 모여들기 시작했다. 누군가 길 건너편으로 가서 그동안 닫혀 있던 가게 문을 열고 들어가더니 술을 사와 사람들에게 돌렸다. 다른 가게들도 한 달 동안의 애도를 마친 뒤 하나하나 문을 열기 시작해 다시 불을 켰다. 그곳에 있던 사람들 모두 노래를 불렀다. 30분이 지나자 온 마을 사람이 노래를 부르고 있었다. 텅 빈 광장에는 한 달 만에 처음으로 술 취한 사람이 나타나 에스깔로나의 노래를 목청껏 부르기 시작했다. 기적적으로 마을을 부활시켜 놓은 에스깔로나의 공적을 기리며 에스깔로나에게 바치는 노래였다.

    다행히, 세상의 다른 곳에는 삶이 지속되고 있었다. 원고가 거부당한 지 두 달 뒤 훌리오 세사르 비예가스를 처음으로 만났다. 그는 로사다 출판사를 퇴직하고 백과사전, 과학 기술 서적들을 할부로 파는 곤살레스 뽀르또 출판사의 콜롬비아 지사 대표가 되어 있었다. 실생활의 험난한 암초들을 헤치고 나아가면서, 키는 더 크고 힘은 더 세지고 수완이 더 좋아지고 돈도 더 많아진 비예가스는, 가장 값비싼 위스키를 엄청나게 마셔 대고 대화하기를 무척이나 좋아하고 사교 모임에서 사람들을 휘어잡을 정도로 언변이 뛰어난 사람이었다. 우리가 엘 쁘라도 호텔 프레지덴셜 스위트에서 처음 만난 날 밤, 나는 광고 전단과 곤살레스 뽀르또 출판사에서 발간한 각종 일러스트 백과사전, 의학 서적, 법률 서적, 공학 서적 들의 견본을 빵빵하게 집어넣은 외판원용 가방을 든 채 술에 취해 비틀거리며 호텔을 나섰다. 그와 위스키 두 병을 나눠 마신 뒤부터 나는 바예두빠르에서 구아히라까지 빠디야 지방을 돌아다니며 책을 판매하는 외판원으로 나를 변화시키는 걸 수용했다. 총 판매액의 20퍼센트에 해당하는 커미션을 선불로 받기로 했다. 호텔비를 포함한 내 생활비를 지불하고도 별다른 어려움 없이 살 수 있는 돈이었다.

이번 여행은 부수적인 것들을 정확하게 계산하지 못하는 나의 고쳐지지 않는 단점 때문에 오랫동안 널리 회자되는 사건이 되어 버린 여행이었다. 그 전설적인 여행은 아라까따까의 전신 기사로부터 딸을 안전하게 지키기 위해 어머니가 딸을 데리고 떠난 그 낭만적인 여로와 동일한 여로를 통해, 내가 내 조상들의 땅에서 내 뿌리를 찾겠다는 일종의 신화적인 탐험으로 설정된 것이었다. 사실 내 여행은 한 번의 여행이 아니라 아주 짧고 혼란스러운 두 번의 여행이었다.

두 번째 여행에서 나는 바예두빠르 주변 마을들을 다시 찾아갔을 뿐이다. 물론, 일단 그곳에 있게 된 나는 사랑에 빠진 어머니가 갔던 여로와 동일한 길을 통해 까보 델 라 벨라까지 계속 가 볼 생각이었으나, 바예두빠르에서 불과 몇 리그밖에 떨어져 있지 않은 마나우레 델 라 시에라, 라 빠스, 그리고 비야누에바까지만 가 보았다. 그때까지만 해도 나는 산 후안 델 세사르도 가 본 적이 없었고, 외조부모가 결혼해 내 어머니를 낳고 또 니꼴라스 마르께스 대령이 메다르도 빠체꼬를 살해한 바랑까스에도 가 본 적이 없었다. 벨리사리오 베땅꾸르 대통령이 세레혼 탄광 개발을 축하하기 위해 보고타에서 친구들을 파견한 1984년까지는 우리 가계의 본적지인 리오아차도 가 본 적이 없었다. 그동안 상상만 하던 구아히라에는 처음으로 가 보는 것이었다. 정작 가 보지도 않은 채 수차례에 걸쳐 묘사한 적이 있는 구아히라는 아주 신화적인 곳처럼 보였으나, 그렇게 보였던 이유를 지금 생각해 보면 내가 잘못 기억하고 있었기 때문이 아니라, 외할아버지가 아라까따까의 당신 집에 데려와 일을 시킬 목적으로 한 사람당 100뻬소씩 주고 사 왔던 인디오들이 기억하는 바에 의존했기 때문이다. 물론 내가 가장 놀랐던 것은 모래와 소금으로 이루어진 리오아차의 첫 인상이었다. 그곳에서 외고조할아버지부터 이어지는 내 조상이 태어났고, 외할머니가 빵이 막 타려고 할 때 차가운 입김으로 화덕 불을 꺼 버리던 비르헨 델 로스 레메디오스를 보았고, 외할아버지가 수차례 전쟁을 치렀고, 사랑으로 인한 범죄로 수감 생활을 했으며, 내 부모의 신혼여행에서 내가 수태되었다.

바예두빠르에서는 책 팔 시간이 넉넉하지 않았다. 나는 커다란 광장 옆, 잘 보존된 식민지 시대 저택을 개조한 웰컴 호텔에 여장을 풀었다. 정원에는 야자나무 가지로 만든 기다란 그늘막이 하나 있었고, 그 아래 음료를 마실 수 있는 투박한 탁자들이 있었으며, 고리에 해먹들이 걸려 있었다. 호텔 주인 빅또르 꼬엔은 호텔의 질서를 케르베로스[‡]처럼 지키고 있었을 뿐만 아니라 방탕한 외국인들이 침해하려 드는 자신의 도덕적 명성 또한 완고하게 지키고 있는 사람이었다. 또한 c 자나 s 자, z 자를 발음할 때 혀 짧은 소리를 내는 것 같은 에스파냐식 발음을 유지한 채 세르반떼스를 줄줄 외워 대는, 언어 순수주의를 고집하

‡ 지옥을 지키는 머리 셋 달린 개.

는 사람이었고, 가르시아 로르까의 도덕성을 심판대에 올려놓기도 했다. 나는 그가 돈 안드레스 베요에 대해 해박한 지식을 지니고 있고, 콜롬비아 낭만주의 작가들의 작품을 정확하게 암송해 냈기 때문에 그와 각별한 관계를 유지하는 한편, 호텔의 순결한 분위기 속에서 도덕률을 위반하는 것들을 금지하는 그의 강박 관념 때문에 그와 매우 좋지 않은 관계를 유지했다. 이 모든 것은 그가 내 외삼촌 후안 데 디오스의 오랜 친구였기 때문에 아주 쉽사리 이루어졌는데, 그는 자신의 추억을 즐겨 회고했다.

호텔 정원에 설치된 그늘막은 내게 당첨된 복권과 같은 것이었다. 시간이 남으면 한낮의 무더위 속에서 그늘 드리워진 해먹에 드러누워 몇 시간씩 책을 읽었다. 그 궁핍한 시기에 나는 외과 수술법에서부터 회계학 개론서까지 읽었는데, 그런 것들이 장차 나의 창작 모험에 소용될 것이라는 생각은 하지 않았다. 손님 대부분이 이구아란 가문, 꼬떼스 가문과 어떻게든 연계가 되어 있었기 때문에 내 작업은 꽤 자연스럽게 이루어졌다. 그들을 찾아가 가족의 비밀들을 들춰내면서 점심 때까지 머물러 있기만 하면 업무가 성사되었다. 일부는 아코디언들의 그늘 아래서 점심 식사를 하기 위해 우리를 기다리고 있던 나머지 가문사람들과 함께 시간에 맞춰 식사를 하기 위해 계약서를 읽지도 않고 서명했다. 이렇듯, 바예두빠르와 라 빠스 사이에서 채 일주일도 되지 않아 커다란 수확을 거둔 뒤, 세상에서 내가 진정으로 이해하고 있는 유일한 장소에 가 있었다는 감각을 지닌 채 바랑끼야로 돌아갔다.

6월 13일, 아주 이른 시간에 버스를 타고 어딘지 모를 곳을 향해 가고 있던 나는 정부와 국가 전체가 혼란에 처한 상황에서 군대가 정권을 탈취했다는 소식을 접했다. 전해 9월 6일, 보수파 폭도 한 무리와 정복 경찰관들이 보고타 소재 유력 일간지《엘 띠엠뽀》와《엘 에스뻭따도르》사옥에 불을 지르고, 전직 대통령 알폰소 로뻬스 뿌마레호와 자유당 대표 까를로스 예라스 레스뜨레뽀의 자택을 총을 난사하며 공격했다. 성격이 강한 정치인으로 알려져 있던 까를로스 예라스 레스뜨레뽀는 침입자들에게 총을 쏘며 대응을 했으나, 결국은 옆집 담을 넘어 도망쳐야 했다. 4월 9일부터 나라 전체가 당해 왔던 정부 측의 공공 폭력은 국민의 지지를 받지 못하게 되었다.

결국 6월 13일 새벽, 군사령관 구스따보 로하스 삐니야 장군은 임시로 대통령 직을 수행하고 있던 로베르또 우르다네따 아르벨라에스를 대통령궁에서 축출해 버렸다. 주치의들의 충고에 따라 휴가를 얻어 쉬고 있던 정식 대통령 라우레아노 고메스는 휠체어에서 통치권을 되찾은 뒤 친위 쿠데타를 일으켜 헌법에 보장된 잔여 임기 15개월 동안 국가를 통치하고자 했다. 하지만 로하스 삐니야와 그의 참모들이 권력을 장악해 버렸다.

군사 쿠데타가 정당하다고 인정한 국회의 결정에 대한 국가적 지원이 즉각적으로 만장일치로 이루어졌다. 다음 해 8월, 로하스 삐니야는 전임 대통령의 잔여 임기 동안 권력을 잡았고, 라우레아노 고메스는 분노로 점철된 자신의 시대가 끝났다는 허망한 흔적을 남긴 채 가족과 함께 에스파냐 동부 해안에 위치한 베니도름으로 떠났다. 자유파 지도자들은 전국에 산재한 지지자들에게 무기를 들고 일어나도록 소집하였고, 자신들은 국가적 화해를 지원하겠노라고 선포했다. 그 후 며칠 동안 기자들이 신문에 실은 사진들 중에 전위 부대에 속한 자유당원들이 대통령 침실 발코니 밑에서 예비 신랑들이 부르는 세레나데를 부르고 있는 사진이 가장 의미 있었다. 경축 행사는《엘 띠엠뽀》발행인이자 축출된 정부를 극렬 반대하던 인사들 가운데 하나인 돈 로베르또 가르시아 뻬냐가 지휘했다.

어찌 되었든, 그 며칠 동안 촬영된 사진들 가운데 가장 감동적인 것은 동부 야노 지역에서 자유파 게릴라들이 대장 구아달루뻬 살세도의 지휘하에 무기를 자진 반납하기 위해 끝없이 줄지어 서 있는 모습이었다. 낭만적인 산적 같은 구아달루뻬 살세도의 이미지가 정부의 폭력으로 상처를 입은 콜롬비아 국민의 가슴을 울렸다. 그는 보수당 정부에 대항해 왔던 게릴라들, 즉 어떤 의미로는 천일전쟁의 한 유파로 인정받은 게릴라들 중 신세대였고, 자유당의 합법적인 지도부와는 그 어떤 비밀 관계도 유지하지 않았다.

자신의 부하들 앞에 서 있던 구아달루뻬 살세도는 국내의 모든 계층에 호의적이든 악의적이든, 일종의 신화적 이미지를 유포시켰다. 아마도 그렇기 때문에 그가 항복한 지 4년이 지난 뒤 보고타에서 경찰의 총알 세례를 받았을 것이다. 그 뒤 그의 죽음에 관한 사연은 결코 구체적으로 드러나지도 않았고, 확실하게 입증되지도 않았다.

그가 사망한 공식 일자는 1957년 6월 6일이고, 사체는 유명 정치인들이 참석한 가운데 엄숙한 장례식이 치러져 보고타 중앙 공동묘지의 일련 번호가 붙어 있는 납골묘에 안치되었다. 구아달루뻬 살세도가 전투를 지휘하는 중에도 불행에 처한 자유파 지도자들과 정치적, 사회적 유대 관계를 유지했기 때문이다. 그럼에도 불구하고, 그의 죽음에 관해서는 적어도 여덟 가지의 각기 다른 얘기가 떠돌았다. 시체가 진짜 그의 것이었는지, 시체가 그 납골묘에 그대로 있는지 몹시 궁금해하는 사람들이 그 당시에도 지금도 적지 않게 존재한다.

그런 심리 상태에 있던 나는 비예가스로부터 모든 것이 제대로 진행되고 있다는 확인을 받은 뒤, 두 번째로 쁘로빈시아에 갔다. 지난번과 마찬가지로, 바예두빠르에서 미리 설득해 놓은 어느 여자 손님에게 아주 빨리 책을 팔았다. 라파엘 에스깔로나, 뽄초 꼬뻬스와 함께 비야누에바, 라 빠스, 빠띠얄, 그리고 마나우레 델 라 시에라까지 가서 수의사들과 농경학자들을 찾아다녔다. 그들 가운데 일부는 지난번 내게서 책을 사 간 사람들과 미리 조율을 한 끝에 나를 기다렸다가 특별 주문을 했다. 책을 사 주는 사람들과 그들의 낙천적인 친지들과 함께 아무 때나 잔치를 열어서, 사전 약속이나 급하게 돈을 지불할 일 같은 것 때문에 방해를 받지 않은 채 위대한 아코디언 연주자들과 더불어 노래를 부르면서 새벽을 맞이하는 일이 다반사였다. 그런 잔치가 가능한 이유는 그곳에서는 일상의 삶이 흥청망청 마시고 노는 잔치의 소란 속에서 자연스러운 리듬을 타고 있었기 때문이다. 비야누에바에서는 아코디언 연주자 하나 드럼 연주자 둘과 함께 지냈다. 우리가 아라까따까에서 어렸을 때 얘기로 들었던 어떤 사람의 손자들처럼 보였다. 나는 그 여행을 통해 유년 시절 나를 매료했던 것을 평생 글로 써야겠다는 소명 의식을 느꼈다.

  그때 산맥 한가운데에 위치한 마나우레를 처음으로 가 보았다. 아름답고 조용한 마을이고, 어머니가 어렸을 때 온갖 약물을 투여해도 가라앉지 않던 삼일열 때문에 요양을 갔던, 우리 가족에게는 역사적인 곳이기도 했다. 마나우레에 관해, 마나우레의 오후에 관해, 약효가 있는 아침밥들에 관해 너무 많은 얘기를 들었기 때문에 그곳에 처음 가 보았음에도 전생에 가 본 적이 있기라도 한 것처럼 내 기억 속에 또렷이 박혀 있었다.

  그 마을에 단 하나밖에 없는 술집에서 차가운 맥주를 마시고 있을 때, 나무처럼 보이는 남자 하나가 등산용 각반을 차고 허리에 전투용 권총을 찬 채 우리가 앉아 있는 테이블로 다가왔다. 라파엘 에스깔로나가 그를 우리에게 소개하자 그가 내 손을 붙잡은 채 내 눈을 바라보며 말했다.

"니꼴라스 마르케스 대령과 무슨 관련이 있나요?"

"제가 그분 외손자입니다."

"그럼, 당신의 외할아버지가 우리 외할아버지를 죽였군요."

그러니까 그가 바로 외할아버지가 결투에서 죽인 메다르도 빠체꼬의 외손자였던 것이다. 따스한 말투로 말하는 품이 꼭 우리가 서로 친척이 되는 방법이라도 된다는 듯이 말했기 때문에 나는 그 말을 듣고 놀랄 틈도 없었다.

우리와 그는 고인이 된 우리 할아버지들을 기리는 의미에서 그의 트럭에서 사흘 밤낮 따뜻한 브랜디를 마시고 염소탕을 먹으며 흥청망청 보냈다. 며칠이 지나자 그가 내게 진심을 드러냈다. 에스깔로나와 미리 짜고 나를 놀래 주려 했으나 고인이 된 할아버지들을 놓고 장난을 계속할 마음이 없다고 실토했던 것이다. 그의 실명은 호세 쁘루덴시오 아길라르였다. 직업 밀수꾼으로 성품이 바르고 착한 사람이었다. 그를 기리기도 하고, 또 공평하게 대우하기 위해 나는 『백년의 고독』에 등장하는 투계장에서 호세 아르까디오 부엔디아가 창으로 찔러 죽인 경쟁자의 이름을 그의 이름으로 정했다. 문제는 그 추억 어린 여행이 다 끝나갈 즈음까지 주문 받은 책이 도착하지 않았다는 것이다. 책이 도착하지 않으면 선수금을 받을 수도 없었다. 땡전 한 푼 없는 신세가 되어 버렸는데, 호텔의 메트로놈은 잔치를 하면서 보내던 밤들보다 더 빨리 움직이고 있었다. 빅또르 꼬엔은, 호텔 외상값 갚을 돈을 지급

술꾼들이나 값싼 창녀들과 노느라 다 써 버렸다는 내 거짓말에 화가 났는지, 그렇지 않아도 얼마 남아 있지 않은 인내심마저 잃기 시작했다. 내게 마음의 평화를 되돌려준 것은 돈 펠릭스 B. 까이그넷의 라디오 연속극 「태어날 권리」에 등장하는 인정받지 못하는 사랑들이었다. 그 연속극의 대중적인 영향력은 눈물을 짜게 만드는 감상 문학에 관한 나의 옛 꿈을 되살려 놓았다. 전혀 예기치 않게 헤밍웨이의 『노인과 바다』를 읽게 되었다. 이 소설은 《라이프 엔 에스빠뇰》 잡지에 깜짝 이벤트로 딸려 배달된 것으로, 나는 이 소설을 통해 마음의 상처를 모두 회복할 수 있었다.

　잡지와 더불어 주문 받은 책이 도착했기 때문에 책을 구입자들에게 넘겨주고 선불금을 받아야 했다. 모두 정확하게 책값을 지불했으나 나는 번 돈의 두 배에 달하는 호텔비를 내야 할 판이었고, 비예가스는 3주가 지나기 전에는 단 한 푼도 가불해 줄 수 없다고 내게 경고했다. 내가 빅또르 꼬엔에게 아주 진지하게 내 사정을 얘기하자 그는 내가 보증인 한 명을 세우고 차용 증서를 써 주는 것으로 외상값 문제를 처리했다. 에스깔로나와 그의 패거리들을 동원할 수 없던 차에, 하느님이 보내 준 친구 하나가 《끄로니까》에 실린 내 단편소설이 마음에 든다는 이유 하나만으로 아무 조건 없이 내게 호의를 베풀어 주었다. 하지만 진실의 순간에 이르렀을 때 나는 그 누구에게도 빚을 갚을 수 없었다.

　차용 증서는, 여러 해가 지난 뒤 빅또르 꼬엔이 자기 친구들과 손님들에게 나를 고발하는 문서가 아니라 승리의 트로피처럼 보여 주곤 해서 역사적인 물건이 되어 버렸다. 내가 마지막으로 그를 만났을 때 거의 100살이 다 된 그는 큰 키에 몸이 비쩍 마르고, 총기가 뛰어나고, 특유의 유머 감각을 그대로 유지하고 있었다. 꼰수엘로 아라우호노게라의 아들 하나가 영세를 받을 때 대부가 된 나는, 거의 50년이 지난 뒤에도 지불되지 않고 있던 차용 증서를 영세식에서 다시 보게 되었다. 빅또르 꼬엔은 차용 증서를 보고 싶어하는 사람이 있으면 예의 그 자비롭고 관대한 태도로 맘껏 보게 해 주었다. 나는 그가 쓴 그 증서가 깔끔하게 보존되어 있고, 또 호기롭게 갈겨쓴 내 서명에 돈을 단박에 모조리 갚아 버리겠다는 강렬한 의지가 드러나 있다는 사실을 알고는 놀라고 말았다. 빅또르는 그날 밤 식민지 시대에 유행하던 우아한 동작으로 바예나또 춤을 춤으로써 차용 증서 소유 건을 축하했다. 프란시스꼬 엘 옴브레가 활동하던 시기 이후 그 누구도 그토록 우아하고 멋지게 그 춤을 춘 적이 없었다. 결국 많은 친구들은 내가 외상값을 갚지 않음으로써 그날 밤 돈으로 환산할 수 없는 멋진 파티가 열리게 되었다며 내게 고마워했다.

비예가스 박사의 사람을 유혹하는 마법은 더욱더 대단해졌다. 하지만 책을 수단으로 삼은 것은 아니었다. 비예가스가 채권자들을 구슬리고 피해 다니는 교묘한 기술, 그리고 약속한 시점에 정확히 돈을 갚지 않는 그의 변명들을 이해하고 행복해하는 채권자들을 잊는다는 것은 불가능하다. 그 당시 그가 관심을 두고 있던 테마들 가운데 군침을 가장 많이 흘렸던 것은 바랑끼야 출신 작가 올가 살세도 데 메디나의 소설 『길들은 막혀 버렸다』와 관계가 있었다. 그녀는 문학적이라기보다는 사회적인 화제가 되었는데, 그 지역에서는 거의 유례를 찾아볼 수 없을 정도였다. 나는 연속극 「태어날 권리」를 한 달 내내 계속해서 지켜보았는데 내 관심은 갈수록 고조되었다. 연속극의 성공에 고무된 나는, 우리 작가들이 무시할 수 없는 대중적 현상에 노출되어 있다는 생각하게 되었다. 바예두빠르에서 돌아온 나는 내가 진 빚에 관해서는 입도 벙긋하지 않은 채 위 현상에 관해 비예가스에게 얘기했고, 그는 펠릭스 B. 까이그넷의 라디오 연속극에 이미 매료된 수많은 청취자 수를 세 배로 늘리기에 충분할 정도로 멋들어진 라디오 연속극용 대본 하나를 써 보라고 내게 제의했다.

2주 동안 꼼짝도 하지 않고 틀어박혀 라디오 연속극용 대본을 써냈다. 그 2주라는 시간은 생각했던 것보다 훨씬 더 많은 것들, 즉 내가 전에 썼던 것들과는 전혀 다르게 보이는 세련되고 정연한 대화, 극적 긴장의 강도, 독특한 상황, 빠른 속도의 진행을 내게 계시해 주었다. 그동안 나는 대화를 맛깔 나게 표현해 내지 못했는데 (그것은 여전히 나의 약점이다.) 노력의 성과는 상당했고, 돈을 벌게 된다는 사실보다는 한 수 배운다는 사실에 더 감사해야 했다. 나는 그 두 가지 사안에 공히 불만이 없었다. 비예가스가 선수금 반을 현금으로 내게 지불했고, 라디오 연속극에서 벌어들이게 될 첫 수익금으로 내가 진 빚을 탕감해 주겠노라고 약속했기 때문이다.

라디오 연속극은 경험도 신통한 생각도 없는 비예가스 자신의 지휘 아래 그 지역에서 가장 훌륭한 장비들을 동원해 가면서 아뜰란띠꼬 방송국에서 녹음되었다. 성우로는 헤르만 바르가스가 추천되었다. 그의 엄숙한 분위기와 지역 라디오의 시끌벅적한 분위기가 대조를 이루어 독특한 변사가 될 것이라는 이유에서였다. 대단히 놀라운 일은 우선 헤르만이 그 추천을 받아들였다는 것이고, 그다음으로는 첫 번째 리허설이 끝난 뒤 그 스스로 자신은 성우로 적합하지 않다는 결론에 이르렀다는 것이다. 그렇게 되자 안데스 산지 출신 특유의 억양에 윙윙거리는 목소리를 지닌 비예가스 자신이 직접 그 임무를 떠맡음으로써 결국 그 무모한 모험의 성격을 바꾸어 버렸다.

　라디오 연속극 전 회분의 녹음이 영광보다는 더 많은 고통을 수반한 채 종료되었다. 그 과정은 온갖 장르의 화자로서 끝없이 솟구치는 내 야망을 충족해 주기에 훌륭한 수업이었다. 녹음 과정을 쭉 지켜보았다. 공 디스크를 바늘이 쟁기처럼 긁고 지나가면, 검고, 윤기 나고, 거의 만질 수도 없는, 천사 머리카락 같은 필라멘트 타래가 나오면서 디스크에 직접 녹음되었다. 나는 필라멘트 타래를 한 주먹 움켜쥐고 집으로 가, 그것이 마치 특이한 전승 기념품이나 되는 것처럼 친구들에게 나누어 주기도 했다. 온갖 우여곡절과 시행착오를 겪고 난 뒤 라디오 연속극은, 프로모터 자신과 아주 흡사한 거창한 파티가 열리면서, 예정된 시간에 정확히 공중파를 타게 되었다.

　작품이 마음에 든다는 말을 내가 믿을 만큼 겉치레 인사를 그럴듯하게 할 수 있는 사람은 아무도 없었으나, 라디오 연속극은 체면은 살릴 정도로 청취자와 광고를 확보했다. 이렇듯 다행스럽게도, 나는 그동안 상상하지 못했던 지평을 향해 질주하는 한 장르에서 새로운 활력을 얻을 수 있었다. 돈 펠릭스 B. 까이그넷에게 감탄하고 감사하는 마음을 갖게 되었고, 10년 뒤에도 여전히 그런 마음을 간직하고 있던 나는 통신사 《쁘렌사 라띠나》의 쿠바 주재 리포터로 아바나에 몇 개월 머무는 동안 그에게 개인적인 인터뷰를 요청하게 되었다. 내가 온갖 이유와 구실을 댔어도 그는 결코 나를 만나 주지 않았다. 나중에 그가 남긴 빛나는 교훈을 어느 인터뷰 기사에서 읽을 수 있을 뿐이었다. "사람들은 항상 울고 싶어한다. 내가 할 수 있는 일은 사람들에게 울 구실을 주는 것뿐이다." 한편 비예가스의 마술은 더 이상 효과가 없었다. 전에 로사다 출판사와의 관계가 그랬던 것처럼, 곤살레스 뽀르또 출판사와도 복잡한 문제로 얽혀 있었고, 그동안 꾸어 왔던 위대한 꿈도 자기 나라로 돌아가기 위해 포기해 버렸기 때문에 우리 사이의 최종 계산을 할 방법도 없었다.

알바로 세뻬다 사무디오는 미국에서 배운 바대로《엘 나시오날》을 현대적 신문으로 변모하겠다는 옛 아이디어를 가지고 나를 연옥으로부터 꺼내 주었다. 그 당시까지만 해도 그는《끄로니까》에 문학적인 기사만을 간헐적으로 보내 준 것을 제외하고는, 미주리 주 세인트루이스 소재《스포팅 뉴스》에 자기 작품 요약본을 보냄으로써 컬럼비아 대학교에서 받은 학위를 실습해 볼 기회밖에 없었다. 결국 1953년, 알바로에게 첫 번째 고용주였던 우리의 친구 훌리안 다비스 에찬디아는 자신의 석간 신문《엘 나시오날》의 총괄적인 관리를 알바로에게 맡기기 위해 그를 불렀다. 뉴욕에서 돌아온 알바로가 훌리안에게 엄청난 계획을 말함으로써 훌리안의 마음을 혼란스럽게 만든 적이 있었다. 아무튼 몸집이 거대한 알바로는 일단 훌리안에게 붙들리게 되자 내게 전화를 걸어 신문사의 직함도 직무도 제시하지 않은 채 무턱대고 자기 일을 도와 달라고 했다. 선불로 받은 첫 급료 일부만 해도 내가 살아갈 수 있을 정도로 넉넉한 액수였다.

그것은 위험한 모험이었다. 알바로는 미국식 모델들을 차용해 총체적인 계획을 수립해 놓고 있었다. 다비스 에찬디아는 신처럼 높은 곳에 있는 사람이었다. 그는 지역에 선정적 저널리즘이 성행하던 혼탁한 시기에 나타난 선구자였고, 천성적으로 착한 데다 인정이 많다기보다는 감성적인 남자로, 내가 알고 있는 사람들 가운데서 가장 이해하기 힘든 사람이었다. 나머지 스텝들은 성격이 아주 적극적이어서 오히려 거칠기까지 한 리포터들로, 모두 친구 사이고 여러 해 동안 함께 일해 온 동료 사이였다. 원칙적으로는 그들 각자는 범위가 분명한 자기 영역을 갖고 있었으나, 더 깊숙이 들어가 보면 누가 무슨 일을 하는지 아무도 모르게 되어 있었기 때문에 덩치 큰 전문가 총괄관리자가 첫 걸음도 떼지 못할 정도였다. 영웅심에 사로잡힌 누군가는 몇 안 되는 이슈들을 외부로 유출하기도 했는데, 그 출처가 누구인지는 결코 알려지지 않았다. 신문이 인쇄에 들어가는 순간 조판이 흐트러지는 일이 잦았다. 긴급 뉴스가 사라져 버리기 일쑤여서, 그럴 때마다 선량한 우리는 화가 나 미칠 지경에 이르고 말았다. 신문이 수정되지 않은 채 제 시각에 나온 적이 단 한 번이라도 있었는지는 기억나지 않는데, 그것은 인쇄소에 웅크린 채 숨어 있는 귀신들 소행 때문이었다. 도대체 무슨 일이 일어났는지 절대로 알 수 없었다. 나이가 들어 뼈가 굳어 버린 베테랑 직원 몇이 회사의 혁신적 체제를 견디지 못한 나머지 회사를 망치려고 마음이 통하는 동료들과 작당해 그런 짓을 한다는 소문이 널리 퍼져 있었는데, 그 정도가 가장 덜 사악한 측에 속했다.

　화가 난 알바로는 일을 내팽개치고 어디론가 떠나 버렸다. 내게는 정상적인 상황에서는 보증 수표였으나 열악한 상황에서는 구속복이나 다름없는 계약서 한 장이 남아 있었다. 그동안 잃어버린 시간을 어떻게든 벌충해 보고 싶은 욕심에 사로잡힌 나머지, 예전에 시도했다가 마무리하지 못한 가치 있는 것들을 타자기를 최대한 빠른 속도로 작동시키면서 죄다 모아 나갔다. 『집』의 단편들, 『8월의 빛』의 신랄한 포크너를 패러디한 것, 너대니얼 호손의 비처럼 쏟아지는 죽은 새들을 패러디한 것, 반복이 너무 심해 짜증이 났던 탐정 소설들을 패러디한 것, 어머니와 함께 아라까따까를 여행하고 나서 당시까지 내게 남아 있던 몇몇 생채기들을 패러디한 것들이었다. 나는 그것들이 칠 벗겨진 낡은 책상과 숨을 헐떡거리는 타자기밖에 남아 있지 않은 빈곤한 내 사무실을 아무렇게나 떠돌아다니도록 내버려 두고 있었다. 그러다 결국 타자기로 단편소설의 최종 제목을 단숨에 써 넣었다. 제목은 '토요일 다음 어느 날'이었다. 초고부터 내 마음에 들었던 단편소설 몇 개 가운데 하나였다.

《엘 나시오날》에 근무하고 있을 때 손목시계 외판원 하나가 나를 찾아왔다. 그 당시 몇 년 동안 나는 명백한 이유들 때문에 손목시계를 차지 않고 있었는데, 그가 파는 시계는 고급스럽고 비싼 것이었다. 그때 외판원은 시계를 기부자를 낚는 낚시 바늘로 생각하는 공산당원이라고 자신을 소개했다.

"혁명을 외상으로 사는 것과 마찬가지죠."

나는 부드럽게 그에게 대답했다.

"둘 사이에 차이가 있어요. 시계는 즉시 사 줄 수 있지만, 혁명은 그렇지 않다는 거죠."

시계 외판원은 썰렁한 내 농담을 제대로 이해하지 못했고, 결국 나는 단지 외판원을 즐겁게 해 줄 생각으로 가장 싼 시계 하나를 샀다. 할부로 샀기 때문에 외판원이 매달 내게 돈을 받으러 오게 되어 있었다. 내가 처음으로 갖게 된 시계였다. 어찌나 잘 맞고 견고한지 지금도 그 시절의 유물로 간직하고 있다.

그 며칠 사이 알바로 무띠스는 자기 회사가 문화사업에 거대한 예산을 투입할 것이며, 회사가 발행하는 문예지 《람빠라》가 곧 출간될 것이라는 소식을 갖고 돌아왔다. 그가 나더러 글을 써 달라고 부탁했을 때 나는 그에게 긴급 프로젝트 하나를 제안했다. 그것은 라 시에르뻬에 관한 전설이었다. 나는 언젠가 그 전설을 소개할 기회가 된다면,

어떤 수사학적 프리즘을 통하는 대신 원래 방식대로, 대중적 상상력에 의해 복원된 것을 그대로, 즉 지리적 역사적 진실을 소개하리라 마음먹고 있었다. 다시 말하면, 한 편의 특집 기사를 써 보겠다는 것이었다. "원하는 것은 뭐든지 마음대로 해보게." 무띠스가 내게 말했다. "반드시 하게. 그게 우리가 잡지에 반영하고 싶은 분위기와 색깔이거든."

2주 뒤에 기사를 완성하겠노라고 약속했다. 그는 공항으로 떠나기 앞서 보고타에 있는 자기 사무실에 전화를 걸어 내게 원고료를 선금으로 지급하라고 조치했다. 일주일 뒤 우편으로 도착한 전신환을 받아 보고는 숨이 멎어 버릴 것 같았다. 현금으로 교환하러 은행에 갔을 때조차 제정신이 아니었다. 내 행색을 본 창구 직원이 의아하게 생각할 정도였다. 직원은 나를 어느 간부용 사무실로 보냈다. 지나치게 친절한 매니저가 나더러 어디에서 근무하느냐고 물었다. 《엘 에랄도》에서 글을 쓰고 있노라고 대답했다. 당시에는 《엘 에랄도》에서 글을 쓰고 있지 않았지만, 항상 그렇게 말하는 습관이 있었다. 그것뿐이었다. 매니저는 자기 책상에서 전신환을 검사하더니 직업인다운 불신감을 드러낸 채 자세히 관찰하고 나서 마침내 이렇게 선언했다.

"아무 하자도 없습니다."

그날 오후, 「라 시에르뻬」를 쓰기 시작하고 있을 때, 은행으로부터 내게 전화가 왔다는 연락을 받았다. 나는 콜롬비아라는 나라에서나 가능한, 셀 수 없는 이유들 가운데 어떤 이유로 그 전신환이 믿을 수 없는 것으로 판명났으리라 생각하기에 이르렀다. 내가 어렵사리 침을 삼키고 나자 은행 직원이 안데스 산지 출신 특유의 투박한 억양으로 전신환을 바꾸러 왔던 그 거지 같은 사람이 「라 히라파」의 작가라는 사실을 제대로 몰라 본 것을 사과했다.

무띠스가 연말에 다시 찾아왔다. 그는 내게 평생 지치지 않고 돈을 더 많이 벌 수 있는 안정적인 방법을 찾아 주려고 점심 식사는 뜨는 둥 마는 둥했다. 결국 그에게 가장 좋게 보였던 것은 까노 집안 사람들에게 내가, 비록 보고타로 돌아갈 생각만 해도 여전히 경기를 일으킬 정도라고는 해도, 《엘 에스뻬따도르》를 위해 일할 준비가 되어 있을 거라는 사실을 알리는 것이었다. 하지만 알바로는 친구 하나를 도와줄 때는 쉴 틈을 주지 않는 사람이었다.

"우리 이렇게 하지. 자네가 언제 어떤 방식으로든지 보고타로 갈 수 있도록 내 자네에게 여비를 보낼 테니, 어떻게 될지는 한번 지켜보세."

거절하기에는 너무 과분한 혜택이었으나, 4월 9일 사태 때 보고타를 빠져나오느라 비행기를 탄 이후 내 평생 다시는 비행기를 타지 않겠다고 작정하고 있었다. 게다가, 간헐적으로 라디오 연속극 대본을 쓰고 잡지 《람빠라》에 특집으로 「라 시에르뻬」 첫 장을 실은 덕분에 광고 카피 몇 개를 수주함으로써 까르따헤나에 있는 가족에게 구명 보트 한 척을 보낼 수 있을 정도의 돈은 벌고 있었다. 그래서 나는 보고타로 옮기라는 유혹을 한 번 더 거부할 수 있었다.

《람빠라》에 「라 시에르뻬」의 첫 장이 실리자 알바로 세뻬다, 헤르만, 알폰소, 그리고 하뻬 카페와 로마 카페의 문학 서클 동료 대부분이 좋은 평들을 해 주었다. 그들은 신문 기사처럼 직접적인 방식으로 풀어낸 것은, 믿기지 않는 이야기라는 위험스러운 경계에 처해 있던 그런 소재를 위해 가장 적합한 방식이었다는 데 동의했다. 당시 알폰소는 특유의 농담 반 진담 반 말투로 내 평생 잊지 못할 얘기를 했다. "친애하는 작가 선생. 이야기의 신뢰성은 말이오, 이야기할 때 짓는 얼굴 표정에 따라 많이 달라지는 법이오." 알바로 무띠스가 내게 제시했던 업무를 하마터면 그들에게 발설할 뻔했으나 감히 실행하지는 못했다. 당시 그들이 덜컥 찬성해 버릴까 두려워 입을 다물고 있었을 거라는 사실을 최근에 깨닫게 되었다. 알바로 무띠스는 나더러 자신의 제의를 수락하라고 여러 차례 요구했고, 나중에는 내가 탈 비행기 좌석까지 예매했으나 나는 마지막 순간에 예매를 취소해 버렸다. 그는, 자신이 《엘 에스뻭따도르》를 위해서라거나, 어떤 다른 인쇄 매체 또는 공중파 매체를 위해 대신 이야기를 전하는 것이 아니라고 내게 말했다. 자신의 유일한 목적은 (그는 마지막까지 이렇게 주장했다.) 내가 잡지를 위해 계속해서 고정적인 협조를 하는 문제에 관해 대화를 하고, 다음 호에 제2장이 실리게 될 「라 시에르뻬」 전작 시리즈에 관한 일부 기술적 세부사항을 점검해 보기 위한 것이라고 했다. 알바로 무띠스는 그런 기사들이 자신들의 업무 영역에도 존재하는 케케묵은 꼬스뚬브리스모에 일격을 가할 수 있을 것이라 확신하고 있었다. 그가 그 당시까지 내게 제시했던 모든 동기들 가운데 나를 고민스럽게 만든 것은 이것뿐이었다.

보슬비가 음울하게 내리는 어느 화요일, 나는 보고타로 가고 싶어도 갈 수 없다는 사실을 깨달았다. 입을 옷이라고 해봐야 댄서용 셔츠 몇 벌밖에 없었던 것이다. 오후 6시, 문도 서점에서 아무도 만나지 못한 나는 서점 문 앞에서 사람을 기다리고 있었다. 저물어가기 시작하던 석양빛이 서글퍼 보였는지 내 눈에서는 눈물 한 방울이 흘러 내렸다. 길 건너편 보도에 정장을 파는 옷가게 쇼윈도가 보였다. 가게는 항상 그곳에 있었지만 그동안 한 번도 보지 못하고 지냈다. 나는 내가 무엇을 하고 있는지 전혀 의식하지 못한 채 뿌연 재처럼 쏟아지는 보슬비를 맞으며 산 블라스 거리를 건너, 그 도시에서 가장 비싼 옷을 파는 그 가게로 너무도 당당하게 들어갔다. 당시 보고타의 분위기에 완벽하게 어울리는 사제복 스타일의 감색 울 정장 한 벌, 칼라가 빳빳한 와이셔츠 두 개, 빗살 무늬 넥타이 하나, 그리고 배우 호세 모히까가 죽기 전 유행시킨 스타일의 구두 한 켤레를 샀다. 헤르만, 알바로, 알폰소에게만 보고타로 떠나겠다는 소식을 전했다. 그들은 내가 까차꼬가 되지만 않는다면, 사려 깊은 결정이라는 데 동의했다.

나는 모든 친구들과 함께 다가올 내 생일 파티를 미리 앞당겨 떼르세르 옴브레에서 새벽까지 놀았다. 성도 열전을 보관하는 일을 맡고 있던 헤르만 바르가스가 다가오는 3월 6일이 내 스물일곱 번째 생일이라고 친구들에게 알렸기 때문이다. 위대한 내 친구들이 내 앞날을 진심으로 축하해 주는 가운데, 나는 100살을 채우려면 아직 73년이나 남아 있는 삶을 날로 먹어 치울 준비가 되어 있다고 느꼈다.

8

《엘 에스뻭따도르》의 발행인이 된 기예르모 까노가 알바로 무띠스의 사무실에 내가 와 있다는 사실을 알고 전화를 했다. 구 사옥에서 다섯 블록 떨어진 곳에 최근 신축한 건물에 그의 사무실이 있었고, 무띠스의 사무실은 4층 위에 있었다. 전날 밤 보고타에 도착한 나는 무띠스, 그리고 그의 친구들과 함께 점심 식사를 하려던 참이었으나 기예르모는 식사하러 가기 전에 자기를 좀 만나 달라고 했다. 나는 그의 말에 따랐다. 우리는 말로만 예의를 차리고 마는 그 수도에서 강렬하게 포옹하고, 그날 뉴스에 관해 몇 마디 의견을 교환했다.

잠시 후 그가 편집국 직원들을 의식해 내 팔을 끌어 나를 한쪽으로 데려가더니 이렇게 말했다. "내 말 좀 들어 봐요, 가브리엘." 그가 너무나도 천진스럽게 내게 말했다. "사설 한 토막이 없어 오늘 신문을 마감하지 못하는데, 내 정말 간곡히 부탁하오만, 그것 좀 써 주지 않겠소?"

그는 엄지와 검지를 컵 반 정도 크기로 벌리며 이렇게 말했다.

"이만한 거 말이오."

나는 정작 그 자신보다 더 재미있어라 하며 내가 어디에 앉아야 할지 그에게 물었고, 그는 구식 타자기 한 대가 놓여 있는 빈 책상을 가리켰다. 나는 더 이상 묻지 않은 채 그 자리에 앉아 그들을 위해 좋은 테마 하나를 생각했고, 그 후 18개월 동안 같은 의자에 앉아, 같은 책상에 놓인 같은 타자기를 쓰게 되었다.

내가 사무실에 도착한 지 몇 분 뒤 부 발행인 에두아르도 살라메아 보르다가 옆 사무실에서 서류 다발을 읽으며 나왔다. 나를 알아본 그가 깜짝 놀라며 호들갑을 떨었다.

"아니, 가보!" 그가 바랑끼야에서 나의 애칭 가비또의 단축형으로 발명해 혼자만 사용하던 그 이름을 악을 쓰듯 불렀다. 하지만 그 후 그 이름은 편집국에서 일반적으로 통용되는 이름이 되어 버렸고, 직원들은 신문에도 계속 '가보'라 표기했다.

기예르모 까노가 내게 부탁한 사설의 테마를 현재는 기억하지 못하지만 나는 《엘 에스뻬따도르》가 구사하는 웅장한 문체를 국립 대학교에 다니던 시절부터 아주 잘 알고 있었다. 특히 사설란에 있는, 가치에 걸맞은 명성을 지니고 있던 섹션 「디아 아 디아」의 문체는 더 잘 알고 있었기 때문에, 어머니 루이사 산띠아가가 자신의 사랑에 반대하는 악마들을 상대할 때 지녔던 차가운 피로 무장한 채 그 섹션을 모방하기로 했다. 30분 만에 사설을 다 써 손으로 일부 교정을 본 뒤 기예르모 까노에게 건넸다. 그는 선 채, 근시 안경테 너머로 내 원고를 읽었다.

그의 집중력은 그 자신의 것이 아니라 하얀 머리 선조들의 왕국 전체의 것처럼 보였다. 그 왕국은 1887년에 신문사를 설립한 돈 피델 까노로부터 시작되어, 그의 아들 돈 루이스에 의해 계승되고, 돈 루이스의 동생 돈 가브리엘에 의해 견고해지고, 불과 얼마 전 나이 스물셋에 경영권을 물려받은 피델 까노의 손자 기예르모에 의해 이미 성숙된 상태로 자신들의 대동맥 안에 받아들여져 있었다. 그는 조상들이 했을 법한 방식대로 약간 미심쩍은 부분 여러 군데를 대충대충 훑어본 뒤 나의 새로운 이름을 처음으로 간단하게 부름으로써 검토를 끝냈다.

"아주 좋아요, 가보."

내가 보고타로 돌아왔던 날 밤, 나는 내 기억이 살아남아 있는 보고타가 내게 다시는 같은 도시가 될 수 없으리라는 사실을 깨달았다. 4월 9일 사태는 국내에서 일어난 수많은 대재앙들처럼, 기록으로 남아 있는 부분보다는 잊혀 있는 부분이 더 많았다. 100년 묵은 공원에 있던 그라나다 호텔은 온 데 간 데 없고 그 자리에는 최신식 국립 은행 건물이 솟아오르기 시작했다. 우리가 걸었던 옛 거리들은 번쩍거리는 전차도 주인도 없는 거리처럼 보였고, 역사적인 범죄 사건이 일어났던 길모퉁이는 화재로 건물이 없어지고 공터만 남아 그 명성을 잃은 지 벌써 오래였다. "그래, 이제는 거대 도시가 되었군." 우리와 함께 있던 누군가가 놀라며 이렇게 말했다. 그리고 그는 곧이어 전례 문구 같은 말로 내 가슴을 갈기갈기 찢어 놓았다.

"이게 다 4월 9일 덕분이지."

한편으로, 알바로 무띠스가 잡아 준 이름 없는 하숙집은 그때까지 지낸 그 어떤 집보다 편안했다. 국립공원 한쪽에 자리한 그 집은 너무 단순하기 때문에 오히려 더 아름답게 보이는 집이었다. 그 집에서 처음으로 맞이했던 밤에, 나는 행복한 전쟁을 벌이듯 섹스를 해 대던 옆 방 사람들에 대한 질투심을 참을 수 없었다. 그 다음날 방을 나서는 두 사람을 보았을 때, 그들이 어젯밤 그토록 격렬하게 섹스를 하던 사람들이라는 사실을 믿을 수 없었다. 공립 고아원 제복을 입은 비쩍 마른 소녀와, 키가 2미터나 되고 소녀의 할아버지뻘은 되어 보이는 백발이 성성한 노신사였던 것이다. 착각을 한 것이라 생각했으나, 그 뒤 매일 밤 새벽까지 금방이라도 자지러질 듯 신음 소리를 질러 댐으로써 그 사실을 확인시켜 준 사람들은 바로 그들이었다.

《엘 에스뻭따도르》는 사설란의 눈에 띠는 부분에 내 기사를 실었다. 나는 무띠스가 점원들을 즐겁게 하기 위해 일부러 과장된 영어식 억양을 써 가며 내게 옷을 권하는 무띠스와 함께 큰 상점들을 돌아다니며 오전을 보냈다. 우리는 곤살로 마야리노, 그리고 나를 그 분야 사람들에게 소개시켜 주기 위해 초대한 젊은 작가들과 더불어 점심 식사를 했다. 그동안 기예르모 까노에 대한 소식은 전혀 듣지 못하고 지냈는데, 그와 만난 지 사흘째 되던 날 그가 무띠스의 사무실에 있던 내게 전화를 했다.

"이봐요 가보. 무슨 일 있나요?" 그는 발행인답게 목소리를 내리깔았으나 오히려 어설프게 들렸다. "어제 당신 기사를 기다리느라 마감이 늦어졌어요."

나는 그와 이야기를 하기 위해 아래층 편집국으로 내려갔다. 어떻게 해서 내가 내 직무도 급료도 언급되지 않은 상황에서 일주일이 넘도록 매일 오후 무기명 기사들을 계속해서 썼는지는 지금도 이해할 수 없다. 기자들은 쉬는 시간에 잡담을 할 때 나를 동료로 대해 주었다. 나는 내가 어느 선까지 그들의 동료인지 생각해 보지 않았으나, 실제로 그들의 동료가 되어 있었다.

항상 무기명으로 실렸던 섹션 「디아 아 디아」는 기예르모 까노가 쓴 정치 기사를 필두로 시작되었다. 그다음부터는 경영진이 미리 정해 놓은 순서에 따라, 곤살로 곤살레스가 자유 테마를 선정해 기사를 썼다. 그는 그 신문에서 가장 지적이고 인기 있는 섹션으로, 지오반니 파피니[‡]의 작품 이름에서 차용한 것이 아니라 자신의 이름에서 따온 '곡'이라는 필명을 사용해, 독자들의 궁금증을 무엇이든 해결해 주는 「쁘레군따스 이 레스뿌에스따스」도 맡고 있었다. 이어서 내 기사들이 실렸고, 아주 드물게 에두아르도 살라메아의 특별 기사가 실리기도 했다. 그는 사설란의 가장 중요한 「라 시우닷 이 엘 문도」에, 호메로스의 율리시스가 아니라 (그는 항상 이 점을 명확히 설명했다.) 제임스 조이스의 율리시스에서 차용한 울리세스라는 필명으로 매일 기사를 쓰고 있었다.

신년 초에 아이티의 수도 포르토프랭스로 출장을 가야 했던 알바로 무띠스가 나더러 함께 가자고 청했다. 내가 알레호 까르띠에르의 『지상의 왕국』을 읽은 뒤부터 아이티는 나의 이상향이 되었다. 나는 2월 18일까지 무띠스에게 확답을 하지 않았다. 그날 나는 거대한 버킹엄 궁의 고독 속에 침잠해 있는 영국 여왕에 관한 기사 한 편을 썼다. 나는 그 기사가 「디아 아 디아」 맨 앞에 실리고, 또 편집국 직원들의 반응 또한 좋았다는 점을 주시했다. 그날 밤 편집국장 호세 살가르의 집에 몇몇 사람이 모여 파티를 하고 있을 때 에두아르도 살라메아가 그 기사에 관해 훨씬 더 열광적인 코멘트를 했다. 당시 그가 했던 코멘트는 나를 정식 직원으로 발령하기를 주저하고 있던 경영진의 마음을 돌려 버렸다고, 어떤 인정 많은 배반자가 나중에 내게 귀띔해 주었다.

다음날 아침 일찍 알바로 무띠스가 자기 사무실로 나를 불러 아이

[‡] 1934년에 『곡 (Gog)』이라는 소설을 출간했다. '곡'은 이 소설의 등장인물이기도 하다.

티 출장 건이 취소되었다는 슬픈 소식을 전했다. 그가 내게 밝히지 않은 사실은, 그가 우연히 기예르모 까노와 대화를 하던 중 그렇게 결정되었는데, 기예르모 까노가 나를 포르토프랭스에 데려가지 말아달라고 아주 정중하게 알바로 무띠스에게 부탁했다는 것이었다. 역시 아이티에 가 본 적이 없는 알바로는 그 이유를 알고 싶었다. "선생이 그곳에 가 보면," 기예르모가 알바로에게 말했다. "그곳이 바로 가보가 세상에서 가장 좋아할 수 있는 곳이라는 사실을 깨닫게 될 거요." 기예르모는 그날 오후, 위대한 투우사의 정곡을 찌르는 칼 같은 언사로 그 문제에 종지부를 찍었다.

"만약 가보가 아이티에 가면 절대 돌아오지 않을 거요."

그 말을 이해한 알바로는 출장을 취소하고 내게는 회사의 결정 사항이라고만 알렸다. 그래서 나는 포르토프랭스에 가 볼 기회를 영영 놓치고 말았으나, 진짜 이유는 불과 몇 년 전에 비로소 알게 되었다. 늙은이가 된 우리가 한도 끝도 없이 과거를 회상하던 중 언젠가 알바로가 내게 그 이유를 알려 주었던 것이다. 결국 기예르모는 계약서 한 장으로 일단 나를 신문사에 붙잡아 두고 나서 그 후 몇 년 동안 내게 아이티에 관한 특집 기사를 써 볼 생각을 하라고 여러 차례 말했다. 그러나 나는 단 한 번도 아이티에 갈 수 없었고, 그 이유가 무엇인지 그에게 단 한 번도 묻지 않았다.

내가 《엘 에스빽따도르》의 정식 기자가 될 거라는 꿈 같은 것은 결코 꾸어 본 적이 없었다. 콜롬비아의 경우 단편소설 장르가 양과 질 면에서 빈약하기 때문에 내 단편소설들을 신문에 실어 줄 것이라 이해하고는 있었으나, 석간 신문에 매일 글을 쓴다는 것은 역동적인 저널리즘 분야의 경험이 일천한 사람에게는 아주 독특한 도전이었다. 자산

많고 힘세고 영향력 있는 신문사《엘 띠엠뽀》에서 남아도는 중고 기구들을 사용하면서 어느 임대 사옥에서 반세기 동안 성장해 온《엘 에스뻭따도르》는 빽빽하게 편집한 16쪽짜리 초라한 석간 신문이었으나, 약 5,000부 정도 발행되는 신문은 인쇄소 문을 나서기도 전에 신문 배달원들에게 낚아채여, 30분 만에 구 도심의 조용한 카페에까지 퍼져 읽혔다. 에두아르도 살라메아 보르다는 런던의 BBC 방송을 통해《엘 에스뻭따도르》가 세상에서 가장 훌륭한 신문이라 선포했다. 하지만 가장 설득력 있는 것은 그 말 자체가 아니라 신문을 제작하는 전 임직원과 수많은 독자들이 그 말을 사실이라 확신하고 있다는 것이었다.

그 다음날 아이티 출장 건이 취소되고 내 가슴이 철렁했다는 점을 지금 고백해야 할 것 같다. 사장 루이스 가브리엘 까노가 자기 사무실에서 만나자고 했다. 그가 아주 정중한 태도로 나를 대했던 그 면담은 5분도 채 걸리지 않았다. 루이스 가브리엘은 무뚝뚝하고 친구처럼 관대하고 훌륭한 사장처럼 인색하다는 소문이 자자했으나, 예나 지금이나 항상 아주 실질적이고 예의가 바른 사람처럼 보였다. 나더러 정식 기자로 근무하며 일반 토픽, 여론 등 마감 직전의 숨 막히는 순간에 필요한 기사들을 써 달라며, 매월 900뻬소의 급료를 지불하겠다고 진지한 말투로 제안했다. 숨도 제대로 쉴 수 없을 지경이었다. 숨을 가다듬고 나서 월급이 얼마냐고 그에게 다시 묻자 그는 한 자 한 자 또박또박 내게 대답했다. "900뻬소요." 나는 엄청나게 감동했는데, 몇 개월 뒤 어느 파티에서 이에 관한 이야기를 하면서, 나의 친애하는 친구 루이스 가브리엘은 당시 내가 놀라워하는 모습을 보고는 거부하는 뜻으로 이해했다고 내게 실토했다. 가브리엘은 다음과 같은 타당한 이유에서 비롯되는 두려움 때문에 생긴 마지막 의구심을 피력했다. "그 사람이 어찌나 비쩍 마르고 창백하던지 우리 사무실에서 일하다 죽을 수도 있겠더라고요." 그렇게 해서 나는 편집국 기자로《엘 에스뻭따도르》에 입사했고, 2년이 채 못 되는 기간 동안 내 평생 단위 기간당 가장 많은 분량의 종이를 소모했다.

우연 치고는 운이 좋은 편이었다. 신문사에서 가장 무서운 인물은 족장 가브리엘 까노였다. 그는 자기 판단에 따라 편집국의 인정사정 없는 취조관 역할을 했다. 자신의 미세한 돋보기로 신문을 들여다보면서 전혀 생각지도 못했던 부분에 박혀 있는 쉼표 하나까지도 찾아냈고, 기사마다 문제가 되는 부분은 붉은색 잉크로 지적하거나 잘라 내서 사람을 곤혹스럽게 만드는 코멘트들을 달아 게시판에 붙임으로써 과오를 응징했다. 게시판은 첫째 날부터 '불명예의 담'으로 알려지게 되었고, 그의 피에 굶주린 펜의 예봉을 피해 간 기자는 단 한 명도 기억할 수 없다.

기예르모 까노가 스물셋이라는 나이에《엘 에스뻭따도르》발행인으로 일약 발돋움한 것은 그만의 장점이 설익은 열매를 맺은 것이 아니라 그가 태어나기 전부터 씌어 있던 운명이 작용한 것처럼 보였다. 내가 첫 번째로 놀란 것은, 신문사 밖에 있는 많은 사람들이 그가 고분고분한 아들에 불과할 뿐이라 생각하는 걸 보고 나는 그가 진정한 발행인이라는 사실을 확인한 것이었다. 가장 놀랐던 것은 뉴스거리를 알아보는 특유의 민첩성이었다.

그는 가끔씩 별것 아닌 문제로도 많은 사람을 상대해야 했는데, 결국 상대방에게 자신의 진심을 알리는 데 성공하고 마는 사람이었다. 당시는 신문 일을 대학에서 배우는 것이 아니라 작업 현장에서 잉크 냄새를 맡으면서 배우는 시대였고,《엘 에스뻭따도르》에는 기술이 뛰어나고 마음이 따스하지만 손맛은 매운 스승들이 있었다. 거기서 첫 단계부터 배웠던 기예르모 까노는 소에 관해 매우 엄정하고 박학다식한 기사들을 써서, 그의 소질이 저널리즘이 아니라 투우에 맞는 것처럼 보였을 정도였다. 그의 생애에서 가장 힘들었던 경험은 중간 단계를 거치지 않은 채 하룻밤 사이에 신출내기 학생에서 고참 스승으로 승진해 버린 것이었다. 그를 가까이 지켜보지 않은 사람은, 부드럽고 약간은 우유부단한 것 같은 태도 뒤에 무시무시하게 강단진 성격이 자리하고 있다는 사실을 전혀 예측할 수 없을 것이다. 그는 가장 고상하게 보이는 이유들 뒤에도 죽음이 노리고 있다는 확신이 들면, 규모가 크고 위험한 전투에서도 동일한 열정으로 도중에 중단하지 않고 최선을 다해 싸웠다.

  나는 그처럼 대중 앞에 나서는 걸 싫어하고 개인적인 명예를 꺼리고 권력에 아부하는 것을 경멸하는 사람은 본 적이 없다. 친구도 거의 없었으나, 몇 안 되는 친구들은 아주 좋은 사람들이었다. 나는 그를 만난 첫날부터 나 자신이 그런 친구들 가운데 하나가 되었다고 느꼈다. 내가 그의 친구가 되었다고 느낀 이유는 아마도 내가 산전수전 다 겪은 베테랑들이 모여 있는 편집국에서 가장 어리다는 사실 때문이었을 것이고, 바로 그런 점이 우리 두 사람 사이에 결코 약화되지 않을 유대감을 형성해 주었을 것이다. 우리가 모범적으로 우정을 쌓을 수 있었던 이유는 우리 사이에 존재하는 상반된 점들을 잘 극복해 내는 그의 능력 덕분이었다. 우리 둘 사이의 정치적인 입장 차이가 아주 컸고, 우리를 감싸는 세상이 어지러워져 감에 따라 그 차이는 갈수록 커져 갔으나, 우리가 정당하다고 생각하는 이유들 때문에 계속해서 함께 투쟁하는 어떤 공동 영역을 찾는 법을 그는 항상 알고 있었다.

편집국은 양쪽에 책상들이 쭉 늘어서 있는 거대한 공간으로, 멋진 유머와 신랄한 농담이 지배하는 분위기였다. 그곳에 재무장관을 괴롭히는 별종인 다리오 바우띠스따가 있었다. 그는 새벽 닭이 울 때부터, 불길한 미래에 대해 항상 확실한 예언을 함으로써 고위 관료들로 하여금 씁쓸한 새벽을 맞이하게 만드는 데 몰두했다. 법률 사건을 담당하는 펠리뻬 곤살레스 똘레도가 있었다. 그는 기관의 공식적인 조사에 앞서 부정을 종식시키고 범죄를 해결하는 기술을 여러 번에 걸쳐 선보였던 타고난 기자였다. 여러 부처를 출입하던 기예르모 라나오는 노인이 다 되어서까지도 소년 같은 상태를 유지할 수 있는 비결을 간직했다. 위대한 시인들 가운데 하나인 로헬리오 에체바리아는 조간 파트를 책임지고 있었다. 해가 떠 있을 때는 단 한 번도 그를 본 적이 없다. 내 사촌 곤살로 곤살레스는 축구를 하다 재수 없게 부상을 당하는 바람에 다리 하나에 석고 깁스를 했는 데, 모든 주제에 관한 질문에 대답하기 위해 공부를 했고 결국 만물박사가 되고 말았다. 그는 대학에서 손꼽히는 축구 선수였음에도 무슨 일에서든지 경험보다는 이론적 공부를 해야 한다는 철석 같은 믿음을 지니고 있었다. 이에 대한 흥미로운 예는 기자들의 볼링 대회에서 유감없이 발휘되었다. 레인에서 새벽까지 연습하는 우리와는 달리 연습은커녕 볼링 교본을 사서 볼링의 물리적 법칙을 공부하더니 결국 그해 챔피언이 되었다. 이처럼 개성 있는 기자들이 근무하는 편집국은, 항상 다리오 바우띠스따 또는 펠리뻬 똘레도의 다음과 같은 모토, 즉 '평정을 잃는 사람은 스스로 화를 자초한다.'는 말에 따라 영원한 오락실이 되었다.

우리 모두는 서로 다른 동료들이 다루는 주제에 관해 모두 알고 있었고, 누군가 부탁을 하거나 도와주는 것이 가능하면 서로 도왔다. 그처럼 공동의 참여가 이루어졌기 때문에 서로 떠들어 가며 일을 했다고 말할 수 있을 정도였다. 하지만 어려운 일들을 할 때면 숨소리조차 들리지 않았다. 책상 하나가 유독 편집국 맨 안쪽 구석에 자리하고 있었다. 그 책상에서 편집국을 지휘하던 호세 살가르는 모든 사항을 공지하고 체크하면서 편집국 안을 돌아다녔다. 그는 문젯거리를 곡예사처럼 치유하면서 영혼의 열정을 발산했다.

기예르모 까노가 편집국 직원들에게 나를 소개하기 위해 나를 대동한 채 사무실 안 책상들을 두루 돌아다닌 그날 오후는, 고질적인 소심증이 있던 내게 불로 지지는 듯한 시련이었다고 생각한다. 나는 아무 말도 할 수 없었고, 다리오 바우띠스따가 하던 일에서 눈을 떼지 않은 채 그 천둥소리 같은 무시무시한 목소리로 고함을 질렀을 때는 무릎이 후들후들 떨렸다.

"천재가 왔구먼!"

나는 팔을 든 채 모든 사람들을 향해 과장된 태도로 몸을 반쯤 돌린 뒤 가장 재미없는 인사말을 생각나는 대로 내뱉는 수밖에 없었다.

"열심히 하겠습니다."

그 말을 들은 동료들이 내게 보낸 조소는 지금 생각해 보아도 뜨끔할 정도였으나, 환영한다는 의미로 나를 껴안아 주고 내게 해 준 덕담을 생각하면 위로가 되기도 한다. 그 순간부터 나는 절대 흔들리지 않는 우정과 단결심을 지닌 너그러운 호랑이들로 이루어진 공동체의 일원이 되었다. 기사가 제아무리 작은 것이라 할지라도 기사에 필요한 모든 정보를 해당 기자에게 요청했고, 내 부탁을 받은 기자는 시간을 절대 어기지 않고 정보를 갖다 주었다.

내가 기자로서 처음으로 얻은 크나큰 교훈은 바로 기예르모 까노가 준 것이었다. 보고타에 세 시간 동안 끊임없이 폭우가 쏟아져 유래 없는 물난리를 겪은 어느 날 오후, 편집국 기자 전원이 그 교훈을 체험했다. 히메네스 데 께사다 대로를 통해 거세게 흐르던 급류가 언덕을 타고 내려가면서 모든 것을 닥치는 대로 휩쓴 터라 거리는 재난의 흔적들만 남아 있었다. 온갖 자가용과 대중교통 수단은 비상사태를 당한 바로 그 자리에서 멈춰 버렸고, 수천 명의 행인이 물을 피하기 위해 아랫부분이 물에 잠기고 있던 건물들 안으로 갈팡질팡 뛰어드는 바람에 안은 발 디딜 틈도 없었다. 마감 시간이 다 되어 발생한 재난에 놀란 우리 편집국 기자들은 어떻게 해야 좋을지 몰라, 손을 호주머니에 넣고 있으라는 벌을 받은 어린이들처럼 그 서글픈 광경을 창을 통해 속수무책 지켜보고만 있었다. 그때 끝없이 깊은 잠에서 깨어난 것처럼 보이던 기예르모 까노가, 일손을 놓은 채 밖을 내다보고 서 있던 기자들에게 몸을 돌리더니 소리를 질렀다.

"이 폭우가 바로 기사야!"

공식 명령이나 다름없는 그 말은 즉시 실행되었다. 우리 편집국 기자들은 전투장으로 달려가 호세 살가르가 지시하는 신속한 정보들을 전화로 구해서 각자 조각 기사를 썼고, 결국 세기적인 폭우에 관한 기사 하나가 완성되었다. 비상시에 사용되어야 할 구급차와 라디오 순찰차들은 거리에 빼곡하게 들어차 있는 자동차들 때문에 꼼짝도 못했다. 폭우로 가정집 배수구들이 막히는 바람에 시내 소방대가 총동원되었어도 재난을 물리치기에는 역부족이었다. 도시 상수원 댐이 붕괴되는 바람에 여러 동네 전 주민이 대피해야 했다. 다른 지역들에서는 하수관이 파열되었다. 거동이 불편한 노인들, 병자들, 숨도 제대로 못 쉬는 어린이들이 보도를 점유하고 있었다. 그 아비규환 속에서도, 주말 낚시용 모터보트를 갖고 있던 남자 다섯은 가장 혼잡한 거리인 까라까스 대로에서 모터보트 경주를 했다. 호세 살가르는 즉각적으로 취합된 이런 정보들을 편집국 기자들에게 나눠 주었고, 우리 기자들은 그것들을 이용해 부랴부랴 즉석 특별판을 만들어 냈다. 물에 흠뻑 젖은 사진 기자들은 비옷도 벗지 못한 채 따끈따끈한 사진들을 인화했다. 5시가 되기 조금 전 기예르모 까노는 그 도시에서 기록된 가장 극적인 폭우에 관해 노련한 종합 기사를 썼다. 결국 비가 그쳤을 때 《엘 에스뻭따도르》 즉석판이 배부되었다. 평소보다 단 한 시간 늦은 시각이었다.

  내가 호세 살가르와 맺은 관계는 초기에는 몹시 어려웠으나 항상 그 어떤 관계들보다 더 창조적이었다. 지금 생각해 보면 당시 그는 나와 반대되는 입장에 있었던 것 같다. 그가 자기 편집국 기자들이 최선을 다해 일할 수 있도록 항상 애를 쓰고 다닌 반면에, 나는 그가 나를 일선에 배치해 주기를 바라고 있었다. 하지만 내가 신문과 맺은 약속이 나를 묶어 놓고 있었기 때문에 일요일 말고는 자유 시간이 없었다. 살가르는 나를 취재 기자로 만들려고 눈독을 들이고 있었던 데 반해, 내가 항상 단편소설 작가로 지칭되었기 때문에 다른 사람들은 내게 영화, 사설 등 문화적인 사안들을 맡기려 했던 것 같다. 하지만 고향 해변에서 첫 걸음을 뗐을 때부터 취재 기자가 되는 꿈을 꾸어 왔던 나는, 살가르가 가장 훌륭한 선생이라는 점을 알고는 있었다. 다만 그는 내게 문을 닫고 있었다. 아마도 내가 강제로 그 문을 열고 들어올 것이라는 기대하고 있었던 것 같다. 우리는 성심성의껏 역동적으로 임무를 완수했고, 기예르모 까노와 에두아르도 살라메아까지 동의해 쓴 기삿거리가 그에게 건네질 때마다 주저하지 않고 수용했으나 관행과 원칙은 무시하지 않았다. 그는 코르크 마개를 딸 때처럼 힘들다는 시늉을 하면서 짐짓 진지한 표정으로 내게 말했다.

"백조 모가지를 비틀어 버리게."‡

그렇지만 그는 결코 공격적이지 않았다. 정반대였다. 뜨거운 불에 단련된 점잖고 진실한 남자로, 열네 살에 인쇄소에서 커피 심부름을 하던 때부터 국내에서 가장 뛰어난 직업적 권위를 지닌 편집국장으로 변모할 때까지 훌륭한 업적을 쌓으며 차근차근 계단을 올라갔다. 지금 생각해 보면 그는 열정적인 취재 기자들을 많이 필요로 하는 이 나라에서 내가 감상적인 묘기를 부리는 데 시간을 허비하는 것을 용서할 수 없었던 것 같다. 반면에 나는 인쇄되는 그 어떤 장르도 일상생활을 표현한 기사보다 더 잘된 것은 없다고 생각했다. 당시 우리 두 사람이 이런 일을 하려고 애쓸 때 지녔던 집요함은, 내가 기자가 된다는 이루기 어려운 꿈을 실현하는 데 가장 좋은 인센티브였다는 사실을 요즘에 깨닫고 있다.

기회는 1954년 6월 9일 오전 11시 20분에 내 앞에 나타났다. 나는 보고타 모델로 형무소에 수감되어 있는 친구를 면회한 뒤 돌아오고 있었다. 전쟁터에 가는 것처럼 완전 무장한 병력이 6년 전 호르헤 엘리에세르 가이딴이 저격당한 바로 그 길모퉁이에서 두 블록 떨어져 있는 7번가에 무수한 학생들을 저지하고 있었다. 한국전쟁에 참전하기 위해 훈련받은 콜롬비아군 대대 요원들에 의해 전날 한 학생이 죽음을 당한 사건에 항의하는 시위였고, 시민들이 군부에 대항함으로써 거리에서 처음으로 일어난 충돌이었다. 내가 있던 곳에서는 대통령궁까지 진출하려는 학생들과 학생들을 저지하려는 군인들이 서로 대치하면서 질

‡ 이 말은 20세기 초 라틴 아메리카 시인들에게 상징주의자들과 모더니즘적 고답파들을 답습하지 말고 더 지역적이고 타당한 스타일을 추구하라고 해 주는 충고다.

러 대는 고함 소리만 들릴 뿐이었다. 군중 속에 섞여 있던 우리는 고함 소리의 내용을 제대로 알아들을 수 없었으나 공기 중에 맴도는 긴장감은 감지할 수 있었다. 갑자기 아무런 경고도 없이, 기관총 소리가 한차례 들리더니 곧이어 두 차례 연달아 들렸다. 학생 여럿과 일부 행인이 현장에서 즉사했다. 부상자들을 병원으로 후송하려던 생존자들은 총개머리판에 가로막히고 말았다. 군대가 그 지역에서 사람들을 몰아내고 통행을 차단했다. 우르르 도망치는 군중 속에 있던 내게 같은 시각 같은 장소에서 4월 9일의 공포가 몇 초 동안 되살아났다.

오르막길 세 블록을 부리나케 달려가 《엘 에스뻭따도르》 편집국으로 들어가니 모두 일전을 불사할 태세였다. 목이 멘 소리로 학살 현장에서 목격한 것을 그들에게 이야기했으나, 정황을 제대로 파악하지 못하고 있던 어느 기자는 사망한 학생 아홉 명의 신원과 병원으로 후송된 부상자들의 상태에 관한 첫 번째 기사를 벌써 급하게 쓰고 있었다. 편집국 기자들 가운데 현장을 직접 목격한 사람은 나밖에 없었기 때문에 마땅히 내가 공권력의 폭력에 관해 기술하라는 명령을 받을 것이라 확신하고 있었으나, 기예르모 까노와 호세 살가르는 이번 기사는 집단 기사가 되어야 하기 때문에 각자가 맡은 바를 쓰는 것으로 이미 의견의 일치를 본 상태였다. 이 사건을 총괄하기로 한 펠리뻬 곤살레스 똘레도가 기사를 최종적으로 일관성 있게 조율할 책임을 맡게 되었다.

"진정해요." 펠리뻬는 실망한 내가 걱정스러웠는지 이렇게 말했다. "기사가 무기명으로 나간다고 해도 사람들은 우리 모두가 여기서 같은 일을 한다는 걸 알고 있소."

한편, 울리세스는 내가 써야 할 사설이 심각하기 이를 데 없는 공공질서 문제를 다루고 있기 때문에 가장 중요한 기사가 될 수 있다고 생각한다며 나를 위로했다. 맞는 말이긴 했으나, 사설이 아주 민감한 사안을 다루는 것이고, 또 신문사의 정책에 악영향을 미칠 수 있었기 때문에 실제로는 최고위층의 여러 사람 손에 의해 써졌다. 그렇게 한 것은 모든 사람에게 중요한 교훈이었다는 생각이 들지만, 당시 내게는 한심한 처사로 보였다. 그 사건은 군부와 자유파 언론이 향유하던 마지막 허니문이었다. 허니문은 로하스 삐니야 장군이 권력을 장악한 1년 전에 시작되었다. 그는 두 번에 걸쳐 정권을 잡은 보수당 정권의 대학살을 겪은 뒤에 국가에 한숨을 돌릴 기회를 제공해 주었고, 허니문은 바로 그날까지 지속되었다. 그것은 정식 취재 기자가 되겠다는 내 꿈을 이루는 데 불로 지지는 것 같은 시련이었다.

  잠시 후, 법의학과에서도 신원을 확인할 수 없었던 주인 없는 어린이의 시체를 찍은 사진이 신문에 실렸다. 며칠 전 신문에 실린 실종 어린이의 사진과 동일한 것처럼 보였다. 내가 법률 사건 담당 부서 책임자인 펠리뻬 곤살레스 똘레도에게 그 사진들을 보여 주자 펠리뻬는 그때까지 발견되지 않았던 실종 어린이의 어머니에게 전화를 했다. 그것은 내 평생의 중요한 교훈이었다. 어머니는 법의학 교실 현관에서 펠리뻬와 나를 기다리고 있었다. 너무나 가련하고 힘이 없어 보였기 때문에 나는 법의학과에 보관되어 있는 아이의 시체가 그녀의 아들이 아니었으면 좋겠다고 마음속으로 간절히 빌었다. 냉기 감도는 기다란 지하실의 강렬한 불빛 아래로 시체가 놓인 침상 스무 개 정도가 열을 지어 서 있었다. 흐릿한 시트에 덮인 돌무덤 같다는 생각이 들었다. 우리 셋은 엄숙한 표정을 지닌 경비원을 따라 마지막에서 두 번째 침상까지 갔다. 시트 밖으로 구슬퍼 보이는 작은 부츠 아랫부분이 삐죽 튀어나와 있었는데, 신발 뒤축이 아주 많이 닳아 있었다. 부츠를 알아본 여자는 하얗게 질리며 숨조차 제대로 쉬지 못하고 있다가 이내 호흡을 가다듬으며 마음을 추스르더니, 투우사처럼 몸을 살짝 돌려 시트를 벗겼다. 아홉 살 정도 먹은 아이로, 감기지 않은 눈은 뭔가에 놀란 듯했으며, 여러 날 전 길가 배수로에서 발견되었을 때 입고 있던 찢겨진 옷을 여전히 입고 있었다. 어머니는 고통스러운 신음 소리를 토해 내더니 악을 써 대며 바닥에 주저앉고 말았다. 펠리뻬가 여자를 일으켜 세우며 조용한 목소리로 위로의 말을 건네는 사이, 나는 내가 꿈꾸는 직업이란 게 과연 그런 것이나 다루는 것인지 자문하고 있었다. 에두아르도 살라메아는 그렇지 않다고 내게 확실히 말했다. 독자들의 관심을 끄는 범죄 사건을 취재하고 보도하는 것은 어느 정도의 배짱과 불굴의 마음을 필요로 하는 어려운 전문 영역이라고 그 역시 생각하고 있었다. 그 후 나는 절대 그런 일을 맡지 않았다.

  아주 다른 현실 하나가 나로 하여금 영화 평론가가 되도록 만들었다. 영화 평론가가 되리라는 생각 같은 것은 해본 적이 없었으나, 어렸을 때는 아라까따까에 있는 돈 안또니오 다꼰떼의 올림피아 극장에서, 나중에는 알바로 세뻬다의 학교에서, 그 당시까지 콜롬비아에 알려져 있던 것보다 더 실용적인 관점에서 영화 소개 기사를 쓰기 위한 기본 요소들을 얼핏 본 적이 있었다. 세계대전 이후부터 보고타에서 살고 있던 위대한 독일 출신 작가이자 문학 평론가인 에르네스또 볼케닝은 새로 출시된 영화를 국영 라디오 방송을 통해 해설했으나, 영화 전문가들이나 알아들을 수 있는 내용이었다. 뛰어난 해설가들이 또 있었으나 에스파냐 내전이 발발하자 보고타로 와서 살고 있던 까딸루냐 출신 서적상 루이스 빈센스와 연계되어 간헐적으로 소개했을 뿐이다. 화가 엔리께 그라우, 평론가 에르난도 살세도와 합심하여, 그리고 특급 저널리스트 글로리아 발렌시아 데 까스따뇨 까스띠요의 노고에 힘입어, 첫 번째 영화 클럽을 설립했던 사람도 루이스 빈센스였다. 국내에 대형 액션 영화와 최루성 멜로드라마의 팬들이 셀 수도 없이 많았으나 수준 높은 영화는 교양 있는 팬들이나 보는 정도였기 때문에 극장주들은 광고관에 사흘 정도밖에 붙어 있지 않은 영화를 상연하는 위험을 갈수록 감수하려 하지 않았다. 그런 이름 없는 군중으로부터 새로운 대중을 찾아내기 위해서는 수준 높은 영화를 추구하는 관객층을 확보하고, 또 그런 영화를 상영하길 원하지만 재정적인 지원을 얻지 못하고 있던 극장주들을 도와줄 수 있는, 어렵지만 가능성 있는 교수법 하나가 필요했다. 가장 큰 어려움은, 이런 극장주들이 신문사들이 비판적인 영화평을 실은 것에 대한 보복으로 신문사의 주 수입원인 영화 광고를 신문에 게재하지 않겠다고 협박하는 것이었다.《엘 에스뻭따도르》는 그런 위험에 맞선 첫 번째 신문사였고, 데스크는 나더러 그 주에 개봉될 영화 평을, 그러니까 격식을 차리는 비평이 아니라 팬들을 위한 기본 입문서 같은 비평을 쓰라는 임무를 주었다. 신문사의 내부적인 합의에 의해 결정된 주의 사항은 내가 매표소에서 직접 입장권을 구입해 영화관에 들어갔다는 증거가 필요하므로, 내게 온 초대권은 항상 손대지 말고 그대로 지니고 있으라는 것이었다.

내가 첫 번째로 쓴 리뷰에서는 훌륭한 외국 영화의 본보기가 될 만한 작품들이라 소개했기 때문에 극장주들을 안심시켰다. 위대한 음악가의 삶을 광범위하게 개괄한「푸치니」, 성악가 그레이스 무어에 관한 잘 다듬어진 이야기「사랑이란 이런 거야」그리고 쥘리엥 뒤비비에 감독의 차분한 코메디「앙리에뜨의 축제」등이었다. 극장 출입구에서 만난 극장주들은 우리가 쓴 영화 리뷰들이 마음에 든다는 표시를 했다.

반면에 나의 대담한 짓에 관해 알게 된 알바로 세뻬다는 바랑끼야에서 아침 6시에 전화를 해 나를 깨웠다.

"이런 제기랄! 내 허락도 없이 영화 비평 쓸 생각을 하다니!" 그는 우스워 죽겠다는 듯 전화기에 소리를 질러 댔다. "영화에 관한 한 당신은 바보잖소!"

내가 영화 관련 기사를 쓰는 것은 교육을 받지 못한 초보적인 대중을 가르치는 것이 아니라 그들에게 방향을 설정해 주는 것이라는 나의 생각에 동의한 적은 없었지만, 그는 나의 영원한 협조자로 거듭났음은 물론이다. 우리가 극장주들과 함께 보낸 허니문은 예상했던 것만큼 달콤하지만은 않았다. 우리가 소박하고 단순한 상업 영화를 다루었을 때는 이해심이 많은 극장주들까지도 우리의 가혹한 해설이 거슬린다고 불평을 했다. 에두아르도 살라메아와 기예르모 까노가 불평하는 업자들을 4월 말까지는 전화로 무마시킬 수 있었지만, 극장주들의 우두머리를 자처하는 사람이, 우리가 자신들의 이익을 훼손하기 위해 대중을 협박한다는 이유로 우리를 공개적으로 기소하는 서한 한 통을 보내왔다. 문제의 본질은 편지를 쓴 사람이 '협박하다'는 단어의 의미를 잘 모르는 데 있는 것 같았다. 하지만 나는 그 사건 때문에 신문사에 위기가 증대되고 있는 상황에서 돈 가브리엘 까노가 순전히 미학적인 쾌락을 추구하기 위해 영화 광고들을 포기할 가능성은 없다고 생각했기 때문에, 내가 패배하기 일보 직전에 있다고 느꼈다. 편지를 받은 바로 그날 돈 가브리엘 까노는 아들들과 울리세스를 불러 긴급회의를 소집했다. 그 섹션이 폐지되어 끝장날 것이라는 생각이 들었다. 그러나 회의가 끝난 뒤 내 책상 앞을 지나가던 가브리엘이 구체적인 사항을 언급하지 않은 채 심술궂은 할아버지처럼 내게 한 마디 툭 던졌다.

"어이, 나와 이름이 같은 젊은 친구, 걱정 말게나."

그 다음날, 「디아 아 디아」에는 기예르모 까노가 신중한 학자적 스타일로 쓴, 영화 배급업자들의 공개 서한에 대한 대답이 실렸다. 그 마지막은 다음과 같다. "영화에 관한 진지하고 책임감 있는 비평 기사 한 편이 신문에 실린다고 해서 대중이 협박을 당하는 것도 아니고, 더더욱 그 누구의 이익이 훼손되는 것도 아닌 바, 우리가 다른 나라들의 예를 어느 정도는 따를 필요가 있고, 또 나쁜 것을 좋은 것처럼 지나치게 칭찬하는 낡고 해로운 방식들을 타파하는 것이 현명할 것 같다는 생각이다." 물론, 공개 서한이 단 한 통밖에 오지 않았던 것도 아니고 우리가 답변을 단 한 번밖에 하지 않았던 것도 아니다. 영화 배급업자들이 우리를 신랄하게 비난했고, 판단력 없는 독자들로부터 항의 서한들을 받기도 했다. 하지만 모두 소용없는 일이었다. 그 칼럼은 영화 비평이라는 것이 국내 신문에 간헐적으로 실리는 기사 정도로 취급받던 초라한 신세에 종지부를 찍을 때까지 살아남아, 결국 신문과 라디오의 정규 프로그램으로 거듭났다.

그때부터 2년이 조금 못 되는 기간 동안, 나는 영화 비평 75편을 실었는데, 그 비평들에는 내가 영화를 보느라 소비한 시간까지 고스란히 담겨 있다고 할 수 있을 것이다. 600여 편의 사설 말고도, 사흘마다 기명 또는 무기명 기사 한 편을 썼고, 적어도 80여 편의 특집 기사를 실명 또는 가명으로 썼다. 그때부터 같은 신문의 「일요 매거진」에 내가 쓴 문학 관련 글들이 실렸다. 그들 가운데는 단편소설 여러 편과 「라 시에르뻬」 시리즈 완본도 포함되어 있는데, 그 시리즈는 신문사 내부의 불일치 때문에 잡지 《람빠라》에서 중단되었다.

내 인생에 처음으로 맞이한 번영의 시기였으나 나는 그것을 향유할 시간이 없었다. 가구가 딸려 있고 세탁 서비스가 되는 임대 아파트에는 화장실 하나에 전화, 그리고 세상에서 가장 서글픈 도시에 영원히 내리는 보슬비가 보이는 커다란 창문이 있었다. 그곳은 잠을 자는 곳에 불과했고, 아침 식사도 침대에서 했다. 한 시간 동안 독서를 한 뒤 새벽 3시에 잠자리에 들어 정확하게 새날이 왔다는 사실을 알리는 라디오 뉴스 진행자들이 깨울 때까지 잠을 자는 곳으로만 이용했을 뿐이다.

나 혼자서 고정적으로 살 수 있는 집이었지만, 그런 사실을 생각할 시간조차 없는 것은 그때가 처음이라는 불안한 생각이 내 뇌리를 떠나지 않았다. 나는 내 삶의 문제를 해결하는 일로 아주 바쁘게 지냈는데, 내가 쓰는 유일한 돈은 매월 말 정확하게 가족에게 보내는 구조선이었다. 그 당시 내가 개인적인 삶에 신경 쓸 겨를이 거의 없었다는 사실을 난 요즘에야 깨닫고 있다. 아마도 내 안에 카리브 어머니들의 관념이 살아 있었기 때문일 것이다. 보고타 여자들은 바다가 보이는 곳에서 살고 싶은 꿈을 실현시키기 위해서만 해안 출신 사내들에게 사랑 없이 몸을 맡긴다는 것이다. 보고타에 있는 내 첫 번째 독신자용 아파트 경비원에게 자정에 여자 친구의 방문이 허용되는지 물어보았을 때, 그가 지혜로운 대답을 한 후 나는 아무런 위험도 겪지 않은 채 내 개인적인 삶을 향유할 수 있었다.

"방문은 금지되어 있습니다만, 난 보지 말아야 될 건 보지 않습니다."

7월 말, 사설 한 편을 쓰고 있는데 호세 살가르가 아무런 예고도 없이 나를 찾아와 내 책상 앞에 떡 버티고 서서는 오랫동안 아무 말 없이 나를 바라보았다. 나는 쓰고 있던 문장을 중단한 채 미심쩍어하는 어투로 그에게 말했다.

"대체 무슨 일인데요!"

그는 눈 한 번 깜박하지 않은 채 손에 들고 있던 색연필로 눈에 보이지 않는 볼레로를 연주하고 있었다. 그가 머금고 있는 악마 같은 미소를 통해 그의 의도가 적나라하게 드러났다. 내가 뭐라 묻지도 않았는데, 7번가에서 일어난 학생 학살 사건에 관한 특집 기사는 초보자에게 맡기기 어려운 기사라서 내가 쓰는 것을 불허했다고 그는 설명했다. 반면에 그는 자신이 모든 책임과 위험을 감수하겠다는 듯 자기 취재 기자증을 내게 내밀며, 나더러 자기가 제시하는 무시무시한 제의를 수용할 수 있는지 단도직입적으로, 하지만 부탁에 가까운 어투로 물었다.

"메데인으로 가서 거기 상황이 도대체 어떻게 전개되고 있는지 취재 좀 해 오지 않겠어?"

2주도 넘은 과거에 발생한 뭔가를 내게 얘기했는데, 그 사건은 신선미가 거의 없는 뉴스라고 생각해 볼 수 있는 사안이었기 때문에 그의 말을 쉽사리 이해할 수 없었다. 7월 12일 오전 메데인 동부에 위치한 바위투성이 경사지 라 메디아 루나에서 산사태가 발생했으나 신문사들의 도덕 불감증과 당국의 혼란과 피해자들의 공포가 행정적, 인간적 혼란을 유발함으로써 다들 현실을 직시하지 못하고 있었다. 살가르는 나더러 사고의 진상을 파악해 보라고 요청하는 대신, 사고 발생 지역에 관한 모든 진실을, 오직 진실만을, 최소한의 시간 동안 총체적으로 재구성해 보라고 간단명료하게 명령했다. 그런데 그의 말투에는 나를 옥죄고 있던 고삐를 결국 그가 늦추고 있다는 생각이 들도록 만드는 무언가가 있었다.

그때까지 세상 사람들이 메데인에 관해 알고 있던 유일한 사실은 까를로스 가르델이 그곳에서 발생한 비행기 사고로 불에 타 죽었다는 것뿐이었다. 나는 메데인이 위대한 작가들과 화가들이 태어난 곳으로,

까를로스 가르델이 죽던 해에 메르세데스 바르차가 공부를 시작한 쁘레센따시온 학교가 있는 곳이라는 사실을 알고 있었다. 사건 취재 임무를 맡고 싶은 마음이 너무나도 간절했기 때문에, 어느 산에서 일어난 재난을 하나하나 재구성한다는 것은 전혀 비현실적이지 않아 보였다. 그래서 무시무시한 폭풍우가 밀려오는 오전 11시에 메데인에 착륙했고, 내가 그 산사태의 마지막 희생자가 되지 않을까 하는 생각까지 해보았다.

이틀 정도 머물 생각으로 준비한 옷, 비상시에 맬 넥타이, 가방을 누띠바라 호텔에 놔두고 산사태 잔해로 뒤덮여 있는 목가적인 도시의 거리로 뛰어들었다. 알바로 무띠스는 내가 비행기 공포증을 이겨내도록 나와 함께 비행기를 탔으며, 그 도시에 정착해 살아가는 사람들에 관한 정보를 제공해 주었다. 하지만 나를 주눅 들게 만들었던 점은 과연 어디서부터 시작해야 될지 나 자신도 전혀 모르고 있었다는 것이다. 폭풍우가 가신 뒤 금가루처럼 쏟아지는 화창한 햇볕을 받으며 반짝거리는 거리를 한 시간 정도 정처 없이 떠돌아다녔을 때 해가 뜬 상태에서 소나기가 쏟아졌다. 나는 가장 가까운 곳에 있는 가게 안으로 들어갔다. 그때 공포감 때문에 내 가슴이 처음으로 두근거리고 있다는 사실을 느끼기 시작했다. 전투 중 외할아버지가 사용하던 주문을 외움으로써 두근거리는 가슴을 진정하려 애썼으나 밀려오는 공포가 결국 내 사기를 완전히 꺾어 버렸다. 임무를 도저히 수행할 수 없을 것 같은 생각이 들었지만 그 사실을 보고할 용기조차 나지 않았다. 기예르모 까노에게 감사 편지 한 통을 써 보낸 뒤 바랑끼야로 돌아가서 6개월 전 향유했던 은총의 상태로 되돌아가는 것이 당시 내가 취할 수 있는 가장 사려 깊은 행동일 것 같았다.

그런 지옥 같은 상황에서 탈출하게 되었다는 심정으로 무한한 안도감을 느끼며 택시를 타고 호텔로 돌아갔다. 정오 뉴스 진행자는 산사태가 어제 일어났던 것처럼 잔뜩 흥분된 목소리로 긴 시간을 할애해 보도했다. 택시 기사는 정부의 무관심과 피해자들에 대한 원조가 제대로 이루어지지 못하고 있는 상황에 대해 악을 쓰며 불평을 했다. 그의 정당한 분노에 대한 책임이 내게 있다는 느낌이 들기도 했다. 하지만 바로 그때 비가 갰고, 투명해진 공기에는 베리오 공원에 만개해 있던 꽃들이 풍기는 향기가 실려 있었다. 갑자기 나는, 이유도 모른 채, 광증에 사로잡히고 말았다.

"우리 이렇게 합시다. 호텔로 가기 전에 산사태가 일어난 현장으로 좀 데려다 주세요."

"가 보았자 볼 게 없을 텐데요. 매몰되어 죽은 사람들을 추모하는 촛불과 십자가밖에 없거든요."

택시 기사의 말에 따르면, 희생자들뿐만 아니라 생존자들도 그 도시의 각기 다른 곳에서 온 사람들이었는데, 생존자들은 첫 번째 산사태에서 매몰된 자들을 구하기 위해 집단으로 도시를 가로질러 온 사람들이었다. 그런데 첫 번째 산사태가 일어난 곳으로 구경꾼들이 대거 몰려들었을 때, 산 반대편이 무너져 내려 어마어마한 산사태가 남으로써 대참사가 일어났다. 따라서 그 사건에 관해 얘기해 줄 수 있는 사람들은 연속적으로 일어난 산사태를 피해 나온 사람들과 도시 반대편에서 살아남은 사람들뿐이었다.

"알겠습니다." 나는 목소리가 떨리지 않도록 자제하려 애를 쓰면서 택시 기사에게 말했다. "살아 있는 사람들이 있는 곳으로 데려다 주세요."

택시 기사는 길 중간에서 유턴해 쏜살같이 차를 몰아갔다. 그는 침묵을 지키고 있었다. 택시가 너무 빨리 달리고 있었기 때문이기도 했지만, 자기 설명만으로도 나를 설득할 수 있을 것이라 기대하고 있었기 때문이기도 했다.

사건의 단초는 7월 12일 오전 7시에 나무를 하러 집을 나섰던 여덟 살, 열한 살짜리 두 소년으로부터 시작되었다. 소년들이 집을 나서 약 100여 미터 정도 가고 있을 때 토사와 바위들이 무너져 내려 언덕 측면에 있던 소년들에게 쏟아졌다. 소년들은 가까스로 몸을 피할 수 있었지만, 집에 있던 여동생 셋과 어머니와 갓난아이 남동생은 매몰되고 말았다. 가족 가운데 살아남은 사람은 막 집을 나선 그 두 소년과, 모래를 팔기 위해 집에서 10킬로미터 정도 떨어져 있는 직장으로 일찍 출근한 아버지뿐이었다.

그곳은 메데인에서 리오네그로로 가는 고속도로 옆에 위치한 황무지로, 오전 8시 무렵에는 주민이 없었기 때문에 더 이상의 희생자가 나오지 않았다. 라디오 방송국들이 유혈이 낭자한 참사 현장에 관한 수많은 사항들과 다급하고 애절한 호소를 전달하는 과장된 뉴스를 유포했기 때문에, 소방대원들이 현장에 도착하기도 전에 첫 번째 자원 봉사자들이 도착했다. 정오 무렵 두 번의 산사태가 더 일어났지만 희생자는 없었다. 산사태로 인해 도시 전체에 불안감이 증폭되고, 어느 지방 방송사는 참사 현장에서 직접 중계를 하기 위해 현장에 보도 본부를 설치했다. 그 시각 그 지역과 옆 동네 주민들 거의 대부분이 현장에 나와 있었고, 다급하고 애절한 호소를 듣고 온 도시에서 나온 구경꾼들과, 도시와 도시를 운행하는 버스에서 내린 승객들까지 있었는데, 그 승객들은 봉사 활동을 하기보다는 오히려 방해가 될 뿐이었다. 아침에 일어난 산사태로 매몰된 몇 사람 외에도 계속해서 일어난 산사태로 당시 300여 명이 더 매몰되어 있었다. 하지만 날이 어두워질 무렵에는 구조 활동 준비조차 제대로 갖추지 않은 2,000명이 넘는 자원 봉사자들이 생존자들을 찾아내기 위해 혼란스러운 구조 활동을 계속해서 펼치고 있었다. 해가 기울었을 때는 발 디딜 틈조차 없었다. 오후 6시, 빽빽하게 들어선 군중으로 사고 현장이 아수라장이 되어 있을 때, 60만 세제곱미터 분량의 어마어마한 산사태가 귀를 멍멍하게 만드는 굉음과 더불어 발생하면서 메데인의 베리오 공원에서 일어났던 산사태와 비슷한 숫자의 희생자를 낳고 말았다. 정말 순식간에 일어난 참사였다. 시 건설국장 하비에르 모라 박사는 미처 도망치지 못해 죽은 토끼 한 마리를 시체들 사이에서 발견하기까지 했다.

2주 뒤, 내가 현장에 도착했을 때는 매몰된 시체 가운데 단 일흔네 구만 발굴되었고 수많은 생존자들이 구조되었다. 대부분은 산사태 때문이 아니라 경거망동과 무질서한 단결심 때문에 희생된 사람들이었다. 지진이 발생했을 때와 마찬가지로, 그 참사를 빚쟁이를 피하거나 부인을 바꾸기 위해 흔적 없이 사라지는 기회로 삼는 별난 인간들의 숫자를 파악하는 것 역시 불가능했다. 행운 또한 작용했다. 나중에 실시된 어느 조사에 의하면, 구조 활동이 전개되고 있는 사이, 5만 세제곱미터의 산사태를 유발할 수 있는 바위 덩어리 하나가 첫 산사태가 발생한 날부터 굴러떨어질 지경에 있다는 것을 사전에 발견했던 것이다. 아무튼, 사건이 발생한 지 2주 이상이 지난 뒤, 나는 기력을 회복한 생존자들의 도움을 받아 참사의 전모를 재구성할 수 있었다. 참사가 일어난 순간에는 제대로 파악할 수조차도 없고 복잡하게 뒤얽혀 있는 현실적인 제약 때문에 그런 작업이 불가능했을 것이다.

내 임무는 어지럽게 뒤엉켜 있는 상반된 가정들 속에 실종된 진실을 찾아내서 참사가 일어난 순서에 맞춰, 정치적이고 감정적인 계산을 전부 배제한 인간적인 드라마를 재구성하는 것으로 제한되었다. 알바로 무띠스는 나를 정치 평론가 세실리아 와렌에게 보내 내가 임무를 정확히 수행할 수 있도록 해 주었다. 그녀는 내가 참사 현장에서 취재해 온 자료를 정리해 주었다. 세 개 파트로 나뉘어 실린 특집 기사는, 2주가 지나 버린 뉴스를 재조명함으로써 참사에 대한 사람들의 관심을 일깨우고 비극의 혼란을 정리해 주는 역할을 했다.

그런데 당시 겪은 일 가운데 가장 인상 깊은 것은 바랑끼야의 죽마고우 오를란도 리베라(별명이 '피구리따'다.)의 광적인 상상력 덕분에 내가 막 진행하려던 작업을 실행한 것이다. 당시 취재를 하느라 숨도 제대로 쉬지 못하고 있던 어느 날 그를 불현듯 만났다. 몇 개월 전부터 메데인에 살고 있던 그는 솔 산따마리아와 행복한 신혼 생활을 보내고 있었다. 그의 아내는 자유로운 정신을 소유한 매혹적인 여자로, 그는 그녀가 7년 동안 가난과 순종과 정결의 삶을 보낸 한 봉쇄 수도원에서 나오도록 도와주었다. 우리는 가끔씩 술에 취했다. 한번은 술에 취한 피구리따가 언젠가는 혼자 힘으로, 위험을 무릅쓰고 메르세데스 바르차를 기숙학교에서 꺼내겠다는 대단한 계획을 아내와 함께 세운 적이 있다고 내게 실토했다. 중매쟁이로서 수완이 좋기로 유명한 친구 사제가 언제든지 나와 메르세데스 바르차를 결혼시킬 준비가 되어 있다는 것이었다. 물론 단 한 가지 조건은 메르세데스가 동의한다는 것이었으나, 그녀가 네 벽 안에 갇혀 있었기 때문에 그 문제를 당사자와 상의할 방법을 찾지 못하고 있었다. 당시 내가 신문 연재소설에 나올 법한 극적인 사건을 도모할 만한 대담성을 지니지 못한 이유가 무엇이었는지 지금 생각해 보면 진한 후회가 엄습해 온다. 한편, 메르세데스는 50여 년이 지나 이 책의 원고를 읽기까지는 당시 그런 계획이 세워졌는지도 모르고 있었다.

사건은 내가 피구리따를 마지막으로 만나던 시기의 어느 날에 일어났다. 1960년도 카니발에 쿠바산 호랑이 가면을 쓰고 참여했던 피구리따는 마지막 행사로 편을 갈라 상대편에게 꽃을 던지는 싸움이 끝난 뒤 호화 마차를 타고 바라노아에 있는 집으로 돌아갔다. 그런데 도중에 마차에서 미끄러져 카니발의 잔해들과 쓰레기로 뒤덮여 있는 포장도로로 떨어지는 바람에 목이 부러지고 말았다.

내가 메데인의 산사태에 관해 취재를 시작한 지 이틀째 되던 날 밤, 일간지 《엘 꼴롬비아노》의 기자 둘이 (나보다 어린 친구들이었다.) 그때까지 내가 발표한 단편소설들 때문에 나를 취재하겠다는 단호한 의지를 지닌 채 호텔에서 나를 기다리고 있었다. 하지만 나를 설득하는 문제는 쉽지 않았다. 나는 양측이 폭로적인 대화를 지속시키기 위해 애쓰는, 소위 묻고 답하기식의 인터뷰들에 대해 요즘도 갖고 있는, 아마도 부당할지도 모를 편견 같은 것을 당시부터 갖고 있었기 때문이다. 나는 과거에 근무한 적이 있던 두 신문에서 그런 편견 때문에 힘이 들었는데, 특히 마음이 내키지 않는 것은 쓰지 말자는 내 생각을 필자들에게까지 전파하려 애쓰던 《끄로니까》에서는 더욱더 그러했다. 그럼에도 불구하고 나는 《엘 꼴롬비아노》와의 첫 번째 인터뷰를 허용했고, 그 인터뷰에서 내가 보인 솔직함은 자살 행위나 다름없었다.

지난 50여 년 동안 지구 반 정도에서 내가 희생자가 되었던 인터뷰 숫자는 지금 헤아릴 수조차 없을 정도인데, 나는 현재까지도, 묻는 것이든 질문에 답하는 것이든, 이런 형식이 썩 효용이 있다는 확신은 가지고 있지 않다. 어떤 테마에 관해서든, 내가 피할 수 없었던 무수한 인터뷰들 거의 대부분은 내 허구적 작품들의 중요한 일부로 간주되어야 할 것이다. 그것들은 단지 내 삶에 관한 판타지였기 때문이다. 반면에, 나는 그런 인터뷰가 그 자체를 출판하기 위해서가 아니라 르포르타주의 기초 자료로서 이루 평가할 수 없을 정도로 귀중하다고 생각하고 있다. 또한 나는 그런 인터뷰를 세상에서 가장 훌륭한 업무인 글쓰기 작업들 가운데 아주 중요한 장르라 평가한다.

어찌 되었든 당시는 파티를 열 시기가 아니었다. 이미 언론, 그리고 대부분의 여론과 공개적인 갈등을 노출하고 있던 로하스 삐니야 장군 정부는 9월에, 수도에서 멀리 떨어져 있고 사람들의 뇌리에서 잊혀 있는 초꼬 주를 분할해 주변의 부자 주 세 개, 즉 안띠오끼아 주, 깔다스 주, 바예 주에 편입시키겠다는 결정을 내렸다. 메데인에서 160킬로미터 떨어진 곳에 위치한 초꼬 주 수도 낍도까지는 상태가 열악한 일차선 도로밖에 없어서 스무 시간이 더 걸렸다. 물론 현재도 상황이 개선되어 있지 않다.

우리는 자유주의적인 언론 매체들과 관계가 좋지 않은 정부에 의해 결정된 초꼬 주의 분할 결정을 저지하기 위해 우리가 신문사 편집국에서 실제로 할 수 있는 일은 썩 많지 않다는 생각을 하고 있었다. 초꼬 주 분할 결정이 내려진 지 사흘째 되던 날, 낍도에 주재하고 있던 《엘 에스뻭따도르》의 베테랑 기자 쁘리모 게레로는, 모든 주민이 아이들까지 데리고 나와 낍도 시 중앙 광장을 점거한 채 정부가 초꼬 주 분할 결정을 철회할 때까지 밤낮으로 민중 시위를 한다는 뉴스를 신문에 실었다. 가슴에 아이를 안은 어머니 시위자들을 찍은 사진들이 신문에 처음 실렸을 때는 가슴 뭉클한 감동을 주었는데, 노천에서 철야 시위를 하는 시민들의 고통과 피해가 워낙 컸기 때문에 그 감동은 시들해져 갔다. 우리는 신문사 편집국에서 매일 이런 소식들을 사설들 또는 보고타에 거주하는 초꼬 출신 정치가들과 지식인들이 발표하는 성명서들과 더불어 강경한 어조로 실었으나 정부는 무관심, 무대응을 통해 승리하기로 작정한 것 같았다. 그런데 여러 날이 지난 뒤, 호세 살가르가 손가락 사이로 연필을 돌리면서 내 책상으로 다가와서는 나다러 실제 초꼬에서 무슨 일이 발생하고 있는지 취재하러 가지 않겠느냐고 제안했다. 나는 메데인 산사태 건 취재로 약간의 공을 세웠던 터라 그 제의를 거부하려고 애를 썼으나, 그 정도 공을 핑계로 그의 제의를 거절할 수는 없었다. 우리에게 등을 돌린 채 글을 쓰고 있던 기예르모 까노가 우리를 쳐다보지도 않은 채 소리를 질렀다.

"가지, 가보. 초꼬 여자들은 자네가 아이티에서 보고 싶어했던 여자들보다 훨씬 더 낫단 말이야."

그래서 나는 아무것도 묻지 않은 채, 심지어는 정부의 폭거를 거부하는 항의 집회에 관한 취재 기사를 어떻게 써야 하는지조차 묻지 않고 그곳으로 떠났다. 사진 기자 기예르모 산체스가 나와 함께 갔다. 그는 몇 개월 전부터 전쟁터에 함께 가서 취재를 하자는 말을 노래하듯 해 댐으로써 나를 고통스럽게 만들던 인물이었다.

"무슨 개떡 같은 전쟁!"

"바보 같은 소리 말아요, 가보." 그 말을 듣자마자 그가 내게 진실을 쏟아 냈다. "당신은 이 나라가 독립한 이후로 늘 전쟁 상태에 있었다는 말을 시도 때도 없이 하지 않았소. 내가 그걸 직접 들었단 말이오."

9월 21일 화요일 새벽, 기예르모 산체스는 사진 기자라기보다는 전사 같은 차림으로 온몸에 카메라와 가방들을 주렁주렁 매단 채 편집국에 나타났다. 발설해서는 안 될 전쟁 하나를 취재하러 떠나는 것처럼 보였다. 고장 난 트럭들과 녹슨 비행기들로 둘러싸여 있고, 시설이 엉망진창인 보조 공항에 막상 가 보고 깜짝 놀란 우리는, 초꼬에 제대로 도착하기는커녕 보고타를 떠나기도 힘들겠다는 생각을 하게 되었다. 우리가 탄 비행기는 2차 세계대전 이후 어느 민간 항공사가 화물용으로 운항하던 전설적인 까딸리나들 가운데 하나로, 아직까지 작동하고 있다는 게 신기하게 여겨질 정도였다. 좌석도 없었다. 흐릿한 작은 창문들이 있고 아무런 장식도 없는 썰렁한 내부에는 빗자루를 만들기 위한 섬유 자루들이 실려 있었다. 승객이라곤 우리밖에 없었다. 와이셔츠 차림으로 탑승한, 영화 속 조종사처럼 젊고 인상 좋은 부조종사는 비행기 안에서 섬유 자루들이 가장 편하게 보였는지 우리에게 그것들을 가리키며 깔고 앉으라고 했다. 그는 나를 알아보지 못했으나 나는 그가 까르따헤나의 라 마뚜나 리그에서 아주 뛰어난 활약을 펼치던 야구 선수였다는 사실을 알고 있었다.

비행기가 이륙할 때는 천둥소리처럼 시끄러운 엔진 소리와, 동체 외면을 덮고 있던 판지가 서로 부딪쳐 나는 요란한 소리 때문에 기예르모 산체스 같은 경험 많은 승객도 무서워할 정도였으나, 일단 사바나 지역의 청명한 하늘에서 안정 고도에 접어들자 각종 전투를 치른 베테랑 비행기다운 기세로 미끄러지듯 날아갔다. 하지만 메데인을 지난 뒤 두 개의 산맥 사이에 빽빽하게 뒤엉켜 있는 밀림 위로 폭우가 쏟아질 때는 적잖게 놀랐는데, 곧바로 직진하는 수밖에 없었다. 그때 우리는 죽을 수밖에 없는 운명에 처한 극소수의 사람들만이 보았을 법한 현상을 목격했다. 동체에 난 균열들을 통해 비행기 안으로 비가 쏟아졌던 것이다. 우리의 친구 부조종사는 빗자루 섬유 자루들 사이를 뛰어다니며 우리에게 그날치 신문을 건네주면서 우산 대용으로 덮어쓰라고 했다. 나는 비도 피하고, 또 공포 때문에 울고 있는 내 모습을 들키지 않으려고 신문으로 얼굴까지 가렸다.

약 두 시간 동안의 행운과 위기를 겪고 난 뒤 비행기가 왼쪽으로 기울더니 빽빽한 밀림 위를 공격하는 듯한 자세를 취하며 하강해 껍도 중앙 광장 위를 탐색하듯 두 번 빙 돌았다. 밤낮 없이 지속되는 시위로 기진맥진해 있을 시위대를 공중에서 촬영할 준비를 갖추고 있던 기예르모 산체스의 시야에는 텅 빈 광장만 들어왔을 뿐이다. 낡아 빠진 수륙 양용 비행기는 잔잔한 아트라토 강에, 살아 있는 장애물도 죽어 있는 장애물도 없다는 것을 확인하기 위해 공중을 마지막으로 한 번 더 선회한 다음, 한낮의 질식할 듯한 더위 속에서 물위로 행복하게 내려앉았다.

판지들을 덧대 보수한 성당과 새들이 지저분하게 만들어 놓은 시멘트 벤치들, 그리고 거대한 나무줄기들을 아삭아삭 씹어 먹고 있는 주인 없는 노새 한 마리가, 영락없이 아프리카 어느 나라의 수도처럼 보이는, 먼지 끼고 고독한 광장에 사람이 살고 있다는 유일한 표시들이었다. 우리는 일단 서서 시위를 하고 있는 군중을 긴급하게 촬영해 보고타로 돌아가는 비행기 편에 실어 보내고, 그 일을 마친 뒤에는 다음 날 조간에 실을 수 있을 정도의 뉴스거리를 취재해 전신으로 송고할 생각이었다. 하지만 그곳에서는 아무 일도 일어나지 않았기 때문에 우리의 계획은 여지없이 무산되고 말았다.

증인들을 만나지 못한 우리는 강과 나란히 나 있는 아주 기다란 길을 따라 걸었다. 점심 시간이라 문을 닫은 가게들과 나무 발코니가 달리고 지붕이 녹슬어 있는 집들이 길가에 늘어서 있었다. 무대는 완벽했으나 극이 상연되지 않고 있었던 것이다. 우리의 훌륭한 동료 기자 쁘리모 게라는 묘지처럼 평화로운 고요에 둘러싸인 채, 자기 집의 무성한 나무 아래 매달아 놓은 봄 냄새 물씬 풍기는 해먹에서 천하태평 낮잠을 자고 있었다. 그는 자신이 태평스럽게 지내는 이유를 아주 타당성 있고 솔직하게 우리에게 설명했다. 처음 며칠 동안은 시위가 활발하게 이루어졌지만, 시위를 계속할 만한 동력이 충분하지 않았기 때문에 시위의 긴장이 풀려 버렸다는 것이다. 당시 온 시민들이 연극적인 테크닉을 동원해 가며 시위를 벌였고, 신빙성이 떨어진다는 이유로 언론 매체에 실리지 못한 사진 몇 장이 촬영되었고, 실제로 국가를 흔들었던 애국적인 연설들이 있었으나 정부는 꿈쩍도 하지 않았다. 쁘리모 게라는, 신도 용서했을 법한 윤리적 유연성을 발휘해, 시위 현장의 모습을 순전히 전신의 힘에만 의지해 가며 계속해서 신문에 살려 놓았다.

우리가 지닌 직무상 임무는 단순했다. 그곳에 아무런 뉴스거리가 없다는 소식을 전하기 위해 타잔식 탐험을 떠난 것이 아니었다. 아니, 우리는 탐험을 확실히 함으로써 탐험의 목적을 실현할 수단을 손에 쥐고 있었다. 쁘리모 게라는 간단한 시위를 한 번 더 이끌어내자고 제안했고, 그보다 더 좋은 방법을 그 누구도 떠오르지 못했다. 우리를 가장 열심히 도왔던 사람은 전임 주지사가 화가 나 사임하는 바람에 새로운 주지사로 임명받은 루이스 A. 까노 대위였다. 그는 기예르모 산체스가 찍은 따끈따끈한 사진들이 신문에 실릴 수 있도록 비행기 출발 시간을 연기시킬 정도의 힘을 지니고 있었다. 그렇게 함으로써, 필요에 의해 만들어진 뉴스는 결국 가장 확실한 뉴스로 변해 국내 신문과 라디오를 통해 확대 재생산되었고, 뉴스가 보도되려는 순간 군부 정권은 자신들의 체면을 살리기 위해 보도를 막아 버렸다. 바로 그날 밤, 초꼬 주 출신 정치가들은 (그들 가운데 일부는 국내 특정 분야들에서 아주 영향력 있는 인물들이었다.) 주 분할에 반대하는 총체적인 운동을 개시했고, 이틀 뒤 로하스 삐니야 장군은 초꼬 주를 분할해 인접 주들에 편입시키겠다는 자신의 결정을 취소한다고 발표했다.

기예르모와 나는 초꼬라는 환상적인 세계의 현실을 더 자세히 알아보기 위해 초꼬 주 내부를 탐색하도록 허락해 달라고 신문사 경영진을 설득해 놓았기 때문에 당장 보고타로 돌아가지는 않았다. 우리가 아무런 소식도 없이 열흘을 보내고 난 뒤 태양 빛에 피부가 새까맣게 그을리고 온몸이 피로에 절은 모습으로 편집국으로 들어갔을 때, 호세 살가르는 우리를 반갑게, 하지만 자기 식으로 맞이했다.

"초꼬 사건에 관한 뉴스가 끝난 지 얼마나 오래되었는지는 두 사람도 잘 알고 있겠지?" 그는 특유의 자신만만한 태도로 우리에게 질문을 했다.

그 말을 들은 나는 저널리즘의 무시무시한 실체를 처음으로 실감했다. 실제로 초꼬를 분할하지 않겠다는 대통령의 결정이 신문에 실린 이후부터 초꼬 문제에 관해 다시 관심을 표하는 사람은 아무도 없었다. 그런데 호세 살가르는 그 죽은 생선을 이용해 최상의 요리를 만들어 내는 위험한 작업에 나를 지원하고 나섰던 것이다. 우리가 장편으로 4회에 걸쳐 싣고자 했던 것은 콜롬비아 내에서, 그동안 우리가 인식하지 못하고 있다가 발견하게 된, 믿을 수 없는 다른 세상에 관한 것이었다. 그곳은 꽃들이 만발한 정글과 영원한 폭우가 쏟아지는 마술적인 고향으로, 그곳에서는 일상 삶 속에 들어 있는 것들이 모두 특이한 형태로 보였다. 그곳으로 가는 육로들을 건설하는 데 커다란 난점은 거세게 흐르는 강들이 무수하게 많다는 것이었는데, 다리라고는 주 전체에 단 하나밖에 없는 실정이었다. 우리는 이츠미나 마을과 유또 마을을 연결하기 위해 천문학적 자금을 들여 건설한, 원시림을 통과하는 75킬로미터짜리 도로 하나를 발견했으나, 이 마을도 저 마을도 연결되지 않고 있었다. 양 지역 군수들과 사이가 벌어진 도로 건설 사업주가 그에 대한 보복으로 도로를 폐쇄해 버렸던 것이다.

내륙의 어느 마을에 있던 우편 배달부는 6개월 동안 배달하지 못한 우편물을 이츠미나에 있는 동료에게 전해 달라고 우리에게 부탁했다. 평소 그곳에서는 국산 담배 한 갑을 국내 다른 지역들과 마찬가지로 30센따보에 살 수 있었는데, 매주 한 번씩 생필품을 싣고 오는 경비행기가 늦어지는 경우엔 담뱃값이 늦어지는 날수에 비례해 올라갔다. 결국 그 지역 주민들은 실제 가격이 국산 담배보다 더 싼 외국산 담배를 피우고 싶은 충동에 사로잡히기도 했다. 쌀 한 자루는 산지보다 15뻬소가 더 비쌌다. 쌀을 실은 노새가 산자락을 고양이처럼 기어오르다시피 하는 등 원시림 정글을 80킬로미터나 운반해야 했기 때문이다. 가장 가난한 마을들에 사는 여자들은 남자들이 강에서 물고기를 잡는 동안 모래 속에서 금과 백금을 걸러내, 토요일이면 찾아오는 떠돌이 상인들에게 물고기 한 두름과 백금 4그램을 단돈 3뻬소에 팔았다.

이 모든 것은 주민들의 학구열이 넘쳐흐르기로 유명한 한 사회에서 일어나고 있던 현상이었다. 하지만 드물게 있는 학교는 그나마 멀리 떨어져 있었기 때문에 학생들은 매일 걷거나 카누를 타고 수 리그나 떨어져 있는 학교에 다녀야 했다. 일부 학교는 학생 수가 너무 많아서 남학생들은 월요일 수요일 금요일에, 여학생들은 화요일 목요일 토요일에 학교에 갔다. 상황이 그러했기 때문에 그런 학교들은 국내에서 가장 민주적인 학교가 될 수밖에 없었다. 겨우 먹고사는 세탁부 아들과 군수 아들이 같은 학교에 다니고 있었던 것이다.

당시 초꼬 주 밀림 한가운데에 국내에서 가장 현대적인 도시들 가운데 하나가 건설되고 있다는 사실을 아는 콜롬비아 사람은 소수였다. 도시 이름은 안다고야였다. 산후안 강과 곤도또 강이 만나는 지점에 위치해 있었다. 가로수 늘어선 아름다운 대로들로 이루어진 그 도시는 완벽한 전화 시스템을 갖추고 있었으며, 시 소속 배들과 보트들을 댈 수 있는 선착장들도 갖추고 있었다. 철조망을 두른 넓은 터에 자리 잡고 현관에 그림 같은 나무 계단이 있는 작고 깨끗한 집들은 마치 잔디 위에 서 있는 것처럼 보였다. 도시 한복판에는 카바레식 레스토랑을 갖춘 카지노 하나와 술집 하나가 있어서 수입 술을 국내 어느 곳보다 싼 값에 마실 수 있었다. 그곳은 세상 모든 곳에서 모여든 남자들이 사는 도시였다. 그들은 초꼬 빠시피꼬 지역 관리인의 포괄적인 권한 아래서 향수를 잊은 채 자기 고향에서보다 더 행복하게 살고 있었다. 실제 삶을 놓고 보자면, 안다고야는 일종의 개인 소유 외국이었다. 준설선들을 이용해 그 지역 선사 시대 강들에서 채취한 금과 백금을 그곳 소유 배 한 척에 실어 그 어떤 통제도 받지 않고서 산후안 강 입구를 통해 전 세계로 내보냈다.

그것이 바로 우리가 콜롬비아 사람들에게 드러내고 싶었던 초꼬의 모습이었다. 그러나 초꼬에 관한 기사가 신문에 한 번 실리고 난 뒤 모든 것이 제자리로 돌아가자 초꼬는 여전히 국내에서 가장 잊힌 장소가 되어 버림으로써 아무런 결실도 없게 되었다. 나는 그 이유가 분명하다고 생각한다. 즉, 콜롬비아는 항상 파나마라는 탯줄을 통해 세상에 열린, 카리브적 정체성을 지닌 국가였다. 이렇듯 우리 콜롬비아 사람들은 강제적으로 팔다리가 잘림으로써 오늘 같은 처지에 이르도록 선고받았다. 다시 말하면, 콜롬비아는 두 대양 사이에 놓인 운하가 우리 것이 아니라 미국 것이 되도록 하는 데 호의적인 조건들을 지니고 있으면서도 안데스적 정신을 소유한 나라인 것이다.

편집국의 주 중 리듬은 금요일 오후가 없다면 견디기 힘들 정도였다. 금요일 오후가 되면 우리는 업무에서 해방되어 신문사 건너편 보도 옆에 위치한 꼰띠넨딸 호텔 바에 모여 걸핏하면 새벽까지 술을 마시며 스트레스를 풀었다. 에두아르도 살라메아는 그런 밤들을 '문화 금요일'이라 불렀다. 그런 밤들은 내가 세계의 새로운 문학적 조류라는 기차를 놓치지 않기 위해 그와 대화를 하는 유일한 기회였다. 그는 비범한 독자로서의 특유의 능력을 통해 그 대화를 계속해서 이끌어 나갔다. 끊임없이 술을 마셔 대고 끝이 어떻게 될지 아무도 예측할 수 없던 그 모임에서 살아남은 사람은, 울리세스의 영원한 친구 두세 명 외에도 새벽녘까지 '백조의 목을 비트는 것'을 두려워하지 않던 우리 편집국 동료들이었다.

내가 쓴 기사들이 상당 부분 살라메아의 생각에 영향 받은 것이었는데도 살라메아가 그 기사들에 관해 아무런 코멘트도 하지 않은 것이 특이하다는 생각을 항상 했었다. 그런데 '문화 금요일'이라는 이름이 붙여졌던 그날 밤, 그는 장르에 관한 그의 생각을 마음껏 펼쳤다. 내가 쓴 기사들 가운데 많은 경우 그 논지와 일치하지 않는다고 실토하고는 다른 기사들을 써 보라고 제의했으나, 책임자가 부하 직원에게 명령하는 톤이 아니라 작가 대 작가로서 제의하는 식이었다.

영화 클럽에서 모임을 가진 뒤 우리의 또 다른 도피처는,《엘 에스뻭따도르》사옥에서 채 몇 블록 떨어져 있지 않은, 루이스 비센스와 그의 아내 난시의 아파트에서 자정 무렵에 갖는 모임이었다. 파리에서 발간되는 영화 잡지 《프랑스 영화》의 편집장 마르셀 콜랭 르발을 도와주며 함께 일하던 루이스 비센스는, 유럽에서 발발한 전쟁 때문에 영화에 대한 꿈을 콜롬비아에서 서적상이 되는 것으로 바꾸었다. 난시는 4인용 식탁을 12인용으로 키울 수 있는 마술사 여주인인 듯했다. 난시와 루이스 비센스는 루이스 비센스가 1937년에 보고타에 도착한 지 얼마 되지 않아 어느 가정에 식사 초대를 받은 자리에서 처음 만났다. 당시 테이블에서 비어 있는 자리는 난시 옆 자리뿐이었는데, 그녀는 마지막으로 들어오는, 백발인데 피부는 등반가처럼 햇빛에 그을린 남자 손님을 무서운 듯 바라보고 있었다. "지지리 운도 없어! 에스파냐어도 할 줄 모를 것 같은 이 폴란드 남자가 내 옆에 앉게 되겠군." 난시가 혼잣말처럼 투덜거렸다. 새로 도착한 손님이 프랑스어 발음과 억양이 배어 있는 거친 까딸루냐어식 에스파냐어를 했기 때문에, 언어에 관한 난시의 그런 평가는 거의 정확한 것이었고, 또 난시는 보야까 출신의 괄괄한 아가씨로, 말을 거침없이 하는 여자였다. 하지만 첫 인사를 나누고 나서부터 서로 잘 통해 영원히 함께 사는 사이가 되어 버렸다.

그들의 모임은 신나게 영화를 본 뒤에 온갖 예술품들이 뒤섞여 들어차 있는 아파트에서 즉흥적으로 이루어졌다. 그 아파트에는 콜롬비아의 젊은 화가들의 그림이 더 이상 들어갈 공간이 없었다. 그들 중 일부는 세계적으로 유명해질 화가들이었다. 그 집 손님들은 예술과 문학에서 가장 우수한 인물들 가운데서 선발되었는데, 가끔씩은 바랑끼야 그룹 멤버들이 나타나기도 했다. 나는 첫 번째 영화 비평이 신문에 실린 이후부터 그 집을 내 집처럼 드나들었다. 자정이 되기 전 신문사에서 퇴근하면 세 블록 떨어져 있는 그 집까지 걸어가 그 집 식구들이 밤을 새도록 만들었다. 난시 선생은 뛰어난 요리사일 뿐만 아니라 맹렬한 중매쟁이여서 아무런 이유도 없이 갑자기 나를 저녁 식사에 초대해 놓고 예술계에서 가장 매력적이고 자유분방한 아가씨들과 연결시켜 보려 했다. 내가 나의 진정한 소명은 작가가 되는 것도 언론인이 되는 것도 아니고, 불굴의 노총각이 되는 것이라고 그녀에게 말했을 때 그녀는 내가 스물여덟을 넘기기 전에 반드시 나를 결혼시키고 말겠다고 했다.

알바로 무띠스는 자신이 세계 여행을 떠남으로써 자리를 비우게 되는 기회를 이용해 나를 자연스럽게 문화계에 가입시켰다. 그는 콜롬비아 에쏘 사의 홍보 책임자라는 자격으로 가장 비싼 식당에 점심 식사 자리를 마련해 예술·문학계에서 가장 중요하고 무게 있는 인물들을 초대했는데, 많은 경우는 국내의 다른 도시들에서 온 사람들이 초대되었다. 상당한 자금이 들어가는 대단한 문학잡지 하나를 만들겠다는 집념에 사로잡혀 있던 시인 호르헤 가이딴 두란은 알바로 무띠스가 문화 진흥을 위해 지원하는 자금을 받아 일부를 충당했다. 알바로 까스따뇨 까스띠요와 그의 부인 글로리아 발렌시아는 여러 해 전부터 좋은 음악과 문화 프로그램만 전문적으로 방송하는 방송국 하나를 설립해 청취자들이 쉽게 접할 수 있게 하려고 애를 썼다. 모두가 그들의 계획이 현실성이 없다며 놀려 댔는데, 알바로 무띠스만은 최선을 다해 그들을 도왔다. 그렇게 해서 당시로서는 최소 용량인 500와트짜리 송신기 한 대를 설치한 라디오 방송국 HJCK, 즉 '보고타 세계'를 설립했다. 당시 콜롬비아에는 텔레비전이 없었지만 글로리아 발렌시아는 라디오를 통해 패션 쇼 프로그램 하나를 방송하는 불가해한 경이를 만들어 냈다.

그 숨막히는 시기에 내가 나 자신에게 허용하던 유일한 휴식은 일요일 오후를 알바로 무띠스의 집에서 한가하게 보내는 것이었다. 그는 내게 장르에 대한 편견 없이 음악을 감상하는 법을 가르쳐 주었다. 우리는 카펫 위에 드러누워 학구적인 생각 같은 것은 배제한 채 대가들의 음악에 심취했다. 그 시간들은, 국립 도서관의 어두컴컴한 작은 음악 홀에서부터 시작된 내 음악적 열정이 다시 들끓어 오르는 계기가 되었는데, 그 후 그 열정은 결코 우리를 잊지 않았다. 요즘 나는 구할 수 있는 음악을 다 구해서 들어 보았다. 무엇보다도 낭만주의적 실내악은 음악 예술의 최고봉이라고 할 만하다. 1965년과 1966년 사이 멕시코에서 『백년의 고독』을 집필하고 있을 때 내게는 음반이 단 두 장밖에 없었는데, 어찌나 많이 들었는지 다 닳아 버렸다. 드뷔시의 「서곡」과 비틀즈의 「하드 데이즈 나이트」였다. 나중에 바르셀로나에서 살면서, 마침내 내가 항상 원하던 바대로 수많은 음반을 가지게 되었을 때, 알파벳 순서로 분류하는 것이 너무 구태의연하다고 생각해서 순전히 내 개인적인 편리를 위해 악기별로 분류하는 방법을 택하기도 했다. 예를 들어, 내가 좋아하는 첼로 음악은 비발디에서부터 브람스까지, 바이올린은 코렐리에서 쇤베르크까지, 클라비코드와 피아노는 바흐에서 버르토크까지 분류했던 것이다. 결국 나는, 설거지통에 들어 있는 접시들과 포크 나이프 스푼 등을 포함해, '소리나는 모든 것은, 그것들이 우리에게 삶이 어디로 가는지 보여 준다는 환상을 충족해 주기만 한다면, 음악'이라는 경이로운 발견을 하기에 이르렀다.

　내 한계는 음악을 들으면서는 글을 쓸 수 없다는 것이다. 쓰고 있는 것보다 듣고 있는 것에 신경을 더 많이 쓰기 때문이다. 음악회에서는 옆 자리에 앉은 낯선 사람들과 약간은 외설적인 일종의 친밀감이 생길 수 있기 때문에 나는 요즘도 음악회에는 거의 가지 않고 있다. 그러다

시간이 지나면서, 또 좋은 음악을 집에 구비해 놓을 수 있는 여건이 되면서, 나는 내가 쓰고 있는 것과 어울리는 음악을 잔잔하게 틀어 놓고 글을 쓰는 법을 배우게 되었다. 쇼팽의 야상곡은 차분한 에피소드를 쓸 때 좋고, 브람스의 6중주는 행복한 느낌이 드는 오후에 듣기 좋다. 반면에 모차르트는, 좋은 곡은 베토벤 것 같고 좋지 않은 곡은 하이든 것 같기 때문에, 모차르트는 존재하지 않는다는 사악한 생각이 갑자기 든 이후부터 여러 해 동안 듣지 않게 되었다.

비록 음악이 지닌 다른 장점들에 관해서는 잘 모르지만, 아무튼 이 회고록을 쓰고 있는 몇 해 동안, 나는 그 어떤 음악에도 방해받지 않고 글을 쓰는 기적을 이루어 냈다. 까딸루냐 출신의 아주 젊고 부지런한 음악가 둘이 내 여섯 번째 소설 『족장의 가을』과 벨러 버르토크의 피아노 협주곡 3번 사이에 놀랄 만한 유사성이 있다는 사실을 발견했다고 해서 내게 커다란 놀라움을 선사했기 때문이다. 내가 『족장의 가을』을 쓸 때 버르토크의 피아노 협주곡 3번이 내게 아주 특별하고 조금은 특이하기까지 한 정신 상태를 만들어 주었기 때문에 그 음악을 줄곧 들었다는 것은 확실하지만, 내 글에 그 음악이 드러나 있을 정도로 영향을 미칠 수 있으리라고는 결코 생각해 본 적이 없다. 스웨덴 아카데미 회원들은 내 노벨 문학상 시상식의 배경 음악으로 그 음악을 틀어 놓았는데, 그들이 내 작품에 드러나 있다고 하는 그런 약점을 어떻게 알아내고 그랬는지는 나도 잘 모르겠다. 물론 나는 그 음악을 틀어 준 점에 대해 진심으로 감사하나, 그들이 배경 음악으로 어떤 것이 좋을지 내게 물었더라면, 나는 그들과 벨러 버르토크에게 진정으로 고마움과 경의를 표하면서, 어렸을 때 열리던 파티에서 들은 프란시스꼬 엘 옴브레의 즉흥 로만사⁺들 가운데 한 곡을 선정했을 것이다.

당시 콜롬비아에서는 문화 사업 하나, 책 한 권 또는 그림 하나도 사전에 무띠스의 사무실을 통하지 않고는 이루어지지 않았다. 직업상 반드시 유럽을 다녀와야 했고, 또 여행 준비가 다 되어 있었으나 단지 여행 경비가 부족했던 젊은 화가 하나와 알바로 무띠스가 나눈 대화를 직접 들은 적이 있다. 알바로는 젊은 화가의 얘기가 채 끝나기도 전에 책상 서랍에서 마술 지갑을 꺼냈다.

"여비 여기 있소."

나는 알바로가 힘 있는 사람 특유의 거드름을 전혀 피우지 않고 자연스럽게 이런 기적들을 행하던 모습에 현혹되어 있었다. 한 칵테일 파티에서 콜롬비아 작가·예술가 연합회 총무 오스까르 델가도가 나더러 당선작으로 선정할 만한 작품이 출품되지 않아 무효가 선언될 시점에 임박해 있던 '국가 단편소설 콩쿠르에 작품을 출품해 보지 않겠느냐고 제의했다. 알바로에 대해 알고 있던 나로서는 그 제의가 알바로와 무슨 관계가 있지 않았을까 하는 의문을 지금도 가지고 있다. 아무튼 그가 내게 말을 어찌나 뜨악하게 했던지 그 제의를 불쾌하게 여겼으나, 그 제의를 엿들은 누군가가 우리 나라 같은 나라에서는 문학 콩쿠르가 단순한 사회적 무언극이라는 것을 모른다면 작가가 될 수 없다고 내게 지적해 주었다. "노벨 문학상까지도 그래요." 그는 전혀 악의 없는 태도로 그렇게 결론지었다. 그로부터 27년이 지난 뒤 내가 당면한 문제로 엄청난 결정을 해야 했을 때, 그의 말은, 그가 그렇게 말한 의도와는 전혀 상관없이, 내게 경각심을 일깨워 주었다.

단편소설 콩쿠르 심사 위원단은 에르난도 떼예스, 후안 로사노 이

‡ 대표적인 세속 가곡 형식으로 우아하고 서정적이다. 일반적으로 피아노 연주에 맞춰 부른다.

로사노, 뻬드로 고메스 발데라마, 그리고 큰 작가 협회들에 소속되어 있던 세 사람의 작가와 비평가로 이루어져 있었다. 그래서 나는《엘 나시오날》사무실에서 갑작스럽게 영감이 떠올라 바랑끼야에서 써 두었던 단편소설「토요일 이후 어느 날」을 윤리적인 고려도 경제적인 고려도 하지 않은 채 최종적으로 교정하느라 하룻밤을 지샜다. 서랍 속에서 1년이 넘게 쉬었던 그 작품이 훌륭한 심사 위원을 현혹할 수 있을 것이라 생각되었다. 예측한 대로 나는 3,000뻬소라는 엄청난 상금을 받게 되었다.

그 며칠 뒤, 이스라엘 대사관에 근무하는 외교관 사무엘 리스만 바움이 콩쿠르와 전혀 관계 없이 우연히 내 사무실에 들렀다. 그는 막 설립한 출판사의 첫 작품으로 레온 데 그레이프 선생의 시집『다섯 번째 혼란스러운 개요』를 출판했다. 그 책은 신문에 소개할 만했고 리스만 바움에 대한 평들 또한 좋았다. 그래서 나는 대폭 수정된『낙엽』원고 복사본을 그에게 주면서 나중에 이야기하자는 약속을 한 뒤 그를 재빨리 돌려보냈다. 다른 문제에 관해서는 나중에 그런 대로 얘기를 했지만, 돈에 관한 문제만은 끝까지 단 한 번도 확실하게 얘기해 보지 않았다. 세실리아 뽀라스가 소설에 등장하는 소년의 성격에 관한 나의 기술을 토대로 표지를 새로 디자인했는데, 그녀 또한 디자인비를 받지 못했다. 당시《엘 에스뻭따도르》그래픽 작업실에서 컬러 표지 동판을 무료로 제작해 주었다.

그로부터 약 다섯 달이 지날 때까지 그에 대한 소식을 듣지 못했는데, 단 한 번도 이름을 들어 본 적이 없는 시빠 데 보고타 출판사 관계자가 신문사로 전화를 걸어와『낙엽』4,000부를 발행해 배포할 준비가 되어 있지만, 리스만 바움과 연락이 되지 않기 때문에 어떻게 해야 좋을지 모르겠다고 내게 말했다. 신문사의 기자들조차도 그의 행적을 찾지 못했으며, 오늘까지도 그의 모습을 본 사람은 아무도 없었다. 울리세스는 자신이 내 책에 관한 기사 하나를 써서 신문에 싣는 것을 필두로 신문에 책 광고를 해 줄 테니 책을 서점에 판매해 보라고 인쇄소에 제의했는데, 나는 그 기사에 대한 고마움을 아직까지 그에게 표하지 못하고 있다. 책에 대한 평가는 대단히 호의적이었으나 책 대부분은 창고에 쌓여 있었으며, 몇 부나 팔렸는지 전혀 알 수 없는 노릇이었고, 인세 한 푼 받지 못했다.

4년 뒤, '콜롬비아 문화 기본 총서' 사업을 이끌고 있던 에두아르도 까바예로 깔데론이 보고타와 다른 도시들의 신문 가판대에서 팔리는 작품 선집에 『낙엽』 포켓판을 포함시켰다. 그는 얼마 되지는 않지만 계약서에 따라 인세를 정확히 지불했는데, 나로서는 단행본 인쇄로는 처음 받아 보는 것이었기 때문에 그것은 가슴 뭉클한 가치를 지녔다. 당시 판본에는 내가 직접 바꾼 것인지 다른 사람이 바꾼 것인지 구별할 수 없는 수정 사항 몇 가지가 들어가 있었는데, 계속해서 인쇄된 판본들에서도 나의 부주의 때문에 그 수정 사항들이 방치되어 있었다. 거의 13년이 지난 뒤, 부에노스아이레스에서 『백년의 고독』을 출간하고 콜롬비아에 들렀을 때, 보고타 거리 서점들에서 권당 1뻬소에 팔리고 있던 『낙엽』 초판본 잔여분을 여러 권 발견할 수 있었다. 나는 손으로 옮길 수 있는 만큼 샀다. 그때부터 나는 라틴 아메리카의 여러 서점에서 소위 역사적인 책으로 팔려고들 내놓은 그 책들을 발견할 수 있었다. 약 2년 전, 고서적을 전문으로 다루는 영국 에이전시는 내가 서명한 『백년의 고독』 초판본 한 권을 3,000달러에 판매했다.

그런 일들을 겪으면서도 나는 언론인으로서 스스로를 연마하겠다는 마음을 단 한순간도 흩뜨리지 않았다. 시리즈로 실렸던 기사들이 처음에 성공을 거둠으로써 우리는 탐욕스럽기 이를 데 없는 맹수 하나를 먹일 건초를 찾아나설 수밖에 없었다. 테마를 정하고 발굴해 내는 일뿐만 아니라, 항상 거짓으로 꾸며 내고 싶은 유혹에 시달리는 글쓰기 과정에서 매일매일의 긴장은 견딜 수 없을 정도였다. 《엘 에스뻭따도르》에서 업무로 인한 긴장감은 의심할 여지가 없었다. 업무에 필요한 불변하는 원재료는 진실, 오로지 진실뿐이었고, 바로 그 점이 우리에게 보이지 않는 긴장을 유발했던 것이다. 호세 살가르와 나는 결국 이런 긴장감이 지나쳐 일요일에 쉬고 있을 때조차 단 한순간도 평화롭게 지내지 못했다.

1956년, 교황 비오 12세가 갑자기 딸꾹질 증세가 심해져 생명이 위급할 지경에 처해 있었다. 내가 현재 기억하고 있는 유일한 선례는 서머싯 몸의 뛰어난 단편소설 「P & O」에 실린 것이다. 주인공이 갑작스레 딸꾹질 병에 걸려 전 세계에서 온갖 터무니없는 처방이 도착했건만 닷새 동안 고생하다가 결국 인도양에서 죽었다는 내용이었는데, 지금 생각해 보면 그 당시 나는 그 소설의 내용을 모르고 있었던 것 같다. 그때, 교황이 승하할 경우 호외를 발간할 준비가 되어 있었기 때문에 우리는 주말에 사바나 지역 마을로 소풍을 나가도 멀리 갈 수가 없었다. 나는 교황의 승하를 알리는 첫 소식을 실을 지면을 비워 두고 조판하자는 의견에 동의했다. 2년 뒤, 내가 로마 주재 기자로 근무할 때도 교황의 딸꾹질 문제는 여전히 해결되지 않고 있었다.

신문사에서 견디기 힘들었던 또 다른 문제는 우리가 갈수록 더 많은 독자를 끌어들일 수 있는 극적인 소재들에만 관심을 집중하는 경향이었다. 항상 머리보다는 가슴으로 생각하는 소외된 대중을 시야에서 놓치지 않기 위해 아주 조심성 있게 처신했다. 내가 찾아낸 몇 안 되는 소재들 가운데, 어느 전차 차창을 통해 불현듯 나를 사로잡은 광경을 기록한 아주 단순한 기사는 지금도 고이 간직하고 있다. 보고타의 8번가 567번지에 위치한 아름다운 식민지풍 건물의 커다란 현관문에 스스로를 평가 절하하는 간판 하나가 걸려 있었다. '우체국 산하 수취인 불명 우편 사무소.' 그런 특이한 글귀 때문에 제정신이 아니었는지는 전혀 기억나지 않지만, 아무튼 나는 전차에서 내려 그 현관문을 두드렸다. 내게 문을 열어 준 남자는 기계적으로 일하는 직원 여섯을 거느린 그 사무소 책임자로, 일상의 녹을 뒤집어쓴 직원들은 수취인 불명 편지의 수취인을 찾아 주는 비현실적 업무를 보고 있었다. 먼지를 뒤집어쓴 거대한 건물은 아주 아름다웠는데, 천장이 높고 벽은 부식되어 있었으며 복도들은 어둡고 회랑들에는 주인 없는 서류들이 가득 차 있었다. 매일 입고되는 평균 100여 통에 이르는 수취인 불명 편지들 가운데 적어도 열 통 정도는 우표를 제대로 붙였지만, 봉투에는 아무런 글씨도 써 있지 않았고, 하다못해 발신자 이름조차 써 있지 않았다. 그런 편지들을 '투명 인간에게 가는 편지들'이라 부르던 사무소 직원들은 편지 수취인을 찾거나 반신하는 데 노력을 아끼지 않았다. 행여 무슨 실마리라도 찾아볼 셈으로 그런 편지들을 개봉하는 의식은 무용하지만 칭찬받을 만한, 일종의 부르주아적 엄격성에서 비롯된 것이었다.

그에 관한 기사가 '우편배달부는 벨을 천 번 울렸다'라는 제목과 '주인 잃은 편지들의 공동묘지'라는 부제를 달고 한 번 신문에 실렸다. 당시 내가 쓴 기사를 읽은 살가르는 이렇게 말했다. "이 백조는 죽은 채 태어났기 때문에 목을 비틀 필요가 없네." 그는 원고에 첨삭을 전혀 가하지 않고 그대로 신문에 실었으나, 그런 현실에서 느낀 비통함 때문에 그도 나와 마찬가지로 아주 고통스러워한다는 사실이 그의 표정에 역력히 드러나 있었다. 로헬리오 에체바리아는 시인이었기 때문에 그 기사에 대해 기분 좋게 축하해 주었던 것 같은데, 그의 축하말 속에는 내가 절대 잊지 못할 문장 하나가 들어 있었다. "가보는 지푸라기라도 붙잡으려 한다니까."

몹시 의기소침해진 나는 혼자 힘으로 위험을 무릅쓰고, 살가르에게는 알리지 않은 채, 특별히 관심이 간 어느 편지의 수취인을 찾아보겠다고 결심했다. 그 편지는 아구아 데 디오스에 있는 나병 요양소에서 보낸 것으로, '매일 5시 라스 아구아스 성당 미사에 참석하는 상복 입은 아주머니'에게 가는 것이었다. 주임 신부, 보좌 신부들과 아무런 성과도 없는 온갖 조사를 다 해본 끝에, 여러 주일 동안 5시 미사에 참석하던 신자들과 면담을 계속해 나갔는데, 아무런 결실도 없었다. 가능성이 가장 높은 표본들은 나이가 지긋하고 항상 상복을 엄숙하게 갖춰 입던 부인 셋이었으나 모두 아구아스 데 디오스 소재 나병 요양소와는 무관하다는 사실에 나는 놀라고 말았다. 나 자신에 대한 사랑이나 남을 돕고자 하는 욕망 때문이 아니라, 상복 입은 여자의 실제 이야기 뒤에는 또 다른 감동적인 이야기가 들어 있다는 사실을 알고 있었기 때문에, 그것은 실패의 충격을 회복하는 데 시간이 걸렸던 실패였다.

내가 기사들의 늪에서 허우적대며 보내는 동안 바랑끼야 그룹과 나의 관계는 더욱더 긴밀해졌다. 바랑끼야 그룹 멤버들이 자주 보고타에 오지는 않았지만, 나는 어려운 문제만 생기면 시간에 구애받지 않고 그들에게 갑작스럽게 전화를 해 댔다. 특히 헤르만 바르가스는 기사에 관한 모범적인 개념을 갖고 있었기 때문에 그에게는 더 자주 전화했다. 많은 난제들이 생길 때마다 그들에게 전화를 걸어 하나씩 협의하거나 나를 축하해 줄 만한 일이 생기면 그들이 내게 전화를 했다. 나는 알바로 세뻬다를 같은 반 짝꿍처럼 생각했다.

그룹 멤버들 사이에 으레 그렇듯 우정 어린 농담을 교환한 뒤, 알바로는 한 번도 나를 놀라게 만들지 않은 적이 없는 특유의 단순함으로 나를 늪지에서 꺼내 주었다. 반면에 내가 알폰소 푸엔마요르와 했던 논의는 더 문학적이었다. 그는 위대한 작가들의 예를 들어 가며 곤궁에 처한 나를 구해 주거나 자신의 고갈되지 않는 지식의 창고에서 꺼내 온 구원자적 인용구를 내게 들려 주는 총명한 마술을 부릴 줄 알았다. 그가 했던 가장 뛰어난 농담은, 보건 당국에 쫓기는 길거리 음식 장사꾼들에 관한 기사 제목을 그에게 부탁했을 때 나왔다. 알폰소가 즉각적으로 내게 대답을 쏟아 냈다.

"음식 파는 사람은 굶어 죽지 않는 법이야."

나는 그에게 진심으로 감사했고, 그때 아주 시의 적절하게도, 그 말을 누가 한 것인지 알폰소에게 묻고 싶은 유혹을 거부할 수 없었다. 알폰소는 내가 기억하지 못하고 있던 진실로 나를 얼어붙게 만들었다.

"자네가 했던 말이야, 작가 선생."

실제로 내가 무기명으로 실은 어느 기사에 즉석에서 만들어 낸 그 말을 쓴 적이 있었으나 정작 나는 잊고 있었던 것이다. 그 일화는 몇 년 동안 바랑끼야 친구들 사이에서 회자되었는데, 내가 기사에 쓴 그 말은 농담이 아니었다는 사실을 친구들에게 절대로 인식시킬 수 없었다.

우연한 기회에 보고타에 온 알바로 세뻬다는 일상의 소식들을 갤리선 한 척 분량이나 싣고 와서 며칠 동안 나를 즐겁게 해 주었다. 그는 영화 한 편을 제작해야겠다는 생각을 갖고 있었지만, 정해진 것이라고는 제목밖에 없었다. '파란 바다가재'. 하지만, 알바로의 말을 정말 진지하게 받아들인 루이스 비센스, 엔리께 그라우, 사진 기사 네레오 로뻬스는 조금 앞서 나갔던 것 같다. 그 후 나는 비센스가 영화 시나리오 원고 하나를 보내 알바로의 기본적인 구상 위에 내 생각을 첨가해 주도록 부탁했을 때까지 그 계획에 관해서는 더 이상 소식을 듣지 못하고 있었다. 나는 지금은 잘 기억나지 않는 뭔가를 원고에 적어 넣었는데, 줄거리는 재미있었고 우리 것처럼 보이기에 충분한 분량의 '광증'을 내포하고 있었던 것 같다.

모든 친구들이 모든 일을 조금씩 나눠서 했으나 우두머리는 당연히 루이스 비센스였다. 그는 파리에서 영화에 관해 첫걸음을 뗐을 때부터 축적해 온 많은 노하우를 적극적으로 활용했다. 내 문제는 내게 숨 쉴 시간도 제대로 주지 않는 긴 기사 하나를 쓰고 있었다는 것인데, 용케 시간을 낼 수 있었을 때는 벌써 영화가 바랑끼야에서 상연되고 있었다.

초보적인 영화였지만 영감을 자유자재로 다룬 것은 커다란 장점으로 생각되었다. 그런 재주는 아마도 알바로 세뻬다의 수호천사였을 것이다. 영화는 바랑끼야의 가정집들에서 여러 차례 상연되었다. 어느 땐가 영화를 본 이탈리아 영화감독 엔리코 풀치뇨니가 대단히 동정적인 호평을 함으로써 우리를 놀라게 만들었다. 아주 잘 만든 영화라는 것이었다. 알바로의 아내 띠따 마노따스의 고집과 선의의 대담성 덕분에 남아 있게 된「파란 바다가재」는 특이하고 대담한 기획력을 자랑하는 여러 영화 페스티벌에서 상연된 적이 있다.

그런 사건들 덕분에 우리는 무시무시한 국내 현실을 잠시나마 잊고 지낼 수 있었다. 군대가 평화의 깃발을 세우고 각 정당들의 화해를 통해 정권을 잡은 뒤부터 콜롬비아 사람들은 만성적인 내전으로부터 자유로워졌다고들 생각하고 있었다. 7번가에서 학생 학살 사건이 일어났을 때까지는 무언가 바뀌었다는 사실을 아무도 의심하지 않았다. 변명거리를 찾고 있던 군부는 자유파와 보수파 사이에 상존하던 전쟁과는 다른 전쟁 하나가 벌어졌다는 논리를 우리 언론인들에게 증명하려고 했다. 우리가 그런 상태에 있을 때 호세 살가르가 내 책상으로 다가와서 무시무시한 생각 하나를 밝혔다.

"그 전쟁에 관해 알아볼 준비를 하게."

그 전쟁에 관한 탐사에 초대된 우리는 더 이상 자세한 설명은 듣지 않은 채 보고타에서 183킬로미터 떨어져 있는 비야리까 마을로 가기 위해 정확히 새벽 5시에 출발했다. 당시 멜가르 지역 사령부 관할권에 위치한 단골 휴식처에 머물던 로하스 삐니야 장군은 중간 지점에서 우리를 기다리고 있었고, 언론인들과 회합을 열어 5시까지 끝내기로 우리에게 약속했다. 우리가 신선한 사진들과 뉴스거리를 들고 신문사로 복귀하기에 충분한 시간이었다.

《엘 띠엠뽀》측은 사진 기사 헤르만 까이세도를 동반한 라미로 안드라데, 그리고 이름을 기억할 수 없는 남자 넷 정도가 있었으며,《엘 에스뻭따도르》측은 다니엘 로드리게스와 나였다. 밀림 속으로 어느 정도 들어가야 할 경우도 있을 것이라는 말을 들었기 때문에 일부는 야영복 차림으로 갔다.

자동차로 멜가르까지 가서 거기서부터는 헬리콥터 세 대에 분승해 깎아지른 듯 높은 절벽으로 이루어진 센뜨랄 산맥의 좁고 황량한 협곡으로 들어갔다. 전날 그 지역 인근에서 게릴라 집단이 헬리콥터 한 대를 추락시키고 다른 한 대를 파손시켰는데, 그곳에 있던 젊은 조종사들이 그 현장을 피해 가려고 잔뜩 긴장한 모습이 가장 인상 깊었다. 긴장된 15분이 지나고 우리는 비야리까의 거대하고 황량한 광장에 착륙했다. 자갈을 깔아 놓은 광장 바닥이 헬리콥터 하중을 견딜 정도로 단단해 보이지는 않았다. 광장 근처에는 폐허가 된 가게들이 들어찬 목조 건물들이 있었고, 테러가 시작되었을 때까지 그 마을 호텔이었던, 갓 칠을 한 집 한 채를 제외한 주택들은 모두 비어 있었다.

헬리콥터 앞으로 가파른 절벽이 보였고, 절벽 위로 낀 안개 사이로 단독 가옥의 양철 지붕이 어슴푸레 보였다. 우리를 안내하던 장교는 절벽 위에 우리를 공격할 수 있을 만큼 화력을 갖춘 게릴라들이 있기 때문에 산에서 사격을 해 올 경우를 대비한 기본적인 주의 조처로, 자세를 낮춘 채 호텔까지 지그재그로 달려야 한다고 했다. 우리는 호텔에 도착하고 나서야 비로소 호텔이 병사(兵舍)로 바뀌어 있다는 사실을 알게 되었다. 영화배우 같은 외모에 지적이고 싹싹한, 전투복 차림의 대령은 게릴라 집단 척후병들이 여러 주 전부터 절벽 위에 있는 집을 점거해 놓고 마을에 여러 차례 야간 기습을 시도했다고 침착하게 설명했다. 게릴라 집단이 광장에 착륙해 있는 헬리콥터들을 보게 되면 무엇인가를 시도할 것이 확실하다고 판단한 군부는 만일에 대비해 병력을 준비해 놓고 있었다. 하지만 게릴라들은 확성기를 이용해 자극적인 언사들을 쏟아 놓는 등 한 시간 동안 도발적인 행위를 감행한 뒤 이내 쥐 죽은 듯 조용해졌다. 실망한 대령은 그 집에 누군가 남아 있는지 확인해 보도록 정찰대를 파견했다.

긴장은 해소되었다. 호텔에서 나온 우리 기자들은 광장 주변에서 경비가 가장 허술한 거리들을 포함해 주변 거리들을 탐색해 보았다. 사진 기자와 나는 다른 사람들과 함께 편자처럼 구부러진 벼랑길을 따라 산으로 올라가기 시작했다. 첫 번째 커브에는 병사들이 수풀 속에 포복한 채 사격 자세를 취하고 있었다. 장교 하나가 불상사가 발생할 수도 있으니 우리더러 광장으로 돌아가라고 충고했으나 우리는 개의치 않았다. 우리의 의도는 게릴라 척후병들이라도 만날 때까지 올라가 그날의 노고를 보상받을 만한 특종을 올리는 것이었다.

그때 긴급 상황이 벌어지고 말았다. 갑자기 여러 가지를 명령하는 소리들이 동시에 들리고, 곧이어 군인들의 일제 사격이 시작되었다. 우리는 군인들 곁에 엎드렸고, 군인들은 절벽 위에 있는 집을 향해 사격을 가했다. 순간적인 혼란 상태에 빠진 나는 촬영하기 좋은 위치를 찾아 달려 나간 로드리고에게서 시선을 놓쳐 버리고 말았다. 짧지만 아주 집중적인 사격이 끝나자 죽음 같은 정적이 맴돌았다. 광장으로 돌아와 있던 우리는 국군 순찰대원들이 손수레에 사람 하나를 실어 밀림에서 나오는 것을 볼 수 있었다. 몹시 흥분해 있던 순찰대장은 사진 촬영을 허용하지 않았다. 나는 눈으로 로드리게스를 찾아보았다. 그는 촬영 준비가 끝난 카메라를 든 채 내 옆 약 5미터 근방까지 와 있었다. 순찰대원들은 그가 누구인지 잘 모르는 것 같았다. 당시 나는 순찰대원들이 부주의로 그에게 총을 쏠 수도 있을 거라는 두려움에 사로잡힌 나머지 사진을 찍지 말라고 소리를 지를까 하는 생각과 어떤 대가를 치르더라도 반드시 사진을 찍어야 한다는 직업적 본능 사이에서 무척 긴박한 순간을 보내고 있었다. 바로 그 순간 순찰대장의 벼락 같은 고함 소리가 들렸기 때문에 내가 미처 손을 쓸 겨를도 없었다.

"사진 찍지 말아요!"

천천히 카메라를 내린 로드리게스가 내 옆으로 다가왔다. 순찰대장의 부하들이 우리 옆을 스치듯 지나갔다. 우리는 살아 있는 육체들에서 확 풍겨 나오는 시큼한 냄새와 죽은 자의 침묵을 동시에 느끼고 있었다.

"사진 찍었어."

사진은 찍혔으나 신문에는 실리지 않았다. 그 초대는 참사로 끝났다. 군인 둘 이상이 부상당했고, 은신처까지 기어갔던 게릴라들 가운데 적어도 둘 이상이 사망했다. 대령이 우울한 표정을 지었던 것으로 보아 기분이 상한 것 같았다. 대령은 회합이 취소되었으니 30분 이내로 점심 식사를 하자마자 헬리콥터로 사상자들을 후송해야 하기 때문에 우리는 육로로 멜가르까지 가야 할 것이라고 간단하게 알렸다. 부상자와 전사자 각각의 숫자는 끝내 밝혀지지 않았다.

로하스 삐니야 장군과 언론인들의 회합에 관해서는 그 누구도 재론하지 않았다. 우리는 6인용 지프차를 타고 멜가르에 있는 장군의 숙소 앞을 지나쳐 자정이 넘은 시각에 보고타에 도착했다. 대통령부 언론홍보국은 자세한 설명 없이 우리가 육로로 도착할 것이라는 사항만 각 신문사에 통보했을 뿐 우리가 죽었는지 살았는지 알려 주지 않았기 때문에 편집국 전직원이 우리를 기다리고 있었다.

그때까지 군 언론 검열단이 유일하게 간섭한 것은 보고타 중심가에서 일어난 학생들의 사망 사건이었다. 이전 정부에서 파견된 검열관은, 편집국 기자들이 가짜 기사들을 보여 주고 장난스레 꽁무니를 빼는 바람에 더 이상 견딜 수가 없게 되자 울며 겨자 먹기로 사직한 이후, 편집국에 후임 검열관이 파견되지 않고 있었다. 우리는 대통령부 언론홍보국이 우리를 예의 주시하고 있고, 자주 전화를 걸어 아버지 같은 경고와 충고를 한다는 사실을 알고 있었다. 군사 정권 초기에는 군인들이 언론에 대해 학구적인 성의를 표하더니 차츰차츰 눈에 띄지 않거나 은둔해 있었다. 어찌 되었든, 해결되지 않은 사안 하나가 홀로 조용히 계속해서 확산되었다. 똘리마를 기반으로 활동하는 게릴라 집단의 대장은 그 계통에서 성장한 스물두 살의 청년이라는 소문이 꼬리를 물고 이어졌던 것이다. 이렇게 결코 인정되지도 부정되지도 않은 사실이 확실한 것으로 자리 잡았는데, 그의 이름 또한 정확히 알려진 적이 없었다. 이름은 마누엘 마룰란다 벨레스 또는 뻬드로 안또니오 마린이며, 별명은 띠로피호‡라고 알려졌다. 40여 년 뒤 마룰란다는 (자신의 병영에서 이 책에 실린 내용을 증언했다.) 소문의 주인공이 실제로 자기였는지는 기억하지 못한다고 대답했다.

그에 관한 정보를 한 가지라도 더 구해 보려 했으나 불가능했다. 비야리까에서 돌아온 뒤 그에 관한 소식을 찾아 조급한 마음으로 돌아다녀 보았으나 실마리 하나 찾을 수 없었던 것이다. 대통령부 언론홍보국은 우리에게는 금지된 영역이었고, 비야리까의 불행한 에피소드는 군대의 통제하에 은폐되어 있었다. 내가 이미 모든 희망을 쓰레기통에 내던져 버렸을 때, 호세 살가르가 평소와 달리 냉정한 태도로 내 책상 앞에 서서 방금 전 도착한 전보 하나를 내밀었다.

"자네가 비야리까에서 보지 못한 것이 여기 있네."

그것은 군대가 똘리마 지역에서 활동하는 게릴라 소탕 작전을 용이하게 하기 위해 사전 계획도 대책도 없이 각 마을에서 소개한 무수한 어린이들에 관한 드라마였다. 군대가 아이들 개별 신상도 제대로 파악하지 않은 채 성급하게 분리 수용했고, 대부분은 자기 이름도, 부모 이름도 모르는 어린애들이었다. 우리가 멜가르를 방문한 뒤, 그 드라마는 1,200명이나 되는 성인을 똘리마 주의 각 마을로 끌고 가 아무렇게나 수용하고, 결국에는 신의 손에 떠맡기는 것으로 시작되었다. 단순

$\ddagger$ 명사수라는 뜻이다.

한 병참학적 고려에 따라 나이와 조건이 각기 다른 어린이 3,000여 명이 부모들과 생이별해 국내 각 고아원에 분산 수용되었다. 그중 서른 명만이 부모 없는 고아였는데, 이들 가운데는 태어난 지 13일밖에 안 된 남자 쌍둥이도 있었다. 작전은 언론 검열의 비호하에 극비리에 전개되었지만, 결국 《엘 에스뻭따도르》 주재 기자가 작전에 관한 첫 번째 기사들을 비야리까에서 200킬로미터 떨어져 있는 암발레마로부터 전신으로 송고했다.

여섯 시간이 채 지나지 않아 우리는 보고타 어린이 보호 시설에 수용되어 있는 5세 미만 어린이 300명을 만났다. 그들 대다수는 가족 관계가 명시적으로 밝혀지지 않았다. 두 살배기 엘리 로드리게스는 겨우 자기 이름이나 말할 수 있었다. 어디에 왜 있었는지도 전혀 모르고, 부모 이름도 모르고, 부모를 찾을 만한 단서 같은 것도 전혀 대지 못했다. 아이가 지닌 유일한 위안은 보호 시설에 14세까지 머무를 수 있는 권리를 가지고 있다는 것뿐이었다. 주 정부는 고아 한 명당 매달 80센따보씩 보조금을 지원하고 있었다. 그들 가운데 열 명은 보호 시설에 수용된 바로 그 주에 똘리마의 기차들을 무임승차하기 위해 탈출해 버렸고, 그 뒤 우리는 그들의 흔적을 전혀 발견할 수 없었다.

고아원에서는 아이들을 구분하기 위해 차출지 이름을 성으로 붙여 주는, 소위 '행정적 영세'를 많은 아이들에게 실시했지만, 아이들 숫자가 너무 많고 고만고만한 아이들이 너무 비슷한 데다 사방을 휘젓고 다녀서 레크레이션 시간에 구분이 잘되지 않았다. 무엇보다도 날씨가 추운 몇 개월 동안에는 아이들 스스로 몸을 데우기 위해 복도며 계단들을 뛰어다녔기 때문에 더욱더 그러했다. 그런 참상을 본 나는 전투에서 군인들을 죽인 게릴라 집단이 결국 비야리까의 아이들에게 그처럼 심각한 피해를 유발하지 않았나 자문해 보지 않을 수 없었다.

그런 어이없는 실수에 관한 기사는 가감 없이 여러 차례 계속해서 실렸다. 검열 당국은 침묵을 지켰고 군인들은 상투적인 설명으로 대꾸했다. 즉, 비야리까 사태는 군부 정권에 대한 공산주의자들의 광범위한 반항 운동의 일환으로, 군부는 전쟁이라는 방법을 통해 이에 맞대응한다는 식이었다. 이처럼 간단한 설명에 답답해진 나는 당시까지 한 번도 본 적이 없던 공산당 사무총장 힐베르또 비에이라에게 직접 정보를 얻어야겠다는 생각을 할 수밖에 없었다.

내가 신문사 측의 허가를 받고 그다음 단계를 실행했는지 아니면 나 혼자 주도권을 쥐고 실행했는지는 지금 기억나지 않으나, 비야리까의 상황에 관해 내게 정보를 제공할 수 있는, 비밀리에 활동하는 공산당의 어떤 지도자와 접촉하기 위해 여러 차례에 걸쳐 성과 없는 시도를 했다는 기억은 아주 생생하다. 초기에 대두된 문제는, 군부가 비밀 공산주의자들 주위로 쳐 놓은 담장이 유례를 찾을 수 없을 정도로 견고했다는 것이다. 그때 나는 공산주의자 친구 하나와 접촉했고, 이틀 뒤 내가 바랑끼야에서 완불하지 못한 할부금을 대신 받아 내기 위해 나를 찾아다니던 다른 시계 외판원이 내 책상 앞에 모습을 나타냈다. 나는 능력이 닿는 범위 내에서 그에게 몇 개월치 할부금을 지불하고, 그가 소속되어 있는 공산당의 고위 지도자들 가운데 하나와 긴급하게 얘기를 좀 해야겠다고 짐짓 지나가는 투로 말했다. 그는 그들과 선을 댈 수도 없고 또 선을 대 줄 사람이 누구인지도 말할 수 없다는 상투적인 말만 늘어놓았다. 그런데 바로 그날 오후, 안정감 있고 태평스러운 목소리 하나가 예고도 없이 내게 전화를 함으로써 나를 놀라게 만들었다.

"여보세요, 가브리엘. 나 힐베르또 비에이라요."

비에이라는 공산당 창당 멤버들 가운데 가장 뛰어난 사람이었는데, 당시까지는 단 1분도 망명을 떠나 있었거나 투옥된 적이 없었다. 우리의 대화가 도청당할 수 있는 위험에도 불구하고, 그는 자기 은신처 주소를 가르쳐 주면서 바로 그날 오후에 찾아오라고 했다.

비에이라의 집은 정치와 문학 관련 책들이 빼곡하게 들어차 있는 작은 거실 하나와 침실 두 개 짜리 아파트였다. 6층에 위치한 그의 아파트까지, 비단 높이 때문만이 아니라 국내에서 잘 보존된 어느 미스터리 속으로 들어간다는 생각 때문에, 가파르고 음산한 계단을 올라가는 동안 숨이 턱턱 막혔다. 비에이라는 부인 세실리아와 갓 태어난 딸과 함께 살고 있었다. 마침 부인이 출타 중이라 딸아이의 요람을 손이 닿는 곳에 놔두었는데, 나와 대화를 하느라 오랫동안 흔들어 주지 않으면 아이가 울었기 때문에 그때마다 아주 천천히 요람을 흔들어 주었다. 썩 재미는 없었지만, 문학적인 것과 정치적인 것에 관해 대화를 나누었다. 그는 대머리에 혈색이 좋았고, 눈은 투명하고 예리했으며, 정확한 화술을 구사하는 40대 남자였다. 그런 그가 국내 정보국의 비밀 요원들이 가장 집요하게 추적하는 사람이라는 사실을 받아들이는 것은 힘들었다.

처음부터 나는, 내가 바랑끼야의 《엘 나시오날》에서 시계를 산 이후부터의 내 삶에 관해 그가 알고 있다는 사실을 깨달았다. 그는 《엘 에스뻭따도르》에 실린 내 기사들을 읽고, 내가 쓴 무기명 기사들까지 찾아내서 기사들의 이차적 의미들을 파악하려 애썼다. 하지만 그는, 내가 국가를 위해 할 수 있는 가장 좋은 봉사는, 그 어떤 사람도 나를 그 어떤 종류의 정치적 교전 상태로 끌어들이도록 허락하지 않고 계속해서 같은 길을 가는 것이라는 내 생각에 동의했다.

내가 찾아온 이유를 밝히자마자 그는 그 문제에 관해 얘기하기 시작했다. 그는 자신이 직접 비야리까에 있었다는 듯 그곳 상황을 속속들이 알려 주었는데, 우리는 당국의 언론 검열 때문에 단 한 자도 실을 수 없었다. 그는, 그 사건을 반세기 동안 우발적인 충돌을 하면서 보낸 결과 일어나게 된 만성적인 전투에 대한 서곡으로 이해할 수 있는 중요한 정보들을 내게 제공해 주었다. 그날 그 장소에서 그가 들려준 얘기는 자신이 침대 밑에 놔두고 즐겨 읽는 마르크스적인 내용이라기보다는 호르헤 엘리에세르 가이딴적인 내용이 주류를 이루었다. 문제 해결책은 프롤레타리아가 직접 권력을 잡는 것이 아니라 힘없는 자들이 지배 계층에 대해 일종의 연대를 하는 것이라 생각한다고 말했다. 그날 방문을 통해 내가 얻은 행운이라고 한다면, 당시 국내에서 발생하고 있던 문제를 명쾌하게 이해한 것뿐만이 아니라 그 문제를 더 잘 이해하기 위한 방법론을 얻은 것이었다. 그와 나눈 대화에 관해 기예르모 까노와 살라메아에게 이야기했고, 그 미완성 기사의 꼬리가 언젠가는 나타날지도 모른다는 생각에 문을 살짝 열어 두었다. 아무튼 그 일을 기회로 비에이라와 나는 절친한 친구가 되었고, 비에이라가 은둔 생활의 가장 어려운 시기에 처해 있을 때도 우리가 쉽게 접촉할 수 있었음은 두말할 나위가 없다.

성인들이 주인공으로 등장하는 또 하나의 드라마가 땅 속에서 자라고 있었는데, 마침내 그에 관한 좋지 않은 소식들이 담을 허물고 나왔고, 1954년 2월에는 한국전쟁에 참전했던 역전의 용사 하나가 먹고살기 위해 자신의 훈장들을 저당 잡았다는 기사가 신문에 실렸다. 그 참전 용사는 우리 역사의 상상할 수 없는 순간들 가운데 어느 한 순간,

다시 말하면 당국의 폭압적인 정책 때문에 군경의 총부리에 떠밀려 자신들의 땅에서 축출된 농부들에게는 그 어떤 가혹한 운명이라도 그보다 더 못할 수 없을 때, 마구잡이로 징발된 4,000명이 넘는 용사들 가운데 하나였을 뿐이다. 농촌에서 밀려든 사람들로 초만원을 이룬 도시들은 그 어떤 희망도 주지 못하고 있었다. 거의 매일 신문 사설들에서, 거리에서, 카페들에서, 가족 간의 대화에서 단골 소재로 등장하는 콜롬비아는 활기 없는 공화국이었다. 농토를 떠난 수많은 농부들과 희망을 잃은 무수한 젊은이들에게 한국전쟁은 개인적인 해결책이었다. 온갖 사람들이, 정확한 판단을 내릴 경황도 없이, 자신들의 신체적 조건도 고려하지 않은 채 서로 뒤섞여 한국으로 떠났다. 에스파냐 사람들이 아메리카를 발견하러 왔던 것과 유사했다. 이전에 여러 가지 면에서 서로 이질적이었던 그 사람들이 드문드문 콜롬비아로 돌아왔을 때는 결국 공통적인 특성을 지니게 되었다. 그것은 바로 그들이 참전 용사가 되었다는 것이었다. 그들 가운데 일부가 말다툼이라도 한 번 벌이게 되면 그 잘못이 그들 모두에게 덮어씌워지기에 충분했다. 정신적인 평정을 잃은 사람들이기 때문에 직업을 구할 권리가 없다는 간단한 이유로 그들에게는 취업문이 닫혀 있었다. 2,000파운드의 재로 변해 돌아온 무수한 사람들을 위해 눈물을 흘리는 사람도 그리 많지 않았다.

 어느 참전 용사의 훈장들이 저당 잡혔다는 소식은, 열 달 전 마지막 참전 용사들이 거의 100만 달러에 달하는 현금을 가지고 콜롬비아로 돌아와서는 그 많은 달러를 뻬소로 바꾸는 바람에 1달러 가치가 3뻬소 30센따보에서 2뻬소 90센따보로 하락해 버렸다는 신문 기사와 극명하게 대비되었다. 하지만 참전 용사들이 조국의 현실을 접하면 접할수록 그들의 명성은 더 낮아져 갔다. 귀국하기 전만 해도, 생산적인 공부를 할 수 있도록 특별 장학금을 받게 될 거라는 둥, 평생 먹고살 연금을 받게 될 거라는 둥, 미국에서 살 수 있는 편의를 제공받게 될 거라는 둥 다양한 기사들이 신문에 실렸다. 하지만 현실은 그 반대였다. 그들은 귀국한 지 얼마 되지 않아 제대를 했고, 그들 가운데 대다수의 호주머니에 남게 된 것이라고는 전쟁이 끝난 뒤 휴식 차 들른 일본 병영에서 그들을 기다리고 있던 일본인 애인들 사진뿐이었다.

그 국가적 드라마로 인해 나는 역전의 용사들에게 지급되기로 한 연금을 한없이 기다리던 외할아버지 마르케스 대령을 기억하지 않을 수 없었다. 나는 그런 인색한 정책이 헤게모니를 잡고 있던 보수파에 대항하는 피비린내 나는 전쟁에 참여한 반란군 대령에 대한 보복이라고까지 생각하기에 이르렀었다. 반면에, 한국전쟁에서 살아남은 사람들은 공산주의에 대항해, 미국의 제국주의적 야욕을 위해 싸웠던 사람들이었다. 하지만, 그들이 고국에 돌아왔을 때 그들은 신문의 유명 인사 동정 기사에 등장한 것이 아니라 범죄 보고서에 등장했다. 그들 중 한 사람은 무고한 사람 둘을 사살한 혐의로 기소되었는데, 그가 담당 판사들에게 물었다. "내가 한국전쟁에서 100명을 죽였다면, 보고타에서 열 명을 못 죽일 이유가 뭡니까?"

이 사람은, 다른 범죄자들과 마찬가지로, 이미 정전 협정이 체결되고 난 뒤에 전쟁터에 도착했다. 그 같은 사람들 다수가 콜롬비아식 마치스모의 희생자이기도 했다. 마치스모는 한국인 용사 하나를 죽이고도 의기양양해한 사건에서 드러났다. 일차로 파견된 군인들이 귀국한 지 3년이 채 지나지 않았을 때 처참하게 살해된 참전 용사 숫자는 이미 열두 명을 넘겼다. 귀국한 지 얼마 되지 않아, 여러 사람이 아주 다양한 이유 때문에 괜한 말다툼에 연루되어 살해당했다. 그들 가운데 하나는 술집 축음기 핀이 제대로 작동하지 않아 노래 한 곡이 반복적으로 나온다는 이유로 말다툼을 벌이다 칼에 찔려 죽었다. 전쟁터에서 쉬는 시간을 이용해 기타를 치면서 노래를 불러 그의 성을 빛냈던 깐또르‡ 상사는 귀국한 지 몇 주 뒤 총을 맞고 죽었다. 다른 참전 용사도 보고타에서 칼에 찔려 죽었는데, 그의 장례를 치르기 위해 이웃 사람들이 돈을 모아야 했다. 전쟁에서 한쪽 눈과 한 손을 잃은 앙헬 파비오 고에스는 정체불명의 남자 셋에 의해 살해되었다. 범인들은 영영 체포되지 않았다.

지금도 어제 일처럼 기억나는 일이 있다. 당시 내가 「라 시에르뻬」 시리즈의 마지막 장을 쓰고 있을 때 책상에 놓인 전화벨이 울렸다. 마르띠나 폰세까의 윤기 나는 목소리를 즉각 알아차릴 수 있었다.

"여보세요?"

가슴이 콩닥콩닥 뛰는 바람에 글쓰기를 중단한 나는 12년 만에 그녀를 만나기로 약속한 꼰띠넨딸 호텔로 가기 위해 대로를 건넜다. 식당 문을 열고 들어섰을 때 붐비는 식당에서 식사를 하고 있던 여자들 틈 속에 있는 그녀를 구분하는 것은 어려운 일이 아니었다. 그녀는 장갑을 낀 손으로 악수를 청했다. 스웨이드 가죽 코트에 여우털 목도리를 걸치고 사냥꾼 모자를 쓰는 식으로, 예전과 똑같이 개인적 취향에 따른 차림을 하고 있었다. 햇빛을 너무 많이 받아 매실 껍질처럼 쭈글쭈글해진 피부와 흐릿한 눈동자에는 세월의 흔적이 역력히 드러나기 시작했다. 그녀의 모든 것은 불공정한 노쇠의 첫 번째 신호들에 의해 축소되어 있었다. 우리 두 사람은 12년이라는 세월이 아주 길다는 사

‡ 가수라는 뜻이다.

실을 인지해야 했으나 그 세월의 격차를 잘 견뎌 낼 수 있었다. 바랑끼야로 이사를 간 뒤 처음 몇 년 동안 그녀의 행적을 알아내기 위해 애를 썼고, 마침내 그녀가, 파나마 운하에서 수로 안내인으로 일하는 남편이라는 항해사가 이끄는 바에 따라 파나마에서 살고 있다는 사실을 알게 되었으나, 내가 거만해서라기보다는 소심해서 우리 관계를 더 이상 진전시킬 수 없었다.

지금 생각해 보면 당시 그녀가 누군가와 점심 식사를 함께했던 것 같은데, 그 사람은 그녀가 나와 단둘이 만날 수 있도록 일부러 자리를 피해 준 모양이었다. 우리는 말을 하지 않고도 대화하는 방법을 더듬더듬 찾으면서 쓰디쓴 커피 세 잔을 마시고 독한 담배 반 갑을 나눠 피웠다. 마침내 그녀가 내가 자기를 생각해 본 적이 있느냐고 과감하게 물었다. 바로 그때 나는 그녀에게 진실을 말했다. 그녀를 절대로 잊어 본 적이 없었으나 너무 갑작스럽게 내 곁을 떠나 버렸기 때문에 내 존재 방식이 바뀌어 버렸다고. 그녀는 나보다 이해심이 많았다.

"네가 아들 같다는 생각을 잊어 본 적이 단 한 번도 없어."

그녀는 신문에 실린 내 기사들, 단편소설들, 하나뿐인 장편소설을 이미 읽었고, 오직 사랑이 아니면 심술을 통해서만 가능한, 명쾌하고 신랄한 관점으로 내가 쓴 글들에 관해 언급했다. 하지만 나는 우리 남자들만 능력이 있다는 그런 천박하고 비겁한 마음을 지닌 채 향수의 덫을 피해 다니고 있을 뿐이었다. 마침내 긴장을 푸는 데 성공한 나는 그녀에게 원하던 아들을 낳았느냐고 대담하게 물었다.

"낳았어."

그녀가 즐거움이 넘치는 말투로 대답했다.

"지금 초등학교 졸업반이야."

"아버지처럼 검둥이요?"

나는 질투심이 일어 일부러 천박하게 물었다. 그녀는 특유의 뛰어난 감각에 의지했다.

"엄마와 같은 백인이지." 그녀가 말했다. "걔 아빠가 가정을 버릴까 봐 두려웠는데, 오히려 내게 더 가까워지더라." 내가 눈에 띄게 어안이 벙벙해하는 태도를 보이자 그녀는 살인적인 미소를 한 번 흘리며 내게 다음 사실을 확인시켜 주었다.

"걱정 마. 그 사람의 아이니까. 그리고 아주 똑같이 생긴 누이가 있어."

그녀는 자신이 그곳에 온 사실을 즐거워했고, 나와 아무 상관도 없는 몇 가지 기억들을 가지고 나를 즐겁게 해 주었기 때문에, 나는 그녀가 내 입에서 더 친근한 대답이 나오기를 기다리고 있다고 생각할 만큼 자만심에 사로잡혀 있었다. 하지만 모든 사내들처럼 나 또한 시간과 장소를 착각하고 말았다. 내가 커피를 네 잔째 주문하고 담배 한 갑을 더 주문했을 때 그녀는 시계를 바라보더니 특별한 설명도 없이 불쑥 자리에서 일어났다.

"좋아, 총각. 만나서 반가웠어." 그녀가 말했다. "네가 어떤 상태인지도 모른 채 네가 쓴 글만 열심히 읽는다는 게 참기 힘들었어."

"내가 어떻게 보이는데요?" 나는 용기를 내어 물었다.

"오호, 안 돼!" 그녀가 깔깔 웃었다. "그건 절대 비밀이야."

책상에 놓여 있는 타자기 앞에 앉아 숨을 골랐을 때 비로소 나는 내가 항상 간직했던 그녀를 보고 싶다는 열망과, 앞으로는 평생 그녀와 함께 지내지 못할 것 같다는 공포를 인지할 수 있었다. 전화벨이 울린 그날 이후 여러 번에 걸쳐 반복해서 느꼈던, 바로 그 쓸쓸한 공포였다.

언론인들에게 1955년 새해는 해군 구축함 '깔다스'호 승무원 여덟 명이 까르따헤나에 도착하기 불과 두 시간 전에 폭풍에 휩쓸리는 바람에 바다로 떨어져 실종되었다는 뉴스와 함께 시작되었다. 나흘 전, 그 배는 정기 수선을 위해 몇 개월 동안 머물던 앨라배마 주 모빌을 떠나 까르따헤나를 향해 항해하는 중이었다.

 편집국 전 직원이 라디오 첫 뉴스가 전하는 사고 소식을 가슴 졸이며 듣고 있는 사이 기예르모 까노가 앉아 있던 회전의자를 나를 향해 돌렸다. 그리고 지시 사항 하나가 혀끝에 이미 준비되어 있다는 표정으로 나를 쳐다보았다. 인쇄소로 가기 위해 내 곁을 지나가던 호세 살가르 또한 그런 소식에는 이미 단련이 되어 있는 사람처럼 무신경한 표정으로 내 앞에 멈춰 섰다. 바랑끼야에서 보까스 데 세니사 지역의 끝나지 않은 드라마에 관한 리포트 하나를 준비한 뒤 한 시간 전에 돌아와 있던 나는, 여덟 명의 실종자들에 관한 첫 번째 기사를 쓰기 위해 까르따헤나 지역으로 갈 비행기가 몇 시에 떠나는지 알아보기 시작했다. 하지만 곧이어 라디오 뉴스는 실종된 승무원 여덟 명의 시체를 끝내 찾아내지 못한 구축함이 그 이상의 새로운 소식을 전하지 않은 채 오후 3시에 까르따헤나에 도착할 것이라고 알렸다. 기예르모 까노가 한숨을 내쉬었다.

 "제기랄. 가보, 우리 특종이 물에 가라앉아 버렸어."

 사고는 결국 일련의 뉴스거리에 머물고 말았고, 보도된 뉴스에는 근무 중 바다로 떨어진 실종자들에 대한 심심한 경의가 담겨 있었지만, 그 이상은 아무것도 없었다. 주말이 되자 해군은 실종자들 가운데 한 사람인 루이스 알레한드로 벨라스꼬가 노도 없는 구명보트에서 먹지도 마시지도 못한 채 열흘 동안 표류하다 탈진한 상태로 우라바의 어느 해안에 도착했는데, 햇빛과 바람에 노출되어 건강에 심각한 문제가 있으나 회복될 가능성이 있다고 밝혔다. 단 30분이라도 그와 단독 인터뷰를 할 수만 있다면 그해의 특종이 될 것이라는 데 우리의 의견이 일치했다.

 그것은 불가능했다. 해군은 그가 까르따헤나 소재 해군 병원에서 건강을 회복하는 동안 면회를 금지하고 있었다.《엘 띠엠뽀》의 교활한 기자 안또니오 몬따냐는 의사로 변장한 채 그의 병실로 잠입해 단 몇 분 동안 인터뷰를 할 수 있었다. 하지만 인터뷰 결과를 놓고 판단해 보건대, 몬따냐는 실종되었다 살아 돌아온 해병으로부터 폭풍에 휩쓸릴 당시 배 안에서 자신이 있던 위치를 연필로 그려 놓은 그림 몇 장을 얻고, 앞뒤가 맞지 않는 얘기들을 들었을 뿐이다. 그 얘기로 미루어 보아 그 해병은 사건 경위에 대해 입을 다물고 있으라는 명령을 받았다는 점이 확실해 보였다. "그가 기자라는 사실을 알았더라면 그를 도와주었을 텐데요." 며칠 뒤 벨라스꼬가 밝혔다. 그가 일단 건강을 회복하자, 해군의 철저한 감시 아래《엘 에스뻭따도르》의 까르따헤나 주재 기자 라시데스 오로스꼬와 인터뷰를 했다. 라시데스는 한차례의 폭풍에 어떻게 일곱 명이나 사망하는 사건이 발생할 수 있었는지 알고자 하던 우리의 바람을 충족해 주지 못했다.

 루이스 알레한드로 벨라스꼬는 자유롭게 나돌아 다니거나 생각을 자유롭게 밝히지 않겠다는 엄격한 계약에 구속되어 있었다. 그 구속은 보고타 소재 부모 집으로 옮겨진 뒤까지도 계속되었다. 우리에게 기술적이거나 정치적인 문제가 생기면 무엇이든 호위함의 함장 기예르모 폰세가 친절한 재주로 해결해 주었지만, 우리가 관심을 갖고 있던 유일한 문제, 즉 그 조난 사건의 진실에 관한 핵심 정보는, 여전히 기품 있고 멋진 태도를 견지하면서 주려 하지 않았다. 나는 단지 시간을 벌겠다는 이유만으로 조난자가 부모 집으로 돌아오게 된 배경에 관한 일련의 기사를 썼다. 그를 보호하고 있던 군인들은 내 인터뷰 요청은 차단하면서, 경솔하게도 그 지역 어느 라디오 방송과의 인터뷰는 허락했다. 당시 그 뉴스에 관한 관심을 식히려는 해군 소속 조작의 대가들 손에 우리가 놀아나고 있다는 사실이 명백했는데, 해군 당국이 그 참사에 관해 아주 심각한 뭔가를 여론에 숨기고 있다는 생각이 처음으로 내 머리를 스치고 지나갔을 때는 섬뜩한 느낌마저 들었다. 지금 생각해 보면 그것은 의구심이었다기보다는 어떤 전조였던 것 같다.

몹시 차가운 바람이 부는 3월이었다. 먼지 섞인 보슬비가 비애감을 증폭시키고 있었다. 패배감에 사로잡힌 나는 편집국으로 가기 전 옆에 있는 꼰띠넨딸 호텔로 숨어 한가한 바에서 위스키 더블을 주문했다. 성직자 같은 두꺼운 외투를 벗지 않은 채 홀짝홀짝 술을 마시고 있던 나는 내 귀에 입술이 닿는 것처럼 가까이 들려오는 달콤한 목소리를 느꼈다.

"혼자 술 마시면 혼자 죽는 법이야."

"당신 말을 하느님께서 들어주시길 빌겠소, 아름다운 여인." 목소리의 주인공이 마르띠나 폰세까라 생각한 나는 잔뜩 긴장한 채 대답했다.

목소리는 공중에 은은한 치자꽃 향기 같은 흔적을 남겼으나, 그녀가 아니었다. 나는 그녀가 회전문을 나가 보슬비 흩뿌리는 대로에서 노란 우산을 펼쳐든 채 사라지는 것을 보았다. 그 노란 우산은 지금도 잊히지 않는다. 술 두 잔을 마신 뒤 나 역시 대로를 건너 방금 전에 마신 술기운에 의지해 편집국에 당도했다. 기예르모 까노가 편집국으로 들어서는 나를 발견하고는 들뜬 목소리로 모두에게 소리쳤다.

"자, 위대한 가보가 무슨 얘깃거리를 가져왔는지 한번 봅시다!"
나는 그에게 진실을 말했다.
"죽은 생선 한 마리밖에 없어요."
그때 나는 편집국의 무자비한 농담꾼들이 내가 비에 흠뻑 젖은 외투를 질질 끌며 말 없이 지나가는 것을 보았을 때 나를 사랑하기 시작했으며, 그들 가운데 그 누구도 평소처럼 야유를 보낼 마음이 없었다는 사실을 깨달았다.

루이스 알레한드로 벨라스꼬는 은밀한 영화를 계속해서 누리고 있었다. 그의 조언자들은 그가 진실을 왜곡하는 것을 용인해 주었을 뿐만 아니라 후원해 주기까지 했다. 그는 조난당할 당시 차고 있던 시계가 가혹하기 이를 데 없는 자연환경을 견뎌 냈다는 사실을 라디오 방송에서 밝히는 대가로 500달러와 새 시계를 받았다. 허기진 배를 달래기 위해 뭔가를 씹어야 했을 때 운동화를 뜯어 먹고 싶었으나 너무 질겨 불가능했다고 말함으로써 운동화 공장으로부터 1,000달러를 받았다. 같은 날 그는 애국적인 연설을 하고 미의 여왕으로부터 키스를 받았으며 고아들에게는 애국심의 본보기가 되었다. 나는 기예르모 까노로부터 벨라스꼬가 그 사건의 전모를 얘기하겠다는 계약서에 서명하기 위해 자기 사무실에 와 있다는 말을 들었던, 그 잊히지 않는 날 바로 벨라스꼬를 망각하기 시작했다. 나는 굴욕감을 느꼈다.

"이젠 죽은 생선이 아니라 썩은 생선이오." 내가 강하게 말했다.

나는 신문사를 위해 내가 해야 했던 무언가를 처음이자 마지막으로 거부했다. 현실을 수용한 기예르모 까노는 아무런 설명 없이 조난자를 보냈다. 그는 사무실에서 조난자를 내보내고 난 뒤에 그 사안에 대해 곰곰이 생각해 보았으나, 자신이 방금 전에 한 일에 대해 스스로도 설명할 수 없었노라고 나중에 내게 술회했다. 잠시 후 기예르모 까노는 수위에게 조난자를 데려오라 명령했고, 내게 전화를 걸어 사건의 전모에 관한 독점권을 그에게서 샀다고 일방적으로 통고했다.

기예르모 까노가 쓸데없는 일에 집착하고, 또 그것이 옳다고 주장하는 것은 그때가 처음도 아니었고 마지막도 아니었다. 나는 기분이 상해 있었지만 가급적이면 부드러운 어조로, 하급자로서 지시에 따라 기사를 쓰되 기명으로는 쓰지 않겠다고 알렸다. 미리 생각해 보지 못한 우발적인 결정이었지만, 그 기사에 관한 한 정확한 결정이었다. 기사를 일인칭 주인공 시점으로 쓰게 됨으로써 그 자신의 어투와 생각을 담고 기사 명의자도 당사자로 할 수밖에 없었기 때문이다. 그렇게 나는 육지에서 당할 또 다른 조난으로부터 나를 보호하고 있었다. 다시 말하면, 생존자가 하나뿐인 한 사건에 관한 내적 고백이 되어야 하고, 사고가 발생할 당시의 상황과 생존 과정을 그대로 기록해야 한다는 생각이었다. 신기할 정도로 잘된 결정이었다. 벨라스꼬는 감각이 아주 뛰어나고 대단한 교양을 소유하고 있었으며, 적재적소에 유머 감각을 발휘할 줄 아는 아주 지적인 사람이었다. 다행스러웠던 것은 위와 같은 장점들이 그의 치밀한 성격과 합치되었다는 것이다.

인터뷰는 3주 동안 진이 빠질 정도로 길고 자세하게 진행되었다. 나는 그 인터뷰가 그대로 실리는 게 아니라 다른 솥에 조리를 해서, 즉 특집 기사 형태로 실린다는 것을 미리 알고 인터뷰를 진행했다. 조난자를 자기 모순에 빠뜨려 은폐된 진실을 밝혀야겠다는 심술궂은 마음으로 인터뷰를 시작했으나, 그가 자기 모순을 갖고 있지 않다는 사실을 이내 확신하게 되었다. 억지로 할 것이 전혀 없었다. 꽃밭을 거닐면서 좋아하는 꽃을 마음대로 꺾는 것과 같은 식이었다. 인터뷰 기간 동안 벨라스꼬는 오후 3시가 되면 편집국 내 책상에 정확히 도착했고, 우리는 전날 인터뷰한 내용을 다시 읽어 보고 같은 궤도를 따라 계속해 나갔다. 인터뷰가 끝나면 그날치 분량을 밤에 기사로 완성하여 다음 날 오후 신문에 실었다. 물론, 먼저 사건의 전편을 기록한 다음 세세한 내용까지 깊이 있게 검증을 거치는 등 충분히 검토하고 다듬은 뒤 출판하는 것이 더 쉽고 안전했을 것이다. 하지만 시간이 없었다. 주제는 1분 1분이 지날수록 신선미가 떨어지고 있었고, 요란스러운 뉴스거리가 하나라도 생기면 곧바로 폐기 처분될 수도 있는 상황이었다.

나는 녹음기를 사용하지 않았다. 녹음기라는 것이 발명된 지 얼마 되지 않은 터에 가장 좋은 것들도 타자기처럼 크고 무거웠으며, 테이프도 솜사탕처럼 뒤엉키기 일쑤였다. 옮겨 적는 일만 해도 대단한 솜씨가 필요했다. 오늘날까지도 녹음기가 기록하는 데는 아주 유용하다고들 알고 있으나, 실제로는 인터뷰 대상자의 얼굴이 목소리보다 훨씬 더 많은 것을 얘기할 수 있고, 가끔씩은 그와 정반대 현상이 일어날 수도 있기 때문에 인터뷰 대상자의 얼굴을 절대 소홀히 해서는 안 된다. 학교에서 노트 필기를 할 때의 그 틀에 박힌 방법에 의존해야 했으나, 그 덕분에 단어 하나도 대화의 뉘앙스도 놓치지 않았고, 또 매 단계를 더 심도 있게 진전할 수 있었다고 지금도 믿고 있다. 조난자가 동시에 모든 것을 얘기하고 싶어했기 때문에 처음 이틀 동안은 어려웠다. 그는 내 질문의 순서와 범위를 통해 인터뷰하는 법을 재빨리 습득했으며, 무엇보다도 이야기꾼으로서의 특유의 자질과, 문학적 창작 과정을 이해하는 천부적 능력을 지니고 있었다.

독자들을 물에 빠뜨리기 전 독자들에게 읽을 준비를 시키기 위해, 우리는 선원들이 출항하기 전 모빌에서 보낸 마지막 며칠 동안부터 애기를 시작하기로 결정했다. 또한 얘기의 끝은 조난자가 처음으로 뭍을 밟은 순간이 아니라 군중의 환호를 받으며 까르따헤나에 도착한 시점으로 하자는 데 합의했다. 독자들이 신문에 이미 실린 사실들을 토대로 스스로 이야기의 맥을 따라갈 수 있는 시점이기 때문이었다. 이것이 바로 2주 동안 우리를 전율케 만든 열네 편의 특집 기사가 되었다.

첫 회는 1955년 4월 5일자 신문에 실렸다. 특집 기사 첫 회가 실린다는 라디오 광고를 사전에 몇 차례 한 뒤 발간된 《엘 에스뻭따도르》는 몇 시간 만에 동이 나 버렸다. 폭발 시점은 우리가 참사의 진짜 원인을 밝히기로 결정한 세 번째 날이 될 것이라 예측되었다. 해군 당국은 그날 폭풍이 불었다고 발표했다. 최대의 정확성을 기하기 위해 나는 벨라스꼬에게 폭풍에 관해 아주 자세하게 말해 달라고 부탁했다. 그는 우리의 공동 작업 방식에 이미 너무 익숙해져 있었는데, 나는 그가 내 말에 대답하기 전에 그의 두 눈에 심술이 드러나 있다는 것을 눈치 챘다.

"문제는, 폭풍은 아니었다는 거죠."

사실은 (그가 구체적으로 말했다.) 매년 그 시기면 그 지역에 강풍이 부는데, 당시 항해를 책임지고 있던 사람들이 예측하지 못한 강풍이 스무 시간 동안 불었다. 닻을 올리기 전에 오랫동안 밀린 급료를 한꺼번에 받은 승무원들은 마지막 몇 시간 동안 집에 가져갈 온갖 가전제품들을 사느라 돈을 다 써 버렸다. 너무 급작스럽게 이루어진 측면도 있었기 때문에 물건들을 배 내부 공간에 전부 쟁이지 못했고, 냉장고, 세탁기, 오븐 들을 넣은 가장 커다란 박스들을 갑판에 묶으면서도 놀라는 사람이 아무도 없었다. 전함에 적재해서는 안 될 화물들이었는데, 상당히 많은 양이 갑판의 중요한 공간들을 점유하고 있었다. 아마도, 비공식적인 성격의 항해였고, 나흘이 채 다 걸리지 않을 여정에,

일기 예보 또한 아주 양호했기 때문에 개인 화물 적재 문제를 엄격하게 처리하지 않아도 될 것이라고들 생각했던 모양이다. 그런 규칙 위반을 얼마나 여러 번 했을 것이며, 또 그런 짓을 계속해도 끝내 무사할 수 있었을까? 모두에게 불행했던 것은, 예보된 것보다 조금 더 셌을 뿐인 바람 때문에 햇빛 화창한 바다가 요동을 쳤고, 배는 생각보다 훨씬 더 많이 기울어졌으며, 어설프게 화물을 묶은 밧줄들이 끊어져 버렸다는 것이다. 깔다스 호처럼 튼튼한 배가 아니었더라면 여지없이 침몰되고 말았을 것이나, 갑판에서 경계 근무를 서고 있던 승무원 여덟 명이 바다로 추락하는 것으로 끝났다. 사고의 가장 큰 원인은 사고 발생 첫날부터 해군 당국이 주장하던 폭풍이 아니라, 벨라스꼬스가 특집 기사에 밝힌 것이었다. 전함 갑판에 대충대충 묶어 놓은 과중한 가전제품들이 그 원인이었던 것이다.

아직 밝혀지지 않은 또 다른 이슈는 바다로 추락한 승무원들이 이용한 구명보트가 어떤 종류였기에 유독 벨라스꼬만 살아남았느냐 하는 것이었다. 승무원들을 구하기 위해 바다로 내려졌던 규정 구명보트 두 종류가 배에 적재되었으리라 짐작되었다. 그것은 코르크와 캔버스로 만든 길이 3미터 너비 1.5미터짜리 구명보트로, 가운데는 안전판이 있고, 비상 식량, 식수, 노, 응급 처치 도구 상자, 낚시와 항해 장비, 성경 한 권이 비치되어 있었다. 그런 조건이라면 낚시 도구들을 사용하지 않아도 열 명이 여드레를 버틸 수 있었을 것이다. 깔다스 호에는 아무런 장비도 갖추지 않은 소형 구명보트 또한 적재되어 있었다. 벨레스꼬가 기술한 바에 따르면, 그가 탔던 구명보트는 장비를 갖추지 않은 소형이었던 것 같다. 해결되지 않은 채 영원히 표류하고 있던 의문은, 조난된 승무원들 가운데 생명을 확실히 보장할 수 없는 소형 구명보트에 승선한 사람이 몇 명이냐 하는 것이다.

이런 점들이 바로, 의심할 바 없이, 조난 사건에 대한 당국의 공식적인 해명이 나오는 데 시간이 걸린 중요한 이유들이었다. 하지만 사고를 당하지 않은 승무원들이 집에서 쉬면서 사건의 전모를 어디서든 떠벌리고 있었기 때문에 마침내 당국은 자신들이 밝힌 사실이 옳다는 것을 계속해서 주장할 수 없음을 깨닫게 되었다. 그럼에도 정부는 폭풍이 불어와 그렇게 되었다는 기존의 입장을 마지막까지 고수하면서 어느 공보(公報)에다 최종적인 것으로 공식화해 버렸다. 언론 검열단은 그 사건에 관한 나머지 특집 기사의 연재를 금지하는 극단적인 조치는 취하지 않았다. 자기 나름대로 조직에 대한 충성을 다하고자 했던 벨라스꼬는 할 수 있는 데까지 모호한 태도를 취했고, 당국이 그에게 진실을 밝히지 말라고 압력을 가했다는 사실을 전혀 알리지 않았으며, 우리에게 함께 진실을 밝히자고 부탁하거나 방해하지도 않았다. 특집 연재 기사 제5부가 실린 뒤, 기사 전체를 모으고 싶어하는 독자들의 요구에 부응하기 위해 당시까지 신문에 실린 첫 부분 4부를 별쇄본으로 만들어 보자는 계획이 세워졌다. 독자들의 열화 같은 반응을 불러일으킨 그 며칠 동안 편집국에 모습을 드러내지 않고 있던 가브리엘 까노가, 비둘기장처럼 평화로운 자기 사무실에서 내려와 내 책상으로 직행했다.

"이봐, 나와 이름이 같은 친구, 한 가지만 말해 보게. 조난자 기사는 모두 몇 부나 나오겠는가?" 가브리엘 까노가 내게 물었다. 당시 나는, 벨라스꼬가 구명보트 속에서 구할 수 있는 유일한 먹을거리였던 명함 한 장을 먹었고, 씹을 만한 뭔가를 찾던 중 운동화를 보고는 이빨로 물어뜯으려 했으나 성공하지 못했던, 조난 7일째에 해당하는 얘기를 쓰고 있던 차였다. 따라서 아직 7부가 남아 있었다. 가브리엘이 문제를 삼고 나섰다.

"이봐, 나와 이름이 같은 친구, 그건 안 돼, 안 되고 말고." 가브리엘이 곤혹스럽다는 듯이 반응했다. "적어도 50부는 되어야 해."

내가 그에게 이유를 설명했으나, 그는 신문 판매 부수가 두 배로 증가하고 있는 시점이라는 사실에 바탕을 두고 그렇게 주장했던 것이다. 그의 계산법에 따르면, 신문 판매 부수는 국내 신문업계에서 유례를 찾을 수 없는 수치에 이를 수 있었다. 즉석 편집 회의가 열렸고, 경제적, 기술적, 저널리즘적 세부 항목들에 관한 연구가 이루어졌으며, 총 20부 정도로 싣는 것이 합당하다는 데 의견이 일치했다.

이미 인쇄된 기사들에는 내 서명이 드러나 있지 않았다 해도 내 작업 방법은 이미 누설되어 있었다. 영화 비평가로서의 내 의무를 완수하려 했던 어느 날 밤, 극장 로비에서는 조난자에 관해 열띤 토론이 벌어졌다. 토론에 참석한 사람들 대부분은 영화가 끝나면 근처 카페에서 서로 의견을 교환하던 친구들이었다. 그들의 의견은 늘 내가 매주 싣는 영화 비평을 쓸 때 내 생각을 명쾌하게 정리하는 데 도움을 주었다. 조난자 얘기와 관련하여 사람들 대부분의 희망은, 아주 드문 예외가 있긴 했지만, 연재를 가능하면 연장했으면 하는 것이었다.

예외적인 견해를 밝힌 몇 안 되는 사람들 가운데 하나는 멋진 낙타 가죽 외투에 멜론처럼 생긴 모자를 쓴 멋쟁이 중년 신사였다. 그는 혼자 신문사로 돌아가고 있던 나를 극장에서부터 세 블록 정도까지 따라왔다. 그 신사처럼 잘 차려입은 대단한 미인 하나와 그보다는 덜 말쑥하게 차려 입은 친구 하나가 그와 함께 왔다. 신사는 모자를 벗어 내게 인사를 하고 자기 이름을 밝혔다. 기억이 나지 않는 이름이었다. 그는 조난 기사가 공산주의를 곧바로 이롭게 하는 것이기 때문에 동의할 수 없다고 단도직입적으로 말했다. 나는 내가 사건의 주인공이 직접 말해 준 이야기를 베껴 적은 사람일 뿐이라고 비교적 솔직하게 설명했다. 하지만 그는 자기 생각을 고집하는 사람으로, 벨라스꼬가 소련을 추종하는, 군부의 밀정이라 생각하고 있었다. 그 말을 들은 나는 그가 군부나 해군의 고위층 인사라 직감했고, 이 기회를 이용해 그동안 미진했던 문제를 명확하게 밝혀 보리라 생각했다. 하지만 그는 내게 그 점만 얘기하고 싶어하는 것처럼 보였다.

"당신이 하는 일이 어떤 일인지를, 당신이 알고 있는지 모르는지는 잘 모르겠소." 그가 내게 말했다. "하지만 어찌 되었든, 당신은 공산주의자들을 위해 국가에 해를 끼치고 있는 거요."

눈부시게 아름다운 그의 부인은 남편더러 말 조심하라는 눈치를 줬고 팔을 잡아끌면서 낮은 목소리로 애원하듯 말했다. "로헬리오, 그만하세요!" 그는 말을 시작했을 때처럼 침착하게 말을 끝맺었다.

"제발 내 말 믿어요. 당신 글 솜씨에 감탄하고 있기 때문에 이런 말을 하는 거요."

그는 내게 다시 악수를 청하고 나서 난감해하는 부인에 이끌려 그곳을 떠났다. 갑작스럽게 이루어진 일 때문에 놀란 그의 친구는 내게 작별 인사도 제대로 하지 못했다.

그 일은 우리가 거리를 돌아다니는 데에 대해 진지하게 생각하도록 했던 일련의 사건들 중 첫 번째 사건이었다. 신문사 건물 뒤에는 새벽녘까지 근처 노동자들이 드나드는 초라한 술집 하나가 있었다. 어느 날 밤 잠자러 가기 전 그곳에 들러 마지막으로 커피 한 잔을 마시던 곤살로 곤살레스를 신원을 알 수 없는 남자 둘이 정당한 이유도 없이 공격한 사건이 발생했다. 우리 둘 다 카리브식 태도와 옷차림을 하고 있었고, 내 성명과 마찬가지로 그의 별명 곡(Gog)에도 g가 두 번 들어가 있기 때문에 그를 나와 혼동했을 수는 있었겠지만, 세상에서 가장 평화로운 남자에게 무슨 이유로 그런 짓을 했는지는 아무도 이해하지 못했다. 아무튼 신문사 보안 담당 직원은 도시가 갈수록 험악해지고 있으므로 밤에는 혼자 돌아다니지 말라고 경고했다. 하지만 나는 일이 끝난 뒤 내 아파트까지 걸어가는 데에 자신이 있었다.

　긴장감이 감돌던 그 당시 어느 새벽, 누군가가 내 침실 창문에 벽돌을 던져 유리창이 산산조각 나는 소리를 들은 순간 내 시간이 다되었음을 느꼈다. 그런데 알고 보니, 집 열쇠를 잃어버린 알레한드로 오브레곤이 그 시각에 잠에서 깨어 있는 친구도 없고 호텔도 찾지 못해 그런 짓을 했던 것이다. 잠잘 곳을 찾고 고장 난 초인종을 누르는 데 지친 나머지 옆 공사장에서 주운 벽돌로 그날 밤 당면한 문제를 해결해야겠다고 작정한 결과였다. 내가 문을 열어 주자, 그는 내 잠을 완전히 깨우고 싶지는 않았는지, 인사도 제대로 하지 않고 맨바닥에 그대로 엎어지더니 정오까지 자 버렸다.

　《엘 에스뻭따도르》가 거리로 배포되기 전 신문사 문에서 신문을 사려는 사람들의 쟁탈전은 갈수록 치열해졌다. 쇼핑센터에서 일하는 종업원들은 신문을 사서 버스에서 읽느라 지각하기 일쑤였다. 지금 생각해 보니, 당시 독자들의 관심은 인도주의적 동기로부터 시작되어 문학적인 이유 때문에 지속되다가 결국은 정치적 고려에까지 이르게 되었던 것 같다. 하지만 그 관심은 항상 그 기사에 내재된 긴장에 의해 지탱되고 있었다. 벨라스꼬는 혼자 꾸며 낸 것이라 의심되는 에피소드 몇 개를 내게 얘기해 주고, 그 에피소드들에서 상징적이거나 감상적인 의미들을 찾아냈다. 예를 들면, 처음으로 자기 곁에 날아왔다가 떠나려 하지 않았던 갈매기 같은 경우가 그러했다. 그가 얘기한 비행기들은 영화에서처럼 아름답게 묘사되었다. 항해사 친구 하나가 바다에 관해 어쩌면 그렇게 잘 아느냐고 내게 물었을 때, 나는 벨라스꼬가 관찰한 바를 그대로 받아 적었을 뿐이라고 대답했다. 어느 시점 이후부터는 내가 첨가할 것이 아무것도 없을 정도였다.

해병대 지휘부는 동의하지 않았다. 시리즈 연재가 종료되기 얼마 전, 해군 함대가 작전을 하는 곳이라면 어디서나 일어날 수 있는 비극적인 사건을 현지 사정에 무지한 관점에서 다듬어지지 않은 형식으로 판단했다고 비판하는 편지 한 통이 신문사에 도착했다. 편지는 다음과 같이 전개되었다. "콜롬비아의 존경하는 일곱 가정과 해군에 종사하는 모든 분들이 커다란 슬픔과 고통에 휩싸였건만, 이 분야에서 신출내기인 기자들은 용맹스럽게 목숨을 건진, 운 좋고, 칭찬받아 마땅한 해군 병사의 입에서 나오는 거칠고 비논리적인 어휘들과 개념들로 넘치는 신문 연재물을 쓰는 데 주저함이 없었습니다." 그런 이유로 해군은 그 사건을 나중에 어느 해군 장교의 도움을 받아 신문에 실을 수 있도록 승인해 달라고 대통령부 언론홍보국에 요청했다. 다행스럽게도, 그 편지가 도착했을 때 우리는 시리즈의 마지막에서 두 번째 기사를 준비하고 있었고, 그다음 주까지 모른 체하고 있을 수 있었다.

시리즈 연재물의 최종본이 나오기를 기다리고 있을 때, 우리는 조난자에게 당시 사진기를 지니고 있던 다른 동료들의 리스트와 주소를 가르쳐 달라고 요청했고, 그들은 항해 중에 찍은 사진 모음집을 우리에게 보내 주었다. 사진에는 모든 것이 다 찍혀 있었다. 하지만 거의 대부분은 갑판에 있던 승무원들을 찍은 사진이었고, 배경에 냉장고,

스토브, 세탁기 등의 가전제품들을 넣은, 제조업체 마크도 선명한 상자들이 보였다. 우연히 찾아든 그 행운은 공식적인 거짓말을 폭로하기에 충분한 것이었다. 정부는 즉각 단호하게 반응했고, 신문 특별판의 판매는 전례와 예측을 뛰어넘어 버렸다. 불굴의 투지를 지닌 기예르모 까노와 호세 살가르는 서로 이렇게 물을 수밖에 없었다.

"우리 지금 무슨 일을 저지르고 있는 거요?"

그 순간 우리는 눈부신 성공에 도취되어 무슨 대답을 해야 할지 몰랐다. 우리에게는 그 밖의 모든 테마들이 진부하게 생각되었다.

《엘 에스뻭따도르》에 시리즈가 연재된 지 15년이 지난 뒤, 바르셀로나의 뚜스께츠 출판사는 완본에 금박을 입혀 출간했고, 그 책은 무슨 먹을거리나 되는 듯 팔려 나갔다. 정의감에 사로잡힌 데다 영웅적인 해병에게 감동한 나는 서문에 다음과 같이 썼다. "책을 쓴 사람이 아니라 책에 등장하는 사건의 주인공이 주인인 책들이 있다. 이 책이 바로 그런 책이다. 결론적으로 말해, '작가의 권리'는 그 권리를 향유할 만한 사람의 것이 될 것이다. 그 사람은 바로 이 책의 출판이 가능하도록 한 구명보트에서 열흘 동안 먹지도 마시지도 못한 채 고통을 견뎌야 했던 우리의 이름 없는 애국자다."

뚜스께츠 출판사는 내 지시에 따라 인세를 15년 동안 루이스 알레한드로 벨라스꼬에게 모두 지급했기 때문에 위 문장은 허울뿐인 헌사가 아니었다. 15년 뒤, 보고타 출신 변호사 기예르모 세아 페르난데스는 책에 대한 권리는 (법률적으로는) 그의 것이지만, 그의 영웅적인 행동과 화자로서의 능력과 그와의 우정을 기리기 위한 나의 결정에 따른 것이기 때문에 실제적으로 그의 것이 아니라고 그를 설득했다.

그는 보고타 순회 민사 법정 22호에 나를 상대로 소송을 제기했다.

내 변호사이자 친구인 알폰소 고메스 멘데스는 이후로 출판될 판본에서는 위에 언급된 서문의 마지막 단락을 삭제하고, 법원의 판결이 날 때까지 루이스 알레한드로 벨라스꼬에게 책 인세를 단 한 푼도 지불하지 말라는 명령을 당시 뚜스께츠 출판사에 전달했다. 그리고 그렇게 시행되었다. 문서상 증거들, 증인들의 증언들, 기술적인 증거들이 채택된 긴 심리 끝에 법정은 그 책의 유일한 저자는 나라고 판정했으며, 벨라스꼬의 변호사가 제출한 청원은 받아들여지지 않았다. 따라서, 나의 요청에 의거하여 그 당시까지 벨라스꼬에게 지불되었던 인세는 그 해군 병사를 공저자로 인정한다는 근거가 아니라, 그 책을 쓴 사람의 자발적이고 자유로운 결정에 의한 것이었다는 사실이 판명되었다. 그 후부터는 역시 나의 요청에 따라 인세가 어느 교육 재단에 기부되었다.

그런 이야기는 종이 위에서 꾸며지는 이야기가 아니기 때문에 우리가 비슷한 예를 발견한다는 게 불가능했다. 그런 이야기들은 우리네 인생이 거의 항상은 불시에 만들어 낸다. 우리는 나중에, 그러니까 우리가 안띠오끼아 출신의 천재적인 사이클 선수로 그해에 국내 선수권 대회에서 세 번이나 우승한 라몬 오요스의 전기를 쓰려고 시도했을 때 그런 사실을 배웠다. 우리는 해군 조난자에 관한 특집 기사 시리즈가 얻은 폭발적인 인기를 등에 업고 라모 오요스에 관한 특집 기사를 신문에 싣기 시작해 연재를 19부까지 연장했는데, 대중이 원하는 것은 기사 자체가 아니라 라몬 오요스가 실제로 자전거를 타고 산길을 오르고 결승점에 첫 번째로 도착하는 것이라는 사실을 나중에야 깨닫게 되었다.

어느 날 오후 살가르가 꼰띠넨딸 호텔 바에서 즉시 만나자고 전화했을 때 우리는 그동안의 실수를 만회할 수 있는 최소한의 희망을 엿

보게 되었다. 살가르는 옛 친구와 함께 있었다. 진지하게 보이는 그 친구는 살가르에게 자기 동료를 소개했다. 작업복 차림을 한 그 동료는 선천성 색소 결핍증에 걸린 남자로, 머리카락과 눈썹이 어찌나 희던지 어두컴컴한 바에서까지 눈이 부신다는 느낌을 줄 정도였다. 유명한 사업가인 살가르의 친구는 자기 동료가 시몬 볼리바르 장군이 소유했던 전설적인 보물을 찾기 위해 《엘 에스뻭따도르》사옥에서 200미터 정도 떨어져 있는 공터를 파내고 있는 광산 엔지니어라고 소개했다. 그 동료는 (그때부터 그는 살가르와 나의 절친한 친구가 되었다.) 그 얘기가 사실이라고 우리에게 단언했다. 너무 단순해 의심이 갈 정도였던 얘기는 다음과 같다. 해방자 시몬 볼리바르는 노령을 편안하게 보내기 위해 전쟁터의 열악한 상황에서 다량의 보물을 모아 두었는데, 자신의 의지를 관철하지 못한 채 다 죽어 가는 몸으로 까르따헤나를 떠나 마지막 여행을 하려고 했을 때 그것들을 가져갈 필요가 없다고 생각했다. 고통스러운 여행을 준비를 하던 그는 (까라까스로 가려고 했는지 유럽으로 가려고 했는지는 알려져 있지 않다.) 그 당시 유행하던 스파르타식 암호 시스템을 보호 장치로 삼아 보고타에 보물을 감춰 두고는 필요할 경우 세상 어디서든 찾을 수 있도록 신중하게 처리했다. 내가 『미로 속의 장군』을 쓰고 있을 때, 아무래도 보물에 관한 이야기가 빠져서는 안 될 것 같다는 생각이 들어 몹시 초조한 기분으로 이런 사실을 기억해 보았는데, 그 이야기를 입증할 만한 자료를 충분히 확보하지도 못했고, 그렇다고 해서 단순히 픽션으로 처리하기에도 미약하다는 생각이 들었다. 주인이 되찾지 않은 그 전설적인 보물이 바로 그 보물 탐험가가 그토록 열렬히 찾고 있던 것이었다. 살가르가, 조난자의 이야기에 감명받은 자기 친구가 우리더러 시몬 볼리바르의 보물에 관한 이야기를 발굴해서, 조난자의 이야기를 연재할 때와 같은 정도의 광고를 하면서 신문에 실을 수 있도록 하기 위해 그 사건 배경을 우리에게 알려 주려 했다고 내게 말했을 때까지, 나는 그들이 우리에게 그 이야기를 하는 이유를 이해하지 못했다. 우리는 발굴 현장으로 갔다. 뻬리오디스따스 공원 서쪽에 있는 단 하나뿐인 공터로, 새로 얻은 내 아파트에서 아주 가까운 곳이었다. 그는 식민지 시대의 지도 한 장을 펴 놓고 몬세라트 산과 과달루페 산의 실제 세부 항목들을 가리키며 보물이 숨겨져 있다는 좌표들을 우리에게 설명했다. 이야기가 너무 매력적인 데다, 덤으로 조난자의 이야기처럼 세계적으로 전파될 수 있는 폭발적인 뉴스거리가 될 수 있을 거라는 생각까지 들었다.

일을 제대로 진척하기 위해 우리는 상당히 자주 보물 발굴 현장을 찾아가, 레몬을 곁들인 아구아르디엔떼를 마시며 몇 시간 동안 쉬지 않고 광산 기술자의 이야기를 들었다. 이야기를 들을수록 그 기적에서부터 멀어지고 있다는 느낌을 받았는데, 마침내 시간이 너무 많이 흘러 우리에게는 환상마저 남아 있지 않게 되었다. 나중에 생각해 보니, 그 보물 이야기는 수도 한 복판에서 아주 가치 있는 뭔가가 들어 있는 저장소 하나를 허가 없이 발굴하기 위한 연막에 불과했던 것 같다. 비록 그것이 해방자 시몬 볼리바르의 보물을 안전하게 보호해 두기 위한 또 다른 연막이었을 가능성이 있었다고 해도 말이다.

뭔가 새로운 것을 시도하기에 절절한 시기는 아니었다. 조난자 이야기가 신문에 나간 뒤부터 실제적이건 허구적이건, 다양한 방법을 통해 우리에게 도달하는 살해 위협이 상존하는 상황이 완화될 동안 나더러 잠시 콜롬비아 밖에 머물러 있으면 좋겠다는 충고를 나는 들었다. 루이스 가브리엘 까노가 다음 주 수요일에 무엇을 할 것인지 단도직입적으로 물었을 때 내가 처음으로 생각한 것은 콜롬비아를 떠나는 것이었다. 내가 특별한 계획이 없다고 말하자, 그는 예의 그 가래 끓는 목소리로, 나더러 다음 주에 제네바에서 개최되는 4자 회담에 신문사 특별 대표로 참석해 취재를 해야 하므로 여행 서류를 준비하라고 했다.

그 말을 듣고 나서 우선 어머니에게 전화부터 걸었다. 내가 전한 소식이 너무 대단하게 들렸는지 잠시 당황한 어머니는 제네바라고 불리는 어느 별장을 얘기하는 거냐고 물었다. "스위스에 있는 도시 이름이에요." 내가 어머니에게 말했다. 어머니는 아들들이 전혀 예상치 않게 저지르는 소동들에 동화되기 위해 꾸준히 유지해야 하던 특유의 평정 상태를 유지함으로써 동요의 기색을 전혀 드러내지 않고 나더러 언제까지 그곳에 머무를 것인지 물었고, 나는 늦어도 2주 뒤에는 돌아올 것이라 대답했다. 실제로는 단 나흘 동안 개최되는 회의에 참석하러 가는 것이었다. 그러나 내 의지와는 전혀 상관없는 이유 때문에 보름이 아니라 거의 3년을 머물게 되었다. 당시, 단지 하루에 한 끼를 먹기 위해 정작 구조선이 필요한 사람은 바로 나였으나, 세심하게 주의를 기울임으로써 내가 처한 상황을 가족이 모르게 할 수 있었다. 언젠가는 어떤 사람이 내가 단 2주만 머물고 돌아오겠다는 얘기로 어머니를 속인 뒤, 파리에서 왕자처럼 살고 있다는 거짓말로 어머니를 현혹하려고 시도한 적도 있었다.

"가비또는 사람을 속이지 않아요." 어머니는 천진스러운 미소를 머금으며 그 사람에게 말했다. "때로는 하느님조차도 몇 주를 2년으로 만들 필요성이 있는 법이잖아요."

내가 공권력의 폭력을 피해 망명한 수백만 명과 마찬가지로 국적 없는 사람이었다는 사실을 당시에는 결코 깨닫지 못하고 있었다. 주민

등록증이 없었기 때문에 투표를 해본 적도 없었다. 바랑끼야에서는 《엘 에랄도》 편집국 기자라는 신분증으로 내 신분을 증명했는데, 병역을 기피하기 위해 생년월일을 바꾸어 놓았고, 병역 기피 때문에 2년 전부터는 범죄자가 되었다. 급할 때면 과거에 시빠끼라 전신 기사 아가씨가 내게 준 우편 엽서[‡]로 내 신분을 확인시켰다. 신이 보내 준 친구 하나가 내게 어느 여행사의 영업부장을 소개해 주었고, 그는 선불 200달러와 스탬프만 찍혀 있는 빈 서류 열 장의 맨 아래에 내 사인을 해서 자기에게 주면, 지정된 날짜에 비행기에 태워 주겠노라고 약속했다. 그 바람에 우연히 내 은행 잔고를 살펴보게 되었는데, 기자 생활에 바빠 돈 쓸 시간이 없었기 때문에 놀랄 만한 액수가 남아 있었다. 가난한 학생이 보통으로 쓰는 용돈의 범위를 넘어서지 않는 용돈을 제외하고, 내가 썼던 돈이라고는 매달 가족에게 보내는 구조선이 전부였던 것이다.

비행기를 타기 전날 밤, 여행사 영업부장은 내가 서류들을 혼동하지 않도록 서류들 각각의 이름을 불러 주며 책상 위에 하나씩 내려놓았다. 신분증, 병역필증, 세금 완납 증명서, 천연두와 황열병 예방 접종 증명서들이었다. 마지막으로 그는 내 명의로 두 번에 걸쳐 예방 접종을 받은 비쩍 마른 청년에게 팁을 좀 주라고 했다. 그 청년은 시간에 쫓기는 손님들을 위해 몇 년 전부터 매일 예방 접종을 받고 있었다.

나는 에스파냐어 이외의 언어는 구사할 줄 모르는 상태에서 삼류 호텔 숙박비를 지닌 채, 하지만 내 은행 잔고의 든든한 지원에 기댄 채, 아이젠하우어, 불가닌, 이든, 포르가 참석하는 회담 개최에 맞춰 제

[‡] 18세 미만의 청소년들이 주민 등록증이 나오기 전에 사용하던 신분증이다.

네바로 떠났다. 몇 주 이내로 돌아오기로 되어 있었으나, 도대체 무슨 특이한 예감이 들었기에 알바로 세뻬다와 루이스 비센스의 조언을 받아들여 2년 동안 수집해 두었던 엄청난 영화 필름과 자료들을 포함해 내 아파트에 있는 모든 것을 친구들에게 분배해 버렸는지 그 이유를 알 수가 없다.

시인 호르헤 가이딴 두란은 내가 불필요한 종이들을 찢고 있을 때 내게 잘 다녀오라는 인사를 하러 와서는, 혹시 자기 잡지에 쓸 만한 것이 있는지 살펴보려고 호기심 어린 눈으로 쓰레기통을 뒤졌다. 그는 반으로 찢어진 종이 서너 장을 찾아내더니 책상 위에서 골치 아픈 조각 그림 맞추기를 하듯 맞춰 가며 겨우겨우 읽어 냈다. 그는 종이에 적힌 것들이 어디서 나온 것이냐고 내게 물었고, 나는 『낙엽』의 초고에서 삭제한 것으로, '마꼰도에 내리는 비를 바라보는 이사벨의 독백'이라고 대답했다. 그 제목은 내가 붙인 것으로 어느 엘리베이터에서 급하게 게재를 허락해 줘서 《끄로니까》와 《엘 에스뻭따도르》의 《매거진 도미니깔》에 실린 적이 있다고 알려 주었다. 하지만 가이딴 두란은 그런 사실을 괘념치 않고 《신화》 잡지 다음 호에 그것을 게재했다.

떠나기 전날 밤 기예르모 까노의 집에서 열린 송별회가 너무 요란스러웠기 때문에 공항에 도착했을 때는 까르따헤나행 비행기가 이미 떠나고 난 뒤였다. 가족에게 작별 인사를 하기 위해 까르따헤나에서 그날 밤을 묵을 예정이었다. 다행히 정오에 떠나는 다른 비행기를 탈 수 있었다. 집안 분위기는 내가 마지막으로 집을 찾아간 이후로 활기가 넘쳤고, 내 부모와 동생들은 내가 유럽에 가면 그들보다 내게 더 필요하게 될 그 구조선 없이도 생존할 수 있을 것 같다고 느끼고 있었다. 마음이 편해졌다.

다음날 아침 일찍, 오후 2시에 파리로 떠나는 비행기를 타기 위해 육로를 통해 바랑끼야로 갔다. 까르따헤나 버스 터미널에서 그 잊을 수 없는 '마천루' 모텔 수위 라시데스를 만났다. '마천루'를 떠나온 이후 나는 그를 보지 못하고 지냈었다. 그는 와락 나를 껴안더니 눈물을 흘렸고, 내게 무슨 말을 해야 좋을지, 나를 어떻게 대해야 할지 몰라했다. 그가 탈 버스가 도착했고 내가 타고 갈 버스가 떠나려 하고 있었기 때문에 우리는 서둘러 작별 인사를 교환했다. 그가 내 영혼에 남을 만큼 뜨겁게 말했다.

"가브리엘, 당신이 누구라는 사실을 왜 내게 한 번도 얘기해 주지 않았는지 도저히 이해할 수 없어요."

"아이, 라시데스 아저씨." 나는 그보다 더 가슴 아파하면서 그에게 대답했다. "오늘날까지 내가 누구인지 나 자신도 모르기 때문에 아저씨에게 말할 수 없었던 거예요."

몇 시간 뒤, 세상 그 어느 곳보다 투명하고 무심한 하늘 아래서 바랑끼야로 가는 택시 안에 앉아 있던 나는 베인떼 데 훌리오 가를 지나가고 있다는 사실을 깨달았다. 나는 지난 5년 동안 내 기억 속에 깊이 자리 잡고 있던 메르세데스 바르차 집 쪽을 바라보았다. 늘씬한 몸매에 단아한 분위기를 풍기는 그녀는 당시 유행하던 금박 레이스 달린 초록색 드레스 차림에, 머리를 제비 날개처럼 자른 채, 도착하지 못할 사람을 기다리는 사람처럼 차분하게 현관 그 자리에 상(像)처럼 앉아 있었다. 7월 어느 목요일 이른 시각 그녀를 영원히 잃어버릴 것 같다는 불길한 예감을 떨쳐 버릴 수 없었던 나는, 택시를 세워 놓고 작별 인사를 해야겠다는 생각을 순간적으로 했으나, 내 운명처럼 불확실하고 집요한 그 운명에게 다시 한 번 더 도전하고 싶지 않았다.

비행기가 이륙하고 나서도 후회감에 배가 뒤틀리는 벌을 계속해서 받아야 했다. 당시에는 앞 좌석 뒷부분에 요즘에도 '편지지 한 벌'이라는 쉬운 말로 불리는 뭔가를 장치해 놓는 좋은 풍습이 있었다. 가장자리에 금박을 입힌 편지지 한 장과, 같은 재질의 장미색, 크림색 또는 파란색 종이로 만든, 가끔씩은 향기나 나는 봉투 하나가 준비되어 있었다. 전에 몇 번 비행기를 타고 여행했을 때, 그 종이에 이별의 시들을 썼다가 종이비행기를 만들어 비행기에서 내릴 때 날려 보기도 했다. 하늘색 종이 하나를 선택한 나는, 그 이른 새벽녘에 누구를 위해 그렇게 단장했는지 스스로 자각하지 못한 채 아침 7시에 신랑 없는 신부처럼 초록색 결혼식 드레스를 입고 하늘을 나는 제비 같은 머리 모양을 하고 현관에 앉아 있던 메르세데스에게 정식으로 보내는 첫 번째 편지를 썼다.

과거에 나는 아무 때나 생각나는 대로 적은 장난스러운 쪽지를 그녀에게 보낸 적이 있었고, 우리가 우연히 얼굴을 마주칠 때면 그녀는 항상 편지 대신 알쏭달쏭한 말로 답장을 했었다. 이번에 쓴 편지는 내 여행에 관해 공식적으로 그녀에게 알리는 다섯 줄이 넘지 않은 것에 불과했다. 하지만 마지막으로 서명을 하려는 순간, 나는 정오에 내리치는 번개처럼 나를 눈멀게 만든 추신을 첨가했다. "한 달 이내에 답장을 받지 못하면 영영 유럽에 머물겠소." 새벽 2시, 몬테고 바이의 쓸쓸한 공항 편지통에 그 편지를 집어넣기 전, 나는 그 추신에 대해 다시 생각해 볼 시간을 일부러 내지는 않았다. 금요일이 되었다. 그다음 주 목요일, 나라 간의 불일치를 확인한 또 한 차례의 성과 없는 회의가 끝나고 제네바의 호텔에 도착한 나는, 그녀가 보낸 답장을 발견했다.

옮긴이의 말

소설보다 감동적인 삶 이야기

　라틴 아메리카 작가들 가운데 가르시아 마르케스만큼 널리 알려져 있고 많은 논란을 불러일으키는 작가도 없을 것이다. 그동안 가르시아 마르케스의 거의 모든 작품이 국내에 번역되어 독자들의 지속적인 관심을 끌고 있으며, 부차적으로 작가에 관한 얘기도 틈틈이 알려져 왔다. 하지만 그의 '문학적 삶'이 총체적으로 소개된 적은 없었기 때문에 여러 작품을 섭렵한 국내 독자들 가운데 많은 수가 작가의 삶, '마술적 사실주의'로 지칭되는 작품들의 배경, 그리고 작품들과 작가의 관계 등에 관해 상당한 궁금증을 갖고 있는 것 같다. 이 때 작가가 자신의 내밀한 삶을 솔직하고 세밀하게, 문학적으로 회고해 놓은 책 한 권이 출판되어 한국 독자들을 만나게 되었다.
　이 책에는 카리브 해 연안에 위치한 아라까따까에서 11남매 중 장남으로 태어나 외갓집에서 유년 시절을 보낸 작가가 보고타 근처 시빠끼라에서 중등학교를 졸업하고, 보고타 국립 대학교 법과대학을 중퇴한 뒤 고향 근처의 까르따헤나, 바랑끼야, 보고타 등지에서 학생, 기자, 작가로 살아가면서 겪은 다양한 삶의 기록이 작가 특유의 시각과 필체를 통해 거의 완벽하게 복원되어 있다.

가르시아 마르케스가 글을 읽고 쓰는 법을 배운 뒤로 평생 지속시킨 치열한 지적 탐험 과정, 창작 과정은 타의 추종을 불허할 정도다. 무엇보다도 이런 과정에서 그가 보여 준 집중력, 인간과 삶에 관한 탐색은 독자의 시선을 사로잡는다. 특히 하나의 작품을 완성하기 위해 몸과 마음을 다 바쳐 치열한 노력을 경주하지만 결국 제대로 인정받지 못했을 때, 극심한 좌절감을 극복하고 재도전해 목적을 달성하는 불굴의 투지는 감동적이다. 한마디로 말해, 그의 명작들은 한 개인이 지닌 천재성의 소산일 수도 있지만, 그보다는 끊임없는 노력의 결과물이다.

그리 넉넉하지 못한 가정 형편에, 부모의 희망과 배치되는 직업을 선택함으로써 지난하게 전개되었던 삶을 헤쳐 나가는 지혜와 만용에 가까운 용기, 카리브와 콜롬비아 수도가 위치한 고원 지대의 여러 지역을 전전하면서 겪는 생생한 경험, 다양한 인간 군상과의 조우, 특유의 삐딱한 삶의 모습, 음악을 비롯한 예술에 대한 열정, 술, 댄스파티, 섹스 등 육체적인 욕망의 탐닉 등을 솔직하게 고백해 놓음으로써 이 책은 한 편의 소설보다 더한 감동과 재미를 주고 있다.

또한 학생으로서, 기자로서, 작가로서 콜롬비아의 현대사에 중요한 획을 그은 '보고타소'를 비롯한 크고 작은 역사적 사건들을 고스란히 복원해 놓음으로써 독자들이 역사의 현장에 직접 서 있는 듯한 느낌을 갖게 한다. (그는 콜롬비아군의 한국전쟁 참전 전후 상황에 관해서도 상당 부분을 할애하고 있다.)

가르시아 마르케스가 직접 밝힌 바대로, 『백년의 고독』을 비롯한 거의 모든 작품의 시공간적 배경과 등장인물, 에피소드는 그가 직간접적으로 경험한 사실에 기반을 두고 있으며, 가장 비현실적인 것으로 보이는 것들조차도 시적(詩的) 수단을 동원해 변형된 생생한 현실이라는 사실을 이 자서전을 통해 알 수 있다. 특히, 환상적이고 기괴한 것들을 사실주의와 결합하는 서술 방식과 카리브 지역의 신화 및 전설에 관한 작가의 특별한 관심은 대부분 외할머니 덕분이다. 1890년대 콜롬비아에서 벌어진 내전에 참가했던 외할아버지는 외손자가 '위대한' 등장인물들을 창조하는 데 영감을 주었다. 가르시아 마르케스 자신이, "내 책에 쓰인 것 가운데 실제로 일어난 사건에서 비롯되지 않는 것은 단 한 줄도 없다."라고 말할 정도다.

무수한 예 가운데 한 가지만 들어 보자면, 『백년의 고독』에서 아우렐리아노 부엔디아 대령의 열일곱 아들의 다양한 삶과 죽음을 접한 독자들은 실제로 그런 일이 일어날 수 있었을까 하는 의구심을 품을 수도 있다. 하지만, 이 또한 가르시아 마르케스가 유년 시절 외가에서 겪은 실제 사건을 변형한 것이다. 한 가지 눈여겨보아야 할 점은, 어떤 부분의 경우, 『백년의 고독』과 자서전의 내외적 구조가 너무 유사해 어느 것이 먼저 쓰인 것인지 혼란스럽기까지 하다는 것이다. 『백년의 고독』(1967년)이 본 자서전(2002년)보다 훨씬 먼저 출간되었다는 점은 명백한데, 혹시 가르시아 마르케스가 『백년의 고독』을 쓰기 위해 착상한 것을 과거에 겪은 실제 사건으로 착각하고 있지 않았나 하는 생각이 들 정도다.

그동안, '마술적 사실' 또는 작가의 허구적 상상력의 소산 정도로 단순하게 인식되고 있던 수많은 사안이 작가의 직간접적 경험을 시적으로 변형한 것이라는 사실을 여러 경로를 통해 어느 정도 확인할 수 있었는데, 본 자서전이 출간됨으로써 그의 작품들에 관한 다른 층위의 구체적인 해석을 심도 있게 가해 볼 가능성이 대두되었다는 것은 참으로 다행스럽고 기쁜 일이라 할 수 있겠다.

이렇듯, 가르시아 마르케스가 자신의 삶의 궤적과 문학적 배경을 완벽하게 복원해 놓은 이 책은 한 위대한 작가의 개인적인 이야기라기보다는 콜롬비아의 한 시대와 역사에 대한 생생한 증언이고, 또 한 편의 위대한 소설이며, 콜롬비아, 라틴 아메리카의 문화를 포괄하는 한 편의 대서사시다. 다시 말해, 단어와 문장 하나하나마다 그의 체취와 숨결이, 카리브, 라틴아메리카에 대한 깊은 사랑이 진하게 스며들어 있는 이 책은 그가 육체와 영혼을 총동원해 창조해 낸 또 하나의 '위대한' 문학 작품인 것이다.

아울러, 우리는 정치적, 경제적 불안과 빈부 격차, 불평등, 게릴라, 마약 같은 부정적인 이미지를 지니고 있는 콜롬비아라는 나라의 문화적 역량을 이 자서전을 통해 새삼 재평가해 볼 수 있을 것이고, 가르시아 마르케스라는 대작가의 탄생은 한 천재적인 개인의 노력에다 독특하고 다양한 자연적, 문화적 환경이 융합되어 이루어졌다는 사실을 절감할 수 있을 것이다.

역자가 유학 생활을 하는 동안, 부활절, 방학, 논문을 끝낸 뒤 틈틈이 순례하면서 직간접적으로 탐험했던 가르시아 마르케스의 고향, 지난한 그의 삶터, 작품의 배경이 되었을 거라 생각되는 마술적 분위기가 감도는 자연환경과 사람들, 그들의 삶이 이 책을 번역하는 과정에서 주마등처럼 뇌리를 스쳤다.

위대한 작가의 방대하고 심오한 삶이 고스란히 담겨 있는 원전의 의미가, 번역이라는 회로를 통과하는 과정에서 완벽하게 전달되지 못하는 것 같아 송구스러운 마음이 들지 않는 바 아니나 콜롬비아, 라틴 아메리카에 대한 애정과 관심이 있는 독자라면 누구든지 읽어야 할 감동적인 삶의 기록을 소개한다는 소박한 자부심 정도는 간직하고 싶다. 본 자서전 말고도 제2부, 제3부가 계속 출간될 예정이라고 하는데, 이를 통해 가브리엘 가르시아 마르케스라고 하는 불후의 작가와 작품에 대한 총체적인 탐색이 가능해지리라 기대해 본다.

옮긴이 조구호

한국외국어대학교 스페인어과를 졸업하고, 콜롬비아 까로 이 꾸에르보 연구소에서 문학석사, 하베리아나 대학교에서 문학박사 학위를 받았다. 경희대학교 비교문학연구소와 한국외국어대학교 외국문학연구소에서 박사후 과정을 이수하고, 현재 배재대학교 스페인어·중남미학과 교수로 재직하고 있다. 옮긴 책으로는 『백년의 고독』, 『사랑의 모험』, 『칠레의 모든 기록』, 『항해지도』, 『어느 미친 사내의 5년 만의 외출』, 『룰루의 사랑』, 『터널』, 『암피트리온』 등이 있다.

이야기하기 위해 살다

※

1판 1쇄 펴냄·2007년 3월 10일
1판 6쇄 펴냄·2020년 1월 16일

지은이·가브리엘 가르시아 마르케스
옮긴이·조구호
발행인·박근섭, 박상준
펴낸곳·(주)민음사

출판등록·1966. 5. 19. 제16-490호
서울특별시 강남구 도산대로1길 62(신사동)
강남출판문화센터 5층(우편번호 06027)
대표전화 02-515-2000·팩시밀리 02-515-2007
www.minumsa.com

한국어 판 ⓒ (주)민음사, 2007. Printed in Seoul, Korea

ISBN 978-89-374-2575-2 (03870)